中国公益广告年鉴

（2011年—2013年）

中国传媒大学
中央电视台广告经营管理中心
国家广告研究院
全国公益广告创新研究基地
编著

中国工商出版社

序

公益广告，顾名思义，就是为了社会公众利益而做的广告，与政治和政策密切相关。它短小精悍，寓意深刻，通俗易懂，朗朗上口，富有震撼力和感召力，可以使社会主义核心价值观和各项方针政策的宣传大众化、通俗化、形象化，便于入耳入脑入心。

从历史上看，公益广告在革命和建设时期都发挥了重要作用。比如，“打土豪，分田地”这句话，在那个年代面向全社会传达了一种政治诉求，现在看就是当时的公益广告。无数的进步群众在“打土豪，分田地”的感召下，冲破艰难险阻，投奔革命队伍，壮大革命力量，使我们党最终取得了革命斗争的胜利，建立了新中国。再如，自上个世纪70年代我国实行计划生育政策以来，各级政府都做了大量工作，计生工作取得了巨大的成绩。“只生一个好！”是当时脍炙人口、风靡大江南北的宣传口号。历史证明，它对推进计划生育工作的顺利开展功不可没，是一个成功的公益广告。改革开放初期，深圳提出了“时间就是金钱，效率就是生命”，可谓石破天惊，这一划时代的公益广告对全体中国人的观念产生了强烈的冲击。

从国际上看，尤其是在两次世界大战时期，美国和英国成功运用公益广告鼓舞士气，招募士兵，发行战时储蓄债券，形成民众凝聚力。其中，那个代表美国形象的山姆大叔，眼睛炯炯有神地注视着，用手有力一指说道：“美利坚需要你！”这一征兵广告成为世界广告作品的经典之作。世界广告大师詹姆斯·韦伯·扬倡议并创办的美国战时广告委员会，领导创作了大量创意绝佳、直抵人心的战时广告，为夺取世界反法西斯战争的胜利，发挥了独特的作用，成为广告史上的一段佳话。

从1949年新中国建立到上个世纪末，报纸、广播、杂志还有后来的电视，这四大媒体垄断了信息传播的渠道，是人们了解外部世界、获取信息和知识的主要渠道。在那个媒介相对匮乏的时代，人们接受信息的方式也是非常被动的。按照传播学原理，在进行宣传和信息传播时，一则信息和宣传内容总能找到一个合适的媒体在合适的时间里传达给目标受众，犹如子弹命中目标，效果非常显著。同时，当时的宣传也可以长篇大论，高频次刊播，使受众犹如网中之鱼，无处遁身。如果是重大宣传，电视、广播、报纸、杂志四大媒介一起开动，很快就能达到全民皆知的宣传效果。研究我们党的宣传史，这样的成功案例比比皆是。

进入21世纪以来，特别是在全球化和信息化的今天，媒介和传播环境发生了翻天覆地的变化。互联网的出现和数字化技术的突飞猛进，彻底打破了电视、广播、报纸、杂志这四大媒体对传播渠道的垄断，从媒介的相对匮乏过渡到今天的媒介多样，产生了“信息爆炸”和“信息超载”。更为重要的是，由于互联网的全球性和开放性，使得所有的参与者不仅仅是知识和信息的被动接受者，同时扮演起积极主动的制造和传播者的角色，形形色色的搜索引擎更是体量无限的百科全书、永不关闭的图书馆，全民都可以通过它进行知识信息的获取和交换。人人皆可发言，人人都是媒体。从当初的博客、飞信，到现在的微博、微信等，我们进入到一个开放、多元、碎片化的传播时代，从大众传播转向小众、分众传播，从长篇大论的“大”宣传进入到“微”传播、“小”传播。在这样的信息时代，我们要么是引领或者驾驭这个时代，要么就会被它淘汰或者颠覆，可谓风险和挑战并存，机遇与胜算同在。

面对今天的媒介和传播环境，我们要唱响的这支歌就是公益广告，这是客观现实促使我们必然要做出的选择。诚如以上所言，当传统的宣传方式遇到蓬勃发展的新媒体的挑战，当长篇大论的宣传已不适应当今的快节奏生活，在人人皆可发言的喧嚣声中，公益广告短句短词，一语中的，可以发挥“定海神针”的功能，聚集正能量，一语定乾坤。在当今的微传播时代，公益广告微言大义，可以彰显主流，在众声喧哗的传播环境里，以人们喜闻乐见的方式，发出党和国家的声音，大力弘扬社会主义核心价值观，肩负起“以正确的舆论引导人，以高尚的精神塑造人”的责任与使命。

公益广告是我们这个“微”传播时代的一篇大文章，它的短小精悍，使其在基因上天然适应当今的传播媒介和传播环境。它的表现形式多种多样，能够涵盖报纸、广播、电视、期刊、互联网、手机、电子显示屏、楼宇电视、户外广告牌等任何媒体。无论是平面、视频、声音等哪种表现形式，由于公益广告很短，不需要太长的时段，不需要太多的版面，在一瞬间和细小处传递信息、打动人心。一支支公益广告就像一滴滴清水，积涓成流，走进千家万户，唱响主旋律，传递正能量，壮大主流舆论场，荡涤人们的灵魂，陶冶人们的情操。

从总体上看，长期以来，我们的公益广告，宣传了党的方针政策，赢得了民心，净化了社会风气，提升了全民的文明素养，取得了良好的效果。但毋庸讳言，当前我国的公益广告还存在一些不足，主要是运动式的，缺乏一个良性运行机制，缺乏监督和制约。从创意内容上看，题材单一、缺乏创意、不接地气、不能打动人心、制作不精良等，这与没有一个良性的运行机制、缺乏稳定的资金支持有关，需要我们借鉴国外有益经验，加大扶持力度，加快机制建设，加强监督管理。

最近一个时期来，习近平总书记提出的“打铁还需自身硬”，李克强总理提出的

“喊破嗓子不如甩开膀子”，为我们进行公益广告宣传和创作提供了最新的范例。公益广告已经成为微传播时代社会沟通的大手段。只要我们坚持不懈地探索与改进，公益广告就一定能发挥自身优势，成为众声喧哗舆论场中的“定海神针”，成为助推实现中华民族伟大复兴这个“中国梦”的强大力量。

中国传媒大学学术委员会副主任
国家广告研究院院长

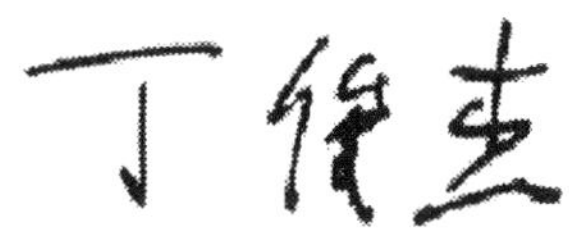

（本文刊发在《求是》2013 年第 11 期）

前 言

新的一年到来了,《中国公益广告年鉴(2011年—2013年)》就像一个新生儿一样呱呱落地。但他算是“老二”,因为在2011年我们已经编撰出版了《中国公益广告年鉴(1986年—2010年)这本开山之作。当今数字化时代,传统出版业面临严重冲击,年鉴更是耗时、费力、基本上没有经济效益的出版物,但我们下大功夫连着出版这两本年鉴,既是公益广告研究的延伸,又是为公益广告树碑立传,因为公益广告是一项伟大的事业。

公益广告和商业广告既有区别,又有联系。公益广告是民意的表达方式,是政党、政府或社团组织向公众阐释的一种观念;商业广告是企业推销商品和服务的营销方式,要树立良好的企业形象。商业广告的目的是多重的,既追求经济效益,也讲求社会效益;公益广告的目的是单一的,就是将社会效益发扬光大。商业广告引导的是消费者现有的行为模式,如让人们购买某种商品、使用某种服务等,公益广告则是为了改变人们的不良行为,倡导人们遵守有利于整个社会或个人的长远利益的行为规范。公益广告与商业广告的关系是相辅相成。

公益广告与商业广告的交融形成公益营销。随着社会、经济、文化的发展,在社会环境领域诸多因素的共同作用下,企业摈弃了单纯的商业化操作思路,取而代之地采用了社会化的发展战略,与社会公益的关系是21世纪企业管理的重大主题之一。参与社会公益活动越来越成为企业开拓市场空间和社会空间的重要策略。企业通过积极参与社会公益活动、支持社会公益事业,传达企业作为“社会好公民”的理念,可以塑造自身良好的品牌形象,拉近与消费者等利益相关者的关系,打造独具特色的竞争优势。

公益广告分类按照内容主题分类,可以分为:道德类、时政类、环保类、国家与城市形象类。

公益广告的主要内容之一是道德义务。道德是以善恶评价为标准,依靠社会舆论、传统习俗和人的内心信念的力量来调整人们之间相互关系的行为规范的总和。道德贯串于社会生活的各个方面,如社会公德、婚姻家庭道德、职业道德等。它通过确立一定的善恶标准和行为准则，来约束人们的相互关系和个人行为，调节社会关系，并与法一起对社会生活的正常秩序起保障作用。道德义务大致包括对他人和对社会两大类：前者是对自己的家庭、亲属、朋友、同事等应尽的责任，后者是对祖国、民族、集体等应尽的责任，是人们基于对他人和社会利益的理解，在内心信念的引导下自觉履行的责任。在我国公益广告作品中以道德为主题的优秀作品很多，例如：中央电视台推出的《打包篇》表现年迈痴呆的老人念念不忘自己的儿子，提倡父慈子孝的中华美德。2013 年 6 月 22 日，在世界顶级的广告赛事戛纳国际创意广告节上，获得了 Film 影视类铜奖。

时政类公益广告在公益广告作品中占有重要地位。公益广告与我国的政治密不可分，我国的公益广告活动绝大多数是以党和政府为主体。公益广告以时事和政治为主题内容，就是依据国家政治生活中新近或正在发生的事实和新闻事件，表现政党、社会集团、社会势力在处理国家生活和国际关系方面的方针、政策和活动。时政类公益广告在我国政治结构和社会生活中具有重要而深远的影响。

环境保护公益广告涉及的范围广、综合性强，其内容影响自然科学和社会科学的许多领域。公益广告的内容可以分为三个层面：第一层面是自然环境保护。为了防止自然环境的恶化，对青山、绿水、蓝天、大海的保护。例如，第 16 届中国国际广告节获得黄河奖年度公益广告影视作品金奖的《山水》，警示人们要保护青山秀水。第二层面是生物保护。例如，第八届全国优秀公益广告评选铜奖作品《钟表篇》大钟的指针是一把枪，时间刻度是各种动物的影子。指针每走一步，一个动物影子就变成一滩鲜血，喻示一种动物的灭绝。广告语：保护野生动物就是保护我们自己。第三层面是人类生活环境保护。使环境更适合人类工作和劳动的需要，涉及到人们的衣、食、住、行、玩的方方面面，都要符合科学、卫生、健康、绿色的要求。例如，野生动物保护组织制作的《姚明护鲨》、《成龙护虎》。

值得一提的是，国家和城市形象类的广告也具备公益广告的特性。国家和城市形象广告是党政机关发布的表现国家和城市形态和特征，彰显国家和城市实力、活力和发展前景广告。国家和城市形象广告的内容涵盖国家和城市物质文明、精神文明、政治文明三个领域，包括政治、经济、文化、生态以及国家形象、市容市貌、公民素质、社会秩序、历史文化等诸多方面。国家好城市形象公益广告促进区域经济、政治和社会的进步，所以属于公益广告的范畴。国家和城市形象是公共财富，可使整个国家和整个城市分享光辉，共同受益。国家和城市形象刻画个性、弘扬精神、传播文化、陶冶情操，使人们对该国家和城市产生深刻的认同感，增强情感联系，从而有利于国家和城市实现经济社会与文化协调、可持续、健康发展。国家和城市形象既是自然特征和客观条件的演化，更要通过人们主观努力刻画塑造，又要通过人们的主观印象去反映和传播。国家和城市形象的重要功能是为复杂的社会系统提供一种经过升华凝练的印象标志，使人们透过现象把握本质特征，把一个国家和城市与其他国家和城市区别开来。这种标志既鲜明、简单，易于识别，又内涵丰富，容易使人产生联想。例如：2011 年 1 月在美国时报广场播出的《国家形象宣传片——角度篇》创意概念就是以“开放而有自信，增长而能持续，发展而能共享，多元而能共荣，自由而有秩序，民主而有权威，贫富而能互尊，富裕而能节俭。”八条线索，将改革开放三十年后的中国向世界推出，以海外舆论关注的热点问题为契机，以政治、经济、社会、民生的现状为论据来展开论述，突出展现出以中国心、中国情、中国梦为核心的当代中国发展之路。

本书所研究的公益广告涵盖了政治、社会、文化、科研、教育、环境、民族等多个领域，力图多角度，全景式第展现 2011 年至 2013 年的三年间中国公益广告成就，记录中国特色社会主义价值观，道德观和发展观的当代中国精神。是为序。

中国传媒大学广告学院院长

2014 年 1 月 1 日

目 录

壹 综述与大事记篇

贰 单位篇

叁　政策文件篇

肆　理论研究篇

伍 作品篇

陆 国家形象广告研究篇

柒　城市形象广告研究篇

捌　优秀公益广告作品集锦（附光盘）

壹 综述与大事记篇

2011 综　述

2011年是我国“十二五”规划的开局之年，也是国内国际形势复杂多变的一年。国际上，中东地区不断出现冲突和混乱，欧洲主权债务危机升级，朝鲜半岛局势发生变化；国内经济改革中出现的问题和困难以及与之相伴随的民生问题，对我国的改革、发展与稳定提出了更大的挑战。面对复杂多变的国际形势和艰巨繁重的国内改革发展稳定任务，我国人民同心协力、锐意进取，继续推进改革开放和社会主义现代化建设，经济保持平稳较快发展，全面建设小康社会取得新进展。

2011年是建党90周年。90年来，我国人民在中国共产党的带领下夺取了革命斗争的胜利，建立了新中国，过上了幸福的社会主义新生活。为此，全国各地以红色题材为主旋律，诞生了一大批公益广告精品。而作为融汇历史精彩的公益广告形态中的“海报”是一个特殊的媒体形式，肩负着宣传先进思想、促进民族团结、维护世界和平的社会责任，对中国社会的发展产生过重要的影响，见证了中国共产党的丰功伟业，记录了中国共产党在各个历史时期的风雨历程。

2011年是我国广告市场总体形势平稳向好的一年。2011年国内生产总值471564亿元，比上年增长9.2%，首度超越日本位居全球第二位，其中第三产业增加值203260亿元，增长8.9%。中国经济增速虽然有所回落，但前行的步伐依旧坚定。在这种背景之下，中国广告行业逆势上扬，实现了大幅度的增长。2011年，中国国内广告经营单位共296507户，较之2010年增长53062户，增长率达到21.90%。全年广告经营额31255529万元，首次突破3000亿元大关。广告经营额较2010年增长33.54%，再创历史记录。国家出台的一系列针对广告行业的激励措施对这一增长功不可没：国家发改委第九号令颁布，将“广告创意、广告策划、广告设计、广告制作”列为鼓励类；上海、北京等地建立广告业产业基地和广告产业示范园区；“十二五”现代服务业发展规划提出广告业发展的目标、任务、重大工程及保障措施；党的十七届三中全会明确指出包括广告业在内的文化产业将成为国民经济的支柱性产业，是国家重点支持和发展的行业。这一系列利好政策有力促进了广告行业的自身发展。

2011年，中央更加重视公益广告事业。中央宣传部、中央文明办、国家工商总局、国家广电总局、新闻出版总署《关于开展“讲文明树新风”公益广告征集活动的通知》（文明办［2011］14号）要求各省、自治区、直辖市和新疆生产建设兵团党委宣传部、文明办、工商行政管理局、广播影视局、新闻出版局为庆祝中国共产党成立90周年营造文明和谐的社会氛围，组织开展“讲文明树新风”主题公益广告宣传活动，面向全国征集优秀作品。公益广告所处的的媒体环境得到改善。继2010年广电总局发布第61号令控制电视广告时长，2011年国家再度推出“限娱令”和“限广令”，旨在提升媒体整体格调、把握道德导向、提升受众对于媒体尤其是电视媒体的满意度。其中2011年10月11日，广电总局下发了《关于进一步加强广播电视广告播出管理的通知》；11月28日，又下发《〈广播电视广告播出管理办法〉的补充规定》，决定自2012年1月1日起，全国各电视台播出电视剧时，每集电视剧中间不得再以任何形式插播广告。在这种背景之下，原来隐匿于商业广告光环之下的公益广告获得了更大的发展空间。中央电视台于年底推出主题为“汇聚力量，传播文明”的全新公益广告标识包装，并将会推出更多更好的电视公益广告；新开播的纪录频道所播出的广告以制作精良的公益广告为主。重庆卫视更是在年初进行了大胆的实践，取消商业广告，全部代之以公益广告，以做“公益频道”作为立台之本，受到了广泛的关注。除电视媒体以外，广播、报纸、杂志、户外等媒体均给予了公益广告以更大的重视，很多地区在市容整顿和户外广告管理中，用公益广告装饰街道，传播公益价值，收到了良好的效果；在地铁、车站等地设置的大量公益广告吸引了人们的注意。同时，网络技术的发展和网民社会影响力的增强使得网络成为公益广告传播的新平台，微博、社交网络等新媒体上的公益广告在这一年中发展迅猛，各大门户网站、视频网站等均积极推出以公益为主题的平台和活动，公益广告的发展与时代发展同步。

2011年，公益广告的创作力量逐渐加强。政府、媒体、企业、个人的力量均参与其中，实现了良性互动，公益广告的创意和制作水平大幅度提高。各地开展了大量公益广告征集和评选活动，国家工商总局、中央文明办组织开展的“讲文明、树新风”公益广告征集和评选活动收集、整理和播出了来自全国各地的大量优秀公益广告作品，其数量和品质均有提高，取得了良好的成果。同时，公益广告的有效运作方式也在积极探索当中，公益广告基金会的构想初步呈现。针对公益广告的学术研究不断深入开展，国家广告研究院在中国传媒大学创办，为公益广告学术研究提供了更加精良的平台。

2011年，中国公益广告事业在政府和社会各界的积极引导和努力推进之下取得了长足的进步，但是仍然存在着不少需要改进之处。创意上的简单化、一些公益广告制作上的粗糙、言辞上的说教性和深度上的不足受到了社会上一些人士的批评。公益广告在媒体上的生存地位依然处于相对边缘的境地；公益广告的运作方式和公益机构的公信力问题依然有待解决；有关公益广告的学术研究依然相对滞后。然而，中国公益广告在2011年获得的长足进步，使我们坚信我国公益广告的前进道路是光明的，也必将在今后的发展当中取得更为辉煌的成绩。

大事记

· 2011年1月1日，北京广播电台城市服务管理广播推出整点公益报时

北京电台城市服务管理广播自2011年起，结合频率口号“爱北京，一起来”推出公益报时。每逢整点，邀请明星、官员、基层社区工作者等说一句与公益有关的话，以“爱北京，一起来”结尾，再播报呼号。每天播出19次，从2011年到2013年底，共

计播出公益报时近 2 万条次。

· 2011 年 1 月 4 日，成都城市形象广告片在美国 CNN、英国 BBC 等西方主流媒体播出

一部以“典型中国，熊猫故乡”为主题的成都城市形象广告片在美国有线新闻网（CNN）、英国广播公司（BBC）等西方主流媒体播出。继 2009 年中国商务部在 CNN 投放“中国制造”广告，以及由国新办发起、2010 年 7 月开始拍摄中国首部国家形象宣传片之后，这部中国城市的形象广告片再次引起了人们对中国形象广告的关注。

· 2011 年 1 月 8 日，江苏无锡市“橙色祝福，和谐社会”消防公益广告大赛落幕

1 月 8 日，由无锡市消防支队、市工商行政管理局、市广告协会、无锡市各大高校举办的无锡市首届“橙色祝福，和谐社会”消防公益广告大赛，在无锡市商业职业技术学院举行了颁奖仪式。大赛共评出一等奖作品一件，二等奖作品三件，三等奖作品六件。

· 2011 年 1 月 12 日，广西“文明交通行动”原创公益广告颁奖仪式举行

广西“文明交通行动”十大原创公益广告颁奖仪式在广西电台演播厅举行。本次活动以“关爱生命、文明出行”为主题，通过原创公益广告，表达对文明交通的看法。这些原创公益广告录制合成后在广西交通台节目中高频次播出，并筛选优秀原创公益广告印制成册对外发行。

· 2011 年 1 月 14 日，浙江台州市第三届未成年人公益广告创意大赛启动

第三届台州市未成年人公益广告创意大赛暨第十二届全市中小学电脑制作活动启动。本次活动旨在进一步推动台州市中小学信息技术教育工作，普及信息技术知识，激发学生创新精神，培养学生实践能力，全面推进素质教育，丰富学生生活，同时进一步推进未成年人思想道德建设。

· 2011 年 1 月 15 日，深圳市第五届法制宣传公益广告征集揭晓

由深圳第 26 届世界大学生夏季运动会组委会执行局、深圳市依法治市办公室和深圳市司法局联合面向全国举办的“第五届法制宣传公益广告（海报）”有奖征集创作活动评选结果揭晓。大赛围绕“青春大运 · 法治同行”主题，共收到作品 470 幅，并最终评出一等奖 1 名、二等奖 3 名、三等奖 10 名。

· 2011 年 1 月 15 日，中国首部知识产权系列公益广告片播出

中国首部以知识产权为题材的系列公益广告片，在北京各公交、地铁沿线的移动媒体上

播出。该片云集了众多领域内的知名人士，包括著名主持人崔永元、笑星范伟、作曲家王立平、书画家韩美林、科学家欧阳自远、王永民等。该片在着重推介“12330”公益热线的同时，更向公众传达了尊重知识、崇尚创新、诚信守法的知识产权理念。

· 2011年1月15日，河南省首届公益广告大赛颁奖仪式举行

由河南省工商局和河南电视台主办，东方今报联手河南电视台新闻频道等单位承办的河南省首届公益广告大赛颁奖仪式在河南电视台举行。大赛最终决出一等奖1名、二等奖5名、三等奖10名。

· 2011年1月16日，杭州市第二届“创意杭州”广告创意设计大赛颁奖仪式举行

由杭州市工商局、市文明办、市文创办、市中介办、杭报集团和市文广集团等联合举办的第二届“创意杭州”广告创意设计大赛颁奖仪式举行。在短短两个月的作品征集期间，共收到参赛作品792件，其中平面作品716件（972幅），影视作品62件，“创意杭州”图标14件。公益性广告作品占参赛作品总数的52.8%。

· 2011年1月17日，以“心中的神秘”为主题的杭州旅游形象片在美国投放

1月17日开始，以“心中的神秘”为主题的杭州旅游形象片出现在美国洛杉矶地区Fox News福克斯新闻频道、CNN新闻频道、ESPN体育频道等6个电视台。它和国家形象片在美国几乎同时推出，此前只有北京、上海在美国密集投放过城市形象片。杭州的旅游产品随后还出现在全美最大仓储零售商好市多（Costco）里。杭州旅游产品将在好市多网站上架10个月，网站首页还将专门开辟中国专页，放置杭州旅游形象片，每月一次向5500万名会员发送杭州旅游广告，此前还没有中国旅游产品进入其渠道销售。茶园里新茶抽出了嫩芽，僧人泡上一壶禅茶；老人悠闲地打着太极拳，胡同口可爱的孩子无忧地玩耍……这就是杭州形象片表现的杭州人的生活。

· 2011年1月17日，以“人物篇”命名的新一期中国国家形象广告在美国时报广场播出

1月17日，以“人物篇”命名的新一期中国国家形象广告开始在CNN等频道播出，广告同时还在美国时报广场的大屏幕以及华盛顿画廊广场的大屏幕上高频次播出。姚明、郎朗等50位文化界、体育界、金融界、思想界、企业界的名人在30秒钟的广告中亮相，以展示当代中国的形象。国家形象广告片（60秒《人物篇》）从1月17日开始在时报广场首播，每小时播15次，从每天上午6时至次日凌晨2时播放20小时，共300次，并一直播放至2月14日。共计播放8400次的中国形象广告片，在时报广场电子屏播出，很好地发挥了黄金地段纽约户外媒体的功能，6块大型电子主要显示屏同时播放该广告片，显示

屏的侧面还有“感受中国”的英文字样，从而产生了广告的集群效应，使周围其他商业广告黯然失色。中国国家形象广告由此脱颖而出，吸引诸多路人驻足观看。该广告片在CNN电视频道和网络频道播出的频次也非常高，从而与户外广告的集中播出形成电视、户外的广告联动。在《人物篇》播出几天后，国务院新闻办随后对媒体宣布，国家形象宣传片《角度篇》将随后通过不同途径播出。这是典型的集中性广告战役，也是典型的整合传播案例。整个宣传计划是按照事前策划，有步骤有节奏地进行。精心的策划，整合传播，这是本期中国国家形象广告宣传活动发挥重大影响力的主要原因。本期国家形象广告播出时间恰逢中国国家主席胡锦涛访美，为中美高层外交会晤创造了良好的舆论氛围。

· 2011年1月18日，上海文明办发布《关于进一步做好世博后公益广告宣传的通知》

上海市精神文明建设委员会办公室发布《关于进一步做好世博后公益广告宣传的通知》，就进一步做好世博后公益广告宣传工作要求各区县、委办、文明办，要继续发扬迎办世博期间攻坚克难的工作作风，统筹安排，精心组织，加强协调，及时发布全市公益广告宣传口号和宣传画面。同时，对于带有明显世博会标、印记图案和已过宣传有效期、画面破损严重的广告予以及时拆除或更换。各区县、委办、文明办要把公益广告宣传列入今年工作的重要议事日程、并作为“十二五”期间的重点工作来抓。要围绕“十二五”发展目标，抓住建党90周年、辛亥革命100周年等重大纪念节点，积极宣传社会主义核心价值观和“海纳百川、追求卓越、开明睿智、大气谦和”的城市精神，广泛宣传上海精神文明建设的丰硕成果和上海市民锐意进取的精神面貌。要充分利用户外喷绘、报纸、电台、电视台、灯箱广告、小区宣传栏等公益广告宣传媒介，同时运用LED显示屏、数字移动看板、数字联播网端口、滚动屏幕等新兴公益广告载体开展宣传。市文明办通过上海文明网发布全市公益广告宣传口号及宣传画面。

· 2011年1月28日，第八届深圳关爱行动公益实习实践项目启动

第八届深圳关爱行动重点项目之“大学生公益实习、实践计划”于1月28日正式启动，计划向社会公开招募青年大学生为主的志愿者60余人。这项计划将给广大青年学生提供公益实习机会，让他们参与公益实践，丰富人生经历，提升爱的领悟能力。

· 2011年1月31日，“中钢杯”平安湖州公益广告征集结果揭晓

1月31日，浙江湖州市“中钢杯”平安湖州公益广告征集结果揭晓。此次公益广告征集，旨在为更好地营造“平安湖州”创建工作的浓厚氛围，提高广大群众对“平安湖州”创建工作的知晓率、参与率和满意率。此次征集活动共收到“平安湖州”公益广告5000多条，最终评出一等奖1名，二等奖3名、三等奖6名，优秀奖10名。

· 2011 年 2 月 3 日，曾荫权携妻子拍公益贺岁宣传片向全港市民拜年

2011 年春节，香港特首曾荫权在香港礼宾府以真人实景的形式拍摄了公益贺岁宣传片。参与拍摄贺岁短片的包括香港特首及其夫人，以及数只卡通兔子形象。短片的故事讲述了小朋友带着他们的兔子到礼宾府拜年，以此呼吁广大市民不要因一时的好恶而收养或遗弃宠物，应善待宠物，珍惜爱护每一个幼小的生命。曾荫权在博客中也同步更新了这一活动。故事短片 2 月 2 日中午在香港电视台及电台首播。

· 2011 年 2 月 17 日，广东省恩平市举办首届廉政公益广告创作大赛

为切实加强反腐倡廉建设，广东恩平市委预防职务犯罪工作委员会开展主题为“预防职务犯罪，给力幸福恩平”的首届廉政公益广告创作大赛。大赛希望通过市民的参与和创意，创作出促进预防职务犯罪工作发展的广告词，进一步拓展廉政文化建设的路径，大力弘扬崇尚廉政文化，推动该市经济社会又好又快发展，建设幸福恩平。

· 2011 年 2 月 22 日，北京公交发布“绿色出行”公益广告

2 月 22 日是北京市第一个文明出行推动日，102 辆搭载“绿色出行文明交通从我做起”公益广告的公交车，行驶在北京的大街小巷，在全市主要大街、重点地区和 10 个远郊区县宣传绿色、文明出行的理念。在本次活动现场，演员濮存昕作为主题宣传活动的形象代言人之一，向广大市民发出倡议。今后，“文明出行推动日”将固定在每个月的 22 日，通过各种宣传引导活动，倡导市民“少开一天车”，选择步行、骑车、公共交通等绿色出行方式，行人、非机动车驾驶人各行其道，遵守交通信号，机动车驾驶人礼让斑马线，文明驾驶，顺序通行，有序停放等。

· 2011 年 2 月 24 日，广东佛山第五届公益广告创作大赛颁奖典礼举行

由佛山市工商局联合市文明办、市城管局与市广告协会共同主办，珠江时报社承办的佛山第五届公益广告创作大赛颁奖典礼举行。本届公益广告创作大赛配合佛山创建全国文明城市活动，主题为“文明伴我行”。参赛者围绕公共环境、公共秩序、人际交往、公益活动等方面创作广告作品。大赛共收到 370 余件作品，最终评出 26 名获奖者。

· 2011 年 2 月 25 日，广东惠州市网络文明公益广告创意大赛颁奖仪式举行

2 月 25 日，惠州市网络文明公益广告创意大赛颁奖仪式在惠州慈云图书馆举行，共 76 件作品获奖。此次大赛从 2010 年 10 月份开始，共历时 4 个多月。获奖作品共分为动态作品组、静态作品组和广告语作品组三个类别，每个类别均设金、银、铜奖各 1 名。

· 2011 年 2 月 25 日，“慈善的力量”——2011 中国慈善年会在北京召开

由民政部指导，中华慈善总会、中民慈善捐助信息中心等联合主办的“慈善的力

量”——2011 中国慈善年会 8 日晚在北京召开，全国人大副委员长陈昌智出席大会并为获奖项目颁奖。2011 中国慈善年会以大型专题晚会的形式，分 4 个环节展现了 2011 年度中国公益慈善界的成就和奉献，揭晓 2011 中国年度慈善推动者。年会以民政部部长李立国的重要讲话为开篇，展现政府和制度层面扶持社会组织发展，充分发挥社会组织力量的积极姿态。

· 2011 年 2 月 28 日，“爱在流动”大型公益活动在广州市拉开帷幕

2 月 28 日晚，加强和创新流动人口服务管理暨全国“一盘棋”机制建设会议期间，“爱在流动”大型公益行动的第一站——“爱在流动”广东行公益晚会，在广州省广州市黄花岗剧院举行。国家人口计生委主任李斌、副主任王培安，中国计划生育协会常务副会长杨玉学，广东省副省长雷于蓝出席晚会，并慰问了贫困流动人口，为他们发放了救助金。中国人寿保险公司广东省分公司、高德软件有限公司、深圳华大基因研究院、北京九喜生育健康医学研究院、汕头市超声仪器研究所有限公司 5 家爱心企业，为“爱在流动”行动捐赠了意外伤害保险、生殖健康检查、高档实时三维彩超等服务和产品，中国人口福利基金会为他们出具了捐赠证书。中央综治办、国务院农民工办相关部门负责人，国家人口计生委相关司局及直属挂靠单位负责人，广东省、广州市有关部门负责人，加强和创新流动人口服务管理暨全国“一盘棋”机制建设会议全体代表，部分企业代表和在穗务工的流动人口观看了晚会。

· 2011 年 3 月初，宁波市第二届公益广告创作大赛启动

宁波市第二届公益广告创作大赛于 3 月初启动。本届公益广告大赛以“讲文明、树新风、争创全国文明城市三连冠”为主题，以“兴三风”（文明礼仪之风、读书学习之风、勤俭节约之风），“创三优”（优美环境、优良秩序、优质服务）为重点。公益广告创作大赛鼓励宁波市各地各单位和广大市民踊跃参赛。本次公益广告创作大赛由市委宣传部、市文明办、宁波日报报业集团、宁波广电集团联合举办。参赛作品征集分为三类：影视类（含动漫）、平面类（含报纸、期刊广告）、广播类，内容要求主题鲜明，内涵深刻，反映时代精神，符合国家政策法规，表达严谨完善、清晰准确、易认易记、说服力强，综合效果突出。奖项设置按影视、平面、广播 3 类，每类设置金奖 1 名、银奖 2 名、铜奖 3 名、优秀奖若干名。所有获奖作品将颁发获奖证书并给予一定的奖励，同时在市级媒体上公布获奖名单。

· 2011 年 3 月 1 日，重庆卫视取消所有形式的商业广告，以公益广告和宣传片类节目代替

3 月 1 日，重庆卫视以建设“主流媒体、公益频道”为目标进行改版，以 BBC 为榜样建设“公共频道”。除推出大量新闻类节目、减少电视剧播出外，最突出的变化是取消了所有形式的商业广告，以公益广告和宣传片类节目代替。重庆卫视是国内第一个也是唯一

一个取消所有商业广告的省级卫视。重庆卫视改版后引起了社会和舆论的极大关注和争议。

· 2011年3月4日，中国·深圳公益项目交流展示会在深圳会展中心开幕

3月4日至3月6日，中国·深圳公益项目交流展示会在深圳会展中心八号馆正式开幕。此次公益深交会是迄今为止国内最大规模公益组织聚会，来自全国20个省市区、八大领域共150余家公益组织在此集中展示并开展交流。公益深交会是一场全国性的公益项目集中展示会，通过搭建直接而快速的交流、洽谈、交易平台，架设民间公益机构与政府、企业、基金会等资助方及公众之间的沟通桥梁。活动邀请了全国150余家社会组织、企业、基金会和媒体参展，展示其创新的公益项目，展示中国公益事业发展的成果。公益项目共分为扶贫、环保、文化与教育、医疗、卫生、心理、扶老助残、专业社工服务、支持与研究、综合服务八大类。

· 2011年3月17日，"送三精蓝瓶回家"环保公益活动在北京启动

3月17日，"送三精蓝瓶回家"大型环保公益活动新闻发布会在北京钓鱼台国宾馆6号楼四季厅举行。本活动由哈药集团三精制药股份有限公司携手环保部宣传教育中心联合发起，经环保部环境认证中心认证。本次活动积极响应国家"十二·五"规划中关于大力发展循环经济、推进资源再生利用产业化的倡导，将在全国约40个城市设立1300个左右蓝瓶兑换中心，号召全国的小朋友留下蓝瓶、支持环保，将喝过的蓝瓶保存起来送到药店、学校、幼儿园、社区等指定兑换中心。通过将回收的蓝瓶在玻璃窑炉中重新进行熔化，变成优质玻璃液后得到再利用，从而达到节能减排、保护环境的目的。该项目借助在全国已开展多年的"绿色学校"和"绿色社区"网络，深入各地的学校、幼儿园和社区开展三精蓝瓶收集及相关宣教活动。以行动为导向开展环境教育，使教育效果更直观、更深刻，为在全社会倡导资源节约和环境友好的理念发挥示范作用。

· 2011年3月17日，"文明只差一点点"公益项目在北京启动

3月17日，广而告之公司"文明只差一点点"公益项目在北京启动。该公益项目旨在汇聚公益力量，从细节着手，号召全社会传承中华民族传统文化、宣传文明礼仪、提高公民文明素质。广而告之公司长期与民政部、卫生部、公安部、红十字总会等多个国家部委及公益组织合作，制作的公益广告先后获得国内、国际多个奖项。

· 2011年3月18日，上海巴士集团工会与上海公交广告公司联合开展"安全行车，文明乘车"公益广告征集活动

上海巴士公交（集团）有限公司工会、上海公共交通广告有限公司联合开展征集"安全行车，文明乘车"公益广告活动，特向巴士集团全体员工发出征集令。活动的目的是进一步宣传和弘扬社会主义精神文明，推动上海的精神文明建设，推动公交行业司乘人员牢固

树立安全第一、乘客为上的宗旨，推动乘客树立文明乘车、安全乘车、互相礼让的理念，推动提高城市文明水平。充分利用公交车辆、车载电视、候车设施点多面广的优势，打造高质量的公益广告平台。公益广告主题围绕“公共汽车和电车乘坐规则”展开，结合公交特点进行安全行车、文明乘车宣传。

· 2011年3月23日，首届中国结核病防治公益宣传作品征集活动颁奖典礼在北京举行

3月23日，卫生部副部长尹力、世界卫生组织驻华代表蓝睿明和卫生部结核病防治形象大使彭丽媛在北京共同启动结核病防治宣传作品展播活动。当日，2011年“世界防治结核病日”主题活动暨首届中国结核病防治公益宣传作品征集活动颁奖典礼举行。卫生部副部长尹力在活动上表示，过去十年我国政府如期实现了向国际社会承诺的结核病控制阶段性目标，提前实现了联合国千年发展目标确定的结核病控制指标。参加中国结核病防治公益宣传作品征集活动的标语、海报、动画三类作品的获奖者在典礼上领奖。

· 2011年3月25日，湖北省十堰市城区设置118块大型户外公益广告牌

3月25日，十堰市城区东、西高速公路出口，东风大道、北京路、凯旋大道等重点路段安置了以迎接全省县域经济会议为主要内容的大型户外公益广告和宣传标牌。本次公益广告设置共包括大型公益广告牌118块、灯箱1200余个以及大量楼宇电视屏、公交电视等。公益广告画面主要以十堰风景名胜为主，突出十堰建设汽车城、山水城、生态城、和谐城和区域性中心城的特色，在动态屏幕上发布的公益广告形式为3分钟短片。本次公益广告设置，达到了提升城市品位、宣传文明思想的目的。

· 2011年4月8日，陕西宝鸡高新区推出创建文明城市公益广告

为配合宝鸡市创建全国文明城市开展的“整顿区内广告，加大创文宣传”活动，宝鸡高新区文明办推出了一系列以创建文明城市为主题的户外公益广告。按照市创文办关于在全市大力开展创文宣传的要求，高新区文明办联合区内有关部门在对辖区内的户外广告进行了摸底调查后，要求各广告设置单位限期对现有广告画面进行检查更新，并拿出总量不少于30%的户外广告位，用来宣传精神文明建设和普及创文知识。本次使用的公益广告在墙体、公交站点、路牌、垃圾箱等多种媒体投放，充分利用户外广告关注度高、冲击力强的特点，传播创建文明城市的核心精神。

· 2011年4月11日，《人民日报》刊登菅直人感谢援助广告

4月11日，日本首相菅直人在《人民日报》登刊题为《纽带》的文字广告，感谢援助赈灾。他表示，全世界朋友们所给予的情谊纽带使日本国民大受鼓舞，要由衷地说一声谢谢。他表示，日本必能重生、复兴、更加繁荣昌盛，届时将报答世界各方人士的温馨

援助。大地震发生后，逾130个国家和地区的政府及民间组织提供了援助。据日本共同社报道，日本首相菅直人向各国报纸投稿，就各国为日本大地震灾区提供的援助鸣谢。

· 2011年4月15日，北京社会公益活动周开幕

4月15日，2011北京社会公益活动周、第二届首都青少年公益节、国际社工日宣传活动在地坛公园开幕，市委常委梁伟出席。开幕式上，市委社会工委书记、市社会办主任宋贵伦介绍了本市社会公益活动开展情况，并希望通过此次活动，集中宣传和展示本市社会公益活动成果，推动全市社会公益活动更加蓬勃开展，促进社会公益理念更加深入人心，倡导广大市民和社会各界更加踊跃地参与社会公益活动。此外，“蓝立方”LOGO也在昨天揭牌。来自全市部分区县的17家社工事务所共同开展了50余场次的现场展示、咨询服务、参与体验等主题活动，还有市残联举办的体验盲人的生活一天、市妇联组织的巧娘工作室项目展示、团市委组织的“3510”绿色穿越活动成果展示等。

· 2011年4月18日，广西边境设置中越双语消防宣传牌

凭祥消防大队采用图文并茂的方式，设计中越两种语言的消防宣传公益广告牌，树立在人流密集地带，极具视觉冲击力。在凭祥市区，凭祥市消防大队在车辆进出频繁地带白云加油站附近转弯路口处，设置了一块“构筑消防安全‘防火墙’；打造平安和谐新凭祥”醒目宣传牌，该宣传牌以广西消防宣传大使韩红及严当当为背景，极具宣传影响力。此外，凭祥市消防大队联合相关单位在凭祥弄怀、浦寨等边贸区设置了多块大型户外中越语消防宣传牌。此类醒目的双语消防宣传公益广告牌不仅贴近消防工作，更贴近群众生活，切实让群众体验到了消防安全的重要性。

· 2011年4月21日，山东理工大学举办“让爱做主”心理健康公益广告设计比赛

4月21日，山东理工大学在学校数个食堂前开展“让爱做主”心理健康公益广告设计比赛。活动期间，山东理工大学支点广告学社部分成员通过展板、传单等对此次比赛进行宣传，并且向同学们解释活动细则及具体安排并对同学们的疑问进行耐心解答。此次比赛以“让爱做主”为主题，结合“生命、生活、生存”这三个方面，进行心理健康公益广告的设计，按平面组和影视组分别进行评选。平面公益广告要求参赛者不但要有独到新颖的创意而且要熟练操作必要的制图软件，与以往的比赛要求不同，此次平面设计可以进行手绘，这为爱好绘画的参赛者提供了更有利的条件。影视组则要求参赛者将制好的广告刻成DVD盘，并附创意说明。比赛的优胜者将获得一定的物质奖励。

· 2011年4月26日，北京出台首个慈善公益组织行业标准

4月26日，北京市民政局、首都慈善公益组织联合会发布《慈善公益组织管理流程指

引》，这也是中国公益慈善业首个行业标准。《指引》共列出528页指引规范，绘制了300多张流程图、任务格式表，让慈善公益组织从资金筹募、项目实施到信息披露、品牌管理、客户关系管理等9大方面都有章可循。《指引》规定，项目接收的捐赠资金明细，需由接受捐赠的公益组织提供《资金筹集公示稿》，在媒体上发布，向社会公示；同时要定期以信件和电子邮件的方式，将资金使用情况发送给捐赠者。同时，针对社会广为诟病的“捐款捐物后不知下文”的情况，《指引》特别进行了流程上的规范，提出在项目总结流程中，项目团队负责人要向捐赠人提交《项目运作总结报告》和《项目资金使用报告》，就项目运作情况和财务支出情况向捐赠人做口头汇报。此次发布的《指引》只是一个提供标准化慈善组织管理模式的行业规范，尚不具备强制性的法律效力，也尚无计划与慈善公益类组织的登记门槛挂钩。

· 2011年4月29日，山东潍坊用公益广告宣传等形式开展创建无传销镇活动

4月29日，山东潍坊市召开全市打击传销暨创建无传销镇（街道）工作会议，会议决定利用两年时间在全市开展创建无传销镇（街道）活动，争取2012年底前全市所有镇（街道）全部创建完成。为打击传销，潍坊市利用公益广告大力进行宣传，2009年以来，共发放各种宣传材料6万余份，投放公益广告1.8万条次。借助公益广告的宣传力量，潍坊的反传销工作取得了良好的效果，全市共取缔传销窝点425处，教育遣返传销人员5426人。全市已有1478个社区、村创建为无传销社区、村。

· 2011年5月4日，福建泉州市举办“泉岩杯”公益广告大赛

5月4日，泉州市工商局等多个部门联合举办的“泉岩杯”泉州市公益广告大赛启动。大赛以“回顾党的光辉历程，讴歌党的丰功伟绩”和“抵制假冒伪劣，促进创新发展”为主题，参赛作品分为平面作品、影视作品和广播作品三大类。每类作品均设置一、二、三等奖项。大赛从即日起至6月30日结束。6月中下旬组委会将进行评审，7月1日前揭晓评审结果。

· 2011年5月5日，中国红十字会援助汶川地震三周年公益晚会在成都举行

5月5日，“红十字向您报告——中国红十字会援助汶川地震三周年公益晚会”在四川省体育馆举行。本次公益晚会作为中国红十字汶川地震三周年援建成果权威信息发布专题晚会，围绕中国红十字会援建汶川三周年的各项工作，以简洁、直观、生动的方式，向海内外全面展示灾后重建成果。晚会进行了5次权威信息发布，公益明星代表中国红十字会发布了中国红十字系统接收捐赠及援建项目情况、中国红十字会总会汶川地震财务收支审计情况、四川省红十字会接收捐赠和项目实施情况、国际红十字组织及港澳台援助情况以及中国红十字会手机短信捐款情况等。

本次晚会由中国红十字会总会、四川省人民政府主办，四川省红十字会、中国红十字

会博爱基金承办，索贝国际机构执行承办，得到了红十字会与红新月会国际联合会、甘肃省红十字会、陕西省红十字会的大力支持。

· 2011年5月6日，中山大学公益慈善研究中心揭牌成立

5月6日，中山大学公益慈善研究中心揭牌成立。该中心拟用3年时间建设“中国慈善数据库”，将华南地区慈善家“收集”起来进行公益行动、社区实践等，还计划与美国印第安纳大学慈善中心合作开发慈善课程。成立仪式上，2009年诺贝尔经济学奖得主、美国印第安纳大学教授埃莉诺·奥斯特罗姆为其揭牌，并受聘为慈善中心的学术咨询委员会荣誉主席，南中国地区首个慈善研究中心就此诞生。当天，两大慈善中心还签署了“框架合作协议”，双方将进行教授互访（每年4名）、中美慈善比较研究等。慈善中心拟用3年时间建立中国公益慈善事业的数据库，推动公益事业的评估和规划；同时搭建南方慈善家平台，与政府部门合作开展政策倡导，进而推动全社会公益理念的传播。

· 2011年5月8日，第一届上海市“申通德高杯”地铁公益广告大赛启动

5月8日，由上海市精神文明建设委员会办公室、上海市工商行政管理局、上海市广告协会、上海申通地铁集团有限公司的共同发起主办的第一届申通德高杯公益广告创意大赛正式启动。本项赛事旨在鼓励社会各界参与公益广告创作，借助上海地铁媒体平台打造公益传播阵地，征集优秀的公益广告作品为社会主义精神文明建设服务。第一届申通德高杯除了加大在国内宣传的力度外，还将初次尝试向海外征稿，目前已经向10所海外知名院校发出邀请，海外参赛作品将成为本次大赛的重要亮点之一。

本届大赛将主要围绕“讲文明树新风”主题，着重围绕培育践行社会主义核心价值观、努力追求实现中国梦、建设生态文明、规范道德行为、倡导勤俭节约等中华传统道德以及与人民群众生活关系密切的交通、食品安全等方面内容。

大赛的奖项设置将分为专业组和大众组，每组设置金、银、铜奖，分别给予一定的物质奖励和精神奖励。本届特别加大对视频类作品的奖励力度，对于视频类作品，将专门设立金银铜奖。所有获得金银铜奖的作品不仅将获得丰厚的奖金以及由主办单位所颁发的奖杯和证书，作品还将署上作者姓名和参赛机构名称，在上海地铁长期展示。

· 2011年5月11日，中国道路安全宣传日公益活动在北京举行

5月11日，由中国智能交通协会、中国汽车运动联合会共同主办的联合国“道路安全十年行动”中国启动日暨中国道路安全宣传日公益宣传推广活动在北京举行。本次活动主题是“道路安全，你我同行”，旨在增强交通安全意识和交通法制观念，规范交通行为，全方位提升整个社会的道路安全水平，改善我国交通安全环境，营造讲交通安全、守交通法规的良好氛围，对强化相关部门责任，保证各项措施的落实起到了积极的推动作用。

· 2011年5月14日，中国红十字会总会和苏宁公司共同发起防灾减灾公益课堂

5月14日，由中国红十字会总会和苏宁公司共同发起的“防灾减灾公益课堂”启动，在全国范围内持续两天时间。苏宁以设在各个城市的卖场作为课堂，聘请红十字会的讲师为市民普及防灾减灾知识，课程主要包括心肺复苏、创伤救护、逃生避险、家庭安全用电常识等内容，通过现场咨询、讲解、知识手册发放、互动体验等生动有趣的形式，强化知识普及。此次活动是2011红十字博爱周的重要组成部分。

· 2011年5月17日，福建省“跨越杯”公益广告大赛颁奖仪式在福州举行

“跨越杯”福建省公益广告大赛颁奖仪式5月17日在福建省福州市举行，本次大赛是2011年海峡两岸广告高峰论坛的活动之一。本次大赛共评出金奖作品1件，银奖作品2件，铜奖作品3件，同时产生各比赛专题的一、二、三等奖作品。

· 2011年5月18日，海峡两岸公益广告展在福州海峡国际会展中心举行

5月18日，海峡两岸公益广告展在福州海峡国际会展中心举行，展会上展出了来自海峡两岸的200余幅作品。此次展会旨在推动广告承担社会责任，中国广告协会精选出一批来自大陆地区的公益广告最新获奖精品，台湾地区也有一批优秀公益广告作品参展。

· 2011年5月20日，深圳市“迎大运·保平安消防公益广告设计大赛”正式启动

深圳市公安局消防监督管理局联合深圳市平面设计委员会主办的“迎大运·保平安消防公益广告设计大赛”正式启动，面向全国广告设计爱好者征集消防公益广告作品。此次大赛以“迎大运·保平安”为主题，设计的风格、形式均不限，要求能够体现消防安全、消防意识、消防环境对社会和民众的重要性，能唤醒公众的消防安全意识，促请社会公众关注消防、参与消防。

· 2011年5月21日，上海地铁部署惩防腐败公益广告

5月21日，上海市人民检察院和上海申通地铁集团有限公司共同签署法制公益宣传合作协议，开展预防腐败公益宣传，宣传检察机关预防职务犯罪，激发社会公众参与预防职务犯罪的热情，为推进惩治和预防腐败体系建设营造良好的社会环境。此次首批投放的公益广告，以申通集团在其管理的地铁车厢移动电视、站点灯箱等资源为载体，将检察机关提供的查办各类职务犯罪案件的特点、原因、规律进行深刻剖析，通过动画、版画等形式制作成多媒体公益宣传材料。

· 2011年5月23日，“一心一益”公益创意大赛揭晓

由中华慈善总会志愿者工作委员会发起并主办，北京大学爱心社承办的“一心一益”

公益创意大赛在北京大学揭晓。此次大赛共收到200余份参赛作品，内容涵盖教育、科技、经济、交通、医疗卫生、环保等诸多方面。参赛高校学生提出了不少可行性强的项目，部分项目已在实施中。

· 2011年5月24日，2011中国长沙国际广告节举办“中国城市形象宣传片展播”

5月24日举行的2011中国长沙国际广告节颁奖典礼上，由重庆市政府新闻办制作的重庆城市形象宣传片，被广告节组委会授予创意奖一等奖。本次国际广告节举办的“中国城市形象宣传片展播”活动，有全国各地35个省、市的城市形象宣传片参与展播角逐。广告节组委会组织专家对参与展播的城市形象宣传片进行了评选，对主题突出、立意新颖、创意独特、画面优美、艺术性强的10个城市的形象宣传片授予创意奖。广告节组委会授予重庆城市形象宣传片创意奖一等奖；杭州、上海、成都获二等奖。

· 2011年5月25日，浙江省爱眼公益广告语评选活动进行网络、短信投票

由浙江省眼科医院和浙江在线健康网联合推出的“万元大奖全球征集爱眼公益广告语活动”，自3月28日启动至5月15日，一共征集到7651条公益广告语。目前评审委员会已从这些广告语中挑选出600条，并邀请了媒体、眼科专家进行二次筛选，最终确定30条语言精彩、琅琅上口的广告语进行网络、短信投票，这两种投票方式各占50%比例，最终确定一名特等奖和十名优秀奖，特等奖奖励2万元，优秀奖奖励1000元，并于6月6日在温州医学院附属眼视光医院杭州院区的“爱眼日大型活动”上现场颁奖。

· 2011年5月26日，重庆市安全生产公益广告征集活动启动

5月26日，由重庆市市政府安委会和重庆晚报联合主办的重庆市安全生产公益广告征集活动正式启动。征集的内容包括安全生产公益广告、安全生产警句和安监人文精神，作品内容紧贴“关爱生命、关注安全，安全生产、关乎万家”的安全理念。此次有奖征集活动至6月30日结束。

· 2011年5月26日，固特异中国发起以“安全”为主题的公益宣传活动

固特异中国于5月26日在上海举行了“安全是一生的事业”系列公益片的首映仪式。该系列公益片是固特异携手上海纪实频道共同发起的以“安全是一生的事业”为主题的公益宣传活动的重要组成部分，旨在向那些默默奉献一生，全力守护他人安全的平凡守卫者致以崇高的敬意。这一系列短片讲述了七位普通劳动者守护他人安全的故事，包括公交司机、民航飞行员、海洋检测员、消防教官等，他们的故事向人们展示了这些普通的劳动者如何通过不同的方式，在自己平凡的工作岗位上为整个社会的安全与安定做出了巨大的贡献。该系列纪录片随后在上海纪实频道和互联网上播出。

· 2011 年 5 月 27 日，大连市妇联开展“阳光伙伴计划”大型公益项目

5 月 27 日，大连市妇联与半岛晨报、发现王国主题公园联合发起“快乐六一计划”，活动邀请大连市近百名留守儿童免费游览“发现王国”主题公园。“快乐六一”活动是大连市妇联开展的“儿童阳光工程”的系列子项目“阳光伙伴计划”的主要内容之一，是继 2010 年“六一”儿童节期间举办的“花开阳光下”留守流动儿童电视主题晚会后，又一次留守流动儿童亲身参与的大型互动性活动。大连市妇联希望通过此次活动，让留守流动儿童能够度过一个快乐而有意义的“六一”儿童节，能够感受到来自各界的关爱，能够在全社会亲情的沐浴下健康快乐成长。

· 2011 年 5 月 29 日，武汉公交布置以辛亥首义文化为主题的公益广告

5 月 29 日，武汉 537 路公交车为纪念武昌起义 100 周年而搭载了以辛亥首义为主题的公益广告。该线路的 20 余台公交车撤掉全部商业广告，换上了展示辛亥百年风云的公益广告，以示首义之城对辛亥革命先烈的纪念。由武昌东湖梨园始发的 537 路公交车，是一条横跨三镇的五星级公交线，途经鄂军督都府（红楼）、首义广场等江城 10 多个风景名胜点和繁华商业中心，日均载客 6000 人左右。

· 2011 年 5 月 31 日，全国廉政公益广告创意征集活动正式启动

5 月 31 日，全国廉政公益广告创意征集活动启动仪式在北京举行。活动由中央纪委宣传教育室、国家预防腐败局办公室联合举办，旨在贯彻第十七届中央纪委第六次全会精神，落实中央纪委等六部委《关于加强廉政文化建设的意见》。活动采取组织推荐和自由投稿相结合的方式进行。

· 2011 年 6 月 1 日，“一次转发一瓶水”微博公益活动启动

6 月 1 日，中国平安和中国青少年发展基金会联合发起“一次转发一瓶水”微博公益活动。参与者在 6 月 1 日至 6 月 15 日间转发活动微博，每转发一次，中国平安和中国青基会即为旱区的平安希望小学捐出 1 瓶饮用水，每增加 1 位粉丝再捐饮用水 2 瓶。该微博公益活动一经启动便受到许多网友的关注，活动启动 6 小时内该微博已被转发 13764 次，合计相当于向旱区希望小学捐助饮用水约 16000 瓶。从 1994 年平安希望小学在安徽省六安市落成，到 2010 年 5 月 31 日，平安已经完成全国 100 所希望小学的援建规划，并且有 87 所希望小学援建落成，受益学生累计超过 36000 余人。

· 2011 年 6 月 1 日，广西玉林检察院在繁华路段播放反腐公益广告

6 月份开始，广西玉林市检察院与玉林市奥博广告有限公司合作，借助该公司在玉林市广告传媒联播的强大优势，通过将该院职务犯罪预防局提供的警示宣传图片、文字，制作

成反腐倡廉宣传公益短片，以喜闻乐见的方式在玉林城区的LED广告显示屏滚动播放。此举表现了检察机关在狠抓案件查处的同时，坚持同步预防，创新警示宣传教育公职人员廉政勤政的模式。在广西玉林市文化广场、南江公园、工业品市场、电脑电器专业市场等最繁华的场所和交通要道的LED广告显示屏上，不间断播放《共和国阳光行动预防职务犯罪》专题宣传片，一幅幅寓意深刻的精美图片，配上悠扬的音乐，吸引着人们的目光。

· 2011年6月1日，杭州市举办禁毒公益广告大赛

由杭州市禁毒委主办，杭州市市委宣传部、市文广新局协办的禁毒公益广告大赛启动。本次大赛是为配合《中华人民共和国禁毒法》实施三周年纪念日所举办，旨在推动禁毒公益宣传，提升城市禁毒形象和宣传力度，倡导城市文明风尚，营造文明和谐的社会氛围。

· 2011年6月2日，中央宣传部、中央文明办、国家工商总局、国家广电总局、新闻出版总署下发《关于开展“讲文明树新风”公益广告征集活动的通知》

为充分发挥公益广告在传播文明、引领风尚中的重要作用，展示我国人民昂扬向上、文明进步的精神风貌，为庆祝中国共产党成立90周年营造文明和谐的社会氛围，经中央领导批准，中央宣传部、中央文明办、国家工商总局、国家广电总局、新闻出版总署组织开展“讲文明树新风”主题公益广告宣传活动，面向全国征集优秀作品。中央宣传部、中央文明办、国家工商总局、国家广电总局、新闻出版总署下发《关于开展“讲文明树新风”公益广告征集活动的通知》（文明办〔2011〕14号）。活动的主题是：以弘扬社会主义核心价值体系为根本，围绕庆祝中国共产党成立90周年，制作、刊播“讲文明树新风”主题公益广告，弘扬自强、厚德、崇简、尚义、守信、明礼、报国、尽孝等修身律己理念，引导人们积极参与“做文明有礼的中国人”、学习宣传道德模范、志愿服务、文明交通行动等道德实践活动，树立良好的道德风尚。活动的时间是2011年6月至12月。中国传媒大学全国公益广告创新研究基地负责作品的收集和整理工作。

· 2011年6月3日，彭丽媛被世卫组织聘为“抗击结核病和艾滋病亲善大使”，世卫总干事陈冯富珍博士在日内瓦总部宣布任命

6月3日，彭丽媛被世卫组织聘为“抗击结核病和艾滋病亲善大使”，世卫总干事陈冯富珍博士在日内瓦总部宣布这项任命。彭丽媛在聘任仪式上说：“世卫组织给我这个重要角色是莫大的荣誉，我希望对世卫的工作做出重要贡献，拯救结核病人和艾滋病人的生命。希望我的参与将惠及那些面临高风险的人群。”世卫组织选择彭丽媛有两个原因：首先，彭丽媛是中国非常有名的歌唱家，拥有巨大的影响力；其次，彭丽媛也一直致力于公共卫生领域，她参与了多项健康项目和致力于提升公众健康的公益广告，通过行动证明了自己对公共卫生事业的奉献精神。世界卫生组织亲善大使是艺术、文学、文艺、体育界或其他大

众生活领域中的知名人士，他们致力于为世卫组织的工作作出贡献，提高人们对重要卫生问题和解决办法的认识。彭丽媛长期热心参与公益事业。2006年，彭丽媛接受卫生部邀请，出任预防艾滋病义务宣传员。同年4月，彭丽媛来到安徽阜阳，看望患艾滋病的儿童，并拍摄公益广告片《我们在一起》。2007年，彭丽媛成为全国结核病防治宣传形象大使。此后，彭丽媛身体力行，亲赴一些结核病高发区看望患者。2009年，彭丽媛被中国控制吸烟协会聘请为控烟形象大使，协会宣传部负责人表示，聘请彭丽媛是因为她的形象正面积极，希望借助她的社会影响力促进中国控烟进程。

· 2011年6月3日，河南林州预防职务犯罪公益广告在安林高速林州出口处亮相

6月3日，河南林州市检察院设计的“加强预防职务犯罪工作，建设三省交界区域中心城市”预防职务犯罪公益广告，在安林高速林州出口处亮相，成为提升林州城市品位的又一亮点。此举是预防职务犯罪工作机制的一个创新，旨在进一步拓宽预防职务犯罪格局，提高全民预防职务犯罪意识，扩大预防工作的社会效果。林州市检察院紧紧围绕检察工作主题，高度重视职务犯罪预防工作，坚持打防并举，不断创新预防形式，多措施、多途径开展预防工作。此次树立大型公益广告牌，展示了该院坚持标本兼治推进党风廉政建设、改善林州发展环境、保障经济建设快速持续发展的态度和决心。

· 2011年6月9日，海南市慈善电视公益广告创作评选活动揭晓

由海南市南海区委宣传部、南海区慈善会、佛山电视台南海工作站联合举办的2011年南海慈善宣传电视广告创作评选活动在6月9日揭晓。8件作品分别获得专业组一、二、三等奖，一件作品获得非专业组三等奖。

· 2011年6月10日，北京广播电台围绕建党90周年征集“讲文明树新风”主题公益广告

6月中旬，北京广播电台认真贯彻落实中共中央宣传部、中央文明办、国家工商总局、国家广电总局、新闻出版总署《关于开展“讲文明树新风”公益广告征集活动的通知》精神，向台内征集“讲文明树新风”公益广告优秀作品。以弘扬社会主义核心价值体系为根本，围绕庆祝中共共产党成立90周年，制作、刊播“讲文明树新风”主题公益广告，弘扬自强、厚德、崇俭、尚义、守信、明礼、报国、尽孝等修身律己理念，引导人们积极参与“做文明有礼的中国人”、学习宣传道德模范、志愿服务、文明交通行动等道德实践活动，树立良好道德风尚。

· 2011年6月15日，“讲文明树新风”主题公益广告在中央人民广播电台各频率循环播出

由中宣部、中央文明办、国家工商总局、国家广电总局、新闻出版总署联合组织，

中央人民广播电台产业办广告管理处征集和制作的 “讲文明树新风” 主题公益广告， 6 月 15 日起至国庆期间在中央台各频率循环播出。 2011 年 “讲文明树新风” 主题公益广告制作展播活动是中央台配合建党 90 周年等重大宣传活动的组成部分。 广告管理处组织征集作品、进行作品制作和安排展播工作， 共制作完成了 13 件经中央文明办审定的公益广告作品， 主题包括 “中国国家形象”、 “建党 90 周年纪念”、 “争做文明公民”、 “学习宣传道德模范”、 “开展志愿服务活动”、 “倡导交通文明”、 “促进社会和谐” 等。 这些作品以弘扬社会主义核心价值体系为根本， 展示我国人民昂扬向上、 文明进步的精神风貌， 营造文明和谐的社会氛围。

· 2011 年 6 月 16 日， 天津 “庆祝建党 90 周年公益广告设计大赛” 结果揭晓

6 月 16 日， 由 《今晚报》 与天津市工商局、 市广告协会联合主办的 “庆祝建党 90 周年公益广告设计大赛” 结果揭晓。 从 17 号起， 获奖的 30 件佳作陆续通过今晚网大赛专题网页、 《今晚报》 进行展示。

· 2011 年 6 月 16 日， “健康的市场需要你” 公益广告作品征集大赛启动

中国证券投资者保护基金公司推出 “健康的市场需要你” 投资者保护主题公益广告网上 FLASH 作品征集大赛。 此次活动由中国证券投资者保护基金公司负责具体组织实施， 中国证券投资者保护网和人民网协办， 联合中国证券报、 上海证券报、 证券时报、 证券日报及其网站和新华网、 央视网、 新浪网等 13 家网站共同推出。 此次活动旨在为维护资本市场 “公开、 公平、 公正” 的原则， 引导投资者和网民正确认识非法证券活动和内幕交易的危害， 增强风险防范意识； 普及证券法律法规知识， 提高投资者和网民对各类非法证券活动和内幕交易的辨别能力和自我保护能力， 使其自觉远离各类非法证券活动和内幕交易； 引导投资者正确认识我国资本市场， 倡导成熟理性投资理念， 共同建设稳定、 和谐资本市场。

· 2011 年 6 月 17 日， 日本政府观光局在华推出公益广告

日本政府观光局在中国各大媒体推出公益广告， 感谢中国国民在 2011 年日本 “3. 11 大地震” 后对日本观光产业的支持和援助。 6 月 17 日起， 该广告已陆续在北京 《新京报》、 青岛 《半岛都市报》、 沈阳 《辽沈晚报》 及 《大连晚报》 等各主要都市媒体登载。

· 2011 年 6 月 17 日， 山西省希望工程 “走遍山西” 大型公益活动正式启动

6 月 17 日， 山西省希望工程 “走遍山西” 大型公益活动启动。 在此后的两年时间里， 将请来专业摄影师， 用镜头记录希望小学孩子们学习和生活的点滴瞬间， 并集结成册送给孩子们和希望小学， 留作纪念。 该大型公益活动由天使映像捐赠， 由专业摄影师每两个月选择一所希望小学， 为孩子们进行拍摄， 并集结成册送出， 给他们的童年留下美好的记忆。 同时， 还将给孩子们捐赠一些学习用具和体育用品。 活动结束后， 整理选出的所拍希望小

学学生的全部照片集结成画册赠送给希望小学。

· 2011 年 6 月 18 日，广州巴士现“拒食猫狗”公益广告

在广州的公车上首次出现以“拒食猫狗”为主题的的公益广告，广告语为：“口下留情，拒绝残忍。请不要食用猫狗！”和“请照顾好你的猫狗，别让它成为盘中餐！”两句广告标语，中间是坐在餐盘上的小猫小狗和鲜红的“禁止”标志。这一信息迅速在互联网上传播，得到了包括部分名人在内的广大网友的支持和转载。近年国内出现了一些虐待动物的丑闻，部分地区有食用猫狗的现象，很多动物保护人士展开了保护动物、抵制虐待动物的行动。

· 2011 年 6 月 19 日，贵阳规定公共场所公益广告不得少于 20%

6 月 19 日，贵阳市城管系统召开“创文”工作誓师动员大会，对下一步全市城管系统创建全国文明城市迎检攻坚目标任务进行了分解细化。贵阳市城市综合执法队伍、市政工程管理处、河道处、环卫处等城管系统部门将对公共场所乱丢杂物、随地吐痰等进行整治。其中，通过整治，主要公共场所宣传道德建设的公益性广告，数量要求大于或等于广告总数的 20%；公共场所广告、招牌等用字规范，内容健康。近年来，国内许多城市都出台规定，对于户外广告中公益广告所占的比例做出了详细规定。

· 2011 年 6 月 21 日，中国广播电视协会广告信息委员会一届四次会议暨中国广告协会广播分会七届四次会议召开

中国广播电视协会广告信息委员会一届四次会议暨中国广告协会广播分会七届四次会议在乌鲁木齐召开，第三届全国广播广告作品创优评析——优秀公益广告作品评选结果同时揭晓：一等奖作品共 15 件，二等奖作品 21 件，三等奖作品 39 件。

· 2011 年 6 月 22 日，湖南衡阳开播公益性电视频道

6 月 22 日，中国首家地市级城市公益性电视频道——湖南衡阳党建先锋频道 22 日正式面向该市城乡开播。该频道定位“先锋媒体、公益频道”，每天计划播出 18 个小时，主要以衡阳党建大事、时政要事、红色电视剧、电影和歌曲、引进的党建社教类等专题节目及城市形象宣传片、公益广告片为主，并逐步推出自办新闻栏目和讲坛类栏目等，该频道不播出任何商业广告，所有运转经费全为拨款。年初，重庆卫视进行改版，以打造“公益频道”为主旨，取消了全部商业广告。

· 2011 年 6 月 23 日，广东省垃圾分类公益广告创意征集活动启动

由广东省环境卫生协会、南粤环保世纪行组委会办公室、团市委等单位联合主办的“广东省垃圾分类公益广告创意征集”活动启动仪式在广州大学举行。此次活动旨在为热爱

环保的大学生们提供一个展现个性创意、释放青春活力的舞台与机会。

· 2011年6月25日，吉林省长春市征集创文明城公益广告活动启动

长春市精神文明建设指导委员会办公室在全市范围内开展创建全国文明城市公益广告创意征集活动，此次活动是为了进一步提高长春市城市的文明程度。此次活动以倡导社会公德，恪守职业道德，弘扬家庭美德，加强未成年人思想道德建设，引领社会新风，共创文明城市，建设美好生活为主题。最终评出一等奖1名，二等奖3名，三等奖5名，优秀奖若干名。

· 2011年6月25日，上海银行业青年举办“庆建党90周年公益活动周”活动

为庆祝中国共产党建党90周年，鼓励全行业青年积极投身上海“十二五”期间“创新驱动，转型发展”，金融业实践履行社会责任，上海银行业青年联合会举办“庆建党90周年公益活动周活动”和“上海银行业青年‘三进’活动指定宣传服务日”。本次活动由上海银监局、上海市金融工委发起，上海30余家中资商业银行参与。

· 2011年6月28日，全国廉政公益广告创意征集活动正式启动

6月28日，中央纪委宣教室和国家预防腐败局办公室面向全社会开展廉政公益广告创意征集活动。本次活动征集影视类廉政公益广告创意。内容主要包括两个方面：一是宣传崇尚廉洁、鄙弃贪腐的价值理念，弘扬清正廉洁、勤政为民的良好风气，倡导秉公用权、廉洁从政的行为规范；二是结合纪念中国共产党成立90周年，热情讴歌党和政府高度重视反腐倡廉工作，充分展示反腐倡廉在促进改革发展稳定中发挥的重要作用。本次活动面向组织和个人，征集活动为期一个月，评选中获优的作品在媒体上刊登。

· 2011年6月28日，湖南“快乐公益大讲堂”活动启动

6月28日下午，湖南“快乐公益大讲堂”活动启动，《做一个快乐的共产党人》首发式同时举行。“快乐公益大讲堂”由湖南省文明办主办。在建党90周年之际，湖南省文明办按照中央文明办关于创造性地开展文明创建工作的要求，结合当前的时代主题和实际情况，率先提出快乐的理念，积极推进“快乐湖南”建设。“快乐公益大讲堂”就是为了弘扬快乐精神，打造快乐品牌，培育快乐文化。本活动计划在之后的两年时间在全省范围内举办80—100场专题讲座，广泛提升机关、学校、企业事业单位、社区的快乐感和幸福感。

· 2011年6月28日，重庆高速公路设置1265块公益广告

为迎接建党90周年，重庆市在市内各条高速公路旁设立了多达1265块户外公益广告牌，主要包括T型牌、三面体、收费站看板、服务区的灯箱以及部分天桥、洞顶的广告牌。这些公益广告围绕“五个重庆”、民生十条和精神文明建设等展开，着重宣传革命精

神、改革开放新举措、经济发展新成就、城乡统筹新面貌、人民生活新改善、精神文明新风尚和巴渝大地新气象。此外，重庆市在主城区也设立了150块公益广告牌，分布在主干道、商圈和广场等人流密集地段。

· 2011年7月6日，甘肃省首届广告节举行获奖作品颁奖仪式

甘肃省首届广告节广告展品大奖赛暨甘肃省首届公益广告评选活动结果揭晓。经广告节广告作品评审委员会评比，选出了一批主题鲜明、导向正确、创意新颖、制作精良，体现政治性、思想性、艺术性、观赏性相统一的精品。此次评选共选出“广告作品大奖赛”金奖4件、银奖10件、铜奖10件，入围奖49件；“公益广告评选”活动金奖10件、银奖10件、铜奖10件、入围奖69件。

· 2011年7月9日，深圳市第三届公益项目大赛启动

7月9日上午，深圳市第三届公益项目大赛启动，为大运会营造全民参与的浓厚气氛。由深圳市民政局和广电集团联合主办，深圳市公益基金会、公共粤语综合频道共同承办的深圳第三届公益项目大赛，将以电视竞赛形式展示社会公益创意项目，获胜者将得到主办方项目投资，令创意变现实帮助困难群体。此前的两届公益项目大赛催生了一大批公益项目。在本届大赛中政府投入了更多资源，入围前十名的项目可获得20至50万元资助。启动仪式之后，进行了安利纽崔莱全民公益健康跑活动。

· 2011年7月12日，“昆明城市形象广告片、昆明城市宣传片”项目公开招标

受中共昆明市委宣传部的委托，昆明市市级机关事务管理局政府采购办公室对中共昆明市委宣传部“昆明城市形象广告片、昆明城市宣传片”项目进行公开招标。要求投标方运用影像技术展示昆明的综合实力，体现昆明作为中国面向西南开放的区域性国际城市独有的宜居环境和投资创业环境。运用艺术手段，以流畅的画面和强烈的视觉效果展示焕发着无限生机和活力的新昆明。广告片和宣传片的文稿撰写、摄制编辑、配音配乐、字幕制作、外文翻译等均由投标方负责。策划提炼昆明城市形象主题口号，口号要切合昆明区域性国际城市的发展定位，体现昆明城市个性，彰显昆明城市魅力，凸显城市核心价值，适合城市营销推广，易为国内外受众接受。口号要具有唯一性、排他性和权威性，中文和英文双语表述，简洁规范，便于流传，具有独特的标识意义和持久生命力。

· 2011年7月14日，宁夏部署开展文明交通公益广告免费刊播活动

宁夏回族自治区党委宣传部、文明办、公安厅和广电局联合印发《“关爱生命，文明出行”全区文明交通宣传教育实施方案》，部署开展全区文明交通公益广告免费刊播活动。本次活动以“关爱生命，文明出行”为主题，旨在通过广播、电视、报纸、网络和手机短信，定期免费刊播音频、视频、图画、动漫和文字等各类文明交通公益广告，形成长

效机制，提升全社会交通安全文明意识，营造人人守法文明出行，共建和谐有序交通环境的浓厚宣传舆论氛围。此次活动根据区、市、县各级各类新闻媒体的传播特点和受众范围，对公益广告刊播的频道（率）、版面和时间、频次，进行了明确具体的规定。

· 2011年7月14日，重庆组织车友会观赏渝湘高速公路公益广告文化长廊

重庆市有关方面组织某车友会的成员120余人，分乘41辆私家车，从重庆高速公路集团出发，经渝湘高速前往黔江，欣赏沿途风景和感受公益广告文化长廊。重庆市高速公路共安装有1265块公益广告牌，内容包括“五个重庆”建设、民生十条、城乡统筹新面貌及革命精神、改革开放新举措等。

· 2011年7月17日，广东首届“珠江公益节”开幕

首届“珠江公益节”17日在广州开幕。公益节期间有多个针对新生代农民工、农民工子女、贫困地区小学生以及未就业大学生的公益项目面向社会进行推介，募集资金。此外，为珠三角地区外来工及其子女建立“爱心服务站”的公益慈善周活动也于当日同步启动。首届“珠江公益节”主题为“爱·大家”，由共青团广东省委、广东省民政厅和南方报业集团联合主办。本次活动的目的是建立公益项目和公益资源的对接平台，整合更多的社会资源支持公益事业，打造服务社会重点群体的公益品牌，活动旨在通过以公益创新推动社会管理创新。公益节期间，通过公益拍卖和推介优秀公益项目等方式，为公益事业募集资金。为确保评选活动的“公平、公正、公开”，组委会专门设立了由人大代表、公益基金会负责人、知名网友和专家学者等组成的“公益评议团”，对评议环节和结果进行观察、评价和监督。在本活动期间，还举行了为在广州的第二代、第三代农民工服务的“珠三角公益慈善周”，建立了爱心服务站。

· 2011年7月18日，成都市武侯公安分局运用公益广告宣传官方微博

成都某电脑城外出现了一则以流行的网络语言创作的公益广告，其内容是宣传成都市武侯公安分局的官方微博，其内容为“爱咆哮，爱卖萌，更爱正义，我不是奥特曼，我是成都市公安局武侯区分局。”这则公益广告由于其新颖的语言风格而吸引了许多路过市民的注意。2011年，我国许多国家机关和企事业单位都开通了官方微博，利用新媒体的影响力传播信息、塑造形象。

· 2011年7月18日，深圳3000《论语》金句公益广告迎大运

第26届大运会即将开幕，走在深圳街头的人们发现了一组别具特色的《论语》金句公益广告。“有朋自远方来，不亦乐乎”、“与人恭而有礼，四海之内皆兄弟”等耳熟能详的国学经典名句，以中英文两种形式，伴着淡雅的水墨画映入眼帘。这是深圳喜迎大运的“不一样的精彩”——在国内首创推出《论语》金句公益广告迎大运，让海内外来宾在

3000块论语公益广告牌中“发现中华文化之美”。公益广告是城市文化最具象、最直接、最醒目的一种表现形式。深圳市委推出这组公益广告，旨在传播中华传统文化，展示城市人文形象，引导市民提升素养，让参加大运会的运动员、各国来宾、世界各地的朋友们在深圳感受到中华传统文化的博大精深，也看到深圳这座城市中西交汇、贯通古今的“不一样的精彩”。

·2011年7月20日，深圳市第六届设计之都公益广告大赛启动

7月20日，由深圳市委宣传部等主办，由深圳广电集团承办的深圳市第六届设计之都公益广告大赛启动。大赛的主题为“文明·进步·责任”，题材包括传统文明礼仪、现代公民教育、环境保护、廉政建设、卫生健康等方面的内容。参赛作品分平面、影视和广播三类。

·2011年7月21日，天津市开展“讲文明树新风”公益广告征集活动

天津市委宣传部、市文明办、市工商局、市文广局、市新闻出版局联合开展“讲文明、树新风”公益广告征集活动。本次活动为了推动天津市“讲文明树新风”活动深入开展，宣传《天津市城市管理规定》、《天津市民文明公约》和《天津市民文明守则》，充分发挥公益广告在传播文明、引导风尚中的作用。“讲文明、树新风”公益广告征集活动是天津市2011城市文明展示季重点项目之一。本次活动以弘扬社会主义核心价值体系为根本，制作刊播“讲文明树新风”主题公益广告，倡导自强、厚德、崇俭、尚义、守信、明礼、报国、尽孝等修身律己理念，引导人们积极参与“做文明有礼天津人”、学习宣传道德模范、身边好人、志愿服务、文明交通行动等道德实践活动，树立良好道德风尚。应征作品分为平面、广播、影视三类。平面类作品版面设计最大为A1，最小为A4，广播类作品时间最长90秒，最短30秒，影视类作品时间最长120秒，最短30秒。

·2011年7月26日，河北举行纪念唐山抗震35周年大型公益慈善晚会

7月26日，以“以心换心，以爱还爱，用生命影响生命”为主题的纪念唐山抗震35周年大型公益慈善晚会在唐山市古冶区会议中心举行。在晚会上，上演了各种文艺节目并举行了文艺作品捐赠仪式。此活动以河北慈善总会“凤凰之翼”爱心捐助机构为平台，以助残、帮扶贫困大学生、资助聋哑学校和福利院为主要内容，组织爱心企业和个人，为残疾人和贫困孩子送去一份希望，“传递温暖让爱流动”为和谐社会奉献一份力量。此外，企业家和爱心人士进行了慈善捐款活动，号召社会各界共同努力、奉献爱心，组织开展更多充满爱心的活动。

·2011年7月27日，江西启动“百花放映·红色之旅”公益放映活动

江西省启动“百花放映·红色之旅”大型电影文化惠民公益放映系列活动。此次活动

在江西南昌、吉安、九江等地社区广场相继展开，历时两个月，公益放映的电影包括《建国大业》、《建党伟业》等优秀红色影片，总计千场次。此次公益放映活动为广大电影观众提供了丰富的精神食粮。

· 2011年8月1日，上海城市形象宣传片亮相美国纽约时报广场

上海城市形象宣传片《上海》自8月1日开始亮相美国纽约时报广场，全片着重表现上海老百姓的真实工作和生活。城市形象宣传片《上海》发布在美国纽约时报广场二号楼的黄金位置。外滩、陆家嘴、新天地、苏州河等上海的地标性场景和上海市民意气风发的笑脸出现在世界上最繁华广场的荧屏上。

· 2011年8月1日，江苏无锡出租车上播放反腐倡廉公益广告

8月1日起，江苏省无锡市4000余辆出租车后排液晶显示屏，在上下班等客流高峰时段滚动插播反腐倡廉公益广告，时间为期一个月。为庆祝《江苏省预防职务犯罪条例》颁布五周年、《无锡市预防职务犯罪条例》颁布十周年，进一步提升预防职务犯罪工作的社会影响力，无锡市南长区检察院联合该区预防职务犯罪领导小组、区预防协会，共同开展预防职务犯罪教育宣传月活动。该院走访了无锡市交通运输管理处，联系安排了全市出租车插播反腐倡廉公益广告事宜，为活动宣传增添了一道亮丽风景线，提高了宣传效果。

· 2011年8月3日，广发证券社会公益基金会正式启动

8月3日，广发证券社会公益基金会在广州启动，这是目前中国证券行业注册资金规模最大的企业慈善公益基金会。该基金会由广发证券、广发基金、广发期货和广发信德投资管理有限公司共同发起并出资4300万元设立。基金会捐助重点是助学兴教，帮助不同层次有需要的学生，完成学业或者进一步拓展潜能。较为不同的是，该基金会与近年在选拔贫困尖子生方面有良好口碑的专业执行机构合作，希望借助其在该领域的资源和多年累积的经验，筛选成绩优异的贫困初中毕业生，帮助他们顺利完成高中课程并考取大学。基金负责人表示，依托广发证券遍布全国的网点优势，基金会将通过广发证券的分公司、子公司等分支机构所在地进行慈善捐助活动，实现回馈当地社会的目的，同时也有利于分支机构跟踪落实相关的慈善项目，动员员工、客户身体力行，参与到慈善活动中来。

· 2011年8月4日，中央人民广播电台开播2011年度公益广告作品

截止到8月4日，中央人民广播电台2011年度公益广告宣传活动所有公益广告作品制作完成，即日起29件新作品在各频率轮换播出。中央人民广播电台2011年度公益广告宣传根据台领导部署，由广告管理处统筹组织，央广传媒发展总公司后期制作，文案创作采取台内征集与台外高校合作相结合。公益广告作品涵盖国家形象、关注留守子女、关注农民工子女、学生减负、防灾自救、保护文物、倡导垃圾分类、预防艾滋病、关注心理健康等

多种主题。

· 2011 年 8 月 6 日， 大运会城市形象广告片亮相 CNN

8 月开始， 深圳大运会城市形象广告片将通过美国有线电视新闻网 （CNN） 各个频道覆盖全球播放。 同时， 网络横幅及视频横幅广告随后也将在 CNN 网站同步播出。 该片由深圳市人民政府新闻办公室牵头摄制， 内容紧扣第 26 届世界大学生夏季运动会主题—— “从这里开始， 不一样的精彩”。 在展现深圳大运会及其各运动项目的同时， 该片还充分展现了深圳作为一个 “科技之城”， “海滨之城” 动感活力的独特魅力。 通过重大事件推广城市是近年来城市形象宣传的一个亮点。 重大事件是城市形象推广的契机和平台， 同时也能够为城市形象创造一个高效快捷的传播渠道， 有助于城市形象的传播。 深圳大运会广告片的意义在于通过大运会在深圳的举办， 让全世界更多的人认识一个青春的深圳、 活力的深圳， 与众不同的深圳。

· 2011 年 8 月 10 日， 2011 年度中国 4A 广告沙龙在北京电通公司举行

8 月 10 日， 由中国商务广告协会综合代理专业委员会主办的 2011 中国 4A 第一期广告沙龙在北京电通公司举行。 本次沙龙主题为 《集公好益， 广而告之、 聊聊公益广告的那些事儿》， 特邀中国传媒大学广告学院教授、 全国公益广告创新研究基地秘书长刘林清为主讲嘉宾， 北京电通广告有限公司副总经理赵和平、 中国 4A 终身顾问原国家工商总局广告司司长刘保孚为现场互动嘉宾。 来自奥美、 分众传媒、 北京电通、 麦肯. 光明、 灵思等几十位中国 4A 成员公司的创意人士齐聚一堂， 共同分享了这次公益主题思想盛宴。

· 2011 年 8 月 17 日， 蒙牛发起 “废纸盒换牛奶” 公益活动

蒙牛在四川成都发起 “废纸盒换牛奶” 公益活动， 在成都开启低碳环保生活。 在成都青羊大道人人乐优品店、 家乐福青石桥店、 沃尔玛玉林店等众多卖场门口设置了智能包装回收机， 用 “回收废旧牛奶盒， 有机会兑换盒装牛奶” 的方式， 鼓励消费者统一处置废旧牛奶包装盒， 以达到垃圾分类处理， 引导和塑造人们对环境友善的新经济方式和生活方式。不少消费者对这种环保方式表现出了极大的热情。 蒙牛之前也多次发起聚焦于环保和公益的企业活动。

· 2011 年 8 月 17 日， 中国期货业协会向社会征集期货业公益广告词

中国期货业协会发布举办公益广告词征集活动通知， 在行业内外公开征集广告词， 以此倡导诚实守信的行业文化和守法合规的企业经营理念， 提升和带动期货行业践行社会责任，树立公众形象。 这次活动的征集对象以期货业界为主体， 活动时间为 8 月 18 日 –9 月 20 日。 为强调公益性， 中期协设定了四类主题， 要求征集的广告词围绕合法期货、 投资者保护、 诚信建设、 合规经营进行创作， 体现期货行业的时代特点， 符合广告词短小精悍、

标识性强、易于传诵等特点。活动设一、二、三等奖和入围奖，奖项多达38个。

· 2011年8月18日，成都“约会体”公益广告牌引发全国媒体网友关注

8月18日，51块“约会体”公益广告牌全部登陆成都各主要商业区和公共场所。全国各大媒体纷纷报道了成都街头这一道亮丽的风景，以及利用美女“约会体”温情劝导文明行为的独特创意。以“约会体”劝导文明行为，传递出很多积极的信号。首先，在提示用语方面的不断改进，是一种理念上的进步。而且，这种劝导方式显得亲切，具有调侃意味，更容易让人接受。同时，“约会体”的出现说明成都美女热心公益和社会文明，既反映出成都美女的形象美和语言美，更体现她们的行为美和心灵美。

· 2011年8月21日，“畅行北京、润滑交通”公益宣传活动启动

8月21日，“畅行北京，润滑交通”文明出行大型公益宣传活动在北京正式启动，本次活动由中国石化长城润滑油和北京交通广播联合主办，旨在倡议广大市民、车主自觉遵守六大文明交通行为，携手共同构建和谐有序的交通出行环境。整个活动将持续到11月中旬，市民可通过电话、短信、网络、微博等方式参与活动。

· 2011年8月21日，广东东莞播出城市管理公益广告

8月21日起，新一批城市管理公益广告在东莞广播电视台、各镇街广播电视站和510台公交车的移动电视上播放。这批广告共分市容环境卫生、城市规划、噪声污染和无证照食品四个主题。如讲述食品安全的公益广告，通过对食品黑作坊与流动食品商贩在食品加工中的一些触目惊心的场景再现，提醒群众自觉抵制无证照生产经营的食品，让观众深受教育。市城市管理综合执法局希望通过公益广告的宣传，呼吁广大市民从小事做起，恪守公德，自觉参与城市管理，维护城市文明。

· 2011年8月26日，首届“中国城市公益慈善指数”报告在安徽芜湖发布

由中国民政部指导，中民慈善捐助信息中心主办的首届“中国城市公益慈善指数”报告26日在安徽芜湖发布，广东深圳市的慈善综合指数位居第一。“中国城市公益慈善指数”是由中民慈善捐助信息中心组织研发的一套对城市慈善事业发展水平进行综合监测和科学评价的指标体系。该体系从社会捐赠、慈善组织、慈善项目、志愿服务、政府支持、慈善文化6个方面共30个指标，对2008年和2009年中国城市公益慈善事业发展状况进行综合考量。此次“中国城市公益慈善指数”调研报告既包括了北京、上海这样的直辖市，也包括了省会城市、地级市和一部分县级市，同时涵盖沿海发达城市和西部发展中城市。

· 2011年8月30日，“2011武汉福彩公益助学活动”举行

8月30日，“2011武汉福彩公益助学活动”在武汉市政府礼堂举行，43名贫困家庭

学子代表领到了每人5000元的福彩公益助学金。此次重点资助的对象是困难销售员家庭的子女，共计使用福彩公益金20万元。

· 2011年8月30日，河南举办“公益无限”系列文化活动

8月30日，由河南省文化厅主办，河南省群众艺术馆等单位承办的“公益无限”系列文化活动拉开序幕，这是河南省不断探索文化惠民方式、携手社会力量共同打造公共文化服务品牌的一次创新和实践。“公益无限”系列文化活动由“星光舞台”“百花舞台”“魅力舞台”“天地舞台”四大板块组成，通过开展丰富多彩的社会文化活动，不断将公益文化向基层倾斜，向群众延伸。“星光舞台”为民间达人提供了广泛参与、展示的平台；“百花舞台”选择了最具河南地域文化特色的经典剧目，着力体现河南戏曲的原生态；“魅力舞台”是由各界专家、艺术家参与的集辅导、展演于一体的公益演出活动；“天地舞台”以艺术家走进乡村、社区、军营、高校演出为主。

· 2011年9月2日，上海第二届“青年影响社会”十大公益项目评选启动

第二届“青年影响社会”上海十大公益项目评选启动。凡以青年为工作主体或服务对象的社会组织及各类单位、组织均可参加项目申报。申报项目需以上海地区为主要实施区域，可以是正在开展或已完成的项目，其中已完成的项目需在2011年实际开展。此外，参评项目还需符合“创意了一个理念、创新了一类项目、塑造了一种文化、助推了一项事业”的标准，排除行政性、商业性、一次性、虚拟性项目参选。本次评选由团市委主办，市社会建设青年人才协会、青年家园民间组织服务中心承办。评选设立2011“最具影响力”十大公益项目奖和“最具潜力”十大公益项目奖；10强获奖项目将获得资助奖金，并可获得由公益合作伙伴提供的能力建设培训。此外，本次评选还将增设路演环节，开展公益项目、公益机构、公益人才与基层团组织、大学生社团的“面对面”。

· 2011年9月3日，江苏盐城市开展广电系统公益广告评比活动

9月至10月，盐城市文化广电新闻出版局组织开展广电系统“新风杯”公益广告评比活动。此次活动旨在引导人们树立良好道德风尚，弘扬社会主义核心价值体系，促进社会进步、经济繁荣，充分发挥广播电视公益广告在传播文明、引领风尚中的重要作用。参赛作品分为广播、电视两类公益性广告，将组织专家分别从导向、创意、表达、制作、效果等方面进行评比，设立广播、电视两类公益性广告一、二、三等奖，同时对这次活动组织工作出色的单位进行奖励，评比成绩列入文广新系统年度工作考核，以此促进全市公益广告事业的健康发展。

· 2011年9月3日，新疆首届“传递爱”公益行活动在乌鲁木齐市启动

9月3日上午，由新疆自治区人民政府、中国宋庆龄基金会、中国机械工业集团联合主

办的首届“传递爱”新疆公益行活动在乌鲁木齐市宋庆龄足球学校启动。启动仪式上，“传递爱”新疆公益行活动团队向宋庆龄足球学校捐赠了冬训装备。此次公益行活动共有团队成员21人，分别来自中国宋庆龄基金会、内蒙古伊利实业集团股份有限公司、中国进口汽车贸易有限公司等。在为期5天的活动时间里，团队成员将先后到乌鲁木齐、阿勒泰等地，通过开展援建宋庆龄足球学校、多民族公益大联欢、爱心义诊、赠送“爱心书包”等多种形式，把来自社会各界的爱心送到边疆地区。

·2011年9月4日，陕西汉中消防支队部署消防公益广告

陕西汉中消防支队在中秋节期间采取多种方式宣传安全防火知识，保障节日期间人民生命财产安全。除在宾馆景区等地编制和张贴注意事项和宣传标语外，还在褒河栈道、张良庙、定军山、武侯祠、武侯墓等景区设立LED公益广告牌，激起广大游客学习消防、关注消防的浓厚兴趣，传播正确报火警、自救逃生和扑救初期火灾的知识和技巧，切实增强每位游客的自我保护意识，构筑起景区游客思想“防火墙”。公益广告是各地宣传安全防火知识、提高市民消防意识的主要方式。

·2011年9月5日，“崔永元公益基金”口述历史项目获捐500万元人民币

9月5日下午，中国红十字基金会“崔永元公益基金”口述历史项目捐赠仪式在京举行。中国红十字基金会秘书长刘选国、秘书长助理杨闻、央视著名主持人崔永元及捐赠者等出席了捐赠仪式。仪式上，北京万通公益基金会秘书长李竞代表冯仑签署了口述历史项目捐赠仪式，向“崔永元公益基金”口述历史项目捐赠300万元人民币，专项用于资助中国企业家口述历史项目。爱心人士杜海军现场捐赠200万元人民币，用于资助中国口述历史影响记录、口述历史博物馆的创建。孙先红、刘金杰、陈逸飞此前已向中国红十字基金会“崔永元公益基金”口述历史项目各捐款200万元。

·2011年9月8日，海尔集团援建的云南盈江县“平原镇海尔希望小学”奠基

9月8日，在云南省盈江县“3·10”地震重灾区平原镇，一所名为“平原镇海尔希望小学”的学校正式奠基。作为海尔援建的第130所希望学校，这所学校在新学年不仅为灾区孩子们带去了新的希望，同时，也成为海尔“绿帆远扬，绿色成长”行动计划的起始地。奠基仪式上，海尔与中国青少年发展基金会共同宣布《希望工程学生绿色成长手册》内容征集正式启动，从而开启了海尔“绿帆”公益战略的新帷幕。作为“绿帆”战略的第一步，海尔联手青基会，以海尔、青基会的新浪官方微博为主阵地，发起《希望工程学生绿色成长手册》内容征集活动。其目的就是要通过新媒体号召全国各地热心教育的朋友们，共同为希望工程孩子的绿色成长建言献策，让孩子们不仅能在宽敞的教室里学习，更能在精神上得到扶持。同时，海尔还将培训100名绿色成长指导老师，帮助孩子们健康成长。

· 2011 年9月12日，甘肃法律进社区公益活动在兰州启动

甘肃省司法厅组织的旨在提高社区居民法律素质、增强居民守法意识的“法律进社区”大型公益服务活动9月9日在兰州启动，至10月16日结束，历时6周。该活动每逢双休日在兰州市10个社区举行。通过此次活动，全面展示甘肃司法行政系统的律师、公证、法律援助和人民调解等与社区居民生活息息相关的各项业务工作，进一步促进居民群众树立学法用法守法的意识，增强依法办事的观念，形成全社会浓厚的法制氛围。活动期间，法律工作者及200多名精英律师将进入社区“零距离”接受群众法律咨询，深入访问社区居民家庭，了解群众需求，有针对性地提供法律服务和帮助。

· 2011 年9月13日，广电总局刊文高度肯定湖南卫视公益慈善节目

9月13日，国家广电总局《收听收看》日报第197期刊文专题点评“湖南卫视《帮助微力量》倡导慈善援助”。此文从节目的四大特性方面，高度肯定了湖南卫视该大型直播公益节目致力于传播现代公益理念，践行透明慈善所做的努力。该文认为，湖南卫视这一直播公益节目具有公益性、励志性、互动性、公开性四大特点，发挥了电视传播广泛、影响力大的优势，使慈善公益活动深入到万千群众身边，有利于普及慈善援助的理念，培养“大家帮大家”的习惯，促进良好社会风尚形成。同时积极利用各种新媒体平台，广泛与观众沟通，获得了良好的传播效果。

· 2011 年9月15日，江西九江举行首次微博公益拍卖

9月15日晚，江西九江举行了首次以微博为平台的慈善拍卖活动。拍卖的标的物包括书画作品、旅游套票和手机号等。当晚拍卖所得的善款17690元将全数捐助给免费午餐九江项目，以定向发放的形式帮助贫困山区的孩子们吃上营养午餐。该公益拍卖会由九江同城会等爱心微博发起主办，受到九江当地爱心企业大力支持。“免费午餐”是由邓飞等500多名记者和国内数十家媒体联合中国社会福利基金会发起的公益项目，该项目倡议每天捐赠3元为贫困地区学童提供免费午餐。

· 2011 年9月24日，第十八届中国国际广告节“国酒茅台”中国公益广告黄河奖颁奖典礼在沈阳举行

作为第十八届中国国际广告节的重要赛事之一，“国酒茅台”中国公益广告黄河奖颁奖典礼在辽宁省沈阳市举行。“国酒茅台”中国公益广告黄河奖是每届中国广告节最早揭晓的奖项，该奖项的设置立足于公益，是广告业宣传中华民族文明道德观、营造和谐社会氛围的专业奖项。本届黄河奖分为年度奖和创作奖两类，创作奖作品以“两型社会”为主题，旨在大力倡导加快建设资源节约型、环境友好型社会的理念，通过广告节的宣传平台传播公益精神和公益理念，为构建社会主义和谐社会贡献力量。本届组委会共收到来自海内外的作

品 3077 件。经过评委认真、公正、科学的评选，本届黄河奖最终产生金奖 7 件、银奖 16 件、铜奖 19 件以及入围奖 609 件。

第十八届中国国际广告节由国家工商行政管理总局批准，中国广告协会、沈阳市人民政府、辽宁省工商行政管理局主办。本届中国国际广告节，以推进产业升级、推广创意成果、推动商务合作为宗旨，以抓住“十二五”新机遇、创造广告业新辉煌为主题。共举办了七场颁奖晚会、八场高峰论坛、四场专业展览展示、三项大型活动。各项活动精彩纷呈，收到了良好效果，达到了预期目的，共有 4 万人参会，300 多家参展商参展，展览面积达 3 万多平方米，展出作品 3200 余件，受到参会人员的好评，也受到广大媒体和社会公众的关注。

· 2011 年 9 月 29 日，安徽铜陵发布“淘宝体”药品安全公益广告

在安徽铜陵的街头出现了宣传药品安全的公益广告，形式上是当下流行的“淘宝体”，如“亲！网上购买药品要小心哦！”、“亲！不要轻易相信邮购的药品哦！”、“亲！不要相信虚假药品广告哦！”等。这些广告是由铜陵市食品药品监督局征集、制作并发布的，旨在提示消费者注意药品的质量和来源，对互联网购药等方式多加注意。这些“淘宝体”药品安全公益广告发布后，在社会上产生了较好反响，达到了事半功倍的效果。

· 2011 年 10 月 8 日，山东泰安市开展“倡树文明新风，共建清洁家园”主题公益广告大赛

在山东省第十七个环卫工人节到来之际，山东省泰安市开展“倡树文明新风，共建清洁家园”主题公益广告大赛，作品征集于 10 月 8 日至 20 日进行。本次大赛由泰安市市委宣传部、市文明办、市住房和城乡建设委、泰安日报社、市广播电视台联合主办，由市环境卫生管理处、市户外广告管理办公室承办，由泰安日报、泰山晚报、泰安电视台及相关网站等媒体提供支持。

· 2011 年 10 月 10 日，腾讯公益慈善基金会启动公益“筑力计划”

中国第一家由互联网企业发起成立的公益基金会——腾讯公益慈善基金会正式启动一项名为“筑力计划”的公益助力计划，旨在整合资金、网络平台和产品的优势，构筑立体帮扶的模式，全面助力公益组织的发展，推动草根公益组织发展和公益透明度的建设。腾讯公益慈善基金会还宣布首期出资超过 1000 万元，通过微博等新兴网络平台，推出“筑力计划·微爱”行动，这是一项由网友自主选择受赠对象，为优秀公益项目及公益组织提供资金扶持计划。此举意味着公益组织不仅可以获得来自腾讯公益的资金帮扶，还可以通过腾讯公益平台，建立便捷的大众沟通渠道，进一步提升自身的影响力及公信力。

· 2011 年 10 月 12 日，中央人民广播电台广告部与全国公益广告创新研究基地签署战略合作框架协议

10 月 12 日，中央人民广播电台广告部与全国公益广告创新研究基地签署了战略合作框架协议，确立战略合作关系。发挥双方在各自领域的优势，投入人、财、物力，共同开发广播公益广告项目，创作公益广告作品。

· 2011 年 10 月 15 日，国家工商总局广告司举办中国公益广告基金会（筹）座谈会

10 月 15 日，为发起成立中国公益广告基金会（筹），国家工商总局广告司举办座谈会，邀请中央人民广播电台、中央电视台、光明日报、经济日报广告部负责人和全国公益广告创新研究基地负责人进行了座谈，研讨如何运用基金会的力量推进中国公益广告事业发展和繁荣的方略。

· 2011 年 10 月 15 日，武汉发行“热血版”公交纪念卡

10 月 15 日起，在武汉市内各街头献血点及高校流动献血点，捐献血液可获赠武汉血液中心提供的价值 50 元的“武汉通献血纪念卡”一张。“武汉通献血纪念卡”是湖北省内采供血机构首次发行的献血纪念卡，同时也是武汉通公司首次发行的公益主题纪念卡，主题图案由爱心以及 ABO 血型标志组成，画面简洁明快，美观而富有现代感。

· 2011 年 10 月 18 日，宝马爱心基金启动“BMW 童悦之家”儿童关爱计划

10 月 18 日，以“真诚践行 JOY”为主题的“中华慈善总会宝马爱心基金三周年爱心之夜”在重庆少年宫举行。在分享宝马爱心基金成立三年来的爱心经验以及探索可持续公益之道的同时，BMW 宣布再度向宝马爱心基金捐赠 2000 万元人民币，并全面推进“BMW 童悦之家”儿童关爱计划。同时，宝马爱心基金还将与著名篮球运动员姚明发起的姚基金合作，在姚基金未来筹建的 10 所希望小学中建立“BMW 童悦之家”。

· 2011 年 10 月 19 日，触动传媒荣膺中国扶贫基金会“2011 年度公益广告支持媒体奖”

触动传媒是出租车内互动媒体企业，在国务院扶贫办指导下由中国扶贫基金会举办的“邀您一起，消除贫困”中国扶贫基金会 2011 捐赠人大会上，因其持续创新地运用互动媒体平台向全社会普及公益理念，获颁“2011 年度公益广告支持媒体奖”。

· 2011 年 10 月 20 日，“中国公益接力”项目在北京正式启动

10 月 20 日，由英国驻华大使馆发起，明善道组织协调的“中国公益接力”项目在北

京正式启动。本项目源于2012伦敦奥运会，集中展现英国社会所赋予伦敦奥运的“开放、融合、创新、活力”的精神元素。为了更好地传递这些精神元素，来自中国的社会公益机构也将共同携手，通过公益接力的形式，在社区内倡导成功奥运会必不可少的“全民志愿”、“低碳可持续”、“多元创新”以及“社区参与”的重要性。本次项目从2011年10月持续到次年3月，以走遍全中国为目标，发挥多元作用及积极价值，助力当地社区的群众体育活动。社会公益机构和团体也将通过参与此项目，鲜明地展示其对于中国和谐社会建设的努力付出。深圳残友集团、成都爱有戏社区文化发展中心以及上海益优青年服务中心等知名社会公益机构将举办一系列丰富创新、形式多样的大众体育活动，并通过与残疾人、弱势群体、白领工人以及老年人等多种社会群体的互动，向社会传递“全民志愿、低碳精神、多元创新、社区参与”的理念。

· 2011年10月22日，上海贝尔“再生电脑公益行”项目在沪启动

10月22日，上海贝尔“再生电脑公益行”在浦东新区民办联营小学举行捐赠仪式。“再生电脑公益行”项目由上海华侨基金会等四家机构共同发起，致力于帮助乡村孩子实现学习和使用电脑的愿望。项目旨在发动社会各界捐出闲置的电脑和周边电子设备，经过专业规范再生后，帮助贫困地区的乡村学校建设电脑教室；无法再生的部分，则交由具备环保处置资质的处理厂处理，拒绝电子垃圾污染环境。“再生电脑公益行”活动，改变了以往单纯出钱捐物的公益模式，通过对现有资源的再利用和规范处理，既有效保护了环境又圆了乡村孩子的电脑梦想。

· 2011年10月24日，中国首支理性饮酒公益MV《IDO》首发

10月24日，百威英博啤酒集团和北京市海淀区精神文明建设委员会办公室、北京市海淀区交通安全委员会、中国酿酒工业协会联合推出了中国首支理性饮酒公益MV《IDO》，并在北京体育大学举行隆重的全球首发仪式。适逢北京迎来第一个“文明行车月”，该MV的推出成为“做文明有礼的北京人——绿色出行文明交通从我做起”的宣传亮点。这支中国首个公益MV展现了我国步入“汽车社会”后，新青年积极推崇“喝酒不开车，开车不喝酒”的文明行车理念，并从“婚姻誓言”的角度对“友情代驾”进行了创意表现，将对“责任、幸福和家庭”的概念做出了全新的诠释。

· 2011年10月31日，湖南电视台金鹰卡通频道开展公益活动

10月31日上午，湖南电视台金鹰卡通频道在长沙月湖公园举行7周年台庆活动，启动了一项为孩子们量身打造的公益行动——“百分百家庭爱心自助计划”。2004年10月30日开播的金鹰卡通是湖南省首家卡通卫星频道，也是我国动画片产业基地之一，深受少年儿童的喜爱。该频道表示，将会在全年不同的时间内，通过屏幕宣传片和微博的形式，关注需要帮助的人并发布各种爱心倡议，号召孩子们和他们的父母参与，“百分百爱心”可以

是 100 分钱，也可以是 100 块钱，由参与的家庭根据孩子的选择来献爱心。活动现场还发布了金鹰卡通团队关于传播平台促进动漫产业链发展的调查研究报告书——《寻找引擎》。

· 2011 年 11 月 1 日，土豆网发起“爱的深呼吸”公益微电影项目

11 月 1 日，土豆网宣布，为了呼吁华人世界关注将在年底举办的南非德班世界气候变化大会的重要议题，土豆网携手山水自然保护中心、广东南方电视台、行智传播共同发起名为“爱的深呼吸用影像关注气候：来自中国民间的行动”系列短片微电影公益行动。该片将全面启用在土豆映像节中涌现出的国内青年“视频代”导演，通过影像向世界传递来自中国民间的环保呼声。同时，土豆网邀请到香港金像奖导演陈德森作为总策划，著名音乐家谭盾作为艺术总监，并得到了来自主流电影界、艺术界、慈善界等各界人士的鼎力支持和帮助，以及中国著名女科学家、山水自然保护中心发起人吕植女士在影片科学性上的指导。该短片系列由 6 部时长为 10 分钟的短片构成，分别由《中国国家地理（微博）》、《第一财经（微博）周刊》、《城市画报》、《GQ－智族》、南方电视台等媒体机构与土豆网联合策划出品，通过与土豆映像节青年导演视频创作的合作，传递自身对环保问题的媒体态度，影片类型设计包括动画、剧情电影、纪录片和实验短片等多种形式。

· 2011 年 11 月 1 日，《人民日报》刊登批评房地产广告的公益广告

11 月 1 日，《人民日报》第 16 版整版以“雷人的楼盘文化”为题，刊登了一组讽刺漫画广告，按地段篇、规划篇、配套篇三部分“罗列”了 25 组开发商爱用且常用的“楼盘宣传语”。《人民日报》社广告部主任郑有义表示：“这是具体落实中宣部、中央文明办关于促进精神文明建设、抓好公益广告刊发工作的指示精神，切实履行党报责任，开展批评类公益广告的一种具体表现。通过广告这种特殊传播手段，反映社会问题，揭示社会现实，引导舆论走向，促进社会进步”。据悉，随着房地产行业的发展，各种虚假宣传和夸大不实的房地产广告成为行业的潜规则。人民日报设计这条广告予以汇总和揭示，是对“楼盘文化”现状的调侃和批驳，可谓是解读这些行业潜规则的最佳注脚。

· 2011 年 11 月 2 日，2012 年度中央人民广播电台公益广告宣传活动文案征集工作启动

11 月 2 日，2012 年度中央人民广播电台公益广告宣传活动文案征集工作启动向全社会征集公益广告文案创意。中央台年度公益广告创作活动由产业管理办公室组织，委托央广传媒发展总公司制作。2012 年度公益广告创作主题分为：2012 年国家重要活动宣传、中华传统文化宣传和日常宣传三大类别共十余个小主题。活动分两个阶段：第一阶段是文案征集、评审，预计 2012 年 2 月完成；第二阶段是公益广告制作，预计 2012 年 3 月完成。制作完成的公益广告将作为 2012 年度常规栏目在中央台所有广播频率播出。

· 2011年11月3日，亚足联“梦想亚洲”公益活动在南京启动

11月3日，在2011年亚足联U16女足锦标赛举办期间，亚足联携手中国足球协会和宋庆龄基金会，在南京共同启动了以“快乐分享，健康成长”为主题的“梦想亚洲”公益活动。40位来自南京打工子弟学校的女孩们将在为期3天的活动中，体会足球带来的快乐。亚足联U16女足锦标赛赛于3日至13日在南京举行，“梦想亚洲”公益活动将在其中的3日至5日进行。此项活动旨在通过足球运动提高社会意识，加强对女孩的关注，并引导孩子们学习相互关怀、相互理解，提升社会凝聚力。这也凸显了亚足联和中国足协关于共同促进社会责任发展的承诺。在为期3天的活动中，孩子们将通过趣味足球训练、保健预防和领导力发展讲座等活动体会“快乐分享，健康成长”的主题。

· 2011年11月5日，中央纪委全国廉政公益广告创意征集活动获奖作品名单公布

中央纪委全国廉政公益广告创意征集活动共征集廉政公益广告创意642件，其中各省（区、市）和新疆建设兵团纪委、国务院国资委纪委、文化部纪检组等单位共上报429件，社会各界自由投稿213件。经过初评、复评、终评，并报中央纪委监察部领导同意，共评出获奖作品60件。其中，一等奖10件，二等奖20件，三等奖30件。

· 2011年11月7日，第二届中国电视金鸽奖公益广告大赛颁奖

11月7日，由黑龙江电视台、贵州电视台联合主办，贵州天马传媒有限公司独家承办的第二届中国电视金鸽奖公益广告大赛颁奖盛典在北京举行。金鸽最受观众喜爱奖、金鸽最佳创意奖、金鸽最佳视觉效果奖等七项重要奖项颁出。活动期间还举行了“金鸽骑行倡环保”、“爱心播洒太阳村”两次公益活动。

· 2011年11月8日，四川南充公交车搭载消防公益广告

11月8日，南充市消防支队开发区大队与该市公交公司举行了公交车消防公益宣传出征仪式，联合在该市610台公交车上粘贴了内容丰富、图文并茂的消防公益广告，并利用车载视频滚动播放消防警示片，对广大群众进行“流动式”消防宣传教育，深受群众欢迎。据南充市公交公司相关负责人介绍，南充市每天的公交客运量40余万人次，照此计算，每年将有1.5亿人次接受“流动式”消防教育。

· 2011年11月8日，“禁毒防艾”公益广告全国征集

11月8日，由国家新闻出版总署新闻报刊司发起的“全国报刊禁毒防艾公益广告征集巡展专项行动”启动仪式在广州举行。新闻出版总署开始面向全国征集以“禁毒、防艾”为主题的公益广告，选择其中的优秀作品，在全国禁毒防艾重点人群的传播介质进行巡展。

此次征稿共设5个主题，包括“远离毒品预防艾滋”、“禁毒防艾刻不容缓”、“全民参与禁毒防艾”等。启动仪式上，国家新闻出版总署新闻报刊司向全国报刊出版单位发出倡议。《人民日报》、《法制日报》、《华西都市报》等近30家党报、健康法制类报纸和晚报都市类报纸出版单位作为首批响应单位现场签约，承诺在专项行动中全程报道、提供版面刊发禁毒防艾优秀公益广告，承担专项广告巡展。

· 2011年11月10日，中国首个帕金森病公益网站上线

11月10日，中国首个为帕金森病患者及其家属提供全方位服务的、权威的、专业性公益网站——“帕友网”正式上线。最新调查显示，91%的帕金森病患者和47%的家属认为获取帕金森病相关信息有困难，信息不对称导致帕金森病患者在疾病早期的认知普遍较低，贻误治疗时机，患病后得不到很好的护理，生活质量严重下降。“帕友网”由勃林格殷格翰公司发起，其定位的公益性使之得到国内众多专家支持。网站分为疾病新知、百科全书、医院信息、名医信箱、小福俱乐部等5大板块，设有专门针对患者家属在护理方面的内容，以及介绍该疾病领域国际上最前沿的信息。

· 2011年11月10日，海南省“春光我爱海南·文明大行动公益广告创意大赛”启动

11月10日，由海南日报报业集团联合文昌市春光食品有限公司举办的“春光我爱海南·文明大行动公益广告创意大赛”启动。此次大赛围绕“兴文明之风，建文明之岛”的创作主题，旨在传播文明理念，向不文明行为宣战，促进海南文化大发展、大繁荣。参赛作品要求包括：参赛作品必须为作者的原创作品，设计构思精巧，表现新颖准确，有较高的艺术性和时代感；能充分表现大赛的主题，格调高雅，积极向上并符合相关法律法规政策规定；具有通俗性，为广大市民所理解和接受；要求设计从细处着手，贴近生活，具体而不抽象，重点突出市民行为方面的内容。

· 2011年11月14日，重庆电视台免费播出食品药品安全公益广告

在重庆市委宣传部的大力支持下，重庆电视台9个频道免费播出重庆市食品药品监管局报送的食品药品安全科普宣传公益广告，每天播出频次达50次。为加强食品药品安全宣传，普及科普知识，国家食品药品监管局统一制作了食品药品安全公益广告，要求地方各级食品药品监管部门在当地电视台播放。重庆市局同时还启动了户外广告宣传、食品药品安全知识大讲堂、农村数字电影公益宣传等食品药品安全科普宣传活动。

· 2011年11月14日，神华公益基金会向新疆捐赠价值7000万元的图书

神华公益基金会向新疆维吾尔自治区14个地区、生产建设兵团的815所中小学捐赠价值7000万元的图书。11月14日上午，自治区团委、神华公益基金会在乌鲁木齐市第十小学

举行了“神华爱心书屋”捐赠仪式。这次活动共计捐赠图书350万册，涵盖了科技、军事、自然科学、文化、趣味读物等，所有图书均全部发往指定学校，有效缓解了这些学校图书陈旧、数量少的问题。这次捐赠的图书种类由新疆方面确定，神华公益基金会负责购买、运送。

· 2011年11月18日，央视播出《文明出行》系列公益广告

从11月18日开始，由中央电视台联合公安部共同推出的《文明出行》系列公益广告登陆央视屏幕，在一套、二套、三套、七套、十一套、少儿频道等高频次滚动播出。本系列公益广告包括《儿童卡通篇》60秒、《印记篇》60秒、《动物篇》40秒和《关心你的人》45秒4支长秒广告。为改善城市道路交通秩序，不断提升城市文明水平，加强交通参与者法制意识、文明意识，摒弃交通陋习，创造安全畅通、文明和谐的道路交通环境，中央电视台广告中心与公安部交管局联合制作了《文明出行》系列长秒公益广告，并在全台多频道高频次播出，倡导大家“关爱生命，文明出行”。

· 2011年11月20日，深圳设计之都公益广告大赛终评评审会在北京举行

11月20日，由深圳市委宣传部、深圳文明办等单位联合主办，深圳广电集团承办的第六届设计之都公益广告大赛影视广播类终审评审会在北京举行。本届公益广告大赛，共征集到来自国内23个省市及港澳台、美国、德国、韩国等地影视广播类作品611件。有51件影视作品和30件广播类作品入围。

· 2011年11月22日，第十八届“蓝天下的至爱”系列慈善活动在沪启动

11月22日，阳光照亮梦想——第十八届“蓝天下的至爱”系列慈善活动启动仪式在上海东视剧场举行。本届慈善系列活动以“阳光慈善聚人心，慈善阳光暖人心”为主题，整个活动从11月21日起，到来年1月7日为止，总共持续48天。在本次活动中的“爱心雅集慈善晚会”上共募集善款433万元人民币，该笔善款全部捐赠给上海市慈善基金会“爱心雅集”大重病救助专项基金。“爱心雅集慈善晚会”是上海市慈善基金会的慈善活动品牌之一，爱心雅集慈善专项基金将定向用于救助本市因患大重病而致贫的特困家庭。

· 2011年11月25日，“集善嘉年华·北京2011”大型公益活动举行

第20个国际残疾人日到来前夕，由中国残疾人联合会、中国残疾人福利基金会共同主办“集善嘉年华·北京2011支持农村残疾人扶贫基地”大型公益活动。本次活动收到捐款承诺1822万元，将用于支持农村残疾人扶贫基地建设。本公益活动旨在广泛动员社会力量支持帮助河北、黑龙江、安徽、贵州、陕西五省共50个农村残疾人扶贫基地，组织和引导残疾人发展种植业、养殖业、手工业以及其他多种经营，提供生产管理、实用培训、技术支持、产品回收等服务，有序组织农村贫困残疾人就业，发挥区域辐射作用，逐步实

现贫困残疾人脱贫致富。

· 2011年11月27日，“公益森林计划”天津地区冬季种植活动启动

11月27日，由中华环境保护基金会、天津市环保局与卡特彼勒公司联合开展的“卡特彼勒公益森林（中国）计划”天津地区冬季种植活动在津南区八里台镇启动。本次活动旨在通过营造以生态保护林为主体的生态公益林，不断扩大天津森林植被面积，控制水土流失，防风固沙，增加土壤蓄水能力，改善本市及周边生态环境，建设生态城市，实现生态良好、环境优美、人与自然和谐，加快天津资源、环境、经济、社会的全面、协调、可持续发展。

· 2011年11月28日，“爱家日”公益广告宣传片登陆央视

由红星美凯龙制作的两组以“爱家”为题材的公益宣传片登陆央视和各大卫视黄金时间。公益宣传片分为孩子版本和父母版本，以“爱，经不起等待”为主题，用冰雕的融化陈述家人老去，年华易逝，强调大众对红星美凯龙所倡导的“爱家日”的认知和情感共鸣，旨在唤起公众对亲情的重新审视。红星美凯龙长期重视公益，除此次活动外，还成立了“红星光彩基金”，用于扶危济困、帮老助残、抗洪救灾、慰问革命功臣等活动上，已先后累计捐款超过3500万元。2010年，红星美凯龙和中国人权发展基金会合作成立和谐家庭基金，将公益理念拓展到家庭人权。在红星美凯龙25周年庆典上，红星美凯龙向共青团中央中国青年创业就业基金会捐赠2500万元，成立红星美凯龙爱家专项基金。

· 2011年11月29日，山西省公益事业促进会成立大会在太原举行

11月29日，山西省公益事业促进会成立大会在太原举行。大会选举产生了山西省公益事业促进会第一届理事成员，表决通过了《山西省公益事业促进会章程》等有关事项。新成立的山西省公益事业促进会将着重发挥和协调政府、社会团体、企事业单位的力量，调动一切资源解决群众生活困难问题，解决市场手段触及不到、行政手段顾及不了的部分困难群众的特殊困难。该促进会将借鉴公益事业发达地区开展公益活动的成功经验，打造山西公益活动品牌。

· 2011年12月1日，“第一夫人”彭丽媛出演有关反艾滋病歧视的公益广告《我们在一起》

12月1日，中央电视台播出一则有关反艾滋病歧视的公益广告。广告片长30秒，画面中几位艾滋病感染儿童羞涩地对着镜头，想要说话、但不敢开口。彭丽媛面带笑意地教他们唱歌，和他们玩耍，带着孩子们一起说出“我们”。最后广告宣传语是：没有歧视，我们在一起。

· 2011年12月1日，大连开展艾滋病日公益宣传活动

12月1日是第24个“世界艾滋病日”。大连市防治艾滋病工作委员会办公室联合市卫生局、市公安局、市妇联、市红十字会和部分医疗卫生单位，在西安路天兴罗斯福商场南广场开展一系列艾滋病防治宣传教育活动。据悉，为了宣传教育市民预防艾滋病，自2011年11月4日至2012年2月4日，在城市公交车、轻轨列车车载电视上播放为期3个月的艾滋病公益动漫广告。

· 2011年12月1日，北京交通广播举办首届“交通安全公益广告创意演播大赛”

2011年底，为提高交通参与者的交通安全意识，倡导文明出行，北京交通广播举办首届“交通安全公益广告创意演播大赛”，以丰厚的奖金和奖品吸引听众参与活动。

· 2011年12月2日，“深圳十大观念”公益广告首次推出

从12月2日开始，《深圳晚报》连续刊登了以“深圳十大观念”为主题的系列公益广告。“深圳十大观念”的提出是由2011年8月的一个网贴《来深十八年，再回忆那些曾令我热血沸腾的口号》引起的，包含了深圳改革开放以来最为人熟知的十句名言警句，包括“时间就是金钱，效率就是生命”、“空谈误国，实干兴邦”、“敢为天下先”等。《深圳晚报》策划推出的这一组公益广告，把“十大观念”搬上报纸公益版面，让人们能够直观地接触“十大观念”，进而将这些观念思考、传承下去。

· 2011年12月2日，中国首届“社会化媒体与社会公益”国际论坛在北京举办

12月2日，中国首届“社会化媒体与社会公益”国际论坛在北京大学博雅国际会议中心举办。本次论坛由北京大学、比尔及梅琳达·盖茨基金会、腾讯公益慈善基金会、百度公益基金会联合举办。这是继2011年9月在美国纽约举办的全球第一次社会化媒体公益高峰论坛、2011年11月中旬在突尼斯举办的非洲首届新媒体公益论坛之后，全球第三次、也是中国首次社会化媒体公益论坛。腾讯公益慈善基金会、比尔及梅琳达·盖茨基金会、百度公益基金会这三家公益机构，与腾讯网、人人网、百度、阿里巴巴等几家互联网企业，共同签署了《北京宣言》，以推动中国公益事业更加开放透明，实现“互联网技术改变公益”的目标，与公益组织共同推动中国公益事业的可持续发展。

· 2011年12月5日，黑龙江“志愿服务助邻里”公益广告大赛作品在哈尔滨展出

12月5日，黑龙江省工商局联合省文明办举办了以“志愿服务助邻里”为主题的公益广告大赛，并将获奖作品在哈尔滨市中央大街展出。近年来，黑龙江省工商局结合当地实

际情况，立足本职工作，充分发挥各级广告协会的职能作用，积极开展主题公益广告大赛，利用公益广告自身优势，引导、助推社会主义文化大发展、大繁荣和社会主义核心价值体系建设。该局每年都要举办两至三次公益广告创作大赛，目前累计征集作品3000余件，并通过各种媒体将获奖作品向社会发布，取得了良好的社会效果。此次以“志愿服务助邻里”为主题的公益广告大赛共征集作品314件，最终评选出获奖作品88件，其中50件作品在哈尔滨市中央大街向公众展出。截至12月8日，已有近10万市民观看了获奖广告作品。

· 2011年12月11日，“责任中国”2011公益盛典颁奖礼在广州举行

12月11日晚，由南方都市报携手中国扶贫基金会、广州市广播电视台和广州市青少年发展基金会联合举办的“责任中国”2011公益盛典颁奖礼在广州蓓蕾剧院隆重举行。共20家公益机构（项目）和公益达人获得2011年度公益人物、公益行动、公益组织、中国公益媒体联合推荐奖及责任中国年度致敬大奖五大奖项。千余名热心公益人士获邀出席本届公益盛典，颁奖礼由广州广播电视台新闻频道“直播广州”进行全程直播。现场也出现了在公益领域被誉为榜样的南都公益基金会、壹基金、NPI（恩派）公益组织发展中心、深圳市民政局代表。此外，还有来自全国各地超过千名公益达人及组织、热心企业代表到场观礼。本届公益盛典于9月正式启动，吸引了近300多家公益机构及个人报名参加评选，引起了公益界的强烈关注。获奖的公益个人与机构组织将得到《中国财富》、《南方都市报公益周刊》的版面报道、免费公益广告以及公益俱乐部培训等相关活动作为奖励。

· 2011年12月13日，南京2011“我们的节日”公益广告片大赛颁奖

12月13日，由南京市委宣传部、市文明办和南京广电集团主办，龙虎网和市动漫行业协会、创意产业协会、广告行业协会协办的“我们的节日”2011年公益广告片大赛颁奖大会举行，大赛共征集到春节等7大传统节日29部公益广告片作品。

· 2011年12月13日，“2011年中国发言人俱乐部年会暨企业公益传播论坛”在京举办

由人民网主办、中国发言人俱乐部承办的“2011年中国发言人俱乐部年会暨企业公益传播论坛”于12月13日举办。人民网原总裁、中国发言人俱乐部主席何加正在致辞中指出，一直以来，中国发言人俱乐部与一些慈善机构、基金会以及一大批知名企业保持了良好的关系，致力于为企业的公益行动搭建合适的平台。希望通过此次论坛，形成话题和共识，推动企业公益传播模式的创新，从而更好地展现企业社会责任，树立企业品牌形象，增强行业竞争力。会上，北京师范大学壹基金公益研究院院长王振耀在主题演讲中对中国公益事业的发展提出了三点建议：首先是开拓思路，通过慈善和公益来缓解社会问题，对现代慈善的功能重新定位；第二是建立慈善公益与商业的良性互动机制，使慈善公益可以和经

济发展同步进行； 第三是形成支持公益慈善多业并举的社会舆论环境。 王振耀同时指出：“在当前媒体环境下， 我们的慈善不应该是 ‘忌谈’， 应该是 ‘盛谈’， 要呼吁更多人加入到中国慈善的队伍中来。”

· 2011 年 12 月 13 日， 北京市 《促进北京市广告业发展的意见》 对公益广告作出专门规定

12 月 13 日， 北京市工商局、 市委宣传部、 市发改委、 市国税局、 市地税局五部门联合出台 《促进北京市广告业发展的意见》。 该文件指出， 促进北京广告业发展， 是推进文化创意产业发展、 促进首都经济产业结构优化调整、 加快转变经济发展方式的有效途径。《意见》 为首都广告业的发展提出了明确的目标， 对首都广告行业的规模和水平都做出了较为具体的规划。 在公益广告方面， 《意见》 明确规定广播电视机构每套节目每日公益广告播出时长不得少于商业广告时长的 3% 。 平面媒体每日不少于 3% 。 户外广告设置的总量不得少于 1/5 面积用于公益广告宣传。 该意见的出台对公益广告的发展提出了切实的保障， 有利于公益广告在首都精神文明建设工作当中做出更大的贡献。

· 2011 年 12 月 13 日， 广东省垃圾分类公益广告创意征集活动落幕

12 月 13 日下午， 广东省垃圾分类大学生公益广告创意征集活动颁奖仪式在大学城广州大学隆重举行， 本次创意大赛圆满成功。 本次大赛倡导绿色健康的生活方式， 将垃圾分类意识传遍大学校园， 带回家庭。 仪式共颁发了文字类、 图像类获奖作品 79 件。 本次活动的获奖作品被相关部门用于普及垃圾分类的常识， 引导市民树立 “垃圾减量和垃圾管理从我做起、 人人有责” 的观念。

· 2011 年 12 月 14 日， 上海市开展职务犯罪预防公益广告宣传片 “进地铁、进机场” 活动

12 月 14 日， 上海市检察机关积极开展职务犯罪预防公益广告宣传片 “进地铁、 进机场” 活动， 廉政公益广告在全市所有地铁站点的 2979 块电子屏、 地铁车厢 20334 块电子屏以及两大国际机场候机大厅 180 块电子屏实现全覆盖， 并在市区商业广场巨幅电子屏滚动播放， 让社会公众在欣赏廉政公益广告过程中入心入脑， 在潜移默化中树立廉洁意识， 自觉抵制贪腐行为， 不断提高思想道德素质和法治意识。 2011 年 7 月以来， 上海市检察机关结合城市特点， 不断创新预防宣传方式， 主动扩大预防工作社会影响力， 先后策划制作了《莫让贪婪锁住你》、 《天下为公》、 《目光》 和 《权力的辩证法》 等四部职务犯罪预防公益广告宣传片， 不但在预防工作座谈会上向 40 多家国家机关、 大型国有企业、 事业单位、 大型项目的领导和负责人播放， 而且开展了职务犯罪预防公益广告宣传片 “进地铁、进机场” 活动。 此外， 职务犯罪预防公益广告还在徐家汇等商业广场的巨幅电子屏滚动播放， 使预防职务犯罪工作和廉政文化、 法治文化警示教育更加深入人心。

· 2011年12月14日，武汉发布“城市精神”大型户外公益广告

12月14日，武汉在全市重要路段、交通要道发布第一批“城市精神”系列大型户外公益广告，内容是20名武汉“城市精神”代言人。这20名代言人是由社会推荐，经武汉《长江日报》遴选出的行业标兵和翘楚，包括公交司机、企业家、体坛名人、社会志愿者等。“武汉精神”经社会征集和投票评选而成，其内容为“敢为人先、追求卓越”。

· 2011年12月15日，“2011（首届）中国公益节”在北京开幕

12月15日，备受瞩目的“2011（首届）中国公益节”在北京开幕。“中国公益节”是由国际财经时报、新民周刊、雅虎公益、中国财富杂志、亚洲新闻人物杂志、商业价值、北京电视台、价值中国网、纽利文传媒等众多媒体、机构联合发起主办的中国慈善公益领域的年度盛会。中国公益节当天共举办了“中国公益发展多方论坛”、“2011中国公益奖颁奖盛典”、“中国公益志愿者联盟发起仪式”、“2011中国公益蓝行动”四大主体活动，与会企业、媒体、公益组织、研究机构共同梳理了中国公益十年来的发展历程，并就如何推动中国公益发展进行了深入交流。活动同时评选出了一批在扶老、助残、救孤、赈灾、济困、助学、助医、生态建设与环境保护、文化与艺术交流、公益理念传播等方面作出突出贡献的项目、集体和个人。

· 2011年12月20日，“第六届设计之都（中国深圳）公益广告大赛”颁奖仪式举行

12月20日，“第六届设计之都（中国深圳）公益广告大赛”颁奖仪式及展览揭幕仪式在市民中心多功能厅举行。本次公益广告大赛是深圳实施“文化立市”战略，打造“设计之都”的一项重要内容。本届大赛确立了“文明、进步、责任”的总主题，这个主题体现了主办方对优秀创意和设计的追求，体现了促进社会进步、提倡良好风尚的社会责任，进一步体现了公益广告作为创意文化产业重要组成部分和传播先进文化重要载体的积极作用。本届大赛共征集到平面作品9536件，影视、广播作品611件，总计10147件。平面类作品《通则不痛》；影视类作品《一小步幸福计划——早餐篇》；广播类获奖作品《推广普通话——急救篇》获金奖。深圳市委宣传部监制的《公民道德·论语篇》系列平面公益广告，获得特别奖。组委会还特邀展出了国内10多位著名设计师的公益主题作品以及从新加坡、荷兰等国家征集到的“联合国森林年城市公益设计作品”。

· 2011年12月29日，中海油总公司申请成立海洋环保公益基金

中国海洋石油总公司于12月29日正式向民政部提交成立“中国海油海洋环境与生态保护公益基金会”的注册申请。来自中海油总公司的公告称，该基金会属非公募基金，由中海油总公司作为公益基金会的发起人，中海油总公司控股的中国海洋石油有限公司捐助的5

亿元人民币作为首期资金。今后公益资金来源主要在中国海油所属单位筹集，同时对合作伙伴开放捐赠，并允许合作伙伴利用基金开展相关公益活动。中国海油基金会除重点关注海洋生态环境保护外，亦将涉及相关的科学研究与技术开发以及其他慈善公益项目。其中包括沿海地区关于环境保护、生态恢复及可持续发展的项目，与油气开采活动相关的生态环境公益项目，因自然灾害遭受损害的海洋环境和生态修复项目，与海洋生态保护与可持续发展相关的宣传及研究活动，海洋生态链的恢复和保护，濒危海洋水产动植物的增殖放流和保护，海洋生物保护区建设等。

· 2011年12月20日，《中国公益广告年鉴（1986年—2010年）》正式出版

12月20日，由中国传媒大学、全国公益广告创新研究基地组织编撰，广告业界知名人士刘林清、赵践、和群坡、唐忠朴等主编的《中国公益广告年鉴（1986年—2010年）》一书，于2011年12月正式出版。年鉴为全国公益广告创新研究基地的开山之作，同时也是国家教育部“211工程”学科建设项目的科研成果，系统详尽地记录了25年来中国公益广告从初创到辉煌的不凡历程。《中国公益广告年鉴》一书以科学研究的方法、真实详尽的笔触，共分“综述与大事记篇”、“单位与人物篇”、“历年全国优秀公益广告作品篇”、“重要讲话与文件篇”、“理论研究篇”五大版块，从上个世纪80年代中期到当下的新世纪头十年，以整整四分之一世纪的时间跨度系统记录了中国广告人、媒体和广告管理部门在公益广告领域取得的成就。《中国公益广告年鉴》一书对我国公益广告事业发展历程的记录，填补了我国广告领域对于公益广告系统梳理的空白，让我国公益广告事业的发展可以总结经验、面向未来，在更高的起点上实现腾飞，必将在社会主义文化大发展大繁荣的今天，在中国广告的发展历史上留下浓墨重彩的一笔。

· 2011年12月21日，百度推广十周年公益行动在全国展开

百度在全国范围内推出“平等·成就·未来——百度推广十周年公益行动”。该活动由百度各地合作伙伴和当地慈善机构联合发起，在四川、云南、重庆等地举办12场次现场捐赠及互动交流活动。在成都敬老院和SOS儿童村的捐赠现场，百度邀请了20多家爱心企业共同见证。活动现场，百度将文具、电脑、御寒用品等送给了老人和孩子们。合作伙伴对百度的善举给予了高度评价，并表示希望越来越多的企业家都能够将企业社会责任纳入到企业经营理念，达成企业和社会的共同发展。经过10年的实践，百度推广已经服务和见证了无数弱势群体的崛起与成长。此次十周年之际，百度推广再次发挥其覆盖最广泛的网民的影响力和聚合平台优势，携40万企业客户共同参与和见证此次全国范围的公益行动，联合各地爱心企业组建“百度推广公益联盟”，践行和号召社会更多关爱贫困地区弱势儿童及孤寡老人。

· 2011年12月26日，北京地铁新线路大量投放公益广告

北京地铁8号线二期北段、9号线南段、15号线一期东段于2011年年底开通，地铁线

路区域内共有2105块广告媒体，其中公益广告占1800余幅，所占比例超过85%。其中，“北京精神”画面230幅；新疆风光画面500余幅；北京地铁宣传画面近150幅；消防安全画面140余幅；美术作品画面等近850幅。广告媒体形式除了在既有线路开发很成熟的站台12封灯箱广告、通道4封看板广告外，还新开发了65寸电子媒体，通道嵌入式12封灯箱及包柱灯箱等新型广告媒体形式。

· 2011年12月30日，河南十大“公益之星”颁奖典礼举行

12月30日上午，由河南日报联合五菱汽车举办的2011年河南十大“公益之星”颁奖典礼在河南日报报业集团四楼多功能厅举行。在颁奖典礼上，“血友妈妈”冯红梅、公益维权律师王军权、无偿献血累计2万余毫升的巡防队员董松洲等2011年河南十大“公益之星”获得者悉数出席。本次活动在征集阶段共搜集到100余先进公益个人和团体，从中选出的20余位代表经网络投票最终评出获奖者，参加投票的网民逾29万。获奖者获得证书和2000元现金奖励。在典礼上还安排了现场捐赠环节，企业和市民代表现场为血友病患者邢连春捐赠两万余元。

2012 综　述

2012年，全球经济环境形势低迷，美国经济复苏显著放缓，欧元区经济增速明显下滑，各国经济走势分化加剧。国际经济环境对我国经济的影响不可避免，根据国家统计局发布的权威数字，全年国内生产总值519322亿元，按可比价格计算，比上年增长7.8%，较2011年则回落1.5个百分点。虽然2012年中国经济增速“破八”，但在世界经济发展形势普遍低迷的环境下，保持7.8%的增速仍为世界经济的一个亮点。

2012年11月8日，中国共产党第十八次全国代表大会在北京召开，大会选举了新一届的中共中央领导层，通过了关于《中国共产党章程（修正案）》的决议。十八大对于我国全面建成小康社会具有至关重要的指导作用，为今后五年的改革和发展提供了指导。在十八大精神当中，建设社会主义精神文明、保护国家文化安全、增强国家文化软实力、推动文化繁荣等方针具有重要地位，为我国今后文化事业的发展提供了理论依据和政治保证。

2012年是中国广告业发展的一个新拐点。宏观经济调控和经济增长持续下滑，对广告业产生一定影响，传统广告业务萎缩，新媒体广告业务攀升。截至2012年底，中国广告经营单位37.8万户，广告从业人员217.7万人，广告营业额已达4698.2亿元，我国广告市场总体规模跃居世界第二位。

2012年6月，国家工商总局印发《广告产业发展“十二五”规划》，是我国首个纳入国民经济与社会发展规划体系的广告业中长期发展规划。《规划》围绕贯彻落实国家“十二五”规划纲要以及促进服务业和文化产业发展的有关规定，提出广告业要提高专业化、集约化、国际化水平，推动行业健康、全面、协调、可持续发展。同时，阐述了

当前我国广告业的产业地位与发展现状，明确了“十二五”期间广告业发展的目标、任务以及相应政策措施，并对《规划》实施的组织领导工作提出要求。此后，各地均出台结合本地区实际情况的地方性广告业规划，推出奖励广告行业发展的有力政策，建立广告产业园区，推动广告行业的产业化集中化发展。2012 年，北京、上海、广州、长沙等首批九个国家级广告产业园区已经完成园区基建和政策制定等初步工作，还有更多地区将会陆续加入进来。

2012 年在中国公益广告的发展史上是值得铭记的一年。国家工商总局印发《广告产业发展“十二五”规划》明确提出发展公益广告事业，提高公益广告的社会影响力，健全公益广告发展机制，完善公益广告扶持政策。自此，推进公益广告的发展成为中国广告行业建设中必不可少的重要部分，中国公益广告事业具有了更加坚实的政策保障和产业后盾。

2012 年，公益广告成为党和政府加强精神文明宣传的重要方式。十八大召开前后，中央机关各部委和各个地方都开展了多种多样的主题宣传活动，公益广告也是其中的重要形式，以“喜迎十八大，讲文明，树新风”为主题的公益广告作品出现在全国各地的各种媒体和大街小巷，有力配合了大会的召开，成为人们了解十八大进程，参与政治活动的重要窗口。

2012 年，民生类公益广告和爱国主题公益广告凸显。以平凡百姓日常生活和市民社会形态为代表的民生话题，受到了全社会广泛关注和各个重要媒体的集中报道。在这一领域，出现了人们感触最深、评价最高的一系列公益广告作品。在各地的公益广告评选当中，以注重家庭价值、关爱弱势群体、提倡劳动光荣、继承传统文化、弘扬中华美德等为主题的公益广告占绝大部分，受到人们的喜爱和好评。同时，在国际局势愈加纷繁复杂的 2012 年，伦敦奥运会、利比亚撤侨、黄岩岛事件、钓鱼岛事件等牵动国人心弦，“爱国”成为亿万中华儿女的共识。公益广告这一传播形式亦随之而动，涌现出了一批彰显赤子之心的作品。全民对于社会民生回归本真的可贵关注，为公益广告的发展和传播提供了良好的环境。

2012 年，全国各地媒体积极推进公益广告事业建设，取得了令人瞩目的成就。电视金鹰奖、星光奖等国家级电视奖项均增设公益广告奖。与此同时，中央电视台将 2012 年定为“公益广告年”，并开展全球公益广告征集活动，在全世界范围内征集具有高超创意水平的公益广告作品。此外，公益广告黄河奖、深圳设计之都公益广告大奖等公益广告赛事继续举办，大量优秀作品脱颖而出。不仅传统媒体大力推进公益广告事业，以网站、微博等为代表的新媒体也积极参与其中，许多网络媒体都利用其传播优势发布公益广告、举办公益活动，也获得了广泛的关注与良好的效果。广大媒体对公益广告事业的投入，使得中国公益广告的创意水平和传播范围都得到了显著的提高。

总之，2012 年在中国公益广告的发展史上是值得铭记的一年。中国公益广告事业将充分利用政策的支持、产业的力量、媒体的关注和群众的认可，走向成熟、迈向辉煌。

大事记

· 2012年1月1日，央视推出以“汇聚力量传播文明”为主题包装的全新公益广告

1月1日起，中央电视台各频道将推出以“汇聚力量、传播文明”为主题包装的全新公益广告，突出中央电视台公益广告的辨识度和主题性，强化品牌形象。为大力推进公益广告项目，打造公益广告品牌，中央电视台广告经营管理中心将2012年定义为“公益广告年”。目前，除制作完成并即将播出的《水土流失篇》、《电器待机篇》、《安全生产篇》等一系列广告外，还计划2012年推出百余支集中聚焦社会热点、反映百姓心声的公益广告作品。

· 2012年1月5日，中央人民广播电台建立公益广告播出统计月报制度

为完善公益广告日常运作管理机制，自2012年1月起，中央人民广播电台建立公益广告播出统计月报制度：各频率单位每月5日将上月公益广告播出情况用月报的方式报送广告部，保证中央台公益广告播出的质量和数量符合广电总局的要求。

· 2012年1月5日，香江社会救助基金会公益年会举行

1月5日晚上，“快乐·生长”香江社会救助基金会公益年会在增城锦绣香江温泉城酒店召开。本次年会不仅回顾了自2005年香江社会救助基金会成立以来这六年多的公益历程，还在会上启动了以市场化、产业化的方式，以创办新型社会企业为目标，探索、传承全中国的优秀非物质文化遗产的“香江·锦绣文化传承项目”，以及致力于推广公益理念，为国内具有社会责任感的媒体搭建国际化公益交流平台的“香江·中国媒体记者公益培训项目”。香江社会救助基金会成立于2006年6月，是我国第一家国家级非公募慈善基金会。

· 2012年1月7日，诺曼姿“22厘米希望”公益活动起正式启动

诺曼姿携手海外教育基金会（OCEF），立人乡村图书馆，正式启动主题为“22厘米希望”的大型公益活动。“22厘米”是一本书的长度，更是渴望知识的孩子们与希望的距离。此次活动首先将在国内所有销售诺曼姿产品的网点中展开，在社会公众中募集适合孩子们学习和阅读的书籍，并将募集到的书籍捐赠给OCEF和立人乡村图书馆，惠及边远贫困地区的孩子。“22厘米希望”公益活动旨在关爱孩子、关爱教育，捐出一本旧书，就给予了孩子们改变命运的希望，也将公益拉近身边，触手可及，让传递爱变得更加平常而简单。

· 2012 年 1 月 9 日，《深圳晚报》推出 10 大关爱公益广告

《深圳晚报》从 2012 年 1 月 9 日起推出以关爱为主题的一组公益广告。每期公益广告刊登一个深圳关爱行动的重点项目，配发一句关爱宣传语，方便广大市民了解关爱行动重点项目，更加深对关爱理念的理解，影响并发动更多的市民相聚在深圳关爱行动的大旗之下，付出爱，感受爱，收获爱，推动深圳早日成为一座闻名遐迩的爱心之城、文明之城。

· 2012 年 1 月 10 日，海南省首届公益广告大赛启动

1 月 10 日，由海南省省委宣传部、省文明办、省工商局指导，省广告协会主办，海南中视广告有限公司承办的“首届公益广告大赛”正式启动。参赛作品要求围绕海南国际旅游岛建设和文明大行动，紧扣文明礼仪、公民道德、社会诚信等主题，倡导社会主义荣辱观，提升海南美好幸福形象，迎接四海宾客为内容进行创作。同日，由省工商局主办的“海南省十佳公益广告示范单位”认定活动也正式开始。

· 2012 年 1 月 15 日，昆明规定公交站 20% 面积需留给公益广告

为规范管理公交站台、公话亭、地名牌附属广告设施设置，昆明市城市管理综合行政执法局于 1 月出台管理办法及设置标准。其中规定，公交站台候车亭总面积的 20% 或将 20% 的时间用于发布公益广告。该办法详细规定了户外广告的设置办法和规范，并特别对公益广告的设置提出了具体要求，为公益宣传留出了更为宽广的空间。

· 2012 年 1 月 18 日，央视公益广告《关注留守家庭——春节版》播出

1 月 18 日，央视公益广告新片《关注留守家庭——春节版》在中央电视台一套、三套、七套、十一套、少儿、社会与法等多个频道播出，这是继《爱的表达式》后央视推出的又一支以“爱”为主题的公益广告。不同于《爱的表达式》中普通子女对父母的孝敬、关爱，《关注留守家庭》将视角转向了广大弱势留守人群，包括留守儿童和留守老人。我国留守儿童数量超过 5800 万，很多留守儿童常年见不到父母，而只能与祖父母为伴。《关注留守家庭》公益广告正是以当前中国农村中千千万万留守家庭的现实情况为创作背景，发出“春节到了，让爱回家”的倡议。央视广告中心做出特别安排，在 2012 年 1 月 18 日至 2 月 5 日春节期间播出，优先播出《关注留守家庭——春节版》公益广告，为观众和广大留守人群带去一份温情。

· 2012 年 1 月 25 日，公安部交通管理局“平安回家路，团圆中国年”公益广告在《人民日报》刊登

1 月 25 日，《人民日报》登出公安部交通管理局的“平安回家路，团圆中国年”为主题的半版公益广告。为保障春运交通安全行动，守护好群众平安回家，公安部以公益广

告的形式提醒回家的人们注意安全，同时也是拉近与人民群众的距离、塑造民警形象的一种创新形式。此时正值春运，这则公益广告犹如一条暖流了温暖回家人们的心。

· 2012年1月26日，天津开发区设置“喜庆”系列主题公益广告

春节期间，天津滨海新区的街头设置了以“喜庆”为主题的公益广告。内容除包含春节喜庆的主题外，还涉及了慈善协会和公益组织等公益主题，旨在推动社会公益事业的发展。在形式上，这组公益广告采取天津传统杨柳青年画的形式，很好地配合了春节的喜庆气氛。本次公益广告在开发区150多个公交站亭、电话亭和户外广告牌处投放，取得了较好的效果。

· 2012年1月29日，广州举行2012“爱芯工程”发布会

1月29日，2012年“爱芯工程”发布会在广州长堤大马路举行。这是由广东狮子会发起，旨在解决贫困地区教育落后现状的公益慈善服务项目，得到了中国民政部、中国残疾人联合会、广东省教育厅、民政厅的支持，广东狮子会八十余支服务队代表，广东部分地区教育局、学校的师生代表共六百余人出席了此次发布会。通过2011年的实践，“爱芯工程”服务委员会提供了一个改善贫困落后地区教育现状的方案。方案包含了电视、电脑、音响、投影仪、电子白板等硬件，并配套附上情景教学、互动教学等囊括国内所有教材版本的软件，综合运用现代科技手段，将教育发达地区的教学水平同步到贫困、教育落后地区。截至2011年底，“爱芯工程”服务项目中，广东狮子会共有31支服务队与广东省教育局共同合作，在全省14个贫困地区展开软件助学活动，至今已为9个地区提供了超过300万元的软件及设备，使70余所学校的20000余名学生的教育水平得到改善。狮子会是总部设于美国的国际慈善组织，在中国北京、广东、青岛等地设有分会。

· 2012年1月31日，天津爱心百“包”箱公益行动启动

1月31日，由天津市文明办、共青团红桥区委员会主办，天津义工服务队、《渤海早报》协办的“爱心百包（宝）箱”公益行动正式启动，活动将面向社会各界募集800个新书包及爱心百宝箱。新学期开学前，活动将为在校困难中小学生送上新书包或装满文具的爱心百宝箱。除了书包之外，市民还可以捐赠文具如水芯笔、铅笔、橡皮、写字本等，生活用品如水壶、餐具、毛巾等或最新版本的字典等工具书。

· 2012年1月，贵州省黔西南州利用出租车载LED宣传消防安全

春节至元宵节期间，贵州省黔西南州借助400余辆城市出租车车顶LED屏幕宣传消防安全常识和消防安全警示标语，每天6个时段，每个时段5分钟，每天播放消防公益广告达30000条次，强化春节期间的消防宣传。全市安装了LED屏幕的400余辆出租车将消防安全宣传公益广告带到街道、社区、广场、景区，做到了“有人就有路、有路就有车、有车

就有出租车、有出租车就有消防公益广告”的广泛宣传效果。

· 2012年1月，伊利开展春运公益活动

1月，伊利携手北京市慈善义工协会开展“伊利奶粉2012新春关爱宝宝志愿行动”。伊利义工穿着统一服装，在北京火车站候车室帮助抱小孩的乘客提行李，为他们送奶粉，并在候车室内设有母婴爱心服务台，为春运中的乘客送去温暖。

· 2012年1月，青海西宁设置精神文明公益广告

1月，青海省西宁市在各大主要街道、各大主要旅游景点入口处设置了以弘扬精神文明为主题的大型三角塔公益广告。这批公益广告的内容包括表彰劳动模范，彰显劳动光荣、弘扬中华传统美德、传播基本道德规范等，意在教育群众、营造创建“文明青海”的社会氛围，提升城市品位、展示城市形象。公益广告的内容将定期更换。

· 2012年1月，首都电影院线春节期间推出公益放映

春节期间，首都影院联盟在北京各大影院和公益电影放映院线联合推出百部国产影片惠民放映活动，从初一到初九，北京市民可在这些影院以两元的价格观看最新的国产电影。2011年，中国国内电影产量达500余部，但由于票价昂贵，观影人数较少。这一由电影院线主导的公益活动旨在使群众获得更多走进影院的机会，同时为国产电影营造更好的传播环境。

· 2012年1月，春节期间新疆开展公益电影放映活动

1月10日至20日期间，新疆自治区广电局开展“2012年新疆电影迎春汇”活动，活动期间新疆电视台和乌鲁木齐电视台连续播出了5部在新疆本土设摄制的电影。同时，全疆49家电影院上映18部新电影，举办了共计近百场公益电影放映活动，邀请全疆劳动模范、先进工作者、优秀员工，解放军指战员、武警官兵，政法系统基层民警、公安特警，基层社区工作人员、环卫工人，以及春节期间未返乡的农民工和寒假留校的大中专院校学生在就近电影院免费观看电影。各电影院还将派出流动放映队深入各机关、学校、厂矿企事业单位、部队营房哨所等地开展放映活动。

· 2012年2月1日，廉政公益广告将现身上海中华商业第一街

继上海检察机关开展预防职务犯罪公益宣传片“进地铁、进机场”活动实现全覆盖后，有“中华商业第一街”之称的上海南京路步行街商业广场，也将出现预防职务犯罪公益宣传片在巨幅电子屏滚动播放，同时这类廉政公益宣传片在全市各区有线电视台也将滚动播出。

·2012年2月4日，老年人生活公益摄影展在北京开幕

2月4日，由北京邮电大学联老龄关爱公益组织与国内首家实名制摄影人互动交流网站“四月风”联合主办的“镜头发现·科技助老”老年人生活公益摄影展，在798艺术区费尼琦展厅开幕。本次展览为期一周，共展出作品40幅，集中、客观的反映了当下老年人的真实生活状态，以期引起高校、企业等科技力量关注，并通过科技创新研发产品，提升老年人生活质量，本次展览作品全部精选自“镜头发现·科技助老”老年人生活公益摄影大赛。2011年6月至12月，主办方以“发现老年人真实生活状态，启发年轻人为老年人做有用设计”为题，联合专业纪实摄影网站“四月风”，面向全国范围进行了摄影大赛的征片工作，截至大赛结束，共收到全国各地投稿作品200余组，由老龄专家、大学生、四月风知名摄影家会员等组成的评委会，经过严格评选，最终评出专业组获奖作品63组，学生组获奖作品6组。本次展览的40幅作品，更是本着“真实性、启发性”原则严格筛选出来的。

·2012年2月4日，央视财经频道《春暖2012》特别节目播出

中央电视台春节特别节目《春暖2012》2月4日在央视财经频道演播厅举办，整场晚会以关注5800万留守儿童成长面临的困境为主题，以家长会的形式，邀请社会各界出主意，想办法，奉献爱心，整场晚会为留守儿童募集资金近1.4亿元人民币。据全国妇联统计，全国在农村有5800万留守儿童，他们的父母为了家庭生计，长年在外打工，而这些孩子留在家里，无人照管，缺少亲情。为此，央视财经频道发起，邀请教育部、农业部等部委，举办一场“特殊的家长会”，让大家为留守儿童成长中遇到的问题出谋划策，共襄善举。本场晚会汇集国内著名人士，部分名人当场献出巨额捐款，为关怀留守儿童生活献出力量。

·2012年2月5日，“来了就是深圳人”公益广告亮相深圳

由深圳市团市委义工联出资制作的“来了就是深圳人”公益广告亮相深圳同乐检查站西丽收费站出口和广深高速同乐关出口等处。主办方希望能够借此唤起市民的认同感，加入到深圳爱心之城、志愿者之城的建设中来。

·2012年2月10日，河北高速公路现反色情公益广告

情人节前夕，中国首家民间反色情公益网站——中国反色情网的网友自费出资，在高速路上打出了巨幅反色情广告，呼唤“让爱回家”。在石黄高速石家庄境内，这两块巨幅“反色情广告”很是抢眼。红色大背景下，分别写有“色字头上一把刀”、“不要出轨情人节让爱回家”、“劝君莫借风流债借得快来还得快”等字样。其中“色”字上面是一把鲜血淋漓的刀。这是中国反色情网的网友自费出资，在高速路上打出的广告，呼唤“让爱

回家”。这次由热心网友出资制作了4块反色情广告，每块长18米，宽6米，2块在石黄高速，2块在京珠高速。广告公司在了解情况后也给予了优惠。

· 2012年2月15日，宜宾网友自制早茶公益广告短片

2月15日，四川宜宾网友“爱的精灵”将历时一周搜集、制作的短片《宜宾早茶3000年一缕清香千古唱》剪辑完成并上传至宜宾爱心网等网站。这是当地网友自发制作的首部以“宜宾茶文化”为主线的视频公益短片。早茶短片动用了3D、画中画、翻页、划像特效转场手法，5分钟的视频短片中选用了40多张精美的早茶图片和场景。据悉，该网友在宜宾市一家事业单位工作，爱好摄影、摄像和文学。

· 2012年2月17日，“春光我爱海南文明大行动公益广告创意大赛”揭晓

2月17日，由海南日报报业集团联手文昌市春光食品有限公司举办，历时4个月的“春光我爱海南文明大行动公益广告创意大赛”评选活动在海口落下帷幕。评选活动自2011年11月10日启动以来，共收到参赛作品300余幅，经过评选，共产生一等奖1名，二等奖2名，三等奖2名。

· 2012年2月19日，新浪微公益平台上线公测

2月19日，新浪微公益平台（gongyi. weibo. com）正式上线公测，该平台专门面对微博用户开发，无论是求助者、救助者还是公益机构，均可通过微公益平台进行简易、便捷的操作，开启“一站式”救助服务。微公益平台上线后即开展募集免费午餐的公益活动，两天即为四川凉山布托县特木里镇日切村小学80名学生募得午餐8000份。该平台最大的特点，就是通过简单易寻的流程降低了参与公益的门槛。求助内容主要分为支教助学、儿童成长、医疗救助、动物保护、环境保护五个重点方向，每个项目都简要清晰的描述了项目介绍、发起人、捐助对象、目标金额、救助时间等信息，网友根据自身情况随时奉献爱心。为了让公益变得透明化，新浪微公益平台全部线上求助均由支付宝合作支持，以中国青少年发展基金会为首的公益组织将监管救助金到位情况，并邀请媒体、相关机构、公益人士及热心网友线上监督项目进展。网友求助信息发布后，将由“微博爱心团”在有效时间内进行线下审核，审核通过即可确认项目顺利进行，并开通捐款通道；如发现任何虚假信息，此项目即被关闭并删除。

· 2012年2月20日，证券行业形象宣传公益广告大赛网络评选活动启动

为了维护证券行业形象，加强投资者保护意识，让投资者了解证券知识、认识投资风险、培养成熟理性的投资理念，中国证券业协会开展了证券行业形象宣传公益广告大赛网络评选活动，旨在通过大众喜闻乐见的网络方式，将本次活动作为一次生动的、深入的投资者教育活动来开展。

· 2012 年 2 月 23 日， 中央电视台增设两个公益广告奖项

2 月 23 日， 中央电视台 2011 年度十佳优秀广告代理公司颁奖盛典在北京香格里拉饭店新阁大宴会厅举办。 在本次颁奖典礼上， 中央电视台宣布增设两个公益广告奖项——中央电视台 2011 年度优秀公益广告制作公司 （针对公司）、 中央电视台 2011 年度优秀公益广告创意奖 （针对个人）， 并共同倡议推动公益广告发展。 2012 年是央视规划的公益广告年， 本年度央视将大量征集和发布公益广告。 此前央视发布的公益广告如 《爱的表达式》 等已在社会上产生了重大反响。 设置公益广告奖项， 一方面是对在公益广告方面做出突出贡献的机构和个人予以激励， 鼓励更广范围的力量参与到公益广告事业中来， 另一方面也形成强强联手的合作机制， 在未来的公益广告创作中产生更多为社会喜闻乐见、 充分实现公益传播效果的优秀佳作。

· 2012 年 2 月 24 日， 黑龙江公益图书援助计划启动

2 月 24 日， 共青团黑龙江省委员会、 黑龙江电视台、 黑龙江省少先队工作委员会联合启动了 “爱心传递 · 书香龙江” ——黑龙江省少年儿童公益图书援助计划启动仪式， 这是黑龙江省团委深入推进学雷锋活动， 传承雷锋精神， 关爱特殊群体， 满足贫困少年儿童精神文化需求， 促进文化大发展大繁荣的具体举措。 “黑龙江省少年儿童公益图书援助计划” 将以社会爱心人士和企业捐助的全新图书为主要依托， 面向少年儿童开展图书公益活动， 活动将通过黑龙江网络广播电视台的宣传阵地， 借助论坛、 博客、 微博等新形式， 号召爱心企业捐赠图书， 在全社会开展旧书换新书的活动， 搭建一个全方位参与公益的渠道。 此项计划将长期在黑龙江省开展， 每年筹集约 10 万册图书， 为贫困地区的少年儿童送去知识和关爱。

· 2012 年 2 月 24 日， 公益微电影 《不再抽烟》 新闻发布会在合肥隆重举行

2 月 24 日， 《不再抽烟》 众主创抵达合肥， 并召开该部影片第一次剧本讨论会。 据导演李金斗介绍， 这部微电影的创作动力来源于某日看报刊时的一则吸烟人口低龄化的新闻， 吸烟带来的危害触目惊心， 引发了导演希望通过微电影来劝告广大吸烟人群尽量少抽或者杜绝抽烟的创意。 本着教育、 规劝的实质目的， 《不再抽烟》 希望通过写实的悲剧表演形式， 让普罗大众对吸烟危害的认识更加强烈， 让更多的人群脱离吸烟的阴影走向新生活。 本片于 2 月底正式开拍， 5 月底戒烟日时上映。

· 2012 年 2 月 27 日， “2012 年度中央人民广播电台公益广告宣传活动” 文案征集工作结束， 进入初选阶段

“2012 年度中央台公益广告宣传活动” 文案征集共收到来自中央台各部门、 央广传媒发展总公司、 中国传媒大学、 广西大学、 北京联合大学等单位的公益广告文案及成品约 960

件， 是历年该台公益广告文案征集数量最多的一次。

· 2012 年 2 月 28 日， 卫生部公益广告 《二手烟无形杀手》 将在全国播出

2 月 28 日， 卫生部在京宣布启动控烟公益广告 《二手烟无形杀手》 全国播出活动。 该部公益广告片由中国健康教育中心卫生部新闻宣传中心组织策划， 以宣传二手烟危害及卫生部在全国医疗卫生系统全面禁烟为主题， 该条公益广告宣传片自 3 月 1 日起， 将在中央电视台、 山东电视台、 四川电视台、 新疆电视台等 11 家卫视媒体进行集中播放一个月。

· 2012 年 2 月 29 日， 浙江省台州市消防公益广告宣传海报创意大赛启动

2 月 29 日， 由台州市委宣传部、 台州消防支队主办， 台州职业技术学院艺术学院承办， 以 “全民消防、 共享平安” 为主题的台州市消防公益广告宣传海报创意大赛正式启动。 参赛作品要求以消防法律法规、 消防常识、 弘扬消防官兵精神风貌、 曝光消防违法违章行为、 典型灭火救援战例与提高民众防灾减灾意识、 保险转嫁风险意识和保险补偿意识等内容为主。 大赛设特等奖 1 名、 二等奖 5 名、 三等奖 20 名、 入围奖 30 名、 最佳网络人气奖 2 名。

· 2012 年 2 月 29 日， 第四届中国公益新闻年会在京召开

2 月 29 日， 第四届中国公益新闻年会暨 2011 中国传媒公益推动力发布盛典在北京召开。 本届年会以 “凝聚传媒力量， 解读善意中国” 为主题， 从 “新媒体与公益 2.0 时代”、 “寻找中国公益的变革之力”、 “探索中国公益的未来之路” 三个层面， 对 2011 年的中国公益进行了深刻的剖析， 并对 2012 年， 乃至未来中国公益事业的发展展开了讨论。近百家媒体以及相关机构的嘉宾齐聚一堂， 畅谈传媒业将如何在中国公益大发展的背景下发挥正面作用， 扮演好自己的角色。 年会当天发布了经各大公益组织、 主流媒体推荐， 网络投票公示， 专家评议等多个环节综合评价推选出的 2011 年度十大公益新闻、 2011 年度媒体关注公益品牌项目， 以及备受关注的传媒公益推动力奖。 中国公益新闻年会自 2008 年创办以来已经成功举办了四届， 是目前在中国最早引入了 “公益组织评价新闻媒体” 的评价模式， 旨在宣传推广中国公益文化理念， 推动中国公益文化传播的健康发展。

· 2012 年 2 月， 河北省河间市拍摄反酒驾微电影公益广告

春节期间， 由河间市微电影协会出品的公益短片 《狂悍 “酒驾女” 与交警》 在网络上播出并受到关注。 本片于春节前开拍， 具有完整故事情节。 制作人员是喜好影视制作的来自各行各业的人员， 道具、 制作等均自行付费解决。 该短片上线后迅速获得了超过 7 万的点击量， 形成了一定的影响。

· 2012年2月1日，中央人民广播电台制作完成了“学雷锋树新风”公益广告，并在台所有频率的黄金时段播出。

3月1日，按照中宣部对5家中央级媒体“学雷锋”宣传的统一部署，中央人民广播电台制作完成了“学雷锋树新风”公益广告，在台所有频率的黄金时段播出。

· 2012年3月1日，浙江温州用公益广告宣传消防知识

三月初，温州消防支队利用公益广告宣传安全防火知识。此次投放的公益广告数量大、涵盖面广，不仅在出租车、公交车车身上张贴，在市区主要路口设置，甚至还将安全防火公益广告印到了酒店名片上。同时，温州消防部门针对辖区中小企业、出租房火灾隐患严重的特点，把消防知识宣传扩展到城市各个角落，首次把出租房以及具有温州特色的建筑“通天房”作为消防宣传重点场所，以此提高居民的消防安全意识。

· 2012年3月2日，“爱耳日”公益音乐会举行

3日2日晚，全国“爱耳日”公益音乐会在北京中山公园音乐堂举行，首都各界代表1500余人出席音乐会。本次音乐会由中国残联、教育部、工业和信息化部等16个“爱耳日”会签部委共同举办，中国聋儿康复研究中心承办。音乐会上，国家交响乐团演奏了《红旗颂》、《花之圆舞曲》等十多首中外经典曲目。音乐会由著名指挥家陈燮阳持棒指挥。2012年3月3日是第十三次全国“爱耳日”，主题是：“减少噪声，保护听力”。

· 2012年3月4日，第二届中国公路公益广告大赛作品评审会在北京举办

3月4日上午，第二届中国公路公益广告大赛作品评审会在北京举办。大赛组委会邀请10位全国业界的知名专家学者组成专家评审委员会，对245件入围作品进行终审。评审专家秉承公平、公正的原则，经过认真的审阅，充分的讨论，最终评选出本届大赛作品奖项，其中并列一等奖2名、二等奖3名、三等奖6名、优秀奖9名。大赛的举办为展示我国公路建设管理取得的辉煌成就，集中宣传公路与经济社会等方面的新理念，提升广告的创意设计水平，推动我国公路广告产业的健康发展起到了积极作用。

· 2012年3月5日，北京广播网推出“公益频道”

3月5日，北京广播网推出全新“公益频道”（gongyi. rbc. cn），及时报道身边最平凡最真挚的感动，集中展示北京电台全体编播人员发起或参与的各类公益活动，动员更多个人与组织践行北京精神，加入公益队伍。北京广播网是互联网公益联盟第一批成员单位。公益频道将北京电台举办的各种公益活动内容进行网络宣传了，如：新闻广播为西南旱区捐款，为吉林先天性心脏病幼儿小浩铭捐款，发动主持人到光爱学校授课等活动；交通广播派出记者到辽宁鞍山钢铁公司、沈阳军区等地采访，制作《永远的雷锋精神》大型主题节

目； 音乐广播举办 “雷锋精神” 主题歌曲征集评选活动； 故事广播举办 “帮助的力量” 大型故事征集活动等。 此外， 《马兰的歌声》、 《伸出你的手关爱小健锋》、 《北京共青团 100365 首善行动》、 《韩红爱心行动西藏家乡公益行》、 《北京电台 “走基层、 转作风、 改文风” 活动》 等专题都将收纳在公益频道中。

· 2012 年 3 月 5 日， 昆明百辆公交涂刷巨幅公益广告雷锋画像

3 月 5 日， 昆明公交公司 100 辆涂刷有巨幅雷锋画像的公交车投入运营， 公益广告的主题是 “弘扬雷锋精神倡导文明新风”。 昆明市公交集团公司广告分公司组织白马、 龙帆、 企都、 里程、 天下艺佳 5 个广告发布企业在公交车身、 公交站台发布了大量的巨幅雷锋画像公益广告， 弘扬雷锋精神， 倡导文明新风。 100 辆喷涂了巨幅雷锋画像的公交车穿梭于大街小巷， 在 50 个公交候车亭灯箱展示， 营造了良好的学雷锋氛围， 收到较好的社会效益。

· 2012 年 3 月 7 日， 中证协开展证券业公益广告大赛网络评选

为了保护投资者合法权益， 增强投资者保护意识， 让投资者了解证券知识， 认识投资风险， 培养成熟理性的投资理念， 树立证券行业 “三公” 形象， 中国证券业协会 （下称 “协会” ） 于 3 月 7 日开展了证券行业公益广告大赛网上评选活动。 协会还将通过网络征集投资者教育宣传口号， 同时加强与大众的沟通互动， 接受作者和大众对作品的修改。 大赛设置最佳创意奖、 最佳组织奖。 网评阶段， 将从参与的网民中随机抽取 300 名幸运网民， 每位网民可获得一张 50 元的手机充值卡。

· 2012 年 3 月 8 日， 山西晋中规定 LED 屏需播出消防公益广告

为不断提高群众的消防安全意识， 增强全社会抵御火灾的能力， 山西晋中市政府出台 《全市 LED 纳入消防公益广告》 政策， 即日起全市 81 块 LED 户外大屏幕每日必须滚动播放不低于 2 条消防公益广告。 晋中市政府借助 “清剿火患” 战役最大强势阵容， 积极筹措， 出台新政策， 协调各地市委市政府与电视台、 81 家 LED 单位研究对策， 切实以 “全民关注消防， 生命安全至上” 为理念， 出台了 《全市 LED 纳入消防公益广告》 政策。 政策规定， 目前全市 81 块 LED 大屏幕必须每日滚动播放消防公益广告 2 条以上， 每条播放时长不低于 20 秒， 凡是因人为因素导致消防公益广告延时或未播的， 政府将严肃追究当事人的相关责任。

· 2012 年 3 月 9 日， 上海第一届廉政公益广告评选大赛启动

本次比赛由市检察院主办， 截至 2012 年 3 月 5 日收到来自上海市各区县检察院和特邀单位共 53 份平面类和 33 件视频类参赛作品， 要从这些作品中评出能够引起公众关注并有效提高公众反腐倡廉意识， 具有创新制作理念和良好视听效果， 并反映上海特色的作品。

· 2012年3月12日，河北省泊头市义工街头赠送反色情公益广告袋

3月12日，由泊头市孝道弘化社带领的泊头义工们，在泊头建设街南头，对过往行人发放精美的环保公益广告购物袋。该购物袋上用鲜艳的红色写着这样几句话“世上有许多美人，她们有过放荡的青春，却迎受着愧悔的晚年——英国哲学家培根”；“贞操是女孩最好的嫁妆——柏万青”；“色字头上一把刀有福消福无福削寿——中国俗话”；“无痛人流是弥天大慌！”；“未婚同居婚姻不幸的伏笔，人流堕胎不孕不育的隐患”。这次公益活动，不仅仅是将环保的意识传达给人们，更是要将反色情的理念传递给大家，希望大家杜绝色情，使我们的家庭幸福文明和谐。

· 2012年3月15日，第二届“申通德高杯”地铁公益广告大赛启动

3月15日，由上海市精神文明建设委员会办公室、上海市工商行政管理局、上海市广告协会以及上海申通集团联合主办，上海申通德高地铁广告有限公司承办，新浪网协办的第二届“申通德高杯”公益广告创意大赛正式启动。2011年举办的第一届申通德高杯公益广告大赛取得了巨大的成功，总共有14所大专院校参加，收到社会各界的投稿3000多件。本次申通德高杯将在去年的基础上扩大参赛范围，大赛将首先在上海市著名大专院校全面展开。

· 2012年3月18日，“壹基金”在成都启动公益援助计划

3月18日，“壹基金”正式启动“5·12”地震灾区公益援助计划，将对包括成都地区在内的“5·12”地震灾区的部分学校捐赠太阳能热水工程。“壹基金”此次公益援助计划主要针对地震灾区儿童洁净饮水、卫生用水而制定，其目的是让孩子们培养卫生习惯。目前，“壹基金”已经在四川广元地震灾区的十所学校启动了太阳能热水工程捐赠。此次计划是由四季沐歌携手“壹基金”共同启动，在广元捐赠的太阳能热水系统价值300余万元，本次捐助的热水工程均安装远程控制系统，能直接帮助4000名中小学生解决生活热水，同时，他们将直接享受到四季沐歌城市热水银行的热水托管服务。这一活动还将进入四川省其他受灾城市与地区。

· 2012年3月19日，中国电视公益广告联盟在海南三亚成立

3月19日，第七届中国国际广告艺术节暨第二届三亚海棠湾A8论坛在三亚举行，来自全球的30多家著名企业代表和广告界、媒体界、艺术界的代表400余人参加论坛。论坛上举行了中国电视公益广告联盟成立仪式。中国文联副主席、中国视协主席赵化勇，中国文联党组成员、书记处书记夏潮，三亚市委常委、宣传部长孙苏，三亚市副市长、海棠湾管委会主任邓忠，以及中央电视台财经频道有关负责人出席了论坛和欢迎晚宴。论坛上举行了中国电视公益广告联盟成立仪式。中国电视公益广告联盟旨在推动中国电视公益广告的发

展，体现了中国电视行业承担社会责任，积极谋求公益事业创新发展的信心和决心，让中国的电视公益事业在沟通与协作中发挥更广泛、更深远的积极作用。著名相声演员姜昆在多年前就为保护三亚海洋录制了“蓝丝带”海洋保护公益广告，姜昆获得了优秀广告代言人奖。在此次论坛中，还举办了主题为“创新与责任”的在华外资企业高峰分论坛。

· 2012年3月20日，河南省洛阳市出租车张贴公益广告

3月20日起，为营造牡丹花都氛围，全面提升牡丹花都品牌形象，洛阳市在市区4000余辆出租车上统一张贴带有“全国文明城市洛阳第30届中国洛阳牡丹文化节欢迎您”字样的公益广告。此次张贴该公益广告不收费，全力为营造城市形象服务。

· 2012年3月20日，阳光“救在身边”公益活动首站走进中国传媒大学

3月20日，阳光“救”在身边公益活动在中国传媒大学（微博）正式启动。为支持该公益活动、有效防范风险，阳光保险集团向中国传媒大学红十字会提供了200份为志愿者量身打造的“志愿者关爱计划”保险。壹基金救援联盟专家顾问团成员、中国红十字总会卫生救护培训师、绿野救援队队长吕忠洪讲解了关于公共交通工具遇险自救、校园火灾预防逃生等日常常见灾难的自救方法，并与中国传媒大学百名师生进行了互动。此公益活动将通过文字、图片、视频等形式收集整理遇险自救的相关信息，并通过“阳光‘救’在身边”专题页面、活动微博等媒体平台发布专题报告和纪录片，让社会各界认识到自救培训迫切性，并由此提升社会各界对公益救援事业的关注度。

· 2012年3月21日，“2012年度中央人民广播电台公益广告宣传活动”的文案征集及作品选拔工作全部结束

3月21日，“2012年度中央台公益广告宣传活动”的文案征集及作品选拔工作全部结束，共选拔优秀作品文案约40件，入围作品约20件，入选作品目前已进入后期制作阶段。由产业办主办、央广传媒发展总公司制作的“2012年度中央台公益广告宣传活动”共分两个阶段：第一阶段是文案征集和选拔，第二阶段是制作和播出。

· 2012年3月24日，青岛交通广播897公益基金成立

青岛交通广播“897公益基金”3月24日在广电大厦签约成立，青岛市老领导、市慈善总会副会长宗和出席签约仪式。“897公益基金”由青岛市广播电视台依托青岛交通广播建立，是设立在青岛市慈善总会的专项公益基金，募集到的善款将定向用于对贫困家庭儿童助学和疾病紧急救助。

· 2012年3月26日，光大银行2012母亲水窖公益活动启动

3月26日，由中央人民广播电台、中国光大银行主办，中国妇女发展基金会授权，中

央少年广播艺术团、中国广播电视协会青少年节目工作委员会协办的2012母亲水窖公益活动“光大梦想·爱心启航——第二届全国青少年才艺展评”在北京人民大会堂正式启动。本次展评特聘了刘秉义、耿莲凤、王海民、陈爱莲等一批著名艺术家担任艺术顾问，以确保评比的高水准与权威性。分赛区在第一届的基础上扩大到北京、天津、太原、长春、大连、济南、南京、南昌、合肥、厦门、宁波、无锡、昆明、深圳、海口、重庆、呼和浩特等17个城市。

· 2012年3月27日，陕西省学雷锋公益广告征集评比活动启动

为认真学习贯彻党的十七届六中全会精神，充分发挥公益广告在传播文明、引领风尚中的重要作用，展示全省人民昂扬向上、文明进步的精神风貌，营造文明和谐的社会氛围，3月27日，陕西省省委宣传部、省文明办、省工商局、省广电局、省新闻出版局决定面向社会联合组织开展“学雷锋讲文明树新风”主题公益广告征集评比活动。此次制作、刊播、评选、表彰“学雷锋讲文明树新风”主题公益广告活动旨在树立社会主义核心价值体系，弘扬自强、厚德、崇俭、尚义、守信、明礼、报国、尽孝等修身律己理念，引领文明、健康、向上、和谐的良好社会风尚，为迎接党的十八大的胜利召开营造良好社会氛围。作品征集范围包括平面、广播、影视、户外、短信、微博等六类。

· 2012年3月28日，福建省开展保险业公益广告征集活动

3月28日起，福建省开展了为期一个月的保险业公益广告征集活动。征集的公益广告作品应有新颖的保险公益广告创意和主打广告语，突出行业特色。创意应表达“互助互济、人文关怀、和谐社会”的保险内涵。作品内容主要分视频广告创意和平面广告创意两种。

· 2012年3月30日，“百名孝星”表彰暨兰州市首届公民道德教育公益论坛开幕

3月30日，由兰州市委宣传部、兰州市文明办主办的兰州市“百名孝星”表彰暨兰州首届公民道德教育公益论坛在甘肃省政府礼堂举办。出席此次论坛的有受表彰的“百名孝星”、兰州市市委和市直各部门、企事业单位的干部职工、市民群众以及志愿者等1000余人。举办此次论坛的目的是为了全面贯彻党的十七届六中全会精神，深入贯彻落实科学发展观，弘扬中华传统美德，在全社会掀起尊老、敬老、爱老、助老、孝老的热潮，推动兰州市“凡人善举，和你一起”公民道德实践活动深入开展。为建设“宜居宜业宜游”文明和谐新兰州提供强大的精神动力和文化支撑。此次表彰大会一共有103人获得了兰州市孝星奖，“百名孝星”光荣榜将在31号的《兰州日报》上刊登，“百名孝星”的证书和奖品会后由各县区文明办和相关部门统一领取颁发。

· 2012年3月，中国版协支持图书封底刊发公益广告

中国出版协会驻会副理事长李宝中公开表示，支持出版单位在图书上刊发公益广告。此举被不少业内人士认为是国家开始放宽图书广告业务的积极信号。长久以来，受制于出版业发展现状和政府管制，国内图书广告业务不温不火。随着出版业与国际接轨速度的加快，图书封面广告、内容植入广告逐渐兴起，成为出版商另类致富路。

· 2012年3月，河南灵宝大学生村官制作动漫公益广告

河南省灵宝市阳店镇大学生村官范萤娣利用自己的专业特长和4位动漫制作人员用了10天时间，制作完成了关于春季植树造林方面的公益广告《人杰地灵》和采用剪纸模板制作的关于廉政方面的公益广告《结局》。两个公益广告片画面鲜活、思想健康、情趣高雅、寓教于乐，给欣赏过的人留下了深刻的印象。据悉，它们在经过该市有关部门审批核准后，很快将与灵宝市民在荧屏上见面，这也是该市首次使用高科技影像媒体做公益宣传，是该市在宣传、文化事业上的一个新突破。

· 2012年3月，陕西延安开展“讲文明树新风”公益广告征集活动

为充分发挥公益广告在传播文明、引领风尚中的重要作用，展示全市人民昂扬向上、文明进步的精神风貌，营造文明和谐的社会氛围，3月，延安市文明办、市工商局向全市新闻媒体、广告公司等单位征集“讲文明树新风”公益广告。此次活动是深入贯彻党的十七届六中全会精神，以弘扬社会主义核心价值体系为根本，制作、刊播“讲文明树新风”主题公益广告，弘扬自强、厚德、崇俭、尚义、守信、明礼、报国、尽孝等修身律己理念，引导人们积极参与“做尚德重礼的陕西人”、学习宣传道德模范、志愿服务、文明交通行动等道德实践活动，树立良好的道德风尚。“讲文明树新风”公益广告分为平面广告、广播、影视三类，要求主题鲜明，导向正确，基调健康，内涵深刻；创意新颖，表达严谨，清晰准确，制作精良，易认易记，感染力强，综合效果突出。市文明办、市工商局希望各新闻单位、广告公司等要高度重视“讲文明树新风”公益广告征集工作，加强领导，整合资源，努力推出优秀作品。

· 2012年3月，立邦开启“人人为爱上色”公益平台

2012年3月，立邦漆开启全新的“为爱上色”公益平台www.colorwayoflove.com.cn，借助开放式、全透明的可持续平台凝聚社会大众的力量，携手更多的企业和关心公益的朋友加入为爱上色。该活动将面对普通大众开辟丰富的参与方式，从涂刷学校的征集到涂刷实施的全过程将全程公布在网络上，做到所有环节的公开透明。与过去仅从中国青少年发展基金会与内部员工公开征求学校涂刷信息不同，“为爱上色”开始扩大与企业合作，拉动企业共同持续关注捐建学校，回访与改善孩子们教学环境，持久地关注孩子们真正的需求，立

邦期望更多企业间的交流与分享，将资源多元化地整合，共同促进学习公益项目在可持续发展道路下的成长。

· 2012 年 4 月 2 日，福建省开展保险业公益广告征集活动

4 月 2 日起，福建省将开展为期一个月的保险业公益广告征集活动。征集的公益广告作品应有新颖的保险公益广告创意和主打广告语，突出行业特色。创意应表达“互助互济、人文关怀、和谐社会”的保险内涵。作品内容主要分视频广告创意和平面广告创意两种。除了福建省的各保险公司至少制作一幅宣传海报作品、或公益视频广告、或宣传短片外，社会各界都可以积极参与。获奖者将给予一定奖励，被采用的广告创意及广告语也将成为福建省保险业向全社会进行公益宣传的主题。

· 2012 年 4 月 4 日，北京市检二分院制作的廉政公益广告片在各大网络平台播出

4 月 4 日，北京市人民检察院第二分院制作的预防职务犯罪公益广告片《书包的故事》正式落户各大网络平台，先后在正义网、中国网络电视台、人民网、首都之窗、千龙网、首都政法网、腾讯网、法治中国等八大网站的显著栏目亮相，大量网民点击观看。为了发挥影像传播的优势，4 月 6 日，该院又与北京电视台携手，将该片作为公益广告，在卫视频道、文艺频道、科教频道、影视频道、财经频道、生活频道、青少频道、新闻频道等八个频道持续滚动播出。上述传播方式，真正实现了任何人、任何时间、任何地点、以任何方式接收任何媒体传播信息的效果，也是该院着眼更经济的渠道，来借助媒体间的综合运用，达到投入最小、传播最优、效果最大的目标。该片以一只印有“为人民服务”字样的书包为主线，用精炼的画面语言生动讲述了一名党的领导干部牢记宗旨、抵御诱惑、拒腐防变的故事。片头及片尾均由全国公正执法的楷模、首都检察官的杰出代表方工同志出镜，配以预防职务犯罪廉政宣传主题画外音，以“践行宗旨人生无悔保持纯洁幸福相随”的公益广告语为最终定格，清晰有力地传递出短片的主旨和倡议，体现出党性与人性的完美结合。

· 2012 年 4 月 4 日，海尔举办地球一小时公益汇演活动

4 月 4 日，海尔举办的“海尔 . 地球一小时”公益汇演活动在全球多座城市跨时区依次拉开序幕，这是继 2011 年之后海尔第二次参与 WWF（世界自然基金会）发起的“地球一小时”活动。与线上同步进行的“海尔地球一小时，灵感 DJ 频道”相呼应，在北京国家体育场东侧广场现场，四十位孩童在烛光中合唱了《同一个家》和《heal the world》，孩子们在家电上用荧光笔创作的涂鸦，则以节能低碳的海尔绿色家电为载体，点睛了“地球一小时”的环保低碳公益主旨。海尔方面表示，为配合本次“海尔 . 地球一小时”活动，海尔在 3 月 23 日便已在网络上发起了“地球一小时 – 灵感 DJ 频道”活动，邀请网友在“地球一小时”之际“熄灭灯光，聆听地球的声音”，大约有 200 万左右的网友支持

并参与了该项活动。活动当天开展的线下活动，除北京国家体育场东侧广场外，海尔还在多座城市同步举办了“海尔·地球一小时”公益活动。

· 2012年4月8日，央视七套公益活动“寻找农民工好歌声”拉开帷幕

4月8日起，CCTV－7《乡村大世界》将在全国范围内开展“情系农民工，寻找好歌声”大型电视展播活动，从农民工中寻找有才艺、有技能、有理想、有追求的当代农民工典型。为配合本次活动，中国网络电视台将同时启动网络专区，农民工可将自己的视频、声频、图片等资料上传到网站予以展示，人气较高的选手将获得央视录制机会。本次电视展播将进行大胆创新，不用任何专业演员，不搭建专业舞台，不采用豪华灯光舞美，走进企业的农民工群体，从最普通的农民工身上挖掘亮点，以最简朴的小现场方式来录制85分钟的节目。“寻找农民工好歌声”系列展播将于5月1日、2日在央视七套播出，呼吁社会关爱全国两亿五千万农民工群体。农民工出身的草根明星“旭日阳刚”接受主办方聘书，担任本次活动的形象大使。

· 2012年4月8日，天津大学生自发组织“天津精神”公益广告展

由大学生自发组织的“天津精神公益广告设计展”在天津工业大学开幕，本次展览共展出由该校艺术与服装学院75位同学创作的公益广告作品107件。虽然创意风格迥异、表现手法也不尽相同，但每件作品中都能找到用来展现大飞机、大火箭等大项目好项目以及津湾广场、天津之眼、津门津塔等津城地标性建筑的设计元素。

· 2012年4月10日，华南地区大学生创新公益大赛启动

4月10日，2012年赛扶世界杯中国站创新公益大赛区域赛在广州启动，来自包括中山大学、汕头大学、广东外语外贸大学等华南地区16所高校的近400位优秀学生代表同台角逐，争夺中国站总决赛资格。在本次华南赛区的比赛中，各所高校的赛扶团队将经济理念、营销策略、商业伦理和企业家精神等理论知识应用到实际项目中，并在比赛现场以精采的演讲和翔实的书面报告，展示他们的社会实践成果。项目涉及的主题丰富多样，涵盖了环保、农业发展、教育、扶贫助残和创意创业等，本大赛的优胜者将有机会参与在美国华盛顿举办的赛扶世界杯决赛。赛扶（SIFE）全称国际大学生企业家联盟，总部设在美国，是全球性的以大学生为主体的商业实践社团，2002年进入中国。

· 2012年4月10日，浙江省温州市幸福家园公益广告创意大赛启动

由中共温州市委宣传部、温州市文明办主办，温州商报、温州新闻广播FM94.9、温州都市生活频道、温州网承办，温州市广告协会协办的“中梁国宾1号杯”幸福家园·2012公益广告创意大赛启动，面向社会征集优秀作品。大赛将以推助“三生融合幸福温州”建设为宗旨，倡导文明良好的社会风尚，同时促进温州媒体广告设计水平提升。

· 2012年4月12日，广东省惠州市首届廉政公益广告大赛启动

4月12日，惠州市首届廉政公益广告大赛启动，面向具有设计制作能力的个人和单位征集公益广告作品。参赛作品包括平面类（含漫画、报纸、期刊广告）和影视类（含动画），主题包括：围绕“建设领导干部精神家园，保持党的纯洁性”宣传廉政文化；围绕《中国共产党党员领导干部廉洁从政若干准则》中规定的“52个不准”，宣传党员领导干部廉洁从政行为规范；围绕全省统一开展的打击商业贿赂活动，宣传商业贿赂的社会危害；围绕全市开展的社会公德、职业道德、家庭美德教育活动，弘扬真善美，抵制假恶丑；围绕党员领导干部和国家机关中存在的与民争利、严重损害群众利益的突出问题及其它各种消极腐败现象进行讽刺揭露；围绕近两年发生在党员领导干部中的消极腐败案件进行创作，引导公民积极参与廉政建设等。

· 2012年4月18日，武汉公交车搭载“武汉精神”公益广告

4月18日起，市委宣传部、市交委、市公交集团联合在50台公交车车身上发布武汉精神宣传公益广告。包括“模范司机”等内容的大幅“武汉精神”公益广告以全车身张贴的方式予以发布，醒目生动。此次公益广告发布是武汉公交有史以来发布的最大规模公益广告。

· 2012年4月20日，首届孝行天下公益广告微电影大赛在北京启动

4月20日，由中国老龄事业发展基金会、北京孝行天下文化传播中心等单位联合主办的首届孝行天下公益广告微电影大赛在京启动。本次大赛参赛作品除时长限定3分钟，要求不得违背国家政策法规、不得有任何商业、宗教色彩之外，没有其他限制。参赛者围绕“孝道”主题，可采用任何表现方式。入选的作品将在全国百家电视联播平台及合作网络平台上进行展播，在观众和网友投票的基础上，最后由中国传统文化领域专家、学者和媒体人共同组成的评委会评出十佳获奖作品。

· 2012年4月22日，内蒙古乌海市广泛发布反腐倡廉公益广告

4月22日，乌海市要求各部门、各单位结合地区和行业特点，通过电视广告、公益漫画等形式，制作发布反腐倡廉公益广告。作品要求围绕中央、自治区惩治和预防腐败体系建设工作和乌海市“打、防、教”三位一体的战略方针，宣传反腐倡廉的重大意义、重要措施和工作成果，弘扬勤廉兼优的先进典型，鞭挞腐败现象，引导广大党员、干部、群众和社会各界崇廉尚廉，弘扬正气。此外，还特别要求开展廉政风险防范管理工作的部门和单位着重结合查找廉政风险点来设计制作广告作品。征集的作品将在十月进行评奖，获奖作品将在乌海市和内蒙古自治区各主要媒体刊播。

· 2012年4月23日，深圳发布“深圳十大观念”户外公益广告

自4月23日起，1000多幅“深圳十大观念”公益广告将在公交候车亭、地铁站和LED屏上陆续推出。这组公益广告除了概念性的图片之外，还配上了文字说明，对每条观念的诞生、意义和影响等进行了形象生动的讲解，而且这些说明都配上了英文翻译。“深圳十大观念”是深圳市在深圳特区建立三十周年之际总结出的源于深圳、影响深远的十条观点及口号，包括“时间就是金钱、效率就是生命”，“空谈误国、实干兴邦”等著名格言。

· 2012年4月25日，“中宣部、中央文明办、国家工商总局、国家广电总局、新闻出版总署、中央人民广播电台讲文明树新风公益广告展播”开始在中央台各频率循环播出

3月中旬，中宣部召集人民日报、光明日报、经济日报、中央人民广播电台和中央电视台五家中央媒体举行协调会，部署“迎十八大、讲文明树新风”主题公益广告宣传实施方案。接到方案后，中央电台领导高度重视，立即布置由广告管理处组织落实主题公益广告作品的征集、制作和播出安排工作；4月24日，中央人民广播电台审定通过的四件公益广告作品，分别是《凡人篇》、《邻里和睦篇》、《三字经篇》、《长大了我能照顾您篇》。这些作品以“做文明有礼的中国人”、学习道德模范、学雷锋活动、志愿服务等为主要内容，以弘扬社会主义核心价值体系为根本，倡导自强、厚德、崇俭、尚义、守信、明礼、报国、尽孝等道德理念，展示我国人民群众昂扬向上、文明进步道德的风貌。这次“讲文明树新风”主题公益广告制作展播活动是中央台配合迎接党的十八大宣传报道工作的重要组成部分。

· 2012年4月26日，海南向社会有奖征集文明交通公益广告作品

为推进实施海南“文明交通行动计划”，丰富文明交通宣传作品，海南省文明办、海南省交警总队联合向社会有奖征集文明交通宣传作品，获奖作品最高奖金1万元。

本次征集评选作品要突出“关爱生命，文明出行”主题，包括文明交通宣传挂图（招贴画）、交通安全电视栏目、电视专题片、视频公益广告、音频公益广告、文艺作品、交通安全知识读本（书籍）和电子课件八类。征集作品经省内评选后向全国评选活动选送优秀作品，获奖作品除由全国实施“文明交通行动计划”领导小组办公室颁发奖品和证书外，海南将再次给予奖励。

· 2012年4月27日，辽宁葫芦岛市制作散装水泥公益广告

4月27日，辽宁省葫芦岛市散装水泥办公室投入资金，在全市的主要公共汽车候车亭制作了四块散装水泥宣传公益广告。宣传广告的主要内容是：“推广散装水泥，共筑绿色

家园；推广预拌混凝土，确保建筑质量；发展散装水泥，促进节能减排；推广预拌混凝土，建生态宜居滨城。”宣传散装水泥是为了提高全社会对散装水泥事业的了解，营造发展散装水泥产业的社会环境。要把散装水泥事业做好，必须不断拓新散装水泥宣传形式。散装水泥公益广告吸引了市民驻足观看，起到了一定的宣传效果。

· 2012年4月27日，山东烟台公共自行车站亭设置“亚沙会”公益广告

4月27日，烟台城管养管处自行垫资将市区约500个公共自行车广告位全部更换为“亚沙会”公益广告，以崭新的面貌迎接亚沙会开幕。市环艺办也参与了公益广告的设计工作。亚洲沙滩运动会是亚洲四大体育赛事之一，每两年举办一次。2012年本赛事在中国山东烟台市海阳举办。

· 2012年4月28日，广东大学生福彩公益奖在中山大学颁奖

4月28日上午，由共青团广东省委员会、广东省福利彩票发行中心、广东省学生联合会联合主办的广东大学生“福彩公益奖”2011年颁奖典礼暨2012年启动仪式在中山大学举行，颁发了“福彩公益优秀团队”、“福彩公益之星”、“优秀指导老师”、“优秀组织奖”四个奖项。300支团队、100名大学生接到了公益奖金。“福彩公益奖”还将启动首届公益创业大赛，对公益创业进行协助。省政府副省长刘昆出席颁奖典礼，并为获奖团队和个人颁奖。广东大学生“福彩公益奖”的设立，在广东高校中成功发现培育了一批可持续发展的公益项目和组织，找到了一条公益服务大规模社会化动员的新路子。截至2012年，“福彩公益奖”已经吸引了1800多支团队、20多万大学生参与，服务社会人群超过200万人次。2011年就有来自全省21个地市、123所高校、791支团队、10万大学生积极参与，服务群众100多万人次。这些大学生不仅在广东省内各街道、社区、农村，还奔赴新疆、贵州、四川、广西等西部贫困山区开展多种多样的公益活动，收到良好的效果。

· 2012年4月29日，长沙启动校园文化进社区活动搭建公益活动平台

4月29日，长沙召开校园文化进社区活动座谈会，来自省会各大高校艺术院系、市直有关部门及区县街道社区的领导、专家、学者及工作人员，纷纷就校园文化进社区活动建言献策。市委常委、宣传部长张湘涛出席会议。为大学生学以致用搭建平台，满足社区群众日益增长的精神文化需求开辟渠道。本年起，长沙将广泛开展校园文化进社区活动，通过深入开展演艺进社区、讲座进社区、培训进社区、作品进社区、网站进社区、图书进社区、设计进社区等活动，实现高校和社区文化资源的互惠共享。开展校园文化进社区活动，是发挥省会高校服务社会功能的一大创举，有利于推进国际文化名城建设；是创建全国公共文化服务体系示范区的一大举措，有利于提升社区文化水平；是服务省会高校文化实践的一大平台，有利于锻炼艺术院系学生的社会实践能力。

· 2012年4月30日，天安门广场巨型LED播放公益广告

4月30日晨，天安门广场上的两个巨幅LED屏在国旗升起的同时播放公益广告，播出内容是此前在美国纽约时报广场大屏幕播放过的中国国家形象片。天安门广场的LED屏面积达400平方米，平时滚动播放中国及各省形象公益广告片，由于其核心地段和该地区巨大的人流量，被称为“世界最贵的公益广告屏”。

· 2012年4月，中央广播电台制作防治艾滋病公益广告

中央人民广播电台中国之声频率与中华红丝带基金达成合作，双方确定今后共同在整点时段“公益报时”栏目制作播放包括防治艾滋病在内的公益广告。据悉，为了传播“责任至上”的频道文化，中央人民广播电台中国之声频率突破传统枯燥的时钟打点方式，在“整点报时”方面，用“公益报时”的新形式，使整半点报时成为宣传公益事业的固定窗口。“公益报时”主要由社会知名人士、政府官员等人士，通过录制主题公益宣传内容，传播各项公益理念。经与中国之声协调，决定共同邀请基金形象大使章子怡作为首位进行公益广告录音的明星。第一组“向零艾滋迈进”的整点报时公益广告已于四月起播出。

· 2012年4月，招商银行举办系列公益活动

4月，招商银行举办一系列公益活动庆祝成立25周年。4月2日是第5个“世界自闭症日”，当晚，招行总部大厦与全球1400多座地标性建筑一起“点亮蓝灯”，呼吁全社会共同关注自闭症儿童。同日，招商银行还携手“壹基金”发起大型公益活动“蓝色行动”，希望通过“小积分，微慈善”的信用卡积分兑换平台，为十万自闭症儿童募集辅导训练课程。4月6日、8日和9日，3场慈善音乐会分别在北京、深圳、上海举办。音乐会上，招行形象代言人、国际钢琴巨星郎朗等音乐家为观众带来了难得的视听盛宴，音乐会的所有门票收入则定向支持“海洋天堂计划”，帮助自闭症以及特殊疾病儿童群体改善现状。招商银行是中国境内第一家完全由企业法人持股的股份制商业银行，招商银行在其理念中融入了企业责任和社会公益的内容，近年来参与了一系列社会公益活动。

· 2012年5月1日，四川自贡市总工会“五一”节推出公益广告

在“五一”节到来之际，自贡市总会特意在市广播电台推出公益广告宣传栏目，在每天10点至18点整点前播出工会公益广告，其广告语既有节日问候，又宣传职工关心的劳动保护知识，让工会更加贴近职工。其内容主要是保护劳动者权益，提示劳动者“五一”法定假日期间加班需“三薪”等内容，向广大劳动者普及劳动法规内容，保护劳动者合法权益。

· 2012年5月4日，辽宁葫芦岛采用三面视频广告车播放消防公益广告

为进一步扩大消防宣传覆盖面和影响力，推进消防宣传工作的社会化进程，使消防宣传更加“贴近群众、贴近生活、贴近实际”，葫芦岛消防支队精心策划，协调多家单位，利用三面视频广告车播放消防公益广告，迅速掀起春防消防宣传热潮。依托三面视频消防宣传车，针对各类单位场所特点，消防培训人员通过集中讲授、示范教学等方法，先后深入社区、农村、企业、学校等单位讲授消防常识、灭火和逃生自救技能、防灾减灾知识等内容。让广大群众做到“两知三会”，即“知道本岗位火灾危险性、知道基本消防常识，会查找火灾隐患，会报警、扑救初起火灾、会组织人员疏散”，从而收到了良好的宣传教育效果。支队利用三面视频车开展消防宣传工作，不仅拓宽了消防宣传渠道，树立了消防部队的良好形象，更增强了消防宣传的亲和力、感召力，为增强公众消防安全意识、提高消防安全素质，进一步加大社会化消防宣传工作力度，提高社会火灾整体防控水平，推进消防工作社会化进程起到了积极作用。

· 2012年5月8日，山东临沂推出“二十四孝”公交车身公益广告

5月8日，山东省临沂市公交总公司将在电动公交车辆和河东区回收后的公交车辆车体上张贴主题为“二十四孝图”的公益广告。这一宣传活动既可以弘扬尊老爱老的中华传统美德，又可以借二十四孝典故中发生在临沂当地的故事来塑造城市文明名片。此次张贴中还对二十四孝图的内容进行了筛选，部分不符合当今时代精神的内容没有进行张贴，彰显时代特性。

· 2012年5月8日，湖南湘潭统一规划公交车车身广告

5月8日起，湘潭市对全市公交车车身广告进行全面整治，宣传不雅信息、陈旧破损的车身广告一律要求替换。客运处将把所有车身广告替换成统一规划文明宣传性质的的公益广告。首批统一规划的车身广告的公交两侧将以市区内各大公园风景为背景，后面则以湘潭市典型的建筑、雕塑为背景。

· 2012年5月8日，央视播出南方电网公司公益电视广告

5月8日晚8点52分，一条以“珍惜资源，节约用电”为主题的电视公益广告在中央电视台播出，这是南方电网公司成立以来在中央媒体投放的首个公益电视广告。本次广告制作发布工作历时共3个月，由公司办公厅牵头，南网传媒公司策划执行。上述《南网公益广告·自然篇》以摄影师的视角切入，该摄影师在西部采风时，通过镜头认识到电力的来之不易，开始思考起节能环保的问题，并体现在其自身的行动中。广告播出后，社会各界不少人士普遍给予好评，认为创意好，感染力强，引发共鸣。中电联有关人士认为，这正是南网承担社会责任、积极参与公益事业的举措之一。此外，南方电网公司还将在央视

平台播出其他公益广告，并在广播、报纸等媒体同步刊播相关的公益广告作品，向公众进一步普及电力常识，宣传节约、安全、科学用电。

· 2012年5月10日，“AI在身边——防艾公益广告广播作品”颁奖典礼在南宁举行

5月10日晚，“AI在身边——防艾公益广告广播作品”颁奖典礼在南宁举行。自治区防艾办负责人、广西人民广播电台台长、广西交通台总监等领导分别为入选一、二、三等奖的10条防治艾滋病公益广告作品的创作者颁发了荣誉证书等奖励。颁奖典礼上，自治区防艾办负责人号召全社会加大对艾滋病防治知识的普及，让群众充分认识到艾滋病的严重性和危害性，掌握好艾滋病的防治知识和技巧，形成健康的生活方式，避免高危行为，从根本上防止艾滋病的传播。

· 2012年5月12日，天津精神公益广告设计大赛揭晓

由天津市文明办、今晚报、市工商行政管理局、市广告协会联合主办的天津精神公益广告设计大赛昨天揭晓。本次大赛收到来自全国26个省市的1652件来稿，作品充分展示了大家对天津的热切关注、对天津精神的普遍认同和对天津未来的美好祝福。经过初评、复评、终评三轮选拔，共评出一等奖1名，二等奖3名，三等奖6名，优秀奖20名。

· 2012年5月15日，深圳市第六届法制宣传公益广告（海报）创作活动面向全国征集法制公益广告

为全面推进“六五”普法规划贯彻落实，建设社会主义法治模范城市，使法制宣传更具亲和力和趣味性，更贴近基层和群众，鼓励法制宣传公益广告创作和法治文化创新，深圳市依法治市办和深圳市司法局于2012年5月15日至2012年10月1日期间，面向全国征稿举办深圳市第六届法制宣传公益广告（海报）创作活动。本届法制宣传公益广告（海报）创作主题为“贯彻“六五”普法规划，建设社会主义法治模范城市”。当前深圳正在努力创建社会主义模范城市，“要让一流的法治成为深圳经济特区新时期更为显著的城市特质、成为深圳最具竞争力的创新创业环境、成为深圳建设现代化国际化先进城市的坚强保障。”自然人，法人和组织均可参与本次征集，优胜者可获物质奖励。

· 2012年5月15日，中国首部社会扶贫公益电影《包裹》在湖南大学举行首映式

5月15日，由中国扶贫基金会支持的中国首部社会扶贫公益电影《包裹》在湖南大学逸夫楼举行首映式。电影以贫困地区儿童教育的社会扶贫项目问题为关键点，探讨了公益捐赠的合理性、公平性、科学性等话题。让人们意识到，在奉献爱心时不仅要考虑受益人的实际需求，更要关注这些捐赠可能会给受益人带来的各种影响。“爱心包裹项目”是由中

国扶贫基金会发起的一项全民公益活动，它通过科学合理的项目设计，带动更多社会成员共同参与公益事业，对于提高贫困地区农村小学生教育水平、改善学习条件具有十分重要的意义并引发他们科学合理奉献爱心的思考。去年，湖南大学“爱心包裹项目”囊括了中国扶贫基金会颁发的“优秀公益社团”、“优秀社团指导老师”、“优秀社团组织者”“优秀志愿者”所有奖项。

· 2012年5月16日，中国妇女发展基金会致函中央人民广播电台，对给予“母亲水窖”、“母亲健康快车”等公益项目的大力支持表示感谢

5月16日，中国妇女发展基金会致函中央电台，对中央电台给予“母亲水窖”“母亲健康快车”等公益项目的大力支持表示感谢。信中说，长期以来，中央人民广播电台一直高度重视，积极支持中国女性公益慈善事业的发展，在新闻宣传和活动组织等方面倾注了极大的热情，给予了通力支持，为我会“母亲水窖”、“母亲健康快车”等公益项目取得良好的社会效益做出了重要贡献。信中强调：“贵台近期又积极协调安排中国之声、经济之声、都市之声、文艺之声、老年之声、娱乐广播、文艺之声、华夏之声8个频率播出相关节目，为期3个月，为我会公益项目在全社会的宣传推广和形成品牌做出了积极贡献。在此，我们对贵台的大力支持表示衷心的感谢！”

· 2012年5月17日，“关爱儿童交通出行安全公益活动”在京启动

中国儿童少年基金会“安全出行守护幸福”关爱儿童交通出行安全公益活动启动仪式17日上午在北京人民大会堂举行。该公益活动将通过普及儿童安全知识、提高避险意识和能力等举措，营造关爱儿童交通安全的社会氛围，促进儿童健康成长。近年以来儿童意外伤害问题日益凸显，儿童出行因交通安全知识匮乏、防范措施不力导致儿童交通意外伤害，由此给家庭带来巨大的痛苦和损失。为了提升家长及儿童的安全意识和责任意识，积极营造良好的儿童安全健康成长环境，北京汽车集团有限公司和德国Kiddy（基德）公司捐款300万元，与中国儿童少年基金会共同启动实施“安全出行守护幸福”关爱儿童交通出行安全公益活动。中国儿童少年基金会与两家爱心企业共同开展“安全出行守护幸福”儿童交通安全公益活动，普及儿童安全知识、提高避险意识和能力，营造关爱儿童交通安全的社会氛围，促进儿童健康成长。

· 2012年5月18日，首届中国公益广告趋势论坛暨《中国公益广告年鉴（1986年—2010年）》首发仪式在北京举行

5月18日，第一届中国公益广告趋势论坛暨《中国公益广告年鉴（1986年—2010年）》首发仪式在中国传媒大学举行。本届论坛是在国家工商行政管理总局指导之下，由国家广告研究院、中国传媒大学、全国公益广告创新研究基地以及中央电视台广告经营管理中心共同主办，中国传媒大学广告学院与行业专业媒体《媒介》杂志承办的年度公益广告

盛事。来自政府、学界与业界的近百名代表参与了此次论坛。本次论坛的另一重要环节为《中国公益广告年鉴（1986年—2010年）》的首发仪式，年鉴由全国公益广告创新研究基地和中国传媒大学编撰，中国工商出版社出版，是教育部“211工程”学科建设项目的科研成果。年鉴的出版填补了广告研究领域的空白，对25年来中国公益广告的发展历程进行了学术梳理和总结。此次首发仪式上，全国公益广告创新研究基地也宣布了本年度的年鉴编纂工作正式启动。本次论坛的成功举办对于我国广告业尤其是公益广告今后的发展而言，带来了极大的裨益与帮助，在明确了公益广告的重要性的同时更昭示了其前行的方向与道路。

· 2012年5月20日，山东滨州出现以黄岩岛为主题的爱国公益广告

5月20日，滨州黄河五路渤海十八路路口的大屏幕播放爱国公益广告，以五星红旗、天安门为背景图案的画面上写有“黄岩岛中国的！”字样。这段时常15秒的视频广告每隔几分钟播放一次，并伴有“黄岩岛，是中国中沙群岛海域唯一露出海面的岛礁，从空中俯瞰，宛若一颗镶嵌在中国南海的珍珠，璀璨夺目。黄岩岛，自古就是中国的固有领土”的画外音。中国和菲律宾近年以来针对黄岩岛的主权归属屡有争端，在2012年成为国际热点话题，受到了国内民众的高度关注。

· 2012年5月24日，宋庆龄公益慈善教育中心成立

5月24日，全国首个高校慈善专业人才培养机构——宋庆龄公益慈善教育中心在北师大珠海分校揭牌成立。该教育中心由上海宋庆龄基金会、北京师范大学珠海分校和基金会中心网三家合作，将在高校建立专门机构，定向培养公益慈善事业专业人才，在国内首开先河。该中心面向国内的公益慈善组织和机构实行订单式培养，该校大三学生可以选修慈善专业，今后将适时成立独立的慈善学院，届时将颁发相应慈善专业文凭。这一项目的实现，对促进我国公益慈善事业健康发展将会作出历史性贡献，对以社会需求为导向的高校人才培养模式创新将会探索出一条有效的途径。

· 2012年5月24日，郑州市群众艺术馆“公益大讲堂”开讲

5月24日，郑州市群众艺术馆“公益大讲堂”第一课开讲，省高级工艺美术师、省民间美术学会副会长、省级非物质文化遗产代表性传承人连德林的剪纸艺术授课，吸引了100多名剪纸爱好者。落实文化部关于群艺馆“免费开放”的工作要求，同时提升文化骨干的业务水平，郑州市决定设立群众艺术馆“公益大展厅”、“公益大讲堂”、“公益大舞台”、“群星讲堂”等，并对群众免费开放。据了解，“公益大讲堂”将邀请全国、省市业界专家学者，针对广大群众和群众文化骨干队伍开展讲座，主要内容涉及舞蹈、器乐、美术、声乐、非物质文化遗产项目等，今年计划每月举办1次，全年分不同门类共举办12次。

· 2012年5月24日，南京交管局在新街口设立巨幅文明交通公益广告

5月24日，南京市公安局交管局在南京新街口地区一块规格为29米×16米的LED显示大屏上，滚动播放全新的文明交通公益宣传片，主题为警民和谐关系，画面表现生动，吸引了大量行人的注意力，获得了良好的宣传效果。

· 2012年5月24日，“世界环境日”环保部开拍应对气候变化环保公益广告片

5月24日，为纪念2012年“6·5”世界环境日，由环境保护部宣传教育中心策划，青年演员、“千名青年环境友好使者行动”项目形象大使窦骁领衔主演的系列环保公益广告片在京开拍，该片以“应对气候变化，你的选择很重要！”为主题，向全社会发出环保倡议。此次应对气候变化主题系列环保公益片的拍摄，是为了落实发改委会同财政部等17部委共同制定的《“十二五”节能减排全民行动实施方案》精神，通过窦骁公益行动的引导和典型示范作用，向公众倡导采取绿色出行、节约用电等日常低碳环保行为，为应对气候变化营造氛围、凝聚力量。该系列广告片包含节电、低碳出行、绿色消费、绿色经济等主题，旨在倡导公众的行动，唤醒社会公众转变观念和行为，选择绿色生活方式，节约资源能源，保护生态环境。该系列公益广告片包括《应对气候变化，就在开关之间》和《应对气候变化，始于足下》，倡导公众在室内采用自然光源，减少电灯和空调的使用，以及“135出行方案”，即1公里以内步行，3公里以内骑自行车，5公里乘坐公共交通工具。

· 2012年5月25日，广州交警在新浪官方微博启动面向全国的公益宣传创意大赛

5月26日，广州交警以“关爱生命、文明出行”为主题，在广州交警新浪官方微博启动面向全国的公益宣传创意大赛。征集范围包括flash公益宣传动画、公益宣传音频和公益宣传海报等格式。本次大赛历时一个月，优胜者可得到一定的物质奖励。

· 2012年5月26日，青海卫视改版，更加注重公益

青海卫视于5月26日正式改版，改版以“大美青海绿色中国”为口号，践行“绿色公益环保”理念，将“低碳”主张贯穿于频道包装、节目制作及各项活动中。青海卫视将以社会公益为主题，结合媒体、社会与明星的力量，参与到更多慈善公益项目和活动中来。此前青海卫视已经参与过玉树赈灾救孤和关爱老兵等慈善公益项目以及大批环保项目，在观众中形成了“绿色卫视”的良好口碑。

· 2012年5月27日，河北举办2012年世界环境日公益晚会

5月27日晚，由河北省环境保护宣传教育中心、河北电视台《绿色家园》、燕赵环保

网联合主办的“为了绿色家园”2012年度六·五世界环境日公益晚会在秦皇岛举办，晚会中还对在2011－2012年度河北省优秀大学生环保社团评选活动中获奖的社团举行了颁奖仪式。同时，腾讯微博对晚会进行现场互动，微博墙不断刷新，时刻呈现网友、观众对六·五世界环境日公益晚会的关注与祝福。晚会期间，共计收到3000余条微博。晚会呼吁公众转变消费观念，选择绿色节能产品，保护生态环境，进一步增强公众的环保意识，呼吁更多有环境责任感的企业、学生和社会各界热爱公益、关注环保的的人士加入到环境保护的行列，共建人类美好的绿色家园。

· 2012年5月27日，昆明出现食品安全主题LED屏公益广告

5月27日，在昆明100多家店铺的103块LED屏上出现了以“全民抵制毒食品”为主题的公益广告。这次公益行动是由网友和当地某文化企业负责人共同发起的，在当地社会和网络上引起了重大反响。该广告全天循环播放120次左右，每天播放10个小时，引起了人们对于食品安全问题的极大重视。而且，由于这一公益广告的发起和播出属于个人行为，因此也激起了对于个人发动与参与社会公益运动的讨论。

· 2012年5月28日，第四届贵州省公益广告大赛启动

5月28日，家有购物杯“喜迎党的十八大，讲文明、树新风”第四届贵州省公益广告大赛正式启动，面向全省征集优秀公益广告作品。本次大赛由贵州省委宣传部、省文明办、省教育厅、省工商行政管理局、省广播电影电视局、省新闻出版局、省通信管理局等7家单位联合主办，贵州日报报业集团、贵州广播电视台、省广告协会、贵阳日报传媒集团、贵阳广播电视台等协办。该大赛是贵州省规模最大、影响力最强的公益广告赛事，对贵州省内的公益广告事业发展有较强的推动作用。本届大赛根据广告发展趋势，增设“网络广告”征集类别。大赛征集作品涵盖平面、广播、影视、网络4大类，分设金、银、铜奖及佳作奖，并特设全场大奖和学生最佳作品奖，部分优秀作品将在省级媒体进行展播。

· 2012年5月，浙江温州市举办禁毒公益广告比赛

温州市禁毒办、共青团温州市委、温州市学生联合会联合开展禁毒公益广告竞赛活动。本次活动围绕“依法禁毒，构建和谐”和“我们拒绝毒品”的主题。活动主要采用影视类禁毒公益广告创意以及海报类禁毒公益广告创意两种形式。

· 2012年5月，武汉轻轨车站布置“免费午餐”公益广告

5月，40幅“免费午餐”公益广告进入轻轨1号线循礼门、大智路等8个站点。这些公益广告由地广传媒提供并制作安装，分别位于轻轨1号线堤角、丹水池、循礼门、大智路、崇仁路、古田二路、太平洋及东吴大道8个人流量大的站点。此次“免费午餐”

公益广告的投放时间为 3 个月，广告内容共分为 4 幅画面，分别为“我是免费午餐志愿者”、“我是免费午餐捐赠者”、“我是免费午餐学校小学生”及“免费午餐，2012 继续前行”。其中，“我是免费午餐学校小学生”的广告图片上，一个小男孩端着饭盒吃得很满足，旁边还附上了孩子的心声“以前，我们的午饭只有冰冷的泉水和难吃的土豆，咕咕叫的肚子让我们无法专心上课。现在，我们都有热腾腾的午饭，我可以安心听课，也不再害怕下午的体育课”。在“免费午餐”的公益广告右下方还设有一个支付宝的二维码，用户用支付宝手机客户端扫描该二维码并在客户端确认付款，就能立刻为免费午餐学校的小学生捐款 3 元钱。

· 2012 年 5 月，新疆昌吉市推出“现代文化促进月”公益广告活动

结合“热爱伟大祖国建设美好家园”主题教育、第 30 个民族团结教育月和“文化名市”战略推进活动，昌吉市将 5 月份确定为“现代文化促进月”，积极开展主题突出、内容丰富、形式多样的 6 大系列 21 项现代文化主题实践活动。在加快基础设施建设、推广民族文化的同时，昌吉市还突出利用公益广告的传播力量，面向全疆广泛征集“做文明有礼的昌吉人”公益广告，在昌吉市电视台对优秀公益广告进行集中展演。公益广告和各种实践项目相结合，达到了良好的宣传教育效果。

· 2012 年 5 月，新疆阿勒泰创建全国民族团结公益广告示范地区活动全面启动

新疆维吾尔自治区阿勒泰地区地委办、行署办印发了阿勒泰地区工商局制定的《阿勒泰地区创建全国民族团结公益广告示范地区实施方案》（以下简称《实施方案》），全国民族团结公益广告示范地区创建活动全面启动。该活动以新疆维吾尔自治区民族团结教育月活动为契机，大力营造全社会重视民族团结、爱护民族团结、宣传民族团结的良好氛围。

· 2012 年 5 月 31 日，中央人民广播电台《保护野生动物—口技篇》荣获第 12 届伊朗国际广播节公益广告一等奖

伊朗国际广播节是目前最有影响的全球范围的广播节目竞赛活动之一。本届伊朗国际广播节共设置主题类、特别节目类、商业广告类、专业类四大类 26 个奖项，共吸引全球 30 多个国家的广播工作者积极参与。经过来自伊朗、德国、西班牙、波兰、墨西哥等国的 11 位资深专家评委的层层遴选，中央电台报送的《保护野生动物—口技篇》荣获主题类公益广告节目一等奖。伊朗国际广播节由伊朗电台自 2000 年开始主办，中央电台从 2006 年的第 7 届开始应邀参评，当年选送的音乐专题《心中的日月》、2007 年选送的广播剧《深山信使》曾获得第七届、第八届评委会特别奖。

· 2012 年 6 月 1 日，河北石家庄规定户外广告中公益广告面积不得少于总面积的 20%

石家庄市政府出台的《石家庄市户外广告设置管理办法》从 2012 年 6 月 1 日起开始实

施。该规定对户外广告的形式、设置地点、使用期限、销售方式以及不得设置户外广告的情形做出了详细规定。该办法规定，户外广告中公益广告面积不得少于总面积的20%，在空置或招商期间必须以公益广告进行覆盖。

· 2012年6月1日，辽宁鞍山规定户外广告设置者需承担公益广告发布义务

6月1日，辽宁省鞍山市发布实施《鞍山市户外广告设置管理办法》。办法中明确指出，普通户外广告设施按照取得设置使用面积的30%或者按照设置使用权有效期限的30%发布公益广告；户外商业广告版面闲置时间不得超过30日；逾期仍闲置的，应当以公益广告内容代替，否则，设置者将被处以最高3万元的处罚。如果户外广告设置人违反办法规定情节严重的，自依法公示该违法行为之日起1年内，不得参与本市户外广告设置使用权公开出让活动。该办法对于公益广告在户外广告中所占的比例进行了详细的规定，将户外公益广告提升到了更高的地位，有利于社会信息和公益精神的传播。

· 2012年6月1日，百度启动中国互联网史上最大规模的网络公益广告活动

6月1日，百度联合60万家百度联盟伙伴共同发起"百度·免费午餐公益一小时"网络公益活动。此次活动在60万家网站上同时推广，打造了中国"最大规模的网络公益广告"。活动当天11时至12时，网友在专题页面中为贫困学童每写一句祝福，百度就会以该网友的名义，向贫困学童捐出一份午餐。短短一小时内，共有360202位网友为贫困学童送去祝福，按照3元一餐的标准换算，百度此次共为"免费午餐"公益项目捐出1080606元。这36万多份爱心午餐，相当于解决了近1000个孩子一年的午餐。"免费午餐"是2011年4月由邓飞等500多名记者、国内数十家媒体联合中国社会福利基金会发起的全国性公募计划，倡议每天捐赠3元为贫困学童提供免费午餐。

· 2012年6月4日，中国环境与健康宣传周在北京启动

6月2日至6月8日，"2012中国环境与健康宣传周"活动将再次在全国31个省、自治区和直辖市全面开展，预计影响人数超亿。全国政协副主席、农工党中央常务副主席陈宗兴，农工党中央副主席汪纪戎，国家发展改革委副主任解振华，环境保护部副部长李干杰，水利部副部长胡四一，卫生部副部长陈啸宏，中央纪委驻国家林业局纪检组组长、国家林业局党组成员陈述贤，国土资源部总工程师钟自然，住房城乡建设部总工程师陈重，联合国环境署驻华代表张世钢，联合国人居署驻华代表张振山等出席了启动仪式。中国环境与健康宣传周的两位形象大使，联合国环保艺术大师袁熙坤先生和国际著名影星成龙先生也出席了仪式。"2012中国环境与健康宣传周"活动由中国农工民主党中央委员会、教育部、科学技术部、国土资源部、环境保护部、住房城乡建设部、水利部、农业部、卫生部、国家林业局联合主办。中华环境保护基金会、中国初级卫生保健基金会为协办单位，国家发展和改革委员会、联合国环境规划署、联合国人类居住规划署作为支持单位。

“2012 中国环境与健康宣传周” 活动的主题是 “绿色经济与健康”， 活动口号为 “迈向绿色经济， 实现可持续发展”， “绿色， 低碳， 健康， 和谐”， “发展绿色经济， 享受健康生活” 等。

· 2012 年 6 月 5 日， 广州第三届 “羊城杯” 公益广告大赛正式启动

6 月 5 日， 由中共广州市委宣传部、 广州市文明办、 广州市工商局、 广州市文广新局、 共青团广州市委联合主办的广州市第三届 “羊城杯” 公益广告大赛正式启动。 参赛作品分为平面作品、 影视作品、 广播作品、 影视广播脚本作品和公益宣传语作品五大类。 本次公益广告评选旨在宣扬传统美德， 倡导文明风尚， 弘扬岭南文化， 集全民之智慧积累优秀公益宣传作品， 促进广州市公益广告工作健康发展， 提升广州城市形象和市民素质， 营造文明和谐的社会氛围。 本次大赛将持续到 9 月底。

· 2012 年 6 月 8 日， 河南信阳爱心包裹 “圆梦 2012” 大型公益活动启动

6 月 8 日， 爱心包裹 “圆梦 2012” 大型公益活动启动仪式在信阳市邮政局隆重举行。 该活动由信阳市扶贫办、 市工商联、 市关工委、 市教育局、 市文联和市邮政局六家单位联合举办。 “爱心包裹” 项目是由中国扶贫基金会发起组织、 中国邮政服务支撑的全民公益活动。 自 2009 年以来， 在市扶贫办、 市工商联等多家单位的鼎力支持和众多爱心企业、 个人的积极参与下， 累计募集捐赠款 80 余万元， 使 7000 余名贫困学生受益。 各级文联和艺术家们也加入了这个慈善项目。 省文联捐献出 106 幅艺术珍品， 这些作品将面向全省企业家按照先捐先得的原则， 回馈爱心企业家、 爱心人士的义举。 市书画院也赠送了 3 幅珍藏的书画作品。 本年度 “爱心包裹” 项目以 “圆梦 2012” 为主题， 分一百元的学生书包和一千元的体育包裹两类， 主要致力于改善信阳市贫困地区小学生音、 体、 美教学现状和学习生活条件

· 2012 年 6 月 8 日， CCTV 电视公益广告全球征集活动发布仪式在北京举行

6 月 8 日， “CCTV 电视公益广告全球征集活动发布仪式” 在北京 798 艺术区悦美术馆隆重举行， 面向全球各类机构与个人征集优秀公益广告创意及成片。 中央电视台广告经营管理中心副主任何海明宣布了本次征集活动的规则及激励办法。 他表示， 央视将对征集到的公益广告创意设置月度优秀奖、 年度公益广告奖等相关奖项， 对于优秀的公益广告创意或成片， 将予以投资拍摄、 颁发奖金， 在包括央视在内的众多平台播出。 与中国广播影视大奖 “星光奖” 相结合的 “星光电视公益广告大奖” 和 “星光计划” 也在本次仪式上进行了发布。 国家广电总局将在 “星光奖” 下设立 “星光电视公益广告大奖”， 并将在 2012 年举办首届评选活动。 “CCTV 电视公益广告全球征集活动学术评审委员会” 也在发布仪式上成立， 麦肯光明广告总经理莫康孙、 智威汤逊 – 东北亚区执行创意总监劳双恩、 ARNOLD 广告公司总经理伦洁莹、 （上海） 盛世长城国际广告执行创意总监吴凡、 DDB China

Group 首席创意执行官狄运昌、 复旦大学历史学系教授钱文忠、 著名公益人士邓飞、 国家广告研究院院长丁俊杰等近二十位实战专家及学者成为首批评审委员。

中国网络电视台、 腾讯、 优酷、 土豆等网络媒体高层共同启动了本次征集活动的 “网络征集公益广告上线展播仪式”， 门户及视频网络渠道也将成为本次电视公益广告征集和展播的重要途径。 国家工商总局、 国家广电总局、 北京市工商局、 中国广告协会等相关领导， 法、 日、 韩等国驻华使馆文化参赞， 戛纳、 纽约国际广告节代表， 世界卫生组织、 国际绿色和平组织、 联合国儿童基金会等国际协会代表， 以及著名导演王小帅， 著名学者钱文忠， 公益人士邓飞， 央视主持人李瑞英、 康辉、 鲁健等， 共同见证、 参与了本次发布仪式。 设置在悦美术馆长廊的 “中国电视公益广告三十年主题图片展” 吸引了众多人浏览参观。

· 2012 年 6 月 9 日， “博爱之都· 幸福南京 – 2012 公益季” 系列活动开幕

为响应南京市第十三次党代会 “建设幸福都市” 的号召， 南京市委社会建设工作委员会、 南京市民政局、 爱德基金会等单位主办的 “博爱之都 · 幸福南京 –2012 公益季” 系列活动于 2012 年 6 月 9 日开幕。 在开幕后的近一个月时间内， 市民可参加广场义卖， 跟智障人士一起做曲奇， 徒步秦淮河了解南京水源， 做张南京手工地图等活动。 在端午节期间， 还将举办以恢复传统端午节文化为目的的 “屈原祭祀” 活动， 喜欢文化传统的市民可到玄武湖或者江边参加屈原祭祀、 楚辞吟诵、 射五毒、 雅集、 斗蛋斗草、 制作香囊等。 此外还安排有爱心义卖、 昆曲学习与演唱、 探访寺庙文化等活动。

· 2012 年 6 月 9 日， 福州 “无线城市杯” 第三届文明公益手机动漫大赛启动

6 月 9 日， 由省和福州市委文明办、 中国移动福建公司福州分公司、 福州五彩动漫数字科技有限公司联合举办的以 “践行微文明 · 画出新风尚” 为主题的 “无线城市杯” 第三届文明公益手机动漫大赛， 在福州台江区青少年活动中心启动。 福州手机公益文明动漫大赛此前已举办两届， 是全国首个将文明公益信息传播与动漫艺术相结合的赛事， 同时也是将文化创意产业、 信息科技产业、 文明公益事业三者进行高度结合的一项赛事。 本届大赛从加强未成年人思想道德教育的角度出发增设了小学生定格动画大赛， 希望小学生在玩动画、 做动画过程中感受文明、 表达文明， 从而引导未成年人在参与体验中接受文明教育。 大赛为时三个月， 之后组织市民参与评选， 评选出的优秀作品在电视、 报纸、 网络、 手机等多种平台展播并给予奖励。

· 2012 年 6 月 12 日， 湖南浏阳公交车站设立廉政公益广告

湖南省浏阳市纪委、 监察局和交通运输局联合开展公交站牌廉政公益广告宣传活动， 在市区主要街道白沙路、 车站路、 北正路等地的公交车站牌上设置了形式新颖、 意味深长的廉政宣传漫画、 廉政格言警句等廉政公益广告。 这是浏阳市进一步加大反腐倡廉宣传教育工

作的新举措，也将有助于唤起全体市民参与监督意识，在全市营造“人人思廉”、“人人促廉”的良好氛围。

· 2012年6月13日，安徽安庆市部署户外消防公益广告

为应对夏季防火的重要阶段，安徽省安庆市消防部门在市区各主干街道、人员密集、车流量大的地方布置了“119与您一路相伴共铸平安”、“关注消防、珍惜生命、共享平安”、“人民生命至上、火灾隐患必除”等主题鲜明的大型户外公益消防宣传广告牌。广告牌的设计规格大、色彩艳丽、内容丰富，有着很强的视觉冲击效果，让群众观看的时候一目了然，不仅贴近消防工作，更贴近群众生活，切实让群众体验到消防安全与日常生活的“零距离”，为群众随时接受消防知识熏陶、培养消防安全能力提供了一条有效途径。

· 2012年6月15日，辽宁丹东设立消防公益广告提高市民消防安全意识

辽宁丹东消防支队以贯彻落实《国务院关于加强和改进消防工作的意见》为切入点，积极借助社会多媒体宣传资源，与丹东顺峰广告公司达成协议在市内山上街广播电视台、华美大厦、金地广场与锦山大街交叉路口、新华书店四处70余平方米的楼宇LED大屏幕，免费循环播放消防宣传公益广告，旨在提醒广大市民注意消防安全，消除火灾隐患，切实提高全民的消防安全素质，营造浓厚的消防安全氛围。用于消防宣传的楼宇LED大屏幕将在每天上午7点至晚上20点30分循环播放消防宣传公益广告，每天500条，每周3500条。消防公益广告在人流密集区域的高频率播出使市民每次经过繁华街道、商业区、人员密集场所都能接受一次消防安全知识教育，为广大群众更好地了解和掌握防火、初起火灾扑救、火场逃生自救等消防常识创造了条件，最大限度地提高了全民消防意识。此外，丹东消防支队还充分利用电视、广播等媒体以及手机、互联网等新兴媒体进行的消防宣传，为即将召开的党的十八大营造浓厚的消防安全舆论氛围。

· 2012年6月15日，北京“低碳发展·绿色生活”公益影像展开展

2012年联合国可持续发展大会即将在巴西里约热内卢开幕。为配合这一盛会，在国家发改委、工信部、环保部、国务院国资委、国务院新闻办、北京市政府指导下，中国新闻社、中国新闻周刊主办了以“为了可持续的未来”为主题的第三届“低碳发展·绿色生活”公益影像展，并邀请官员、学者共同为经济、环境、社会和谐相处下的中国可持续发展建言献策。本届展会通过展出200幅来自中外企业、专业机构和社会公众的摄影作品，展现中国可持续发展的全民行动。展会指出，中国的人均淡水资源还不到世界人均水量的1/4，人均矿产资源位列世界第53名，本届展会旨在通过公益影像的直观展示来提醒人们对于低碳环保事业的关心和重视。

· 2012年6月15日，《西安晚报》启动“加油，西安！”大型公益活动

6月15日，为加快西安城市建设步伐，提升居民幸福感，促进西安国际化大都市的建

设，西安日报于端午节期间推出“加油，西安！”大型公益活动。本次“加油，西安”大型公益活动，将邀请有车族市民走进最能代表西安巨大变化的城市新区，走进代表未来西安国际化生活的标志性社区楼盘现场，深入体验生活在西安的幸福和品质，共同见证城市发展魅力，为西安建设国际化大都市加油。活动期间，主办方将为参与活动的有车族市民（不包括营运车辆）在指定站点免费发放100元加油卡，以这种方式让西安市民体验到建设国际化大都市的成就和意义。

· 2012年6月16日，无锡举行公益微电影《妈妈，回家！》开拍仪式

6月16日，无锡日报报业集团旗下的《江南晚报》举行全媒体新闻发布会暨公益微电影《妈妈，回家！》开拍仪式，活动现场展示了《江南晚报》的全媒体产品。《江南晚报》自2011年初正式开通网站以来，积极探索和开拓新媒体领域，陆续推出了一系列基于网络和移动终端的新产品，基本涵盖了目前国内已有的新媒体平台。由《江南晚报》、无锡电视台娱乐频道以及和平电影院联手打造的首部公益微电影《妈妈，回家！》，自活动启动以来吸引了近百名文艺爱好者的报名，通过层层筛选确定了最终名单。微电影的力量，将通过这部公益影片展示。

· 2012年6月20日，广东“肇庆绿道公益联盟”成立

6月20日，广东“肇庆绿道公益联盟”在肇庆成立，并举行该市各界青年扶贫济困爱心骑游活动。 肇庆市委副书记吴华钦，团省委副书记陈宏宇，及肇庆市委宣传部副部长黎沛荣等为“肇庆星湖绿道公益联盟”拉杆启动。根据《珠江三角洲区域绿道规划纲要》，从2010年起，广东将利用3年左右的时间，在珠三角率先建成总长1690公里的6条区域绿道，各市将规划建设城市绿道与社区绿道并与6条区域绿道相连通，形成贯通珠三角城市和乡村的多层级绿道网络系统。该市发挥青年团员枢纽型社会组织作用，依托绿道公益联盟开展扶贫开发工作，可有效凝聚青年社会组织，参与社会建设的创新，建设幸福广东。据了解，在第三个“广东扶贫济困日”到来之际，肇庆依托“中国最美的绿道”联盟扶贫济困，目前，累计募集扶贫开发资金约105万元。

· 2012年6月20日，CCTV电视公益广告全球征集活动走进传媒大学

在798艺术区举办了“CCTV电视公益广告全球征集活动”的发布仪式之后，6月20日，中央电视台在中国传媒大学向广大学子举行了征集活动的推介会，迈开了征集活动校园行的第一步。从中国传媒大学开始，央视将陆续走进全国十所高校，展开面向艺术类院校学生的征集推介。在中国传媒大学的活动现场，央视针对征集活动的八大主题中的每类主题都和现场学生进行了面对面的沟通，希望让大学生们通过自身的体验和感受，运用广告手法提交充满创意的文案或成片。本次征集活动将组织专家评审团每月对征集作品进行评审，从中发掘优秀的创意，授予“月度优秀作品奖”，颁发奖金、奖杯和获奖证书。今年年底，

央视会从“月度优秀作品”中评选出“年度优秀作品”，再次颁发奖金、奖杯和获奖证书，同时参加明年年初的颁奖盛典。通过此次征集，央视将汇聚国内强大的创意和制作力量，为创意创作人才提供良好的成长平台与机遇，并将获奖作品向世界各大一流广告节推荐，角逐国际最高广告荣誉。

· 2012年6月21日，云南开展公益广告评选活动

6月初，云南省工商局、省委宣传部、省文明办、省广电局、省新闻出版局等部门组织开展了公益广告宣传活动，广泛征集媒体单位、广告公司设计创作的平面类、广播类和影视类公益广告作品。这次公益广告宣传活动的目的是进一步深入贯彻党的十七届六中全会精神，以建设社会主义核心价值体系为根本，以“讲文明树新风”为主题，以“做文明有礼中国人”、学习道德模范、学雷锋活动、志愿服务等为主要内容，倡导自强、厚德、崇俭、尚义、守信、明礼、报国、尽孝等道德理念，展示群众昂扬向上、文明进步的精神风貌，引导广告行业加强精神文明建设和行业自律，继续为推动全省公益广告事业的健康发展作出新贡献。活动主办方对全省参评的144件“迎接十八大、讲文明树新风”公益广告作品进行了评选，共评出平面类、广播类、影视类公益广告一等奖6个、二等奖12个、三等奖22个。

· 2012年6月22日，“好丽友杯”公益梦想实践大赛北京赛区决赛落幕

6月22日，由北京理工大学共青团委员会、北京师范大学社会发展与公共政策学院社会公益研究中心、好丽友食品有限公司联合主办的“好丽友杯”大学生公益梦想实践大赛决赛阶段的角逐在北京理工大学落幕。来自北京大学、清华大学、北京理工大学等16家北京高校的共50个公益梦想实践方案，经过评委会严格审核，最终8个团队的方案脱颖而出。其中3个团队获得优胜团队奖，5个团队获得热心公益奖，同时获得了好丽友提供的5.5万元“公益梦想基金”。此次大学生公益梦想实践大赛收集到的方案，主要涉及了支教、环保、艺术文化、扶贫等方面的思考和实践计划，涉及面广，针对性强，反应了当下大学生群体贴近生活，关心公益的真实心态。在大赛之后，参赛的公益项目将进入实践期，参与到社会公益工作中来。此次活动得到了环保部门、各大院校和企业的大力支持。

· 2012年6月24日，奥运公益活动在京启动

6月24日，“奥运万里行有我中国棒”助威中国奥运代表团系列公益活动在京启动。本次活动由山东广播电视台齐鲁网、电视体育频道发起，从6月24日至8月中旬，五名环保志愿者将骑上锂电车途经北京、上海等8大中心城市和沿途40余个城市，倡导绿色环保、低碳出行。

· 2012年6月24日，广东移动建立“爱·行动”公益平台

以“幸福广东、创享移动”为主题的第五届希望工程南粤会亲活动本月在广东举行。

在本次活动当中，除了直接捐款的活动外，今年还将利用微博践行“微公益、微爱心、微奉献”的理念，共同搭建“爱·行动”公益服务平台。在本平台活动当中，用手机点击服务平台的网址，南粤会亲中需要帮扶的对象就根据地区展示出来，每一个对象的详细情况，包括照片、年龄、家庭情况以及现状都展示在眼前，可以方便双方了解，方便选择认捐。该平台还可以及时展示认捐的情况，方便爱心者对自己的善款去向进行跟踪，也方便媒体以及市民监督。已有很多市民通过这一平台参与到相关公益活动中来。

· 2012年6月25日，第七届设计之都（中国深圳）公益广告大赛启动

作为联合国教科文组织创意城市网络中的“设计之都”成员城市之一，深圳近年来一直致力于公益广告事业，已连续举办六届公益广告大赛，其中两届邀请中央电视台著名主持人白岩松作为评审团主席，并曾邀请过香港设计协会前主席、国际著名设计大师靳埭强，著名评论家张颐武，著名电影导演陈嘉上、许鞍华、张杨，香港电影金像奖前主席文隽、中央美术学院设计学院院长王敏，全国美展专家评委宋协伟、全国公益广告创新研究基地秘书长刘林清等专业人士担任评委，在国内外取得了较高的知名度和影响力。

· 2012年6月25日，河北省“秦皇岛市首届公益广告征集活动”正式启动

6月25日上午，由中共秦皇岛市委宣传部主办，秦皇岛市文明办、秦皇岛日报社、秦皇岛市广播电视台、秦皇岛市工商局等单位协办，秦皇岛电视台承办的“走近公益广告走进幸福生活秦皇岛市首届公益广告征集活动”正式启动。此次活动是以面向全社会征集的形式展开的，力求以充分发挥公益广告形象化、感染力强的特点，开展广泛深入的社会宣传，营造浓厚的舆论氛围，来推动城市发展和文明建设。此次活动征集形式分文字、平面和视音频三大类，主要内容为诚实守信、理想信念、文明创建、社会公德、职业道德、家庭美德、食品安全、节约资源、保护环境、社会和谐等十个方面的内容。征集活动面向全市，个人和单位均可参加。

· 2012年6月25日，广东省工商局提交公益广告立法草案和户外广告修订草案

6月25日，为促进广告业发展，广东省正在推动广告地方立法工作，广东省工商局向省政府提交公益广告立法草案和户外广告修订草案。省工商局提交省政府的公益广告立法草案和户外广告修订草案得到省政府的高度重视。省法制办已就户外广告管理规定修订草案征求省直有关单位和各地级以上市人民政府意见。省工商局称，将会同省法制办组织开展立法调研，进一步推动这项工作，力争省人大立法早日通过。省工商局表示，该局正在积极推动建立国家工商总局和省政府共同促进省内广告业发展的合作机制，截止本日，已经起草了战略合作协议草案，正在征求省委宣传部、省发改委、省财政厅、省地税局等17个部门的意见。战略合作协议将通过整合国家工商总局和省有关部门的资源，充分发挥国家工商总局的政策支持力度和省政府各职能部门的指导作用，为广东广告业营造良好的发展环境。

· 2012 年 6 月 26 日，山东举行首届大型禁毒主题公益晚会

6 月 26 日，首届“阳光下的宣言”——山东省暨济南市“6. 26”国际禁毒日大型公益晚会 26 日晚在山东剧院举行。此次公益晚会以“珍爱生命，远离毒品”为主题，采用舞蹈、小品、独唱、合唱等艺术形式，并通过现场讲述、播放视频等形式，真实再现了缉毒禁毒战线工作中的动人故事，体现了广大禁毒工作者忠于职守、无私奉献的精神风貌。山东省副省长、省禁毒委主任夏耕出席晚会并致辞，山东省省长助理、省公安厅党委书记徐珠宝出席晚会。在晚会上，山东省、济南市禁毒委领导分别为首届“全省十大禁毒人物”、“山东省禁毒形象大使”颁发了荣誉证书和聘书，并举行了“山东省禁毒志愿者总队”、“济南市禁毒志愿者支队”授旗仪式。

· 2012 年 6 月 27 日，第四届全国优秀广播广告作品创优评析和第二届广播广告论文评析获奖结果同时揭晓

6 月 27 日，中国广播电视协会广告信息工作委员会一届五次会议暨中国广告协会广播分会七届五次会议在内蒙古召开，第四届全国优秀广播广告作品创优评析和第二届广播广告论文评析获奖结果同时揭晓，中央台创作的公益广告《彩色中国》、《垃圾分类好处多》等 7 件作品分获一、二、三等奖，《中央人民广播电台公益广告的创作发展》获第二届广播广告论文评析三等奖。

· 2012 年 6 月 27 日，“给孩子送双运动鞋”公益行动启动

6 月 27 日，“给孩子送双运动鞋”公益行动在北京正式启动。该项公益行动由中华儿童慈善基金会、搜狐网、崔永元“我的长征”团队共同发起，旨在帮助全国贫困地区（尤指中西部贫困山区）穿鞋难的孩子得到一双运动鞋，帮助贫困地区儿童参与全民体育健身运动。这一天也是 2012 年伦敦奥运会一个月倒计时之日，因此这一行动也包含了弘扬奥运精神，鼓励全民健身的意义。本启动仪式由央视著名主持人撒贝宁主持，成龙等著名社会人士参与，面向全社会各界人士开放捐赠。

· 2012 年 6 月 28 日，黑龙江开展公益广告创意大赛

由黑龙江省广告协会主办，黑龙江黑天鹅家电有限公司、东北林业大学承办的“国美黑天鹅电器杯”广告创意大赛正式拉开帷幕。参赛选手除黑龙江省各广告经营单位创意人员外，各大专院校毕业生及社会人员也可免费报名参加。“国美黑天鹅电器杯”广告创意大赛分为公益广告类和商业广告类，公益广告类分为年度奖和创作奖。其中，公益广告类年度奖主题不限，创作奖的主题为生命安全，参赛选手可从交通安全、食品安全、生产安全、居住安全、公共安全等方面进行创作。本次大赛既是一次提升黑龙江省广告行业创意水平、弘扬生命安全意义的创作比赛，同时也是一次参加中国国际广告节各奖项角逐的热身

赛。大赛旨在深入贯彻党的十七届六中全会精神，落实黑龙江省委、省政府关于进一步提升广告行业创意水平的总体部署，促进广告业快速发展。本次大赛持续时间为两个月。

· 2012年6月28日，重庆高新区开展安全生产月主题消防活动

为积极做好全国安全生产月宣传活动，重庆高新区消防支队结合“打非治违”主题宣传和“四大”行动，全力开展各类形式的消防宣传教育活动。消防部门和志愿者积极开展集中宣传，在中小学、购物中心等地用发放材料、播放案例、现场讲解防火知识以及开展消防设施和工具现场体验等活动，向市民宣讲防火安全有关知识。同时，支队积极组织辖区车站、加油站、学校、人员密集场所等拥有电子显示屏、广播的单位每天反复播放消防公益广告、消防安全提示，增强全社会消防宣传教育氛围。消防公益广告配合各种宣讲活动，达到了良好的效果。

· 2012年7月1日，北京公益体育联盟成立

北京公益体育联盟于年7月1日晚成立。这是中国第一个体育类公益性非政府组织，旨在发挥企业在体育公益中的作用，倡导体育公益精神，号召社会各方力量积极参与到中国公益体育和公益体彩活动中来，让广大群众享受体育带来的快乐。该组织将针对即将开始的奥运会、欧洲足球五大联赛等赛事不定期组织公益活动，惠及广大体育爱好者，寓娱乐于公益事业，推动中国体育公益事业和体育彩票事业发展。该组织由中国足彩网、腾讯体育、搜狐应用中心以及华为终端联合发起。

· 2012年7月18日，“野生救援协会”发布拒食鱼翅公益广告

7月18日，国际环保组织野生救援协会（WildAid）在北京王府半岛酒店举行了新闻发布会，首次发布中国企业家代表拒食鱼翅的公益广告。在片中，企业家们呼吁：“我们必须为未来制定计划；我们必须保护我们的资产；我们必须思维全球化、行动本土化；我们必须拒吃鱼翅，保护鲨鱼，保护我们的海洋。没有买卖，就没有杀害！”野生救援协会是一家在美国注册的非政府、非营利的国际环境保护组织，把工作的重点放在解决人类对野生动物的威胁上，协会主要通过公众宣传活动来减少消费者对濒危野生动物制品的需求。自2006年起，野生救援协会就致力于鲨鱼保护宣传，姚明等名人代言的“没有买卖、就没有杀戮”护鲨公益广告长期在中央台等各大媒体上播放，提高了公众对鲨鱼保护的认知。

· 2012年7月20日，华谊兄弟公益基金启动儿童公益短片计划

7月20日，华谊兄弟公益基金发起人王中磊宣布与BAZAAR明星慈善夜合作，拍摄《ONE DAY》儿童公益短片系列，由10位明星联合10位新导演共同关注10个特殊儿童群体（“1+1+1”），通过影像的力量让儿童得到更多关注与帮助。华谊兄弟公益基金是由华谊兄弟的明星和员工共同发起的专项公募基金，基金的使命是让越来越多的贫困儿童免费

看到好电影。华谊兄弟公益基金的核心公益项目是在打工子弟学校、贫困地区学校，搭建寓教于乐的“零钱电影院”，让贫困儿童通过电影及围绕电影主题展开的各种形式的分享课，让儿童们快乐、轻松地获得课本外的知识，开阔视野。自由的心灵和梦想是华谊兄弟公益基金“零钱电影院”的两大主旨，也是“儿童公益短片”的主旨。作为短片的出品人王中磊表示：“我们希望借由影像的力量，让更多的特殊儿童群体得到关注和被倾听的机会，用影像去探索他们的真实世界。《ONE DAY》儿童公益短片系列集合“三个1”，由1位明星联合1位新导演共同关注1个特殊儿童群体。“ONE DAY”的意义在于呼吁：人生的一天可以贡献给孩子们，贡献给需要帮助的人。我们希望在众多一直关注儿童的明星中发起一个“ONE DAY”计划，捐出一天的时间，帮助我们来拍摄这样的短片。”发布会现场，王中磊同时向成龙和李亚鹏发出了捐出一天的拍摄邀请。

· 2012年7月24日，北京感恩公益基金会划拨120万元帮扶北京暴雨受灾群众

7月24日，北京感恩公益基金会在实地了解北京部分地区灾情后日前决定，划拨120万元设立“7.12暴雨灾害救助专项基金”，帮扶此次北京暴雨中受灾的家庭尽快恢复生活和生产。7月21日，北京市遭遇特大暴雨，市区及郊区均遭遇大面积破坏，其中以房山区受灾最为严重。7月24日，北京感恩公益基金会派出专人赴灾情较重的北京市房山区张坊镇，并实地走访了南白岱村、北白岱村、东关上村等地。在了解他们目前的生活状况与实际困难后，基金会初步决定以南白岱村该地区为重点帮扶对象。北京感恩公益基金会是由什邡籍在京人士、什邡企业家以及什邡干部群众于今年5月18日在北京发起成立，是国内首个由灾区民众发起并以感恩为目的的公益基金会。基金会成立后，已经设计和实施“铭记爱找寻5.12志愿者”和“我们在一起：城市流动儿童和农村留守儿童素质教育”两个公益项目。

· 2012年7月25日，CCTV电视公益广告全球征集活动举办第一次作品评审会

中央电视台于7月25日在梅地亚中心举行了第一次征集作品评审会，由院校教授、业界专家、资深媒体人等组成的评审团对6月30日之前的投稿作品进行专业、规范的评选。按照视频成片和创意文案两类作品分别评选出15个优秀入围作品，入围作品将参加“2012 CCTV年度公益广告大奖”的评选，并有机会角逐国家级奖项“星光·电视公益广告大奖”。

· 2012年7月26日，浙江奥康企业投资奥运公益宣传片首映

7月26日，由浙江鞋业企业奥康投资拍摄的奥运主题公益宣传片《伦敦新启程》在奥康总部首映，活动由著名主持人孟非主持，数名浙江籍奥运冠军和奥康公司高管参与了首映式。此公益宣传片将在CCTV-2、辽宁卫视等上星电视台和地方台循环播放。奥康此前曾多次赞助中国代表队，2008年北京奥运会上曾作为皮具产品供应商。在本届奥运会过程

中，奥康也举办了一些列与奥运主题有关的营销和宣传活动。自6月征集活动启动以来，得到了社会各界的广泛关注和支持，不断收到各类机构与个人创作的公益广告创意及成片，使得征集过程的本身也成为在全社会推动公益理念的一次公益行为。

· 2012年7月26日，农民工公益电影《春天里》研讨会在京举行

7月26日，电影《春天里》项目研讨会在京召开。电影《春天里》，是“2010年全国农民工文化送温暖行动—影视传播”重点项目之一，是继《马东的假期》、《爱上油菜花》之后筹拍的第三部农民工主题电影。该片讲述一对留守儿童姐弟为完成重病奶奶的心愿，到深圳寻找父母，中途因故失散，历经种种困难终于回到父母怀抱的故事。反映当下农民工及其家庭面临的各种现实问题，表现了处理好企业与民工关系的重要性。该片计划投资800万元，拟由富士康员工胡辉东带头筹资100万元，深圳新生代农民工张建，以及草根歌手、村支书苏泉等筹集200多万元作为启动资金。将由中国电影家协会，中国人口宣教中心等联合出品，湖南、湖北、山西、山东、广东、深圳等地相关部门及深圳市紫鹊界文化公司、北京北角映画文化公司、北京海星名都文化公司等单位联合摄制，全国农民工文化送温暖行动办公室全程运营，预计2012年9月在深圳开机，12月首映。各相关领导、专家学者以及电影主创人员互动热烈，就电影《春天里》剧本及拍摄的相关问题展开讨论，从政策、人文、现实和艺术呈现的视角进行剖析和解读，为主创团队提供了丰富的视角和思路，为本片的顺利拍摄奠定了扎实的基础。来自人社部、国务院农民工办、国家人口计生委、中华全国总工会、共青团中央、文化部、中央党校、电影家协会、富士康科技集团和湖南、湖北、山西、山东、广东、深圳等相关部门和单位的嘉宾，以及全国农民工文化送温暖行动形象大使参加了本次研讨会。

· 2012年7月28日，“公益之星”关注特殊儿童公益活动在京举行

“公益之星”关注特殊儿童大型电视活动，于7月28日在北京人民大会堂隆重举行。此次活动，由中华爱子影视教育促进会主办，央视网《科技创新频道》、共青团中央网络影视中心未来网协办，其宗旨是传播公益事业，帮助特殊儿童，呼吁全社会对特殊儿童的关爱和扶持。本次活动得到相关领导和社会各界人士的大力支持。据中华爱子影视教育促进会的领导介绍，“公益之星”关注特殊儿童大型电视公益活动，其意义在于鼓励和提高少年儿童的文化素养，让每一个孩子都能感受世界的和谐和美好，感受各种艺术所具有的神奇魅力，提高他们感受美、鉴赏美、创造美的能力，即便是那些特殊儿童，虽然他们在身体上与他人相比略有缺陷，但每一位小朋友仍热爱艺术，并为实现自己的梦想而坚持努力。

· 2012年7月30日，欢乐海岸中国城市公益微电影大赛在深圳启动

7月30日，“欢乐海岸中国城市公益微电影大赛”在深圳正式启动，参赛作品征集同步启动。本届大赛旨在通过影像和故事的结合，以大众化视角，从城市公益的角度发现并

提炼城市公益之美，记录生活公益点滴，传递城市公益精神。本次参赛作品的主题可包括社区服务、社会治安、紧急援助等城市生活领域，环境保护、知识传播、社团大赛、文化艺术大赛等城市文化事务。节目征集截止后，大赛将以欢乐海岸及华侨城各项目的LED大屏、电视等媒介为依托，联合视频网站等渠道，进行获奖微电影作品的公益循环展映。大赛由中国人民解放军八一电影制片厂著名导演龚艺群担任评审团主席，多名国内影视界、文化界名人担当评委，作品需经过网络投票和评审团打分两个环节，最终评选出18组获奖作品，给予现金及实物奖励。同时，本届大赛也是2012欢乐海岸城市风雅文化节的序曲，获奖作品导演将获邀参加欢乐海岸2012风雅文化节开幕式典礼特别展映及颁奖典礼，获得与评审团成员交流探讨的机会。

· 2012年7月，黑龙江绥芬河市推出《文明餐桌》系列公益广告

7月，黑龙江省绥芬河市推出《文明餐桌》系列主题公益广告，以宣传节俭消费、文明用餐的理念，迎接旅游旺季的到来。《文明餐桌》公益广告是绥芬河市巩固全国文明城市成果的一项重要内容，目的是让广大市民和餐饮企业树立勤俭节约、文明消费的理念，使这种新的饮食风尚、饮食习惯成为常态。该公益广告使用中俄双语，不仅可以畅通地将文明理念传递给中外游人，也体现了绥芬河市的特色。当地工商机关还联合文明办、食品药品监督管理局、旅游局等相关部门，开展了“文明餐桌”大型主题宣传活动，指导餐饮企业和各类媒体发布“文明餐桌”公益广告。各基层工商所组织人员向业户发放“文明餐桌”宣传单，对开展“文明餐桌”活动的重要意义进行了阐述，引导消费者弘扬节俭节约、艰苦奋斗精神，打造特色饮食文化，提升市民文明素质。

· 2012年7月，浙江温州开展男女平等主题公益广告征集活动

7月，为深入推进男女平等基本国策宣传教育工作，弘扬先进性别文化，引导社会公众进一步树立马克思主义妇女观，充分展示妇女在政治、经济、文化和社会等领域作出的突出贡献，温州市妇联、温州市人口计生委联合向社会公开征集男女平等公益广告作品。作品要求以“男女平等，和谐发展”为主题，以“三生融合、幸福温州”建设为时代背景，充分体现男女平等、两性和谐发展的基本内涵、典型特征及宣传深意，具有较强的吸引力、感召力和启发性。此次活动的征集期限为2012年7月至8月，获奖的参与者将获得一定的物质奖励。

· 2012年7月，广州市天河区大范围播放“广东精神”公益广告

7月，广州市天河区在区内人流密集的商圈、商贸中心区等区域设立了大量LED屏幕，在每日黄金时段滚动播放以“厚于德、诚于信、敏于行”为主题的“广东精神”公益广告。天河区号称“广州城市客厅”，在此投放的公益广告将达到较好的宣传效果。“广东精神”是2011年11月开始征集，于2012年5月举行的广东省第十一次党代会上确立的，

是建立文化强省、发展繁荣文化事业的重要举措之一。

· 2012年8月1日，重庆市廉政公益广告征集活动启动

中共重庆市纪律检查委员会、中共重庆市委宣传部、重庆市工商行政管理局、重庆市文化广播电视局联合组织开展“廉留心中”廉政公益广告创作评选展播活动，面向社会征集作品。此次征集活动以宣传廉洁理念，弘扬新风正气，倡导廉洁从政为主要内容，营造廉荣贪耻的社会氛围，弘扬廉洁的价值理念。

· 2012年8月2日，吉林省长春市市容环境卫生管理局利用LED广告屏播出市容环卫公益广告

8月2日，吉林省长春市市容环境卫生管理局利用全市的20余块户外LED广告屏，每天两次滚动播出市容环卫公益广告，还在百余处工地的围挡、出租车上的LED显示屏上，宣传环卫。长春城管展开街头发放环保袋公益活动，2日当天，全长春市各个城区的百余名城管，在主次街道上，开始向过往的车辆发放环保袋，每辆车一个，共发放2000个环保袋。此次活动主要为制止“车上抛物”这一不文明行为。

· 2012年8月16日，第一财经2012彩虹公益周在上海举办

8月16日至8月18日，由第一财经周刊、第一财经日报主办，上海恒隆广场联合主办，第一财经公益中心协办，昆仑山饮品作为爱心伙伴的第一财经彩虹公益周在恒隆广场举办。内容包括公益演出、公益摄影展、公益短片分享、现场捐赠活动等，吸引了大批市民到场参与。第一财经作为国内知名财经媒体，长期关注社会公益。除举办公益活动外，由第一财经主持的公益基金会也在筹备之中。

· 2012年8月19日，甘肃省首部绿色环保电影开机

8月19日，由中共甘肃省委宣传部、甘肃省广播电影电视局、甘肃省老少边困地区教育发展基金会、甘肃远方影视文化有限责任公司联合拍摄的甘肃省第一部公益性环保题材数字电影《绿色救赎》在甘肃省临洮县开机拍摄。本片由台湾著名导演王帅担任总导演，通过一起命案的调查与侦破，揭示了当前我国环境污染的严重情况，反映了加强环保迫在眉睫的主题，呼吁人们爱护地球、维护生态、保护环境，珍惜生命。

· 2012年8月20日，安利公益基金会“2012年阳光夏令营”在沪举行

8月20日至8月23日，由全国少工委、安利公益基金会联合举办的“2012年阳光夏令营”在沪举行。据悉，来自全国31个省市的74名孩子，均来自安利公益基金会“阳光成长计划”所资助的打工子弟学校，以及跟他们开展“手拉手”共建活动的城市学校。孩子们在辅导老师陪同下，受邀来到上海，参加此次为期五天的“2012年阳光夏令营”。

夏令营内容包括探访上海市各著名旅游景点、参观博物馆、科技馆以及参加社团活动、职业培训等。安利公益基金会于2011年5月底成立，作为国内第一个由民政部直管的外资背景基金会，安利公益基金会确定以帮扶农民工子女为主攻方向，全面实施“阳光成长计划”、“春苗营养计划”、“彩虹支教计划”三大项目，从身、心、智三个方面支持扶助农民工子女健康成长。“阳光成长计划”实施以来，共投入资金350万元，为打工子弟学校捐建35个阳光文化活动室，组建88个城乡儿童共同参与的“手拉手阳光小社团”，开展了704次社团活动，受益儿童达到5万人。据统计，我国共有流动儿童2000万人，流动儿童的素质教育、城市生活融入、心理建设等问题日益凸显。

· 2012年8月20日，内蒙古首届公益广告创作展播评比活动大赛开赛

8月20日，由内蒙古自治区党委宣传部、文明办、自治区工商局等单位主办的内蒙古首届公益广告创作展播评比活动开赛。本届大赛的作品形式分为广播、影视、平面三类，作品需围绕“文明、道德、诚信”的主题，要求“贴近社会、贴近生活，有较强的号召力和凝聚力；主题鲜明，观点正确，思想性强；制作严谨，内涵深刻，新颖独特，有较高的使用和推广价值。

· 2012年8月21日，商丘市“商业银行”杯廉政公益广告大赛启动

商丘市纪委面向全社会举办“商业银行”杯廉政公益广告大赛活动。本次大赛为弘扬廉洁价值理念，推进廉政文化建设，以廉养德，以文化人，为打造“廉洁商丘”，全力服务保障构筑中原经济区东部战略支撑营造风清气正的社会氛围。

· 2012年8月21日，最高人民检察院正式推出预防职务犯罪形象标识

最高人民检察院于2012年8月21日正式推出预防职务犯罪形象标识，并在全国统一使用。其形象为“预防”的汉语拼音首字母“Y”和“F”，用补白的方式组成汉字的“正”字。该logo围绕“正”字，辅以“预防职务犯罪”6个黑体大字直接宣示主题，并用“关心您·保护您·帮助您”9个字明示检察机关预防职务犯罪的社会承诺与人文理念，突出表现了“做人正、为官正”的主题，体现预防工作对国家工作人员的职务行为和社会风气的扶正、补正和修正作用，同时也代表着检察官维护社会公平正义的道德形象和职业要求。为了形象地宣传该标识的含义，职务犯罪预防厅还配合制作了专门的公益宣传短片《“正”字歌》，已在中央电视台和一些省市电视台播出。《“正”字歌》以动漫的形式演绎由“Y”和“F”联手组合成“正”字的故事，全片配以童声朗诵，描述“正”字作为预防职务犯罪logo的深刻寓意。近年来，随着党和政府构建惩防腐败体系，深入推进反腐败斗争的形势发展，随着检察机关预防职务犯罪工作的不断深化，预防宣传和警示教育等形式和方法得到了前所未有的创新和丰富。本次统一标识的推出，也说明政府部门的公益宣传走上了形象化、品牌化的道路。

· 2012 年 8 月 23 日，“中国青年志愿者公益圆梦行动”启动

“中国青年志愿者公益圆梦行动”于 8 月 23 日在京启动。从启动之日起至 10 月 31 日，主办方面向全国青年志愿者征集“情之所系、心之所在、力所不及”的公益项目，凡通过评委会投票的公益项目，将获得总额 100 万元的“公益圆梦基金”支持。该活动由共青团中央志愿者工作部、中国青年报社、复地（集团）股份有限公司联合主办。“中国青年志愿者公益圆梦行动”是公益平台，通过志愿者与企业广泛互动，整合社会资源，凝聚社会力量，实现公益接力和爱心传递。志愿者可以通过官方网站中青在线和中国青年志愿者网，下载“公益计划说明书”，申报有关基础教育、关爱农民工子女、基层青年工作或基层医疗卫生领域的公益项目，申请 1 万元至 5 万元不等的公益基金支持。复地集团是复星集团核心子公司。复地集团副总裁聂振民在新闻发布会上介绍说，公司近年参与实施了“常青藤计划”、“免费午餐计划”、“保护古村落”等一系列公益项目。此次参与主办“中国青年志愿者公益圆梦行动”，是在寻找志同道合者，希望能发挥各自专长，共同推进中国青年志愿者事业。

· 2012 年 8 月 24 日，全国青少年环保公益夏令营在北京开营

8 月 24 日，由中国关心下一代工作委员会公益文化中心与联合国儿童基金会主办的全国青少年环保公益夏令营活动在北京开营。来自全国 8 个省市区、10 个民族县的 70 名青少年营员参加了此次活动。在为期六天的夏令营活动中，来自藏族、满族、壮族、维吾尔族等 10 个民族的青少年营员将参加北京自然博物馆环保知识竞赛、北京市区水质勘查、参观动物园等活动。

· 2012 年 8 月 24 日，广东惠州市首届廉政公益广告大赛获奖作品展出

8 月 24 日，广东省惠州市首届廉政公益广告大赛获奖作品暨传统特色廉政文化艺术作品展开展仪式在惠州博物馆举行。省纪委副书记王兴宁等出席活动，为大赛获奖者颁奖，并共同启动展播活动。市首届廉政公益广告大赛共征集到来自全国 15 个省（区、市）和地区的参赛作品 1200 多件，共评出平面类获奖作品 86 件、影音视频类获奖作品 19 篇。此次活动是惠州市 2012 年纪律教育学习月活动的一项重要内容，也是贯彻全省纪检监察工作暨廉洁城市建设推进会精神的一次具体行动，目的是弘扬清正廉洁的廉政理念，深入传播廉政文化，在全社会形成崇尚廉洁的价值取向，以文化引领廉洁城市建设，为建设幸福惠州提供有力的文化支撑。

· 2012 年 8 月 27 日，民政部发布 101 个城市公益慈善指数

8 月 27 日，民政部中民慈善信息中心在宁夏吴忠市发布了中国城市公益慈善指数（2012），在这份“爱心 GDP”的榜单上，北京、上海、无锡、深圳、南京位列前五

名，广州市在101个城市中列第57名。但在城市慈善文化这一项指标上，广州、东莞得分并列垫底。广东省参评的21个城市中仅7个达到及格分。中国城市公益慈善指数已经是第二次发布，指数由民政部委托中民慈善信息中心制定，满分100分，分解为社会捐赠、慈善组织、慈善项目、志愿服务、政府管理、慈善文化6个指标。参与此次调查的城市共有363个，最终公布了101个得分在60分以上城市的数据。北京市在总得分、志愿服务、政府管理、慈善文化4项指标上名列榜首，总得分为94分。

·2012年8月28日，乐施会“城市生计”项目招募北京志愿者

香港慈善组织乐施会在北京招募志愿者，工作地点为北京，为期共九个月。此次招募的项目团队是“城市生计项目团队”。乐施会城市生计项目团队，主要工作是与民间机构、政府部门及研究机构合作，开展有关外来工、流动人口项目，共同促进打工群体及流动人口生存状况的改善。同时，开展城市低收入性工作者艾滋病干预项目。乐施会是独立的国际发展及人道救援机构，致力于消除贫穷及导致贫穷的不公平状况。乐施会在世界各地以多元方法解决贫穷问题，包括推行社区可持续发展项目、人道救援及灾害防治工作、本土及国际政策倡导等。香港乐施会于1976年成立以来，已在全球70多个国家/地区开展工作。香港乐施会是乐施会国际联会的创会成员，乐施会国际联会的17个成员机构在全球92个国家开展工作。

·2012年8月29日，山东省费县检察院推出廉政公益广告

8月29日，山东省费县检察院在费县电视台播放了廉政公益广告《远离腐败，幸福就在你身边》广告的画外音告诫人们：“刺耳的警笛，孩子撕心裂肺的呼喊，让收受贿赂的公职人员惊出一身冷汗，醒来后却发现是噩梦，噩梦让他及时警醒、迷途知返”。2012年，费县检察院联合该县广播电视台制作了一批廉政公益广告和廉政宣传短片，双方共同制作的22条廉政公益广告已在费县电视台黄金时段播出。这些廉政公益广告以生动的语言和画面，说明预防腐败的深刻道理，广大干部群众在潜移默化中接受廉洁教育的同时，更在心灵触动中增强廉洁意识。

·2012年8月30日，江西九江学院格爱公益团队获“益暖中华”项目资助

8月30日，江西省九江学院格爱公益团队从参加“益暖中华”——谷歌杯第五届中国大学生公益创意大赛的1273所高校中脱颖而出，以公益创意“走近‘无神’的世界”获得谷歌提供的5000元项目资金。获奖的公益项目名为“走近‘无神’的世界”，关注的是自闭症群体。这笔项目资金将用于帮助九江心语心特殊教育培训机构中的自闭症儿童。获奖后，拿到项目资金的格爱公益团队成员们带着篮球框、羽毛球拍、跳绳及牛奶等来到心语心特殊教育培训机构看望自闭症儿童。

· 2012年8月，合肥市“迎盛会 树新风 讲文明 促和谐”主题平面公益广告大赛启动

由合肥市委宣传部、合肥市文明办、合肥市工商行政管理局、合肥报业传媒集团主办，合肥晚报承办的公益广告大赛启动，本次大赛以“迎盛会，树新风，讲文明，促和谐”为主题，通过创作和发布主题鲜明、思想深刻、创意新颖、风格自然、具有说服力的优秀平面公益广告，营造一个和谐、文明、健康、可持续发展的社会环境。

· 2012年8月，广东梅县检察院设立廉洁公益广告牌，扩大预防职务犯罪宣传力度

8月，广东省梅县人民检察院按照市院相关部署要求，分别在辖区内秋云桥左侧河堤、右侧嘉应西路和县政府对面宪梓南路公交车站台等交通要道和人流密集地区设立廉洁公益广告牌，内容为“廉洁养正气，奉献修大成”、“留一生廉洁给自己，送一份幸福给家人”、“半生清白吏，一生心安宁”等，旨在让廉洁从政意识深入每一位党员干部的内心，并转化成为该县经济社会发展干事创业的实际行动。此次公益广告投放是扩大职务犯罪预防宣传范围，营造廉洁从政浓厚氛围的重要举措，目的在于使洁从政意识内化于心，推动反腐倡廉工作深入开展。

· 2012年8月，安徽合肥市城管在街头设立“三城同创”公益广告

8月，安徽省会合肥市市城管部门在市区重点路段、繁华场所、城市出入口设置“三城同创”公益广告5000余平米，内容包括文明标语、公益理念和先进人物的事迹和画像等。本次设置的平面公益广告分别位于北一环、长江中路、徽州大道、阜阳北路、临泉路等重点路段、繁华场所及公共场所的楼体和工地外围挡。同时，还在金寨路、徽州大道、长江中路、市府广场等地的LED广告牌、大型电子屏等滚动播放“文明创建”宣传标语。

· 2012年8月，兰州市公安消防支队深化消防宣传工作

8月，为进一步深化消防宣传工作，兰州市公安消防支队城关区消防大队多措并举，通过社会单位宣传栏、广播站、公益广告等方式，借助社区内街道走廊、消防设施广告箱、东方红广场等场所，张贴、悬挂各种消防安全标语和消防防火常识，以此增强全民防火意识。

· 2012年8月，广东省湛江市启动第一届公益广告作品大赛

8月，为充分发挥公益广告在宣传党的方针政策、传播弘扬我国优秀传统文化、促进社会主义精神文明建设等方面的作用，以“广东精神”为主旋律，推动湛江市“幸福湛

江、和谐湛江、效益湛江”的建设，提升城市文明程度和社会道德风尚，湛江市广告协会、湛江日报社和湛江市广播电视台联合举办首届湛江市“广东精神”专题公益广告作品大赛。主题要求围绕“厚于德，诚于信，敏于行”的“广东精神”，形式上，平面、广播、电视均可。本届大赛面向湛江全市各界人士，并由当地多家广告企业协助举办。

· 2012年8月，西安公交车搭载“缓堵保畅”公益广告

8月，西安市公交部门制作了15000张宣传条幅，共有36类与“缓堵保畅”相关的内容，张贴在公交总公司所属的6200部公交车上。公交部门还制作完成306辆公交车车体“缓堵保畅”公益广告，选择覆盖全市主干道的31条线路张贴。公益广告的内容包括“道路交通我遵守，公交优先我优秀”等广告标语，提示人们遵守交通规则，为公交车创造良好的通行环境，保障公共交通的有序运行。

· 2012年8月，第三届“生态安徽”青少年公益广告大赛启动

为引导青少年增强生态文明理念，广泛动员青少年和社会公众投身生态环保宣传实践活动，努力把安徽建设成生态环境优美、宜居宜业宜游的生态强省，以实际行动迎接党的十八大召开。安徽团省委、省发改委、省环保厅、省青联、省学联、省少工委等单位于2012年8月联合举办第三届“生态安徽”青少年公益广告大赛。此次大赛以“倡导绿色生活，共建生态安徽”为主题，参赛对象以省内在校大中专学生、中小学生和社会青年为主体（年龄在40周岁以下），可以是个人、团队或者单位。大赛作品分多媒体类、平面类分别设金奖、银奖、铜奖、单项奖若干个，以及针对参赛单位设组织奖若干个。大赛组委会考虑参赛人员年龄差距同时结合参赛作品申报情况，将单独设立中小学生奖若干个。大赛评审和颁奖将在年内完成。本次活动由腾讯微博和腾讯视频作为网上发布平台，参赛作品可以通过活动的官方微博上交和发送。

· 2012年8月，内蒙古伊利集团在伦敦投放公益广告

2012年8月伦敦奥运会开幕之际，伊利集团在伦敦投放了以“平凡中国人不平凡的故事”（Ordinary People Extraordinary Story）为主题的公益广告，在400多辆双层巴士上张贴。伊利此举的目的，旨在将平凡中国人的健康形象在奥运期间展现给世界。同时，这些故事在国内被拍摄成微电影，引起了网友的关注。伊利是本届奥运会中国代表团乳制品供应商。

· 2012年8月，百度利用图片被盗链提示技术发布公益广告

8月，国内最大搜索引擎百度推出一项新技术，使所有图片被盗链后，在展示时能自动替换成公益广告。百度每天的盗链图片高达几千万张，这项技术升级完成后，就相当于百度推出了一个巨大的公益广告展示平台，使任何一个上线的公益广告每天能获得上千万次展

现机会。这一展示对于公益组织免费开放，每个公益组织都可以通过 baiducsr@ baidu. com 以邮件的方式向百度提出申请，在这个系统中免费推广他们的公益广告。国际爱护动物基金会（IFAW）成为了第一个使用该公益广告推广系统的组织，IFAW 希望和百度一起，通过生动有趣的图片来影响更多公众，拒绝对野生动物制品的消费。百度的这一创新受到了公益圈人士的一致肯定。

· 2012 年 8 月，河北邢台全面发布廉政公益广告

邢台市从 2012 年 8 月至 2013 年 2 月，在全市 3 个电视频道、3 个电台频率、市区 16 条公交线路的 240 台移动电视以及市中心繁华地段、大型商场、公共场所的户外大型 LED 屏，播放廉政公益广告。同时，还在《邢台日报》安排版面进行“倡廉洁、树清风”廉政公益广告选登。这是邢台市今年反腐倡廉宣传教育的重要活动之一。廉政公益广告展播内容主要是河北省纪委等组织评选出的三部优秀廉政公益广告：《镜鉴篇》重温唐太宗李世民“镜鉴”名言，以碧湖、翠竹与白莲的交相辉映，力倡“清廉如镜，服务百姓”；《雕刻篇》聚焦木匠雕刻“俭、廉”，象征驱腐除庸，“好木沉香，清正做人”比喻“俭以养德，廉以立身”；《画清廉》的沙画托物言志，诠释“廉洁扬正气，勤政促和谐”。

· 2012 年 9 月 5 日，中央文明办召开“迎接十八大，讲文明树新风”公益广告宣传工作协调会

9 月 5 日，中央文明办召集《人民日报》、《光明日报》、《经济日报》、中央人民广播电台和中央电视台五家中央媒体举行“迎接十八大，讲文明树新风”公益广告宣传工作协调会。中央文明办专职副主任王世明出席会议并对中央台“迎接十八大，讲文明树新风”公益广告宣传工作提出表扬。中央电台产业办副主任张军在协调会上详细介绍了前一阶段中央台“迎接十八大，讲文明树新风”公益广告宣传方面的主要工作。3 月份以来，中央台根据中宣部“迎接十八大、讲文明树新风”主题公益广告宣传实施方案的部署，共创作和播出“迎接十八大、讲文明树新风”公益广告作品 19 件，在中国之声、经济之声、音乐之声等 9 个频率，以《中宣部、中央文明办、国家工商总局、国家广电总局、新闻出版总署、中央人民广播电台讲文明树新风公益广告展播》为常规栏目，共播出 6327 条/次，总时长约为 6400 分钟。在听取各媒体关于“迎接十八大、讲文明树新风”主题公益广告刊播活动的介绍后，王世明首先肯定了前一阶段的工作成效，感谢五家中央媒体的支持，特别表扬中央台的公益广告宣传工作做得及时、到位，质量高、影响好。另外，王世明对中央各媒体下一步工作提出明确要求：一是在现有基础上继续加大宣传力度，二是提高作品质量，三是扩大影响，充分利用手机、网络等新媒体，传统媒体与新媒体相结合，传播文明引领风尚，形成“讲文明树新风”公益广告宣传热潮，为党的十八大胜利召开营造良好氛围。

· 2012年9月11日，新疆第九届优秀广告作品评展暨首届“雪莲杯”广告设计大赛颁奖活动举行

由中国广告协会、新疆自治区工商总局、自治区广告协会联合举办的新疆第九届优秀广告作品展暨首届“雪莲杯”广告设计大赛颁奖活动在新疆举办。此次活动共征集作品1000余件，新疆各地州市县的近300家广告经营单位投稿参赛，其中学生组参赛作品近200件，公益广告占总参赛作品的65%左右。当日的颁奖活动中对前期评选出的4件金奖、14件银奖、22件铜奖及137件优秀奖作品给予了奖励，其中由大学生创作的作品获银奖2件，铜奖5件。

· 2012年9月26日，贵州省第四届公益广告大赛终审会在贵阳落幕

第四届贵州省公益广告大赛终审会在贵阳落幕。经过评委们对162件入围作品的认真评选，共评出影视类、平面类、广播类、网络类等级奖作品37件。获奖作品在各大媒体进行展播，部分特别优秀的作品将由贵州省文明办向中央文明办进行报送，参加全国性评选。

· 2012年9月29日，河北秦皇岛市首届公益广告获奖作品新鲜出炉

秦皇岛首届公益广告大赛由秦皇岛市委宣传部主办，秦皇岛日报社、市广播电视台等20多家单位承办。9月29日，“走近公益广告，走进幸福生活”秦皇岛首届公益广告大赛颁奖晚会在秦皇岛电视台演播厅举行，中共有47件优秀作品获奖。

· 2012年9月，拉萨市镶嵌有公益广告的新型环保垃圾箱投入使用

9月，拉萨市环卫局接收了来自自治区生态建设与环境保护基金会捐赠的200个新型环保垃圾箱。拉萨市有关部门在对环保垃圾箱的安放位置进行考察后，于9月份将其陆续投入使用。此次捐赠的新型环保垃圾箱由多家单位联合研制，较普通垃圾箱的优势在于：外观设计简单大方，每个垃圾箱正面都镶嵌着20幅不同内容的环保类公益广告，且向着太阳的一面采用耐腐蚀、隔热性能较好的玻璃钢材质，延长了垃圾箱的使用年限。

· 2012年9月，昆明市第五届彩云之南“万达广场”杯公益广告创意大赛开幕

由昆明市委宣传部、市工商局及昆明广告协会联合举办的第五届彩云之南“万达广场”杯公益广告创意大赛在云南拉开帷幕，此次大赛主题为“爱我昆明、美在春城”、“跨越发展、建设幸福新昆明”。

· 2012年10月23日，少数民族语言版本“迎接十八大讲文明树新风”主题公益广告在中央人民广播电台相关频率开播

10月23日，中央人民广播电台制作的60件“迎十八大讲文明树新风”少数民族语言

版本主题公益广告，在蒙语、藏语、维吾尔语、哈萨克语、朝鲜语节目和中国民族广播网刊播，这是中央台多语言版本公益广告制作的首次尝试。今年3月起，中央人民广播电台根据中宣部的要求，制作了一批公益广告，这批作品围绕唱响道德建设主旋律，树立主流价值观念，以弘扬自强、厚德、崇俭、尚义、守信、明礼、报国、尽孝等道德理念为主题，在中国之声等8个普通话频率播出，产生了良好的社会反响。此次公益广告文案翻译和制作合成时间紧、任务重、意义重大，对翻译和制作的要求高。中央电台制作完成的这批民族语言版本公益广告作品是思想性、艺术性兼具和富有时代精神的作品，原汁原味地展现了普通话版本的艺术风格和主题诉求，体现出较高的制作水平。开播的5种语言版本《长大了我能照顾您》、《凡人篇》、《凡人善举书写最美中国》、《幸福传承》、《二手的好坏》、《升国旗》、《感恩的心》、《购物》、《幸福是什么》、《他们是谁》、《水墨中国》、《彩色中国》等作品已由中央电台少数民族语言版本主题公益广告评审委员会审定，今后还将作为日常公益广告节目在各民族语言频率播出，并在中国民族广播网设置专栏刊播。

· 2012年10月26日，第十九届中国国际广告节中国公益广告“黄河奖”在天津颁奖

10月26日，第十九届中国国际广告节中国公益广告“黄河奖”颁奖典礼在天津梅江会展中心隆重举行。茅台集团荣获钻石级战略合作伙伴奖，《隔离的键盘》等5件作品获金奖。此次黄河奖共评出5个金奖、9个银奖、24个铜奖及345个优秀奖。天津市副市长李文喜出席颁奖典礼仪式，并会见参加活动的国家工商总局副局长甘霖等嘉宾。中国广告协会副秘书长庹登夫、茅台集团公司党委委员、茅台酒股份公司副总经理杜光义出席颁奖典礼并致辞。著名小提琴演奏家盛中国、著名音乐人郭峰等到场担任开奖嘉宾并表演了精彩的节目。

· 2012年10月26日，第三届中国电视金鸽奖启动新闻发布会在天津召开

中国电视金鸽奖是由黑龙江电视台、贵州广播电视台发起，以两台卫视频道组成的“中国公益广告联播平台”为基础，以“汇聚中国力量共舞公益风尚”为口号，致力于促进我国公益广告事业发展的赛事。迄今为止已成功举办两届，并发展成为目前国内规模最大、质量最高、影响最为深远的实效性公益广告赛事。大赛有别于传统公益广告赛事，除了进行常规电视公益广告作品的征集、评选、展播外，大赛还邀请了社会各界知名人士发出公益号召并通过“中国公益广告联播平台”进行高频次展播，通过名人效应促进先进公益理念传播。

第三届中国电视金鸽奖以“为祖国未来加油·给中国孩子一个掌声”为主题。大赛组委会希望通过邀请明星、嘉宾加盟，在进行常规公益广告征集评选之外，打造系列公益活动，激励起大众的公益心；同时借助“掌声”的表现形式，进行氛围营造及表现，在鼓

励孩子努力学习，确立好自身价值观的同时，亦表示对大众参与公益事业的欢迎之情；大赛组委会还希望通过对“中国孩子精神”的展现引起社会广泛关注，扩大金鸽奖宣传推广范围，提升金鸽奖品牌推广效应，彰显金鸽奖的品牌内涵，体现黑龙江电视台、贵州广播电视台等主办单位作为主流媒体传播“中国传统美德”的意愿与行动，把金鸽奖作为一个品牌公益平台进行推介——金鸽奖不仅仅是面对参赛者的一个公益赛事，它更是一个面向大众的公益传播平台。

在本次新闻发布会中，现场分别进行名人形象代表授牌仪式、支持单位授牌仪式以及中国光华科技基金会向大赛组委捐赠图书仪式。大赛组委会与共青团中央主管的中国光华科技基金会达成合作意向并在新闻发布会现场进行了价值70万元的图书捐赠，所捐图书将用于为黑龙江、贵州两省贫困地区儿童建立“图书角”之用。

相对于传统公益广告赛事，中国电视金鸽奖是一次全新尝试，她不仅仅是一个优秀电视公益广告作品的竞争平台，也是先进公益理念的传播平台，更是公益行为的号召者、倡导者和实践者，实现了先进公益理念从传播到实践的融合，为促进我国公益事业发展做出了积极贡献。

· 2012年11月1日，中纪委陈宏滔一行三人来中央人民广播电台视察并了解“倡廉洁，树清风”公益广告播出情况。

11月1日，中纪委陈宏滔一行三人来中央人民广播电台视察，并了解“倡廉洁，树清风”公益广告播出情况。台纪检组副组长兼监察室主任张树国、机关纪委专职副书记林懿，以及广告管理处相关人员对台“倡廉洁、树清风”优秀廉政公益广告展播情况进行了介绍。10月22日，台广告管理处按照中纪委《关于开展“倡廉洁、树清风”优秀廉政公益广告集中展播活动的方案》和台监察室的要求，迅速组织全台各频率播出了《李雪健篇》、《林丹篇》、《朋友篇》、《规矩方圆篇》4件廉政公益广告作品。截止到10月31日，各频率共播出“倡廉洁、树清风”公益广告200条次，约100分钟。

· 2012年11月7日，湖南全省热播消防公益广告，营造消防宣传氛围

11月7日至20日，湖南卫视、湖南经视、湖南都市等湖南广播电视台11个电视频道上，积极刊播消防专题节目并循环播出一支支画面精美、内容丰富的消防公益广告，大力提升全民消防安全意识，受到广大人民群众的关注和热议。消防公益广告由公安部消防局制作，广告借助“名人效应”，通过生动形象的方式传播“全民消防、生命至上”的消防安全理念，呼吁全社会关注消防安全。

· 2012年11月20日，全国公益广告创新研究基地派员参加国际公益广告论坛

11月20日，基地副秘书长和群坡参加在韩国举办的“国际公益广告论坛”并发表《中国公益广告的历史和现状》的论文，受到与会嘉宾的关注。

· 2012 年 11 月 26 日， 辽宁省盘锦市 “兴隆杯” 首届公益广告大赛评选结果揭晓

盘锦市工商行政管理局、 盘锦市广告协会等多家媒体单位联合举办了盘锦 “兴隆杯” 首届公益广告大赛。 共收集到广播、 影视、 平面作品共 160 部， 经严格评审后对 49 部优秀作品进行颁奖。 大赛的成功进一步推动了盘锦市广告行业的健康发展， 激发了市民热爱公益的热情。

· 2012 年 11 月 29 日， 深圳市第六届法制宣传公益广告 （海报） 评选结果揭晓

由深圳市依法治市办和司法局， 面向全国征集的第六届法制宣传公益广告 （海报） 评选结果日前揭晓， 共 15 幅作品分别获得一、 二、 三等奖。 此次活动是今年 “12. 4” 全国法制宣传日开展的宣传活动之一， 旨在使法制宣传更具亲和力和趣味性， 更贴近基层和群众， 鼓励法制宣传公益广告创作和法治文化创新。

· 2012 年 12 月 2 日， 文明交通公益广告全国交通广播联播活动启动

12 月 2 日是首个 “全国交通安全日”， 由公安部交通管理局、 中央文明办协调组、 中国广播电视协会交通宣传委员会联合主办的 “畅行中国——文明交通在行动” 百城百台大联播正式启动。 活动当天以北京交通广播为主播， 通过卫星与百城百台交通广播进行了联播互动。 特别直播节目中， 公安部交管局副局长刘钊宣布了此次活动的开始， 中广协会交通宣传委员会常务副会长兼秘书长潘力代表全国交通广播播出机构发出了 “畅行中国—文明交通在行动” 的活动倡议， 中广协会交宣委副会长、 北京交通广播台长李秀磊宣布了文明交通公益广告全国交通广播联播活动启动的说明。

· 2012 年 12 月 3 日， 河南省首届廉政短片、 公益广告评选活动投票启动

为深入贯彻落实党的十八大精神， 积极推进惩防一体化机制建设， 进一步抓好廉政文化和预防腐败宣传工作， 河南省检察院、 河南电视台联合组织开展河南省首届廉政短片、 公益广告评选活动， 经各地检察机关推荐、 评委会办公室初选， 共评出候选作品 25 个。 自 12 月 3 日起， 这 25 个候选作品将在河南电视台展播， 同时启动评选投票活动。

· 2012 年 12 月 6 日， 重庆市第四届户外公益广告大赛启动

由中共重庆市委宣传部、 重庆市精神文明建设委员会办公室、 重庆市人民政府新闻办公室、 重庆市互联网信息办公室和重庆市工商行政管理局共同举办的第四届重庆市户外公益广告大赛正式启动。 本届参赛作品分为平面设计类和视频短片类两类。 此次活动的主题为 “文明、 和谐、 幸福”， 主要内容是围绕学习宣传贯彻落实党的十八大和市第四次党代会

精神，创作设计表现相关主题的公益广告作品。

· 2012年12月7日，海峡两岸“乐善杯”公益广告作品进高校巡展

12月7日，海峡两岸“乐善杯”公益广告作品高校巡展首站到达福州大学阳光学院。在启动会上同时举行了主题为“阳光·乐善”的阳光学院首届文化创意节启动仪式。文化创意节旨在让大学生感受新媒体人的社会责任，同时激发大学生的创新意识，鼓励他们广泛参与创新实践。

· 2012年12月10日，中央文明办召开会议，部署关于制作、刊播“贯彻十八大精神、讲文明树新风”公益广告

12月10日，中央文明办召集公安部、国家工商总局等十部委，以及《人民日报》、中央人民广播电台、中央电视台、人民网、新华网等25家中央级及社会主要媒体召开紧急会议，部署关于制作、刊播“贯彻十八大、讲文明树新风”公益广告的工作。

· 2012年12月20日，中央主要媒体开始围绕“民族复兴·中国梦”这一主题隆重推出“讲文明树新风”公益广告

为充分运用公益广告生动鲜活地宣传贯彻党的十八大精神，树立社会主义核心价值观，自20日起，中央主要媒体隆重推出“讲文明树新风”公益广告。围绕“民族复兴·中国梦”这一鲜明主题，《人民日报》、《光明日报》、《经济日报》、《工人日报》、《中国青年报》、《中国妇女报》、《环球时报》、《新华每日电讯》、《参考消息》等主要报纸，以彩色整版或半版篇幅刊出公益广告，气势恢宏，主题鲜明；中央人民广播电台各频率在黄金时段推出的公益广告，以平民视角、百姓口吻展望“中国梦”，亲切感人；中央电视台将在各频道全方位、高频次地连续播出同名公益广告。中国文明网、人民网、新华网、中国广播网、中国网络电视台、光明网、中国经济网等网站均在首页显著位置推出“讲文明树新风”公益广告专题。

此次由中宣部、中央文明办组织中央主要新闻媒体以及互联网站开展的公益广告宣传活动，将着重围绕积极培育社会主义核心价值观和社会道德行为规范、建设生态文明以及与人民群众关切的交通安全、食品安全、健康知识等内容，制作刊播内容丰富多彩的公益广告。

各媒体和主要网站都将持续拿出重要版面、重点时段、醒目位置刊播“讲文明树新风”公益广告。公益广告宣传将在元旦、春节期间形成热潮，大力弘扬社会正气，营造文明和谐的社会氛围。

· 2012年12月27日，中央人民广播电台“讲文明树新风”广播公益广告制作中心成立

12月27日，中央人民广播电台按照中宣部、中央文明办、中央外宣办、工信部、国

家工商总局、国家广电总局和新闻出版总署等七部门《关于深入开展“讲文明树新风”公益广告宣传的意见》和中宣部视频会议的精神，设立“讲文明树新风”广播公益广告制作中心。主要任务是：1、根据中宣部、中央文明办的要求，承担设计制作供地方广播媒体刊播的公益广告通稿作品。2、承担全国性的、旨在提高公益广告质量的重要征集活动的来稿集纳、组织登记，组织专家初评、筛选入围作品等基础性工作，以及遴选具备刊播水平的公益广告文案并进行制作的工作。3、建立“讲文明树新风”广播公益广告作品库，实现全国广播媒体公益广告资源共享。由中央台公益广告制作中心提供的作品，在《中国广播网》“讲文明树新风”专栏设置广播公益广告作品库，供地方媒体免费下载、刊播。中央电台“讲文明树新风”公益广告制作中心，设立在中央电台广告管理处。按照中宣部要求，经台领导批准，中央电台成立了制作刊播‘讲文明树新风’公益广告工作小组，中央电台“讲文明树新风”公益广告制作中心在工作小组的领导下开展工作。中央电台“讲文明树新风”公益广告制作中心已经陆续制作完成《民族复兴中国梦》系列：京剧篇、歌曲篇、描绘蓝图篇、诗歌篇、我的梦想篇、我的中国梦篇6个公益广告作品，并在9个频率以及《中国广播网》、《中国民族广播网》刊播。

· 2012年12月28日，2013年度中央人民广播电台公益广告宣传活动文案有奖征集工作启动

12月28日，2013年度中央电台公益广告宣传活动文案征集工作启动。主题围绕积极培育社会主义核心价值观、社会道德行为规范、生态文明建设和与人民群众生活关联度高的交通安全、食品卫生、健康知识四大主题进行创作。所有作品要求均为原创；导向正确；切合主题、以正面宣传为主；充分运用好广播三元素，创意独特，手法新颖，具有较高的艺术水准和表现力；文案字数在200字以内（含标点符号），以作品时长不超过45秒为标准。

综　述　2013

2013年，在全球经济复苏的背景下，发达经济体之间以及发达经济体与新兴市场国家之间的经济增速进一步分化，中国经济温和回升。2013年中国全年国内生产总值56.8845万亿元，按可比价格计算比上年增长7.7%，创1999年GDP增长7.6%以来的最低增速。

2013年3月5日，中华人民共和国第十二届全国人民代表大会第一次会议在北京召开，会期两周。会议选举产生了新一届中华人民共和国国家领导人，国家主席习近平在闭幕会上发表了重要讲话。他强调，实现全面建成小康社会、建成富强民主文明和谐的社会主义现代化国家的奋斗目标，实现中华民族伟大复兴的中国梦，就是要实现国家富强、民族振兴、人民幸福。

中国广告业也逐步出现回升发展态势。新旧媒体仍竞争激烈，两者之间的份额调整，是2013年的广告业焦点与热点，两者之间的共生共荣在推动了广告业整体向前发展的同时，

也为广告市场创造更多的发展机会。截止 2013 年底我国广告企业达到 44.5 万家，广告从业人员 262.2 万人，年广告经营额达到 5019.7 万元，分别比上年同期增长 17.99%、20.4% 和 6.8%。虽然我国广告行业发展仍然较快，但是比较上一年度增速下降。

2013 年国家工商总局继续积极履行指导广告业发展职能，加快完善广告法制和监管体系，推进《广告法》修订进程，做好各项准备工作。积极稳妥推进广告产业园区建设，支持地方政府出台相应扶持鼓励政策，搭建公共服务平台，引导广告企业和项目进驻，将园区打造成为广告创意设计研发和广告产品、广告要素交流中心，充分发挥广告产业园区的示范引领作用。建立重点联系广告企业制度。为广告行业提供服务平台，扩大我国广告企业与广告服务在国际上的影响。坚持“引进来”与“走出去”相结合，加快广告业对外开放步伐，不断提高广告业的国际化水平。重视公益广告事业发展，充分发挥公益广告在建设社会主义核心价值体系中的重要作用。

2013 年，“讲文明树新风”公益广告大放异彩。中央高度重视公益广告事业，由中共中央宣传部、中央文明办、中央外宣办、工业和信息化部、国家工商总局、国家广电总局、新闻出版总署联合下发《关于深入开展“讲文明树新风”公益广告宣传的意见》（文明办［2013］1 号）为推进党的十八大精神的学习贯彻，有关部门和媒体大力开展“讲文明树新风”公益广告制作刊播，进一步推动正风正气形成。中央主要媒体、期刊杂志和网络媒体着重围绕积极培育社会主义核心价值观、社会道德行为规范、生态文明建设和与人民群众生活关联度高的交通安全、食品卫生、健康知识等四个方面内容，推出一批公益广告，营造文明和谐的浓厚氛围。

2013 年，中央级媒体纷纷成立公益广告制作中心。中宣部、中央文明办、中央外宣办等七部委联合发文，要求依托人民日报、中央人民广播电台、中央电视台、中国网络电视台、中国移动等 5 家单位设立 5 家“讲文明树新风”公益广告制作中心，分别牵头设计制作平面类、广播类、影视类、网络类、手机类公益广告，形成公益广告作品库，供各媒体无偿选用。公益广告制作中心的成立有利于动员社会力量参与公益广告的创作和刊播，可选择信誉度高、公众形象好的企业冠名襄赞，推动公益广告宣传常态化。

2013 年，公益广告发展成就可喜。“讲文明树新风”公益广告的展播在以央视为代表的媒体推动下，赢得社会的广泛好评，丰富了人们的生活，提升了人们的文明意识。今后，我国公益广告必将获得长足的发展，将在推进建设美丽中国的中国梦道路上继续做出贡献。国家工商总局和中国广告协会宣布第 43 届世界广告大会将于 2014 年 5 月在北京举办，这是继 2004 年之后中国第二次主办该项会议。

大事记

· 2013 年 1 月 4 日，2013 年度中央人民广播电台公益广告宣传活动正式启动

2013 年度中央人民广播电台公益广告宣传活动文案征集工作近日正式启动，面向全社会

公开征集优秀公益广告文案创意。2013 年度拟征集的公益广告文案主要围绕积极培育社会主义核心价值观、社会道德行为规范、生态文明建设和与人民群众生活关联度高的交通安全、食品卫生、健康知识四大主题进行创作。从 2012 年起，中央人民广播电台建立《中央台公益广告播出统计月报制度》，在《中央台广告创收月报》中刊登。2012 年，中央人民广播电台广告管理处共组织制作、播出主题公益广告 100 多件，是历史上公益广告制作数量最多的一次，并首次尝试制作播出少数民族语言优秀广播公益广告。

· 2013 年 1 月 9 日，广播广告高峰论坛圆满举行

由南方广播影视传媒集团、中国广播电视协会广告信息工作委员会、广东人民广播电台联合主办，南方传媒研究院承办的“2013 广播广告高峰论坛”在广州阳光酒店举行。本次论坛以“全媒体时代广播广告的应对和发展”为主题，汇聚了当前国内广播广告业界精英的思想、观点和建议。广播有经过多年艰苦创业、顽强拼搏、改革发展形成的良好基础，有业界同仁广播人之间不断加深的交流、不断升华的合作，广播一定能够取得新的发展，一定能够走向新的繁荣。

· 2013 年 2 月 1 日，七部委联合发文成立公益广告制作中心

中宣部、中央文明办、中央外宣办等七部委日前联合发文，要求深入开展“讲文明树新风”公益广告活动。要求依托《人民日报》、中央人民广播电台、中央电视台、中国网络电视台、中国移动等 5 家单位设立 5 家“讲文明树新风”公益广告制作中心，分别牵头设计制作平面类、广播类、影视类、网络类、手机类公益广告，形成公益广告作品库，供各媒体无偿选用。该文件强调，要动员社会力量参与公益广告，可选择信誉度高、公众形象好的企业冠名襄赞，推动公益广告宣传常态化。文件还要求中央电视台综合频道每天播出“讲文明树新风”公益广告不少于 10 次，其他专业频道每天播出“讲文明树新风”公益广告不少于 15 次。

· 2013 年 2 月 4 日，国际广告协会正式确认中国广告协会获得 2014 年第 43 届世界广告大会承办权

2 月 4 日，国际广告协会正式确认中国广告协会获得 2014 年第 43 届世界广告大会承办权。该会议将于 2014 年 5 月 9—11 日在北京国家会议中心举行，主要内容包括主题论坛和展览展示两大板块。论坛将就国际广告发展趋势、创意策略、品牌营销、媒体运作等课题开展学术研讨、论坛讲座。中国广告协会称，届时将有来自全球的广告公司、学术机构和国际广告协会及各国分会的代表 1600 人与会。

· 2013 年 2 月 8 日，天津举办“智慧点亮文明”公益广告征集

为了充分发挥公益广告对社会主义物质文明和精神文明建设的促进作用，进一步加大公

益广告的宣传力度，落实中宣部、中央文明办、国家工商总局、国家广电总局和国家新闻出版总署关于做好公益广告宣传的通知要求，天津市文明办、《天津日报》在全市范围举办公益广告创意大赛。参赛的公益广告以“讲文明树新风”为主题，传递和谐社会正能量，内容涉及社会主义核心价值观（社会道德行为规范）、环保及生态文明、诚信经营、勤俭节约等方面。

· 2013年2月8日，中共上海市委宣传部和上海市精神文明建设委员会办公室发布《2013年度上海市公益广告重点宣传主题指南》

2月8日，中共上海市委宣传部上海市精神文明建设委员会办公室发布2013年度上海市公益广告重点宣传主题指南。总体要求是：根据中央关于深入开展“讲文明树新风”公益广告宣传的总体部署，充分发挥公益广告传播先进文化、引领文明风尚的重要作用，围绕中央和本市中心工作、阶段性工作重点以及社会热点，结合本市实际，市、区县和相关部门分级统筹、分类实施，把握宣传重点、规模和节奏，积极拓展公益广告产品创作渠道，引导社会力量参与公益广告创作，丰富产品资源；强化公益广告发布阵地建设，拓展公益广告宣传展示平台，鼓励各级各类工商企业开展公益广告宣传，形成同城效应，用大力推进“讲文明树新风”公益广告宣传的实际行动，深入学习宣传贯彻党的十八大精神，推进社会主义核心价值体系建设，培育知荣辱、讲正气、作奉献、促和谐的良好风尚。主要内容是：开展公民道德建设公益广告宣传、开展时事政治公益广告宣传、开展民生热点公益广告宣传、开展传统文化公益广告宣传、开展专题公益活动公益广告宣传。

· 2013年2月20日，青岛全媒体公益广告大赛启动

由市委宣传部、市文明办、市文广新局、青岛日报报业集团、市广播电台等多个部门主办，青岛晚报、青岛全搜索网、掌上青岛联合承办的“青岛农商银行杯”2013全媒体公益广告大赛启动。入围作品将刊登于《青岛晚报》、青岛全搜索网等，并进行投票及获奖展示。参赛作品分为平面作品（含漫画）、影视作品（含动画、网络广告与新媒体广告）两大类。主题有讲文明树新风、食品安全、交通安全、微尘精神、厉行节俭、拼车、金融安全等。

· 2013年3月1日，贵阳市征集“讲文明树新风”公益广告

为充分发挥公益广告传播文明、引领风尚的重要作用，推进“讲文明树新风”活动深入开展，中共贵阳市委宣传部、贵阳市文明办等单位决定在全市征集“讲文明树新风”公益广告。征集范围：1、节日节庆活动，2、学雷锋活动，3、“做文明有礼贵阳人”，4、“绿丝带”志愿服务活动，5、学习宣传道德模范，6、未成年人思想道德建设，7、道德领域突出问题专项教育和治理，8、文明交通行动，9、勤俭节约行动，10、文明传

播行动， 11、 生态文明理念传递行动。

· 2013 年 3 月 1 日， 西藏自治区文明办征集 “讲文明树新风” 公益广告

为深入贯彻中宣部、 中央文明办等七部委召开的 “讲文明树新风” 公益广告视讯会议精神及联合下发的 《关于深入开展 “讲文明树新风” 公益广告宣传的意见》， 充分发挥 “讲文明树新风” 公益广告宣传在推进社会主义核心价值体系建设， 培育知荣辱、 讲正气、 作奉献、 促和谐的良好风尚中的重要作用， 经区文明委批准， 区 “讲文明树新风” 公益广告宣传领导小组办公室决定面向社会公开征集 “讲文明树新风” 公益广告。 一、 主办单位是自治区 “讲文明树新风” 公益广告宣传领导小组办公室； 二、 作品类别第一类： 平面广告 （包括漫画、 宣传海报） 第二类： 电视及网络广告 （包括短片、 广告、 动画） 第三类： 公益广告宣传语； 三、 征集内容： “讲文明树新风” 公益广告宣传要以学习贯彻党的十八大精神， 实现伟大的中国梦为主题， 着重围绕弘扬和践行以 “爱国、 团结、 和谐、 发展、 文明” 为主题的核心价值观， 社会道德行为规范， 树立科学发展、 和谐稳定、 民族团结、 民生幸福、 生态文明、 党的建设、 新西藏形象和与人民群众生活关系密切的交通、 食品安全以及厉行节约、 反对铺张浪费等方面内容， 紧密结合西藏实际， 突出西藏特色。

· 2013 年 3 月 5 日， 中央文明办、 教育部组织部分高校举行座谈会， 推动 “讲文明树新风” 公益广告征集活动。

3 月 5 日， 中央文明办、 教育部组织部分高校举行座谈会， 推动 “讲文明树新风” 公益广告征集活动， 中央文明办专职副主任王世明、 教育部副部长郝平主持会议并讲话。 全国公益广告创新研究基地负责会议联络和组织工作， 全国 15 所重点大学的领导和在京的主流媒体广告负责同志出席了会议。

· 2013 年 3 月 11 日， 中宣部对中央人民广播电台、 中央电视台、 《人民日报》 等媒体在 “讲文明树新风” 公益广告宣传方面的工作提出表扬。

3 月 11 日， 中宣部以 “讲文明树新风公益广告受好评” 为题在中宣部 《宣传工作简报》， 对中央人民广播电台、 中央电视台、 《人民日报》 等各媒体的 “讲文明树新风” 公益广告宣传工作提出表扬。 《宣传工作简报》 指出： 为生动形象地宣传党的十八大精神， 根据中央领导指示， 中宣部、 中央文明办等七部门部署开展 “讲文明树新风” 公益广告宣传， 组织中央和地方媒体集中推出一大批主题鲜明、 创意新颖的公益广告， 弘扬新风正气， 激发奋进力量， 受到广泛好评， 引发强烈共鸣。 《简报》 介绍了中央人民广播电台、 中央电视台以及 《人民日报》 等各级媒体在 “讲文明树新风” 公益广告宣传工作中做出的成绩， 并提出表扬。

· 2013 年 3 月 14 日，北京市纪委、北京市委宣传部弘扬廉洁征集公益广告

3 月 14 日，为宣传廉洁理念，营造风清气正的社会环境，北京市纪委、北京市委宣传部联合面向社会，开展“弘扬廉洁理念，倡导清风正气”廉政微小说和平面廉政公益广告创作征集活动。廉政微小说应反映和谐共处、亲情友爱，反映工作中为民、务实，抨击腐败现象；撷取日常生活中的小片段、小场景，彰显以廉为荣、以贪为耻的社会氛围。平面廉政公益广告应宣传遵纪守法、公正清廉的价值理念；传播坚持原则、抵制腐败的廉政文化；弘扬求真务实、勤俭节约的优良风气；倡导克己奉公、乐于奉献的高尚品格。

· 2013 年 3 月 14 日，杭州征集“正能量”公益广告

杭州市 3 月 14 日起正式向全社会征集平面、影视、广播三类公益广告，最高奖金两万元。市文明办介绍，通过大赛杭州将建立一个公益广告库，把公益广告的制作与发布常态化，今后为媒体源源不断提供各种公益广告，并培育一批制作公益广告的优秀企业和人才。大赛以“讲文明树新风”为主题，征集类型分为平面、影视和广播三大类。广告内容主要有八类：宣传杭州城市人文精神和“最美杭州人”精神，传递“正能量”；围绕“德”字，宣传社会公德、职业道德、家庭美德、个人品德等，突出“助人为乐、见义勇为、诚实守信、敬业奉献、孝老爱亲”等文明道德理念；宣扬“蓝天、碧水、绿色、清净”的生态城市理念，提倡低碳环保；对于食品行业、窗口行业、公共场所三个领域和诚信缺失、公德失范两个问题，宣传诚实守信、讲究公德的正确理念；宣传关爱他人、关爱社会、关爱自然、关爱空巢老人、关爱留守儿童、关爱农民工等志愿者服务活动；展示未成年人争当“小小志愿者”、“美德少年”、洒扫应对、日行一善的良好精神风貌；倡导“六大文明交通行为”，揭露、鞭挞“六大交通陋习”和“六大危险驾驶行为”；提倡人们就餐时“不剩饭、不剩菜”，宣传理性消费、节俭用餐、举止文雅、轻声言谈、饮酒有度、按需点菜。

· 2013 年 3 月 19 日，辽宁首次有奖征集广播公益广告

为进一步弘扬正风正气，激扬奋发向上的力量，鼓舞、教育人们讲文明、树新风，创建美好生活，营造和谐、健康、幸福的社会氛围，由辽宁省文明办指导，FM88.8 辽宁广播电视台经济广播联合多家广播频率共同举办的 2013 年全省第一届“讲文明树新风”广播公益广告征集评选活动，即日起正式启动。该活动面向全社会广大群众及广告创意设计专业人士征集有创意、有情节、有对话、有故事的广告文案作品，凡涉及讲文明、树新风、精神文明、道德建设、生态文明、环保、迎全运文明礼仪、食品卫生、勤俭节约、尊老爱幼等主题的作品均可参赛。特别优秀的作品还将报送中央文明办，参加全国优秀公益广告评选活动。

· 2013年3月22日，国家知识产权局知识产权公益广告片有奖征集活动启动

为进一步贯彻实施《国家知识产权战略纲要》中关于“培育知识产权文化”的重大措施，由国家知识产权局知识产权新闻宣传中心主办，采用微博互动、公益广告征集等大众喜闻乐见的方式，联合新浪网在全国开展“2013知识产权公益广告片有奖征集活动”。活动面向全社会，尤其是企业、大专院校、科研院所、行业协会、传媒和广告机构以及专业人士征集知识产权视频公益广告作品。活动旨在宣传普及知识产权的基本常识，弘扬“尊重知识、崇尚创新、诚信守法”的知识产权文化核心理念，营造鼓励创新和保护知识产权的良好社会氛围。

· 2013年3月26日，上海浦东新区“讲文明，树新风”公益广告设计大赛正式启动。

上海市浦东新区根据中央和市文明办关于大力开展“讲文明 树新风”公益广告宣传活动的工作要求，充分发挥公益广告在传递文明、树立形象、引领风尚方面的积极作用，特别组织开展“讲文明 树新风”公益广告设计大赛。本次大赛旨在吸引热爱生活、关注公益，并在设计、创意领域具有一定才能的专业人士及专业设计院校的莘莘学子以及设计爱好者积极参与，且从比赛的过程中发现更多创意人才和优秀设计作品，共同推动“讲文明 树新风”的积极、健康价值观念的传播!

· 2013年3月28日，中国广告协会发通知深入开展“讲文明树新风”公益广告宣传

中国广告协会发出通知，要求各分支机构和各地广告协会深入开展“讲文明树新风”公益广告宣传工作。通知指出，今年中宣部、中央文明办、国家工商总局等部门联合下发了《关于深入开展“讲文明树新风”公益广告宣传的意见》（简称《意见》），对在全国开展“讲文明树新风”公益广告宣传活动作出全面部署。中国广告协会各分支机构和各地广告协会按照《意见》要求，广泛宣传并积极动员广告企业紧扣“讲文明树新风”主题，着重围绕培育社会主义核心价值观、规范道德行为、建设生态文明以及与人民群众生活关系密切的交通、食品等方面的影视、广播、网络公益广告，开展相关宣传工作。通知要求，中国广告协会报刊分会、广播分会、电视分会及各地广告协会密切配合有关部门，通过组织召开座谈会、利用自身媒体传播等多种形式，大力宣传、协助落实公益广告刊播要求。中国广告协会互动网络分会、广告公司分会以及各地广告协会要重点发挥与行业紧密联系的工作优势，利用行业组织的力量向全国主要商业网站和新闻网站等宣传，督促其落实《意见》有关要求。

· 2013 年 4 月 9 日，温州市有奖征集人口和计划生育公益广告语言作品

为了进一步加强温州市人口计生工作社会舆论宣传，深入开展“树婚育新风，建幸福家庭”活动，推动全市人口文化建设，为创建“三生融合 · 幸福温州”营造良好的人口环境氛围，经研究，决定开展公益广告语言作品征集活动。一、作品内容和主题反映改革开放三十多年来温州市人口和计划生育工作的巨大成就；反映人口与经济社会资源、环境协调发展和可持续发展；反映统筹解决人口问题，促进人的全面发展；反映社会主义核心价值体系建设，倡导男女平等、夫妻和睦、尊老爱幼等家庭美德；反映婚育新风、关爱女孩、拒绝“两非”、男性健康；反映构建和谐社会、人与社会和谐、人与自然和谐；反映人口计生工作对生命全周期的关爱和服务，包括出生缺陷干预、利益导向制度、生育关怀以及对流动人口的服务管理等。

· 2013 年 4 月 10 日，北京电台举办优秀广告评选活动

4 月 10 日，北京电台举办优秀广告评选活动。本次评选共征集到 2012 年至 2013 年 4 月以来在该台播放并由该台或代理公司创作的广告作品 166 条，其中商业类广告 85 条、公益类广告 37 条、形象类广告 44 条，最终评出 53 个获奖作品。其中公益类广告一等奖 2 个，二等奖 4 个，三等奖 8 个，共计 14 个；形象类广告一等奖 2 个，二等奖 4 个，三等奖 6 个，共计 12 个。评委普遍认为，公益类广告在主题、创意、制作方面要好过商业类广告，进步显著，亮点频出，这也体现出北京电台广告相关制作团队的才华和成果。

· 2013 年 4 月 15 日，央视启动全国电视公益广告大赛

4 月 15 日，“全国电视公益广告大赛”新闻发布会在北京梅地亚中心多功能厅举行，面向社会各界征集主题多样、形态各异、直抵人心、行动力强的电视公益广告作品与公益广告创意脚本，发布大赛规则。中央电视台台长胡占凡、中央电视台副总编辑兼广告经营管理中心主任程宏、中国广告协会秘书长燕军、娃哈哈集团董事长兼总经理宗庆后，25 家省市电视台的台领导与相关负责人，8 家主流网络媒体相关负责人，两家户外媒体相关负责人，歌唱家谭晶，演员李冰冰、濮存昕，全国道德模范郭文标，春节期间引起热议的《回家篇》公益广告的主人公——来自贵州的农民工汪正年夫妇，以及新闻媒体、广告公司、高校广告专业师生等近 400 人参加会议。白岩松、董卿主持会议。本届大赛设置“电视公益广告作品奖”、“电视公益广告最佳导演奖”、“电视公益广告最佳网络人气奖”、“电视公益广告创意脚本奖”、“公益广告推动奖”等奖项。获奖作品将在中央电视台、中国网络电视台、各地方电视台与主流网络媒体展播。获奖个人和机构将获得奖金，并将参加 8 月底举办的首届全国电视公益广告大赛颁奖晚会，晚会将在中央电视台播出。本次大赛并不是一项专业领域的广告比赛，而是希望所有人都来热心参与，因此专门

设置了“电视公益广告创意脚本奖”，因为制作电视广告作品需要一定的专业技能，但提供广告创意脚本是没有门槛的，每个人都可以参与，提出自己的公益主张和创新表达，优秀的创意脚本央视还将购买版权，并出资拍摄制作。同时还设置了“电视公益广告最佳网络人气奖”，每个人都可以通过网络对公益广告投票，表达自己的意见，选出自己心中最佳的电视公益广告。

· 2013年4月16日，上海市工商局主办以“远离传销，守护幸福”为主题的公益广告创意大赛。

4月16日下午，上海市工商局主办的以“远离传销，守护幸福”为主题的公益广告创意大赛作品征集活动正式启动。本次“远离传销，守护幸福”主题公益广告创意大赛是为进一步加强上海市的禁传宣传工作，创新宣传方式，进一步扩大“远离传销，守护幸福”的宣传范围和宣传力度而开展的。大赛参赛作品要求具有原创性，设有多个奖项，提倡物质奖励和精神鼓励相结合。

· 2013年4月17日，江苏常州禁毒公益广告作品征集启动。

4月17日，为动员社会各界和广大人民群众参与禁毒斗争，不断推进全市禁毒宣传教育工作的深入开展，充分营造“6.26”国际禁毒日期间禁毒宣传氛围，市禁毒委员会办公室决定，举办全市禁毒公益广告作品征集评选活动。以“禁毒是全社会的共同责任”、“依法禁毒、构建和谐”为主题，营造出全社会支持、参与禁毒斗争的浓厚氛围。

· 2013年4月18日，中国记协和全国三教办在京举办“媒体公益广告传递正能量评议会”

4月18日下午，中国记协和全国三教办在京举办“媒体公益广告传递正能量评议会”，主题为“弘扬中国精神 凝聚中国力量”。来自中央文明办、中国记协、中央媒体和北京高校的相关负责人参加了会议，对公益广告在传承中华文明、弘扬中国精神、倡导好品德等方面的情况进行交流评议。中国记协党组书记翟惠生、中央文明办局长涂更新、全国公益广告创新研究基地秘书长刘林清、《光明日报》胡斌等发言。中央人民广播电台等媒体受邀参加了评议会，并展示优秀公益广告作品。

· 2013年4月18日，中国孔子基金会征集公益广告

为深入学习宣传贯彻党的十八大精神，弘扬优秀传统文化，促进社会良好文明道德风尚形成，积极配合做好山东省委宣传部、省文明办等部门组织开展的2013年“讲文明树新风”公益广告作品征集及评选工作，中国孔子基金会为鼓励在公益广告中突显传统文化特色，表达仁义礼智信、温良恭俭让、孝忠廉耻惠等儒家文化理念和人文情怀，传递“美

德山东人 厚道齐鲁风”的正能量，组织开展“弘扬优秀传统文化，引领时代文明风尚”公益广告作品征集活动。活动主题与目的：公益广告作品反映优秀传统文化，以围绕社会主义核心价值观、规范道德行为、建设生态文明以及与人民群众生活关系密切的交通、食品安全等作为创作主题，为弘扬正风正气、激发奋进力量、推动科学发展、促进社会和谐营造良好氛围。

· 2013 年 4 月 23 日，“讲文明树新风”全国网络公益广告制作中心成立

由中宣部、中央文明办、中央外宣办、工业信息化部、国家工商总局、国家新闻出版广电总局 6 部委联合指导成立的全国网络公益广告制作中心在中国网络电视台正式揭牌。由中国网络视听节目服务协会及中国网络电视台、人民网、新华网、中广网、国际在线、新浪、搜狐、百度、优酷、爱奇艺共 10 家网站共同主办的“讲文明树新风网络视频公益广告大赛”正式启动。中心负责牵头制作并传播网络公益广告，集纳其他媒体的优秀作品，形成网络公益广告作品库，供各媒体无偿使用。本次大赛为期 3 个月，以“情怀、守护、仁心、珍爱”为四大主题，征集关于民族精神、生态文明、中国传统美德及生命安全等相关内容的公益广告视频和公益微电影。发布会现场发出倡议，号召所有网络媒体和社会公众共同创作和传播优秀的公益广告作品，推动中国公益广告事业的蓬勃发展。

制作中心以“中国精神、中国形象、中国文化、中国表达”为创作主旨，以中国各地民间艺术为素材，精心创作了平面、手机、展板、围挡、LED、遵德守礼引导牌 6 大类 3000 多个公益广告作品，深受社会大众欢迎。同时，建立了全国网络公益广告作品通稿库，为全国 360 多个城市的 300 家媒体无偿提供公益广告作品。

· 2013 年 5 月 3 日，兰州城市形象广告亮相北京

为了加大对兰州城市形象和兰州新区的宣传力度，展示金城兰州的独特魅力和兰州新区的美好前景，近期，兰州市委市政府精心策划、周密布局，选定以京畿、长三角、兰州为主阵地，以大交通、大枢纽为平台，大手笔谋划，高起点布局，以政商高端人士为主要受众群体，在“五一黄金周”前夕，在北京、兰州航空、铁路、公交等交通节点和王府井等人流密集区域，集中投放户外广告，对兰州文化旅游和兰州新区形象进行广覆盖、立体式、密集型的宣传展示。

· 2013 年 5 月，中国广播电视协会第五届优秀广播广告作品评析活动在云南启动

此次中国广播电视协会广告信息工作委员会第五届优秀广播广告作品评析活动由云南广播电视台承办、广东人民广播电台协办。现将有关事项通知如下：一、第五届优秀广播广告作品评析：1、参评作品必须是送评单位自己编播制作、组织编播制作或编审的，并在 2012 年或今年 5 月以前播出的广告作品。2、根据广电协会要求，每次评析活动只能有百

分之五十入围，为使各参评台重点作品有更多机会入围，请各台多报送作品。3、本届评析分三大类：商业、公益、形象类。形象类是指各台、各频率、栏目等自身形象宣传的广播广告。公益类广告作品每件长度不超过45秒，商业、形象类广告作品每件长度不超过40秒。4、本届评析除设一、二、三等奖外，还设最佳创意、最佳合成、最佳广告词、最佳演播、最佳音乐、最佳音效六个单项奖。

· 2013年5月8日，“微公益·梦启航”上海市大学生公益广告大赛启动

5月8日，“微公益·梦启航”上海市大学生公益广告大赛在南京路步行街世纪广场举行启动仪式。本次大赛由市委宣传部、市文明办、市教卫工作党委、市教委联合主办，上海工程技术大学、上海理工大学承办，全市各大高校共同参与。市委宣传部副部长、市文明办主任燕爽，市教育工委副书记、市教委副主任高德毅共同启动大赛。此次大赛从4月28日起开始“预热”，组委会通过上海大学生网络互动社区——易班网向全市大学生发出“征集令”，在征集大赛标识和主题的同时，提供若干公益主题，全市30万大学生在线投票，至5月15日，选出了最感兴趣的十二个公益主题，包括：志愿服务、生态保护、光盘行动、尊老爱幼、低碳出行、绿色消费、社会责任、网络公德、意志坚强、心理健康、食品安全和出彩人生。来自本市12所高校的大学生们将这些公益主题以涂鸦的方式展示出来，以12幅主题鲜明的作品传递公益理念。

· 2013年5月12日，安徽省征集“讲文明树新风”公益广告开始

安徽省委宣传部、省文明办等联合开展“讲文明树新风”公益广告征集活动，以充分发挥公益广告在传递文明、引领风尚方面的重要作用，培育知荣辱、讲正气、作奉献、促和谐的良好风气。活动紧紧围绕“中国梦”宣传教育主题，突出美好安徽建设、培育践行社会主义核心价值观、社会道德行为规范、倡导勤俭节约、生态文明建设以及与人民群众生活关系密切的交通安全、食品卫生、健康知识等方面内容，为推动科学发展、促进社会和谐营造良好氛围。公益广告分别征集平面类、广播类、影视类、网络类、手机类五类作品，要具体化、生活化、形象化地表达和展示热爱祖国、生态文明、行为规范、传统美德、勤俭节约、团结友善、敬业奉献、诚实守信等八个方面内容。

· 2013年5月13日，亚洲动物基金第二届公益广告设计大赛启动并开展调查

目前，我国的各个地区均存在着规模不等的马戏团和动物表演场。娱乐性动物表演长期存在，其背后隐含的负面信息却鲜有人知。一场动物表演，会对青少年传递出“虐待合理”的信息，而对表演动物来说，训练和表演都是一种万分痛苦的过程：为一场表演，动物被拔掉牙齿、剁掉爪子；为一场表演，动物被幽禁囚笼、忍饥挨饿；为一场表演，动物被强行训练、鞭打恐吓；为一场表演，动物们天性泯灭、饱受折磨。真正的动物不

需要表演！ 是时候来终止这一残忍而不必要的产业了！ ——用你的表现力来改变这一切！关于 “动物表演” 您了解多少？ 您有没有观看过动物表演呢？ 欢迎参与有奖问卷调查，大赛期间我们每周将抽出 10 名幸运网友， 赠送亚洲动物基金可爱月熊公仔一只。

· 2013 年 5 月 15 日， 中央文明办、 中央电视台共同主办 “讲文明、 树新风、心系公益、 共圆中国梦—中央电视台公益广告论坛暨经验交流会”

5 月 15 日， 由中央文明办、 中央电视台共同主办的 “讲文明、 树新风、 心系公益、共圆中国梦——中央电视台公益广告论坛暨经验交流会” 在北京梅地亚中心举行论坛暨经验交流会由中央电视台发展研究中心、 广告经营管理中心共同承办。 中央电视台著名主持人张泉灵担任论坛主持人。 中央文明办、 国家新闻出版广电总局、 人民日报社、 中央电视台等相关领导出席会议并做主旨发言， 中央外宣办、 工业和信息化部、 中国记协、 各中央媒体及地方媒体、 部分省市文明办的相关负责人， 中央级媒体确立的五大公益广告制作中心代表， 知名公益广告制作公司代表， 参与公益广告制作企业代表， 传媒学者， 中国广告协会领导， 经典公益广告片主创代表等近 300 人参加会议。 此次会议是中国公益广告领域第一次高端会议， 对推动中国公益广告特别是中央电视台公益广告的发展起到了里程碑式的作用。中央电视台作为国家电视台， 始终坚持社会效益第一， 打造优秀公益广告的最佳传播平台，播出展现国家气质和精神追求的公益广告。

· 2013 年 5 月 16 日， 国家广告研究院和全国公益广告创新研究基地向国家工商总局广告司提交 《关于编纂出版〈中国公益广告年鉴 （2011 年—2013 年）〉的请示报告》

5 月 16 日， 国家广告研究院和全国公益广告创新研究基地向广告司提交 《关于编纂出版 《中国公益广告年鉴 （2011 年—2013 年）》 的请示报告》。 《报告》 说明： 全国公益广告创新研究基地在国家工商总局广告司的指导下， 编纂出版 《中国公益广告年鉴（2011 年—2013 年）》， 年鉴顺应我国公益广告发展的大形势， 对 3 年来我国公益广告获得的发展和成果进行整理总结， 是一项系统工程， 促进我国公益广告事业的持续健康发展。年鉴立足于权威性、 准确性、 客观性， 按年度梳理和呈现 2011 至 2013 年我国公益广告的发展脉络， 总结每年的公益广告发展特征， 为党和政府、 高等院校、 科研机构、 广告公司、 企业、 社团组织及广告专业人员提供有关公益广告的历史文献资料及珍贵数据。 国家广告研究院和全国公益广告创新研究基地希望在该年鉴编写过程中得到国家工商总局的支持。

· 2013 年 5 月 28 日， 全国青少年微公益广告征集活动举办

中国教育电视台和中国教育网络电视台联合组织举办 “你的能量超乎你想象——2013 年全国青少年微公益广告作品征集活动”， 旨在甄选有创意、 传达正能量、 有利于推动社会

文明进步的公益行为，发现最美中国、最美人物、最美瞬间。活动以“中国梦”、“教育梦”、“讲文明，树新风”为主导精神，鼓励青少年学生表达对实现“中国梦”、“教育梦”的理解以及关注美、发现美、传播美。

· 2013年5月29日，“新华网公益广告创意征集活动”启动

“新华网公益广告创意征集活动”作品征集创作主题：1、社会主义核心价值观，2、社会道德行为规范，3、生态文明建设，4、与人民群众生活关联度高的交通安全、食品卫生、健康知识。本次活动面向社会征集反映现实生活，关注公共利益，关照人性，弘扬文明的电视公益广告创意及成片。经过审核的优秀公益作品，将会在新华网公益频道、新华网公益广告创意征集活动专题内展示。

· 2013年5月30日，全国平面媒体公益广告制作中心在人民日报社揭牌成立

5月30日，由中宣部、中央文明办、中央外宣办、工业和信息化部、国家工商总局、国家新闻出版广电总局六部委联合授权成立的全国平面媒体公益广告制作中心在人民日报社揭牌成立。由人民日报社主办，人民日报传媒广告有限公司、全国平面媒体公益广告制作中心承办的“讲文明 树新风”首届全国平面公益广告大赛正式启动。

全国平面媒体公益广告制作中心旨在提升平面媒体的公益广告创意设计水平，加强策划、研究、评奖，形成长效机制，为中国平面媒体公益广告提供人才储备、数据库、作品库，发布供全国各平面媒体刊用的作品通稿。首届全国平面公益广告大赛设置中国梦、生态文化、节俭节约、社会公德、诚信建设、关爱特殊群体、交通安全、文化遗产保护八大主题，面向社会公众广泛征集公益广告作品。

· 2013年5月30日，上海市“申通德高杯”公益广告创意大赛正式启动

自2011年起，上海市已经成功举办过两届“申通德高杯”公益广告大赛。过去的两届大赛，收获了不少优秀公益广告作品，更激发了不少单位和个人的积极参与，效果十分明显。为了进一步拓展公益广告作品创作渠道，引导社会力量参与公益广告创作，巩固前两届大赛的已有成果，提升大赛水平，使公益广告作品主题更加鲜明，表现手法更加生活化、大众化，不断增强公益宣传的针对性、实效性及影响力，推进公益广告事业持续深入发展，第三届上海市“申通德高杯”公益广告创意大赛正式启动。参赛作品主要围绕“讲文明树新风”主题，着重围绕培育践行社会主义核心价值观、努力追求实现中国梦、建设生态文明、规范道德行为、倡导勤俭节约等中华传统道德以及与人民群众生活关系密切的交通、食品安全等方面内容。

· 2013年6月3日，贵州举办“讲文明树新风”第五届公益广告创意大赛

为充分发挥公益广告在传播文明、引领风尚中的重要作用，推进“讲文明树新风”活

动深入开展，按照中共中央宣传部、中央文明办等部门的工作部署，认真做好贵州省公益广告作品征集与展播宣传工作，推动公益广告宣传活动深入持久开展。面向全省征集优秀公益广告作品。此次活动是为了深入宣传贯彻党的十八大精神，进一步提升“讲文明树新风”公益广告质量，不断增强公益广告宣传的针对性、时效性，扩大覆盖面、影响力。推动“讲文明树新风”公益广告宣传活动持续健康发展，进一步树立正风正气，培育良好风尚，凝聚和传递“昂扬向上、文明进步”的正能量。

· 2013年6月4日，国家工商总局复函国家广告研究院和全国公益广告创新研究基地

6月4日，国家工商总局复函国家广告研究院和全国公益广告创新研究基地，同意这两家机构编纂出版《中国公益广告年鉴（2011—2013年）》，并请这两家机构认真做好年鉴的编纂工作。

· 2013年6月7日，中央文明办“讲文明树新风”公益广告座谈会召开

6月7日，中央文明办“讲文明树新风”公益广告座谈会召开。人民日报、中央人民广播电台、中央电视台广告部负责人及各省（区、市）和新疆生产建设兵团文明办主任，省会、副省级城市文明办主任等90人参加会议。中央人民广播电台台广告部人员代表“讲文明树新风”全国广播公益广告制作中心做了典型发言。

· 2013年6月19日，四川大学公示关于2013年第一届“讲文明树新风”公益广告征集大赛评选结果

为深入学习宣传贯彻党的十八大精神，推动社会主义核心价值体系建设，培育知荣辱、讲正气、作奉献、促和谐的良好风尚，根据中央相关文件精神，四川大学党委宣传部、学工部、团委、文学与新闻学院于近期面向全校师生开展了“讲文明树新风”公益广告征集大赛。本次活动作为四川大学2013年第一届“讲文明树新风”公益广告征集大赛，得到了广大同学的热烈响应和积极参与，组织方收到了一大批优秀参赛作品。经过专家评委会对参赛作品主题、内容、意义、创意、感染力、观赏性等方面的综合评判，现已评选出活动一等奖、二等奖、三等奖若干，予以公示。

· 2013年6月22日，中央电视台公益广告《打包篇》在戛纳国际创意广告节上获得了影视类铜奖

大约1万多件作品逐鹿戛纳国际创意广告节，央视制作的公益广告《打包篇》是本届中国获得的唯一影视类大奖（含商业和公益广告）。广告片中爸爸忘记了很多事情，甚至认不出儿子。儿子带他外出吃饭，盘子剩下两个饺子，年老的爸爸竟然直接用手抓起饺子放进口袋。儿子愣住了，爸爸说：“我儿子最爱吃这个了。”《打包篇》意在用公益的力

量直抵心灵， 引发社会关注失智老人 （阿尔兹海默症患者）， 同时， 也说明父母对儿女的爱永远都是最无私的。 该片向全社会传达的信息是， 随着城市化发展的推进， 越来越多的年轻人走向大城市寻求事业的发展， 无暇照顾家中的父母。 父母为子女辛劳一辈子， 作为儿女， 能够回报父母的就是让他们享受幸福安乐的晚年。 该片为上海盛世长城广告公司制作。

· 2013 年 6 月 28 日， 第八届设计之都 （中国深圳） 公益广告大赛启动

作为联合国教科文组织创意城市网络内的 “设计之都” 成员城市之一， 深圳近年来一直致力于公益广告事业， 已连续举办七届公益广告大赛， 其中三届邀请中央电视台著名主持人白岩松作为评审团主席， 由评审团精选出来的众多优秀公益广告作品， 在国内外引起广泛关注， 大赛也取得了较高的知名度和较强的影响力。 2013 年， 以 100 万公益广告创作计划为亮点的第八届设计之都 （中国？ 深圳） 公益广告大赛活动正式启动， 承办单位深圳广电集团特出资 100 万元人民币专项资金， 用于扶持公益广告影视创作， 为本届大赛增光添彩。

· 2013 年 7 月 1 日， 广东清远启动电视公益广告征集活动

广东省清远市社会工作委员会、 中共清远市委宣传部、 清远广播电视台， 为充分发挥公益广告对社会发展的重要推动作用， 征集一批宣传党的路线方针政策和国家法治观念， 反映现实生活、 关注公共利益， 弘扬社会主义道德规范， 建设美丽清远的优秀公益广告作品， 建立 “清远电视公益广告作品库”， 规范新闻媒体公益广告刊播， 营造共建共享幸福清远的生动局面。 结合 2013 “南粤幸福活动周” 的开展， 清远市社会工作委员会、 中共清远市委宣传部、 清远广播电视台决定联合举办 2013 清远电视公益广告征集活动。 一、 活动名称 2013 清远电视公益广告征集活动； 二、 主办单位清远市社会工作委员会、 中共清远市委宣传部清远广播电视台。

· 2013 年 7 月 4 日， “2013 年度中央台公益广告宣传活动” 文案征集及作品选拔工作结束

7 月 4 日， “2013 年度中央台公益广告宣传活动” 的文案征集及作品选拔工作全部结束， 共选拔优秀作品文案约 48 件， 入围作品约 40 件， 入选作品目前已进入后期制作阶段。 “2013 年度中央台公益广告宣传活动” 文案征集工作于 2012 年 12 月 27 日正式启动， 共收到来自中央台各部门、 中国传媒大学、 广西大学、 北京联合大学、 北京工商大学等单位和个人的公益广告文案及成品约 700 件。 “2013 年度中央台公益广告宣传活动” 除选拔出中央台日常播出的公益广告作品之外， 还保障了中宣部开展的 2013 年全国 “讲文明树新风” 主题公益广告宣传的作品来源。

· 2013年7月19日，《道德模范群像篇》公益广告在中央人民广播电台各频率播出

7月19日起，《道德模范群像篇》公益广告在中央台各频率播出。根据中宣部的统一部署，中央台第四届全国道德模范候选人宣传活动已经全面展开。根据台领导的指示，近日资产管理中心广告管理处制作完成《道德模范——群像篇》公益广告1件，7月19日起在中央台各频率展播。全国道德模范评选表彰活动由中央宣传部、中央文明办、总政治部、全国总工会、共青团中央、全国妇联联合主办，自2007年首届道德模范评选活动开展以来，树立了一批来自基层、来自群众的道德模范，通过媒体对他们的感人事迹和崇高精神的广泛宣传，在全社会树立起鲜明正确的价值导向，营造知荣辱、树正气、促和谐的社会风尚，促进了社会主义核心价值体系建设。

· 2013年7月24日，国家卫生计生委官网首页发布视频短片《美丽使者彭丽媛》

7月24日，国家卫生计生委官网首页的视频短片《美丽使者彭丽媛》引发关注。卫计委宣传司相关负责人称，今后还将陆续发布一些彭丽媛的公益短片。这段近5分钟的短片展示了彭丽媛多年的公益慈善历程。她不仅担任多个社会职务，还专注于艾滋病防治和结核病防治领域的公益使命，致力于改善弱势群体处境。2006年以来，她同时担任中国预防艾滋病义务宣传员和全国结核病防治宣传形象大使，多次走到感染者和患者身边，用自己的行动，改善社会歧视。曾担任全国政协委员的彭丽媛在任期内发起了多项针对艾滋病和结核病防治的提案，包括对艾滋孤儿的心理支持，艾滋病公众宣传教育，以及对耐药结核病患者治疗立法的提案。短片中说，彭丽媛希望通过自己的社会影响力，提振全民抗击艾滋病、结核病的信心。该短片制作于2011年，当年，彭丽媛接受世界卫生组织聘请出任“抗击结核病和艾滋病亲善大使”。这部短片是在原卫生部配合下，由世卫组织为彭丽媛制作。

· 2013年7月29日，“我的美丽湖南”《潇湘晨报》/大湘网公益广告大赛颁奖仪式举行

本次大赛历时三个月，共征集作品700多幅，专家评审们共评选出63幅获奖作品，其中2013年度公益奖1名、一等奖1名、二等奖3名、三等奖18名、优秀奖40名。本次公益广告大赛吸引了许多艺术爱好者的积极参与，为公益作出自己的贡献，一同来推动“讲文明、树新风”的积极、健康价值观念的传播，构建我们最美丽的湖南。

· 2013年8月22日，安徽淮南市“移动杯”网络公益广告征集评选活动结束

为贯彻落实中央宣传部、中央文明办等七部门《关于深入开展“讲文明树新风”公益广告宣传的通知》精神，大力弘扬文明新风和社会正能量，淮南市委宣传部、市委对外宣

传办公室、市互联网宣传管理办公室于6月份开展了“移动杯”网络公益广告征集评选活动，面向全国征集作品。截止到7月底，组委会收到动画类作品和平面类作品共40余件参赛作品。经过初审、评委评审等环节，评选结果于日前揭晓。按照“主题鲜明，导向正确，基调健康，内涵深刻；创意新颖，表达严谨，清晰准确，制作精良，易认易记，感染力强，综合效果突出”的评比标准，此次活动共评出一等奖一名，作品为《文明之窗》；二等奖二名，分别为《交通安全》、《传播文明用语 打造美好淮南》；三等奖三名，分别为《文明小精灵》、《谁言寸草心 报得三春晖》、《请把盲道让出来》；鼓励奖六名。组委会将选取部分获奖作品在淮南电视台、《淮南日报》、《淮河早报》、市内新闻网站及部分商业网站中播发。

· 2013年9月8日，河北省赞皇县百幅公益广告亮相街头

9月8日，河北省赞皇县文明办协调住建局、市容环卫局及文明单位开展了“打造国庆爱国一条街门街”活动，充分利用闲置墙体和被小广告粘贴的醒目位置制作主题公益广告，向民众传达勤劳、善良、孝道、爱心等体现“赞皇精神”和各种文明理念的图片1080多幅，提升了市民素质，扮靓了县城形象。为开展该活动，县文明办制定了《赞皇县公益广告创作方案》，与县文联、党史办等部门联合发动全县广告设计公司，创作富有老区精神、突出唐相故里、千年古县特色的公益广告，使公益广告具有特色性和时代性，与全县的旅游发展相结合，融入地方特色，进一步增强公益广告的影响力。

· 2013年9月9日，北京电台多条公益广告作品荣获第五届全国广播广告创优作品奖

中国广播电视协会广告信息工作委员会一届六次会议暨中国广告协会广播分会七届六次会议于9月9日在山西省太原市召开。此次会议上揭晓了第五届全国广播广告作品创优评析评选结果，北京电台多条广告作品获奖。其中，《文明，一步之间》荣获公益类创优广告作品一等奖；《遵守交通规则－“傻人有傻福”（过马路篇）》和《勤俭节约（贯口篇）》两篇作品荣获公益类创优广告作品二等奖；《关爱父母公益广告（清楚篇）》、《2012重阳节（不要缺席篇）》、《312植树节宣传－绿色希望》三条作品荣获公益类创优广告作品三等奖。

· 2013年9月12日，《人民日报》联合中国儿童少年基金会刊登保护女童公益广告

9月12日，《人民日报》与中国儿童少年基金会联合刊登以“关爱女童安全，促进儿童保护”为主题的公益广告。中国儿童少年基金会“春蕾计划——护蕾行动”是开展防范侵害女童宣传教育培训以及为受害女童和家庭提供综合性援助服务的公益行动。此次儿基会

借助《人民日报》权威媒体平台优势，号召社会爱心企业和人士关注女童安全，保护女童健康成长。

· 2013年9月25日，首届唐山市未成年人思想道德建设公益广告征集活动启动

9月25日，由唐山市委宣传部、文明办、教育局、唐山广播电视台、唐山劳动日报社将联合举办“托起明天的太阳，同心共筑中国梦”首届唐山市未成年人思想道德建设公益广告创意征集活动，面向社会各界广泛征集公益广告创意和有关作品。通过公益广告展示当代未成年人热爱祖国、热爱家乡、积极进取、健康向上、团结友爱、文明礼貌的精神风貌，引导未成年人自觉塑造诚实守信、遵纪守法、热爱科学、乐于助人、勤俭节约的良好道德素质，遵守和践行社会公德，行文明事、做文明人等风貌。

· 2013年10月1日，中央人民广播电台制作的8件维语版本“讲文明树新风”主题公益广告刊播

10月1日，中央人民广播电台制作的《爱护绿色水源》、《城市名片》等8件维语版本“讲文明树新风”主题公益广告在中央人民广播电台维吾尔语广播和中国民族广播网刊播。

· 2013年10月8日，山东省“讲文明树新风”公益广告作品评选圆满结束

10月8日，由山东省委宣传部、山东省文明办、山东省网络办、山东省工商局、山东省广播电影电视局、山东省通信管理局、山东广播电视台、山东省广告协会联合开展的2013“讲文明树新风”公益广告作品征集及评选活动圆满结束。本次活动征集平面、影视、广播、手机信息和网络类优秀公益广告作品1182件，评选出获奖作品348件，获奖率为29%，其中金奖作品24件，银奖作品58件，铜奖作品116件，优秀奖作品150件。获奖作品将在烟台举办的山东省第十四届广告节上予以展出，并为获优秀奖以上的作者颁发获奖证书，为获铜奖以上的作者颁发奖杯。

· 2013年10月10日，首届“全国电视公益广告大赛”颁奖典礼于央视综合频道播出

由中央电视台主办的首届“全国电视公益广告大赛”颁奖典礼在10月10日20：06央视综合频道播出。典礼以“行动点亮未来”为主题，分为“行动点亮自己”、“行动点亮家庭”、“行动点亮他人”、“行动点亮社会”和“行动点亮地球”5个段落，对首届“全国电视公益广告大赛”获奖的14件作品和创作者给予了表彰。中央电视台台长胡占凡在颁发金奖时发表简短致辞，对社会各界给予本次大赛的支持表示感谢，鼓励大家积极参与公益事业，并对CCTV继续履行好媒体社会责任提出了明确要求。本次颁奖典礼以简洁明

快的形式和感人至深的内容充分展示了中央电视台公益广告的发展历程和整个大赛取得的成果，生动诠释了“中国梦”的时代主题，表达了公益广告引领社会风尚、弘扬正风正气、激扬民族精神的积极作用。

· 2013年10月15日，中央人民广播电台圆满完成中央文明办部署的“面向高等院校讲文明树新风公益广告文案有奖征集活动”

3月5日，中央文明办在教育部召开“讲文明树新风”公益广告宣传工作部署会，确定以中央人民广播电台“讲文明树新风”公益广告制作中心为依托，在吉林大学、四川大学和厦门大学三所高校，开展“高等院校讲文明树新风公益广告有奖征集活动”，以遴选优秀作品进行制作和刊播，目的是丰富作品来源和多样性，促进教学和实践的结合。3月26日，征集活动正式启动。截止到10月15日，中央台公益广告制作中心共征集到三所高校学生作品150件。经评选，15件作品入围，其中14件由厦门大学报送，1件作品由吉林大学报送。在15件入围作品中，确定8件为入选作品，7件为入围作品。

· 2013年10月18日，全国公益广告创新研究基地派员参加公益公广告发展趋势国际研讨会

10月18日，基地秘书长刘林清、副秘书长和群波参加在浙江杭州举办的公益广告发展趋势国际研讨会，并发表论文。该研讨会由国家广告研究院、全国公益广告创新研究基地、浙江传媒学院、英国格拉斯哥卡利多尼严大学，浙江相乡市委宣传部共同主办，浙江传媒学院文化创意学院承办，主题是国际视野中的公益广告发展趋势。

· 2013年10月25日，我国首个公益广告创作组织——公益广告艺术委员会在京成立

公益广告艺术委员会由中国网络电视台发起，旨在汇聚全国公益广告创作力量，创作和传播优秀公益广告作品，并在其过程中提供理论支持和行业指导。10月25日，公益广告艺术委员会完成首批委员聘任，以后将分批聘请具有社会影响力的艺术家、民间艺人、广告专家学者、导演、文学家、评论家、书法家、作曲家等入会，共同参与精品公益广告策划和创作。还将在全国100个城市建设全国联网的“讲文明树新风”公益广告发布平台，将公益广告创作与传播精品化、系统化、组织化、常态化。

· 2013年10月25日，“国酒茅台”中国公益广告黄河奖颁奖典礼在南京国际博览中心金陵会议中心举行

由中国广告协会和贵州省工商行政管理局主办、中广协广告信息文化传播有限责任公司和贵州省工商行政管理局消费指导咨询服务中心承办的“国酒茅台”中国公益广告黄河奖颁

奖典礼在南京国际博览中心金陵会议中心举行，这是第二十届中国国际广告节的首个颁奖活动，也意味着第二十届中国国际广告节正式拉开了帷幕。此次活动的主题以“梦”作为主旋律，并分为六个不同的篇章，分别是环保梦、求知梦、发展梦、关怀梦、中国梦和圆小梦、筑大梦。典礼中共颁发了六个金奖、十一个银奖、十九个铜奖。“国酒茅台”中国公益广告黄河奖本年度创作主题为“勤俭兴邦”，于2013年4月初开始作品征集工作，截止到2013年7月15日，共收到来自海内外的作品2570件。今年共邀请到12位评委，评审工作于8月18日开始初评，9月13日终评结束，共评选出优秀奖及以上作品360件。

· 2013年11月12日，浙江省嘉兴市启动“圆我中国梦、传播正能量”公益广告微系列活动

11月12日，嘉兴市启动“讲文明、树新风”公益广告集中宣传月活动。此次活动由嘉兴市委宣传部、市文明办、嘉报集团、嘉广集团联合举办。活动采用传统媒体和新兴媒体全面结合，读者、网友及市民共同参与的方式进行。《嘉兴日报》、《南湖晚报》于11月12日至15日连续以4个整版的方式，对“讲文明、树新风”公益广告之中国梦、爱党爱国、传统美德、道德模范等进行深入浅出的宣传报道，以微解读、微点评和微访谈三位一体的方式展现公益广告的独特魅力，营造全社会“讲文明、树新风”的浓厚氛围。嘉兴电视台、嘉兴电台将跟踪报道活动进展情况，以视频、音频相结合的方式展现此次集中宣传月各项活动的内容。

· 2013年11月29日，公益广告创新与长效机制研讨会在成都召开

11月29日，由中国网络视听协会主办，中国网络电视台承办的2013公益广告创新与长效机制研讨会在成都召开。中央文明办、国家新闻出版广电总局等相关部委领导、公益广告艺术委员会成员、广告行业专家、公益广告制作机构及专业院校领导等嘉宾共同坍探讨了公益广告事业的未来发展。国家新闻出版广电总局副局长田进在致词。中央文明办二局副局长赵树杰、中国名博沙龙主席、文化学者一清、北京联合大学文化创意创新研究中心主任、教授孔昭林、中国网络电视台公益广告中心副总监史军胜等参加本次研讨会并发言。

· 2013年12月3日，江苏盐城首届公益广告大赛全部奖项出炉

12月3日，盐城首届公益广告大赛颁奖特别节目在盐城广播电视台400平米演播大厅举行。本次公益广告大赛自5月11日启动以来，吸引了众多的媒体、广告公司和个人积极参与。颁奖现场宣布了平面、影视、广播和短信四类公益广告作品金、银、铜奖获奖作品，共计33件。本次公益广告大赛虽然是首届，但是参赛人员的高积极性，比赛作品的高质量、大赛效果的高影响都远远超过了预期。

· 2013 年 12 月 14 日，石家庄市制定出台“讲文明树新风”公益广告宣传管理办法

为了把“讲文明树新风”公益广告宣传工作工作不断推向深入，进一步规范化、制度化和科学化，石家庄市制定出台了《“讲文明树新风”公益广告宣传管理办法》。石家庄市在深入基层、调查研究的基础上，根据《中华人民共和国广告法》、《河北省公路路政管理规定》、《石家庄市户外广告设置管理办法》等法律、法规和《全国城市文明程度指数测评体系》有关要求，起草了《“讲文明树新风”公益广告宣传管理办法》。《办法》规定：石家庄市公益广告的内容主要包括社会主义核心价值观、围绕中心和服务大局、城市形象类、生态文明等四大类。报纸、广播、电视、互联网、手机、公交车、出租车、机场、火车站、汽车站、LED 显示屏、公园广场等都必须严格按照中央、省、市文明办“讲文明树新风”公益广告规定，规范发布和运行。特别要求城市建筑工地封闭围挡刊载“讲文明树新风”公益广告的内容占封闭围挡墙体面积的比例不少于 70%，有力地推动了全市的公益广告宣传工作。

· 2013 年 12 月 16 日，四川省雅安市广播电视台开始全面更新灾后重建公益广告

为及时落实雅安市委宣传部“关于规范灾后重建激励性标语和公益广告内容的通知”精神，营造更加浓厚和良好的灾后重建氛围，12 月 16 日，雅安市广播电视台台长黄昆主持召开专题策划会，认真研究落实相关标语和公益广告的创意、制作、播出等工作，并于当天晚上全面更新灾后重建激励性标语和公益广告。目前，雅安人民广播电台、雅安电视台新闻综合频道、公共频道、经视频道以及户外三个 LED 大屏同时滚动播出规范后的 10 多条激励性标语和公益广告，每天滚动播出总计 300 多条次。

· 2013 年 12 月 17 日，第八届设计之都公益广告大赛在深圳颁奖

“第八届设计之都（中国·深圳）公益广告大赛”颁奖仪式于 12 月 17 日在深圳市民中心举行，大赛作品展也于当天向市民开放。截至 2013 年 11 月 15 日，大赛共征集到平面作品 15360 件，影视、广播作品 1231 件，总计 16591 件，征集作品数量再创新高。本届大赛作品来自本全国 23 个省市、自治区和直辖市，以及港澳台等地区，大赛还收到来自美国、加拿大、英国等外国参赛作品。届大赛作品选题丰富、内容新颖、表现手法多样，作品关注了“中国梦”、“廉政建设”、“光盘行动”、“网络时代的忧虑”、“文明旅游”、“卫生健康”、“社会公德”、“公共安全”、“诚信守法”、“关爱弱势群体”等热点题材，体现出了思想性、艺术性和观赏性的有机结合，对促进社会和谐，激发文化认同，提升城市文化软实力等方面都具有重要的推动作用。

· 2013 年 12 月 20 日，中央电视台继续创作春节系列公益广告

12 月 20 日，中央电视台继续创作春节系列公益广告。经过广泛的征集和反复的筛选，从 100 多个创意方案中精心选择出 3 个方案投入拍摄，其中两支将花 2014 年春晚中插播，向全国人民传递公益的力量。广告经营管理中心协调春晚公益广告拍摄制作工作，对三支入选公益的创意脚本、场景、广告员、服装、音乐、制作进程进行审定。这三支公益广告的创意脚本有对平凡个体奋斗精神的颂扬，有力图贴合全球华人心灵诉求，还有通望平凡但具有文象征意义的物品表达民族文化传承。摄制人员于 21 日起分赴北京、上海、广州、香港、成都、漠河等地拍摄。

· 2013 年 12 月 30 日，中央人民广播电台公益广告宣传活动文集有奖征集工作启动

中央人民广播电台 2014 年度公益广告宣传文集征集工作即日启动，向中央人民广播电台和全国高校征集优秀公益广告文集和创意。征集主题围绕社会主义核心价值观、中华民族传统文化与美德、公民道德素质、生态文明及民生建议等方面，发挥公益广告在弘扬主旋律，传插正能量方面的作用。要求所有应征作品为原创，作品导向正确，聚望主题，以正面宣传为主；充分运用广播三元素，创新独特，是献创意的手法新颖，字数达 300 字以内。征集的时间是 2013 年 12 月 30 日至 2014 年 3 月 14 日。

贰 单位篇

（一）中央电视台：公益广告的现在与未来

我国最早的电视公益广告可以追溯到 1986 年，到现在已经走过将近三十年的发展历程。1987 年 10 月 26 日，中央电视台开播《广而告之》栏目，这是中国公益广告史上第一个电视公益广告栏目，具有里程碑式的意义。从此，公益广告走进了国人的视线，日益受到公众关注，成为我国广告行业与公共事业中不可或缺的一部分。

长期以来，中央电视台将社会效益放在第一位，大量投入人力、物力、财力进行公益广告的创作和播出，打造优秀公益广告的最佳传播平台。如今，中央电视台在公益广告方面已经成为中国公益广告的主力军。2001 年的《爱心传递—洗脚篇》受到中央领导同志和社会各界的充分肯定。“下岗再就业”、“知识改变命运”、“迎奥运讲文明树新风”等一系列优秀公益广告，引导了社会风尚，提升了民族精神。此外，在与中纪委、中宣部等领导单位共同发起的“扬正气，促和谐”公益广告活动中，中央电视台制作播出的《姚明篇》、《体操队篇》，获得中央领导与社会各界的一致好评。其中，《姚明篇》与公益广告《世界无烟日》在 2012 年 4 月 7 日湖北武汉举办的“第 22 届星光奖”颁奖典礼上，荣获电视公益广告“提名荣誉奖”。这里值得一提的是，我台新闻中心“纪实类公益广告”栏目以“真诚 – 沟通”作为总的公益主题，在《东方时空》栏目中循环播出，自 2002 年 4 月创办以来，累计已制作播出一百多条公益宣传片。“真诚 – 沟通”作为央视最短的固定栏目，沟通强调个案选择的普遍社会意义，追求主题的典型性和社会的共鸣性。其中，《关注孩子，不要关住孩子》、《为地球做一次减法》、《用爱互助，用爱相处》、《开往春天的校车》等等，社会反响热烈，获得了广大观众的认可与关注。2011 年，中央电视台制作播出了 300 余支公益广告作品；播出次数超过 26722 次，总播出时长近 200 小时，约71万余秒，免费播出的总时段价值超过15亿元。

2011年12月22日，“汇聚力量 传播文明”——中央电视台2012公益广告项目启动仪式在京举行。中央文明办、国家广电总局、国家工商总局、中国广告协会等国家部委有关负责人，以及广告业界专家、广告制作公司代表200余人参加，拉开了中央电视台2012年公益广告工作的序幕。

中央电视台广告经营管理中心把公益广告项目建设作为全年重要的工作任务，并将2012年定为“公益广告年”。明确公益广告创作与播出将在“汇聚力量，传播文明”的理念下，积极创作主题多样、形态各异、直抵人心的公益广告作品。具体在以下几个方面开展和推进公益广告工作：

第一，成立“公益广告专项工作组”以及公益广告科。其中，在我台广告经营管理中心设立“公益广告专项工作组”，下设创作小组、播出小组、宣传小组，各司其职，将公益广告效果最大化。同时，成立了公益广告科，对全台公益广告进行整体策划与规划；对全台播出的公益广告进行统计与数据分析，逐步建立公益广告监播与评价机制，提高公益广告整体质量；利用台内重点节目、各省、市宣传部门、国内外大型企业、重点行业、国家各职能部门等多种资源，发动社会优秀创意人才策划、组织、制作公益广告作品；广泛邀请台内外、业内外专业人士，定期召开公益广告选题策划会。策划、组织、实施大型公益广告相关活动，使公益广告播出与公益广告活动相辅相成、相得益彰。

第二，推出100支以上的电视公益广告。2012年，中央电视台推出6个大的主题方向，每次围绕一个大的主题组织制作公司进行创作，进而系列化，研发精品。2012年的公益广告主题围绕“爱国、创新、理想、奉献”等关键词，涉及诚信、传承文明、节约能源、保护环境、共建和谐社会、倡导健康生活、关爱弱势群体、倡导文明出行等社会风尚。其中，2013年创作的“学雷锋”主题系列3月份陆续在中央电视台播出，从而激发人们弘扬雷锋精神、践行社会主义核心价值体系的自觉性，使学习雷锋精神成为新的时代风尚。

第三，组织优秀播音员主持人以及50位以上各界名人参与拍摄公益广告。近年来，中央电视台多位播音员、主持人像李瑞英、张斌、朱军、崔永元、周涛、欧阳夏丹、鲁健等等，都持续支持公益广告与公益事业，尤其是2008年的“迎奥运、讲文明、树新风”系列公益广告的《主持人篇》，更是引起社会各界的广泛好评。目前，我们正在组织制作公司围绕“李瑞英关爱聋哑学生”、“康辉作为中华骨髓库爱心大使”、“郎永淳长期赞助特教学校”、“鲁健倡导成立众基金和春暖基金”、“王凯、马洪涛的‘爱心衣橱’”、“欧阳夏丹为盲人讲电影”等我台主持人关注弱势群体，热心公益事业的典型事例创作公益广告。以期通过组织这些优秀的播音员、主持人拍摄公益广告，为促进良好社会风尚，起到示范带头作用。

文体明星和社会名人也有很高的关注度和很强的号召力，他们参与的公益广告往往能取得良好的社会效果。近年来，刘欢、那英代言激励“下岗再就业”的《从头再来》；韩红在抗击非典期间拍摄的《生命不言败》；濮存昕的《相信篇》阐释的“公益广告也是一盏灯”；姚明的《扬正气促和谐》等等，这些公益广告“入心、入脑、入耳”，以强大的感染力传递勇气、责任和信心，唤起了广大电视观众的爱心。2012年，央视将联手50位以上的各界名人拍摄制作公益广告，这些名人不仅包括明星，也包括各行各业有影响力、感召力的知名人士。目前，我们正在组织制作公司围绕谭晶、陈红等公益明星创作公益广告。

第四，安排更多的时间播出公益广告，并力争在多个频道安排固定时段播出。国家广电总局61号令规定，电视台每套节目每天播出的公益广告时长，不得少于商业广告的3%，中央电视台一直严格执行。不仅如此，中央电视台2012年推动安排更多的时间来播出公益广告，并力争在多个频道安排固定时段播出公益广告，持续、稳定地开展公益宣传，传播文明、传递爱心，积累品牌效应。

第五，面向全社会广泛征集公益广告主题、创意及成片。为了产生一批有影响力的公益广告，中央电视台于2011年6月起面向全社会征集公益广告主题、创意和成片，吸引了社会各界的踊跃参与。感动了无数观众的《爱的表达式》，就是在征集民间作者的创意后，再由专业公司制作而成的。2012年，中央电视台征集公益广告的力度更大、范围更广，策划发起相应的地面推广活动，并进行年终评选。有情怀、有深度、有感召力、凸显社会主流价值观的公益广告都会进入中央电视台的视野，从而形成创意主题的稳定来源。

2012年，中央电视台设专人负责每周监测并搜集社会热点新闻事件，建立一个收集创意的平台，及时组织小组讨论利用这些热点进行主题创意的可行性。

第六，拨出专项资金投入公益广告创作和研究。2012年，中央电视台拨出专项资金，用于公益广告的创意和制作，并委托北京大学对公益广告的运行机制进行研究。同时，建立一个具有国际视野的评审小组，以创意、拍摄、制作等指标制定评估标准，对公益广告样片进行预审，从而保证制作水准。在与制作公司合作的过程中，确定3－5家制作水准精良的公司，形成相对固定的常态合作，调动制作公司的积极性，并由制作公司成立专项制作小组，拿出更多的精力和时间进行公益广告创作。

第七，呼吁并推动成立国家级的公益广告奖项。为了支持和激励更多的机构和个人投身公益广告，也为了提高公益广告作品的感染力、号召力、影响力，中央电视台将呼吁并推动设立中国国家级的公益广告奖项，表彰优秀的公益广告作品、个人和机构，推动公益广告的长期持续发展。

广告有导向，也有政治，公益广告更是具有导向性和社会性，是社会文明的旗帜，是国家理想的标杆，引导社会风尚，营造文明氛围，宣扬新风正气，提升民族精神，鼓舞人民斗志，弘扬社会主义核心价值。中央电视台作为国家电视台，有责任、有义务、有决心推动公益广告事业的大发展、大繁荣。

这些年来，虽然我国的电视公益广告已经取得了长足进步，但是在制作、创意和影响力方面，仍然与世界水平有很大差距。未来，中央电视台的公益广告工作可以归纳为“六个一工程”，即：

一个广泛传播引人共鸣的主题，从而产生公益广告精品；

一场贯穿全年的公益广告征集活动，从而挖掘社会大众中的创意闪光点；

一个全社会关注的媒体事件，从而整合资源，提升社会影响力；

一个展播的窗口，成立公益广告媒体联盟，将公益广告传播效果最大化；

一百支优秀公益广告，使中央电视台成为树立社会主流价值观，引导正确舆论导向的“风向标”；

一台颁奖盛典，对精品公益广告进行重奖，激发社会力量的广泛参与，提高总体创作水平，评选中央电视台年度公益广告奖。

中央电视台希望与业界同仁一起，整合更多资源，投入更大力量，关注社会热点，倾听百姓心声，深度挖掘社会现象，使公益广告作品既有普适性又有针对性，既有感召力和关注度，又有情怀和深度，充分体现电视媒体的引导力、影响力、公信力、传播力和专业性，从而提升国民素质，营造良好和谐的社会氛围与环境。

（中央电视台　冯依民）

（二）人民日报：公益广告汇聚党报责任

公益广告宣传是党和政府一项长期重视的社会公益宣传工作。公益广告表现了我国的政治形态和公民意识，是精神文明建设的组成部分。在社会生活中，公益广告弘扬良好的道德风尚，是党和国家提高人们文明生活的重要宣传手段。

公益广告宣传是媒体的重要社会责任。作为党报，人民日报承担起这一公益事业，弘扬中华民族真、善、美的传统美德责无旁贷。一直以来，人民日报都坚持贯彻国家政策、积极引导公益宣传，充分的发挥舆论引导作用，彰显着主流媒体的社会责任。

引领示范 发挥全国媒体的旗帜作用

"讲文明 树新风"公益广告是传播先进文化、引领文明风尚的重要载体。为充分运用这一生动形式，深入学习贯彻党的十八大精神，推进社会主义核心价值体系建设，培育知荣辱、讲正气、作奉献、促和谐的良好风尚，经中央领导批准，中宣部、中央文明办、中央外宣办、工业和信息化部、国家工商总局、国家新闻出版广电总局在全国深入开展"讲文明 树新风"公益广告宣传。作为全国媒体的旗舰，人民日报责无旁贷地承担了公益广告宣传的重要任务，发挥在全国媒体中的引领和示范作用，推出了一批制作精美、寓意深刻、发人深省的公益广告作品，受到了上级领导和社会的高度关注，刘云山、刘奇葆同志在人民日报公益广告版面上多次作出重要批示，提出"媒体公益广告成为一大亮点，要坚持抓下去，对形成良好的社会文化氛围有好处"，要求"坚持抓，不断上水平"。

为了提高专业化水平、有效整合各界资源，2013 年 5 月，在中宣部等六部委联合指导下，全国平面媒体公益广告制作中心在人民日报社揭牌成立。作为全国唯一一家平面媒体公益广告制作平台，中心立足国家战略高度，强化民间贴近性，提升公益广告创意策划的吸引力、感染力；按照中宣部、中央文明办的指示，制作发布平面媒体公益广告通稿；建设平面媒体公益广告优秀作品库，加强重大选题统一策划和组织宣传，打造全国平面媒体公益广告资源共创共享平台；加强创意策划、设计制作等人才培养和队伍建设，为中国平面媒体公益广告发展提供人才储备。

中心一经成立，即充分利用平台优势，在“讲文明 树新风”公益广告活动中发挥重要作用。先后推出了一批具有广泛影响力和号召力的公益广告作品，广泛涉及道德精神、美丽中国、节能减排、中国梦等多个主题，受到中央及社会广泛好评。由人民日报社主办、全国平面媒体公益广告制作中心承办的“讲文明 树新风”2013首届全国平面公益广告大赛历时半年，征集各类稿件7000余幅，掀起了一股公益广告创作与传播的热潮，体现出当前中国人关注公益、热心公益、参与公益的高度热情。

创新求变 融入公益理念新元素

人民日报借助公益广告引导正确价值取向，走在了中央级党报的前列，为各级党报树立了良好的模范带头作用。人民日报还在广告经营中不断创新，积极将公益理念融入到广告活动过程中。2013年9月，人民日报社、中国儿童少年基金会成立中国少儿文化战略发展专项基金，以德育活动、艺术熏陶、国学教育、公益广告等形式开展少儿系列公益文化活动。公益广告作为其中单元发挥着重要作用，公益广告制作中心围绕当前儿童少年群体的重点热点问题，推出了“德智体美劳”等少儿系列公益广告作品，设计新颖、表现生动、富有浓厚人文关怀。刊登之后引起很强的社会反响，有效起到弘扬社会大爱、关注弱势群体的积极作用，发挥主流媒体的社会担当。

人民日报将弘扬中国优秀文化、传播社会公益理念的重要责任，贯穿于广告经营活动中，积极引导企业参与公益广告，探索公益广告的可持续发展之路。阳光凯迪是一家着力研发生物质能源创新技术的新能源企业，全国平面媒体公益广告制作中心围绕“能源安全”、“绿色环保”、“生态文化”等主题，借助连环画、手绘等创新形式，为阳光凯迪制作了系列公益广告。系列公益广告赢得了良好的社会和经济“双效应”，不仅提升了社会公众的环保理念，而且还取得良好的企业品牌效应，强化了企业社会形象。

权威引领 提升公益广告的创新水平

新时期，我国迎来了全面深化改革的重要发展机遇。人民日报公益广告将结合当下社会热点话题，满足国家和社会公益需求，引领良好社会价值观念，继续彰显权威党报的责任与使命。人民日报将不断提升公益广告的创新水平，丰富公益广告宣传主题和表现形式，积极探索新媒体结合形态，加大鼓励企业参与力度，进一步为中国加快和谐社会建设步伐营造良好社会氛围。

新时期，新挑战，新机遇。人民日报将抓住机遇，应对挑战，继续秉承大报理念，彰显大报风范，担当大报责任，助推中国公益广告实现大跨越，公益事业实现大发展，国民素质、社会风貌、民族精神实现大提升。人民日报将继续以公益广告作为有效载体，权威引领良好社会风尚、不断为提升公民道德素养、建设美丽中国做出应有的贡献。

（人民日报传媒广告有限公司）

（三）中央人民广播电台：公益广告宣传活动纪实

（一）2011年：打造“中央台年度公益广告宣传活动”品牌，树立国家电台良好社会形象

中央台十分重视公益广告对弘扬社会正气、引导社会价值观念的意义和作用。“中央台年度公益广告宣传活动”作为中央台宣传工作的重要组成部分，经过2009年以来的运作，已经成为一个品牌，在公益广告优秀作品的征集、制作、播出方面取得的独特经验引起了媒体同行的普遍关注。

1. “中央台年度公益广告宣传活动”蓬勃开展

中央台2011年度公益广告宣传根据台领导部署，由广告部统筹组织，央广传媒发展总公司后期制作，文案创作采取台内征集与台外四所高校合作相结合。为拓宽公益广告创作素材，提高作品质量，中央台面向社会（重点是高校），广泛征集广告创意文案。在2011年的征集活动中，中央台征集到来自台内各部门、央广传媒发展总公司、中国传媒大学、广西大学、北京联合大学、蚌埠学院、防灾科技学院、河北辛集市文化馆等单位报送的公益广告文案及成品约750件，创我台公益广告文案征集数量新高。

2011年中央台制作播出了一批优秀的公益广告。公益广告作品涵盖国家形象、关注留守子女、关注农民工子女、学生减负、防灾自救、保护文物、倡导垃圾分类、预防艾滋病、关注心理健康等多种主题，根据宣传重点，自2011年6月开始，该系列公益广告陆续制作完成并在各广播频率播出，取得了良好的社会反响和上级部门的高度评价。

2. 圆满完成中央文明办布署的“讲文明树新风”主题公益广告制播工作

2011年“讲文明树新风”主题公益广告制作展播活动是中央台配合建党90周年等重大宣传活动的组成部分。中央台广告部负责作品征集、制作和安排展播工作，共制作完成了13件经中央文明办审定的公益广告作品，宣传主题包括“中国国家形象”、“建党90周年纪念”、“争做文明公民”、“学习宣传道德模范”、“开展志愿服务活动”、“倡导交通文明”、“促进社会和谐”等主题。这些作品以弘扬社会主义核心价值体系为根本，展示我国人民昂扬向上、文明进步的精神风貌，营造文明和谐的社会氛围。截止到2011年8月4日，中央台2011年度公益广告宣传活动所有公益广告作品制作完成，并在中央台各频率播出。

2011年度，中央台各频率共播出“中央台2011年度公益广告”、“关爱农民工子女志愿服务”、“中华女性慈善典范”、“扶贫基金会爱心包裹”、“讲文明树新风”、“全国道德模范”等主题公益广告21979条次，时长约366小时。中央台公益广告规模化的播出产生了良好的社会效益，同时，大大提高了中央台的品牌价值，塑造中央台良好的社会形象。

3. 公益广告评奖方面成果丰硕

中央台积极参加上级主管部门组织的各种主题公益广告评比活动，推动广告创意制作水平提高。2011年，组织向中央台学会报送26件公益广告作品参选“中央台2010年度优秀作品评选”，15件作品分获台优秀节目（广告.包装类）一、二、三等奖；组织全台参加中国广播电视协会主办的第三届全国广播创优评析活动，我台共有9件作品分获一、二、三等奖及制作奖；组织报送“第十八届中国国际广告节公益广告黄河奖”，我台11件作品分获铜奖和入围奖。

作为国家电台，中央台长期致力于公益广告的制作播出，投入大量资源创作播出公益广告，并建立起一套相对完善的公益广告运作机制，以实际行动履行媒体社会责任，扩大公益广告的社会影响力，服务社会主义精神文明建设。2011年中央台广告部与全国公益广告创新研究基地签署了战略合作框架协议。旨在发挥各自优势资源，共同推动中国公益广告事业的蓬勃发展，并助力中央人民广播电台成为中国广播第一公益媒体。

（二）2012年：公益广告宣传突出年度重点制作、播出工作持续创新

公益广告对弘扬社会主义核心价值体系，展示我国人民群众昂扬向上、文明进步道德的风貌意义重大。创作播放公益广告作为树立国家电台良好社会形象的手段。2012年是中央台开展年度公益广告宣传活动的第四个年头，“讲文明树新风”主题公益广告是本年度最为突出的主题。中央台2012年度公益广告征集共到公益广告文案970件，征集稿件再创新高；制作播出主题公益广告104件，是历史上公益广告制作数量最多的一次，首次尝试制作少数民族语言优秀广播公益广告。2012年度，中央台首次建立了全台公益广告播出月报

制度。公益广告播出月报制作的建立，既方便了各级领导及时掌握全台公益广告播出情况，又能保障中央台公益广告的播出总量及时段调控；播出月报制度的建立，为探索公益广告宣传长效机制又迈出了关键一步。

1. “讲文明树新风”公益广告成绩突出

2012年，公益广告作为迎接十八大的一种重要宣传方式，特别受到中宣部、广电总局和工商总局等上级主管部门的重视。3月中旬开始，中宣部召集人民日报、光明日报、经济日报、中央人民广播电台和中央电视台五家中央媒体举行了六次协调会，部署“讲文明树新风”主题公益广告宣传实施方案，研究各主流媒体的公益广告宣传工作。“讲文明树新风”主题公益广告制作展播活动是中央台配合迎接党的十八大宣传报道工作的重要组成部分，同时我们制作的“讲文明树新风”主题公益广告以统一的标版陆续在全国省级电台和100多个国家级文明城市的电台进行了展播。中央台高质量地完成“迎十八大、讲文明树新风”主题公益广告制作展播活动，受到中宣部中央文明办的书面表扬。

2. 2012年度公益广告宣传工作精彩纷呈

（1）各类公益广告主题突出，内容丰富、创意新颖、制作精良

除“迎十八大、讲文明树新风”主题公益广告外，中央台还出色完成中纪委组织的“倡廉洁，树清风”公益广告展播活动，中宣部等五部委学雷锋、讲文明树新风、志愿服务主题公益广告定制作品，水利部定制水利建设主题公益广告，中国妇女基金会母亲邮包公益广告，中宣部新闻局“交通安全”主题公益广告，以及中央台2012年度常规主题公益广告作品，作品共计40余件。

各类主题公益广告——国家形象、弘扬传统文化、孝老爱亲、交通安全、见义勇为、节能环保、心理健康等——积极传播正能量；艺术形式呈现多元化——对播、相声、快板、说唱等体现出广播特色；声音多样、演播生动、音效丰富、音乐感染力强，极富时代气息。2012年度公益广告作品制作精良，例如《爱国主义公益广告之升国旗篇》运用国旗班升旗的特殊音效和庄严的国歌声，表现了升国旗的动人场景，激发人们强烈的爱国情怀；《公民道德建设之见义勇为篇》通过生动的演播，贴切的音效，营造出媲美艺术大片的故事场景，将见义勇为的社会公德通过幽默诙谐的方式演绎出来，让人听后会心微笑并产生情感的认同。

（2）2012年首次尝试制作少数民族语言优秀广播公益广告。

民族语言广播是我台宣传工作的重要组成部分，为了更好地传播中央声音、传承民族文化，中央台2012年制作完成了蒙语、藏语、维吾尔语、哈萨克语、朝鲜语5个语言版本共60件“迎十八大、讲文明树新风”主题公益广告，并在我台各少数民族语言频率进行展播。这批民族语言版本公益广告作品倡导自强、厚德、崇俭、尚义、守信、明礼、报国、尽孝等道德理念，思想性、艺术性兼具，富有时代精神。该系列作品原汁原味地展现了普通话版本的艺术风格和主题诉求，体现出较高的制作水平，是中央台首次尝试使用少数民族语言制作、播出公益广告。

（3） 建立中央台公益广告播出统计月报制度

为完善公益广告运作机制， 将中央台公益广告宣传落到实处， 2012 年中央台首次建立了公益广告播出统计月报制度， 各频率指派专人， 每月 5 日将上月公益广告播出情况纸面版和电子版报广告部， 监听小组根据频率提供的播出时间段进行监听， 广告部汇总分析后以月报的形式上报台领导。 公益广告月报制作的建立， 既方便了各级领导及时掌握全台公益广告播出情况， 又能保障中央台公益广告的播出总量及时段调控。

中央台各频率共播出 “2012 年度公益广告”、 “学雷锋”、 “志愿服务”、 “讲文明树新风” 公益广告、 “倡廉洁， 树清风”、 “公益报时” 等各类主题公益广告约 73000 条/次， 总时长约 57000 分钟。

3. 中央台公益广告再获殊荣

2012 年， 中央台广告部积极组织参加广告评奖活动。 上半年， 组织报送 18 件公益广告作品参选 “中央台 2011 年度优秀作品评选”， 9 件作品分获台优秀节目 （广告 · 包装类） 一、 二、 三等奖； 组织全台参加 “第四届全国广播创优评析活动”， 中央台共选送公益类、 商业类及形象类作品 26 件， 共有 18 作品分获各类一、 二、 三等奖及单项奖； 中央台在所有参赛电台中成绩斐然， 获得奖项创质量和数量之最。 评委会认为： 中央台作品质量很高， 其中 “国家形象” 公益广告和 “中国之声频率宣传” 广告有品位、 有文化， 让人耳目一新。

2012 年度， 中央台公益广告宣传内容丰富、 主题突出、 特色鲜明、 创意制作精良， 传播覆盖范围广泛， 受到听众的普遍好评。 中央台公益广告的规模化、 制度化播出， 提升了中央台的社会公信力， 巩固了社会公众对中央台的忠诚度， 同时， 为营造良好的舆论氛围， 促进社会正风正气形成起到了积极作用。

（三） 2013 年： 建立长效机制充分发挥广播特色努力做最好的广播公益广告

中央台公益广告宣传活动经过 5 年多的运作， 在产生广泛社会影响， 并形成了一套行之有效的管理模式， 并逐步建立起了公益广告宣传长效机制： 通过设立公益广告专项基金， 为公益广告宣传活动提供资金保障； 通过广泛征集、 严格遴选、 深入修改、 精心制作， 全流程管理保证了公益广告作品的高质量； 通过播出月报制度， 使公益广告播出更加规范、 有序。 中央台公益广告制播长效机制的逐步确立， 让 2013 年度公益广告宣传活动成果更加丰硕。 年初， 中宣部、 中央文明办等七部门确定在中央台成立公益广告制作中心 （全国广播类公益广告中心）， 《中国广播网》 建立 “广播公益广告作品库”， 供全国各级广播媒体免费下载和刊播； 第二十届中国国际广告节是中国公益广告 “黄河奖” 是中国广告协会主办的国家级公益性活动， 10 月 25 日特将 “中国公益广告突出贡献奖” 授予中央人民广播电台， 以表彰中央台在 “讲文明 树新风” 公益广告制作传播中发挥的重要核心作用。 10 月 27 日， 中央台创作的公益广告 《中国传统节日 – 节气》， 由于出色地运用了中国元素， 表达了对中国文化的思考， 荣获第二十届中国国际广告节中国元素国际创意大赛广播类铜奖。

1. 设立公益广告专项基金，为公益广告制作刊播提供保障

中央电台十分重视公益广告宣传工作，早在2009年就设立了公益广告专项基金。从今年开始，又加大了对“讲文明树新风”公益广告制作的资金投入和播出资源调配，“年度公益广告专项基金”的设立，将公益广告专项资金纳入年度预算，专项经费的逐年增加表明中央台“讲文明树新风”公益广告宣传活动的高度重视，同时也对为我台开展大规模、可持续的公益广告作品征集、创作、制作提供了坚实的资金保障。

2. 定期开展有奖征集活动，为公益广告制播活动提供优质的作品来源和保障

去年12月27日，我们启动了“中央台2013年度优秀公益广告文案有奖征集活动”，在中国传媒大学、北京工商大学等4所高等院校征集到作品文案700件；3月26日，根据中央文明办、教育部联合组织的“全国高校‘讲文明树新风’公益广告征集评选活动”的要求，中央台在吉林大学、四川大学和厦门大学三所高校由启动了“讲文明树新风”公益广告文案有奖征集活动。公益广告制作中心按照已经建立的电台与高校的联络机制，保持密切沟通和联动，截止目前收到三所高校作品投稿144件，成品11件，我们正根据《工作方案》的要求，遴选符合主题和具备刊播要求的优秀作品进行制作播出。

3. 完善管理措施、规范运作公益广告流程管理，全面保障公益广告宣传工作的及时、到位

为进一步完善公益广告长效运作机制，将全台公益广告宣传落到实处，中央台广告部于2012年2月建立了《中央台公益广告播出统计月报制度》。此外，中央台里还将公益广告作品门类纳入“中央台年度优秀节目评选活动”，给予重奖。中央台把公益广告的经费确定、主题选择、作品来源、制创作、监督播出到作品奖励，全过程纳入了中央台品牌建设和广告管理流程。在公益广告宣传管理上，中央台广告部利用“项目管理”方法，建立专项项目小组，每一环节每一进程都有专人落实工作任务，并彼此形成有机联动，使得公益广告播出数量和质量控制都有坚实的保障。

4. 中央台“讲文明树新风”公益广告成果丰硕

根据中央文明办的统一部署，中央台“讲文明树新风”公益广告宣传活动自2012年12月23日正式启动，成立了中央台“讲文明树新风”公益广告工作小组，由副台长王晓晖任组长，并建立常态联系制度。1月31日，中央台按照七部门《关于深入开展“讲文明树新风”公益广告宣传的意见》和中宣部视讯会议的部署，成立“中央台讲文明树新风”公益广告制作中心，在台公益广告工作小组的直接领导下开展工作，确定由中央台广告部负责统筹全台“讲文明树新风”公益广告宣传活动。

3月5日，中央文明办在教育部召开“讲文明树新风”公益广告宣传工作部署会，确定了以中央台“讲文明树新风”公益广告制作中心为依托，在吉林大学、四川大学和厦门大学三所高校，开展“高等院校讲文明树新风公益广告有奖征集活动”，目的是丰富作品来源和多样性、促进教学和实践的结合。截止到10月8日，共征集到三所高校学生作品

150 件，其中，15 件入围，确定其中 8 件为入选作品。中央台对入选作品进行修改、制作，并将推荐其中的优秀作品参加中央文明办和教育部组织的“讲文明树新风”公益广告征集评选活动及全国优秀公益广告作品政府奖的评选。

自 2012 年 12 月 20 日以来，中央人民广播电台发挥广播特色，持续创作和播出了大量主题鲜明、艺术形式多样，群众喜闻乐见的新作品，目前已制作完成六批共 26 件“讲文明树新风”主题公益广告作品，内容涵盖《民族复兴中国梦》、《勤俭节约》、《诚实守信》等各个方面。这些公益广告作品紧紧围绕社会主义核心价值观，充分运用广播三要素，演播生动，音乐感染力强，音效得当，运用了相声、快板、说唱、小型广播剧等多元化形式，充分发挥了广播特点。学者和业界专家也给予很高评价，认为中央台的公益广告主题鲜明、导向正确、贴近群众、贴近生活，富有强烈的时代气息。

“讲文明树新风”公益广告在中央台中国之声、经济之声等 9 个频率同步播出，每个频率全天播出频次不少于 6 次，其中 6：00－12：00 的黄金时段不少于 3 次，另外在《中国广播网》和《中国民族广播网》首页显著位置进行同步刊播，并《中国广播网》开设“讲文明树新风”专栏，建立“广播公益广告作品库”，可供各级广播媒体免费下载和刊播。10 月 1 日，《爱护绿色水源》、《城市名片》等 8 件维语版本“讲文明树新风”主题公益广告从在我台维吾尔语广播和《中国民族广播网》刊播。从 2012 年 12 月 20 日至 2013 年 8 月 31 日，中央人民广播电台 9 个频率共播出“讲文明树新风”公益广告约 17543 条/次，总时长约 15788.7 分钟。

按照中央文明办有关文件精神，中央台争取有责任感和公益心的企业加入到“讲文明树新风”公益广告制作的队伍中来，已与湖北劲牌保健酒业有限公司签定“讲文明树新风”公益广告宣传活动赞助协议书，在我台中国之声和经济之声播出由湖北劲牌保健酒业有限公司赞助播出标版的“讲文明树新风”公益广告。通过合作，补充了中央台制作经费的不足，社会力量的加入，使得我台公益广告品种更丰富、风格更加多元化，更接地气，取得更好的传播效果。

5. 各类公益广告主题丰富、形式多样，传播效果好

2013 年我台配合中宣部新闻局、广电总局宣传司、各部委以及社会机构制作和播出各种主题的公益广告，我台广播公益广告制作中心陆续制作播出了《保护野生动物——口技篇》、《火灾自救篇》、《道德模范群像篇》、《扫黄打非——三国篇》、《扫黄打非——法网恢恢篇》、《文明旅游——西游记篇》、《文明旅游——甲骨文篇》、《中国扶贫基金会——我们 5 岁了》等主题公益广告。这些公益广告作品演播生动，音乐感染力强，音效得当，运用了相声、快板、说唱、广播剧等多元化形式，充分发挥了广播特点。受到了听众的普遍喜爱和社会各界的广泛好评。

截止到 2013 年 10 月 15 日，中央台广播公益广告制作中心创意、制作和播出公益广告作品 48 件。

6. 中央台公益广告制作播出受到多方肯定

传播社会主义核心价值观、引领社会风尚、营造文明氛围、宣扬新风正气、激扬民族精神，中央台公益广告制作播出受到多方肯定。2013 年 5 月 15 日，由中央文明办、中央电视台共同主办的“讲文明、树新风、心系公益、共圆中国梦——中央电视台公益广告论坛暨经验交流会”在北京梅地亚中心举行。中央文明办、国家新闻出版广电总局等主管部门领导出席会议并讲话，中央外宣办、中国记协、各中央媒体及地方媒体、部分省市文明办的相关负责人，中央文明办确立的五大公益广告制作中心代表等近 300 人参加会议。王晓晖副台长出席会议并做主旨发言。王晓晖副台长从“凝聚共识、强化管理、增强保障、完善机制”四个方面做了主旨发言，阐述了中央电台在建立公益广告宣传长效机制方面做出的努力，取得的成绩，积累的经验。6 月 7 日，中央文明办“讲文明树新风”公益广告座谈会在京西宾馆召开。人民日报、中央人民广播电台、中央电视台广告部负责人及各省（区、市）和新疆生产建设兵团文明办主任，省会、副省级城市文明办主任等 90 人参加会议并汇报公益广告刊播情况。我台广告部代表“讲文明树新风”广播公益广告制作中心以《建立长效机制充分发挥广播特色努力做最好的广播公益广告》为题做了典型发言，从建立专项资金、丰富作品来源、完善刊播管理等方面介绍了中央台在公益广告宣传方面的宝贵经验。

（中央人民广播电台广告部　曾芳　刘继迎）

（四）光明日报：弘扬中国精神 凝聚中国力量

公益广告是一盏明灯，它在引领风尚、教育人民、服务社会、推动发展方面有着不可替代的作用，在构建和弘扬社会主义核心价值体系过程中，公益广告是一支不可或缺的力量。作为知识界、文化界读者高度信赖和喜爱的一张中央党报，光明日报广告人深知自己肩负的使命，他们用公益广告在弘扬中国精神、凝聚中国力量方面做出了多方面的努力。

（一）积极响应，"规定动作"严格落实

首先，光明日报积极响应中宣部、中央文明办等单位发出的关于刊登"讲文明树新风"主题公益广告的号召，全力以赴完成相关公益广告的制作和发布任务。报社广告部自主设计刊登了"讲文明树新风"和"志愿服务"系列公益广告。"讲文明树新风"系列广告选取郭明义、裴春亮、孟佩杰、吴斌、张丽莉、刘真茂、高铁成、杨善洲等道德模范和时代楷模作为主角设计，以寥寥几句文字勾勒其作为，展现他们的满腔热血和无私奉献，力求为社会树立时代楷模，弘扬时代精神。这批公益广告得到了中宣部、中央文明办领导充分肯定，刘云山、刘奇葆等中央领导同志曾分别在光明日报的公益广告版面上亲笔批示表扬。"志愿服务"系列广告的4幅作品通过与各地文明办联系，遴选最具代表性的志愿服务事迹，作为素材而设计。广告展现了志愿者开展志愿服务时温馨的生活场景，讴歌了普通人在平凡岗位上的无私奉献，达到了弘扬雷锋精神、倡导社会开展志愿服务的宣传效果。这些广告被国内众多报刊转载，还在中国文明网、人民网、中青在线等网络媒体的"优秀公益广告"栏目进行展播。

十八大召开以后，光明日报的公益广告设计工作围绕"贯彻十八

大精神”而展开。报社领导对此高度重视，组织专人制定了《光明日报社关于制作、刊播“讲文明树新风”公益广告宣传实施方案》。根据此方案，自2012年12月20日起，光明日报在报纸显著位置陆续刊登了以“民族复兴中国梦”、“道德规范”、“美丽中国”、“时代楷模 德馨华夏”、“培育和践行社会主义核心价值观”、“文明餐桌 厉行节约”等主题公益广告，其中大部分是本报社自主设计。

这批公益广告内容紧扣贯彻十八大精神、培育和践行社会主义核心价值观的主题，内容丰富，色彩鲜明。例如“道德规范”系列公益广告，从中华民族传统美德中提炼了报国、崇俭、厚德、尽孝、明礼、尚义、守信、自强等八个关键词，以此为主题进行设计，气势磅礴。这一系列的广告刊出后也获得了良好的反响，充分发挥了公益广告传播文明、引领社会道德风尚的重要作用。

（二）锐意创新，“自选动作”亮点纷呈

除了做好规定动作，光明日报在公益广告方面还做了大量自选动作。如连续三年主办的“寻找最美乡村教师”大型公益活动和2013年主办的“寻找最美邮递员”、“寻找最美养路工”活动等等，在这些活动举办过程中，公益广告是一种重要传播手段，收到了非常好的效果。

在公益活动举办期间，报社组织编辑、设计人员，创作了一系列主题公益广告。例如，2012年光明日报与中央电视台联合主办了“寻找最美乡村教师”大型系列公益活动，其中有一项子活动是乡村教师摄影展。活动组委会利用征集到的一些最具视觉冲击力的摄影照片，在征得摄影师的授权后，以此为基础，配上极具感染力的主题文字，和对照片中乡村教师故事的冷静、客观地叙述，制作了12个半版的“寻找最美乡村教师”系列公益广告。这批广告刊登后引起了极大的社会反响，不少单位和个人打电话到报社，询问广告上乡村教师、乡村学校的具体情况，表达了对其进行资助的愿望。还有的读者将每一次广告都剪下来珍藏。这批作品也得到了当时活动的主赞助商——蒙牛集团的认同和赞赏。

由于2012年光明日报刊登的寻找最美乡村教师活动系列公益广告效果很好。2013年寻找最美乡村教师活动的赞助商——苏宁云商和蒙牛乳业均有计划在光明日报上投放12个半版的广告，并且要求广告独家体现赞助客户的标识。针对这一要求，广告部策划了两个不同系列的广告，每家企业各12个，共24个半版。

相较于去年的12个版寻找最美乡村教师公益广告，今年的广告在内容和形式上都有所创新，而且更加贴合客户的形象和价值观。24个半版，贯穿寻找最美乡村教师的全过程，大气磅礴；两个系列，各有特色又相得益彰。文案质朴深沉，构图平衡和谐，设计清新靓丽。通过手写体、田字格，以及爱心、相框的图形设计，与学生、教育产生联系，传达一种青春活泼的气息。

苏宁云商的广告以其Logo采用的蓝色为主色调，根据苏宁近年来在企业社会责任方面的价值主张，提出了“真爱点亮梦想，你我共同行动”的广告语。12个广告以大幅乡村教

师图片为主，并选择了12个与乡村教育有关的关键词进行诠释，表达了对乡村教师、乡村教育的关注。

蒙牛乳业的广告以其Logo所采用的绿色为主色调，根据蒙牛的核心价值观，提出了“寻找乡村教师，传递点滴幸福”的广告语。我们选择了12个蒙牛自发寻找的优秀乡村教师，将他们的主要事迹和图片作为主要素材，每个广告讲述一个老师的故事。

本次24个半版，共2个系列公益广告，向社会传递了尊师重教、关注乡土中国的正能量，反映了乡村教师追求“中国梦”的自我实现历程，收到了很好的社会效果。系列广告在微博上发布以后，也得到了广泛的转载。赞助商对各自的广告内容都非常满意，认为广告提升了品牌的正面形象。广告整体上获得了社会效益与经济效益的双丰收。

2012年9月，日本右翼人士挑动钓鱼岛问题急剧升温，光明日报广告部领导认识到，光明日报作为媒体也应表明自己的立场，立即与设计人员策划设计出了《钓鱼岛是中国的固有领土》公益广告，并经请示中宣部领导后于9月18日刊出，刊出后收到了良好的效果，许多媒体同行来电表示钦佩光明日报政治上的敏锐，说出了大家想说的话。2013年4月，四川芦山发生7.0级地震，灾情发生后，光明日报第一时间主动策划发出了公益广告《众志成城，见证中国精神；心手相连，凝聚中国力量》，这则公益广告后来作为通稿被全国媒体转发。

（三）转型发展，公益广告全媒体覆盖

光明日报一方面全力打造光明公益品牌项目，一方面持续推动向全媒体公益平台转型。借助传统纸媒向新媒体转型的契机，光明日报充分打造光明网、光明云媒、光明日报手机报、手机光明网、云端读报等网络和新媒体公益平台，实现公益广告的全方位刊播。光明网推出“讲文明树新风”公益广告专题页面，分类展示各类公益广告，并对优秀作品进行集中展播。云端读报平台也制作出版了“公益广告”专刊，定期向手机用户推送光明网及其他媒体制作的优秀公益广告。

另外光明日报广告部推出了自己的微博和微信官方账号“光明日报G－Mad”，通过建立新媒体服务品牌“G－Mad”，向客户提供的有价值的新媒体广告公关营销传播服务。以新浪微博为例，广告部每天都有专职人员将光明日报上的公益广告整理后进行发布，并发起在线讨论，起到了很好的互动效果。同时还在微博上开设了“光明公益”栏目，每天发布与公益活动、公益广告想关的微博。

在公益传播方面，中央党报必须积极发声，主动掌握话语权，用公信力去引导公众舆论，促进社会正能量的传播。但是在媒介环境深刻变化、传统媒体遭遇严峻挑战的今天，党报的公益传播也需要进行转型升级，做出必要改变：一是结合自己的特色来搞公益传播，在发挥自身优势的同时更是扩大了公益传播的领域；二是由单打独斗的模式向集群发展模式推进，通过建立“媒体公益联盟”可以有效地壮大公益氛围和群体力量，分享公益的经验，壮大动员社会的能量，形成强大的凝聚力和社会渗透力；三是与企业合作，构建健康

的公益传播链，企业不仅能成为资金提供者，突破公益事业的资源困境，更可以促进公益广告和公益行动相结合，动员全社会的力量；四是培养一大批优质、专业的后备公益传播人才，不仅懂得传播的策略技巧，也有远大的理想和深切的悲悯情怀，愿意为公益事业贡献自身的才情和智慧。

（光明日报广告部、北京光明天下广告传媒有限公司　邢瑞）

（五）经济日报：围绕主题，注重原创，公益广告宣传常态化

按照中央文明办关于开展公益广告的宣传活动的精神，经济日报社在编委会统一部署下，专门成立了由新闻发展中心、总编室等部门人员组成的公益广告创意小组，通力协作，密切配合，以经济建设一线和群众生活为创作素材，制作刊发出了一批主题鲜明、立意深远、设计新颖、画面精美、具有《经济日报》特色的公益广告。从 2012 年 12 月到今年 10 月底，共刊出“民族复兴中国梦”、“抗震救灾”、“纳税光荣”、“勤俭节约”、“保护野生动物”等十大主题公益广告 91 个彩色整版，形成了积极的舆论氛围，给人以信心和力量。

近期围绕“孝道美德”、“反对浪费”主题，承担创作任务的职能部门开动脑筋，原创的《我勤劳 我善良》、《文明用餐 从我做起》、《吃多少 点多少》等公益广告，构思巧妙、视角新颖，画面具有极强的冲击力，取得了较好的宣传效果。现在确保每个月刊出 8 个整版的数量。

（一）全社上下总动员，及时组织学习贯彻“方案”

近年来，经济日报社非常重视公益广告宣传工作，创作、刊出的公益广告作品多次获得中央文明办等单位的好评。每当报社接到中宣部、中央文明办等关于开展“贯彻十八大、讲文明树新风”公益广告宣传的通知后，徐如俊社长、张小影总编辑明确要求大家要站在讲政治的高度来看待此次公益广告的宣传任务，统一思想、统一认识，充分发挥中央媒体的喉舌作用，以贯彻十八大精神为契机，引导全社会树立“讲文明、树新风”的良好社会风尚。分管社领导与相关部门围绕主题探索创新，针对表现形式集思广益，很快就创作出一批具有经济日报特色的公益广告作品，形成了规模，形成广泛社会影响。

（二）围绕主题创新，注重创意策划

为保质保量完成公益广告制作刊发任务，社领导不断为创意制作小组补充力量，同时邀请专业设计公司配合，力求公益广告做的有特色、有新意。根据积极培养社会主义核心价值观、社会道德行为规范、生态文明建设和企业诚信等方面的内容，分类确定了不同主题和设计思路，注重原创。

为了取得第一手的鲜活图片材料，摄影部鼎力相助，派记者穿行于北京的大街小巷，拍摄许多图片；广告部设计室精心选择素材，加班加点，把握宏观、突出主题、巧妙构思、一丝不苟，目前已经设计出“推进生态文明，建设美好家园”、“诚信，企业发展的动力源泉”、“规范道德行为，建设和谐社会”等20多幅主题鲜明的原创作品。

（三）部门紧密配合，确保刊出落到实处

由于报纸版面资源紧张，最多的时候也只有16个版，最少的时候只有8个版。为确保公益广告刊出不受影响，广告部制定了详细的刊出计划。在报社领导的大力支持下，总编室在版面上全力配合，最大限度地满足公益广告刊登的需要。

广告部在广告量大，客户指定时间、指定版面的前提下，仍然从增强公益广告效果的角度出发，尽可能把公益广告安排在6版前的版面刊发。同时，由总编室夜班监督执行，确保刊出计划的如期执行，使公益广告宣传常态化。

（四）加大创作、刊出力度，形成积极的舆论氛围

2013年，经济日报的公益广告宣传在全社会引起了很大的反响，不少读者打电话到报社，称赞广告版面安排醒目、创意新颖、设计精美。一些广告图片被不少创意设计爱好者收入自己的博客。经济日报的努力和实效得到了社会的首肯。

1. 圆满完成“规定动作”。为继续落实中宣部、中央文明办关于开展公益广告的统一部署，经济日报社将围绕“积极培育社会主义核心价值观”、“追求绿色生活，走向生态文明”、“和谐社会，美丽中国”、“爱岗敬业，报效祖国”等主题进行创作，积极承担起本报的社会责任，把公益广告的事情做的更好。

2. 积极拓展“自选动作”。针对本报经济特色、社会热点、百姓关注话题进行原创。目前正在创作的有“巨龙腾飞”、“绿灯可以再等，生命不会再来”等。

3. 不断创新表现手法。在版面设计充分采用书法、绘画、剪纸等元素，形式上更加活泼，更具有冲击力，更加为读者所喜闻乐见。

总之，经济日报坚持把公益广告宣传放在更加突出的位置，加强领导，注重策划，多出精品，全面完成中宣部、中央文明办布置的任务。

（经济日报新闻发展中心）

（六）汇聚力量，传播文明：中央电视台公益广告“益”往无前

2012年，资产管理中心把建设公益广告项目作为重要工作任务，并将全年定为“公益广告年”，在“汇聚力量，传播文明”的总主题下，全面展开了公益广告的创意征集、组织制作、编排播出、宣传推广等各项工作。积极创作主题多样、形态各异、直抵人心的公益广告作品，用主流彰显价值，用责任诠释担当。资产管理中心在年初正式设立公益广告科，标志着2012年公益广告项目的全面启动。在台里各级领导和社会各界力量的大力支持下，整合全台及社会资源，投入更大力量，倾听百姓心声，深度挖掘社会现象，共制作了近百支公益广告，在我台各相关频道安排播出，其中《爱的表达式》、《插上放飞梦想的翅膀》、《保护江豚》、《好人就在身边》等公益广告引发了主管部门、媒体、网友等社会各界的强烈反响。

（一）网罗全民创意，拓宽创作渠道

一支优秀的公益广告，首先打动人的就是新颖的创意。面对艰巨的制作播出任务，公益广告团队通过三种途径来完成创意的征集。首先是内部创意策划会，主要针对社会热点事件提炼主题，实现创意。今年四月，长江流域接连发生江豚死亡事件，我中心根据这一热点事件，迅速组织公司制作了三支“保护江豚”主题公益广告，其中第一支《保护江豚纪实篇》已经播出，再次引发全社会对于拯救江豚、保护长江生态环境的关注。其次，与国际国内4A广告公司达成广泛联系，共同激发创意并完成创作。目前，中心正在与盛世长城国际广告公司合作，创作“孝敬父母”主题的公益广告。最后，面向社会展开全民创意征集。6月8日，中心在北京798艺术区正式启动“2012CCTV电视公益广告全球征集活动”，建立央视网、优酷网、土豆网、腾讯视频等征集平台，网罗来自民间形态各异的创

意。征集活动展开以来，源源不断地收到来自各地方电视台、专业制作机构、大专院校、社会民众的上传作品。目前，中心已经对征集来的作品举办过两次评审会，邀请各界专家评选出其中的优秀作品，直接入围“2012CCTV电视公益广告大奖”，其中由浙江电视台少儿频道选送的《节约用纸打印篇》等入围作品已经在我台安排播出。

（二）合理编排，实现播出效果最大化

对于每一支公益广告，中心都会根据其主题、内容进行科学规划、合理编排，有针对性地选择日期、频道、时段播出，使公益广告的播出效果达到最大化。比如弘扬传统文化的《我们的节日》篇重点安排在综合、综艺、少儿等频道播放；倡导孩子从小培养环保习惯的《环保搭档》篇，重点安排在综合、少儿、科教等频道播出。从观众反馈来看，这种编播规划实现了有效的传播效果。

（三）立体整合传播，打造央视公益品牌

拓宽传播渠道，注重台网联动。中心与国家网络电视台、优酷网、土豆网、腾讯视频等国内主流视频网站达成紧密合作，搭建了央视公益广告的网络展播联盟，开辟了公益广告征集与宣传专区。每支公益广告在我台播出后即启动网络传播，让网友在第一时间得以观看，同时迅速通过新浪微博、腾讯微博发起相关话题，引发网友讨论互动。综合网友的点评反馈，再次通过报纸、杂志等平面媒体进行二度传播，对央视公益广告的品牌形象进行持续不断地推广。

（四）弘扬社会主流价值观，各界反响强烈

经过广泛征集、精心创作、科学编播、立体推广，2012年我台制作、播出的电视公益广告产生了强烈的社会反响，收到了良好的社会反馈，得到了国家部委、社会组织机构、普通观众的一致肯定。其中，展现科学人才观的两篇公益广告《有限无限篇》和《人人皆可成才篇》受到了中央政治局委员、中央书记处书记、中央组织部部长李源潮的称赞和肯定。李部长指出，两支广告反映了目前我国对人才资源的迫切需求，树立科学的人才观是我国经济社会可持续发展的坚实基础和重要保障，对广大领导干部和群众起到了良好的宣传示范作用；再现我台新闻中心播音部李瑞英主任带领《新闻联播》主播团队走基层到小学教孩子们使用字典的《插上放飞梦想的翅膀篇》，在网上被纷纷转载，好评如潮，教育部前发言人、中国语文出版社社长王旭明在看到本片后在微博上发出赞许：“这是我见过的央视最有文化的广告。用字典，扬文化。”；呼吁拯救长江江豚的《保护江豚纪实篇》得到了农业部、环保部、专家和环保组织的大力赞扬，认为该广告提醒观众长江生态环境在日益恶化，保护江豚刻不容缓。岳阳江豚保护协会负责人特地送来锦旗，代表全国保护江豚的组织、志愿者向央视致谢。

社会各界的鼓励和肯定既是对我们公益广告工作的认可，更给予了我们更大的信心。2012年只是我们努力的开端，在树立中央电视台公益品牌的道路上，在加快中国现代化文明的建设进程中，我们将肩负使命，“益”往无前！

（中央电视台　冯依民）

（七）卫生计生委：健康教育公益活动

（一）“送健康、医疗服务西部行”大型公益活动在津启动

2011 年 5 月 21 日，“送健康、医疗服务西部行”大型公益活动在天津隆重启动。国家卫生部、天津市卫生局相关领导、中华医学会心血管病学分会主主任委员及中国医生协会心血管分会会长胡大一教授出席了启动仪式。响应中央西部大开发战略及“加大对革命老区、民族地区、边疆地区、贫困地区扶持力度”、“加快医疗卫生事业改革发展，提高落后地区医疗水平”的号召，天士力集团以“大健康基金”为基础，2011 年投入 500 万元支持该活动，以后将逐年持续投入，用爱心和行动回报社会。

此次大型公益活动将以中华医学会心血管病学会分主任委员、中国医师协会心血管分会会长胡大一教授医疗工作室和健康工作室、天士力集团为依托，以专家志愿者团队为医疗服务核心。发动国内知名三甲医疗心脑血管病专家组成西部专家志愿服务团，分期分批组以移动工作站的模式，通过专题讲座、义诊、健康咨询、业务培训、共建帮扶等多种形式，为西部贫困地区送医、送药、送健康，为医疗机构送技术、送人才，为其心血管疾病筛查、救助，提高西部地区医疗诊疗水平，发展卫生事业做出贡献。

（二）“中国职业女性健康素养促进行动”走进广州

2011 年 5 月 22 日，由中国健康教育中心（卫生部新闻宣传中心）主办，《健康与美容》杂志承办，专门针对城市职业女性人群，围绕健康、安全饮食问题召开的“知女健康行——中国职业女性健康素养促进行动”走进以饮食闻名天下的广州。北京协和医院于康教授出席研讨会，提出职业女性的健康在于三分保养、七分营养，提醒职业女性要注

意合理膳食、营养搭配。

“中国职业女性健康素养促进行动”是为贯彻落实《中国公民健康素养促进行动工作方案》的通知精神，从重点人群和重点健康问题入手，探索提高国民健康素养水平的新思路和新方法，开展为期一年的系列主题宣传通过开展论坛、巡讲、“面对面”重点宣教等公众喜闻乐见的社会公益活动，广泛传播职业女性健康基本知识、基本技能，针对职业女性中普遍存在的、具有典型及代表意义的具体健康问题，给予重点剖析和正确引导；同时，通过媒体的广泛传播，不断扩大活动本身的影响力，形成对社会各类人群的有效渗透，提高全民的健康素养意识和健康素养水平。，该活动于 2010 年 8 月份在北京正式启动，此次广州站是继北京、南京、上海之后的第四站，本站以“健康饮食与中华传统医学养生”为主题，邀请权威专家为广州各界女性及企业家代表 600 余人现象展开科学阐释和论述。

（三）“中国健康快车”公益活动

“健康快车”是由香港企业家和普通市民发起捐款，经特别设计建造的、设施完备的眼科火车医院。 它开进内地偏远农村，为白内障患者免费施行手术。 健康快车管委会由卫生部、铁道部和国务院港澳办负责人组成。 由国家卫生部选派优秀的眼科医生，上车为患白内障的贫困农民免费手术治疗。 健康快车的经费由香港健康快车基金和中华健康快车基金会负责筹集。

2012 年 4 月 12 日，“中华健康快车 2012 光明行”发车仪式在北京西客站举行。 第十届全国政协副主席、中华健康快车基金会名誉理事长王忠禹、卫生部副部长黄洁夫、铁道部副部长胡亚东、国务院港澳事务办公室副主任周波、健康快车创会主席方黄吉雯、中华健康快车基金会理事、2012 年上车服务医院的医护人员以及长期支持健康快车工作的捐款企业代表，约 150 人出席了发车仪式。

卫生部副部长黄洁夫在仪式致辞中充分肯定了健康快车 15 年光明之行取得的成绩，赞扬健康快车项目是政府支持、民间组织、社会参与开展慈善活动的典范，为贫困人群的白内障防治、内地眼科事业发展和少数民族地区医疗服务水平提升做出了突出贡献。 希望社会各界继续关心贫困地区人民群众的健康，充分利用健康快车这一扶贫项目健全内地基层医疗卫生服务体系，提升基层卫生服务能力。 健康快车创会主席方黄吉雯也在仪式中致辞，感谢社会各界给予健康快车的关注与捐助，感谢医务工作者对健康快车工作的无私奉献。 北京医院上车服务的医生，代表今年即将上车开展服务工作的医护人员宣誓，表示坚决完成好医疗任务。 发车仪式结束后，领导同志和嘉宾参观了第二列健康快车的手术车、宿营车、病房车，并慰问了医护人员。 上午 10 时整，火车缓缓驶出站台，踏上了 2012 年光明之行。

以“扶贫治盲、促和谐发展”为宗旨的健康快车项目，由香港同胞捐助，作为中国唯一流动的眼科医院自 1997 年开始运行，已经持续服务了 15 年。 到 2011 年底，4 列健康快车为内地 27 个省市自治区的 115 个站点停靠的 12 万多名贫困白内障患者免费实施了复明手术，同时为这些家庭摆脱困境，送去了希望。

2012 年，4 列健康快车分别前往河南的三门峡、洛阳；吉林的松原；广西的百色、玉林；山西的运城；湖北的广水；宁夏的银川和福建的龙岩等 7 个省（区）9 个市（县），为约 1.2 万名贫困白内障患者免费开展白内障复明手术。与此同时，4 列健康快车还将在每个服务地区的基地医院选拔 2 名眼科医生进行超乳手术培训。

（四）开展中国企业员工健康行活动

中国企业员工健康行活动是由中国健康教育中心（卫生部新闻宣传中心）与生命时报社共同主办，于 2011 年 5 月 6 日正式启动，活动主要针对全国 500 强企业的员工开展健康教育巡讲活动。活动以“关注心脑健康，平衡精英生活”为主题，邀请心脑血管、营养、急救和心理健康领域的专家参与巡讲，希望通过权威专家与企业员工的面对面的交流，普及健康知识，提升健康素养，同时通过深入一线企业，提高企业管理者健康管理的意识与水平。活动启动后，历时 136 天，走进北京、上海、广州等 30 座城市的 50 家全国 500 强企业在 5 月 6 日在人民日报总部正式启动，在 5－9 月份邀请了百名国内一线权威专家，在北京、洛阳、上海、沈阳、广州、哈尔滨、郑州、海口、太原等地、国航、联想、滕迅、中铝、哈飞、包钢、海航、光大银行等大型企业开展了 50 场专家巡讲活动，内容涉及营养膳食、心理健康和现场急救等方面。在此次活动中，中心利用进入企业的机会开展了问卷调查，并在总结会上对媒体发布，引起了广大媒体的关注。

（五）中国健康知识传播激励计划

2011 年，卫生部疾控局、新闻办、中国记协等联合主办，中国健康教育中心（卫生部新闻宣传中心）负责管理的健康知识传播激励计划，在 2010 年的“吃动平衡”主题基础上，拓展了“果蔬营养”和“预防骨质疏松”两个主题，并开展“步行日进校园”和健康知识共享会活动，通过专家学者的介绍，使媒体了解到准确的健康知识，加强媒体从事相关报道的能力，向大众倡导吃动平衡的理念和健康生活方式，活动还开展了“大学生健康观念及生活方式现状调查”。

（六）安利纽崔莱营养中国行活动启动会召开

2011 年 12 月 20 日，“安利纽崔莱营养中国行”活动的启动会在北京召开，该活动由中国健康教育中心（卫生部新闻宣传中心）主办，生命时报、搜狐健康频道协办，安利（中国）日用品有限公司支持。活动以“平衡膳食，储蓄健康”为主题，旨在搭建起政府、专家、媒体、公众的沟通平台，找出公众中普遍存在的营养健康困惑、问题，组织权威专家给出科学解答，再通过媒体进行广泛传播，希望切实提升中国居民的营养健康素养活动。活动计划在 2012 年在全国六个一线城市邀请营养专家、媒体记者与公众通过论坛形式，共同探讨营养宣传领域的困惑和解决办法。

动还发布了中国网民营养素养网络调查结果。调查采取网络答题的形式，涉及营养知识了解程度、营养及健康行为和自我感觉健康现状等三方面内容。问卷自2011年11月22日在搜狐网上线，截止12月20日，共有4172人参与。国家食物与营养咨询委员会委员、中国营养学会常务理事、中国疾病预防控制中心营养与食品安全所副所长马冠生研究员对调查结果进行了解读。

（七）其他大型主题公益活动

1. 世界避孕日

每年9月26日是世界避孕日，这是一个国际性的纪念日，其远景为“建立一个没有意外妊娠的世界”。2009年中国人口宣教中心首次加入世界避孕日的宣传活动，每年举行相关的活动以纪念世界避孕日，普及生殖健康与避孕知识。

2012年8月1日至9月26日，我中心举办了一系列的相关活动，以配合世界避孕日的宣传推广。2012年9月25、26日，我中心分别举办了2012年世界避孕日中国发布会和2012年世界避孕日国际研讨会两项活动。在发布会上，我们倡导全社会共同关注健康避孕，维护女性健康，促进家庭和谐，并联合拜耳医药保健有限公司共同合作。2012年世界避孕日活动得到了包括CCTV和BTV在内的23家权威主流媒体的广泛关注和报道。其中，9月26日当天，央视新闻频道《新闻直播间》《主播关注》、北京电视台《特别关注》节目、国际广播电台、中国之声新闻和经济之声《人口》栏目等。同时，在全国的10个重点城市均有平面媒体的相关报道，覆盖面达到1750万人。26日手机早晚报发布了世界避孕日相关报道，覆盖40万受众。广大网友在相关网站上的互动活动非常踊跃。中心在世界避孕日召开中国主题发布会，旨在提升这个世界知名的主题日的知名度，以便在今后的工作中更加有效地传播健康的避孕理念和科学的避孕知识，提高妇女自我保护意识和选择科学合理避孕方式的能力，保障中国女性的生殖健康，提升中国人口素质，促进家庭的和谐与社会稳定。

2013年世界避孕日的中国主题为：科学避孕，我的未来，我的选择。该主题发布会于2013年9月25日举行。2013年9月25日，策划、举办了2013年世界避孕日中国发布会。此次活动以青年为主体，邀请了大学生及学生家长共同讨论研究该主题。中心邀请了众多相关专家在新闻发布会及电子平台上给予事实的知识援助和理论分析。同时与果壳网、新浪网等知名科普网站合作，为公众破除认知误区。优佳期APP和WCD官网推出的避孕方式选择自测工具等相关应用也为公众提供了方便快捷的健康工具。

2013年的活动在前一年的良好基础上更进一步关注到了青年人这个主要目标群体。有了上一年的广泛宣传力度，此次活动在各个媒体上的报道更加广泛。今年的发布会邀请了32家媒体进行报道，涵盖了广播、电视、网络、视频、平面等各个平台。新华网、中新社、新浪、搜狐、凤凰网等权威通讯社也在当天报道这一活动的详细情况。更有达发行量220万份的工人日报和发行量均在50万以上的生命时报、中国教育报、新京报、北京青年报、中国人口报、中国日报等平面媒体发文报道了此次活动，使得宣传的覆盖面更加的广阔，受众人群更加的多元化。进一步扩大了此次活动的认知影响程度及宣教力度。为下一年开展活动赢得了更加广泛的关注度和认知度，为之后的相关活动打下了良好的舆论基础。

与2012年有所不同，2013年的发布会更多的加入了互动的元素。发布会邀请了众多学生代表，并在学校进行了广泛的宣传。这无疑为青少年了解科学合理的避孕方式提供了很好的平台。同时，在发布会当天，众多学生代表和家长与与会专家进行了紧密的互动讨论，这对转变民众对待性和避孕的观念起到了良好的宣传作用。另外，在互动的过程中，针对于当代青少年相关知识的缺乏，中心也更加坚定了继续深入学校以及各行各业进行宣传教育的重要性和必要性。今后中心将继续围绕世界避孕日这一国际知名的纪念日，加强社会倡导，普及避孕知识。

2. 圆梦女孩志愿者行动

2013年是“关爱女孩行动”启动十周年，为引导全社会关注女孩生存环境，倡导社会性别平等，促进出生人口性别结构平衡，国家卫生和计划生育委员会在全国启动了圆梦女孩志愿行动。

由中国人口宣教中心承办的“全国圆梦女孩志愿行动”启动仪式2013年8月23日在北京举办。国家卫生计生委副主任王培安发表致辞，“关爱女孩行动”宣传形象大使敬一丹女士作为嘉宾主持，采访了十年前“关爱女孩行动”中曾经采访过的赵国荣、谢兰兰母女和资助贫困女孩读书的“全国关爱女孩十大新闻人物”之一、香港爱心人士文国堂先生。活动的志愿者代表和安徽阜南县的贫困女孩代表们深情演绎的配乐诗朗诵《改变一生的相遇》感动了全场，第九届、十届全国人大常委会副委员长蒋正华、第十届全国政协副主席王忠禹分别为志愿者和贫困女孩颁发证书和礼品，活动在第十二届全国人大常委会副委员长陈竺宣布中正式启动。14家媒体对活动进行了报道，包括中央电视台、新华社、人民网、中国日报、健康报等。其中，央视新闻在一套晚间新闻栏目中播出。

8月24日，100名志愿者、专家、媒体记者和工作人员等一行近120人赴安徽省阜南县，开始为期三天的志愿帮扶活动。此次帮扶活动主要分为团体帮扶、入户访谈和培训讲座三个部分。中国医学科学院肿瘤医院的3名专家及志愿者中的医护人员为群众开展义诊活动，受到群众欢迎和好评，共义诊150余人次。与此同时，在阜南县人口计生委组织了两场由肿瘤医院专家授课的预防肿瘤的科普讲座，100名妇女参加了此次活动。圆梦女孩志愿行动阜南行将关爱女孩工作做到实处，共帮扶200名贫困女孩，其中志愿者与104名女孩结成长期帮扶对子。同时，志愿者在帮扶女孩过程中，自己也受到教育，志愿热情更高，成为圆梦女孩志愿行动的火种。2014年，这项活动将在我国贫困地区继续举行。

3. 男性健康日

国家卫生计生委把2013年男性健康日的主题确定为“关注男性健康，倡导健康生活方式”，旨在倡导全社会以关注男性健康为着力点，围绕“倡导健康生活方式”，广泛组织开展宣传服务活动，传播健康知识，倡导健康生活理念，培养健康生活方式，推进全民健康，促进家庭幸福、社会和谐。

2013 年 10 月 25 日，由国家卫生和计划生育委员会主办、中国人口宣教中心承办的 2013 年男性健康日宣传服务活动在首钢总公司启动。在启动仪式上，男性健康专家发布了我国男性健康现状，首钢总公司群众组织代表向全社会发出倡议，关爱男性，关注健康，从自身做起，从现在做起，摈弃不良生活方式，培养健康生活方式，提高健康水平。启动仪式后，男性健康专家为首钢男性职工举办了“男性健康知识大讲堂”。10 月 26 日至 27 日，专家志愿者还深入到社区，组织开展健康知识互动讲座，宣传服务群众近七百人，张贴宣传海报 200 张、发放宣传卡片 4000 份，在北大、人民医院、北医三院、中日医院、西苑医院等医院开展了健康知识宣传，针对群众关注的热点健康问题，面对面讲授健康知识，解答健康方面的疑问，传播健康理念。

（中国人口宣传教育中心　王耀
中国健康教育中心　赵雯）

（八）中国报业协会：2013年评选公益广告作品分析

（一）中国报业协会主办公益广告评选

中国报业协会是由新闻出版总署主管、人民日报社业务代管的国家一级社团，于1988年3月22日经国家民政部批准成立，是中国报社以及从事报业经济、报社经营管理的科研、培训及相关企事业单位组成的全国性报业行业组织。中国报业协会拥有中央和地方近2000家报社会员单位。报协的宗旨是服务报业，工作方针是“大团结、办实事”。

2013年由中国报业协会主办、中国报业协会广告工作委员会承办的中国报协广告工作年会暨中国报业公益广告研讨会在海南举行。国家新闻出版广电总局、国家工商总局广告司和中国报协有关领导到会并讲话。来自全国90多家报业集团、报社广告部门负责人共同探讨如何推动报业公益广告的发展，此次活动的举办将对我国公益广告的发展产生巨大的推动作用。为了表彰对报业公益广告、广告经营等方面做出突出贡献的报社和个人，中国报业协会经过专家严格评审，优中选优最终评出“中国报业公益广告贡献奖”30家、中国报业优秀公益广告作品（50）件、中国报业广告创新集体奖（10）家、中国报业广告创新集体提名奖（12家）、中国报业十佳广告工作者（10名）、中国报业十佳广告工作者提名奖（17名）、中国报业广告优秀案例（10件）、中国报业广告优秀案例提名奖（13件）。

（二）我国媒体公益广告评选活动特点

目前做过公益广告评选活动的媒体单位有中央电视台、中国公路学会以及中国报业协会。其评选作品分属电视媒体、报刊媒体以及户外媒体。中央电视台、中国报业协会、中国公路学会对我国公益广告事业的发展起到了推动作用。他们在公益广告的运作中具有各自的特点。

1. 相似点

中央电视台、中国报业协会以及中国公路学会他们手中都掌握着巨大的媒体资源，中央电视台是电视媒体的主导者，它可以将央视播出的公益广告向其他省级卫视以及级电视台无偿提供，扩大公益广告的传播渠道，使公益广告具有更强的渗透性；中国报业协会是由依法设立的报社和与报业经营管理相关的企事业单位、社会组织和个人自愿结成的行业性的全国性的非营利性的社会组织。中国报业协会可以发挥其自身的优势地位对公益广告在行业内的宣传力度，召集报业联席会议，组织报业公益广告的评选，可以加大平面媒体上公益广告的数量；中国公路学会是全国公路交通行业科学技术工作者自愿组成的学术性群众团体，中国公路学会是我国公益广告事业发展的重要支持单位，中国公路学会高速公路广告联盟是中国公路学会的专业会员组织，中国公路学会掌握着全国高速公路媒体资源，而高速公路又是现代人出行方便、快捷、经济的首选方案。

中央电视台、中国报业协会、中国公路学会都掌握着各自行业内的巨大媒体资源，这些资源的整合运用对我国公益广告的发展将起到巨大的推动作用。

2. 不同处

第一，管理机制不同。中央电视台与中国报业协会、中国公路学会的上级主管单位不同。在管理机制方面中央电视台与中国报业协会所属的各省市级报纸属于我国新闻事业的宣传媒体，是党的喉舌，中国新闻事业历来受党和政府的领导和管理，我国奉行党管媒体的政策，中央电视台与中国报业协会的上级主管单位是国家新闻出版广电总局，虽然中国报业协会是自愿形成的非营利性的社会组织，但是它在业务上归新闻出版总署主管，挂靠在人民日报社。中国公路学会是以会员为主体的组织体制，是全国公路交通行业科学技术工作者自愿组成的学术性群众团体，具有社团法人资格。中国公路学会的最高权力机构为全国会员代表大会。

第二，公益广告评选机制不同。中央电视台、中国报业协会以及中国公路学会在公益广告的制作、播出方面却不相同。中央电视台是国家级电视台，是中国公益广告的主力军。中央电视台作为公益广告的播出媒体在公益广告的运作上是“征集——制作——播出”与“征集——播出”以及独立“制作——播出”的三种流程。2012 年以“汇聚力量传播文明”为主题发起的“CCTV 电视公益广告全球征集活动”在全球范围内征集优秀的公益广告创意，包括广告创意文案、故事版、视频成片，将征集到的优秀创意文案制作成公益广告片在电视媒体播放。

中国报业协会的公益广告参评对象局限于行业组织内部。中国报业协会的公益广告评选是对其下属组织中的报纸上刊播的公益广告进行评选，参评的对象是各报业集团、报社的广告经营单位及部门。

中国公路学会公益广告评选的参评对象范围广泛，凡从事户外广告专业设计的设计师，高速公路广告公司的设计人员，各大型企事业单位企划设计中心的设计人员，各大中专院校设计专业的在校师生等都可以参加。中国公路学会的公益广告评选已经举办了三届而且已经评选出了一些优秀的户外平面公益广告作品，中国公路学会的公益广告每一届都有特定的公益广告主题。

在公益广告的制作播出中只有中央电视台既可以征集又可以制作播出公益广告，中国报业协会与中国公路学会只是负责征集但是并不负责制作。

第三，公益广告发起目的不同。公益广告是以传播社会文明，引导社会风尚，向公众传递正确价值观的正能量，中国公益广告历来都是在政府的行政指令下发起的，如“讲文明树新风”公益广告活动、“全国思想道德公益广告大赛”等公益广告都是由中宣部、中央文明办、国家工商总局、国家广电总局等几大部委的行政指令下进行的。政府以行政指令的方式将刊播公益广告的任务派发下去，媒体再进行征集制作。中央电视台与中国报业协会制作的公益广告大多是这种形式的，而中国公路学会进行的公益广告评选虽然没有离开我国政策的方针政策，但是却少有政府的行政指令，中国公路学会为展示我国公路建设管理取得的辉煌成就，集中宣传公路与经济社会、改革民生、保障安全及环保可持续发展等方面的新理念，通过征集我国公路广告的优秀作品，提升公益广告的创意和设计水平，推动我国公路广告产业的健康发展。

（三）中国报业协会公益广告评选

“2013 中国报协广告工作年会暨中国报业公益广告研讨会”是由中国报业协会主办，中国报业协会广告工作委员会承办的首届公益广告评选活动。此次公益广告的参评单位以各报业集团、报社的广告经营单位及部门为主，由中国报业公益广告活动评委会办公室组织初评，在此基础上组织公益广告活动评委会召开会议进行终评。首届报业协会公益广告评选设置了“中国报业公益广告贡献奖”“中国报业优秀公益广告作品”“中国报业广告创新集体奖”“中国报业十佳广告工作者”“中国报业广告优秀案例”奖。

由中国报协评出的为报业广告经营和公益广告作出突出贡献的团体和个人，包括人民日报等 30 家“中国报业公益广告贡献奖”、中国石化报等 10 家“中国报业广告创新集体奖”等多个奖项。在全国 2000 余家报纸参加评选的活动中，首次评出 10 名“中国报业十佳广告工作者”和 17 名十佳提名奖。同时，评出 10 件“中国报业广告优秀案例奖”和 13 件优秀案例提名奖。全省仅湖北日报、长江日报和三峡日报获奖。

（四）中国报业公益广告作品分析

由中宣部、中央文明办组织中央主要新闻媒体以及互联网站开展的公益广告宣传活动，着重围绕积极培育社会主义核心价值观和社会道德行为规范、建设生态文明以及与人民群众关切的交通安全、食品安全、健康知识等内容，制作刊播内容丰富多彩的公益广告。各媒体和主要网站都将持续拿出重要版面、重点时段、醒目位置刊播“讲文明树新风”公益广告。

此次由中国报业协会主办，中国报业协会委员会承办的报业公益广告评选出了50幅优秀的公益广告作品，此次的公益广告评选出的作品公益广告特点如下：

1. 报业协会评选公益广告特点

主题多样化。公益广告主题反映了当下社会中出现的一些热点问题，是对社会公共问题的动向与态势的把握。此次报业协会的公益广告主题呈现出多样化的形式。报业协会评选的公益广告基本上是由中央宣传部、中央文明办、国家工商总局、国家广电总局、新闻出版总署决定，在全国广泛开展“迎接十八大、讲文明树新风”公益广告宣传活动。呈现出在大的公益广告主题下的不同类别的公益广告。在公益广告主题方面评选出了包括勤俭节约、公民道德、食品安全、环境保护等在内的13类公益广告小主题。

民族特色浓厚。我国是多民族国家。民族团结，各民族共同繁荣既是我国的一项基本国策，也是我国发展的基础。贵州虽然不是一个少数民族自治区但是在贵州有三个少数民族自治州，而贵州也是一个少数民族聚集区，由贵州民族报社刊登12支的“建设民族团结进步繁荣发展示范区”主题性公益广告，突显了贵州地区的民族特色，各民族团结，共同进步。新疆是我国面积最大的省级行政区，新疆地区的民族团结对我国的国家建设起到很重要的作用。由新疆经济报社制作的《让文明走进生活》表现了少数民族人民与官兵战士在新疆的生活。

表现形式丰富。报纸是平面媒体，不像电子媒体可以视听结合。报纸只能以富有表现力的形式去引起人们的注意，给人们留下深刻印象。评选出的50支优秀平面公益广告既有时尚现代的表现方式如漫画、真实照片、沙画等表现方式，又有对我国传统文化的借鉴。象形字（安徽日报社制作的《美哉安徽》）是对安徽城市形象的宣传，就运用了我国传统的象形文字，毛笔字、铜钱币、剪纸、皮影、龙、长城等都是我国特有文化元素。将这些元素加进公益广告的创，使得公益广告的表现形式更加丰富，同时也加深了国人对自己文化的概念。

企业的参与。我国的公益广告一直都是政府在主推，企业的参与程度不高。随着社会化程度的加深，以及企业社会责任的提出，人们起来越要求企业要履行自己的社会责任，企业也同时意识到对公益广告付出并不是只有投资没有回报的一件竹篮打水的事情。一直以来企业主要投入电视媒体，但是这次的公益广告评选中也出现了企业的身影。由光明日报社刊登的《寻找最美乡村教师》出现了蒙牛和苏宁的品牌标识。企业在公益广告的创作与播出中的作用日益突显。

2. 公益广告主题分类

公益广告要有好的主题才会有导向性，才能发人深思，取得好的效果。从评选的作品来看，有对城市形象进行宣传的，有进行公民道德教育与宣扬良好美德的，有关爱儿童与老人的，以及宣传民俗节日和民族团结的，还有对食品安全进行的公益广告。我们将其分为四大类，分别是道德类公益广告、时政类公益广告、环保类公益广告以及城市形象宣传类公益广告。

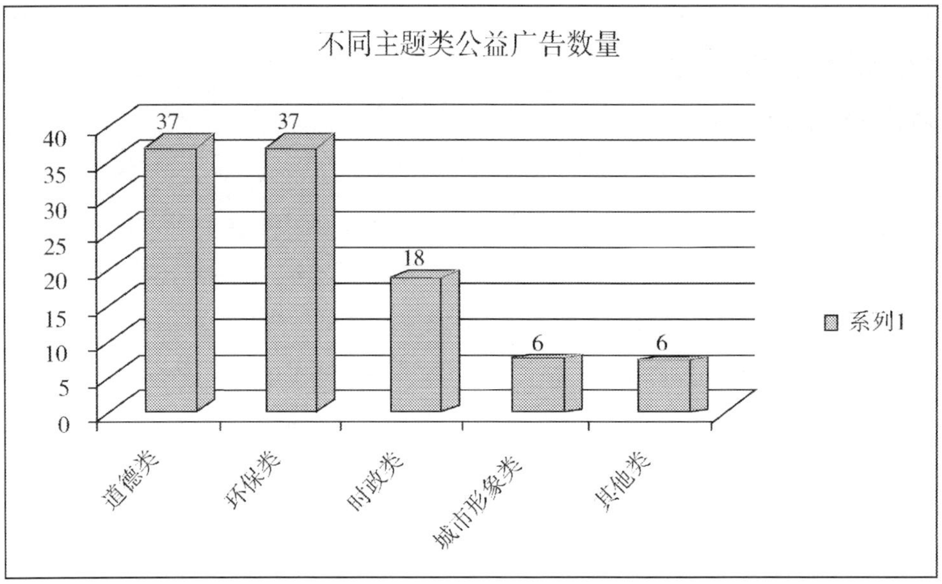

图表上可以看出环保类的公益广告和道德类公益广告所占比重较高。

道德类公益广告。道德是以善恶评价为标准，依靠社会舆论、传统习俗和人的内心信念的力量来调整人们之间相互关系的行为规范的总和。道德贯串于社会生活的各个方面，如社会公德、婚姻家庭道德、职业道德等。道德类公益广告涵盖范围较广，关爱弱势群体、遵守交通规则、勤俭节约、公共场合禁止吸烟、尊重我国传统民俗节日等都是道德的一部分，这些类型的公益广告也是此次公益广告评选中也有所涉及，如张家口日报社刊登的一组《注重公共安全、营造平安环境——狗篇》公益广告，告诉人们既爱狗养狗，出门在外的时候就要看管好自己的小狗，不要让小狗去惊吓到行人，也不要让小狗的粪便到处都是。天津日报广告有限公司制作的《爱你如你爱我》孩子们小的时候父母百般宠爱，等到父母老了的时候儿女们也要像小时候父母疼爱自己那样去照顾父母，乌鸦反哺也就是这个深意。民以食为天，没有食人类将无法生存，但是现在人们生活水平提高了，铺张浪费的现象时有发生，海南日报报业集团广告中心制作的《粮食一点都不能少》告诉人们要爱惜粮食，勤俭节约。

环保类公益广告。环保是一个全球性的问题，随着工业化程度的加快，现在环境污染、生物灭绝、自然资源濒临灭绝等现象越来越严重，人类的生存是一整个生物链的结果，如果环境破坏、物种灭绝那么人类也将无法生存。由法制日报社制作的《所有的生命都是宝贵的》一只豹子的身上放着两根女士皮包带，有人消费就会有人去杀戮，没有买卖就没有杀戮，这则公益广告也贴合法制日报社的精神，猎杀动物是犯法的。中国环境报社“推进生态文明建设美丽中国”系列环保公益广告向人们宣扬环保、低碳、节能，爱护我们的生活环境这是全民参与的工程，为了我们人类的永续发展。近日我国多个城市连续发生雾霾现象，已经对人们的出行、日常生活造成了严重的影响，这是一个引人深思的现象，也要求人们即刻做出改变，由萧山日报社制作的《十面“霾”伏》告诉人们化石燃料燃烧是雾霾天气形成的重要原因之一，保护环境，刻不容缓。

时政类公益广告。公益广告与我国的政治密不可分，我国的公益广告多是在政府的行政指令下进行的，在一定程度上是政府的舆论完全工具，所以，时政类公益广告在公益广告作品中占有重要地位。公益广告以时事和政治为主题内容，就是依据国家政治生活中新近或正在发生的事实和新闻事件，表现政党、社会集团、社会势力在处理国家生活和国际关系方面的方针、政策和活动。民族团结是我国的一项基本国策，是国家政治的表现，廉政建设以及食品安全都是近些年政府特别强调的社会问题，中国梦是国家领导人提出的民族复兴之路，有着一定的政治倾向，由人民日报社和四川日报社制作的中国梦系列公益广告，其中还运用了对中国人有着特殊意义的龙和长城文化元素。由黄石日报传媒集团制作的《贪婪——毁灭之源》，太阳日报报业集团《一心为公一心为民》对廉政建设的宣传。近年来我国食品安全问题频出，已经引起了社会的恐慌，政府当局也特别重视食品安全建设，多次颁布发令要求加强食品安全建设，由金华日报社（集团）广告中心制作的《课程表》公益广告中食品安全检测放在小学一年级课程表的每天的第一节课中，只有打好基础才可以继续深耕。

城市形象类公益广告。城市形象广告具有公益性。城市形象广告是发布的表现城市形态和特征，彰显城市实力、活力和发展前景广告。由天津市今晚传媒广告有限公司制作的《美丽天津》，以及浙江日报新闻发展有限公司的《美丽乡村原生态》，贵州日报报业集团广告营运中心的《贵人行善——贵州形象》等都向读者宣扬了城市的美好。

3. 公益广告主要的表现形式

公益广告要取得显著成效，除了要有合乎社会趋势的主题，也要有精彩的表现形式将公益广告主题表现出来。表现形式在对公益广告的说服作用起到了画龙点睛的作用，在此次评选的公益广告作品中既具有用现代手法来突出广告主题的，也有以中国传统方式来展现广告主题的。

传统文化元素在公益广告中的运用，主要表现如下：

象形文字。象形文字来自于图画文字，是一种最原始的造字方法，图画性质减弱，象征性质增强。由安徽日报社刊登的宣传安徽城市形象的公益广告《美哉安徽》，运用艺术化的中国文字将安徽这个城市的特点展现出来，“徽”字由“山”表示名山林立，美不胜收；“水”表示漂流纵横，湖泊棋步；“人”表示名人荟萃，英才辈出；“文”表示微风悠远，文脉滔滔，恰当的展现了安徽这个城市的特点，给人入目三分的感觉。

铜钱币。铜钱币是我国古代一定时期流通的货币，由黄石日报传媒集团制作的公益广告《贪婪——毁灭之源》形象的用钱币和人组成了一个“贪”字，意味着“人爱钱”，告诫人们做事要讲良心不要为了一已之利去贪污，做违法的事情，要清正廉洁。

毛笔书法。毛笔书法是中国特有的一种传统艺术。古往今来，中国汉字是劳动人民创造的，开始以图画形式表示文字，经过几千年的发展，演变成了当今的文字。其中的一些公益广告作品也使用了毛笔字作为其广告主题的表现方法，如太阳日报报业集团制作的《一心为公一心为民，》用毛笔笔直的写出了“一”字，“一”字是学习毛笔字最基础要学习的，写好了“一”才可以去写其他的字，一字最难写，坚持用心把它写好，一心为公，一心为民清正廉洁。由都市快报创作的《讲文明树新风》环保公益广告也用到了毛笔书法这一中国传统文化。

剪纸、皮影。剪纸，又叫刻纸，是中国汉族最古老的民间艺术之一，剪纸是一种镂空艺术，其在视觉上给人以透空的感觉和艺术享受。由海南日报报业集团广告中心制作的《粮食一点都不能少》系列之《剪纸篇》用镂空的方式剪出“粮食”二字，但是都少了一点，寓意着要珍惜粮食。十堰日报传媒集团的《文化“保鲜”之剪纸》与《文化“保鲜”之皮影》都是对剪纸与皮影这种只有中国才有的文化元素的应用

龙与长城。龙和长城在中国人的心目中有着特殊的意义，也可以说龙是中华民族的信仰，长城是中国人的骄傲，由人民日报社和四川日报社制作的“中国梦”公益广告，运用了这两种元素，人民日报社的中国梦公益广告，以绚丽的黄色做为背景，视觉上给人以鼓舞，带来震撼人心的感觉，很好的诠释了广告语“民族复兴中国梦”

现代时尚元素在公益广告中的运用，主要表现如下：

漫画。漫画是一种艺术形式，是用简单而夸张的手法来描绘生活或时事的图画。一般运用变形、比拟、象征、暗示、影射的方法，构成幽默诙谐的画面或画面组，以取得讽刺或歌颂的效果。常采用夸张、比喻、象征等手法，讽刺、批评或歌颂某些人和事，具有较强的社会性。在入选的104支优秀的公益广告作品中，运用漫画这种诙谐幽默的方式进行创作的公益广告有16支是运用漫画的方式表现出来的，如邢台日报社牛城晚报编辑部《倡导节约》系列《日子好了多买点》、《咱有钱别寒酸》运用漫画的方式，幽默的将讽刺了铺张浪费这种行为，告诉人们，虽然生活好了，但是勤俭节约这种优良传统可是不能丢掉的。

沙画。沙画是与现代人的审美观结合的一种艺术表现方式，具有强烈的视觉冲击效果，也是被人们喜欢的一种流行的艺术表现方式，由湖北日报传媒集团楚天都市报制作的《沙画？雾霾！！！》用沙画这种艺术表现形式提醒人们要保护环境，减少废气排放，拒绝PM2.5。

（中国传媒大学广告学院　苏娜）

（九）北京人民广播电台：立足首都，携手时代，开创公益新篇

从清晨到午夜，来自空中电波的首都之声伴随着每个北京市民的生活。几十年来，这个声音一直代表着北京人心头的那一份温暖。北京人民广播电台不仅是覆盖北京地区的专业广播频率，也在公益广告传播和公益事业活动上有着记入史册的成就。

北京人民广播电台（以下简称北京电台）是拥有独立发射机构的国有广播电台，英文缩写“RBC”。北京电台成立于新中国建国前夕的1949年2月2日，迄今已有超过60年的历史。如今的北京电台已经成为拥有9个专业广播、16个职能部门以及全资国有的北京广播公司，旗下员工1300余人的以广播为主、多媒体联动的综合性传播机构。北京电台的广播产品包括新闻、文艺、交通、城市服务管理、故事、体育、爱家、音乐等九套开路广播、15套有限调频广播、17套数字音频广播，并试验播出4套数字视频广播和两个数据服务频道。在北京有线电视网数字平台上播出16套线数字广播节目和一个动感音乐数字电视频道，每天播音339小时，总发射功率227千瓦。

多年以来，积极发展公益广告事业、恪守媒体的职业道德和社会理想、坚持正确导向、积极倡导和发扬首都媒体的公益影响力是北京电台始终如一的信念。凭借北京电台的公益情怀和社会影响力，北京电台的公益广告写下济世惠民的崭新篇章。

（一）北京电台的公益理念

北京电台的公益理念深深植根于其企业文化与管理经验。2008年，北京电台推出了一套完整的企业精神文化体系，其“精以务本，进以图强”的精神内核不仅是广播电台生存发展的核心要义，也是北京电台公益广告事业的有力引导。北京电台的公益理念可以概

括为以下几点:

第一，以声为本，技艺专精。广播是以声音作为基础的传播媒介。因此，广播公益广告的创作也必须发挥自身声音专业的优势，利用声音特点结合听众的收听习惯，从而创造出最为有效的公益广告作品。音频媒体本身具有敏锐、易逝的特点。因此，一条好的广播公益广告，在立意的基础上，还需要更具创意的文案和更具吸引力的制作技艺来提供支撑。北京电台经过多年实践已经在这些方面取得了显著的突破，不仅积累了领先的技术设备、储备了大量优质声音素材，更培养了大批广播广告人才，成立了专门的制作中心，为制作高质量的广播广告奠定了基础。

第二，创新流程，提升功效。从北京电台组织文化到业务实施，都是在遵循务实朴素的唯物辩证法。因此，在包括公益广告工作的各个环节上，都十分关注程序优化和效果优化。既要保证公益广告主题鲜明不落窠臼，又要保证公益广告的传播效果和影响力。同时，在公益广告从创意到播出的整个流程中，还要实现可控、灵活和及时，实现成本与产出的优化配置，从而将公益广告的实效功用推到一个更高的水平。

第三，坚守使命，勇为人先。首都北京在全国的精神文明建设中发挥着龙头榜样的作用。作为首都的广播媒体，北京电台自觉肩负着传播公益理想、播撒文明种子的使命。一方面，首都的标杆形象给北京电台的公益宣传提出了更高的标准和要求要努力走在前面，争取做出榜样；另一方面，作为区域性媒体，北京电台的公益广告宣传还要体现环境特点和城市特色，体现“大音京华、声系天下”的情怀。

（二）北京电台公益传播的自主与共享

北京电台是一个多输出端口的综合媒体，其下设的九个开路专业广播均定位于不同的市场和人群。这些专业广播在节目内容上实行自我运作，但在整体的传播上也具有共享和统一的特点。北京电台的公益广告活动也遵循同样的机制。公益广告作品由各专业广播自主制作和播出，同时这些公益广告作品也可以通过上传平台实现共享，台属广告部门则给予支持和监督。这种兼具自主和共享的机制不仅提高了公益广告的制作效率，也让北京电台的公益广告作品更具活力。

首先，北京电台不同频率的公益广告体现了这些频率的定位特点。在制作中针对不同的人群，可以进一步加强传播效果、提升公益广告的实效性。例如北京交通广播，京城庞大的汽车驾驶员群体是该频率的主要听众。结合频率的定位，交通广播多年来创作了许多经典的交通公益广告，例如禁止酒后驾车、提倡文明行车等等。很多司机在收听交通广播的同时收到了这些公益广告作品的教育和提示，对于其形成良好的交通习惯、维护交通安全和秩序起到了良好的作用。

第二，进一步发挥公益广告的创作力，开发公益广告作品的多样性。公益广告创作的自主机制激发了各专业广播的创作活力，涌现出许多不同主题、富于时代特色的公益广告作品。植树、节水、减排、治沙、敬老、青少年教育、救助儿童、节日回家、反腐倡廉、环境污染、防治传染病、抗震救灾、庆祝奥运等主题均在近年来的公益广告作品中出现。这些公益广告主题意义深远、涵盖了生活的方方面面，对倡导和谐社会、传播科学发展都发挥了积极的社会影响。

第三，实现共享提升了北京电台的整体公益创作水平。北京电台针对各专业广播建立了一个开放式的共享平台，单一频率制作的公益广告可以上传到这个平台上，其他频率则根据自身所需分享使用这些作品。共享机制的建立，提高了各专业广播公益宣传的机动能力，提高了公益广告作品的使用率，也对北京电台整体的公益广告水平具有良好的促进作用。在重大事件和重大活动的公益宣传中，北京电台仍发挥着统一指挥、全局部署的功能，可以充分调动各专业广播资源，有效开展大型公益宣传活动。

（三）北京电台历年公益宣传成果

自上世纪 80 年代推出公益广告以来，北京电台一直坚持与社会同步、与时代发展同步的公益理念，既关注社会大势，也体察民生百态。在近 30 年来，尤其是进入新世纪以来，北京电台公益广告在每一次社会重大事件和重大活动中都留下了难以磨灭的印记。

1. 2003 抗击“非典”

2003 年春，非典疫情突然来袭。肆虐的疫情在京城扰乱了深灰生活的正常运转和人们生活工作的规律。虽然北京电台的日常工作同样受到了疫情的严重干扰，但作为北京市的权威地方媒体，北京电台及时调整节目编播，积极发挥宣传作用和公益感召力，掀起了一轮抗击非典的公益宣传高潮。在一个月的时间里，各专业广播根据自身特点，创作了一百余条公益广告。四月上旬，北京教育广播（现为北京故事广播）、北京交通广播率先推出“预防非典不用慌”和“防治非典、打开车窗”为主题的公益广告。北京音乐广播则专门制作了抗击非典主题歌曲，在社会上广为传唱。新闻、经济、文艺、体育广播也不断滚动播出各类公益广告。北京电台广告部统一广告宣传口径，加大公益传播力度，并在七月间举行了抗击非典公益广告评选活动。这一时期北京电台的公益广告评选和展播在社会上引起了很大反响，许多听众都表达了对于北京电台在这一非常时期公益宣传工作的赞扬和肯定。有听众评论道：“非典时期，只要打开收音机，从北京电台的所有七个专业广播的电波中，听众随时随地都可以感受到浓浓的关心、爱心和信心的传递。”

2. 2008 年抗震救灾

2008 年 5 月 12 日，四川省汶川县发生里氏八级地震造成巨大的人员伤亡和财产损失，地震发生时，北京地区有明显震感，北京电台领导及时作出部署，充分发挥各专业广播及时迅捷的特性，积极投入到抗震救灾的宣传战斗中。同时，北京电台的公益宣传机制也开始发挥作用。根据当时的统计，从 5 月 12 日到 6 月 3 日，北京电台共播发抗震救灾报道 7100 多条次，制作了近百条不同内容的公益广告，全天滚动播出。这些公益广告在北京电台八个专业广播的黄金时段和重点栏目滚动播出，鼓舞士气、振奋人心，号召市民奉献安心、踊跃捐款，每天播出近百条次。

地震发生后第二天，交通广播就启动了心系灾区大型公益宣传活动——“心手相连，众志成城”，全天十二次在交通广播黄金时间和重点栏目滚动播出公益广告，传递“一方有难，八方支援”的拳拳爱心。城市服务管理广播还根据节目内容剪辑制作了义务献血公益广告，全天滚动播出。5月16日，北京红十字血液中心打电话向北京电台表示感谢，并希望暂停播出号召献血的公益广告，因为北京血站的库容量已满。六一期间，一些专业广播重要时段和栏目还滚动播出专门为灾区孩子们创作的送祝福公益广告。同时，由电台广告部和节目制作中心联合制作的公益广告“大爱无边——北京人民广播电台抗战救灾公益广告”上传至共享平台，也被广泛传播。

这些公益广告制作及时、密集播放、内容丰富、饱含真情，表达了北京电台全体同仁对灾区人民的共同心声，向首都听众传达了与灾区人民不离不弃、共度难关的坚定信念，鼓舞了士气，温暖了人心。

3. 北京奥运

从2001年申奥成功后，北京电台就开始了北京奥运的公益宣传活动。当时的北京经济广播率先制作了7条不同角度的庆祝北京申奥成功的公益广告，并通过共享平台将这一喜讯传播开来。在奥运倒计时一周年之际，北京交通广播要求杨利伟、濮存昕等人录制“奥运寄语”，精心制作了“我们向奥运奔跑”主题公益广告，在交通台全天黄金时间播出，营造了良好的宣传氛围。

2008年奥运会期间，北京电台掀起了一轮奥运公益宣传热潮。各专业广播发挥各自特长，随着奥运的环节流程精心设计，实现了非常理想的传播效果。以北京交通广播为例，自7月20日起启动了“迎接奥运，我们准备好了”阶段主题宣传活动，制作了包括交通委、环保局、公交集团、地铁集团、民航、铁路、出租行业、奥运合作伙伴、奥运志愿者、公众人物、普通出行者等为主题的8版公益广告作品，全天32次在重点栏目中播出。8月5日起，交通广播还启动了“加油奥运，祝福北京”奥运宣传第二阶段主题活动，全天13次滚动播出相关公益广告。

奥运会结束后，北京电台又推出了残奥会大型公益宣传，进一步做好“两个奥运同样精彩”的宣传，特别制作了“爱上残奥会”系列小专题，以及多个版本的残奥会公益广告和宣传提示语。

奥运会让世人看到了中国的风采，感受到了北京这座城市的活力与精神。北京电台则通过一系列媒体宣传和公益推广，为北京奥运添加了鲜亮一笔。

4. 北京电台参与和组织的公益广告评选

为了更好地推广公益广告宣传，提升广播电台公益广告的质量与水平，北京电台积极参与社会各界组织的公益广告评选活动，同时自身也面向台内和社会举办多主题的公益广告评选，产生了良好的效果。

1997年，北京电台报送的公益广告作品如《祖国统一》等，荣获当年的政府奖和中华好风尚奖。进入新世纪以来，北京电台积极参与多个政府机构和协会举办的公益广告评选，并屡创佳绩。此外，北京电台还多次荣获由中国广告协会评选的“全国广告行业精神文明先进单位”称号，以及被中共北京市委宣传部、北京市工商行政管理局、北京市广告协会评为“首都广告业社会主义精神文明建设先进单位”等称号。

早在上世纪90年代，北京电台已经开始在台内开展优秀广播广告评选活动。自2004年起，这一评选以每年一次的形式固定延续下来。与此同时，北京电台响应国家号召，开展了许多主题鲜明的公益广告评选展播活动。2001年同市委宣传部、首都文明办等单位共同主办“首都公民道德公益广告活动”；2005年，开展极响应落实中央文明办、国家工商总局、国家广电总局、新闻出版总署、北京奥组委《关于举办全国“迎奥运、讲文明、树新风”公益广告征集比赛通知》的号召，开展面向社会的公益广告征集活动。

此外，北京电台各专业广播也会根据自身频率特点开展各类面向社会的征集评选活动。如北京教育广播的“迎新春尊老敬老公益广告词”、音乐广播的“发展公益广告事业，促进公民道德建设”主题公益广告创优活动。由北京电台和中国广播电视协会联合主办、北京电台研究中心承办的“赢在创意”全国广播栏目大赛也逐步引入了公益广告作品环节，加强了对工艺作品的宣传。

这些评选活动，凸显了北京电台在公益广告宣传中发挥的作用，通过务实精进的方法不断促进电台公益广告水平的提升，在相当程度上促进了北京电台的公益广告事业发展，将电台的公益影响力推向更高的水平。

（四）谱写公益新篇章

2011年以来，北京电台作为首都地区的专业广播媒体，进一步发挥自身优势，在用声音传播公益理想的路上谱写了崭新的篇章。北京电台在原本重视公益广告创作的基础上，加大力度创作新颖务实、贴近时代特色和市民生活的公益广告作品。其中不但包括绿色出行、清洁空气、勤俭节约、节约用水、安全用电等与人们生活息息相关的公益话题，还有关心家人、慢节奏生活等给听众增加正能量的人文关怀类话题。

数量众多且质量上乘的公益广告的播出，在得到听众的表扬和肯定的同时，也斩获了诸多公益广告类奖项。

《2011地球关灯日主题公益广告》获得中国广播电视协会第三届全国优秀广播广告公益类一等奖，《教师节公益——山区教师篇》获得中国广播电视协会第四届全国优秀广播广告公益类一等奖，《路——关注山区儿童》获得中国广告协会第十八届中国国际广告节“国酒茅台”中国公益广告黄河奖银奖，《世界无烟日——没事儿走两步》获得中国广告协会第十九届中国国际广告节“国酒茅台”中国公益广告黄河奖银奖。

值得一提的是，在兼顾艺术性、欣赏性的同时，北京电台还制作播出了大批以实用性为主的公益广告，比如针对夏季雷电、暴雨天气的《雷天电器安全提示》、《暴雨天气安全提示》，针对雾霾天气的《雾霾天气安全提示》以及在各种传统节日播出的宣传我国传统文化知识的公益广告等。这类实用性的公益广告短小精干、言简意赅，能够第一时间明确清晰表达作品的核心思想。

今年，“中国梦”成为激荡神州大地，承载亿万海内外中华儿女梦想和重托的热门词汇。北京电台顺应人民思想趋势制作播出了引起热烈社会反响的大型系列公益广告《国人自述——我的中国梦》，通过俞敏洪、张颐武、于丹、李永波、姚明、蔡国庆、韩红等50余位社会各界不同人物对个人梦想的追求、对中国梦的理解来宣传“中国梦”这一代表着中国伟大复兴的词汇。这些名人与普通人的梦想，或大气深沉、或简略朴素，或心系家国，或深入民生，充分代表和体现了首都人民乃至全国人民对于“中国梦”这一概念的理解与对中华民族复兴、人民生活幸福的殷切期望。这些饱含温暖与梦想的声音感动了大批北京广播听众，也开创了主题式、系列化、纪实性公益广告作品的新天地。

今后，北京电台仍将坚定不移地将公益广告宣传作为一项重要任务，将“精以务本，进以图强”的精神更好地体现在公益事业中。北京电台的公益广告将更为长久和深入地位首都人民的生活和行为方式提供有力引导，为和谐健康的社会环境保驾护航。北京电台将以公益广告为杠杆，肩负起属于新时代广播媒体的社会责任和历史使命。

（中国传媒大学广告学院　董寄舟）

（十）北京天地升华国际传播有限公司：心存公益情，创意自升华

引子

许多电视观众发现，近年来电视银幕上的公益广告越来越多了，质量也越来越好了。用动画拟人的“Family”情感真挚，表达质朴流畅；对郭文标、邓前堆、郭明义等的学雷锋事迹表述真实诚恳，画面感极强；即使是几个泥人皮影，也能将“中国礼”讲的头头是道。大家在叹服这些公益广告作品的创意和制作水平之时，恐怕很难想到是谁在为这些洋溢着真善美的作品而辛勤劳作。

这些优秀作品背后的“幕后英雄”就是北京天地升华国际传播有限公司。这家规模不大的广告制作公司位于北京市东城区，面向着熙熙攘攘的大街，而背靠着金顶朱户的雍和宫。进得门来，则又是另一番景象：办公室内充满了温馨随性的氛围，屋里的饰品和书籍讲述着它们的主人平凡中见精彩的生活故事。天地升华是国内最早涉足公益广告制作的公司之一，我国的第一部公益广告剧就是从这里走出的。可以说，天地升华和许许多多像它一样的公司为中国公益广告事业的发展做出了最为真切的努力。

（一）创意：因人因事把握方向

要让一支公益广告呈现在广大观众的面前，最重要的环节是它的创意和制作。为此，笔者专门拜访了天地升华公司的导演杨术，请他讲解公益广告的创意和制作知识，并就公益广告的创作发表感想。让我们从天地升华的公益广告创作谈起，一窥这一广告界中不为人知的领域。

公益广告的创意同商业广告的创意类似，需要考虑许多不同方面的问题。其中最重要的两个问题就当属广告主和受众到底是谁。杨术导演表示，公司所接触的最多的广告主主要是国家及媒体和政府各部委。我国的国家及媒体如中央电视台等，每年都要制作一批公益广告作品，其主体也多种多样，但主要涵盖的范围包括文明守礼、关爱老人、环境保护等。由于主题限定相对较为宽泛，因而公司在这一类广告的创作中也享有相对较高的自由度。一般而言，是广告公司的创意团队提出最初的创意脚本，而后由媒体参与修改。红遍大江南北的《爱的表达式》（Family）篇即属于这一类。这一广告的最初创意来自动画专业学生张德元为央视所投的稿件。天地升华公司在保留原有动画底蕴的基础上对叙事方式进行了润色，全片朴实而大气的基本风格就来源于此。此外，天地升华创意团队还在本片创意的基础上完成了《父子篇》和《母子篇》两部衍生作品。在这两部组品中，“Family”这一单词中的不同字母更是变化为直观的人形，用具象化的方式进一步表述家庭中的亲情温暖。在《学雷锋》篇广告当中，其中的模范人物邓前堆和郭文标也是出自创意团队的选择。创意团队在接到这一任务后，逐一研究了众多道德模范人物的履历，并选出了这两位身居偏远、默默奉献、视助人救人为己任的英雄式人物。

公司接到来自各部委的公益广告制作任务。部委公益广告的主要功能是政策宣讲，经常需要将政策中的重点段落和主要精神全文播发。这就更加需要广告创意的合理配合。在人力资源和社会保障部的“全民社保”公益广告中，文件中的重点段落需要全文阅读。为不显得僵硬和突兀，创意团队选择了“收音机”和“阳光”的创意概念：让收音机的声音宣读政策，而在画面上则表现为阳光照耀在人们的身上，以体现社保像阳光一样达到全面覆盖的意义。在场景地点上，则选择了东部的周庄和西部的黔中南山区，作为中国地理范围的代表。事实上，最初的创意希望能包含中国最东、最西、最南和最北的各个地点，但由于拍摄周期所限而没有能够实现。这样一来，不仅部委的要求能够达成，而且全片在艺术上也能够做到赏心悦目，表述明确而不显僵硬。类似的作品还有卫生和计划生育委员会宣传免费婚前检查的公益广告作品。该片以“种子”和“土地”比喻生育双方，并采用了活泼的动画形式，在创意深入人心的同时宣讲了我国的人口和生育政策。

公益广告的创意还要考虑受众的接受。例如《爱的表达式》篇的创意中之所以一直选择“爱”中的亲情作为表达的重点，正是为了针对许多电视观众长期离家在外工作生活，对家庭亲情感触最深这一事实。当然，这也是创意者自己最深切的体会。总之，公益广告的创意往往面临时间短、任务重的处境，但天地升华公司的创作团队每次都能找到适当的创意切入口，奉献出生动而有深度的公益广告创意。

（二）制作：发挥人和技术的优势

与创意相比，公益广告的拍摄和制作往往是更加艰巨的任务。不仅经常需要亲临现场拍摄，有时还可能承担一定的风险。而公益广告的后期制作更是需要发挥相当大的创造性。可以说，公益广告的制作是在对人和技术潜力的深度挖掘中完成的。

公益广告虽然普遍篇幅较短，但拍摄起来决不能有半点马虎。在人社部的社保主题公益广告当中，周庄和黔中南均为实地取景，整个拍摄过程中没有动用一个专业演员，表演全部由当地居民完成。由于周庄地处东部，是著名的旅游区，因而整个拍摄过程相对顺利。但贵州深山中的拍摄就显得异常艰难：当地没有等级较高的公路，运送大型设备的车辆无法进入，只能改用小车多次运到拍摄现场。相似的经历还包括在云南拍摄的“索道医生”邓前堆的事迹。杨术导演说，当地地处山区，山高路远，往往两个村庄之间的道路长达数十公里。拍摄人员必须在如此艰苦的条件下完成拍摄。在完成人物的同时，所有摄制人员也深深理解的这位乡村医生平凡中的伟大。

拍摄公益广告还可能面临危险。在拍摄“平安水鬼”郭文标的事迹时，要体现他在风浪中救人的壮举，摄制组坚持选择在风浪天气中拍摄以获得真实的效果。摄制组在小船中进行拍摄时，多次遇到了可能将船打翻的风浪，所有人都为此捏了一把汗。这次拍摄仍然为观众奉献出了异常真实的风浪救援场面，这是一般的拍摄所不可能具有的效果。正是这种对真实负责的态度，使得天地升华制作的公益广告具有了令人信服的视觉冲击力。

除真实拍摄之外，现在的许多公益广告也会采取电脑动画制作的技术。这样制作出来的作品虽看似简单随意，但实际上凝聚着动画技术人员的辛勤汗水。在制作《中国礼》中的皮影篇时，并没有采用真实的皮影，而是全部由软件制作出来。但为了产生出令人信服的效果，工作人员仔细研究了真实的皮影运动，并归纳出皮影运动的特点，即那种受到提线操作而表现出的力学效果，这与一般人物形象自身发力产生的效果时完全不同的。在尝试了多次以后，天地升华的创作团队终于在计算机中完美呈现的皮影戏的特点：不仅动作逼真，甚至连皮影从幕布上揭开的虚化效果也与真实中的如出一辙，令人叹为观止。即使在真实拍摄的公益广告当中，也需要大量的后期制作和剪辑工作。后期制作可能是影视拍摄中最为繁琐、最耗时间的工作流程。但天地升华的创作人员克服时间方面的困难，为观众制作出了精美的公益广告片。在这家公司里，每个办公室中都有着宽大的沙发。据工作人员介绍，这是为那些彻夜工作而无法回家的员工准备的，可见公益广告制作人员工作之辛勤。

（三）理念：相信公益的力量

公益广告的亮相频率高了，来自观众的非议也随之而来。在社会和媒体上，有不少关于公益广告过度拔高模范人物，乃至“站着说话不腰疼”的言论。可是在天地升华，真心相信公益价值、踏实践行公益理念的氛围确是可以真真切切感受得到的。

杨术导演对于所拍摄公益广告当中的道德模范人物和公益价值是真心相信并为之感动的。很多作为拍摄对象的人物最终也成了他自己的知心朋友。例如在沿海救人而闻名的郭文彪。郭文彪本来可以做一个富有的远洋渔船主，那样的话每年都可以获得不菲的收入。但他选择的海上救援事业，不仅不能带给他利润，更是使自己常常陷于危险之中。但是，几年间救助过的众多生命，帮助过的各国船只才是他心目中真正的骄傲，他的所作所为成为当地渔民、海员海上作业时的护身符。杨导在回忆拍摄郭文彪专题片的过程时，清晰地记得一个场景：沿海的防波堤上用巨大的字体写着郭文标和他的电话号码。与郭文标有过深入交流的杨术表示，同这样的一个人交往，让他真正相信了世界上确实存在着一些舍己为人、奉献社会的模范人物。这些人物在他们自己奉献道路上的艰辛耕耘，使他们完全可以肩负英雄之名。

长期接触公益人物和公益广告的拍摄，使杨术导演自己也有了许多生活的感悟。他坦承自己曾经的离经叛道，但经过数年的历练，他已经越来越多地能够体会家庭的价值、体会社会公德的含义，乃至了解社会管理和运作的意义。在制作 Family 系列公益广告时，将字母转化为人形并讲述父子、母女之情就来自与他的创意。因为在创作这一则广告时，他的心中充满了对自己家庭的思念和对父母的感恩。他和他的团队也曾经为人们所感慨的社会实践所启发，连夜制作动画公益广告，希望唤起所有人对他人的关爱和理解。他也在制作各部委宣传广告的过程中看到，一条简单的政策能够为深处贫困或抵触偏远的居民带来何等影响，也见到了相关的工作人员为落实这些政策所付出的的努力。可见，公益广告不及在改变那些观看者的生活，也在影响着创造者本身的观念和行为。

对于今后的打算，杨术导演希望能够拍摄一系列环保主题的公益广告作品。近年来的雾霾、水污染等环境事件让人们感到深受其害而又无处躲藏。因此，杨术希望能够让每个人看得到自己在环保事业中的地位，告诉每个人他们的所作所为在多大程度上能够为更好的环境做出贡献。公益广告在提供基本的提示和引导的同时，还应当提供直接和清晰的行为指导，在提出问题的同时拿出切实可行的解决方案。这样，才能让人们真正将自己的力量汇聚到宏达的社会主体当中。这让人想起了濮存昕主演的公益广告《相信篇》中的话：每一则公益广告都是一盏灯，灯光亮一些，我们身边的黑暗就会少一些。公益广告虽然不能起到立竿见影的功效，但完全可以成为滋养每个人心灵的最佳补品。

天地升华广告公司公益广告作品的背后有着一群心怀公益的广告人，有着追寻创意、挥洒汗水的创作故事，也有着追寻美好、体味人生的心路历程。这样的人、这样的事、这样的理念，使得人们有理由相信天地升华公司将会在公益广告的创作上达到新的高度，在中国公益广告事业的推进和挖掘上获得新的成就。

（中国传媒大学广告学院　董寄舟）

（十一） 常州国家广告产业园区保纳基地：公益广告选题畅想

公益广告的外延涵盖多个领域：是政策解读和宣传的一种普及方式，是弘扬正能量的一种放大渠道，是畅想中国梦的一种素描手法，是法律规范的一种引导措施，是对商业广告急功近利倾向的一种约束，是文化创意产业的一种诉求，是企业责任的担当。

公益广告选题要在以公共道德为主要诉求的基础上，向公共环境保护、公共设施的建设与互动方面拓展。公共道德是规范人们行为的普世准则。人和环境是互动的，在不同的环境和公共设施中，人们的行为方式会不同，所以通过改变环境和公共设施，再来影响和规范人们的行为准则，可能会更有效。

公益广告与商业广告就像一对孪生兄弟。所有的商业广告都必须遵循公共道德，所有的公益广告几乎都有一个市场化的方案。公益广告和商业广告应该是你中有我，我中有你。就目前公益广告发展的态势而言，商业广告更应该多融入公益广告元素，让其在促销产品和服务的同时，受到公共道德的约束。而公益广告也应该在提倡传统宣教的基础上，积极寻找市场化执行方案。

常州国家广告产业园区保纳基地根据多年致力于公益广告与商业广告有机结合，提出22项公益广告选题方案的畅想：

1. 克服中式合餐制的卫生和浪费现象是一个难题，是采用自助餐还是西式分餐制？怎样在保持中式餐饮传统与氛围的基础上，就卫生和杜绝浪费现象征集解决方案。

2. 克服“中国式过马路”现象。征集切实可行的解决方案，倡导绿色出行，文明旅游，征集切实可行的解决方案。

3. 号召捐款扶贫。扶贫往往扶贫变成了“养贫”，要征集切实可行的解决方案。

4. “地球一小时”旨在关爱地球，节约用电，但是现今已变成形式主义活动。就怎样进行环保活动，征集切实可行的解决方案。

5. 进入办公无纸化时代，但办公室纸张却越用越多。就杜绝浪费办公室用纸，征集切实可行的解决方案。

6. 空气质量成为举国关注话题。PM2．5的指数越来越高，焚烧秸秆现象依旧明显，针对此现象，征集切实可行的解决方案。

7. 在我们进入汽车时代的同时，公交车的使用率也在逐步提升，公交车上的合理化让座，让文明与爱心得以发扬，征集切实可行的解决方案。

8. 公共场所禁止吸烟，如何杜绝二手烟，建立良好的公民道德，征集解决方案。

9. 保护祖国的未来，就如何打击拐卖婴儿和儿童，减少对婴幼童的暴力伤害，征集画面及解决方案。

10. 垃圾分类。从垃圾箱里拾公德心，征集切实可行的解决方案。

11. 在公共场合大声喧哗，扰乱了公众形象，征集切实可行的解决方案。

12. 就文明饲养宠物，杜绝无素质遛狗等活动对城市环境产生污染的问题，征集切实可行的解决方案。

13. 就解决小区广场舞等产生的噪音干扰等问题，征集切实可行的解决方案。

14. 闹市区文明行车，各行其道；住宅区文明行车，文明停车，征集切实可行的解决方案。

15. 就目前河流严重污染，空气不断恶化，倡导大家保护卫生，共建美好家园，征集切实可行的解决方案。

16. 错锋出行，包括车辆与行人（老年人），减少拥堵，创造良好的公共交通环境，征集切实可行的解决方案。

17. 批评“碰瓷”现象，提升公民道德素质，征集切实可行的解决方案。

18. 关爱空穴、失独老人，尤其是失独老人的心理干预，征集主题宣传画面及切实可行的解决方案。

19. 讲文明懂礼貌、使用文明语言的深度推广，征集切实可行的解决方案。

20. 文明网络，禁止过度消耗话题及虚假广告的推广。严格网络审查制度，征集切实可行的解决方案。

21. 建立商家/商盟诚信道德体系，共建诚信经营、诚信生产、诚信销售的诚信体系，征集切实可行的解决方案。

22. 中华民族传统礼仪、道德的宣传，以此来提升公民整体道德素质，营造良好的社会氛围，征集切实可行的解决方案。

常州国家广告产业园区保纳基地愿意与各界朋友合作，将上述公益广告选题变成社会欢迎的公益广告作品，为重建伟大中华礼仪之邦的良好形象尽力绵薄。

（保纳基地董事长　史有明）

叁 政策文件篇

重要文件

（一）中共中央宣传部、中央文明办、国家工商总局、国家广电总局、新闻出版总署《关于开展“讲文明树新风”公益广告征集活动的通知》（文明办［2011］14号）

各省、自治区、直辖市和新疆生产建设兵团党委宣传部，文明办，工商行政管理局，广播影视局，新闻出版局：

为了充分发挥公益广告在传播文明、引领风尚中的重要作用，展示我国人民昂扬向上、文明进步的精神风貌，为庆祝中国共产党成立90周年营造文明和谐的社会氛围，经中央领导批准，中央宣传部、中央文明办、国家工商总局、国家广电总局、新闻出版总署组织开展“讲文明树新风”主题公益广告宣传活动，面向全国征集优秀作品。现将有关事项通知如下。

一、活动主题

以弘扬社会主义核心价值体系为根本，围绕庆祝中国共产党成立90周年，制作、刊播“讲文明树新风”主题公益广告，弘扬自强、厚德、崇俭、尚义、守信、明礼、报国、尽孝等修身律己理念，引导人们积极参与“做文明有礼的中国人”、学习宣传道德模范、志愿服务、文明交通行动等道德实践活动，树立良好道德风尚。

二、主办单位

中央宣传部、中央文明办、国家工商总局、国家广电总局、新闻出版总署。

三、活动时间

2011年6月至12月。

四、活动内容

各省（区、市）和新疆生产建设兵团文明办要牵头组织引导当地报纸、电台、电视台和广告企业设计制作“讲文明树新风”公益广告，向主办单位选送优秀作品，并刊播主办单位统一推出的优秀作品。

1. 作品制作。“讲文明树新风”公益广告作品分为平面、广播、影视三类。要求主题鲜明，导向正确，基调健康，内涵深刻；创意新颖，表达严谨，清晰准确，制作精良，易认易记，感染力强，综合效果突出。为确保公平，各类作品均不得在画面、语音或标版中显示报送人、制作人、投资人等信息。平面类作品版面设计最大为A1，最小为A4，广播类作品时长最长90秒，最短30秒，影视类作品时长最长120秒，最短30秒。

2. 作品选送。7月20日前，各省（区、市）和新疆生产建设兵团文明办分别选送10件优秀作品，其中平面类作品4件、广播类作品3件、影视类作品3件。主办单位委托中国传媒大学广告学院“全国公益广告创新研究基地”接收报送的作品（作品报送要求见附件1）。各制作单位自留底稿，以备修改。

3. 作品刊播。主办单位对各地选送作品筛选审定后，引导、鼓励新闻媒体、户外媒体、移动媒体和重点新闻网站于8月至11月进行集中展播。

4. 表彰奖励。主办单位组织专家对征集的“讲文明树新风”公益广告进行评审，初评出入围作品，组织中央新闻媒体对入围作品进行展播，公众投票评选。组委会根据群众投票情况和专家意见综合评定奖项，对优秀作品予以表彰奖励。

五、工作要求

1. 各地组织单位应事先告知投资人、制片人、创作人、演员等有关方面，凡涉及侵权等问题的作品一律不得选送，主办单位对各类作品可进行修改、改编等非商业性再创作。

2. 在确保相关权利人法定权益的基础上，主办单位将把各类优秀作品无偿提供给全国各级各类媒体进行刊播。

3. 各地各部门要高度重视“讲文明树新风”公益广告宣传工作，加强领导，整合资源，努力推出优秀作品。要组织和动员社会各界热心公益、形象健康、作风正派、群众认可的知名人士参演公益广告。要增强法律意识，按照本通知及相关规章制度规范操作，促进公益广告事业健康发展。

附：1. 报送作品要求

2. 作品登记表

中共中央宣传部

中央文明办

国家工商总局

国家广告总局

新闻出版总署

2011年6月2日

附1：

报送作品要求

报送的作品由各省（区、市）和新疆生产建设兵团文明办汇总后，填报作品登记表，邮寄给中国传媒大学广告学院“全国公益广告创新研究基地”，地址：北京市朝阳区定福庄东街1号，邮编100024。联系人：刘林清、和群坡，联系方式：010－65783234，13501196522（刘）13801318145（和），信封封面右上角标注“讲文明树新风公益广告”。

一、 每件平面作品用150克轻黑硬卡纸裱起，规格为A3，作品电子版以“文件名.TIF”或“文件名.jpg”格式发至邮箱：gongyiad@126.com。

二、 广播类作品制作成音频光盘（CD格式），一张光盘可以录制多条广告，各条广告之间间隔10秒，光盘封面用标签注明作品名称，附广告文案稿1份（A4纸打印稿）。

三、 影视类作品制作成DVW数字贝塔格式，音频振幅—20dB，时长最长120秒，片长为5秒的倍数，以40秒，55秒，60秒为最佳，片头有1分钟彩条，3秒片名标题版及3秒倒数显示，每件作品之间留出10秒间隔，盒子封面用标签注明作品名称、时长及入点时码。

附2：

作品登记表

广告题目	
广告类别	
出资单位	
创作单位	
创意人	
设计人	
选送单位意见	（盖章） 年　月　日
联系人	
联系电话	

说明：1. 广告类别填写平面、广播、影视。

2. 选送单位为各省（区、市）和新疆生产建设兵团党委宣传部，文明办，工商行政管理局，广播影视局，新闻出版局。

3. 联系人与联系电话填写选送单位的联系人姓名和办公室电话、手机号码。

（二）中共中央宣传部、中央文明办、中央外宣办、工业和信息化部、国家工商总局、国家广电总局、新闻出版总署《关于深入开展“讲文明树新风”公益广告宣传的意见》（文明办［2013］1号）

各省、自治区、直辖市和新疆生产建设兵团党委宣传部、文明办、外宣办（网宣办）、通信管理局、工商行政管理局、广播影视局、新闻出版局：

“讲文明树新风”公益广告是传播先进文化、引领文明风尚的重要载体。为充分运用这一形式，深入学习贯彻党的十八大精神，推进社会主义核心价值体系建设，培育知荣辱、讲正气、作奉献、促和谐的良好风尚，经中央领导批准，中宣部、中央文明办、中央外宣办、工业和信息化部、国家工商总局、国家广电总局、新闻出版总署在全国深入开展“讲文明树新风”公益广告宣传，着重围绕培育社会主体核心价值观、规范道德行为、建设生态文明以及与人民群众生活关系密切的交通、食品安全等方面内容展开，弘扬正风正气，激发奋进力量，为推动科学发展、促进社会和谐营造良好氛围。

一、大力制作刊播“讲文明树新风“公益广告

各级各类媒体媒介要紧扣“讲文明树新风”主题，设计制作贴近生活、新颖美观、群众喜闻乐见的公益广告，拿出重要版面、黄金时段、显著位置持续刊播，形成规模，形成声势，形成广泛社会影响。具体要求是：

报纸类：中央主要报纸按每天一个1/4版计，每月刊登总量不少于8个整版。各省（区、市）和省会、副省级城市党报、晚报、都市报，每月刊登总量不少于6个整版。

广播类：中央电台各主要频率每天播出6次以上，其中黄金时段至少3次。各省（区、市）和省会、副省级城市电台主要频率，按上述标准播出。

电视类：中央电视台各频道每天均安排时段播出。综合频道每天播出10次以上，其中黄金时段不少于3次；其他各频道不少于15次，其中黄金时段不少于4次。《新闻联播》、《午间新闻》前后等重点时段以及晚间黄金时段要保证播出时间。各省（区、市）和省会、副省级城市电视台各频道，按上述标准播出。

期刊类：中央主要时政类期刊以及各省（区、市）和省会、副省级城市时政类期刊，每期至少刊登1个页面；其他大众生活、文摘类期刊，每两期至少刊登1个页面。

互联网：中央新闻网站和主要商业网站，在首页位置长期集中宣传展示。各省（区、市）和省会、副省级城市新闻网站和商业网站，按上述标准宣传展示。

手机类：中国移动、中国电信、中国联通在全国范围内运用手机报、短信、彩信、炫铃等方式传播公益广告。

社会媒介：政府职能部门协调安排在各类交通运载工具和公共场所，运用电子显示屏、楼宇电视、户外广告牌等媒介，大力度、经常性刊播。各城市和主管部门组织大型商场和宾馆饭店在重要节日期间，在显著位置刊播展示。

二、形成“讲文明树新风”公益广告宣传运行体制

“讲文明树新风“公益广告宣传是一项长期任务，各地各部门各媒体要形成有效运行机制，推动工作落实。

工作机制。媒体日常公益广告宣传，由各媒体自行制作刊播，自行审核把关。重大主题、重要活动、重点时段的公益广告，由中宣部、中央文明办发布通稿，各媒体集中刊播。依托人民日报、中央电台、中央电视台、中国网络电视台、中国移动设立5家“讲文明树新风”公益广告制作中心，分别牵头设立制作平面类、广播类、影视类、网络类、手机类公益广告，并集纳其他媒体的优秀作品，形成公益广告作品库，供各媒体无偿选用。5家制作中心承担设计制作的公益广告通稿作品，由中央文明办审核后发布。

保障机制。各媒体要成立专门工作小组，明确责任，落实任务。媒体自身加大投入，在财力、物力上予以保障。政府部门研究制定政策法规，对公益广告宣传给予扶持。动员社会力量参与，可选择信誉度高、公众形象好的企业冠名襄赞，推动公益广告宣传常态化。

监督激励机制。主管部门发挥职能作用，对媒体制作刊播“讲文明树新风”公益广告进行指导协调、组织实施和考评。中央外宣办会同工业和信息化部指导和考评互联网和手机媒体，纳入文明网站测评；国家广电总局指导和考评广播电视播出机构；新闻出版总署指导和考评报刊类媒体。交通运载工具、公共场所、商场宾馆等刊播“讲文明树新风”公益广告情况，纳入文明城市、文明单位考核测评。常年开展“讲文明树新风”公益广告征集，不断推出优秀作品。

三、加强“讲文明树新风”公益广告宣传组织领导

摆上重要位置。“讲文明树新风”公益广告宣传，是学习宣传贯彻党的十八大精神的重要举措，是加强精神文明建设的重要任务，是推进社会主义核心价值体系建设的有力抓手。各地各部门和媒体要摆上重要日程，切实做好工作，推动正风正气形成。

制定具体方案。各相关部门、各省（区、市）党委宣传部、文明办制定本地媒体实施方案和刊播计划表，于2月2日前报中央文明办审批后落实。

加强统筹协调。中宣部、中央文明办负责“讲文明树新风”公益广告宣传总体安排、统筹协调、组织实施、督促落实。具体任务是：制定重大主题、重要活动、重点时段公益广告制作刊播计划；协调5家中心设计制作公益广告；组织报审公益广告通稿，提出集中刊播方案；协调有关部门对媒体刊播公益广告指导和考评。各省（区、市）党委宣传部、文明办成立专门工作小组，负责本地“讲文明树新风”公益广告宣传。建立工作月报和季度通报制度，中央媒体每月汇总刊播情况，各省（区、市）党委宣传部、文明办每月汇总本地媒体刊播情况，当月底报中央文明办。中央文明办综合上报，并进行通报。

完善政策法规。中宣部、中央文明办把“讲文明树新风”公益广告宣传作为重要课题，组织财政、工商、税务等部门开展专题调研，听取各方意见，提出完善法规制度的建议，推动公益广告宣传持续健康发展。中央外宣办会同工业和信息化部研究提出互联网和手机媒体更好地开展公益广告宣传的实施办法。

中共中央宣传部
中央文明办
中央外宣办
工业和信息化部
国家工商总局
国家广告总局
新闻出版总署
2013年1月21日

2011 年文件

（一） 深圳市人民政府：关于印发深圳市公益广告管理暂行办法的通知（深府［2011］128 号）

各区人民政府，市各有关单位：

《深圳市公益广告管理暂行办法》已经市政府同意，现予印发，请遵照执行。

深圳市人民政府

二〇一一年八月九日

深圳市公益广告管理暂行办法

第一条　为加强对公益广告宣传活动的引导和管理，发挥公益广告对社会主义政治文明、精神文明和物质文明建设的积极作用，落实科学发展观，促进社会主义和谐社会的建设，根据国家法律、法规相关规定，结合我市实际，制定本暂行办法。

第二条　本暂行办法适用于深圳市行政区域内国家机关、企事业单位、媒体及广告媒介、社会组织、其他社会机构以及个人公益广告年度发布计划的制定、公益广告发布的管理。

第三条　本暂行办法所称公益广告，是指向社会传播良好的思想意识、道德观念、行为规范和安全、应急知识，有利于社会进步，促进社会和谐健康发展的不以营利为目的的广告。

第四条　本暂行办法所称公益广告主要包括以下类型：

（一）思想道德类：社会公德、职业道德、家庭美德、个人品德等；

（二）法制宣传类：依法行政、法治建设、法制宣传、廉政教育等；

（三）生态文明类：动植物保护、资源节约、环境保护等；

（四）公共服务类：卫生健康、食品安全、交通安全、消防安全、应急安全、慈善救助、禁毒教育等。

国家机关发布的法规、规章、规范性文件、政务信息、其他公共信息及围绕市委市政府中心工作的信息和主题性宣传片等不属于本暂行办法所称的公益广告。此类信息及宣传片的管理办法由市委宣传部另行规定。

第五条　市委宣传部负责对全市公益广告进行统筹规划、综合协调。

市场监督管理部门依照国家广告管理法律法规及本暂行办法的规定对公益广告进行监督管理。

规划、环保、城市管理、应急管理、交通运输管理等单位在各自的职能范围内对公益广告进行规划和指导。

第六条　公益广告主管部门根据全市社会主义政治文明、精神文明和物质文明建设的要求，确定公益广告年度宣传主题。必要时可向社会公开征集公益广告主题。

公益广告主管部门应于每年6月30日前公布下一年度的公益广告宣传主题。

第七条　需要发布公益广告的单位或个人，根据年度宣传主题向公益广告主管部门申报公益广告作品样件。

第八条　公益广告主管部门负责对申报的公益广告作品样件进行审定，并根据年度宣传主题、公益广告作品质量、年度免费发布量等评选一定数量的公益广告，纳入下一年度公益广告发布计划。

未纳入公益广告发布计划的作品样件，应退回广告送审单位或个人。

第九条　公益广告主管部门对纳入公益广告发布计划的公益广告，应当组织相关媒体及广告媒介及时发布。

第十条　中央和省级主管部门指令性播出的公益广告，可不经公益广告主管部门审定，由广告发布机构自行发布，于发布之日起一个月内报公益广告主管部门备案。

第十一条　经应急管理部门认定为临时性、突发性等重大事件，需要发布计划外公益广告的，公益广告主管部门根据申请即时安排发布。

遇有重大事件，情况特别紧急的，深圳报业集团、深圳广电集团可及时组织制作、发布有针对性的公益广告，并于发布之日起一个月内报公益广告主管部门备案。

第十二条　各媒体及各广告媒介的公益广告发布量不得低于如下标准：

（一）广播、电视每套节目每日公益广告播出时长不得少于商业广告时长的3%。其中，广播电台在11：00至13：00之间，电视台在19：00至21：00之间，公益广告播出数量不得少于4条次；

（二）报纸、期刊媒介每年刊出公益广告的版面应不少于发布商业广告版面的3%；

（三）发布商业广告的互联网站应按照不少于商业广告3%的比例发布公益广告；

（四）固定形式印刷品广告每期刊出公益广告的版面应不少于发布商业广告的3%；

（五）投影式广告媒介和电子显示屏广告媒介每天用于发布公益广告的时间不少于当天发布商业广告时间的3%；

（六）每块户外广告设施每年发布户外公益广告的时间不得少于发布商业广告时间的3%。

第十三条　深圳报业集团、深圳广电集团按照本暂行办法第十二条第（一）、（二）项规定的发布量发布的公益广告应当免费，超出该发布量的部分应当优惠发布，收取的费用不得高于商业广告费用的最低价格。

超出本暂行办法规定的免费发布量，属于突发事件预防与应急、自救与互救知识的公益广告，应当免费。

其他媒介发布公益广告，按照国家有关规定执行。

第十四条　各媒体及各广告媒介应当每季度将其发布公益广告的情况报送市场监督管理部门备案，市场监督管理部门应当对各媒体及各广告媒介公益广告刊播情况进行定期检查和不定期的抽查。

公益广告主管部门应会同市场监督管理部门于每年第一季度前，将上年度公益广告发布情况予以公示，并接受社会各界监督。

第十五条　本暂行办法第十三条规定的免费发布量应优先保障年度发布计划内公益广告的发布。

第十六条　公共用地户外广告设施中应当保留一定数量由主管部门统一安排的公益广告设施。公共用地户外公益广告设施由公益广告主管部门统一维护管理。法律、法规有其他规定的，从其规定。

任何单位和个人不得利用户外公益广告设施发布商业广告。

第十七条　户外公益广告的发布程序按深圳市户外广告登记管理的有关程序执行。

第十八条　鼓励社会各类机构、企事业单位、社团组织和个人自行出资设计、制作、发布公益广告。

鼓励社会各类媒介免费或者优惠发布公益广告。

公益广告主管部门每年组织举办公益广告大赛，对获奖公益广告的设计、制作者给予奖励。

第十九条　公益广告的发布应符合如下要求：

（一）观点正确，符合国家法律、法规、规章和社会道德规范的要求；

（二）主题鲜明，体现公共利益；

（三）语言文字规范，视听语言运用得当；

（四）画面色彩协调、美观大方，制作严谨；

（五）媒体特征把握准确，便于信息传递；

（六）免费发布的公益广告禁止出现企业名称、商标标识、商品或服务名称、联系方式以及任何与宣传、推销企业、商品或服务有关的内容。

第二十条　优惠发布的公益广告可以标注企业名称或商标标识，但禁止出现以下情形：

（一）商品或服务的名称，以及与宣传、推销商品或服务有关的内容，包括单位地址、网址、电话号码、其他联系方式等；

（二）文字、图片标注企业名称、商标标识的面积超过版面 1/10；

（三）影视作品显示企业名称的时间超过 5 秒，面积超过画面的 1/5；

（四）其他变相设计、制作商业广告的行为。

违反上述禁止性规定的，视为商业广告，按照商业广告的有关规定管理。

第二十一条　违反本暂行办法第十二条第（一）、（二）项和第十三条规定的，由市场监督管理部门责令限期改正，逾期不改正的，予以公告并通报其主管、主办单位。

第二十二条　违反本暂行办法第十六条第二款规定的，由市场监督管理部门责令限期改正，同时违反其他法律、法规、规章的，依照有关规定处理。

第二十三条　非法拆除、遮盖或损坏公共用地户外公益广告设施的，由城市管理部门依照广告设施管理的有关法律、法规、规章的规定处理。

第二十四条　公益广告的发布情况应纳入深圳报业集团、深圳广电集团年度工作考核范畴，由市委宣传部予以考核，市场监督管理部门提供相应的监督管理信息。

第二十五条　本暂行办法自2011年9月1日起施行。

（二）中国广告协会：第十八届中国国际广告节“国酒茅台”中国公益广告黄河奖参赛信息说明

The 18th China International Advertising Festival Instructions on “China Moutai” Public Service Advertisement Grand Prix

一、名称 Title

“国酒茅台”中国公益广告黄河奖

“China Moutai” Public Service Advertisement Grand Prix

二、奖项简介 Awards introduction

本大赛是评选年度内免费发布的宣传人类文明道德观念、提升社会文明程度，并获得良好社会效益的公益广告作品。

本大赛的目的是营造和谐的社会氛围，树立良好的文化道德和社会风尚，回答社会公众关切的问题和期望，赢得更多人们的领悟与共鸣。

奖项参赛作品须符合三方面要求：一是创意独特：具有原创性、震撼力、传达准确清晰；二是制作精良：要求精细美观、结构严谨；三是不得侵犯民族宗教信仰、民族政策、相关法律法规和公众品味。

三、主、承办单位 Organizers and operators

主办单位：

中国广告协会

贵州省工商行政管理局

承办单位：

中广协广告信息文化传播有限责任公司

贵州省工商行政管理局消费指导咨询服务中心

四、冠名单位 Title sponsor

贵州茅台酒厂（集团）有限公司

五、奖项设置 Awards setting

（一）中国公益广告黄河（年度）奖（在媒体上发布过的公益广告作品，简称年度奖）

按分类（影视、平面、广播、户外）各设置：

金奖 1　奖杯　证书　奖金

银奖 2　奖杯　证书　奖金

铜奖 3　奖杯　证书　奖金

入围奖若干证书

总计：金奖 4　银奖 8　铜奖 12　入围奖若干

（二）中国公益广告黄河（创作）奖（未在媒体上发布过的公益广告作品，简称创作奖）

按分类（影视、平面、广播、户外）各设置：

金奖 1　奖杯　证书　奖金

银奖 2　奖杯　证书　奖金

铜奖 3　奖杯　证书　奖金

入围奖若干证书

总计：金奖 4　银奖 8　铜奖 12　入围奖若干

2011 年创作主题是：两型社会

节约资源和保护环境是我国的基本国策。加快建设资源节约型、环境友好型社会，是我国加快转变经济发展方式的重要着力点，也是我国“十二五”期间经济发展的主要任务之一。面对日趋强化的资源环境约束，我们必须增强危机意识，加快构建资源节约、环境友好的生产方式和消费模式，增强可持续发展能力。

本届黄河奖，希望大家围绕积极应对气候变化、大力发展循环经济、加强资源节约和管理、加大环境保护力度、加强生态保护和防灾减灾体系建设等方面，进行创意制作，充分发挥广告业在经济发展中的职能作用。

六、报送作品的范围 Scope of entries submitted

（一）年度奖参赛作品必须是 2010 年 7 月 1 日—2011 年 5 月 31 日间在媒体上发布过的公益广告作品。

（二）创作奖参赛作品应为未在媒体上发布过的为推动国家经济、政治、文化、社会（特别是“两型社会”）建设和发展所创作的公益广告作品。

（三）报送作品的地区和范围：中国境内（包括香港、澳门、台湾）及亚洲、非洲、欧洲、美洲、大洋洲等地区华文广告。

七、参赛作品分类 Entry Categories

参赛作品依发布形式分为：

A、影视类

B、平面类

C、广播类

D、户外类

八、参赛作品规格与要求 Requirements of entries submitted

（一）影视类：报送的影视公益广告作品须录制在DVD光盘上，存储格式为MPEG或AVI。每一条广告须刻录一张光盘，时间不得超过60秒，光盘盒上须顺序注明地区编号、类别号（参照附表一）和参赛单位全称。

注意：影视广告作品不设系列，每件作品须填写两张参赛作品登记表，在作品光盘中另附一份电子版参赛表（详见附表三）

（二）平面类：报送的平面广告作品须刻录在光盘上，存储格式为jpg，不得低于300像素，颜色模式CMYK、RGB色彩各一份，5MB以下，文件名称为“作品名称+RGB或CMYK”。

注意：

1. 每个单件平面广告作品须刻录一张光盘。

2. 内容相关联的两幅作品视为两个单件作品，内容相关联的三幅以上（含三幅）作品属系列作品。每个系列作品必须刻录同一张光盘上。

3. 光盘盒上须注明地区编号、类别号（参照附表一）和参赛单位全称。

4. 每个单件或系列广告作品必须填写两张参赛作品登记表，在作品光盘中另附一份电子版参赛表（详见附表三）。

（三）广播类：报送的广播公益广告作品每条须刻录在光盘（CD）上，储存格式为MP3或WMA（每张光盘只能刻录一个广告作品）。每一条广告时间不得超过120秒。光盘盒上须注明地区编号、类别号（参照附表一）和参赛单位全称。

注意：广播广告作品不设系列，每条广播广告作品须填写两张参赛作品登记表，在作品光盘中另附一份电子版参赛表和一份文案。

（四）户外类：报送的户外广告作品须刻录在光盘上，存储格式为jpg，不得低于300象素，颜色模式CMYK、RGB色彩各一份，5MB以下，文件名称为“作品名称+RGB或CMYK”。如有实景拍摄须一同刻录在DVD光盘中，长度不超过60秒。

注意：

1. 每个单件户外广告作品须刻录一张光盘。

2. 户外广告参赛作品设系列（限三幅以上，含三幅）。每个系列作品必须刻录同一张光盘上。

3. 光盘盒上须注明地区编号、类别号（参照附表一）和参赛单位全称。

4. 每个单件或系列广告作品必须填写两张参赛作品登记表，在作品光盘中另附一份电子版参赛表（详见附表三）。

以上所述“附表一”指《第十八届中国国际广告节“国酒茅台”中国公益广告黄河奖参赛作品内容分类表》；“附表二”指《第十八届中国国际广告节“国酒茅台”中国公益广告黄河奖参赛作品地区编号表》；“附表三”指《第十八届中国国际广告节“国酒茅台”中国公益广告黄河奖参赛作品登记表》。

九、作品参赛费 Entry Fees

参赛作品不收费。

十、 报送时间与程序 Entry deadline and procedure

作品报送截止日期： 2011 年 6 月 30 日

（一） 参赛单位可将参赛作品光盘、 参赛作品登记表一并送交当地广告协会， 当地广告协会应在报送截止日期前将所有参赛作品光盘、 参赛作品登记表和 《第十八届中国国际广告节 “国酒茅台” 中国公益广告黄河奖报送作品总登记表》 （详见附表四） 送达中国广告协会。

（二） 参赛单位可直接报送中国广告协会的参赛作品， 参赛单位须将参赛作品光盘、 参赛作品登记表一同寄送到中国广告协会。

（三） 参赛作品仅限由一个单位报送， 原则上由作品版权单位报送。 如其他广告代理公司、 制作公司或其它授权单位报名参赛， 必须事先征得作品版权单位的同意， 若发生版权纠纷， 责任由报送单位自负， 所获奖项将给予撤销。

十一、 参赛作品凡涉及肖像、 著作、 商标、 名称等知识产权和法律问题由参赛单位负责处理。

十二、 参赛作品概不退还。 中国广告协会有权将参赛作品进行展览和编辑出版发行， 其版权属中国广告协会。

十三、 注意事项 Special attention

（一） 各广告经营单位报送作品数量较多时， 务必提供报送作品明细清单。

（二） 报送年度奖的广告作品必须在媒体发布过， 在必要时须提供发布媒体的广告原件。

（三） 报送参赛广告作品， 在广告画面里请不要出现参评单位或个人的相关信息。

（四） 参赛报名者除按要求完整填写参赛作品登记表表上必填内容外， 还须将登记表中有关作品创意制作团队的人员构成填写齐全， 以备大赛后续工作所需。

（五） 参赛报名者应仔细填写参赛作品登记表， 填写信息错误或未填写联系方式导致联络不畅通的责任由参赛者自行承担。

（六） 部分获奖者将于第十八届中国国际广告节期间领奖。

作品提交方式与要求 Entry deliverry requirements

作品报送： 采用邮寄方式。

邮寄地址： 北京市宣武区广安门外大街 248 号机械大厦 1412 室中国广告协会会展部

邮　编： 100055

收件人： 贾春红　郭蔚

电　话： 010 －63361011　010 －63328683

传　真： 010 －63327796　010 －63424419

（三）中国公路学会：海宁中国皮革城杯第二届中国公路公益广告大赛作品征集通知（公学字［2011］85号）

各有关单位：

为展示我国公路建设管理取得的辉煌成就，集中宣传公路与经济社会、改革民生、保障安全及环保可持续发展等方面的新理念，通过征集我国公路广告的优秀作品，提升公益广告的创意和设计水平，进一步推动我国公路广告产业的健康发展。经研究我会决定举办“‘海宁中国皮革城杯’第二届中国公路公益广告大赛”活动。现将征集参赛作品的有关事项通知如下：

一、大赛主题

公益大赛作品征集主题：人文、科技、环保、安全海宁中国皮革城形象作品征集主题：我看世界 风尚看我

二、参赛对象

凡从事户外广告专业设计的设计师，高速公路广告公司的设计人员，各大型企事业单位企划设计中心的设计人员，各大中专院校设计专业的在校师生等。

三、作品要求与征稿时间

1. 所有参赛作品均要求为作者的原创作品，主题鲜明，思想性强，设计表现有较高的艺术性，构思精巧，形式新颖，积极向上，有时代感，能充分表现作品主题，符合国家法律，法规和政策要求。

2. 参赛设计作品要求每人1～5幅，请标注设计说明（不超过200字），多人创作的作品请注明第一创作人和其他创作者姓名。

3. 报送的作品文件须刻录在光盘上，存储格式为jpg，不得低于300象素，颜色模式CMYK、RGB色彩各一份，5MB以下，文件名称为“作品名称＋RGB或CMYK”，作品名称需与参赛表中的名称保持一致，作品设计比例为18：6（作品为横图）。

4. 报送的每件作品须刻录一张光盘，并在光盘盒上须注明区号（见附件一）和参赛单位全称。系列参赛作品（限三幅以上，含三幅）每个系列作品必须刻录同一张光盘上。

5. 报送的参赛作品，在广告画面里请不要出现参评单位或个人的相关信息。

6. 每个单件或系列广告作品必须填写两张参赛表，在作品光盘中另附一份电子版参赛表（见附件二）。

7. 参赛者请自留设计底稿，所有参赛作品和资料恕不退还。

8. 报送作品自通知发布之日开始，截止日期为2012年1月31日。

四、作品报送及评选程序

1. 参赛单位和个人须将参赛作品光盘、参赛作品登记表一并寄交组委会指定所在省份相关单位（见附件三）。

2. 参赛单位和个人直接报送大赛组委会的参赛作品，须将参赛作品光盘、参赛作品登

记表一同寄送到大赛组委会，由组委会转至参赛单位和个人所在省份相关单位。

3. 由组委会指定的相关单位负责本地区大赛宣传推广及作品征集。

4. 大赛评审专家委员会根据各省报送的作品，组织专家进行评选。

5. 经大赛组委会审核后，在大赛指定网站（中国公路网）公示。

五、奖项设置

1. 作品奖

特等奖1名，奖品为奖杯及荣誉证书，人民币10000元

一等奖1名，奖品为奖杯及荣誉证书，人民币8000元

二等奖3名，奖品为奖杯及荣誉证书，人民币5000元

三等奖5名，奖品为奖杯及荣誉证书，人民币3000元

入围优秀奖10名，奖品为荣誉证书，人民币1000元

2. 海宁中国皮革城形象作品征集主题作品奖

一等奖1名，颁发奖杯及荣誉证书，人民币5000元

二等奖3名，颁发奖杯及荣誉证书，人民币3000元

三等奖5名，颁发奖杯及荣誉证书，人民币2000元

3. 组织奖

特别贡献奖1名　颁发证书和奖牌

公益大赛组织奖10名（单位）　颁发证书和奖牌

个人贡献奖若干名　颁布证书和奖牌

六、活动组织

主办单位：中国公路学会

赞助单位：海宁中国皮革城

支持单位：辽宁省高速公路管理局等

承办单位：中国公路学会高速公路广告联盟

七、参赛作品凡涉及肖像、著作、商标、名称等知识产权和法律问题由参赛单位和个人负责。

八、中国公路学会有权将参赛作品进行展览和编辑出版发行，其版权属中国公路学会。

九、其他事项

1. 鼓励单位和个人积极参与本次公益广告大赛，所有参赛作品不收费。

2. 作品请邮寄至中国公路学会高速公路广告联盟秘书处。

邮寄地址：北京市汇欣大厦A座五层

邮　编：100101

收件人：郭　亮　盛　名

电　话：010－84990788转1102　010－84977401

手　机：13910728508

传　真：010－84990610

欲了解更多“‘海宁中国皮革城杯’第二届中国公路公益广告大赛”信息及下载相关表格请登录中国公路网站。网址：http：//www. chinahighway. com

附件一“海宁中国皮革城杯”第二届中国公路公益广告大赛作品区号表

附件二“海宁中国皮革城杯”第二届中国公路公益广告大赛登记表

附件三大赛组委会指定的各省份宣传推广及作品征集单位

2012　2012 年文件

（一）中国广告协会：第十九届中国国际广告节“国酒茅台”中国公益广告黄河奖参赛信息说明

The 19th China International Advertising Festival Instructions on "China Moutai" Public Service Advertisement Grand Prix

一、名称 Title

“国酒茅台”中国公益广告黄河奖

"China Moutai" Public Service Advertisement Grand Prix

二、奖项简介 Awards introduction

本大赛评选年度内免费发布的宣传人类文明道德观念、提升社会文明程度，并获得良好社会效益的公益广告作品。

本大赛的目的是营造和谐的社会氛围、树立良好的文化道德和社会风尚、聚焦公众关切问题、引发社会思考与集体共鸣。

奖项参赛作品须符合三方面要求：一是创意独特，具有原创性、震撼力、传达准确清晰；二是制作精良，要求精细美观、结构严谨；三是不得侵犯民族宗教信仰、民族政策、相关法律法规和公众品味。

三、主、承办单位 Organizers and operators

主办单位：中国广告协会
　　　　　贵州省工商行政管理局

承办单位：中广协广告信息文化传播有限责任公司
　　　　　贵州省工商行政管理局消费指导咨询服务中心

四、冠名单位 Title sponsor

贵州茅台酒厂（集团）有限公司

五、奖项设置 Awards setting

（一）中国公益广告黄河（年度）奖（在媒体上发布过的公益广告作品，简称年度奖）

按分类（影视、平面、广播、户外）各设置：

金奖 1　奖杯　证书　奖金（5000 元）

银奖 2　奖杯　证书　奖金（3000 元）

铜奖 3　奖杯　证书　奖金（1000 元）

优秀奖　若干　证书

总计：金奖 4　银奖 8　铜奖 12　优秀奖若干

＊注：等级奖作品有机会在中央电视台等媒体上展示。

（二）中国公益广告黄河（创作）奖（未在媒体上发布过的公益广告作品，简称创作奖）

所有参赛作品（不分类别）共设置：

金奖 2　奖杯　证书　奖金（5000 元）

银奖 4　奖杯　证书　奖金（3000 元）

铜奖 6　奖杯　证书　奖金（1000 元）

优秀奖　若干证书

2012 年创作主题是：生命安全

“人最宝贵的是生命，生命属于人只有一次。”

生命是人类社会发展的起源，是未来世界的延伸；是修身、齐家、治国、平天下的根本；是谈笑人间的风雅。如果说生命是一切事物存在的基础，那么安全则是一切生命存在的保障。当今社会，人类面临众多安全问题，一系列安全事故的发生时刻为我们敲击着警钟。

本届黄河奖，希望大家围绕“生命安全”主题广开思路，从交通安全、食品安全、生产安全、居住安全、公共安全、意外事故防范等相关方面进行创作，放大生命存在的价值，诠释安全发展的意义，通过对生命的反思、对安全的警觉，引发社会对生命安全的深入思考。

六、报送作品范围 Scope of entries submitted

（一）年度奖参赛作品必须是 2011 年 7 月 1 日—2012 年 6 月 30 日间在媒体上发布过的公益广告作品。

（二）创作奖参赛作品应为未在媒体上发布过的为体现人类生命安全意义、警示危险行为的公益广告作品。

（三）报送作品的地区和范围：中国境内（包括香港、澳门、台湾）及亚洲、非洲、欧洲、美洲、大洋洲等地区华文广告。

七、参赛作品分类 Entry Categories

参赛作品依发布形式分为：

A、影视类

B、平面类

C、 广播类

D、 户外类

八、 参赛作品规格与要求 Requirements of entries submitted

（一） 影视类： 报送的影视公益广告作品须录制在 DVD 光盘上， 存储格式为 MPEG 或 AVI。 每一件或一个系列广告须刻录一张光盘， 时长不限， 光盘盒上须顺序注明地区编号、 类别号 （参照附表一） 和参赛单位全称。

注意：

1. 每个单件影视广告作品须刻录一张光盘。

2. 影视广告参赛作品设系列 （两条以上视为系列， 含两条）。 每个系列作品必须刻录在同一张光盘上。

3. 光盘盒上须注明地区编号、 类别号 （参照附表一） 和参赛单位全称。

4. 每个单件或系列广告作品必须填写两张参赛作品登记表， 在作品光盘中另附一份电子版参赛 （详见附表三）。

（二） 平面类： 报送的平面广告作品须刻录在光盘上， 存储格式为 jpg， 不得低于 300 像素， 颜色模式 CMYK、 RGB 色彩各一份， 5MB 以下， 文件名称为 “作品名称 + RGB 或 CMYK”。

注意：

1. 每个单件平面广告作品须刻录一张光盘。

2. 平面广告参赛作品设系列 （两幅以上视为系列， 含两幅）。 每个系列作品必须刻录在同一张光盘上。

3. 光盘盒上须注明地区编号、 类别号 （参照附表一） 和参赛单位全称。

4. 每个单件或系列广告作品必须填写两张参赛作品登记表， 在作品光盘中另附一份电子版参赛表 （详见附表三）。

（三） 广播类： 报送的广播公益广告作品须刻录在光盘 （CD） 上， 储存格式为 MP3 或 WMA （每张光盘只能刻录一个广告作品）， 时长不限。 光盘盒上须注明地区编号、 类别号 （参照附表一） 和参赛单位全称。

注意：

1. 每个单件广播广告作品须刻录一张光盘。

2. 广播广告参赛作品设系列 （两条以上视为系列， 含两条）。 每个系列作品必须刻录在同一张光盘上。

3. 光盘盒上须注明地区编号、 类别号 （参照附表一） 和参赛单位全称。

4. 每个单件或系列广告作品必须填写两张参赛作品登记表， 在作品光盘中另附一份电子版参赛表 （详见附表二）。

5. 每条广播广告附一份文案。

（四） 户外类： 报送的户外广告作品须刻录在光盘上， 存储格式为 jpg， 不得低于 300

像素，颜色模式 CMYK、RGB 色彩各一份，5MB 以下，文件名称为“作品名称 + RGB 或 CMYK”。如有实景拍摄须一同刻录在 DVD 光盘中。

注意：

1. 每个单件户外广告作品须刻录一张光盘。

2. 户外广告参赛作品设系列（两幅/两条以上视为系列，含两幅/两条）。每个系列作品必须刻录在同一张光盘上。

3. 光盘盒上须注明地区编号、类别号（参照附表一）和参赛单位全称。

4. 每个单件或系列广告作品必须填写两张参赛作品登记表，在作品光盘中另附一份电子版参赛表（详见附表三）。

以上所述“附表一”指《第十九届中国国际广告节“国酒茅台”中国公益广告黄河奖参赛作品内容分类表》；“附表二”指《第十九届中国国际广告节“国酒茅台”中国公益广告黄河奖参赛作品地区编号表》；“附表三”指《第十九届中国国际广告节“国酒茅台”中国公益广告黄河奖参赛作品登记表》。

九、作品参赛费 Entry Fees

参赛作品不收费。

十、报送时间与程序 Entry deadline and procedure

作品报送截止日期：2012 年 7 月 15 日

（一）参赛单位可将参赛作品光盘、参赛作品登记表一并送交当地广告协会，当地广告协会应在报送截止日期前将所有参赛作品光盘、参赛作品登记表和《第十九届中国国际广告节“国酒茅台”中国公益广告黄河奖报送作品总登记表》送达中国广告协会。

（二）参赛单位也可将参赛作品（含光盘、作品登记表）直接报送至中国广告协会。

（三）参赛作品仅限由一个单位报送，原则上由作品版权单位报送。如其他广告代理公司、制作公司或其他授权单位报名参赛，必须事先征得作品版权单位的同意，若发生版权纠纷，责任由报送单位自负，所获奖项将给予撤销。

十一、参赛作品凡涉及肖像权、著作权、商标权、名称权等法律有关问题，由参赛单位负责处理。

十二、参赛作品概不退还。中国广告协会有权将参赛作品进行展览和编辑出版发行。

十三、注意事项 Special attention

（一）各广告经营单位报送作品数量较多时，务必提供报送作品明细清单。

（二）年度奖报送的广告作品必须发布过，且务必提供媒体发布证明。如作品中出现其他品牌的标识或名称，需提供该品牌的授权证明。若不提供上述证明，组委会有权取消其参赛或获奖资格。

（三）凡经组委会审查核实，确认具有抄袭、投报飞机稿行为的参赛单位或个人，取消其本年度及今后的参赛资格。

（四）不得在报送的广告作品中出现参赛单位的相关信息。

（五）参赛报名者除按要求完整填写参赛作品登记表表上必填内容外，还须将登记表中有关作品创意制作团队的人员构成填写齐全，以备大赛后续工作所需。

（六）参赛报名者应仔细填写参赛作品登记表，填写信息错误或未填写联系方式导致联络不畅通的责任由参赛者自行承担。

（七）部分奖项将于第十九届中国国际广告节“国酒茅台”中国公益广告黄河奖颁奖典礼上颁发。

作品提交方式与要求 Entry deliverry requirements

作品报送：采用邮寄方式。

邮寄地址：北京市西城区广安门外大街248号机械大厦1412室中国广告协会会展部

收件人：康　琳　贾春红

邮　编：100055

电　话：010－63313792

传　真：010－63327796

010－63361011　010－63424419

2013　2013年文件

（一）中央电视台：全国电视公益广告大赛章程

一、大赛名称：

全国电视公益广告大赛。

二、大赛简介：

为表彰中国优秀的电视公益广告作品及创作力量，激励更多的机构和个人投身电视公益广告事业，提高电视公益广告的感染力、号召力、影响力，中央电视台在2013年4月启动“全国电视公益广告大赛”，征集主题多样、形态各异、直抵人心、行动力强的电视公益广告作品，弘扬社会主义核心价值观。

三、主办单位：

中国中央电视台

四、组织机构：

大赛设立组织委员会（简称组委会），全面指导大赛的征集、评选、颁奖等组织工作，组委会下设办公室负责具体事务性工作。同时，大赛设立评选委员会（简称评委会），对大赛报送作品进行评审。

组委会成员名单：

主任：胡占凡

执行主任：罗　明

副主任：胡　恩　孙玉胜
程　宏（常务）　张　宁　彭健明
领导小组成员：李欣雁　王建宏　张晓海
李舒东　汪文斌

组委会办公室成员名单：

主任：王建宏

成员：王全杰　何海明　杨华
王进　任学安　问永刚

五、参赛主题：

大赛总主题方向为“爱国、敬业、诚信、友善、文明，弘扬社会主义核心价值观”，旨在通过优秀的创意实现大众喜闻乐见的、贴近式的公益表达，倡导文明新风尚，弘扬社会主旋律。

六、奖项设置及宣传报道：

（一）奖项设置

A、电视公益广告作品奖：（影视成片类作品）

金　奖：数量1，颁发奖杯、证书、奖金30万元人民币

银　奖：数量2，颁发奖杯、证书、奖金20万元人民币

铜　奖：数量3，颁发奖杯、证书、奖金10万元人民币

入围奖：数量6，颁发奖杯、证书、奖金2万元人民币

B、电视公益广告最佳导演奖：（影视成片类作品）

数量1，颁发奖杯、证书、奖金10万元人民币

C、电视公益广告最佳网络人气奖：（影视成片类作品）

数量1，奖金5万元人民币

D、电视公益广告创意脚本奖：（创意脚本类作品）

金　奖：数量1，颁发奖杯、证书、奖金5万元人民币

银　奖：数量2，颁发奖杯、证书、奖金3万元人民币

铜　奖：数量3，颁发奖杯、证书、奖金2万元人民币

E、公益广告推动奖：（做出贡献的组织和个人）

数量6，颁发奖杯、证书、奖金2万元人民币

（二）获奖作品宣传报道

1. 电视公益广告作品奖金奖、银奖、铜奖作品将在中央电视台、中国网络电视台、各地方电视台及其他媒体、网络进行展播。

2. 电视公益广告创意脚本奖金奖获奖作品将由中央电视台投资拍摄制作（版权归中央电视台所有），在中央电视台、中国网络电视台、各地方电视台及其他媒体、网络进行展播。

3. 获奖机构和个人参加首届全国电视公益广告大赛颁奖晚会，晚会将在中央电视台播出。

七、大赛进程：

（一）作品报送：2013年4月15日至2013年7月31日

（二）作品整理：2013年8月1日至2013年8月10日

（三）作品评审：2013年8月11日至2013年8月18日

（四）颁奖晚会：2013年8月下旬

八、参赛作品要求：

（一）电视公益广告奖（影视成片类）：

1. 参赛报送作品为中国境内（含香港、澳门、台湾地区）各级电视台、广告制作公司、网站、影视制作公司、相关社会机构及个人制作的中文影视类公益广告作品。

2. 参赛报送作品须在中国境内（含香港、澳门、台湾地区）公共媒体（包括电视媒体、网络媒体、户外媒体、移动媒体、楼宇电视等）刊播过，且首播日期在2011年1月1日至2013年7月31日期间内。

3. 作品时长：15秒至300秒。

4. 作品格式：wmv格式，码流在1M以上，分辨率不低于720 ×576。

5. 作品语言：中文。

6. 须为画面配上普通话书写的对白及旁白字幕，同时附上中文简体的对白及旁白剧本，以方便评审。

7. 作品内不得包含报送机构/个人信息。

（二）电视公益广告奖（创意脚本类）：

1. 中国境内（含香港、澳门、台湾地区）各级电视台、广告制作公司、网站、影视制作公司、相关社会机构及个人创作的、未曾被任何机构或个人拍摄过成片的中文类公益广告创意脚本。

2. 作品格式：PPT；

3. 作品语言：中文；

4. 创意脚本必须包含完整的创意说明、故事画面、画面描述、声音描述、广告语；

5. 作品尺寸为A4纸张；

6. 表达时长不得超过60秒，画面不得超过40张；

7. 作品内不得包含报送机构/个人信息。

九、参赛作品报送方式：

可以通过电子邮件和邮寄两种方式报送，《参赛作品报送表》在官方网站www. cntv. cn下载。

（一）电子邮箱报送：

1. 填写《参赛作品报送表》（见附表1），随参赛作品的电子文件一起发送至大赛官方邮箱： cctvgygg@ vip. cntv. cn；

2. 电子视频文件以超链接方式发送；

3. 邮件标题为： “×××机构/个人姓名+影视成片类/创意脚本类+作品名称”；

4. 若同一邮件内报送多件作品，须在邮件标题内标明报送作品数量，并在邮件内附《参赛作品清单表》。

（二） DVD 光盘报送：

1. 填写《参赛作品报送表》，随参赛作品一起刻录到 DVD 光盘中；

2. 光盘封面上须标明“×××机构/个人姓名+影视成片类/创意脚本类+作品名称”；

3. 每张光盘内只能含一份参赛作品；

4. 若同一机构报送多件作品，须附《参赛作品清单表》随光盘寄送，并在光盘封面注明：“附《参赛作品清单表》”；

5. 将《参赛作品报送表》及 DVD 光盘邮递至大赛组委会。

十、注意事项：

（一）每件作品均须认真、完整填写《参赛作品报送表》，以备大赛后续工作所需，因填写错误或空缺导致的责任由参赛者自行承担。

（二）同一机构报送作品数量较多时，须提供报送《参赛作品明细清单》。

（三）参赛作品仅限由一个单位报送，原则上由作品版权单位报送。如其他单位报名参赛，必须事先征得作品版权单位的同意，若发生版权纠纷，责任由报送单位自负，所获奖项将给予撤销。

（四）参赛作品凡涉及肖像、著作、商标、名称等知识产权和法律问题由参赛机构负责处理。如出现相关纠纷，由参赛机构自行解决，与大赛组委会无关。

（五）参赛作品概不退还。中央电视台有权将参赛作品在相关媒体上进行展播，同时制成光盘用于非商业目的的推介、观摩、学习。

（六）本章程及《参赛作品报送表》可从大赛官方网站下载，网址： www. cntv. cn 本章程最终解释权归大赛组委会所有。

联系人：李　瑛　沙丽丽

联系电话：010－68550874　68550850－103

邮寄地址：北京市复兴路 11 号梅地亚中心公寓三层央视广告中心

邮　编：100859

官方网站： www. cntv. cn 官方邮箱： cctvgygg@ vip. cntv. cn

全国电视公益广告大赛组委会

2013 年 4 月 15 日

（二）河北省文明办：《关于开展“讲文明树新风”公益广告征集活动的通知》

河北日报、省广电局，各市文明办：

经中央领导批准，中央文明办决定在全国开展“讲文明树新风”公益广告征集活动。根据中央文明办通知要求，现就组织我省征集活动通知如下。

一、活动主题

深入学习宣传贯彻党的十八大精神，着重围绕培育社会主义核心价值观、规范道德行为、倡导勤俭节约、建设生态文明以及与人民群众生活关系密切的交通、食品安全等方面内容，征集推出优秀公益广告，为推动科学发展、促进社会和谐营造良好氛围。

二、活动时间

2013年4月至12月。

三、作品内容

创意、设计、制作“讲文明树新风”公益广告作品，要具体化、生活化、形象化地表达展示以下八个方面内容。

1. 热爱祖国。倡导“国家好，民族好，大家才会好”的理念，激励人们为国家繁荣富强不懈奋斗。具体包括：热爱国旗、国徽、国歌；维护国家尊严，保卫国家利益；弘扬民族精神和时代精神，树立民族自豪感、自信心。

2. 生态文明。倡导环保意识、生态意识，推动绿色发展、循环发展、低碳发展，建设美丽中国，实现中华民族永续发展。具体包括：关爱自然、保护环境、垃圾分类、植树造林。

3. 行为规范。确立每个社会成员必须遵守的言行准则，

培育文明有礼的社会风气。具体包括：在言谈举止、公共场合、邻里相处、行路驾车、旅游观光、网上交流中，文明礼让，摒弃陋习。

4. 传统道德。引导人们尊重、热爱、传承中华优秀文化，聚人心，铸人魂。具体包括：自强、厚德、崇俭、尚义、守信、明礼、报国、尽孝等道德理念。

5. 勤俭节约。弘扬艰苦奋斗、勤俭节约的思想观念，培育节俭光荣、浪费可耻的社会风气，具体包括：节俭办事、节约资源、适度消费、珍惜粮食、反对浪费。

6. 团结友善。倡导社会成员之间和谐友爱、互帮互助，尊重人、关心人、爱护人，具体包括：敬老、爱幼、助残、互相帮助、志愿服务、慈善义捐。

7. 敬业奉献。倡导虔诚恭敬对待事业和工作，履职尽责。具体包括：工人负责任地做产品，农民种好地，老师教书育人，公务员廉洁勤政为民，窗口单位和服务行业优质服务。

8. 诚实守信。倡导社会成员以诚信为立身之本，在工作生活和人际交往中，讲信用、守良知，不虚假、不欺骗。具体包括：诚心诚意、实事求是、讲究信义、恪守承诺。

四、征集方式

1. “讲文明树新风”公益广告分别征集平面类、广播类、影视类、网络类、手机类五类作品（标准要求附后）。

2. 省广电局、河北日报、各市文明办通过委托设计、定向制作、公开征集等方式收集

优秀作品，并分别于5月25日和8月23日前分两批报送省文明办。联系人：肖振军、郭洪彦，电话：87907727，专用邮箱：hbgygg2013@163.com。

3. 中央文明办将于年底组织评选优秀作品并给予奖励。在确保相关权利人法定权益的基础上，优秀作品列入“讲文明树新风”公益广告作品库，供各级各类媒体无偿选用。

五、工作要求

1. 加强组织领导。征集“讲文明树新风”公益广告，是解决公益广告优秀作品缺乏、媒体刊播“等米下锅”难题的有效举措。各地各部门认真重视，加大力度，精心组织，积极组织力量创作公益广告作品，推荐优秀作品。

2. 狠抓作品质量。设计制作“讲文明树新风”公益广告，要选准角度、以小见大，导向鲜明、寓意深刻，直抵人心、产生共鸣。要运用群众语言、身边事例、生活画面，增强吸引力感染力，激发人们对真善美的渴望和追求。

3. 增强版权意识。要事先将征集要求和有关事项告知投资人、制片人、创作人、演员等有关方面，明确肖像权、著作权、商标权、名称权等法定权利义务。创作单位和个人要遵守法律法规，杜绝侵权。凡涉及抄袭、模仿等问题，责任自负，并取消参评资格。

附件：“讲文明树新风”公益广告征集活动作品报送的标准要求

河北省文明办

2013年4月12日

附件：

“讲文明树新风”公益广告征集活动作品报送的标准要求

一、平面类作品按照“文件名.TIF”或“文件名.jpg”格式，将电子版发至邮箱。

二、广播类作品制作成音频文件，与广告词文稿一并将电子版发至邮箱。

三、影视类作品制作成DVW数字贝塔格式，音频振幅——-20dB，时长最长55秒，片长为5秒的倍数，以25秒、40秒、55秒为最佳，有1分钟彩条、3秒片名标题版及3秒倒数显示，每件作品留出10秒间隔，注明作品名称、时长及入点时码，将电子版发至邮箱。

四、网络类作品制作成适合网络播放的GIF、SWF等格式动画作品，单幅作品时长最长30秒钟，可设计系列作品，与创意文案一并发至邮箱。

五、手机类作品制作成彩信或彩铃作品，彩信最大容量不超过300K；彩铃时长不超过30秒。

（三）中国广告协会：第二十届中国国际广告节“国酒茅台”中国公益广告黄河奖参赛信息说明

The 20th China International Advertising Festival Instructions on “China Moutai” Public

Service Advertisement Grand Prix

一、 名称 Title

“国酒茅台” 中国公益广告黄河奖

“China Moutai ” Public Service Advertisement Grand Prix

二、 奖项简介 Awards introduction

本大赛评选年度内免费发布的宣传人类文明道德观念、 提升社会文明程度， 并获得良好社会效益的公益广告作品。

本大赛的目的是营造和谐的社会氛围、 树立良好的文化道德和社会风尚、 聚焦公众关切问题、 引发社会思考与集体共鸣。

奖项参赛作品须符合三方面要求： 一是创意独特， 具有原创性、 震撼力、 传达准确清晰； 二是制作精良， 要求精细美观、 结构严谨； 三是不得侵犯民族宗教信仰、 民族政策、 相关法律法规和公众品味。

三、 主、 承办单位 Organizers and operators

主办单位： 中国广告协会

贵州省工商行政管理局

承办单位： 中广协广告信息文化传播有限责任公司

贵州省工商行政管理局消费指导咨询服务中心

四、 冠名单位 Title sponsor

贵州茅台酒厂 （集团） 有限公司

五、 奖项设置 Awards setting

（一） 中国公益广告黄河 （年度） 奖 （在媒体上发布过的公益广告作品， 简称年度奖）

按分类 （影视、 平面、 广播、 户外） 各设置：

金　奖 1　奖杯　证书　奖金 （5000 元）

银　奖 2　奖杯　证书　奖金 （3000 元）

铜　奖 3　奖杯　证书　奖金 （1000 元）

优秀奖　若干证书

总　计： 金奖 4　银奖 8　铜奖 12　优秀奖若干

注： 等级奖作品有机会在中央电视台等媒体上展示。

（二） 中国公益广告黄河 （创作） 奖 （未在媒体上发布过的公益广告作品， 简称创作奖）

所有参赛作品 （不分类别） 共设置：

金　奖 2　奖杯　证书　奖金 （5000 元）

银　奖 4　奖杯　证书　奖金 （3000 元）

铜　奖 6　奖杯　证书　奖金 （1000 元）

优秀奖若干证书

2013 年创作主题是：勤俭兴邦

“历览前贤国与家，成由勤俭败由奢。”勤俭节约是中华民族大力弘扬的优秀传统，是人类生存和持久发展的重要保障。

本届黄河奖，创作奖主题为“勤俭兴邦”，旨在通过主题鲜明、导向正确、寓意深刻的创意广告，向人们全面有效地宣传“厉行节约反对浪费”的道德精神，起到净化社会风气、传播健康风尚、引发社会思考的作用，进而助推社会精神文明建设。

六、报送作品时间及范围 Entry deadline and scope of submitted

（一）作品报送时间：2013 年 5 月 15 日—7 月 15 日

所有报名、参赛资料、作品提交须在 2013 年 7 月 15 日之前完成，请于 2013 年 7 月 15 日 24 点前完成网络提交并寄出作品光盘及报名表（以邮戳为准），逾期不予受理。

（二）年度奖参赛作品必须是 2012 年 7 月 1 日—2013 年 6 月 30 日间在媒体上发布过的公益广告作品。

（三）创作奖参赛作品应为未在媒体上发布过的为体现勤俭兴邦的公益广告作品。

（四）报送作品的地区和范围：中国境内（包括香港、澳门、台湾）及亚洲、非洲、欧洲、美洲、大洋洲等地区华文广告。

七、参赛作品分类 Entry Categories

参赛作品依发布形式分为：

A、影视类

B、平面类

C、广播类

D、户外类

八、报送作品程序与要求 Entry Requirements

（一）报送作品流程

登录官方网站——用户注册、登录——提交作品信息——上传参赛作品——打印系统自动生成的报名表——邮寄作品光盘及报名表——作品报送成功

特别说明：本年度，奖项首次尝试网络报评方式。为保障评审顺利进行，所有参赛作品必须先在网上报名并提交作品，生成作品编号后再进行光盘和报名表邮寄。所有未经网络提交或未寄送光盘及报名表的作品，取消参赛资格。4005f8da13f42943

（二）网上提交说明

1. 点击进入：登录中国国际广告节官网www.chinaciaf.org，点击“报名入口”按钮进入作品报送系统页面。

2. 用户注册信息及作品信息填写务必准确，参赛单位名称须填写营业执照名称。提交作品信息后，系统将自动生成唯一性的报名编号。

3. 影视类作品格式为 MPEG 或 AVI，时长限 60 秒；平面类、户外类作品格式为 jpg，

不得低于300像素，色彩模式CMYK，5MB以下；广播类作品格式为MP3或WMA，时长不限。

4. 报送参加年度奖评选的广告作品务必提供媒体发布证明。如作品中出现其他品牌的标识或名称，需提供该品牌的授权证明。若不提供上述证明，组委会有权取消其参赛或获奖资格。

5. 户外类作品报送如需提交实景图片、视频等说明性资料，上传至系统中“户外类作品证明资料”栏。

6. 各类别作品均设系列，两幅/两条以上视为系列（含两幅/两条）。系列作品请按逻辑顺序上传，系统将自动按上传顺序默认排序。

7. 同一个作品，可报送不同类项。

8. 不得在报送的广告作品中出现任何参赛单位的相关信息。

9. 超大作品需通过ftp客户端上传，参赛者需激活ftp上传权限。

10. 作品报送过程中，每一环节的信息提交，点击“确认”前可修改，点击“确认”后不可修改。如有信息填写错误、误删上传信息等情况，请重新上传。作品报送成功后，如有问题，请及时致电组委会进行沟通。

11. 凡经组委会审查核实，确认具有抄袭、投报飞机稿行为的参赛单位或个人，取消其本年度及今后的参赛资格。

12. 每件参赛作品仅限由一个单位报送，原则上由作品版权单位报送。如其他广告代理公司、制作公司或其他授权单位报名参赛，必须事先征得作品版权单位的同意，若发生版权纠纷，责任由报送单位自负，所获奖项将给予撤销。

13. 参赛作品凡涉及肖像权、著作权、商标权、名称权等法律有关问题，由参赛单位负责。

（三）作品邮寄说明

1. 每一件或一个系列作品须刻录一张光盘，时长不限，光盘盒上须注明作品编号。

2. 每件作品须附上对应的系统中自动生成的报名表一份。

3. 参赛作品直接寄送至中国广告协会，无需经过地方广告协会。

4. 参赛作品概不退还。中国广告协会有权将参赛作品进行展览和编辑出版发行。

邮寄地址：北京市西城区广安门外大街248号机械大厦1111室中国广告协会会展部

收件人：康琳/贾春红邮编：100055

电话：010－63313792　传真：010－63360683

010－63361011　010－63424419

九、作品参赛费　Entry Fees

参赛作品不收费。

（四）重庆市：《重庆市户外公益广告管理办法》

期待已久的《重庆户外公益广告管理办法》目前已获得政府有关部门通过，并正式印发相关单位实施。

以下是管理办法具体内容：

重庆市户外公益广告管理办法

第一章　总则

第一条　根据《中华人民共和国广告法》《中华人民共和国公路法》《国务院城市市容和环境卫生管理条例》和《重庆市户外广告管理条例》《重庆市公路路政管理条例》等法律、法规的规定，按照中共重庆市委、重庆市人民政府有关要求，制定本办法。

第二条　本办法适用于本市行政区域内户外公益广告设施的规划、建设、管理和发布。

本办法所称户外公益广告设施，是指在专门规划的户外公益广告点位上建设，只用于发布公益广告的户外广告设施。

第三条　户外公益广告工作实行全市统筹、各司其责、属地管理。

中共重庆市委宣传部、重庆市交通委员会、重庆市市政管理委员会、重庆市工商行政管理局联合组建重庆市户外公益广告管理工作领导小组（简称市户外公益广告领导小组），统筹协调指导全市户外公益广告工作，下设办公室（简称市户外公益广告办）负责日常工作。各区县（自治县）比照成立相应管理工作机构。

市委宣传部牵头市户外公益广告领导小组工作，负责市户外公益广告办工作，统筹管理户外公益广告设施，各成员单位依法履行相关管理职责。市容环境卫生管理部门会同党委宣传部门负责高速公路建筑控制区范围外的户外公益广告设置审批和监督管理。市交通行政管理部门会同市委宣传部负责高速公路建筑控制区范围内的户外公益广告设置审批和监督管理。工商行政管理部门负责引导户外商业广告设施利用闲置时间发布公益广告。

第四条　户外公益广告工作应坚持思想性、艺术性、观赏性、合法性的原则，户外公益广告设施的规划、建设和管理应符合法律、法规对户外广告的规定。

第二章　户外公益广告设施的规划建设

第五条　户外公益广告设施的设置规划应纳入户外广告的设置规划同步进行、优先安排、依法管理，数量原则上应不低于规划总量的10%。

第六条　主城区的户外公益广告设施的设置规划由市市政委会同市委宣传部组织编制；高速公路建筑控制区范围内的户外公益广告设施的设置规划由市交委会同市委宣传部组织编制；其他区县（自治县）城区范围内的户外公益广告设施的设置规划由当地市容环境卫生管理部门会同党委宣传部组织编制，城区范围外的户外公益广告设施的设置规划由当地党委宣传部会同相关方面组织编制。

户外公益广告设施的设置期限应符合对户外广告设施设置期限的相关规定，设置期满后，除因公共政策调整、城市建设等特殊原因外，在下一期设置规划中应予以保留。

第七条　主城区和高速公路建筑控制区范围内的规划点位由市户外公益广告领导小组统筹安排，其他区县（自治县）的规划点位原则上由当地党委宣传部协同有关部门统筹安排。

第八条　市委宣传部和区县（自治县）党委宣传部为相应的户外公益广告设施的业主单

位，负责户外广告设施的建设、维护和管理，所需费用向同级财政申请。

在高速公路建筑控制区范围外建设户外公益广告设施，业主单位应依据规划，向市容环境卫生管理部门或相关方面办理点位确认和施工许可手续；在高速公路建筑控制区范围内建设户外公益广告设施，业主单位和高速公路资产经营管理单位应依据规划确认点位并签署建设协议，业主单位应向高速公路执法管理机构办理施工许可手续。

户外公益广告设施的建设和维护应符合国家和本市的有关技术标准和规范，以及对安全生产的规定。

第九条　规划建设在市政公共场地、公共设施和高速公路建筑控制区的户外公益广告设施，市容环境卫生管理部门和交通行政管理部门应协调免除场地使用费用。

第十条　市户外公益广告办对户外公益广告设施统一编号、规范标识，业主单位应在规定位置标注编号和标识。

第三章　户外公益广告的内容管理

第十一条　户外公益广告内容应符合社会主义文化建设的基本要求，符合社会主义核心价值体系的基本内涵，应注重倡导主流价值、促进经济发展、体现重庆和各区县地方特色。

第十二条　党委宣传部门负责户外公益广告的内容管理，负责宣传内容的导向把关。

根据全市户外公益广告宣传工作的需要，制定户外公益广告作品创作的阶段性主题、重点和任务。

建立重庆市户外公益广告作品库，由市户外公益广告办负责日常管理。使用作品库的作品，原则上不得更改画面和文字，确需调整的，应报市户外公益广告办同意。

第十三条　市户外公益广告领导小组和区县（自治县）相应管理工作机构，应加强户外公益广告创作专业人才队伍建设，利用社会化、市场化的设计资源提高户外公益广告创作水平。

推动户外公益广告设计人员资质备案制度，对优秀的户外公益广告设计人员和作品给予奖励。

第四章　户外公益广告的发布管理

第十四条　户外公益广告发布应坚持及时性、准确性原则。

第十五条　主城区和高速公路建筑控制区范围内的户外公益广告设施的发布，由市户外公益广告办初审后，报市委宣传部审批；其他区县（自治县）户外公益广告设施的发布，由当地党委宣传部审批，并在发布前报市户外公益广告办备案。

违反本条规定并造成不良影响的，由党委宣传部门通报批评并追究相关人员管理责任。

第十六条　户外公益广告设施只能发布公益广告，不得以任何形式发布商业广告或变相发布商业广告。

违反本条规定的行为，由工商行政管理部门依法处理，并将处理情况通报当地党委宣传部。主城区和高速公路建筑控制区的户外公益广告设施3次违反本条规定的，由市委宣传部将该设施2年内的发布权收归市户外公益广告办；若有再次违反的，该设施的发布权收归市委宣传部。

第十七条　区县（自治县）所属户外公益广告设施应完成市户外公益广告办安排的全市性重点发布任务。市户外公益广告办安排的发布任务不应超过每年发布时段的50%。

第十八条　市户外公益广告办和区县（自治县）相应管理工作机构，应加强对户外公益广告设施的巡查，及时修复或更换残缺、污旧、过期画面，交通、市容环境卫生、工商等相关行政管理部门和高速公路资产经营管理单位等相关单位应予以配合。

第五章　附则

第十九条　本办法由市户外公益广告办负责解释，并制定具体实施细则。

第二十条　本办法自印发之日起施行。

中共重庆市委宣传部办公室

2013年5月29日印发

（五）南京市政府：关于印发南京市公益广告管理暂行办法的通知（宁政规字[2013]23号）

各区人民政府，市府各委办局，市各直属单位：

现将《南京市公益广告管理暂行办法》印发给你们，请认真遵照执行。

南京市人民政府

2013年12月4日

南京市公益广告管理暂行办法

第一条　为促进公益广告发展，规范公益广告管理，充分发挥公益广告在推进社会主义核心价值体系建设和构建和谐社会中的重要作用，根据《中华人民共和国广告法》、《广告管理条例》、《江苏省广告条例》、《南京市户外广告设置管理办法》以及中央、国家有关文件规定，结合我市实际，制定本办法。

第二条　本办法所称公益广告，是指不以营利为目的，为社会公共利益而设计、制作、代理、发布的广告。

第三条　本市行政区域内公益广告的规划、组织、监督管理以及公益广告的设计、制作、代理、发布、代言等活动，适用本办法。

第四条　本市各级人民政府应当支持、鼓励公益广告事业的发展。鼓励国家机关通过政府采购公益广告，参与公益广告活动。

鼓励广告主、广告经营者、广告发布者和其他广告参与者设计、制作、代理、发布公益广告。鼓励公众人物在公益广告中代言。

鼓励社会各界出资设立公益广告发展专项基金，或者以资金、技术以及智力成果等方式直接参与设计、制作、代理、发布公益广告活动。

第五条　我市宣传部门（文明办）负责主管公益广告工作，对公益广告进行督查指导，会同有关部门制定公益广告发展规划，确定公益广告年度宣传主题，组织公益广告考评。

市工商行政管理、文化广电新闻出版、城市管理等部门负责按照各自职责对公益广告进行相关督查指导。

市科技、教育、环保、交通运输等部门负责配合做好对公益广告的督查指导工作。

第六条　公益广告的发布应符合下列规定：

（一）观点正确，符合国家法律、法规、规章和社会主义道德规范的要求；

（二）主题鲜明，体现公共利益；

（三）语言文字规范，视听语言运用得当；

（四）画面色彩协调、美观大方，制作严谨；

（五）媒体特征把握准确，便于信息传递。

第七条　公益广告发布量应当符合以下标准：

（一）广播、电视媒介每套节目用于发布公益广告的时间应不少于全年发布广告时间的3%；平均每天在19：00－21：00时段，每套节目发布公益广告的时间应不少于该时段发布广告时间的3%；

（二）报纸、期刊媒介每年刊出公益广告的版面应不少于发布广告版面的5%；

（三）互联网网站应当在首页位置长期集中宣传展示公益广告，并应按照不少于发布广告量3%的比例发布公益广告；

（四）固定形式印刷品广告每期刊出公益广告的版面应不少于发布广告版面的5%；

（五）投影式广告媒介和电子显示屏广告媒介每天公益广告插播量不得少于广告总量的5%；

（六）户外广告发布者，每年发布户外公益广告的数量应不少于户外广告发布总量的20%；

（七）移动、电信、联通等通信运营商应当运用手机报、短信、彩信、微信、易信、炫铃等方式传播公益广告。

鼓励各广告发布者超出以上规定的最低标准发布公益广告。

第八条　城市管理部门在编制户外广告规划时，应当预留一定比例的公益广告设施。

第九条　户外广告设施在招租期间，鼓励广告发布者无偿发布公益广告。

户外广告设施招租内容可以与公益广告同时发布，但只能发布在广告位的左下角或右下角，所占面积不得超过该户外广告面积的1/5，且招租字样应当与公益广告的内容相协调。

第十条　户外公益广告应当保持完整、美观、安全，灯光设置应当符合城市夜景照明的有关规定。发布期满后，广告发布者应当及时清除或更新广告画面。

第十一条　任何单位或个人不得以公益广告的名义推销商品或服务。

发布公益广告时，广告发布者应当认真审核内容，凡违反国家法律、法规等有关规定和社会主义道德规范要求的，一律不得发布。

第十二条 企业出资设计、制作、代理、发布的公益广告，可以标注企业名称和商标标识，但应当符合以下要求：

（一）不得标注商品或服务名称以及其他与企业商品或服务有关的内容，包括单位地址、网址、电话号码、其他联系方式等；

（二）电影、电视等动态公益广告画面上标注的企业名称和商标标识，显示时间不得超过5秒，使用标版形式标注企业名称和商标标识的时间不得超过3秒；

（三）报纸、期刊、户外等平面公益广告标注的企业名称和商标标识的面积不得超过广告面积的1/5；

（四）公益广告画面中出现的单位名称或商标标识，不得使社会公众在视觉程度上降低对公益广告的感受和认知；

（五）不得运用其他变相方式以公益广告名义设计、制作、发布商业广告。

违反以上规定的，视为商业广告，按照商业广告的有关规定管理。

第十三条 公益广告的设计、制作者，依法享有《中华人民共和国著作权法》规定的相关权利。发布公益广告应事先与公益广告作品权利人依法处理有关权利问题。

第十四条 市宣传（文明办）、工商行政管理、文化广电新闻出版等部门每年组织开展公益广告优秀作品评选，并对设计、制作、发布公益广告工作成绩突出的单位、个人给予表彰奖励。

公益广告主管部门应当建立公益广告作品库，供广告发布者无偿使用。

第十五条 实行公益广告发布备案和检查制度。

广告发布者应当于每季度第一个月的5日前将其上季度发布公益广告的情况报市工商行政管理部门备案。

市工商行政管理部门负责会同市宣传（文明办）、文化广电新闻出版、城市管理等部门对公益广告刊播情况进行定期或专项检查。

第十六条 公益广告的发布情况应纳入广告发布者年度工作考核内容，市宣传部门（文明办）会同市工商行政管理、文化广电新闻出版、城市管理等部门制定考核办法，予以考核。

第十七条 在设计、制作、代理、发布公益广告时，违反有关法律、法规、规章规定及本《办法》的，由相关行政主管部门依法予以处理。

第十八条 本办法自2014年1月1日起施行。

（六）中国公路学会："海宁中国皮革城杯"第三届中国公路公益广告大赛作品征集通知

各有关单位：

为展示我国公路广告的优秀作品，提升创意设计水平，进一步推动我国公路广告产业的健康发展，中国公路学会在成功举办了两届中国公路公益广告大赛活动的基础上，决定于2013年10月举办“第三届中国公路公益广告大赛”。

本次大赛将以“美丽中国高速行”为主题，弘扬民族精神、倡导社会文明、打造和谐交通、宣传公路人及公路的公益性设施；展现人文自然环境、传播当代科技文明，宣传公路与社会和改变人们生活方式为宗旨，通过地方初选与专家评审选出各项奖项。为保证本次大赛顺利举办，现将征集参赛作品的有关事项通知如下：

一、大赛主题

公益大赛作品主题：美丽中国高速行

海宁中国皮革城形象作品主题：我看世界　风尚看我

二、参赛对象

凡从事户外广告专业设计的设计师，高速公路广告公司的设计人员，各大型企事业单位企划设计中心的设计人员，各大中专院校设计专业的在校师生等。

三、作品要求与征稿时间

1. 所有参赛作品均要求为作者的原创作品，主题鲜明，思想性强，设计表现有较高的艺术性，构思精巧，形式新颖，积极向上，有时代感，能充分表现作品主题，符合国家法律，法规和政策要求。

2. 参赛设计作品要求每人1~5幅，请标注设计说明（不超过200字），多人创作的作品请注明第一创作人和其他创作者姓名。

3. 报送的作品文件须刻录在光盘上，存储格式为jpg，不得低于300象素，颜色模式CMYK、RGB色彩各一份，5MB以下，文件名称为“作品名称+RGB或CMYK”，作品名称需与参赛表中的名称保持一致，作品设计比例为18：6（作品为横图）。

4. 报送的每件作品须刻录一张光盘，并在光盘盒上须注明区号（见附件一）和参赛单位全称。系列参赛作品（限三幅以上，含三幅）每个系列作品必须刻录同一张光盘上。5. 报送的参赛作品，在广告画面里请不要出现参评单位或个人的相关信息。

6. 每个单件或系列广告作品必须填写两张参赛表，在作品光盘中另附一份电子版参赛表（见附件二）。

7. 参赛者请自留设计底稿，所有参赛作品和资料恕不退还。

8. 报送作品自通知发布之日开始，截止日期为2014年2月28日。

四、作品报送及评选程序

1. 参赛单位和个人须将参赛作品光盘、参赛作品登记表一并寄交组委会指定所在省份相关单位（见附件三）。

2. 参赛单位和个人直接报送大赛组委会的参赛作品，须将参赛作品光盘、参赛作品登记表一同寄送到大赛组委会，由组委会转至参赛单位和个人所在省份相关单位。

3. 由组委会指定的相关单位负责本地区大赛宣传推广及作品征集。

4. 大赛评审专家委员会根据各省报送的作品，组织专家进行评选。

5. 经大赛组委会审核后，在大赛指定网站（中国公路网 http://www.chinahighway.com）公示。

五、 奖项设置

1. 作品奖

特等奖 1 名， 奖品为奖杯及荣誉证书， 人民币 10000 元

一等奖 1 名， 奖品为奖杯及荣誉证书， 人民币 8000 元

二等奖 3 名， 奖品为奖杯及荣誉证书， 人民币 5000 元

三等奖 5 名， 奖品为奖杯及荣誉证书， 人民币 3000 元

入围优秀奖 10 名， 奖品为荣誉证书， 人民币 1000 元

2. 海宁中国皮革城形象作品征集主题作品奖

一等奖 1 名， 颁发奖杯及荣誉证书， 人民币 5000 元

二等奖 3 名， 颁发奖杯及荣誉证书， 人民币 3000 元

三等奖 5 名， 颁发奖杯及荣誉证书， 人民币 2000 元

3. 组织奖

特别贡献奖 1 名　颁发证书和奖牌

公益大赛组织奖 10 名 （单位）　颁发证书和奖牌

个人贡献奖若干名　颁发证书和奖牌

六、 活动组织

主办单位： 中国公路学会

赞助单位： 海宁中国皮革城

支持单位： 辽宁省高速公路管理局等

承办单位： 中国公路学会高速公路广告联盟

七、 参赛作品凡涉及肖像、 著作、 商标、 名称等知识产权和法律问题由参赛单位和个人负责。

八、 中国公路学会有权将参赛作品进行展览和编辑出版发行， 其版权属中国公路学会。

九、 其他事项

1. 鼓励单位和个人积极参与本次公益广告大赛， 所有参赛作品不收费。

2. 作品请邮寄至中国公路学会高速公路广告联盟秘书处。

邮寄地址： 北京市朝阳区和平街 11 区 37 号楼二层中国公路学会

邮　编： 100013

收件人： 许倩　高卓

电　话： 010 -64975607

传　真： 010 -64965607

手　机： 18500030345　13466793995

邮　箱： 41591792@qq.com

欲了解更多“海宁中国皮革城杯第三届中国公路公益广告大赛”信息及下载相关表格请登录中国公路网站。网址：http：//www. chinahighway. com

附件

1. “海宁中国皮革城杯”第三届中国公路公益广告大赛作品区号表
2. “海宁中国皮革城杯”第三届中国公路公益广告大赛登记表
3. 大赛组委会指定的各省份宣传推广及作品征集单位

肆 理论研究篇

（一）中国电视公益广告的发展趋势

中央电视台　冯依民[①]

引言

在当今全球化和大传播的时代里，公益广告作为国家软实力和国家形象的重要组成部分，以及我国蓬勃发展的公益组织、日益增强的公益意识，为公益事业发展提供了有力支撑。如何创新公益平台，把一时热情变成社会担当和责任，引导每个企业、每个人都成为良好公益氛围的维护者，最大限度地融汇企业和公众的公益热情，并做出常态化的引导，这其中媒体的呼吁、作用、推动都相当重要。

（一）中国电视公益广告历史足迹

电视公益广告作为公益广告的一个重要组成部分，在我国其发展最早可以追溯到1978年，到现在已经走过了三十多年的发展历程。

1. 自然萌芽阶段（1978年—1986年）

1978年，中央电视台开始以文字或画面的形式播出类似今天公益广告的节目。1986年，贵阳电视台摄制播出了一支《节约用水》公益广告，作为那个时代的一项创举，引发了强烈的社会反响。

2. 初步探索阶段（1987年—1997年）

1987年10月26日，中央电视台开播了《广而告之》栏目，这是中国公益广告史上第一个电视公益广告栏目，具有里程碑式的意义。从此，公益广告走进了国人的视线，日益受到公众关注，并逐渐发挥了公益广告应有的影响力，成为中国广告行业与公共事业中不可或缺的一部分。

3. 稳定发展阶段（1998年—2007年）

长期以来，中央电视台作为电视媒体创作播出公益广告的主力军，持续投入人力、物力、财力，打造优秀公益广告的最佳传播平台。其中，刘欢、那英代言并演唱主题曲的“下岗再就业”、“知识改变命运”等一系列公益广告，引导了社会风尚，深入人心。

4. 快速提升阶段（2008年至今）

这一阶段公益广告集中呈现出围绕重大社会事件、热点问题、关注民生的主题来创作。例如，2008年的“迎奥运讲文明树新风”系列，汶川地震发生后的抗震救灾主题公益广

---

① CCTV广告经营管理中心，北京，中国，100859。CCTV Advertising Center，Beijing，China.

告，在全社会发挥了积极作用。2011 年 12 月，“汇聚力量传播文明”——中央电视台 2012 公益广告项目启动仪式在京举行，同时成立了专门创作并安排播出的公益广告部门，积极创作主题多样、形态各异、直抵人心的公益广告作品。

（二）中国电视公益广告运作机制

1. 政府部门——参与主体

我国各级政府部门是公益广告的组织牵头者，各个政府部委也会根据自己的特点参与公益广告，尤其在汶川地震时，一些政府机构利用公益广告的方式为灾民募款，鼓舞士气。

2. 媒体——公益广告的组织创作者和发布者

在公益广告发展历程中，媒体实际上扮演了一个主导性的角色，承担了公益广告执行过程中的许多功能。同时，不同定位的电视媒体对公益广告参与的积极性也是不一样的。权威性和中央级媒体对公益广告的重视度相对更高，创作的公益广告也更规范、品质更高，发展空间也更大。

3. 广告制作公司——公益广告的创作执行者和生产者

我国公益心较强的制作公司越来越多，但从事公益广告创作的资金较少，运营机制并不完善。主要还是由像中央电视台这样的中央级媒体出资组织他们进行创作。

4. 企业——公益广告的主要出资者

目前，企业参与公益广告的模式大致有两种：一是以冠名赞助的形式参与；二是自主投资制作。

由此看出，尽管当今媒体多元化、信息爆炸化，但电视媒体依然是公益广告的主要组织者，需要充分整合各方资源，共同传播社会文明。而随着企业社会责任日益成为社会关注的热点，越来越多的企业投身到公益理念传播，体现社会责任，提升品牌美誉度中来。精良的公益广告往往能够放大企业品牌在受众心中的形象，“责任造就公信力”，这种电视媒体与企业共同关注的公益广告，既是对社会责任的一份担当，也是对和谐社会的一种呼应。

（三）中国电视公益发展趋势

中央电视台在广告经营运作中一手抓商业广告，一手抓公益广告，两手并行不悖。在不断地实践中，以央视的公益广告发展走势为例，证明我国的电视公益广告也在日益发展中不断提升：

1. 传播理念的转变：从说教到感动，从感动到行动

2011 年底在央视播出的公益广告《爱的表达式 - FAMILY》，之所以能感动全国的观众，它的创意新颖独特固然是因素之一，但更重要的是这支片子的创作是从内心出发，引

发了众多作为子女的观众的强烈情感共鸣。从《FAMILY》的例子可以看出中国电视公益广告传播理念的转变，那就是从以往的说教转为从内心的感动出发，以能够有效引起观众的情感共鸣为切入点，而进一步的目标，则是希望通过公益广告唤起人们的实际行动。比如央视2012年制作播出的《环保搭档》篇，《拒绝餐饮浪费》篇、《绿色出行》篇、《低碳生活》篇等。

2. 开辟征集创意渠道：启动“CCTV电视公益广告全球征集活动”

精彩的公益广告亲切自然，它们扎根于人们的意识中，触及人们的灵魂，使人们久久不能忘怀。一支能够打动人的公益广告，离不开挖掘创意潜能的实践。于是，我们打开大门，广征创意，开启全民创意的时代。其中，来自法国的《Dirty water》、韩国的《节能减排篇》等公益广告作品入围优秀外语片奖，来自浙江广电集团的《节约用纸－打印篇》已在央视相关频道播出。

3. 以CCTV为创作主体的公益广告主题系列化，制作日趋精良化

吸引人们眼球的是形式，打动人心的是内容。独特醒目的形式还需蕴含耐人思索的深邃内容，这就要求广告创意不能停留在表层，而要使“本质”“通过”“表象”显现出来，这样才能有效地挖掘受众内心深处的渴望。主题系列化的公益广告能够提升广告诉求在受众心中的影响力，为此，继《FAMILY》播出之后，央视又围绕“亲情”主题，继续推出《FAMILY之母子篇》、《关爱父母－缺席篇》等；围绕“节能环保”主题，推出《保护江豚》、《节约用电》等；围绕“当下社会热点”主题，推出《插上梦想的翅膀－字典篇》、《杜绝酒驾－印记篇》等。

新颖独特的创意，专业的拍摄执行，精良的后期制作，每一次与专业公司“头脑风暴”的过程，目的都是为了使公益广告作品精确、聚焦、闪光。为此，2012年央视开始与SAATCHI & SAATCHI盛世长城、麦肯光明、睿狮国际等国际4A广告公司联合创作公益广告，主题涉及“孝敬父母”、“春节回家”等，并在2013年春节期间安排播放。

4. 发挥电视媒体的重要传播平台作用

一个有力量的媒体，一定要具有引领主流价值观的力量。中国公益广告的运行机制还有待完善，借鉴国际经验，以更加开放的姿态，广纳各方资源，加强交流合作，使得我国公益广告发展更有规模，有系统，有成效。

中央电视台作为我国电视公益广告发布传播的重要平台，正在逐步建立有效地公益广告生产机制，以保证高品质地制作播出公益广告。采用“大广告”思路，即摆脱过去单纯的电视广告投放，而是采用营销思维，需要广告制作公司、广告客户、媒体三者之间的有效配合，聚合多方力量，运用多种传播手段，最大化公益传播效果，鼓励社会大众参与，一起促进公众关心的社会民生问题得以解决，共同推动社会的和谐与美好。

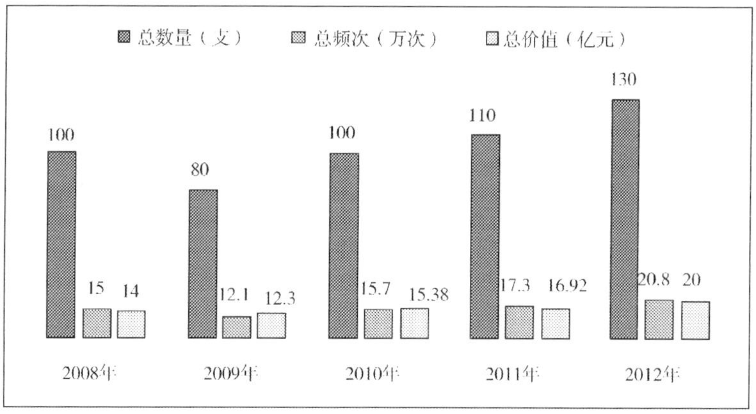

（四） 对公益广告未来前景的思考

央视承担了国家级媒体应该承担的社会责任， 成为中国电视公益广告最重要的播出平台。 但我们可以清醒地看到， 同世界发达国家相比， 我们还存在诸多问题和不足。

1. 缺乏影响力与推广力度，应把“公益广告”作为一个公益品牌来运营

作为中国最具传播影响力的媒体平台之一， 央视播放的公益广告虽然产生了很大的社会影响， 但整体上还有很多值得挖掘的潜力。 首先， 在相关频道开辟固定时段， 建立展播公益广告的栏目。 培养观众形成固定的收视习惯， 持续加深 “汇聚力量， 传播文明” 的传播理念， 逐渐树立 “央视公益广告” 的品牌形象。

2. 开发公益衍生产品，建立完整的品牌链条

在线上播放公益广告的同时， 线下配合举办相应的公益推广活动。 同时， 还可以选择适合的公益主题， 拍摄公益电影， 公益系列短剧等。 将单一的公益广告扩展成完善的公益文化产业， 线上线下呼应互动， 相得益彰。

3. 加强宣传推广力度，进行整体策划与包装

一档电视栏目、 一部电视剧要想取得成功的收视， 在宣传推广上要费劲心思营造话题， 花足成本卖力吆喝。 一部中等投资的电视剧营销成本占总投资的 20%， 高投资的营销比例还要更高。 而一部电影的营销成本更是占到了总投资的 40%， 宣传发行决定票房命运。 当然， 这些都是文化产业的商业运作， 不能等同于公益广告。 但目前公益广告的宣传推广几乎是零， 没有宣传推广就意味着没有播前关注度， 只能被动地等待口碑传播， 从而导致影响力大打折扣。 因此， 我们正在加强宣传推广力量， 对 “公益广告” 的品牌进行持续不间断地推广。 对于重点的公益广告， 更要从制作、 播前、 播出各个阶段实施有计划、 有步骤的宣传预热， 进行整体策划与包装。

4. 公益广告创作缺乏资金扶植，应运筹建立中国公益广告基金会

虽然， 中国公益广告一直得到各方的资金和资源支持， 但这种支持是极不稳定的。 通常是相关政府部门统筹协调、 媒体贡献一点、 企业赞助一点、 广告公司让出一点， 这种办

法无法满足整个公益广告行业大繁荣、大发展的需求。

据有关数据显示：2012年，商业广告估算产值达2200亿，如果按照商业广告占97%，那么占3%的公益广告则价值近70亿。那么，如此巨额的资金应该从何而来、如何支配、如何管理呢？倡导设立公益广告基金专门筹集和管理这部分资金也就显得非常必要。央视可以尝试联合各省级卫视、等形成一个强大的电视公益广告播发平台；同时动员企业拿出一些资金，用于基金会日常运转以及公益广告的创意与制作投入；再加上发动专业制作公司提供高质量的公益广告创意与作品。这样就可以保证公益广告的资金能够稳定的供给、合理的支配、规范的运转。

5. 评估与激励机制有待完善，建立权威、有国际影响力的国家级公益广告奖项

目前，我国的公益广告普遍处于有播出无评估的现状。应当建设较为完善的效果评估体系，对播出的公益广告进行测评，广泛听取来自观众的反馈，如此才能够及时地对公益广告进行调整，保证预期广告效果的达成，并为今后广告公益广告的改进提供科学客观的依据。目前，央视已经据此专门设置了人员岗位，监测央视公益广告的播出效果。除此之外，建立权威、有国际影响力国家级的公益广告奖项，融合专家和观众的标准评选年度优秀公益广告，建立权威、完善、准确、有说服力和影响力的评估体系。目前，中国这一类的奖项尚为空白。

（二）戛纳广告节：央视公益广告在行动　中央电视台　冯依民

2013年以来，中央电视台更加重视发展电视公益广告，在大力刊播“讲文明、树新风”公益广告的同时，中央电视台也积极参加国际广告界的盛会，向世界展示中国正在全社会传递正能量，倡导用脚踏实地、不懈奋斗的精神实现民族复兴“中国梦”的风貌。

而就在2013年的戛纳创意节，中国派出了以中国广告协会会长为团长、中央电视台广告经营管理中心副主任李怡为副团长的近百人团队参加，组委会专设“中国周”主题活动，让世界各国广告人充分了解中国广告市场和创意理念。李怡副主任在“中国日”主题论坛中作了题为《“家”对中国人有多重要——透过公益广告看中国人的家文化》的主旨演讲。“中国周”活动包括全球行业精英见面会、戛纳中国日主题论坛、国际专场互动会、魅力中国夜海滩派对等四项主题活动。

法国戛纳当地时间6月22日晚7点，2013年第60届戛纳创意节进入最后一天的颁奖环节。中央电视台投入制作的公益广告《关爱失智老人－打包篇》在影视类评比中荣获铜狮奖，这是今年中国（含港澳台地区）所有参赛作品（含商业和公益广告）在这个奖项类别中唯一的获奖作品。这个奖项在整个大中华区参赛历史上也不多见，非常难得，也是中国公益广告史上具有里程碑意义的时刻。

（一）创作团队倾情投入 撼动天下儿女心

2013年正值戛纳创意节60周年，来自92个国家、创纪录的3万多件作品报名参加，除了主办方特意安排了60场主题讲座，来自全球的超过10000多名广告创意人聚集此地，更首次在网上进行全球直播。获得铜狮奖的《关爱失智老人－打包篇》是以儿子的口吻讲述了患了“老年失智症”（在国际医学上被称为“阿尔茨海默病”）的老父亲“打包”儿子最爱吃的饺子的故事。

该公益广告的创作过程就是一场感动的传递，广告灵感来自上海盛世长城国际广告公司创意人员的真实生活经历，在提报创意时，感人的故事第一时间打动了央视和上海盛世长城国际广告公司的创意负责人，从众多“关爱老人”主题的创意提案中脱颖而出；在盛世长城与中央电视台的拍摄沟通会上，《打包篇》的故事再次触动了央视团队的情感之弦，许多人当场泪湿眼眶。

盛世长城上海执行创意总监吴凡被创意中“眼睁睁看着他父亲一点点，一点点地就把自己给忘了。”这句话深深触动。香港金牌导演侯仲贤在接到故事脚本后唏嘘不已，“这个故事深深触动了我，我会尽全力拍好片子，把这份感动传递给更多的观众”。

因此，拍摄团队走访和调研了许多有着“失智老人”的家庭，经过多轮的策划和沟通，全片以纪录写实的风格，通过儿子站在镜头前诉说他的父亲的种种行为表现来贯穿脚本，他说着如何看着爸爸先是把一件件小事情慢慢地忘记，直到把自己也给忘掉，不认识他是谁了。

片子的基调先是从比较平淡的生活小事说起，然后慢慢去建立观众的情感共鸣，而不是一上来就给人很伤感的基调。最后让那种一点点被亲人遗忘，自己却无法挽回的苦楚感收尾整个片子。

导演侯仲贤使用交叉剪辑，一方面是儿子的诉说；另一方面，拍摄老父亲不断收藏东西，把吃的食物都留一份，无论是在家里吃还是在外面餐厅吃，都会留下一份，给观众在看片子的前半部分留下悬念，不解父亲的行为，最后揭开悬念的就是故事脚本中父亲与儿子去餐厅吃饭那场戏，父亲有时候更弄得混乱而使儿子生气，结尾时儿子看到父亲把食物放进口袋，就斥问父亲：“爸！你这是干什么？”老人家充满着关怀地告诉儿子：“这是给我儿子的，他最爱吃这个…”

最后的结尾切到儿子与父亲在家中，两人一起面对镜头，儿子问爸爸：“我是谁？”老父亲转过头看着儿子，良久不语，眼里一片空白。儿子难掩失望，不禁有些哽咽，镜头切回老父亲，父亲脸上挂着平静的微笑。此时出结尾语：“他也许忘记了很多事情，但却没有忘记爱你！”

曾任央视CTR媒体分析总监的中国传媒大学袁方博士在接受记者采访时直言，央视近几年已经加大了公益广告的投放比例，“已经超出了公益广告的比例限制值，投入也是很大的”。虽然央视播出的这些公益广告时间不到5分钟，但这些短片相当于广告来说已经算是很长。对此，袁方认为，公益广告是一种道德方面的宣传，不能用来和商业价值所比较。他自己算了笔账：“如果将做公益广告的时间来放商业广告的话，价值会不少于10亿元。”

此外，有网友呼吁，央视应该在黄金时间段进一步加大公益广告的播放力度和频率。对此，央视广告经营管理中心佘贤君表示，央视在黄金时段的公益广告上已经加大了播出的力度，现在播出后的反应还可以，而且符合广告的发展方向。

（二）网络迅速传播 主流媒体持续关注

公益广告《关爱失智老人－打包篇》自2013年2月份开始在中央电视台多个频道播出，随即感动受众，引发网络上的转发、下载热潮。CNTV、优酷、土豆、腾讯视频、新浪视频、搜狐视频、奇艺等视频网站第一时间转发视频，转载评论量迅速突破50万，这个数据还不断在刷新。

“他也许忘记了很多事情，但却没有忘记爱你”的广告语成为网络上广为传播的流行语，这支作品以朴素的画面、平实的语言触动了人类的共同情感，打动了戛纳创意节各国评委的心灵，最终擒获戛纳铜狮。

在2013年的“父亲节”期间，央视又将这支公益广告进行了特意编排，无论是电视受众，还是网友纷纷被感人情节击中泪腺，将关爱父母、感恩父母的话题引向高潮。继网络上引起强烈反响后，辽宁卫视、安徽卫视、上海电视台、《扬子晚报》、《东方今报》等主流媒体跟进报道，挖掘幕后创作故事，剖析《打包篇》感动众人的情感共鸣。

也正是这支公益广告所体现出来的“关注老年群体，体现人文的关怀”的调性，触动了人类的共同情感，最终在2013年戛纳创意节上打动数十个国家的评委，在影视类别中获第60届戛纳创意节铜狮奖。

“电视媒体有责任、有义务承担传播文明的使命，而央视作为国家电视台，要集合社会各界的力量，通过公益广告展现国家气质和精神追求，体现电视媒体的引导力和影响力。”

央视广告经营管理中心副主任何海明介绍说，央视对于公益广告的追求是—让公益广告成为直抵人心的电视格言。

（三）上海市公益广告发展总结与反思（2001—2013年）

上海师范大学 金定海 聂艳梅 郑晟

进入21世纪以来，上海市的公益广告事业进一步得到发展。为了更有效地促进上海市的公益广告事业，本文将对上海市公益广告发展的经验进行总结，并深入剖析其中存在的问题，以寻求更富成效的发展策略。

（一）上海公益广告13年发展总括

1. 顺势而动——传播渠道得到拓展

上世纪的公益广告主要依赖电视、广播、杂志和报纸这传统四大媒介。新世纪以来，科学技术继续发展， 各种传播机会继续被挖掘， 于是新的媒介被不断发现或发明。 新媒介分为三类： 新发明的技术， 既有媒介技术的延伸， 一直存在却没有被充分发掘的媒介。 新媒介能为公益广告提供更多的传播平台， 使得信息能够更快捷、 更广泛、 更有效地传播，而它们也已经为上海的公益广告事业所用。

互动性公益广告是媒介新技术的代表。 拉动进度条森林会燃烧，点击按钮会关闭水龙头，移动鼠标会擦出蔚蓝的天空……这就是能将公益寓于娱乐之中的网络互动性公益广告。 这种广告方式以计算机语言作为载体，采用先进的电子多媒体技术，通过互联网进行广泛传播。 这类新技术的运用广告打破了传统公益广告的制作模式，使受众便于参与其中，其直观而具有冲击力的画面使用户可以更直接、更深入地接受广告中所传达的公益信息。 作为全国互联网普及率较高、对新事物接受能力较强的城市，上海因这种传播形式的公益广告受益颇多。

在对媒介延伸技术的运用上， 通过车载电视和地铁移动电视播放公益广告是较为普及的方式。 由于上海的城市人口密集、 交通流量巨大， 对于如此庞大的受众群体， 发现他们坐车时的无聊时间， 在人们的乘车过程中通过具有过程性的车载媒介传递公益信息， 无疑是一个有效手段。 这些广告还经常因地制宜地根据乘客的出行者身份， 提供一些关于交通安全的 flash 公益广告。 例如， 2012 年上海公交经常播放一对父子因为乘坐非法黑车， 最终落得撞伤住院的可怜下场。 这支车载公益广告在吸引乘客眼球的同时， 可以有效地提醒人们乘坐非法车辆的危险后果。

对既有媒介价值的重新挖掘也使得上海的公益广告事业受益。 例如， 近年来， 每到临近春节， 许多的人的手机会收回到一条公益广告的短信： “上海消防安全提示： 欢度春节， 请安全用火、 用电、 用气， 安全燃放烟花爆竹， 不购买燃放非法伪劣产品。 有奖举报热线： 96119。” 手机短信原来只是私人之间的交流手段， 当公益广告关注到手机短信的价值之后， 公益传播又发现了一条有效的传播渠道。 手机短信精确性高、 用户量大， 实际到达率也几乎位列所有媒介之首， 而且手机公益广告又不带有商业广告的功利气息， 有利于受众对于信息内容的接受。

此外， 由于所有存在的实体都具备媒介性， 只不过由于时空情境的限制和人们习惯思维的束缚， 许多实体的这种价值没有被挖掘， 而那些被发现的 “新媒介” 则顺商业广告之势为公益广告所用。 例如， 2001 年， 为了保护野生动物的生存权利和生命尊严， 上海电信 201 卡出现了” 请不要穿皮毛， 双肩的冻比不上它们的痛 “的公益广告， 发人深省、 震撼人心。

2. 以柔克刚——传播手段更加人性

老子在 《道德经》 中写道： “天下之至柔， 驰骋天下之至坚， 无有入无间。” 进入 21 世纪， 上海公益广告应和谐社会的建设要求， 呈现出柔性化的创作倾向， 渐渐以润物细无声的传播方式代替简单粗暴的教条式宣传， 主要体现在以下三个方面：

（1） 平民元素增多

虽然上海公益广告的发起机构依然以政府及公立机构为主， 但是在传播的表现手段上，对百姓生活细节的深度观照、对市民平凡事迹的生动呈现越来越多地被运用。例如，近年来上海各电视频道展播的公益广告《有信赖，有未来》就是公益广告平民表现的代表。广告以一个普通市民李阿姨为主角，讲述她无人报摊的故事，广告中的演员都是李阿姨真实的邻居和顾客。作品朴素自然、平凡亲切，没有豪气干云的口号宣言，也没有不切实际的明星变身平民，最后辅以“信赖嘛，本来就是互相的”这么一句朴实无华却道破天机的点睛之尾，深入人心。

（2）隐喻劝诫增多

“小草正在睡觉，请不要打扰”类似的表述这些年在上海的各个主要公园大量出现。正如一位游客所说，“以往公园内的草坪上，都会刻板地竖一块‘禁止入内’的牌子，看了心里总觉得不舒服，好像有人在板着脸孔训你。现在有些公园在草坪上换上一块写着‘小草正在睡觉，请不要打扰’的牌子。让人感到一种亲近感，也不忍心去践踏草坪了。”① 这样的传播手段与传统公益广告的“禁止入内”、“游客止步”模式产生了完全不同的效果。

（3）时尚意味增多

公益广告传播者逐渐抛却卫道士高高在上的古板形象，走进受众的生活，汲取当代时尚元素进行公益广告的创作，是21世纪以来公益广告的一个趋势。最好的例子莫过于上海警方的警方诚品：“爱飙车/爱兜风/爱超员，也爱逃避处罚/爱超速，更爱不戴头盔/不是什么赛车手/不是行为艺术/我是交通违法人/我不走寻常路，我和你不一样/我拿着通向天堂的签证。”这张宣传画以图文结合的形式劝阻大家不要飙车，一改往日生硬的“严禁×××”之类的强制语气，减少司机们的逆反情绪，受到了网友的肯定。又如，“爱打电话，爱发短信，爱装警察，爱装法官，爱装检察官，也爱说，电话欠费，法院传票，银行转账，恶意透支，涉及洗钱，安全账户……我不是神马，也不是浮云，我是电讯骗子，警察一直在找我，如果我找你，马上拨打110”同样受到了广泛的肯定和转载，提升传播范围的同时也让人印象深刻。

3. 匹夫有责——信源信宿日渐积极

公益广告的广告主是指独立或出资委托广告公司进行广告活动，传播对社会公众有益信息的机构或者个人。由于上海长期缺乏专业的公益机构，政府和公益组织一直扮演着主导角色。但是进入21世纪，在政府的大力倡导下，公益广告的传播者逐渐丰富起来，此外公益广告受众的参与热情也有一定的提升，越来越多的力量加入到公益广告的行动中来。

（1）政府及公益机构依然是主角

自公益广告起步以来，政府就一直就是公益广告发展的主体。目前国内公益广告多为政府指令，媒体制作发布，正因为如此，上海公益广告的策划和制作很大程度上是依靠政府部门的支持和行政手段的规定。例如上海每年进入台风来临的预警阶段，政府会通过各种手

---

① 仝庆，袁野，周文菁．以情动人以意取胜 上海公益广告悄悄”变脸”．新浪网社会新闻．http：//news.sina.com.cn/s/2002-04-26/1457559612.html．2002年04月26日14：57

段提醒市民进行防台工作。

其次是公益机构。公益事业在西方国家起步较早，组织系统相对完备，各自都配有自己的基金会，可自行制作公益广告。而在我国，这种机制善不完善，不过近年以来仍有一定的发展。2010 年上海世博会举办期间，上海慈善基金会将慈善公益系列广告置于浦东陆家嘴的 LED 大屏幕上滚动播放，倡导公益观念。

另外，政府和公益组织也是各类公益广告创作比赛的主要发起者，比如上海市精神文明建设委员会办公室和上海市工商行政管理局举办的“关爱成长”上海市未成年人公益广告征集大赛、上海检察机关举办的廉政公益广告评选大赛、上海巴斯德健康研究基金会公益广告创意大奖赛、各级广告协会举办的公益广告大赛，等等。

（2）企业和个人的参与意识提高

孟子说“穷则独善其身，达则兼济天下”。现在的许多企业和个人在拥有一定数量的财富后，投身公益事业，这不单单有利于社会的公共利益，对企业和个人自身的可持续发展也是一种隐性投资，正如孟子的另一句话，“爱人者，人恒爱之；敬人者，人恒敬之。”企业参与的例子有上海巴士集团的“安全行车文明乘车”公益广告活动、“上海电通”青少年电视公益广告邀请赛、上海电信杯公益广告大赛、上海市“申通德高杯”公益广告创意大赛，等等。

作为社会的基本构成元素，自然人的个人能量也在公益广告事业中逐渐得到彰显。上海的各界知名人士和文体明星纷纷加入公益事业，为家乡的未来发展贡献自己的力量。如小巨人姚明率领上海男篮全体队员拒绝食用鲨鱼制品；滑稽小生潘前卫在公益广告中规劝市民提高消防意识、重视生命安全；调解之王柏万青提醒中老年人谨防免费服务而上当受骗；影视明星孙俪的公益广告在世博会期间出现在寻常巷口，鼓励人们绿色出行，助力上海城市形象……

一些普通的个人也心怀天下、热心公益。除了大量公益比赛的参赛者，2007 年，华东理工大学的一名在校学生以 500 万元的价格买下了上海 87 个大学校区、117 家餐厅 5 年的广告经营权。这些广告空间并不用于商业目的，而是一幅幅弘扬中华传统文化的公益广告，赢得赞誉声一片。这是上世纪所不曾出现过的，具有极高的榜样价值和启发意义。

（3）受众参与情绪被带动

随着整个社会经济文化水平的提升，人们对于公益广告的要求也越来越高，特别是在上海这样一个大都市，人们快速提高的审美情趣和对城市日益增强的主人翁意识使得他们对各类公益广告的内容和形式提出了自己的建议和意见。以申通德高地铁媒体为例，2010 年世博会开幕以来，市民对于地铁广告主动提出意见和建议的数量出现了明显上升，其中大多都与广告画面的创意和设计有关。

除此之外，近年来以微博为代表的社交媒体为公益广告的传播提供了一个良好的平台。微博的产生加快了公益广告传播的广度、速度、维度。更重要的是，微博赋予了受众切实的话语权，无论是社会名人，还是草根百姓，都可以对公益广告进行评论、转发，或是通过 Photoshop 等技术工具进行加工处理、重新创造。于是，一则公益广告可能完成二次传播甚至病毒式传播，这无疑可以明显提升传播效果。而网络赋予普通百姓的这种自主性的提高点燃了公众对公益广告的热情，这对公益事业的发展和市民公共意识的培养大有裨益。

4. 海纳百川——传播内容更加广泛

潘泽宏在2001年出版的中国第一部系统研究公益广告的专著《公益广告导论》中认为公益广告是面向社会广大公众，针对现实时弊和不良风尚，通过短小轻便的广告形式及其特殊的表现手法，激起公众的欣赏兴趣，进行善意的规劝和引导，匡正过失，树立新风，影响舆论，疏导社会心理，规范人们的社会行为，以维护社会道德和正常秩序，促进社会健康、和谐、有序运转，实现人与自然和谐永续发展为目的的广告宣传。① 这个定义对于上世纪的公益广告来说比较适用，但是以此来定义21世纪以来上海的公益广告则略显狭隘，虽然据上海市工商局有关负责人的介绍，目前上海各类媒体刊登的公益广告以环保、公共文明和交通安全为主②，因此确实相当大一部分的公益广告是“针对现实时弊和不良风尚”，但是我们看到越来越多公益广告的内容涉及到更多的社会话题，反映了更多的公共领域，因此上海公益广告的创作内容已经升华到了整个城市物质文明和精神文明建设的高度，所以凡有利于社会经济与文化发展的公共元素都渐渐成为上海公益广告的传播内容和创作母体。例如，呼吁人们不要穿皮草类服饰的公益广告是提倡一种保护自然、爱护动物的生态观念和生活习惯；2001年出现在上海繁华路段的“士兵格言”系列公益广告是为了巩固上海的军民互拥意识，维系上海地区军民一心的和谐关系；2003年4月中下旬到6月底，上海文广集团下属的11家电视频道先后播出的“守望相助、共抗非典”系列公益广告片是为了激发起市民不畏毒魔、同舟共济、众志成城、共迎灾难的战斗精神；上海电信杯公益广告大赛是为了更好地配合实施“科教兴国”的战略，促进上海市的信息化建设。

作为海纳百川的国际化大都市，上海这座城市超强的文化吸附力必然会吸引全国、全世界各种公益观念，而上海的地域多样性也必然会使得各种细细了了的公益因子得以迸发，融入公益事业的大潮之中，成为上海公益广告的创作源泉。

5. 潜移默化——传播效果日渐增强

对于上海公益广告的发展状况，一个比较重要的参考依据便是上海地区的公益广告关注度。如果一个地区的人们对公益广告关注度有所提升，则说明该地区一段时间内的公益广告传播产生了一定的影响力。对此，我们准备以百度指数作为研究工具，对近年来上海地区对公益广告的关注度进行说明。由于技术条件的限制，百度指数查找范围的最早时间为2006年6月，因此关注度水平的情况只限于2006年下半年至2013年上半年。

如下列各图所示，2006年上海地区对公益广告的关注度平均值约为560，2007年约为650，2008年约为670，2009年约为670，2010年约为700，2011年约为780，2012年约为840，2013年约为900。可见，除了2009年基本与上一年保持平齐，在另外的7年中，人们

---

① 潘泽宏．公益广告导论［M］．中国广播电视出版社，2001年：第4页

② 虞晔．让上海再多些公益广告．环球网社上海站．http://sh.huanqiu.com/city/2009-10/46363.html．2009年10月28日09：55

对公益广告的关注度都有或多或少的提升，这也从侧面反映了上海公益广告的作用力。

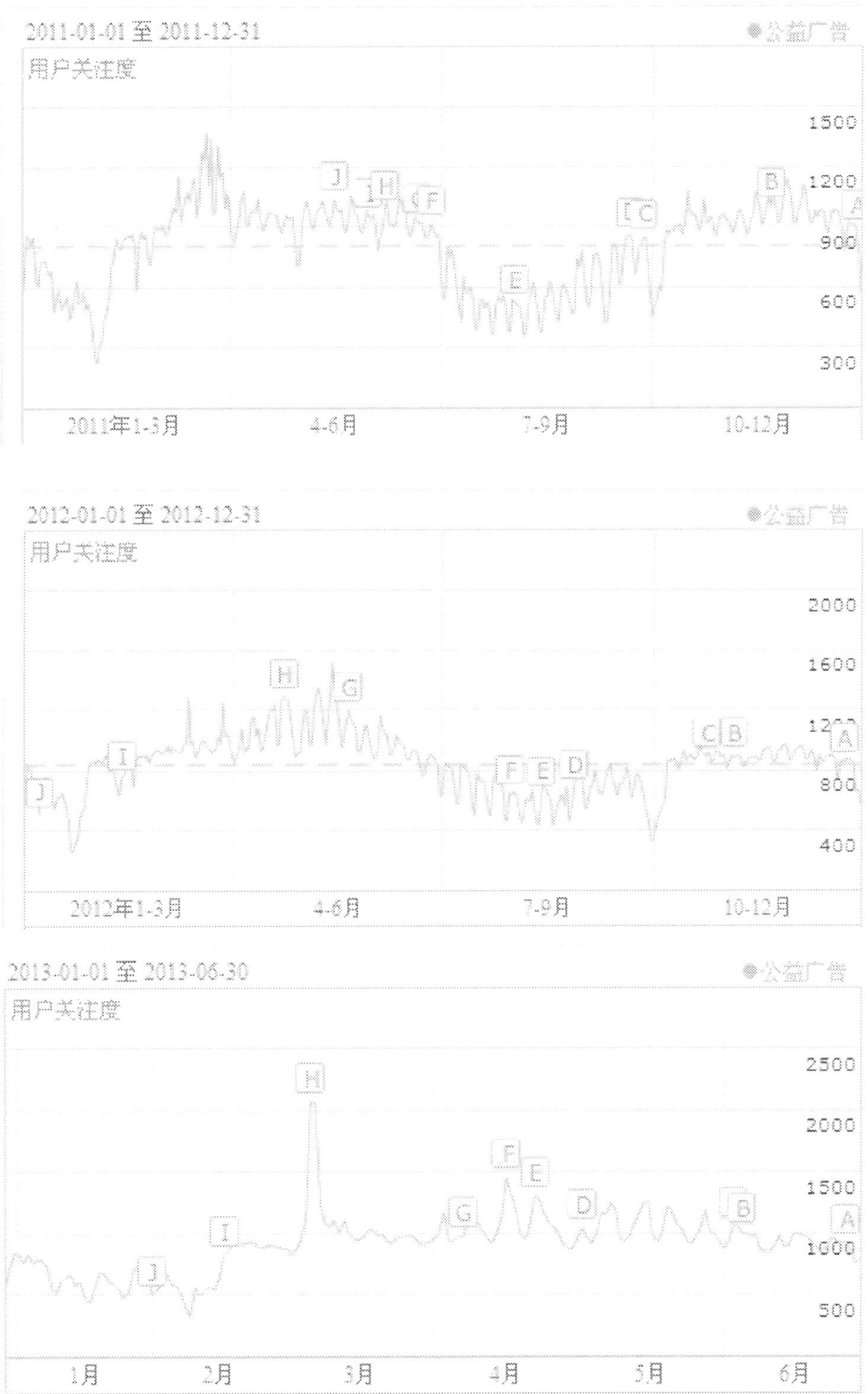

图　2011 年 1 月 1 日至 2013 年 6 月 30 日 “上海” 地区的 “公益广告”
关注度 （百度指数）

6. 瑜中有瑕——传播质量仍需提升

虽然21世纪以来上海的公益广告事业获得了一定的成果和进步，但在传播质量上，公益广告整体还不能让人满意，大多数企业还没有卷入到公益广告的事业中去。事实上，公益广告虽然在目的、内涵、受众层面与商业广告存在诸多的不同，但是依然可以从商业广告中获取许多灵感、经验和技巧。在对人们的信息接收习惯和生活轨迹的研究上，以及在对受众广告心理的理解上，企业应该比政府部门的工作人员和一般公益广告比赛的参赛者（许多为涉世不深的学生）更深入、更全面。因此，如果那些对商业广告运作颇为娴熟的广大企业都能够积极参与公益广告的策划、制作和传播，那么这将大大有助于上海的公益广告事业的发展。

目前各个企业参与的热情不太高涨，而一些纯公益广告（有相当的企业采用了公益式的商业广告，如格力的《大地的孩子》，但毕竟总体归类于商业广告）的质量经常因创作组织或个人缺乏创作资金而显得相当有限，于是仅仅表现为标语口号的广告数量较多，这些广告停留在低成本的拍摄上，远远达不到应有的传播价值①，像“行文明事，做文明人”、“家庭多一份温馨，社会多一分安宁”、“市民素质高一分，城市形象美十分”这样空洞的口号无法召唤出价值感，也无法深入人心。

在国外，公益广告被称为“公共广告”，企业作为传播主体，自觉表达对某一社会问题的看法，成为企业传播策略的一部分。如果这样的观念被广泛接受，公益广告的发展天地将越来越广阔。而且在美国、日本、新加坡等发达国家，公益广告事业都形成了一套行之有效的机制。在日本有专门的公益广告协会，投资方、专业广告公司、媒体等都联合在一起，与政府相关部门保持密切联系。企业采取会员交纳会费的形式，保证了日本的公益广告投入。因此设计出一套有效的公益广告机制是未来上海公益广告发展的重要环节和前提，值得努力为之。

（二）上海市公益广告管理政策、规范概况

除了参照和执行国家工商局及其他部门关于公益广告的指导和规定，上海自己也根据本市的实际情况，制定了一些政策和规范，以更好地促进上海公益广告的健康发展，发挥公益广告在社会主义文化建设中的积极作用。这些政策和规范主要涉及以下方面。

1. 明确公益广告的定义，划清与商业广告的界限

《上海市工商行政管理局关于推动公益广告宣传、加强公益广告管理的指导意见》中规定，公益广告是以推广有利于社会进步的思想意识、道德观念和行为规范为目的的信息传播。公益广告活动属于非营利性质的社会公益性活动。任何组织与个人都不得以公益广告的名义宣传、推销自己的产品或服务。

---

① 虞晔. 让上海再多些公益广告. 环球网社上海站. http://sh.huanqiu.com/city/2009-10/46363.html. 2009年10月28日09:55

在给公益广告一个明确的定义之后，《意见》规定，如果包含以下三种情况的任意一种，则一律视为商业广告：（1）商品或服务的名称，以及与宣传、推销商品或服务有关的内容，包括单位地址、网址、电话号码、其他联系方式等。（2）以不符合规范的单位名称或商标、标识落款。（3）公益广告画面中出现的单位名称或商标、标识，足以使社会公众在视觉程度上降低了对公益广告内容感受和认知。

2. 明确公益广告传播的权利主体，规定职能部门的工作职责

《上海市工商行政管理局关于推动公益广告宣传、加强公益广告管理的指导意见》中规定，各机关、团体、企业、事业单位和个人均可参与公益广告的设计、制作活动。

《意见》还规定，各分局应当积极倡导具有广告设计、制作能力的企、事业单位强化社会公益意识，配合党和政府的宣传重点以及本市的重大社会活动，积极开展公益广告设计、制作，其内容和形式应尽量采取正面教育，体现社会主义核心价值观。各分局应当积极指导各类媒介单位，包括非大众传媒的广告发布单位，主动发挥自身优势，做好公益广告的传播。为保证公益广告的发布数量和质量，各分局应当积极倡导媒介单位动员和带动相关的广告主和广告经营者共同参与公益广告活动。带有时效性的户外公益广告（包括重大社会活动宣传）结束后，各分局应当督促广告发布单位及时清除或更新内容。各分局要加强对公益广告发布情况的监测、备案和检查，掌握有关规定的落实情况，定期或不定期地公布监测、备案和检查的结果。户外广告媒介的监督重点是市区主要商业街、机场、车站、码头和景观路段，其他广告媒介的监督重点视时段、内容和媒介的特点而定。对不符合公益广告发布规定的行为，各分局应当及时向有关单位提出整改意见并视情采取相应的执法监管措施。各分局要注意听取社会各界对公益广告的意见和建议，会同有关部门统一规划、指导广告主、广告经营者、广告发布者的公益广告活动，配合本市的宣传重点和重大社会活动，指导各类媒介单位统筹兼顾、合理使用广告资源，以保证公益广告更好地发挥宣传效果。各分局要开展形式多样的公益广告优秀作品评选、推展，对成绩突出的单位和个人及时给予表彰和鼓励。

除了各层工商局的工作职责得到明确，《关于进一步做好世博后公益广告宣传的通知》同样规定了各区县、委办文明办职责所在，例如要把公益广告宣传列入今年工作的重要议事日程、并作为“十二五”期间的重点工作来抓，要围绕“十二五”发展目标，积极宣传社会主义核心价值观和“海纳百川、追求卓越、开明睿智、大气谦和”的城市精神，广泛宣传上海精神文明建设的丰硕成果和上海市民锐意进取的精神面貌，要充分利用户外喷绘、报纸、电台、电视台、灯箱广告、小区宣传栏等公益广告宣传媒介，同时运用 LED 显示屏、数字移动看板、数字联播网端口、滚动屏幕等新兴公益广告载体开展宣传。

3. 尊重创作者的劳动成果，维护创作者的知识产权

《上海市工商行政管理局关于推动公益广告宣传、加强公益广告管理的指导意见》中规定，应当充分尊重公益广告创作者的著作权。公益广告著作权人可以通过书面约定，将作品的改编、翻译、注释、整理等权益无偿或有偿转让给他人。

4. 明确媒体的公益职责，保障公益广告的展播数量

《上海市工商行政管理局关于推动公益广告宣传、 加强公益广告管理的指导意见》 中规定， 广播、 电视媒介每个频率 （频道） 用于发布公益广告的时间不少于发布商业广告时间的3%； 每个频率 （频道） 平均每天在19： 00 -21： 00时段发布公益广告的时间不少于该时段发布商业广告时间的3%； 报纸、 期刊媒介每年刊出公益广告的版面不少于发布商业广告版面的3%； 互联网站发布公益广告的年度总量不少于发布商业广告年度总量的3%； 户外广告媒介发布公益广告的年度总量不少于发布商业广告年度总量的10%. 媒介单位不应从公益广告的发布中获取利润。

《上海市户外广告设施管理办法》 中规定， 户外广告内容中公益宣传所占的面积或者时间比例， 不得低于10%。 户外广告设施设置后暂不发布广告超过15日的， 应当设置公益广告。 此外， 《上海市流动户外广告设置管理规定》 也有明文规定： 公益广告内容占流动户外广告内容发布的面积或者时间比例不得低于10%。

（三） 从各类公益广告大赛看上海公益广告创意发展

公益广告的创意需要创设传播意义， 让人从中领会公益广告的指涉所在； 需要创设传播意象， 将概念和主旨进行形象化的展现， 使之直观、 感性且具备艺术性； 需要创设传播意欲， 连接广告内涵和社会现实， 给人以拔剑四顾的行为冲动或是引以为戒的内心警钟， 更深入而持续地达成传播目标。

由于公益广告的策略性常常没有商业广告那么明显， 于是创意的质量某种程度上决定了公益广告的品质。 所以， 我们拟对2001到2013年期间全国的公益广告比赛中上海地区的广告公司或个人的获奖作品进行总结。

表1 2011—2013年上海主要公益广告赛事

时间	比赛名称
2011年5月	第一届 “申通德高杯” 地铁公益广告大赛
2011年6月	闵行区公益广告设计大赛
2011年7月	巴士集团 “安全行车文明乘车” 公益广告比赛
2012年3月	第二届 “申通德高杯” 地铁公益广告大赛
2012年3月	上海第一届廉政公益广告评选大赛
2012年10月	SMG启动新锐导演公益广告大赛
2013年3月	上海浦东新区 “讲文明， 树新风” 公益广告设计大赛
2013年3月	上海师范大学 “讲文明树新风” 公益广告大赛
2013年4月	“远离传销， 守护幸福” 公益广告创意大赛

时间	比赛名称
2013 年 4 月	松江区 “茸城之光” 公益广告大赛
2013 年 5 月	上海市大学生公益广告大赛
2013 年 5 月	第三届 “申通德高杯” 公益广告创意大赛
2013 年 6 月	“微公益 · 梦启航” 上海市大学生公益广告大赛
2013 年 7 月	上海市司法局首届 “浦江法韵” 法治文化公益广告大赛

表 2　2011—2013 年全国主要公益广告赛事

时间	比赛名称
2011 年 5 月	全国生态文明公益海报创意大赛
2011 年 5 月	第五届全国税收公益广告作品大赛
2011 年 7 月	“漫道清风” 全国反腐倡廉漫画公益广告征集评选活动
2011 年 8 月	全国敬老爱老原创公益短信大赛
2011 年 10 月	谷歌中国第五届 “益暖中华” 公益创意大赛
2011 年 10 月	十八届中国国际广告节黄河奖
2011 年 11 月	全国报刊禁毒防艾公益广告大赛
2012 年 1 月	中视杯公益广告大赛
2012 年 8 月	中国证券业协会公益广告大赛
2012 年 10 月	“我们的节日” 公益广告片大赛
2012 年 10 月	十九届中国国际广告节黄河奖
2013 年 2 月	亚洲动物基金公益广告设计大赛
2013 年 2 月	“倡节俭 · 树新风” 全国大学生公益广告创意大赛
2013 年 4 月	中国孔子基金会公益广告征集大赛
2013 年 4 月	全国电视公益广告大赛
2013 年 4 月	“讲文明树新风” 2013 半岛网公益广告创意赛
2013 年 6 月	“讲文明树新风” 网络视频公益广告大赛
2013 年 7 月	“2013 年度中央台公益广告宣传活动” 的文案征集及作品选拔工作结束

1. 感性诉求多于理性诉求

公益广告所要彰显的公益目的其实显而易见，人们都心知肚明，只是人们因为意识的薄弱或是不愿意率先做出行动而需要公益广告的提醒和鼓励。所以，商业广告可以明确清晰地展示产品特性、功能和利益，起到生活方式的引荐作用，但公益广告如若采用理性诉求，效果会显得相当有限。故而公益广告多使用情感诉求。《文心雕龙·知音》中说：“夫缀文者情动而辞发，观文者披文以入情”，如能让欲传播的价值观念依附在易被感知的情感之上，则更容易让公益广告深入人心，激发人们情感上的共鸣。大多数令人记忆深刻的公益广告往往直指心灵中的柔软之处，与人类本性中的情感因素融合在一起，使受众内心产生触动。

从上海地区广告公司或个人的获奖作品来看，情感触发点主要是以下几种：（1）童趣天真。人之初，性本善。童年时期的天真烂漫让大多数人怀念。以简易绘画的方式，模仿儿童笔法，体现童趣和天真，比板着面孔的教条说教更能让人接受。（2）怜悯之心。《孟子·告子上》：“恻隐之心，人皆有之。”面对默默无言且本分无怨的弱势群体，很多人都会给予同情（如图2）。（3）死亡恐惧。公益广告在创作目的为反对某种行为或观念时，经常会运用恐惧诉求的手法，唤起人们的紧张心理和危机意识，向人们展示不良行为可能引起的恶性后果，进行规劝与批评。（4）故乡情结。杜甫诗曰：“露从今夜白，月是故乡明”。人对家乡的偏爱甚深，深到掀起了无数壮烈的反侵略战争。许多公益广告作者也靠人们家乡的标志符号来激发受众自豪感和亲近感。

图2

2. “无中生有”多于“顺手牵羊”

对于上海公益广告的观察中，我们发现，“创作”的作品远远多于“看见”的作品。回到生活，把画面留给真实，还原社会上的一些人群或一些个人的日常生活的作品经常更加吸引目光，也更加让人感动。上海观池文化传播有限公司制作的飞利浦公益广告《幸福是什么·早餐篇》没有什么精美的画面和演技高超的演员，只是拍摄了一群饥饿孩子的真实进餐过程，但足矣震撼人心。因此，应当鼓励创作人员离开自己熟悉的环境，打破视域的局限，多进行社会写真，而非空行艺术创作。

3. 表现创新有余，概念突破不足

公益广告传递公益观念的前提是抓住一般民众的注意力，那么应当充分运用视觉修辞。由于许多视觉修辞固有的间接说明特质，合理的运用它们可以智慧性地诱发受众自己的联想，使得创意对受众产生足够的吸引力和渗透性。按照定义，“‘视觉修辞’是一种以图形、图像为媒介，配合以音响综合符号，以取得最佳传播效果为目的的传播行为。”比喻、借代、对比、反复、夸张、反语、比拟、双关是最主要的八种视觉修辞手法，这几种主要的修辞手法在上海的公益广告中都有所体现，可见在表现形式多样化这一点上公益广告创作者们的用心和付出。所以，在表现创新的层面上，21世纪的各位公益广告创作者已经能较为灵活和娴熟地运用视觉语言来进行思想表述，能够将自己的想法用一种审美化、形象化、差异化的方式呈现出来，这比上世纪许多空洞的说教和干巴巴的后果陈述更能被人们接受和认同。

图3

然而，相比形式上的精彩，21世纪以来的公益广告没有太多新的内容呈现，在概念的突破上略显沉闷，缺乏亮点。公益广告的主题多为直接后果陈述型，即通过展示可预计的后果来提醒人们某一个行为的危害性或是某一种意识的必要性，例如，酒后驾车会让人失去生命，吸烟会慢慢招来死神（如图3），不节约水资源会造成河塘干枯，不保护植被会让大量动物失去家园，不爱卫生会引起四害泛滥，不关注气候问题则我们的家园会被大海淹没，等等。而这种后果的展示对受众来说其实已经上演了千百遍，如此的习以为常也就难以形成新一轮的感性冲击，于是公益广告的传播效果必然受到影响。

因此，在表现创新取得较大的进步之后，如何在创意的概念上进行一番突破，如何能以小见大、以直接见间接、以微观见宏观、以独立见联系是需要我们思考和学习的。例如美国红十字会的一则献血公益广告中，飘扬的星条旗中的红色部分慢慢淡化直至消失。广告没有以死亡、病痛、虚弱等失血的症候来说明不关爱生命的直接后果，而是以美国公民的民族自尊心和自豪感为作用对象，说明不关爱生命会令美国的国家形象暗淡。

4. **民族元素丰富多样，同时略显肤浅狭隘**

民族元素是国家文化所独有的资本，对民族元素进行恰当的运用，作用于集体无意识，绕过不必要的解释和表述，可以迅速激发受众内心深处的文化认同感，在对文化理解的基础上，深入沟通，完成感动。

在近些年的公益广告比赛中，诸多的作品从民族文化的元素入手，找到了先人赋予的创意力量，一定程度上提升了传播的品质和感召力。例如，有的作品运用了中国传统世界观中的五行学说；有的作品选择了中国象棋这种带有浓厚民族性的社会娱乐方式；有的作品充分理解了汉字集形象、声音和辞义三者于一体的文字特性，智慧性地将不同汉字的意义联系起来。上海腾迈广告有限公司制作的《反腐倡廉·豆腐长城篇》看到了豆腐和石头的形似，也看到了两者在坚固程度上的巨大反差，再以民族象征——长城的意象表现出来，可以说调动了受众的历史感和神圣感用以彰显广告的最终指向（如图4）。

图4

但是，在中国文化中的诸多元素得到创作人员重视和运用的同时，我们同样发现，许多元素的呈现显得较为生硬，形有余而象不足。很多的公益广告中，民族元素虽然可观、可感，但是已经远离了整体的文化内涵，内容较为空洞，只是创作素材的功利化使用，受众很难从元素中读出历史的纹理和文化的积淀。

以申通德高公益广告大赛的获奖作品《十二生肖》为例，广告只是借用了十二生肖的外在形态，对文化内涵的挖掘不够，具有很强的可替代性（如图5）。比如我们也完全可以用两大门神——秦叔宝和尉迟恭——作为创作元素，将二人与地铁标志通过图像修饰结合起来，在中间写上“平安每一年，快乐每一天”这样的表述。之所以有如此强的可替代性，是因为作者只是生硬地将生肖和地铁通过形的可嫁接性连结起来，而没有对两者进行深度的价值拼接，如此一来生肖脱离了元素的文化语境，有形而无象，最终沦为工具性的点缀。

除了对民族元素运用的肤浅性，公益广告中的中国元素也显得较为狭隘，即基本只与古代文化或是传统文化相关，看不到民族元素随时代发展而变化、丰富的事实。其实，“传统可能完全以一种非传统的方式而得到保护，而且这种非传统的方式可能就是它的未来”①，创作人员应当将民族元素视为一个生活素材库，而非一个历史资料库。因此，中国的历史与当下、经济与文化、思想与行为、精英与平民，只要具备中国特色，都可以成为公益广告中的民族元素，而不是固守封建时代的文化遗产。

---

① 户晓辉，萧放，巴莫曲布嫫，陈连山，刘魁立，施爱东，曹兵武. 中国元素在哪里?. 社会科学报[N]. 2004-09-09

图5

（四） 公益广告理论研究综述

公益广告以其高品位的思想性和艺术性的结合， 来引导人们的观念更新， 以文化直觉的方式， 潜移默化地影响着人们的行为方式、 思维方式的变革， 渐渐帮助人们改变不良的行为习惯和社会风气。 公益广告还帮助企业树立着良好的公众形象， 顺应了企业回报社会的需求， 甚至成为企业文化的有力支撑部分。 因此公益广告是一个很需要学术界进行关注的领域。

1. 总体研究概况

（1） 相关出版物和论文数量

公益广告在现代社会中起着相当重要的作用， 可是我国学术界并有给与其相对应的重视。 目前商业广告得到了学界更多的关注和研究， 相比较而言， 公益广告的研究人员和研究文献则略显沉寂。 这种沉寂， 从相关的出版书籍或学界专家对其进行研究的论文数量上可见一斑。

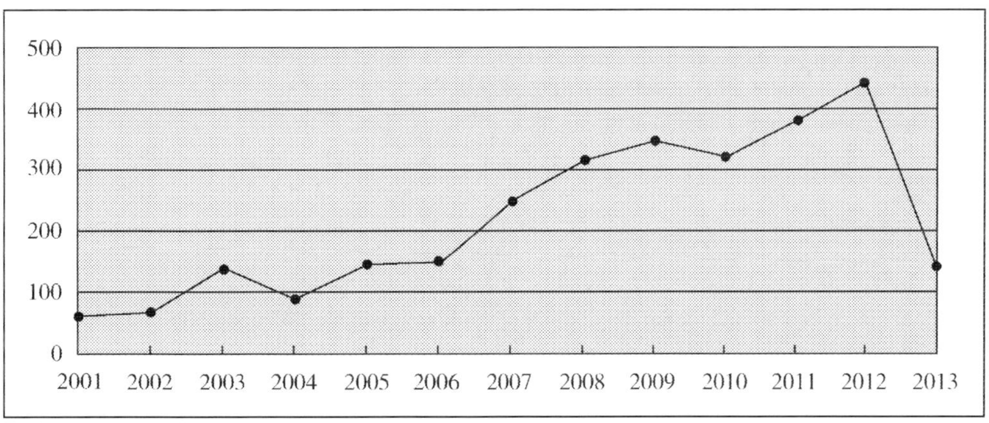

2001—2013 年中国知网公益广告相关论文数量增长折线图

截止到2013年6月，根据笔者在全国最大的网上书城当当网的搜索，与公益广告密切相关的学术专著只有寥寥5本，即潘泽宏的《公益广告导论》（2001）、倪宁的《广告新天地：中日公益广告比较》（2003）和张明新的《公益广告的奥秘》（2004）、南平的《超越广而告之——基于社会责任战略的公益传播》（2009）和汤颈的《现代公益广告解析》（2012）。这个数字与浩如烟海的商业广告研究专著的数量相比确实为数太少。另外，笔者在中国知网上以“公益广告”为主题进行搜索，发现21世纪以来公益广告的研究数量有所增加，但并没有呈现蒸蒸日上之势，相反，在2003年和2009年这两年中，公益广告研究论文数量都比上年有所减少。

（2）研究角度

根据笔者在中国知网上搜索到的以“公益广告”为标题内容的论文中，各位专家学者的研究角度最主要的是公益广告的创作策略或创意表现、公益广告的功能和作用、公益广告的运作机制、公益广告与社会文化的关系、公益广告效果研究、与公益广告相关的法规政策、运行机制研究、公益广告中的语言分析等等。下表是2001至2013期间中国知网上与公益广告相关的论文数量总结。

表3：2001至2013中国知网公益广告研究角度

年份	主要研究领域
2001	策略和创意，功能和作用，机制和政策
2002	策略和创意，功能和作用，中外对比
2003	策略和创意，公益广告与企业，功能和作用
2004	公益广告与企业，功能和作用，策略和创意
2005	策略和创意，功能和作用，机制和政策
2006	公益广告与企业，策略和创意，效果研究
2007	策略和创意，机制和政策，公益广告与企业
2008	语言分析，策略和创意，公益广告与企业
2009	语言分析，策略和创意，效果研究
2010	策略和创意，功能和作用，机制和政策
2011	策略和创意，公益广告与企业，语言分析
2012	语言分析，策略和创意，效果研究
2013	语言分析，策略和创意，功能和作用

从上表可知，2001至2013年期间，专家学者们对公益广告的创作策略和创意表现关注较多，虽然发展至近年，策略和创意所占的比例有所下降，但依然是较为热门的研究方向。公益广告的功能和作用在初期关注度较高，但是随着时间发展，其意义已经被人接

受，继续挖掘的空间已经不大，因而研究数量明显下降。由于公益广告与企业发展有密切关联，能够提升企业形象，所以对此的研究也有过一个短暂的高峰，由于它的潜能还没有爆发出来，未来应该还有相关论文会不断出现。另外，随着研究的深入，越来越多的人对着某些细节进行深挖，于是出现了近年来大量的文章对公益广告进行语言学分析的情况。最后，任何传播都以一个特定的目的为导向，因此也有不少人将关注重点放在了公益广告的传播效果上。

2. 公益广告研究的三大领域

（1）对于公益广告的作用和功能的研究

在公益广告领域，学术界研究的第一篇研究文章就是就是杜延龄于1991年代发表的《公益广告之社会功能刍议》。因此，在与公益广告研究有关的各类问题中，功能和作用是各位专家学者较为关注的焦点之一。在此之后，许多学者也纷纷对公益广告的作用进行分析和论述。总体而言，所有的功能都被包含在社会主义文化大发展大繁荣和社会主义精神文明建设的范畴之内。主要的功能包含以下三大类：

①精神文明建设功能

我国的精神文明建设包含教育科学文化建设和思想道德建设两部分。两者的发展都可以从公益广告中得到营养。对公益广告的精神文明建设作用进行论述的有段元美和抗文生的《电视公益广告的特性及社会教育功能》（2001）、马玉梅和周云利的《论公益广告的社会价值》（2001）、杨淑芳的《公益广告的德育和美育功能》（2002）、潘泽宏的《道德建设·电视大有可为》（2002）、贾炜的《公益广告与社会文明关系之浅述》（2003）、马静、韩建萍和闫海英的《公益广告在精神文明建设中的作用》（2003）、张明新的《我国公益广告探究》（2004）、龚莹莹《当代公益广告中的情感诉求及社会功能研究》（2004）、查灿长的《公益广告的二元性刍议》（2005）、张艳秋的《电视公益广告价值研究》（2005）、李如意的《正视公益广告的社会功能》（2005）、张莹莹的《公益广告作用于公众环保意识群体改良的心理机制探析》（2006）、马连鹏的《公益广告社会教育作用研究》（2007）、马振龙和钟蕾的《城市公益广告的传播与构建社会主义和谐社会——天津城市公益广告发展的有效策略与措施探析》（2008）、孙江华的《浅析电视公益广告的社会功能优势——以5·12抗震救灾公益广告为例》（2008）、陈挚的《公民道德建设视域中的公益广告作用研究》（2010）、罗洁清的《我国公益广告的社会文化作用》（2010）、李舒婕的《开发人类的共同价值》（2010）、宫立明的《公益广告伦理价值研究》（2011）、石明星的《公益广告语的劝说功能研究》（2012）、徐方的《现代公益广告的社会功能及影响》（2012）等等。

②城市形象传播价值

除了公益广告巨大的社会价值，其对于城市形象的作用也功不可没。但是对城市形象与公益广告的关联进行关注的专家学者少了一些，谭利的《户外广告与城市协调发展研究》（2006）、汤劲《户外公益广告构筑城市高品质》（2008）、何彩霞的《户外广告对城市形象影响的研究》（2008）、严富华的《公益广告对文明城市形象建设的优化作用研究》（2009）、王楚鑫和高明宇的《户外广告与城市形象塑造》（2012）、秦贻的《户外公益广告与城市对外形象塑造——以武汉城市圈为例》（2012）、殷彩虹的《公益广告对塑造城市形象的作用研究》（2012）是其中比较重要的几位。以《公益广告对塑造城市形象的作用研究》为例，公益广告对城市形象的助力作用主要体现为以下四点：①引导市民的正确价值取向；②满足市民的审美追求；③展现地域文化，加深市民归属感；④彰显人文关怀，响应以人为本理念。①

③提升企业知名度或展现品牌形象

公益广告有很强的意识形态作用，这样的作用又会影响人的内心，使之与相关的传播者联系起来，因此公益广告可以产生商业层面的价值。王晓娟的《发挥公益广告作用 建树本土品牌形象》（2003）陈彦卿的《把公益广告融入企业中——公益广告是企业与社会公众沟通的渠道》（2004）、张艳秋的《电视公益广告价值研究》（2005）、胡湘颖和邵雪的《“公益广告”与“企业形象”之间的互动——从一则成功广告谈起》（2006）、郑迎光的《论公益性广告》（2006）、李鹏和焦玉河的《论我国公益广告的经济价值》（2007）、白长虹和邹瑜丁的《公益广告：做企业公民，增品牌价值》（2008）、郑伶俐的《论企业公益广告对企业形象的塑造》（2004）、王琨的《公益广告对塑造城市形象的作用研究》（2008）、李迎曦的《论企业公益广告对企业社会责任形象的塑造》（2010）从各个方面论证了这一点。

根据我们上面对公益广告的功能的整理可以看到，国内研究人员更加注重公益广告的精神文明建设作用。而在精神文明建设功能这一部分，对思想道德建设的研究多于对社会文化建设的研究，张明新和余明阳指出：在我国，公益广告更多地成为一种调整人们行为、塑造公共道德的有效手段，则其社会功能就自然的偏向伦理道德文化领域，而非社会公共事务领域。②

（2）对于公益广告策略和创意的研究

大卫·奥格威指出：“要吸引消费者的注意力，同时让他们来买你的产品，非要有很好的特点不可，除非你的广告有很好的点子，不然它就像很快被黑夜吞噬的船只。”创意是广告的灵魂，无创意则无法有效传达信息，无法让人喜欢和记住，公益广告虽然不带有浓烈的功利色彩，但是如果创意乏味、干涩无味，同样不会得到受众的注意力，所以对创意的研究是公益广告研究一个重要方面。李振昌提出，公益广告的传播效果，尤其是公益广告对整个社会综合的影响力是否足够，很大程度上是由公益广告创作者所使用的创意元素和创作手法决定的。创意是一件公益广告作品的核心要素，公益广告制作的构思过程就是创意的过程，反过来，构思的核心也是围绕创意的发生为目的而进行的③。由于公益广告和商

---

① 张和生．公益广告对塑造城市形象的作用研究［D］．浙江：浙江农林大学，2012 年

② 张明新、余明阳．我国公益广告探究．当代传播［J］．2004 年第 1 期

③ 李振昌．浅谈公益广告的创意．广告大观［J］．2001 年第 2 期

业广告一样，对创意的品质和深度极其重视，包括陈彦言、刘开源在内的许多研究者直接视创意为公益广告的生命和灵魂①。另外，刘雨田还认为，公益广告应迅速摆脱过往呆板、严肃的创意内容和方法，让公益广告拥有所应呈现出来的哲理味、人情味、幽默味这"新三味"，取代其过去所惯有的命令味、口号味、说教味的"老三味"②。

在创意这一环节上，各位学者做了更加细致的分析，主要是从公益广告创意的原则、公益广告创意主题和公益广告创意的手法来入手。

①公益广告创意原则

对于公益广告的创意原则，在21世纪初就有一些学者进行了思考和总结。周果认为在公益广告有五个重要的原则应当在公益广告的创作过程中加以运用，即：第一，冲击性原则；第二，新奇性原则；第三，包蕴性原则；第四，渗透性原则；第五简单性原则③。除此之外，包括张印平在内的一些学者对一些在专门媒体上投放的公益广告提出了这类广告的创意原则，比如电视公益广告的创意原则有：第一，贴近生活；第二，以情动人；第三，以小见大；第四，含蓄隐喻；第五，平实性；第六，发挥广告语言的震撼力；第七，幽默感；第八，音乐的运用④。赵炬宇认为公益广告必须具备的原则是艺术性原则，教育引导性原则，社会责任性原则⑤。

从上面的若干位学者对于公益广告创意原则的一些归纳总结可以看出，对情感的运用、对于人性的激发是一个相当有价值的手段。对于这一点，也有相关的专家学者指出，以创意思维为公益广告事业进行策划和思考的过程中，一个巨大的课题是如何把公益广告塑造为一个温情脉脉的劝说者，而不是一个高高在上的卫道士。对此，不单单要激发出自己全新的创作灵感和创作热情、使得创意能够有形化、具体化、让人感动，并且可以通过相关的媒介进行最有效的传达，而且要特别注重创作元素的发现和发掘，把目光瞄准人性、把目标瞄准社会上的芸芸众生，先感动自己，再将他人感化⑥。

②公益广告创作主题

创作主题是公益广告所要关照的对象领域，对于这部分的研究更多的是总结，而没有深入的观点。赵炬宇将主题归为六类：文化主题、教育主题、环保主题、卫生主题、反腐主题、反战主题⑦。朱健强将主题归类为：自然环境问题，公共道德规范，科学教育事业，社会热点问题，政府政策宣传，关爱个体生命，公共价值取向，其他社会问题⑧。

③公益广告创作思路方法

---

① 刘世捷，陈彦言，刘开源. 谈公益广告的创意方法. 商场现代化［J］. 2006年第22期
② 刘雨田. 公益广告应有三味. 广告大观［J］. 2000年第11期
③ 周果. 广告创意的实践与思考. 中国报业［J］. 2007年第5期
④ 张印平，罗卫光. 电视深度报道的叙事学解读. 新闻大学［J］. 2005年第4期
⑤ 赵炬宇. 平面公益广告设计风格研究［D］. 江苏：苏州大学，2010年
⑥ 曾钢. 论公益广告创作的表现形式. 安徽文学(下半月)［J］. 2006年第10期
⑦ 赵炬宇. 平面公益广告设计风格研究［D］. 江苏：苏州大学，2010年
⑧ 朱健强. 改革开放30年电视公益广告主题回眸. 中国广播电视学刊［J］. 2009年第1期

郎家丽指出，在进行公益广告的创意构思时要有正确的创意理念：第一，创意必须主题明确，诉求单一；第二，创意必须观点正确，符合国家的法律、法规以及社会主义精神文明建设的要求；第三，创意必须有鲜明的时代特征；第四，要正确区分广告创意与艺术构思的差别①。然而，单纯的思维运作并不能转变为引人入胜的创意作品，作者必须将其理念、想法进行艺术化、审美化、形象化的展现，才能够与受众完成公益事业层面的深度沟通。因此有必要对公益广告创作的具体方法进行探讨。面对这一部分，由于创意的方法多种多样，没有定论，且表现的结果因人而异，仁者见仁，智者见智，因此呈现出了百家争鸣的壮观局面。例如，门桂莲提倡应当以普通人的心境和情感去进行创作公益广告，并以大家喜闻乐见的形式去演绎严肃的公益广告内容②。赵馨认为在公益广告的创意中，“明快是最基本的内涵、公众化是最核心内涵”。此外，李振昌认为公益广告的创意过程理应是一种是“思”、“情”、“理”、“趣”、“美”在一定程度上互相交织、掺揉着的过程③。另外，还有一些专家学者更加细致地探讨公益广告的创作方法，这些方法切实可行，为初学者提供了很好的入门指导。邱颖认为可以从若干个角度切入进行公益广告的创作和执行：首先，主题选取必须切合公众心理；其次，发挥榜样激励的独特魅力；再次，寻找情感共鸣的切入点，增强公益广告的震撼力；此外可以运用名人策略，有效发挥明星的晕轮效应和聚焦作用；第五，增强传播的趣味性，加强所传播的公益观念的效果④。袁傲冰认为公益广告有幽默类、留白类、传统文化类、童真类、汉字类的广告创意可以借鉴⑤。刘世捷，陈彦言，刘开源提出了 11 种具体的进行公益广告创作的方法：第一，小处体现法；第二，字体变形法；第三，故意错误法；第四，添加新元素法；第五，相关联想法；第六，讽刺法；第七，拟人法；第八，对比法；第九，比喻法；第十，漫画法；第十一，电影、电视情节陷入法⑥。

（3）企业与公益广告的关系研究

目前有很多的企业由于资金的充裕进入了公益广告领域，助力公益广告事业。然而，企业是以盈利最大化为目的的社会组织，这种看似合理但又不甚协调的融合关系引起了许多专家学者的关注。总体来说，对公益广告与企业关系的研究主要集中于公益广告包含商业意味的问题，以及公益广告提升企业形象的问题。

①公益广告与企业形象塑造

在商业广告铺天盖地而且媒体价格疯狂上升的今天，企业以公益广告为突破口提升企业知名度、塑造自己负责任企业的形象、完善自己的 CIS 系统，是一种常见的手段，张曦认

---

① 郎家丽．公益广告设计中的创意初探．中国美术教育［J］．2001 年第 6 期
② 门桂莲，张大放．赋公益广告以不懈的历史重任．现代传播［J］．2000 年第 1 期
③ 李振昌．浅谈公益广告的创意．广告大观［J］．2001 年第 2 期
④ 邱颖．公益广告更需要优秀创意．天津市财贸管理干部学院学报［J］．2002 年第 1 期
⑤ 袁傲冰．谈平面公益广告创意类别借鉴．作家［J］．2009 年第 10 期
⑥ 刘世捷，陈彦言，刘开源．谈公益广告的创意方法．商场现代化［J］．2006 年 22 期

为它是“企业塑造自身形象的最佳切入点之一”①，王晓娟认为它是“提升企业本土品牌形象的最佳方式”②。崔文丹认为，公益广告的目标受众范围大，对媒介利用可以相对便宜，降低人们对广告的抵触情绪，作用于人们的价值观，给人带来深刻而持久的品牌印象，所以是一个重要的品牌传播手段③。事物的两面性决定了公益广告不是十全十美，它不能发挥与商业广告同等的传播效果，扎西提出：公益广告对于塑造企业热心公益的形象有直接作用，但其发生效用的过程相对缓慢，且对创造企业形象的核心价值和独有的价值推广而言，缺乏应有的针对性和显效性④。

此外，公益广告传播与企业进行商业传播存在差距，不能满足企业进行公益广告投放所需要得到回报的预期，除了公益广告本身固有的限制之外，各个企业对公益广告运作和理解的不成熟，策略思考和创意执行的不到位也是一个重要原因。于是，业界和学界就面对一个需要克服的问题，即怎样将公益广告和企业形象结合起来，怎样更好的在公益广告传播过程中提升企业形象。

对于这个问题，一些专家学者给出了他们的建议。聂艳梅认为，在企业为公益事业提供资金的过程中，企业要把履行社会责任和提升企业形象、塑造品牌相联系，更好地服务于企业的长远发展。⑤ 曾振华、汪青云、熊一坚指出，企业应当对以下几个方面进行关注，以更好的将商业目的和社会责任结合起来：首先要关注社会热点，进行隐形的事件营销，有事借事，更好地得到受众的注意；其次，以当时的社会主题和社会价值倾向为向导，自己挖掘大众关心的公益话题；再次，表明企业对社会上一些不良的行为、歪曲的观念的态度并进行评价，表明企业自身立场，彰显企业社会责任，提倡正气正风，树立为中华儿女广泛接受的观念；另外，还要求企业自己开发相符合的形象，并且给予恰当的的公益主题；最后，是以符合公共利益的的广告标语，塑造企业或产品、服务的良好形象⑥。崔文丹从更多的角度为企业运用公益广告塑造自身形象提供策略性的建议：第一，公益广告的主题应该适当。首先，社会公众对公益广告进行关注的一个重要条件是，企业投放的公益广告对某些事件没有强烈的针对性。其次，企业投放公益广告的时机很重，不能逆潮流而动，不能根据自己的狭隘道德观和价值观进行广告创作，更应该抓住时代脉搏，迎合大众口味。最后，公益广告的投放内容要和企业的形象、商品、理念相一致，符合整合营销传播的要求。第二，公益广告要和受众亲近，要让人易于接受和理解。对于这点，首先要想办法让公益广告的内容和表现以情动人；另外，还要注意运用幽默手法，一来可以与受众的距离更贴近，二来广告更易被记住，产生持久的效用。第三，企业要特别注意运

---

① 张曦．公益广告对企业意味着什么．现代广告［J］，2001 年第 5 期
② 王晓娟．发挥公益广告作用，建树本土品牌形象．内蒙古科技与经济［J］，2003 年第 9 期
③ 崔文丹．有效利用公益广告提升企业形象的策略研究．科技与管理［J］，2006 年第 2 期
④ 扎西．企业发展不可或缺的力量——公益广告．大市场（广告导报）［J］，2005 年第 4 期
⑤ 聂艳梅．我国公益广告传播的市场化策略研究［D］．福建：厦门大学，2001 年
⑥ 曾振华、汪青云、熊一坚．公益广告与企业形象塑造．企业经济［J］．2003 年第 5 期

用艺术化的手法，为社会多一抹亮色，让受众得到一次审美的体验①。

②公益广告中的商业元素

王春月的《公益广告中的商业性特征探讨》中指出，我国企业对于公益广告的参与经历了几个阶段。一开始，由于许多企业视公益广告为纯投入无回报的事业，所以几乎没有企业愿意参与，公益广告在业界没有收到足够的关注和重视。后来，部分企业先知先觉发现了公益广告中可以参入商业元素，而大多数企业依然处于观望状态。到近几年，各大稍有实力的企业纷纷加入公益广告事业，公益广告的企业出资运作已经有了一定的发展和规模。这样一个过程也引起了各位专家学者的关注②。总体而言，企业参与公益广告事业，主要有两种原因，其一者，将商业元素、品牌元素、产品元素借助公益广告这种传播形式进行投放，完全是为了商业目的，逐利倾向明显。另一种则是以公益广告践行企业责任，提升企业文化。但是无论哪一种，企业的目的都不是单纯为了公益，企业不可避免地会考虑盈利和市场目的，为自己未来的发展谋划。姜灵钟认为，商业色彩频繁出现在企业开展的公益广告活动中是有原因的，我们国家以经济建设为中心，经济利益放首位的观念潜移默化被广大企业接受，此外，中国企业之间竞争激烈，成长困难较大，因此即使做公益广告，也难免为自己的成长考虑③。"公益广告是特殊的商品，公益广告的诸多环节存在着商业性表现。公益广告商业性倾向的表现形式是：广告主身份大多具有商业背景；广告作品中多呈现商业元素；广告信息中隐含商业诉求；广告生产、流通过程具有商业化特征"④。比如，一些企业进行公益广告活动时，提出了并不符合公益动机的要求，要求在公益广告中出现本企业的产品、品牌等商业信息⑤。

针对公益广告的商业化倾向，学界业界存在两派意见。

赞同的专家学者认为这种形式的公益广告可行，一方面可以借助企业的力量帮助公益事业的发展，另一方面对社会也有所益处，总比企业一点都不参与来得好。王春月的文章中提到，商业广告和企业在公益广告中埋藏隐形的商业因素，这两者之间是不同的。如果企业能够不过分滥用公益广告资源为自己谋利，正确适当地处理好"利"和"义"的关系，在隐形商业诉求和公益观念这两者之间找到平衡点，完全有可能将企业自身的经济利益和社会的公共利益结合起来，创造一个双赢的局面⑥。宋宁在他的文章中提到，运用公益广告作为一个传播方式，放到商业运作的平台上去，对整个社会的公益事业有益，因为这可以解决某些地区或某些时段公益事业资金不够的情况⑦。谭瑾提出，在中国，完全以公益事业为己任、不求回报、为公众服务的企业是不存在的，公益广告如果是由某个企业来运

---

① 崔文丹．有效利用公益广告提升企业形象的策略研究．科技与管理［J］，2006年第2期
② 王春月．公益广告中的商业性特征探讨．商场现代化［J］，2006年第31期
③ 姜灵钟．参与公益广告，提升公司形象．现代广告企业经济［J］．2000年第8期
④ 郑明波．公益广告商业性现象批判与控制．现代广告［J］．2001年第5期
⑤ 陈家华，程红．中国公益广告：宣传社会价值新工具．新闻与传播研究［J］．2003年第4期
⑥ 王春月．公益广告中的商业性特征探讨．商场现代化［J］，2006年第31期
⑦ 宋宁．公益广告的商业化和商业广告的公益化．广告大观［J］，2002年第6期

作，那么这其中伴随企业社会责任心的同时也不可避免的需要社会的回报，他们不管是乐意的还是不乐意，既然社会得到了它们提供的公益资金，社会给予他们一些相应的利益回报也是可以接受的①。

对这个现象或趋势持反对态度的学者也不占少数。这些学者在许多文章中对公益广告的商业化提出自己的批判和反思。郑文华指出，公益广告的商业化色彩很容易被受众识别，而这大大降低了公益广告的公信力，这种不利局面会波及到其他纯粹的公益广告②。除此之外，郑明波认为一旦商业元素进入公益广告，那么在策划创作的时候，创作者的公益热情会被影响，这种情况对于公益广告的独立性相当不利。③

结语

21世纪以来，上海的公益广告事业得到了一定的进步和发展。宏观环境中，传播渠道得到扩展，各种新媒介的涌现为公益广告的传播提供了大量平台；相关的政策法规也在政治层面明确了公益广告的性质、相关部门的工作范围、创作者的权利义务和媒体的社会责任，为公益广告发展设置了强制力的保障。微观条件中，创作者的传播技巧更加人性，更加关注生活细节，使得作品更加贴合人心；传播内容日渐宽泛，各种生活元素和社会领域都可以融入公益广告作品之中；各类传播主体和受众的积极性都有所增强，受众话语权和传播权的聚力和越来越多公益组织和个人的加入形成了强大的公益广告主体群。综合以上各点，上海公益广告的传播效果渐渐浮现，公益广告的影响流随时间发展也呈现略微上升的趋势。但是，由于许多公益广告创作者的身份和经验限制，以及我们机制的不完善，传播质量仍需提高。

从创意层面上看，上海的各类公益广告以感性诉求为主，力图以情动人，以感性作用于理性，以形象影响实体。故乡情结、死亡恐惧、恻隐之心、童心激发是主要的情感触发点。公益广告的创意还充分运用各种视觉修辞，比喻、借代、对比、反复、夸张、反语、比拟、双关都有足够数量和深度的体现。各类公益广告还充分从中国文化的历史长河中汲取营养，以血脉传承之力量让民族元素为公益广告所用，扩大效果的同时提升民族文化传播力。但是，我们也发现，上海公益广告对于民族元素的运用多流于表面的视觉利用，而未深入到文化内涵，使得中国元素更多地沦为技术性的点缀。另外，对民族元素理解的静态化也需要我们重视。最后，对于创作的用心大于对发现的观照，是公益广告创作中的一大问题，创作者应更多走进社会、走近他人，应理解呈现社会原生态的作品才更加感人。

---

① 谭瑾，郭晋生，陈刚．我国电视公益广告的现状及展望．电视研究［J］，2002年第9期

② 郑文华．公益广告的运行机制．当代传播［J］，2003年第1期

③ 郑明波．公益广告商业性现象批判与控制．现代广告［J］．2001年第5期

（四）深圳公益广告兼容并蓄

中国传媒大学广告学院　董寄舟

深圳市中国改革开放的起点，是中国三十年高速发展传奇的发源地。深圳不仅在经济发展上引领全国，更是在很大程度上引领了观念的开放和进步。其中，公益广告活动起到了不可忽视的作用。对深圳公益广告发展史进行总结，对于推进我国公益广告事业的发展和精神文明建设的进步具有积极的意义。

（一）深圳公益广告的发轫

1979 年，中国的广告事业得以恢复，商业广告在时隔十余年之后再度回到中国人的视野。同年，邓小平同志提出了建立经济特区的设想。1980 年，全国人大常委会批准在深圳建立经济特区，宣告改革开放大幕正式拉开。

1982 年，在深圳的街头出现了“时间就是金钱，效率就是生命”的大幅标语。这不仅是深圳公益广告史上的早期代表作，更是中国当代思想开放史上的重要节点之一。当时，这则具有“资本主义”元素的标语牌在全国范围内引起了广泛的争议，关于金钱、效率乃至社会性质的争议将深圳特区推向了风口浪尖。两年后的 1984 年，邓小平在第一次南巡中充分肯定了这句标语，关于它的争论才告一段落。这一标语的意义早已超越了一般的公益广告，而成为改革开放时期思想解放浪潮的象征。从此以后，再也没有人耻于谈起效率和金钱。这一标语牌在某种程度上成为了改革开放在中国思想界和舆论界的“准生证”。

此后，深圳的公益广告经常以或别出心裁，或振聋发聩的口号形式出现。“同在一方热土，共创美好明天”、“敢闯、敢干、敢拼搏”等深圳口号，在三十年间催促深圳人放开手脚、努力拼搏。在 2009 年改革开放三十周年之际，许多令人热血沸腾的口号成为深圳人用来铭记那个时代的标志物。

进入新世纪之后，深圳的公益广告活动步入规范化和常态化的轨道。不仅开创了“设计之都”公益广告奖等长期性公益广告赛事，还在法规层面对深圳的公益广告活动进行了调整和规范。2011 年，深圳市政府发布《深圳市公益广告管理暂行办法》。这是自 2001 年大连颁布公益广告有关规章后全国第二部地方性公益广告规章。这一文件将公益广告定义为“向社会传播良好的思想意识、道德观念、行为规范和安全、应急知识，有利于社会进步，促进社会和谐健康发展的不以营利为目的的广告”，并将公益广告分为思想道德、法制宣传、生态文明、公共服务四类，但将国家机关发布的法规、规章、规范性文件、政务信息、其他公共信息及围绕市委市政府中心工作的信息和主题性宣传片等排除在外。这一管理办法对深圳市公益广告的选题、发布等都做出了详细的规定。例如：公益广告主管部门应于每年 6 月 30 日前公布下一年度的公益广告宣传主题、并根据年度宣传主题、公益广告作品质量、年度免费发布量等评选一定数量的公益广告，纳入下一年度公益广告发布计划等。这一规定也对违规行为设置了处罚方式，根据性质的不同由市场监督、城市管理等部门负责执行。

近年来，深圳的公益广告正朝着国际化和深入化的方向迅速发展，吸引了国内外大批创作力量的关注。深圳的公益广告无论从意识上还是从创意水平上，都已经走在了全国的前列。

（二）深圳的主题公益广告活动

1. “设计之都”深圳公益广告大赛

深圳的公益广告大赛自2006年起正式举办，迄今已举办到了第八届。自2010年第五届开始冠以“设计之都”名称。“设计之都”是联合国教科文组织“全球创意城市网络”项目的一部分。该项目将参选城市被分别授予七种称号：“文学之都”、“电影之都”、“音乐之都”、“设计之都”、“媒体艺术之都”、“民间艺术之都”和“烹饪美食之都”。目前已经有21个城市加入了该网络。在中国，拥有“设计之都”称号的城市仅有深圳和上海两个。

深圳“设计之都”公益广告大赛向中国内地、港澳台地区以及世界各地征集参赛作品，机构和个人均可参赛。历届“设计之都”公益广告大赛概况请见下表：

深圳市历届“设计之都”公益广告大赛概况一览表

年份	主题	参赛作品情况	获奖情况
2010（第五届）	生态文明、卫生健康、社会公德及人类城市普遍关注的共同问题	平面作品9465件，影视作品471件，广播作品188件，合计10124件	共选出50件金、银、铜奖作品
2011（第六届）	文明·进步·责任	平面作品9536件，影视、广播作品611件，总计10147件	金、银、铜奖作品共57件
2012（第七届）	文明·进步·责任	共征集到平面作品9736件，影视、广播作品442件，总计10178件	金、银、铜奖作品共46件
2013（第八届）	文明·进步·责任	征集到参赛作品15416件，其中影视作品1006件，广播作品225件、平面作品14185件	入围作品292件，金、银、铜奖作品共46件

“设计之都”公益广告大赛征集光范、主题覆盖全面，汇集了大量具有专业水准的个人和机构参加。同时，从获奖作品与征集作品的比例来看，该奖项一直秉承严格的评审标准，保障了获奖作品的品质水平。目前，深圳“设计之都”公益广告大赛已经成为国内水准最高的公益广告赛事之一。

2. “论语金句”主题公益广告活动

2011 年八月，为迎接在深圳举办的第 26 届世界大学生运动会，深圳市在城市主要交通干道、地铁线路和公共场所中张贴了 4000 多幅“论语金句”主题公益广告。这些公益广告作品包括仁、义、礼、智、信五大系列，每个系列各含 6 条金句，融合了现代设计，并配上“白话今译”和“英文翻译”，尝试将《论语》中最经典的语句视觉化，用水墨等中国传统艺术元素赋予论语经典以新的生命活力。

在这一组公益广告的创作过程中，创作人员曾亲自到孔子的家乡－曲阜实地调研，以期获得来自圣人家乡的文化底蕴，并借助书法、“梅兰竹菊”等中国传统文化元素将之具象化。

图　论语金句之“恭”篇

这一公益广告活动在深圳乃至全国都激发了强烈反响，市民及广告行业内专家均表示这一系列广告在创作形式上和传播效果上均达到了较高的水平，向来到深圳的国内外来宾传播了中国古典文化和现代精神有机结合的典范。

3. “讲文明，树新风”公益广告部署

“讲文明，树新风”公益广告是由中宣部、中央文明办、国家工商总局和国家新闻出版广电总局联合组织的全国性公益广告活动，各地相关部门均应配合该项活动的发起、征集、评选和播出活动。每年，深圳市各单位向有关机构申报两批作品，包括广播、电视、公益电影、户外立柱、户外 LED 屏、公交候车亭、互联网等共 8 大类，深圳市的媒体和户外广告位运营单位负责免费刊播评选出的作品。为规范深圳市的公益广告活动，促进公益广告事业发展，中共深圳市委宣传部于 2013 年三月印发了《深圳市公益广告管理工作手册》，指导各单位、各机构的公益广告运行工作。

（三）深圳公益广告活动评述

深圳的公益广告活动开展时间长，主题活动丰富，在创作和传播上都具有鲜明的特点。以下，对深圳近年来的公益广告活动进行简短的评述。

1. 主题明确，主打“观念牌”

深圳近年来的公益广告活动都拥有较为明确的主题。不论是配合联合国项目的“设计之都”公益广告大赛，还是配合大运会的“论语金句”公益广告活动，都能够做到在切合社会思潮、活动纲领的前提下，主动寻找切入点，让公益广告成为城市发展节点和市民生活方式之间的桥梁。寻找切入口向来是公益广告命题当中的重点和难点。深圳市抓住现实入口和生活中的真实情况，从“大处”和“小处共同着手，努力寻找有高度、接地气的命题思路，已经获得了相当丰硕的成果，并得到了传媒界和市民的广泛赞誉。

深圳市的公益广告一出现就肩负起了引领时代潮流，开创崭新观念的使命。二十余年来，深圳的公益广告依然践行着这一传统。深圳的公益广告活动，无不将城市发展的新观念，向世界开放的先进观念和打造文明生活城市的和谐观念结合起来，为深圳的建设者和居住者提供观念上的指南。这使得深圳的公益广告在传播文明思想、穿点城市空间之余，成为了市民可以参照的生活守则与值得珍藏的精神食粮。

2. 植根本土，弘扬传统文化

深圳的公益广告活动一直以来都紧贴中国发展和运行中的现实，其主体一直来自于当代人生活的土壤。从30年前呼吁务实和效率的众多口号，到90年代催人奋进、提倡开拓的标语，再到21世纪呼唤文明、启迪民智的种种活动，可以看到深圳的公益广告不仅在为深圳人提供动力，更是在为全体中国人寻找答案。

在中国的土地上，必须植根于中国的传统文化，才能提出让中国人感到亲切，可以接受并践行的标准。深圳的公益广告创作者和管理者一直秉承这一标准，从深圳的各个时期的代表性公益广告作品中，我们都不难发现这一倾向。尤其是“论语金句”活动，基于对儒家传统典籍的重新挖掘，为中国文化再次走向世界寻找突破口和支撑点，是近年来利用传统文化推广公益精神的典范之作。

3. 面向世界，坚持开放包容

开放和创新是深圳精神的灵魂，深圳市的公益广告活动一直秉承这一精神。深圳所争取到的“设计之都”荣誉称号，不仅代表着中国设计界、文化界的高水平，更是代表了其在世界范围内令人瞩目的创新能力。“设计之都”大赛的命题、评选和最终结果都着力体现“深圳精神”当中的包容特质：每年的命题方向广泛深入，具有普适性，能够给来自不同文化和社会背景的选手以充分思考发挥的余地。评选委员会成员来自世界各地，代表着客观公正的精神和极高的专业水平。评选出的获奖作品中，国际作品占有一定的比例，表现出了真实可靠的“国际思维”。在“论语金句”公益广告活动中，每一句论语选段都配上了十九世纪英国著名汉学家李雅各（James Legge）的经典英文翻译，不仅昭示着近200年来中国古典文化为世界所了解和接受的过程，也起到了让今人开拓视野的作用。

深圳的公益广告活动，是国内最为国际化、开放化的公益广告活动之一。在深圳的公益广告当中，中国传统文化和世界流行文化兼容并蓄，恬静的中华礼仪精神和活力的现代都市理念相互包容渗透，形成我国现代公益广告事业中一条独特的风景线。

（五）杭州公益广告传播的历史沿革、现状及对策研究

浙江传媒学院　刘佳佳

公益广告作为传播社会文明、弘扬道德风尚的重要载体，是一个城市、地区、国家民众文化道德水准和社会风气的重要标志。本文以杭州地区为例，对杭州公益广告传播的基本情况进行了专题调查，具体来说，从历史沿革、现状情况及对策研究展开。

（一）杭州公益广告传播的历史沿革

杭州作为改革开放和社会变迁的典型代表，它的公益广告发展也颇有特点，例如，发展时间早，代表作品多，政府以及主流媒体等外部环境佳，并且在其发展过程中，出现了诸多值得借鉴的创新之举。所以，对改革开放以来杭州地区公益广告历史沿革的梳理、当前情况的分析以及尝试性的提出建议，有一定的学术价值和实践意义。我们通过两大类调查方法获得杭州公益广告发展的相关资料。其一：走访政府部门、社会机构和召开座谈会、发放调查问卷等形式，对当前公益广告的建设现状进行了全面的调查。其二：通过中国知网、万方数据库等论文库进行搜索二手资料收集整理。

一个地区公益广告的发展离不开当地的文化历史和经济环境。钟灵毓秀人才辈出的浙江历来是人们关注的焦点。5千年前我们的祖辈就在这里劳作生息，改造自然。本世纪以来李叔同、鲁迅、茅盾、夏衍、艾青、徐志摩、吴晗等一大批文人学者，更是奠定了浙江“人文之乡”的美誉。从浙江广告发展三十年历史中梳理公益广告诞生、发展、兴旺的历史沿革，我们在此参考国内公益广告发展的基本历史分期，将杭州地区公益广告发展历史分为以下几个阶段。

1. 蓄势待发（1978—1985）

电视公益广告在第一座电视台建成后20年才出现萌芽，但都只是以文字或画面的形式播出，而且与受众的联系也并不密切。一篇《为广告正名》的文章为电视公益广告吹响了发展的号角，并在政府及其相关部门的发起组织下，电视公益广告为其后来的发展奠定了坚实的基础。1979年春回大地，经济复苏，广告复活。1979年1月14日，丁允朋在《文汇报》上发表《为广告正名》一文，提出“应该运用广告给人们以知识和方便，沟通和密切群众与产销部门之间的关系”。他的这篇文章吹响了中国广告业复苏的号角。随着中国广告事业的恢复和发展，一些地方电视台也陆续开辟栏目进行公益性的宣传活动。仅仅1979年一年，浙江省的两大媒体中有6户兼营广告，杭州广告公司成为领头羊。至20世纪80年代末全省广告公司已增加到448家，基本上达到了一县一家广告公司的规模。1979年3月，《浙江日报》《杭州日报》出现商品广告，1979年3月浙江电视台广告科成立，4月经宣传部批准开始播放国内外广告，1979年5月，第一次播出杭州胡庆余堂和日本西铁

城手表广告。

杭州邮递广告有限公司是最早一批开展公益广告的企业。邮政广告已从原来的直邮广告，扩展到信函广告了。直邮广告最初是从超市起步，到如今，相应广告公司会收集目标群体的兴趣信息和联系信息，通过直邮广告向目标群体介绍，推荐他们感兴趣的产品。

2. 播种萌动（1986—1993）

到了八十年代中期，随着第一支电视公益广告的亮相，人们的目光开始聚焦到公益广告上来。之后，央视的《广而告之》栏目更推动了各种公益广告栏目的发展，让电视公益广告开始茁壮地成长起来。《广而告之》，中国第一个电视公益广告栏目。借助国内最具竞争力的媒体资源传播平台，CCTV－1/2《广而告之》在长达30秒的公益主题中，关注社会热点，展现企业文化，歌颂道德风尚配合政府宣传；片尾5秒定版，完美诠释《广而告之》价值及精髓。1987年10月26日，《广而告之》在中央电视台第一套节目中开播，它每天一次或两次，每次一分钟或三十秒。

1986年9月，浙江省广告界举行了第一次代表大会，浙江省广告协会成立，现代意义上的浙江广告，走上了新的轨迹。浙江省内的广告制作水平有了较大提升。例如，浙江省小白兔儿童牙膏获得第一届全国优秀电视广告评选一等奖。浙江省公益广告在这一时期也呈现出前所未有的生机。几大典型的广告公司，也是随后二十多年来的主要公益广告制作发布主体也在这一时期纷纷成立。1979年6月，世界羽毛球联合会第一届世界杯比赛在杭州举行，杭州市广告公司首次推出世界著名品牌外商广告，比赛期间也有相关的体育比赛精神为内涵的广告发布，这是改革开放后中国推出的公益广告最早的城市之一。1983年国庆期间，杭州华侨饭店出现第一个大型霓虹灯广告。1984年10月，杭州公交广告公司成立。1989年5月，浙江民航广告公司成立。

3. 奋起直追（1994—2000）

中国现代公益广告起步很晚，比日本晚了15年，比美国晚了近50年。但在其发展的近30年中，所取得的成绩令人瞩目。从1987年专门开辟播放公益广告的栏目《广而告之》到1989年电视公益广告首次列入全国电视广告“印象奖”评选范围，再到1996年在全国范围内开始开展的主题公益广告活动，不仅地方的公益广告活动逐步开展起来，而且公益广告的创作水平提高，在国际上开始崭露头角。回顾这几年公益广告的主题，可以看出主要围绕政治、爱国情操、传统美德及关系民生的重大问题开展，中国公益广告的目的是建设社会主义精神文明。中国公益广告起步晚，无论在创作经验、资源安排方面均有待进一步的提高。

具体到浙江及杭州地区。1994年至2000年，是杭州公益广告的成长期，杭州公益广告的发展呈现出主体多元化、主题系列化、组织规模化、融资多样化、刊播标准化等特点。1990年到1997年，不到十年时间，浙江省的广告经营单位增长5.89倍，营业额增长21.89倍。广告经营额在全国各省名列前茅。公益广告发布的主体媒体报纸和电视也日益规模化。《钱江晚报》创立于1987年，到了1997年进入全国晚报前五位，当年营业额突破1亿元，浙江广电厅广告营业收入也突破了3亿元。

这个时期的杭州地区的公益广告发展有以下几个特点：

主体多元化。这段时期电视公益广告活动的参与主体呈现多元化的趋势，除了政府和电视媒体之外，还包括企业、广告公司、社会团体等。企业在这一时期受到市场经济的洗礼开始成熟。浙商经济和一些著名企业品牌开始登上公益广告舞台，成为这一时期一个典型的特点。很多品牌参与到公益广告创作大潮中，例如“好莱西”、“康恩贝”、“娃哈哈”、“青春宝”、“大红鹰”、“雅戈尔”、“杉杉”、“玉立”等，主要集中在杭州和宁波地区。

主题系列化。从1996年至2000年的这段时期，我国的公益广告每年都会有一个或一个以上相对集中的重大主题。同时，围绕这些重大主题也形成了系列电视公益广告。杭州的公益广告基本上是由政府部门为了城市精神文明建设，提高城市文明水平而制作发布的。政府部门组织一些公益广告作品竞赛，对发布公益广告数量、质量、效果突出的企业进行表彰，通过这些活动激发企业发布公益广告的热情。公益广告设计主题多元化、例如戒烟、保护环境等主题。杭州广告业在这一时期开始重视起公益广告，在创建卫生城市、全国文明城市中，公益广告的比重又有所上升。机场、车站、码头、广场等大型公共场所设立有卫生防疫宣传和健康教育内容的电子屏幕和公益广告。

组织规模化。在1996年至2000年的这段时间，政府和相关主管部门先后组织开展了四次规模较大的全国性公益广告活动，这在中国公益广告发展史上还是第一次。据《杭州广告通讯》（2007年1月）所言，自1996年以来，国家有关部门开始对全社会的公益广告活动进行统筹规划和组织，公益广告开始成为全国性的活动。1996年6月，作为国家广告业主管部门的国家工商行政管理局发出了《关于开展“中华好风尚”主题公益广告活动的通知》，政府主导下的全国性公益广告活动全面展开。从1996年到1998年，国家工商行政管理局在全国范围内每年都组织开展不同主题的公益广告活动。1999年，国家工商行政管理局印发《关于进一步做好公益广告创作有关问题的通知》，将每年举行的全国性公益广告评选活动改为每两年一次，各地方可以结合当地实际，按年度或每两年安排本地区的公益广告评选活动。2001年被称为公益广告年，从年初开始，由中央电视台，共青团中央等单位组织开展了一系列多主题、规模空前的公益广告活动，政府部门的组织力度也相应加大。这些活动在杭州和浙江地区得到了很好的落实和执行。

刊播标准化。为了规范电视公益广告活动，相关主管部门以下发通知的形式对电视媒介刊播公益广告提出了一些标准化措施。作为较早的国内广告检测机构，浙江省广告监测咨询中心成立于1998年7月，是浙江省内率先获得法律认可和授权的，为广告市场提供监测资料，并为行政管理提供依据的专业监测机构，同时，也为公益广告的传播发出声音，让政府、主流媒体以及企业更好的认知公益广告的作用和价值，这一点我们在后面还有叙述。

4. 遍地花开（2001至今）

进入二十一世纪，中国的公益广告事业开始进入一个稳定发展，遍地开花的时期，政府、企业、媒体开始清楚自己在公益广告事业中的角色，在和谐共处，相互配合中推动着我国公益广告事业的发展。这一时期，企业加强公益投入相比商业广告，公益广告显然更具人情味。”

社会各界开始肯定公益广告的传播价值，政府、媒体以及企业开始重视公益广告。中国政府对公益广告的投入可以说是世界上最多的，把它当作精神文明建设的一个重要组成部分。政府开始通过立法，强调并落实公益广告的作用。在《关于进一步做好公益广告宣传的通知》中，“政府和相关部门的组织管理力度加强广播、电视媒介每套节目用于发布公益广告的时间应不少于全年发布商业广告时间的3%。平均每天在19：00 -21：00时段每套节目发布公益广告的时间应不少于该时段发布商业广告时间的3%。”2007年9月28日浙江省第十届人民代表大会常务委员会第三十四次会议通过的《浙江省广告管理条例》中明确规定：“广播电台、电视台、报刊出版单位、经营性互联网站每年发布的公益广告数量不得少于其发布商业广告总量的百分之三。鼓励广告经营者、广告发布者和社会公益组织设计、制作、发布公益广告。根据省委宣传部、省文明办和省工商局关于加强公益广告刊播的要求，正式将公益广告纳入广告信用评价体系。

以《浙江日报》2012年发布的公益广告为例。广告主题以浙江当代价值观为重点进行系列宣传，从节假日的“低碳出行”“厉行节约”“少燃放烟花”等热点主题的推介，到配合全省“拆违”“治堵”的城市问题主题，《浙江日报》号准时代脉象和民生热点，有系统、有特色地推出各类主题公益广告，以简约清新的漫画形式、深入浅出的哲理话语，不仅让人们看到了《浙江日报》公益广告的独特风格，更于潜移默化中接受了《浙江日报》发出的有影响力的权威声音。并且，这一时期各类公益广告创作比赛开始进入我们的视野。浙江省高校大学生公益广告大赛、浙江普法公益广告、“讲文明树新风”公益广告大赛、“创意杭州”广告大赛等等。例如2008年举办的浙江公益广告大赛活动，由浙江省精神文明办、省工商局、省广电局、省新闻出版局、浙江日报报业集团、浙江广电集团联合主办，浙江省内著名品牌浙江利群冠名，传播范围广，声势浩大。很多企业都开始意识到塑造自己良好的公众形象的重要性，当中包括哈药集团制药六厂海尔集团、、蒙牛集团、中国移动、华泰保险、统一集团等。

（二）杭州公益广告传播的现状分析

1. 公益广告的基本类型

根据目前可查证的资料显示，浙江公益广告最早大约出现在上世纪80年代中期杭州市第一届世界羽毛球联合会世界杯比赛期间，经过20多年的发展，公益广告的表现形式得到了极大的丰富，既有报刊杂志、橱窗板报、户外广告、墙体彩绘等平面形式，也有电视广告、专题短片、动漫音像等视频形式，还有手机彩信、电台广播等无线形式和依托互联网平台的网络形式。当前最常见的主要有三种。一是视频广告形式。主要针对某一公益宣传主题，以音画配字或人物场景模式在电视节目中穿插播放。二是报纸杂志形式。基本以文字为主，也有文字配画的，内容广泛，短小简练。三是户外广告形式。这种形式是当前用得最多的，主要是配合当地社会生活中某一现实主题而发布，多以设立户外广告牌、悬挂宣传横幅等方式出现。

2. 公益广告的投放主体

公益广告作为一种社会公益宣传，它的投放主体应该是广泛的、无局限的，谁都有责任、谁都可以参与公益宣传。目前公益广告投放主体的构成比较复杂，有政府部门、社会团体、新闻媒体、企业单位等。就政府部门而言，主要是为配合某项工作的开展，财政出资，责任部门出样，广告公司最后承制并按要求发布。就社会团体而言，主要是以宣传工作或服务内容为目的，如学校宣传知识教育、医院宣传疾病防治等公益广告。就新闻媒体而言，主要是结合社会热点，借助资源优势，在自有平台引导观念、倡导行为。如电视台宣传社会公德、报纸宣传禁止酒驾等。就企业单位而言，分为两类，一是本身带有公益服务性质的企业，如自来水公司宣传节水，电力公司宣传节电。二是非特定企业的各种公益宣传。另外还有一类投放主体是各类广告公司。有两种情况，一是对外承接的公益广告制作、发布业务。二是通过一定渠道，或利用某种契机，先取得在一定场所投放、发布公益广告的权限，作为宣传公司、承接商业广告的平台。

3. 公益广告的日常管理

商业广告的审批管理由工商行政管理部门负责，管理责任相当明晰。而公益广告一直没有对口的管理部门，在常见的三种公益广告形式中，视频和报刊形式主要以投放主体内部管理为主，户外广告的投放环节则基本处于无序管理状态。以杭州市江干区为例，工商行政管理部门不受理公益广告的报批，宣传主管部门未设对口管理机构，城管部门虽有广告设置方面的管理机构，但涉及公益广告的职责和管理权限并不明确，城管执法部门只负责拆除无序设置、违规发布的公益广告。大量公益广告都由各投放主体根据需要自行发布。杭州市文明办曾建立“公益广告审批联席会议制度”，明确规定所有户外公益广告的投放、发布，须统一报至市文明办、工商行政管理局、城市管理办公室、城市管理行政执法局联合组成的“公益广告审批联席会议”审批，经核准后方可投放发布。但由于这一制度的知晓率较低，审批环节较为繁琐，加上对违规、无序设置的公益广告缺乏有力的处罚措施，绝大多数户外公益广告还是未经审批就自行投放发布。

4. 公益广告的社会效果

从杭州市江干区市民抽样调查的结果来看，当前各种宣传文明礼仪、传统美德、社会公德的公益广告，在形式多样化、视觉冲击力、内涵回味度各方面尚有很大的改进空间。部分公益电视短片简单地把公德内容场景化，而报刊等平面媒体和户外广告，形式单一，表现手法贫乏，大多以文字为主，背景画面与文字内容的逻辑呼应不强。综合来看，公益广告诠释公德的总体水准还比较低，缺乏震憾心灵、引起共鸣的优秀作品，基本停留在创意不多、内容枯燥、单纯说教的一般宣传层次，对人们行为观念的影响比较有限。突出存在着两大问题：一是宣传面“窄”。公益广告大多宣传需要人们遵守的规定性内容（爱国主义、集体主义），很少宣传人性化的自主性内容（人际互助、人格尊严、弱势关爱）。二是宣传量“小”。当前主流媒体发布的公益广告，与商业广告的投放总量相比，比例很小，再剔除普及健康知识、科学技术等内容的部分，宣传社会公德的总量极低，还不到商业广告的 1%。

5. 公益广告的传播机制建设

目前，公益广告从发布主体、内容格式、投入来源到效果反馈、社会评价、奖惩措施都尚未形成一整套相应的机制，基本处于自行发布、随意投放的状态。这种百花齐放的局面对公益广告的发展壮大、吸引更多的投放主体参与道德建设有一定的积极意义，但相当程度上造成宣传社会道德的公益广告质量参差不齐、内容单一重复、设置杂乱无章。以杭州市江干区为例，2011 年就有一批公益广告因无法界定设置场所是否妥当，被当成影响市容市貌的违章广告，最终被强制拆除，造成严重的资源浪费。

（三）杭州公益广告发展存在的主要问题

这些年来，浙江地区，尤其是杭州市的公益广告确实得到了较快的发展，为营造良好的社会氛围作出了积极贡献。但与人民群众的需求相比，与精神文明建设的要求相比，还有很大的差距。从调研的情况看，主要存在以下三个问题：

1. 管理缺位、无序运作，公益广告处境比较尴尬。没有对口的行政管理部门和业务指导机构，从创意、制作到审核、发布，所有流程都由发布主体自主定位，缺少规范的审核和专业的监督。公益广告的内容、发布的时间和空间等难以保证。作为宣传社会道德、引领社会风尚、规范公共行为的风向标，如果公益广告自身的产生过程带有违规、违章色彩的话，宣传的内容自然就很难获得受众的信服、认同和接受。这种情况在公益广告的实际操作中不在少数，无疑使公益广告的引领功能严重受损。

2. 投入缺少、质量低劣，公益广告宣传影响总体微弱。调查结果显示，当前对公益广告的投入，无论是政府部门、社会团体，还是企业单位，基本上没有专项经费，一般需要制作、发布的时候临时列支，投入的资金总量非常小。资金缺少使得无法进行高水平、全方位的创意设计，也用不起各种现代化、高科技的制作工具、广告材料和发布手段，直接导致公益广告的制作质量较为低劣，内容直白无回味余地，没有新观念、新风格、新艺术，既无趣味性又无审美性，更无法在心灵上使人震撼。

3. 效益缺损、消极投放，公益广告引领功能持续缺位。公益宣传作为一种非盈利性的公共行为，不直接产生经济效益，只能通过公益宣传逐步提高发布主体的公信度和美誉度，间接影响发布主体的经营效益，这种效益的提升往往比较缓慢。对投放主体来说，投入很大却短期看不到效益的公益广告是缺乏吸引力的，因此很多社会团体和企业单位，甚至包括政府部门，发布、投放公益广告缺乏内在的动力和积极性，大多因配合一些工作开展需要或迫于行政压力，带有很浓的任务观点色彩。这样的公益广告，对宣传的效果重视不足，而且宣传过程不连贯，造成公益广告的引领功能持续缺位。

（四） 改善杭州地区公益广告传播的对策措施

公益广告作为引领社会道德观念的新传媒，在宣传文明新风、提高公民素质、倡导和谐理念、塑造党委政府形象等方面有着特殊的社会价值，是精神文明建设和道德建设不可或缺的阵地。各级宣传部门要高度重视公益广告的制作和传播，把它纳入到宣传工作整体布局中，推动公益广告持续、健康发展，充分发挥公益广告的积极作用。在具体工作中，要着重抓好以下几个方面：

1. 建立和优化公益广告的管理机制

好的管理离不开完善的制度支撑，在调查受众中，有93%的人认为，公益广告的运作与政府息息相关，政府无疑要承担起相应的责任，建立健全公益广告的管理机制。一是要完善相关法规。做好公益广告，不仅要制定相关法规、制度，而且要配备具体可行的实施标准。可以依据国家关于公益广告的有关规定，并结合实际，明确公益广告在整个广告中的比例，明确相关部门职责、审批制度、考核标准、发布标准等，建立切实可行的运行机制，确保公益广告在“量”的基础上更有“质”的提高，确保公益广告的实效性和引导性，为促进公益广告健康有序发展提供制度保障。二是要建立审批机制。可由文明办牵头，建立“公益广告审批联席会议制度”，用联席会议名义，制定相应《实施细则》和《违规处罚办法》，加强联席会议内部管理，提高审批质量和效率。三是要完善投入机制。在政府主导下，建立市场化的运作机制。专门成立公益广告机构来管理和运行公益广告的发布，可设立“公益广告基金会”等专门组织作为公益广告主体，承担起统筹管理公益广告日常运作的专门职责，一方面解决公益广告制作的长期资金投入，另一方面也协调机关各部门、媒体、广告公司、企业、社会组织等同公益广告的关系，建立公益广告运作的长效机制。

2. 提高和完善公益广告的质量水平

在调查问卷中，有将近80%的人在观看公益广告时，最注重的是公益广告的主题和内容。所以，建议从以下三方面来提高完善公益广告。一是要提升策划创意水平。创意是广告的灵魂，也是公益广告有效传播的妙方。在公益广告题材的选择上，要注重“三贴近”原则，把空洞说教的大道理细化，以景会意，深入人心，充分发挥公益广告在社会道德建设过程中的引领作用。问卷调查显示，目前，大部分人非常关心生态环境保护问题，希望在环保主题上增加公益广告的投放量，并以电视、报纸、广播、平面印刷、网络等多种媒体投放，以此提高公众保护自然环境的意识。二是要拓展多种发布形式。在继续坚持传统的公益广告发布形式基础上，不断挖掘公益广告的新载体，大力开拓网络和手机等新兴媒体。可由宣传部组织协调，发动各单位建立“公益广告短信发布平台”，统一由宣传部向各单位提供公益广告备选内容，各单位定期通过短信平台发送公益广告，这项工作可列入文明单位的考核中。同时及时将短小精炼的公益广告以微博形式发布，让大家参与转播和评论，使公众在潜移默化中接受公益广告所倡导的道德文明。三是要结合自身宣传阵地。充分发挥现有各种文化资源和宣传阵地的作用， 定期或不定期地利用文字、 图片、 视频等形式， 发布一些贴近生活实际的公益广告； 在开展宣讲活动时， 可适当安排公益广告内容，并借助短信平台， 制作和发布简短的手机短信公益广告， 增加公益广告的传播面， 进一步增强公益广告效果。 在组织群众性文化活动中， 要善于运用多种文艺表现形式来表达公益内容， 使公益广告更具生动性。

3. 研究和探索公益广告的运行机制

在调查过程中， 有超过一半以上的人认为， 公益广告不应植入商业元素， 企业不该借公益之名从中获利； 73%的人认为， 公益广告的运作模式为： 由政府建立机制， 推动社会化运作。 一是要搭建沟通桥梁， 转变政府角色。 要充分利用媒体的宣传功能， 根据每年公益宣传的主题及投放量制定全年度公益广告的宣传计划。 政府要通过政策鼓励和保障企业参与公益广告制作发布的积极性， 使企业通过发布公益广告， 在体现自身社会责任感的同时，能够得到相应的效益回报， 让更多的企业自觉参与公益广告。 同时， 政府可以相应承担一些费用， 组织一定的机构或者委托相应团体进行定期调查， 研究受众的需求、 心理， 以保证公益广告主题与受众需求之间不脱节， 从而有规划、 有目的地开展公益广告宣传。 二是要建立专业机构， 成立广告协会。 政府部门要重视行业协会的作用， 支持、 鼓励、 督促协会发挥职能优势， 有效引导公益广告行业加强自律。 行业协会要建立一个公平有序的广告经营秩序， 树立良好的职业道德和行业风气， 不断提高公益广告制作水平， 增强公益广告的社会道德引领功能。 三是要切实加强引导， 推动社会化运作。 要逐步引导企业成为公益广告的主体。 企业参与公益广告， 一方面， 通过宣传企业的社会责任感、 机制观念、 经营理念、 企业宗旨等来塑造企业在社会上的良好形象， 密切企业与公众的关系， 从而扩大企业的知名度， 提高企业的美誉度。 另一方面， 在公益广告中企业名称的出现， 带给了观众商业信息， 使观众逐渐信赖该企业， 并对其产品和服务产生好感。

（六） “德孝” 传统道德文化的传播创新

——记第四届中国运城 “德孝微电影季”

张　豪　邓琼琳

中国运城 “德孝” 文化节 “以德政千秋， 孝行天下” 为主题。 弘扬和继承 “德圣” 舜帝德政的思想， 在全社会倡导德政为民的执政理念。 “孝行天下”， 就是把 “孝祖” 虞舜的孝道精神在当今社会中发扬光大， 把 “尊老、 敬老、 爱老、 护老” 的孝道行为传播到普天之下。 山西运城是华夏先祖之一舜帝的故里， 而舜帝是开创中华民族人类文明的五帝之一、 道德文化的创始人。 由舜帝而衍生的虞舜德政文化， 是华夏文明的重要组成部分。基于深厚的历史积淀， 山西省政府与运城市政府自 2010 年起， 推出以 “德政千秋， 孝行天下” 为主题的中国 · 运城舜帝德孝文化节， 旨在发扬中国传统美德， 同时也将 “德孝” 文化作为运城的城市名片， 推向全国。

（一）“德孝微电影季”概况

第四届中国运城“德孝”文化节于2013年5月正式启动，主要包括“德孝文化大讲堂”、“大学生德孝传承”、“德孝歌曲大家唱”、“老年人才艺大赛”、“孝星事迹”、“德孝微电影大赛”几个部分，活动对象覆盖了多个年龄层群体，在公众中引起了广泛影响，活动直接参与者达到了100万人次，网络参与者达到了1亿人次。

其中“德孝微电影季”是本次文化节特别增设的创新版块，也是最重要的活动组成部分。它是中国首个以中华道德文化始祖“舜帝”为关键品牌符号，以古今中外共同崇尚的“德孝”为核心品牌精神，融合打造的特色影像节活动品牌。“德孝微电影季”从2013年5月份起，面向国内外各界人士征集符合活动主题的微电影作品。征集期间，主要通过网络媒体及高校宣讲活动进行推广宣传，足迹遍布北京、上海、成都、太原4个城市。评审结束后在山西运城举行了盛大的颁奖典礼，活动在精彩的歌舞和观众的热烈掌声中完美落下帷幕。通过这一系列的线上宣传和线下活动，推广了“德孝微电影季”活动，提升了山西运城的知名度，也向社会传递了“尊老、爱老、自我修养”的正能量。

（二）活动主题的公益意义

山西运城的德孝文化节通过公益的主题——“德孝”来宣传城市文化，其意义是多方面的。

第一，优秀传统文化的传承与发扬。“德孝”文化是整个中华民族都共同认可的传统道德文化，几乎每个公民都对“德孝”有一定的理解和认识。因此“德孝”作为宣传主题，很容易引起人们的情感共鸣。作为中华伦理文化的重要基础与核心，德孝文化已经历了几千年的发展。然而随着时代发展，我国的人口结构、家庭结构都发生了巨大改变，人们的生活观念也产生了重大变化，“德孝”观念在现代人的意识中越来越淡薄，成为和谐社会建设的阻碍因素。而我国的人口结构近年来正朝着老龄化发展，预计2040年，65岁及以上的老年人口比例将超过人口总数的20%，养老保障正成为严峻的社会问题。在这样的现实挑战下，宣扬德孝观念，提倡人们尊老、敬老、爱老、护老，是势在必行的举措。政府也在舆论宣传方面加大力度，向全社会推进尊老爱老的道德建设。另外，随着时代变化，德孝文化也有了新的内涵，正以新的姿态存在和影响着人们的思想行为。固守传统已不能适应时代潮流，弘扬传统文化不能单纯的重复，而是要为其赋予新的时代特征，创建具有现代中国特色的德孝文化。

第二，公民道德教育的积极作用。德孝文化节在全社会公民中提倡“尊老、爱老、自我修养”，对于公民的道德教育做出了积极贡献。一方面，德孝文化节引导了公民的正确道德价值取向，人们通过观看和参与活动，对于德孝文化有了更深的认识。对“孝星”的奖励、对德孝优秀事迹的颂扬，以身边的真实例子打动着公众，潜移默化中帮助公众提升了道德认识。尤其是亲情的诉求，很容易引起人们的情感共鸣，激发公民的尊老爱老之心。另一方面，在媒体宣传及线下活动中广泛宣扬德孝文化，有助于营造积极的舆论氛围，形成良好的道德文化环境。在这样的社会环境下，人们自然耳濡目染，受到积极的舆论引导，从而实现“德孝”行动。

第三，打造城市的公益文化名片。中国现阶段的城市品牌宣传策略，诉求重点大多集中在历史人文、自然风貌、城市经济文化发展、招商引资等方面。其中宣传历史人文的居多，其次是自然风貌，然后是城市经济文化发展和招商引资。运城的德孝文化节，本质上也是一次城市品牌宣传活动。“文化节”是城市品牌传播中常用的宣传形式。在文化节中，充分展现地方的特色民俗文化或历史文化，让人们通过感受当地文化的魅力从而对城市产生好感。山西运城的德孝文化节则从当地文化源流中提取了中华民族的传统美德——德、孝，并更多的落足于公益宣传，推广德政和孝道，相对弱化了对城市品牌的商业宣传。这种软性的文化宣传很大程度上降低了受众的心理防备，人们更容易接受其广告信息。从而在公益宣传的过程中将运城的城市形象悄无声息地印在了人们心目中。而且，将优秀传统文化与运城城市品牌建立起紧密联系，传递了城市的核心人文精神，有助于提高人们对城市的好感度，把“德孝”打造成了运城的城市名片，人们一提到“德孝”，就自然而然地联想到了运城。

（三）活动形式的创新

德孝微电影季活动在形式上做出了许多创新，主要表现在如下几个方面：。

第一，传统道德文化与时尚文化的融合。活动主打微电影的形式，号召人们创作“德孝”主题的微电影作品，并将征集到的作品上传到网络上进行广泛传播，迎合了新媒体环境下人们的媒体使用习惯。微电影是当下人们普遍喜闻乐见的一种宣传形式，德孝文化节借助微电影的形式进行传播，符合现代人尤其是80、90后的审美志趣和接受心理。而且微电影的制作成本相对较低，现代拍摄技术的进步让更多的人能够接触到微电影的制作，尤其是年轻人，对于微电影创作有着很高的热情，利用他们对微电影的热爱，能够有效地吸引他们积极参与到活动当中。另外，微电影作为时尚流行的文化元素，与德孝传统文化进行有效的结合，为传统注入了时尚的血液，让传统文化走出了古板的形象，散发出新的魅力，让德孝文化获得了生生不息的强大生命动力，也让德孝文化节变得更具现代感，更有吸引力。

第二，艺术感染力与公益教育的完美结合。“德孝微电影季”活动，既是微电影艺术的盛会，也是一场全民的公益教育活动。借助微电影这一艺术表现形式，德孝文化的宣传变得更具有审美特色。微电影通过叙述故事的形式诠释“德孝”文化，以情来打动和感染受众，将深刻的道理融入到深刻的情感之中，调动起受众的共鸣，从而达到教育的目的。微电影具有优质的画面感、耐人寻味的剧情，其丰富的艺术表现力，将德孝文化教育寓于受众的审美情趣之中，让受众在轻松愉快的环境下接受其中传达的德孝观念，使得艺术审美与公益教育达到了高度统一。受众在观看微电影的过程中，既享受到了消遣放松的娱乐，又自然地接受了公益教育。而且，不同于直白的说教口吻和观念灌输，微电影形式则用含蓄委婉的创意形式，为受众留下了一定思考和想象空间，受众通过自己的视角来充分理解其内涵，从而达到受众自我教育的目的。

第三，公众参与的公益广告传播。中国的公益广告模式大多以政府为主导，相对缺乏公众的参与，因而许多公益广告往往难以在公众心中产生深刻影响。中国传媒大学广告学院院长黄升民曾在接受采访时表示，以政府为主导的公益广告模式，使公众习惯性地认为公益广告事业是政府的责任，因此公众参与的积极性不高。所以，调动公众的参与和互动，是促进公益广告发展的一种有效途径。“德孝微电影季”则很好的利用了“用户生产内容”的方式，鼓励受众自己创作微电影，让受众以自己的视角来阐释对“德孝”文化的理解。受众参加德孝微电影大赛活动，就需要对“德孝”的内涵有深刻独到的理解，并将其思想融入到作品当中去。在这个过程中，受众会去主动地接触和学习德孝文化，而不是被动的接受。这种形式改变了传统的公益广告常用的单向传播方式，让受众在互动中更深地领会到“德孝”真谛。并且，活动将征集来的微电影作品上传到网络上进行传播。当公益广告的创作主体成为受众本身的时候，人们更能够切身实感的体会到作品中的内涵，更容易接受来自民众自己的声音。这种形式往往比政府作为传播主体的公益广告更加有感染力。

第四，落地高校，与年轻群体亲密接触。“德孝”传统文化要得到发扬，必须从年轻人群体着手。而年轻人群体也正是微电影创作的主要力量，因此微电影征集活动的线下宣传选择了在国内高校进行。大赛在作品征集期间，选取了北京、上海、成都以及山西太原四地的四所高校——中国传媒大学、上海师范大学、四川大学、太原理工大学，举行了四场大型主题宣讲活动。中国传媒大学站活动主要以宣讲会形式进行，活动现场，中国传媒大学动画与数字艺术学院学术委员会主席、中国动画学院常务理事、博士生导师路盛章教授，中国传媒大学中国纪录片研究中心主任、电视与新闻学院副院长、博士生导师何苏六教授亲临现场，以德孝为题与同学们进行讨论。

上海师范大学站校园活动为“德政千秋·孝行天下”主题话剧，将“德孝”主题融入舞台表演中，精湛的表演和感人的情节打动了现场所有观众。

四川大学站的活动为雷雨话剧社和笑笑相声社联合演出，借助两个社团在学校里的知名度和影响力，吸引了众多学生对活动的关注，同时，活动邀请了四川大学文学与新闻学院广播电影电视系主任曹峻冰副教授为大家讲解了微电影创作的知识，现场学生积极参与了互动。

太原理工站大学的活动由“德政千秋·孝行天下”德孝微电影主题宣讲和文艺晚会两部分组成。宣讲邀请了山西广播电视台首席导演郭洪刚，山西财经大学文化传播学院教师常宏、张军为学生进行讲解，文艺晚会则为活动主题量身定制，演出了多个“德孝”主题的节目，并契合了父亲节的时机，有效触动了在场每一位同学的心。

通过这几场宣讲活动，进行了优秀微电影作品的展演，并邀请业界专家进行评讲，为大学生进行微电影创作提供了指导。并且，将德孝文化与文艺晚会等校园活动相互结合，使得德孝文化更轻松、更融洽的在广大学生群体中传播。让学生们体会到，“德孝”不再是一个高高在上难以亲近的主题，而是发生在自己身边随处可见的事物，是所有人都可以去感知的文化。

（四）微电影作品的征集成果

通过前期的宣讲和线上媒体宣传，活动共征集到以“德孝”为主题的微电影作品220余部，其中来自大学生的作品约占40%，来自社会人员的作品60%。作品来源以中国大陆为主，也有10%左右来自国外的投稿作品及少量来自港澳台地区的作品。这说明此次微电影征集活动的辐射范围相对较广，在社会各界都有一定影响。

第一，作品的题材丰富、内容多样。作品有反映老人的生活状态与内心情感、呼吁社会给予老人更多关怀的，有表现父爱、母爱的，有表达子女对父母长辈的孝心的，有传达家庭观念的，有体现兄弟姐妹之情的，有宣扬社会道德观念的……作品类型包括剧情短片、动画短片、纪实短片、网络系列短片等，充分展现了年轻一代的创作才华，以及他们对于德孝文化的深刻理解和感悟。

评委会历经初评、入围复评及评审会终评的层层筛选，最终选出了14部优秀作品，丁璐导演的微电影《爷爷》在220多部作品中脱颖而出，摘取了一等奖的桂冠。该部影片讲述了爷爷和小孙女之间的温馨小事，爷爷对小孙女毫无保留的疼爱，以及小孙女对爷爷的感情由最初的不领情到后来的想念、感恩，朴实真挚的情感流露、浑然天成的故事情节，十分打动人心，让观众不由自主的联想到自己的爷爷，尊老爱老之心也油然而生。

《妈妈的一封信》、《祖传秘方》获得二等奖。《父爱》、《寻女之旅》、《我姥爷》、《云先生》、《健康树》五部作品获得三等奖；《拾荒少年》获最佳导演奖；《寻女之旅》获最佳摄影奖；《时间门》获最佳剪辑奖；《Q币》获最佳剧本奖；《云先生》获最佳音乐奖；《吾家有女》获评委会特别奖。第四届中国运城舜帝德孝文化节微电影季获奖名单附本书作品篇。

第二，作品对德孝价值体系的诠释和重构。活动征集到的优秀影片多讲述了普通人身边发生的故事，平凡而真实。故事中充满戏剧冲突，体现了现代生活中典型的家庭与社会矛盾，如子女与长辈之间的代沟和不理解、空巢老人的孤独无依等，引起了人们的反省与思考。

这些作品向我们传递了新一代年轻群体的德孝价值观：

孝道并不只是对于父母长辈的物质关怀，更是精神上的关爱和理解，例如二等奖作品《妈妈的一封信》，就是讲述了“慈母手中线，游子身上衣”式的伟大母爱，表达了物质并不能弥补父母对孩子的思念。

孝道并不仅仅限于对待自己的父母，也应该对其他的老人多一些关爱，正所谓“老吾老以及人之老，幼吾幼以及人之幼”。例如入围作品《楼梯》，讲述了一位老人每天背着老伴下楼遛弯的简单故事，但却深刻反映了典型的社会现象，老人夕阳下孤单的背影，折射出了中国失独老人在生活与精神上遭受的双重困境。

德孝，不应该是狭隘的、局限的，而应该是对整个社会的博爱和无私，只有这样，才能实现真正的和谐社会。通过这些作品可以看出，他们解读出了德孝文化的深刻内涵，表达了与时俱进的德孝价值观念。而这，也正是“德孝微电影季”活动最重要的目的——让公众自己去探寻去思索“德孝”的真谛，最终构建一个公众自己深度认可的德孝价值体系。

第三，活动宣传的广泛影响。在“德孝微电影季”的活动过程中，利用了网络、平面等多种媒体形式进行广泛宣传、跟踪报道，共有101家媒体进行新闻发布和转载，活动期间，德孝微电影季的百度话题搜索量达到4180个。另外在4所高校举行了落地活动，在校园内张贴活动海报、横幅、展板，举行了微电影宣讲会，直接参与者达数千人，并通过微博、人人网等社会化媒体进行活动宣传，间接覆盖高校人群达几十万人次。

中国·运城舜帝德孝文化节通过活动形式和运作模式的创新取得了很大的成功，为传统道德文化在新时代背景下的传播做出了典范，是我国公益广告新领域的尝试。全国政协原副主席厉无畏评价这次活动“既是落实党的十七届六中全会精神的具体行动，也是加强和创新社会管理、推动公民道德素质建设的有益探索，同时也是一个基层政府在治国理政方式、方法上进行的有益探索”。

（七）深圳《论语》公益广告三论

深圳特区报记者　翁惠娟

一论：3000块公益广告牌展现中华文化之美

第26届大运会即将开幕，走在深圳街头的人们发现了一组别具特色的《论语》金句公益广告。“有朋自远方来，不亦乐乎”、“与人恭而有礼，四海之内皆兄弟”等耳熟能详的国学经典名句，以中英文两种形式，伴着淡雅的水墨画映入眼帘。这是深圳喜迎大运的“不一样的精彩”——在国内首创推出《论语》金句公益广告迎大运，让海内外来宾在3000块论语公益广告牌中“发现中华文化之美”。

年轻的深圳，何以将传统的国学金句与社会时尚相结合，在大运会这一国际大型赛事期间作为公益广告内容大手笔推出呢？市委常委、宣传部长王京生介绍，公益广告是城市文化最具象、最直接、最醒目的一种表现形式，推出这组公益广告，旨在传播中华传统文化，展示城市人文形象，引导市民提升素养，让参加大运会的运动员、各国来宾、世界各地的朋友们在深圳感受到中华传统文化的博大精深，也看到深圳这座城市中西交汇、贯通古今的“不一样的精彩”。

“不知礼，无以立”的公益广告，出现在深南路中信广场公交站。在这里候车的市民徐清莲和儿子乐乐边欣赏，边轻轻念着这个句子，再一起读读其英文翻译，兴致盎然。这些带给人们惊喜的公益海报，属于“迎大运，创全国文明城市”公益广告系列，以“发现中华文化之美”为主题，包括仁、义、礼、智、信五个系列，每个系列各含 6 条金句，现在首先展示的是“礼”系列，另外四个系列将陆续推出，遍及公交候车亭、地铁灯箱、墙体及户外立柱、ＬＥＤ等，并深入各街道、社区，预计总量将达到3000个。

当看到《论语》中的经典名句，以城市公益广告的形式在街头闪现时，深圳台商协会副会长、台湾环胜电子有限公司董事总经理林大毅马上与负责本次公益广告的市委宣传部联系，把这组海报“复制”了４０份张贴到公司里，“中华文化是全球华人的文化之根，我非常欣赏这样有中国底蕴的公益广告，希望员工们能近距离受到人文情怀的熏陶”。而最近到深圳出差的多个省市宣传文化部门的负责人，在街头看到这组广告后也纷纷主动“取经”，希望把这组高品质公益广告的创意学过来、带回去。

“如何让《论语》视觉化，是创意的关键所在”，负责“礼”系列和“信”系列公益广告设计的深圳市平面设计协会主席孔森，从春节之后就开始带着工作室的助手们酝酿这组设计。他介绍，国学经典中蕴藏着伟大的精神和朴素的道理，我们所努力的，就是把这种伟大通过设计，朴实传神地传递出来，让人们在欣赏传统文化之美的同时，领略到深圳这座“设计之都”的文化与内涵。

二论：让先贤人生智慧触手可及

“有朋自远方来，不亦乐乎”。再过 20 多天，深圳将迎来第 26 届世界大学生运动会，在深圳街头立起的《论语》金句广告，一语道出了青春鹏城喜迎大运盛会的心情。漫步深圳街头，一句句《论语》金句在公交车站、地铁、口岸、机场等地闪现——“礼之用，和为贵”、“与人恭而有礼，四海之内皆兄弟”、“德不孤，必有邻”、“君子和而不同”、“不知礼，无以立”，读来朗朗上口，读罢回味悠长。

年轻的深圳，以“发现中华文化之美”为主题，推出了“迎大运，创全国文明城市”公益广告，让人耳目一新，吸引不少市民驻足品读。现在，已现身街头的是“礼”系列，即将推出的还有仁、义、智、信四个系列，博大精深的国学经典与清新典雅的现代设计水乳交融，成了深圳一道亮丽的文化风景。

国内首创以《论语》金句展示中华文化之美。在大剧院的公交车站，记者看到了一幅《论语》金句公益广告。海报上，白褐两色渲染出一派雅致，“与人恭而有礼，四海之内皆兄弟”一行字下是该句的出处介绍，以及苏格兰著名汉学家理雅各对这句话的英文翻译。画面上，“恭”字作为点睛之笔，被放大后，龙飞凤舞般呈现在海报的右边，“恭”字右下角的两点以花鸟喜鹊图点缀，洋溢着喜庆吉祥的气息。

将传统经典金句与当今社会时尚结合，作为公益广告内容，深圳推出的此组公益广告在中国尚属首创。此组广告的创意，来自深圳市委常委、宣传部长王京生。“长期以来，我一直在思考，中华文化怎样和现代文化相结合，怎样使先贤的人生智慧让现代人触手可及，过去说‘诗三百，皆弦歌之’，我们是否可以利用公益广告这种形式，让人们感受到中华文化之美？”后来，他的想法逐渐明晰——在大运会前，推出一批以《论语》经典金句为主题的公益广告，让深圳人和海内外来宾、朋友们一起品读，发现中华文化之美。

“中华文化 5000 年生生不息，绵延不断，她有自强的力量、兼容的气度和通达的智慧。其中，儒家文化是一种人文主义思想文化，这已经成为大家的基本共识，而在儒家文化中，仁义礼智信是其核心。仁，是以人为本的人性关怀；义，是以人为本的正义大道；礼，是以人为本的生命尊严；智，是以人为本的人生智慧；信，是以人为本的生命承诺。深圳推出这组公益广告，就是要倡导和传播中华传统文化中最有价值和生命力的内涵。”王京生说，中华文化的复兴是中华民族真正的复兴，中国和平崛起的重要标志是文化的崛起，在深圳迎来大运会这一国际大型体育赛事的时候，这组公益广告巧妙地以现代形式表达传统文化精华，选句经典、设计清新大气，将有力张扬中华文化的价值和光辉，展示中华礼仪之邦的风采，实现中华文化的输出。

《论语》金句巧妙契合大运会理念。“你知道‘德不孤，必有邻’怎么翻译吗？”在中心区的一处公交候车亭里，白领张遐问同伴。张遐告诉记者，自己从小就喜欢国学，会背不少的经典篇章，但却从没想过把这些句子翻译成英文，没想到深圳会把这些《论语》金句做成公益广告展示。“在等车的时候，读读这些句子，心里默默地品味着，也许一会你上车后，就会想着给别人让个座，对陌生人微笑一下，这种影响是润物无声、潜移默化的，我很喜欢。”

张遐的一席话，说出了市民的心声，也实现了这组公益广告推广的初衷。

“大运会的理念是‘从这里开始，不一样的精彩’。不一样的精彩内涵非常丰富，包含多方面的内容，发现中华文化之美的公益广告，就是‘不一样的精彩’的一种具体表现形式。”市委宣传部副部长李瑞琦告诉记者：“今年是‘大运之年’，城市公益广告不仅要融汇国际化元素，还要表达中华文化的核心价值。《论语》金句契合了大运理念，更体现了大运会是友谊的盛会。它超越了民族、宗教和种族的歧视与隔阂，是建立在理解和相互尊重之上的世界和谐。”

那么，如何从《论语》中选择出与大运理念丝丝入扣的句子呢？市委宣传部宣传处处长韩望喜介绍，之所以首先推出“礼”系列，是因为“礼”表达的是一个人为人处事的根本，传递的是中国人的情怀。现在选择的六个金句，为人们所熟识，有的阐述城市与个人的关系，有的表达对美好的向往，有的体现了中国文化的包容，还有的包含了以人文为基本关怀的道德价值——比如“君子和而不同”，正契合“不一样的精彩”理念，深圳热情欢迎各国朋友，在大运会中显示青春风采，展示不同文化，并在交流中加深理解；比如“四海之内皆兄弟”，说的是四海同心的理念，希望中华文化与西方文化相互沟通，携手构筑和谐世界。

深圳以《论语》金句公益广告迎大运的创举，得到了专家学者们的赞许。

“这是一件很有意义的事情，是创新载体与形式传播传统文化的一次有益的尝试”，看到城市街头涌现出的《论语》金句公益广告，市社科院文化研究所所长王为理从两个方面对此现象进行了剖析。其一，从文化上来说，传统文化的精华以新颖的形式在城市的公共空间展示，生动地传达给公众，这是一种有效的文明引导和文明教化，引发人们心灵和精神上的思考，具有积极的意义；其二，丰富了深圳的文化生态。深圳是一座经济发达的城市，文化的根基相对薄弱，文化生态也相对单一，这种蕴蓄传统文化的公益广告的出现，丰富了城市文化的多样性，营造了一种更为健康良好的文化生态。

“中国是礼仪之邦，有着深厚的文化底蕴，而深圳是一座年轻的移民城市，对传统文化的传承也相对薄弱。现在，深圳把《论语》金句做成公益广告，自觉传播中国传统文化中‘温良恭俭让’的内涵，赋予公益广告深刻的思想性。”深圳大学传播学院党委书记王晓华教授对这组公益广告的主题与内容赞不绝口，对其表现形式也非常认同——以往的公益广告多重视内容而缺乏设计之美，深圳这组公益广告的表现形式非常唯美漂亮，是一组“阳春白雪”型的公益广告，可以吸引市民去品读、鉴赏，并在耳濡目染中感受中国传统文化之美。

三论：用现代设计弘扬中华文化

“大运会在深圳举行，全世界那么多年轻人都来到深圳这座年轻的城市。如何让他们在深圳看到‘不一样的精彩’呢？‘发现中华文化之美’公益广告的推出，可以让他们在深圳领悟到中国的传统智慧、儒学思想。”昨天，深圳市平面设计协会主席、“发现中华文化之美”公益广告设计师孔森在接受本报记者专访时说，“作为设计师，我们所努力的，就是朴实地传递这种伟大的思想，让人们在欣赏传统文化之美的同时，领略到深圳‘设计之都’的文化与内涵。”

春节刚过，孔森就带着工作室的一个小组，开始了这组广告的酝酿、创意与设计。“深圳首先推出的是礼系列，礼，就是有朋自远方来，要让市民以一种泱泱大国的文化底蕴，欢迎来自五湖四海的兄弟；礼，就是不知礼无以立，要让他们看到这组公益广告后，可以受到潜移默化的引导；礼，就是倡导‘和而不同’，通过公益广告，以一种无孔不入、随处可见的形式，来宣扬这种和平的思想。”

那么，如何让设计与市民产生交流呢？孔森在海报设计上反复推敲，每个人对《论语》的理解都不同，“让《论语》视觉化，是创意的关键所在”。礼系列，是用人文山水的形式，海报里有字句，还有中国的书画，有中英文对照，设计得典雅唯美，还从每个金句里提取一个关键字出来，如“礼”、“乐”、“德”等，以历代书法大师的字来展现；现在，又推出了“信”系列，既与第一个系列保持连贯性，又有突破和变化，这个系列是以国宝级文物，以物化的文明来呈现，选择了“笔墨纸砚”文房四宝、青铜鼎、松竹梅岁寒三友等，以中国绘画的形式加文物点缀，以古代文明的精湛技术凸显文化大国的气度，可以让大家从公益广告这扇窗，窥探中国5000年的文明，“我们希望这组公益广告，可以契合城市气质，与百姓形成互动，以亲和的形式，影响人们的行为准则和精神品质，让他们看一眼后就有所感悟，有所行动”。

孔森坦言，自己一直很希望“让城市静下来”，在做这组广告时，他常想到布袋和尚所作的《插秧偈》——“手持青秧插满田，低头便见水中天，六根清净方为道，退后原来是向前”。在他的心目中，深圳应该成为一座可居可游可思可想的城市，大家不要那么匆忙，可以静下心来反思对文化的传承，反思对幸福的理解，感受人文之美，心平气和地去体悟中国文化持续的生命力。

“传承中国传统文化，我们每个人都有责任，而我呢，姓孔，更有责任。”在采访的最后，孔森幽默地说，“国学经典深不可测又深入浅出，希望大家可以从这组公益广告里，感受到蕴含其中伟大的精神，朴素的道理”。

（八）推动公益广告持续健康发展调研报告 光明日报课题组

公益广告是传播先进文化，弘扬时代主旋律，提升国民道德水平的重要载体，对于更好地培育和践行社会主义核心价值观发挥着重要作用。广告涵盖了商业广告和公益广告两大部分。商业广告反映着我国经济形势，显现物质文明建设成果；公益广告表现了我国政治形态和社会主义核心价值观，是精神文明建设的组成部分。随着我国政治文明发展，公益广告对社会文化和社会管理形成巨大影响。它在物质文明与精神文明之间架起桥梁，使物质基础的不断丰富与道德水平的持续提高在全社会范围内交融。就公益广告进行深入细致的研究，对推动公益广告持久发展、在公益领域弘扬社会主义核心价值观具有重要的现实意义。

作为光明日报调研课题“关于更好地培育和践行社会主义核心价值观”的子课题之一，调研组重点对本报公益广告刊发情况进行梳理总结，并赴山东临沂、安徽安庆等地实地调研，同时对山西、河北等省市主流媒体的公益广告刊播情况展开调查。

一、 十年来我国公益广告宣传的主要情况

党的十六大以来，我国主流媒体公益广告取得了一定成就，主要表现为：政府和相关管理部门加强了管理力度，逐渐走向规范化，如国家广电总局第17号令《广播电视广告播放管理暂行办法》的出台；公益广告合作模式和活动开展方式更加丰富多样；公益广告主题紧扣时代脉搏，关注社会重大事件，传播主流伦理道德，引领着社会主义核心价值观，为弘扬正气、凝聚力量、战胜困难（如2008年汶川大地震）、团结爱国精神（如2008年北京奥运会）等等，都起到了不可估量的作用。

（一）把握媒体传播正能量的话语权

当前，外资、合资广告公司在我国广告领域占重要地位，他们运用广告资源和巨额资本主导广告市场。某些媒体把创收广告费放在首位，躲避媒体发布公益广告的社会责任。

近年来，中宣部、中央文明办等部门力推公益广告，正是要牢牢把握主流媒体宣传正能量的话语权，扭转部分媒体对公益广告的消极态度，积极宣传社会主义核心价值观。政府是公益广告活动的组织者和管理者，也是公益广告活动倡导者。各主流媒体积极配合公安部、环保部、卫生部、文化部、团中央、全国红十字会、中国儿童少年基金会等部委、团体进行专项公益广告宣传。以2012年为例，光明日报广告占用版面319.5个，其中公益广告占用版面46.8个，占广告总量为14.6%；河北日报刊发公益广告近150个版，占广告总量的10%；山西日报刊发公益广告5000多条，占广告总量的2%。

（二）表现党的执政理念

公益广告创作、展播、评选等活动具有政治性，体现了党和政府坚持和提倡的大政方针；具有系统性，是中宣部、中央文明办等部门有组织、有系统发起和推动的工作。我国公益广告中，时政类内容占重要地位。如："讲文明树新风"公益广告已成为精神文明建设的系列性和标志性活动，2007年开展的"迎奥运讲文明树新风"、2009年开展的"迎世博讲文明树新风"、2012年开展的"迎十八大讲文明树新风"广益公告宣传教育活动，均产生了良好的社会影响。

（三）促进廉政文化建设

反对腐败、建设廉洁政治，是我党一贯坚持的鲜明政治立场，是人民关注的重大政治问题。调研组通过问卷调查发现，有78.9%的人认为"部分党政干部贪腐和社会不公现象的存在，影响人们对社会主义核心价值认同"。面对严峻的反腐形势，引领社会思潮、弘扬正能量、培育廉洁风尚的任务更加繁重。主流媒体在公益广告中植入廉政文化的内容，

有助于改变简单严肃的说教，把“红头文件”的内容转变为入情入理、喜闻乐见的廉政文化教育形式。

（四）传承中华美德，建设精神文明

公益广告宣传的主要内容之一是道德义务。公益广告之所以能深入人心，也是因其符合我国精神文明建设的迫切需要，主流媒体表现出了引领社会主义核心价值观的责任感，倡导良好社会道德风尚，用公益广告凝聚国家和民族精神。我国公益广告以道德为主题的优秀作品很多，如央视等媒体播出的《文明传承·洗脚篇》《爱的表达式》《关注留守儿童》等。又如，2011 年以来，河北日报连续两年开展红色手机文化创作传播活动，分别以“纪念建党九十周年”和“善行河北”为主题，以新媒体形式生动宣传社会主义核心价值观，参与人数分别达到 630 万和 860 万人次。

（五）推动环境保护

分析近年来各新闻媒体刊载的环保公益广告，可将其内容可分为三个层面：一是自然环境保护，二是生物保护，三是人类生活环境保护。三个层面各有侧重又相互统一。2012 年 11 月至 2013 年 4 月，河北日报开展了“美丽河北·中国梦——河北骄傲·代表河北的 100 张名片”公众征集活动，收到有效选票 2656 万票，产生了广泛的社会影响，为深入贯彻十八大精神、建设美丽中国汇聚了强大正能量。

（六）凝聚民族精神，塑造国家形象

在国家遇到困难时，公益广告能够发挥聚合民众力量、共同抗击灾难、凝聚民族精神、培育核心价值观的重要作用。2008 年 5 月 12 日汶川地震后，中宣部等部委联合组织开展“我们心连心、同呼吸、共命运，夺取抗震救灾的伟大胜利”主题公益广告制作传播活动。大众传播媒介大量传播公益广告，大力弘扬中华民族不屈不挠、团结奋战的光荣传统，热情讴歌众志成城、顽强拼搏的民族精神，激励广大干部群众投入到抗震救灾的伟大斗争。2013 年 4 月 20 日四川雅安地震发生后，光明日报 4 月 23 日即推出了自发创作设计的抗震救灾公益广告，4 月 27 日，人民日报、经济日报也都整版转发了这条公益广告。

新闻媒体刊播公益广告，也有助于塑造国家形象、打造国家软实力。近年来，我国大力推进“走出去”战略，积极传播国家形象广告，在塑造国家形象、提升国家软实力中发挥了重要作用。国家形象是一个国家极为重要的无形资产，它不仅可以增强本国人民的自信心和凝聚力，还可以使国家在国际事务和国际竞争中占据主动，增强国家的外交力量和在国际上的发言权，促进国家目标和国家利益的实现。5 月 21 日，在光明日报推出的“中华好河山”公益广告上，中央政治局委员、书记处书记、中宣部部长刘奇葆同志批示“清新别致”，予以表扬。

二、 当前公益广告发展遇到的主要困难

当前我国公益广告存在的结构性问题主要有： 制作公益广告的资金来源没有保障， 优惠和鼓励公益广告的措施不到位， 公益广告管理主体和依据不明确等等。 根据课题组的调研成果， 具体分析如下：

一是公益广告创意不够， 表现形式过于严肃。 就总体水平来讲， 我国公益广告的艺术表现和制作水准不及商业广告， 创意不够的背后是人才不够。 例如， 光明日报公益广告的主要创作力量是广告部。 好的广告创意需要前期调研、 搜集创作素材、 广告发行等多个环节， 每个环节都需要专业人才贡献创造力。 目前， 很多媒体的公益广告创意和制作来源单一， 仅靠媒体某个部门的单打独斗， 显得力不从心。

二是社会力量和国家力量的有效投入不足， 公益广告资金来源没有保障。 这使保障公益广告的纯粹性和鼓励广告主投入的积极性方面出现了两难的局面。 而且， 人才不够的背后也是投入不够， 精良制作背后要有巨大的人力、 物力、 财力投入。 以光明日报为例， 从党的十八大召开至今， 半年多就已刊发公益广告 40 多个版， 投入上千万， 还不包括人力、物力的投入， 由于国家层面的补偿、 投入机制还没有建立起来， 这些人力、 物力、 财力的投入目前只能由新闻单位自己来消化承受。

对地方媒体而言， 大品牌客户少， 公益广告营销困难。 调研中， 地方媒体普遍表示，受覆盖等方面的制约， 大品牌客户大都为中央、 省级媒体所截走， 本地客户以短期促销广告为主， 借公益广告提升品牌形象的需求很少。 安徽安庆广播电视台的公益广告主要由全国公益广告联播体提供， 免费播出。 近年虽自筹资金拍摄了 “无偿献血韩再芬篇”、 3 · 15 主题宣传等公益广告作品， 但受到资金制约， 公益广告创作无法做到常态化、 制度化。

三是社会运行机制不健全。 公益广告的宣传和创作几乎停留在 “自然放牧和收割” 的状况， 即使有各类广告大赛等活动， 大赛之间的关联也不紧密， 以致我国公益广告的主题关切总体处在推广社会公德、 呼吁传承传统美德、 倡导环境保护、 关注社会弱势人群权益保障等领域。 公益广告主题领域亟需扩展， 如敬业精神、 产业进步、 技术革新等。

三、 推动公益广告持续健康发展的对策性建议

（一） 修订 《广告法》， 补充公益广告内容。

随着我国经济体制和政治体制改革的深入进行， 公益广告已经发展为我国广告事业的重要组成部分， 发挥着倡导精神文明、 宣传传统文化和构建和谐社会的作用。 但我国现行《广告法》 中却没有给予公益广告明文规定， 《广告法》 第二条限定的调整对象和范围是

商业广告。政府、学界和广告界要求将公益广告纳入我国广告法的调整对象和范围的呼声渐高。通过立法不仅可为发挥公益广告的作用提供法律保障，也会使《广告法》更为完善。

（二）创建公益广告发展基金，建设长效公益广告发展机制。

公益广告要宣传公共道德，而企业要突出企业形象，不愿做赔本生意。所以，如何让公益广告远离商业气息，又能够鼓励企业积极参与，就成为一项难题。要深入研究制定企业投入公益广告费用税前列支鼓励政策，研究减免公益广告设计制作单位税收的可行性，鼓励更多的广告经营单位参与公益广告的发布，调动政府、企业、媒体、广告公司、行业组织及社会各方力量的积极性。

上海大学广告品牌研究中心主任张祖健提出：应建立组织协调机构，建构国家层面的公益广告创作规划，并列入相关艺术创作或文化建设国家项目中，保证公益广告有国家级计划。他的具体建议包括：一是采取市场化、多渠道的公益广告融资方式，通过企业赞助、公开竞标、公开拍卖公益广告的所属权等方式筹集资金，建立国家公益广告发展基金。二是建立公益广告基金捐助机制，使集资活动经常化、规划化、法制化，并建立起完善的社会监督机制。三是建立企业为主、社会团体和中介力量积极参与的公益广告制作和发布激励机制，激发参与公益广告活动的积极性。四是建立组织协调机构，建构国家层面上的公益广告创作规划，并列入相关艺术创作或文化建设国家项目中去，保证公益广告有国家级计划。

（三）设立公益广告政府奖，吸引社会专业力量创作公益广告。

针对公益广告内容创意不够、缺乏吸引力这一问题，如何以有效方式吸引社会专业力量创作生产公益广告显得尤为重要。综合各方意见，调研组提出如下对策性建议：

第一、设立公益广告政府奖。韩国、日本等均设有公益广告的国家奖项，建议我国政府设立国家级奖项以吸引更多的社会力量参与到公益广告创作、制作中。目前，“中国公益广告黄河奖”由中国广告协会主办，影响力有限；“金鹰奖”设有电视广告片项目，但无法覆盖报纸、广播、户外等其他形式公益广告；由中央文明办和国家工商行政管理总局联合组织的“全国优秀公益广告评选活动”也在举办八届之后，于2010年取消。

第二、鼓励高校和广告行业的专业人士参与广告创作。在当前的市场环境下，广告创作的主体力量——广告公司参与公益广告的热情不高，高校师生对公益广告的研究和实践也显不足，建议通过各类政治、管理、经济等方法鼓励其加入公益广告创作发布中。从选题来看，要将公益广告“自上而下”的选题布置与“自下而上”的主题策划相结合，形成活跃的公益广告创作氛围；从发布主体看，要鼓励更多企业参与到公益传播中，将公益广告与企业公益营销有机结合；对于高校，建议设置公益广告研究机构和相关课程，充分利用高校学术力量和资源。

（四）科学研究公益广告效果。

在我国公益广告事业发展中，媒体发挥着举足轻重的作用，其中尤以主流媒体的贡献最为突出。尽管公益广告的投放提升了媒体的公信力，创造出潜在品牌价值与商业价值，但对于这一提升效果业界尚无清醒认识，学界也缺乏严格的实证研究。

武汉大学张金海教授认为，为使公益广告的潜在价值具象化，有必要引入量化的社会科学研究方法，进行有效的实证研究。在过去的研究中，学界惯于采用定性的总结描述，以至于仁者见仁、智者见智，无法形象、客观、准确和简洁地测量并描述公益广告的效果。为此，要开展公益广告播出和发布的监测，建立公益广告数据库，对不同时期不同主题的公益广告选取制作量、播出量、效果价值等关键指标进行描述，从而科学选题，提高公益广告的效果。

（五）积极发挥利用媒体优势，探索新的公益广告传播模式

中央电视台除播出公益广告之外，在关爱失智老人、春节农民工返乡、关爱留守儿童等主题宣传方面，建构了主题采访、事件新闻和主题公益广告连动的公益宣传活动。这类公益宣传活动既有相关新闻事件，也有关联的公益广告，新闻与公益活动连动，并经常与联合国全球性公益性宣传主题结合（如世界精神卫生日《2013 主题 · 关爱失智老人》、世界艾滋病日等），形成特色公益宣传方法，效果很好。此外央视创建的公益新闻视频《真情 · 沟通》系列，借鉴公益广告格式，但有新闻属性，成为新颖的大众传媒公益宣传产品，并且实现台网连动，有很好的媒介融合发展的产业意义。

四、公益广告如何在培育和践行社会主义核心价值观过程中发挥作用

光明日报课题组在全国范围展开的社会主义核心价值观问卷调查，对公益广告的选题和创作具有反馈指导效果。通过调查，调研组认为公益广告要承担培育和践行社会主义核心价值观的使命，应当从以下几个方面进行创新：

一是公益广告要让社会主义核心价值观深入人心，其表现形式既有正面宣传，也要通过艺术手段将其具体化、形象化、生活化，使群众可感可记、入耳入心。

二是公益广告在坚持中国特色社会主义理论体系的基础上，要充分吸收传统的文化理念，借鉴国外的优秀文化理念，真正实现兼容并包。

三是公益广告是对传播和教育进行方式方法的创新。加大社会主义核心价值体系的宣传力度，在继续发挥传统媒体公益广告优势的同时，要重视发挥新媒体平台在传播公益广告中的重要作用。

四是注意影响、引导和改变青年群体和学生群体对社会主义核心价值体系的看法。公益广告要注意加强对青年学生群体的宣传教育和沟通，探索适合他们的接受方式。

（执笔人：中国传媒大学广告学院教授、全国公益广告创新研究基地秘书长刘林清、副秘书长和群坡；光明日报新闻研究部柴如瑾）

（九）公益广告论文库

（一）2011 年公益广告学术论文摘要

序号	标题	作者	时间期刊	摘要
1	韩国公益广告运营管理体制及其借鉴	吴易霏	2011 年 12 期《中国行政管理》	我国公益广告事业开始于 20 世纪 80 年代，目前已经成为广告产业的一个重要组成部分，但从公益广告事业的现状来看，其运营管理体制依旧存在许多问题，并在一定程度上制约了我国公益广告的健康发展。本文通过对中、韩公益广告的体制介绍、比较和分析，寻找我国公益广告管理体制中所存在的问题，并进一步提出合理化建议。
2	我国公益广告的纯粹性研究	邬盛根 姚曦	2011 年 6 期《中国地质大学学报（社会科学版）》	在我国现代商业广告迅猛发展的三十多年里，公益广告一直凭借高度的公信力，在培养文明健康生活习惯、弘扬社会高尚品德、提倡生态环境保护和慈善救助、促进地方经济活力等方面发挥了重要作用. 但是随着公益广告商业化愈演愈烈，公益广告的公信力受到了极大威胁。因此，以维护公益广告的公信力、规范其中的商业性参与为研究核心的纯粹性研究，具有重大的现实和理论意义。
3	公益广告的新闻价值	张志红	2011 年 8 期《新闻知识》	公益广告是不以营利为目的，而为社会和国家提供免费服务广告活动。虽然公益广告运用生动具体、真切实在的现实生活场景，是感性直觉的方式，有别于新闻报道和社会评论的逻辑思维方式，但由于它独特的作用，决定了它具有一定的新闻性，新闻价值不容小视。如今，公益广告已成为社会舆论导向的重要组成部分，不仅提高了大众的生活品质，丰富了群众的精神生活，还对经济建设和社会进步产生了重要影响。本文就结合公益广告的特征和作用，阐述它的新闻性，以突出它显著的新闻价值。

序号	标题	作者	时间期刊	摘要
4	从突发事件看中美公益广告差异——以“5·12”汶川地震和美国“9·11”事件为例	徐 烨	2011年9期《新闻知识》	本文采用文献资料法、案例分析法等对中国“5·12”汶川地震及美国“9·11”突发事件后在平面、电视、广播等媒体投放的公益广告的表现形式差异进行研究，论证形成差异的原因并提出未来中国公益广告发展的设想。
5	公益广告语言的艺术化	王晓昆	2011年1期《云南民族大学学报（哲学社会科学版）》	公益广告是一种不以赢利为目，旨在传播有利于人类社会进步与发展的积极向上理念的广告。公益广告在向社会公众传播时，怎样才能更有效地实现传播效应，语言的运用是其中一个关键的因素。如果我们的公益广告在创作上能够充分体现出语言美，能够深入进行修辞，让广告受众在感受汉语的“精妙”中接受“说理”，体会言外之意、弦外之音、味外之旨，那么，我们的公益广告就能达到广告内容与语言形式的和谐、意境与语境的和谐、思想情感与语言情感的和谐，真正“吟”出社会的和谐。
6	论电视公益广告的道德功效	曾广乐 符洪波	2011年23期《重庆科技学院学报：社会科学版》	电视公益广告具有综合性、动态性、高频性、广泛性特征，可以引导公民的道德价值取向，促进社会公德规范的形成，提升人们的道德认识，强化人们的公德情怀与道德意识。应当加大对制作电视公益广告的资金投入，强化公益广告主体的社会责任感，不断提高电视公益广告的质量，从而进一步发挥电视公益广告的道德功效。
7	增强我国电视公益广告社会功能的对策研究	耿风彪	2011年 河北大学：传播学学位论文	目前，国内学者对电视公益广告研究的还处于发展阶段，而电视公益广告的社会功能实现在构建和谐社会中起着尤为重要的作用，因此电视公益广告研究的重要性更加突出。本文对电视公益广告社会功能实现的系统研究在领域内尚属首次。 本文主要通过文献研究法、文献比较法、案例研究法等方法对电视公益广告的定义、电视公益广告的历史和特性进行探讨，挖掘电视公益广告的社会功能，分析当前电视公益广告功能实现存在的问题，并分析问题存在的原因，最终找到电视公益广告社会功能实现存在问题的解决对策。

序号	标题	作者	时间期刊	摘要
8	浅谈中国公益广告的文案	姜广远	2011 年 8 期《东京文学》	现代公益广告进入中国已有近二十载的历史，随着政府和社会对公益活动和公益事业认识的逐步加深，中国公益广告也迎来了繁盛期，内容涵盖面不断扩大，形式日新月异，公益广告在社会政治经济生活中的地位日益受到重视，尤其是环保、教育和下岗再就业这些关系国计民生的公益广告更是为人熟知，但就其广告文案来看，那些一句式的空洞口号或标题已远不能震撼人心，那么如何让公益广告文案给受众留下深刻印象，从“心动”走向“行动”，本文将从环保，教育和下岗再就业三类公益广告中阐述这个问题。
9	探析事件营销中的公益广告	罗　俊 曾振华	2011 年 11 期《东南传播》	事件营销作为一种高效的市场推广手段，日益受到广告主的青睐。 公益广告与事件营销的结合可谓天作之合。 本文从事件营销中公益广告的内涵入手，分析了公益广告嫁接于事件营销的原因，并在此基础上指出了事件营销中公益广告应注意的问题并对其未来进行展望。
10	生态伦理视野中的公益广告	宫立明 李晓兰	2011 年 1 期《新闻爱好者（上半月）》	本文从生态伦理的视角对公益广告进行了全新的解读。 通过大量公益广告实例的分析总结出公益广告天人相谐、仁爱生命、生态保护和可持续发展等生态伦理诉求，并对公益广告生态伦理价值进行了探计，提出公益广告“呼唤生态道德回归、强化生态伦理责任意识、倡导合理的生态伦理秩序、传播生态伦理精神”等四方面生态伦理价值。
11	我国公益广告的问题及对策研究	suffix秦云婷	2011 年 34 期《科技信息》	本文在对公益广告的发展历程和现状研究的基础上，对我国公益广告存在的问题进行了全面的分析和探讨，指出了我国公益广告资金缺乏、创造水平低下、政府监管不利、法律不到位等问题并提出了相应的解决策略。 此外，本文还对公益广告的发展趋势进行研究，为公益广告的发展指明方向。
12	中国公益广告运作机制的反思及对策分析	陈洪波	2011 年 10 期《东南传播》	本文通过回顾中国公益广告的发展历程，剖析中国公益广告运作机制及其问题。 笔者认为，制约中国公益广告发展的根本在于其运作机制未能理顺，应该大力培育公益文化、建立独立于政府的公益广告组织、建立市场化运作机制以及注意广告效果检验。

序号	标题	作者	时间期刊	摘要
13	论我国公益广告的架构及评价体系研究	邓东	2011年10期《湖北经济学院学报：人文社会科学版》	公益广告从一个侧面反映了一个国家的社会形象，我国公益广告起步较晚，和西方发达国家相比还相差很大。本文主要谈谈如何构建我国公益广告的传播核心框架，并提出相应的评价体系。
14	公益广告的德育功能探析	王丽	2011年7期《东南传播》	道德教育是公益广告的主要内容，而公益广告作为道德教育的有效形式，二者共同服务于社会主义精神文明建设。本文结合优秀公益广告实例，对公益广告在道德教育中的教化功能、导向功能、警示功能、凝聚功能和鞭策功能进行了分析。
15	创意公益广告科学探析	费越	2011年22期《中国科技纵横》	公益广告隶属非商业性广告，是社会公益事业的一个最重要部分，与其它广告相比它具有相当广泛的社会性。其主题内容存在深厚的社会基础，它取材于老百姓日常生活中的酸甜苦辣和喜怒哀乐，运用创意独特、内涵深刻、艺术制作等广告手段和鲜明的立场诱导社会公众。公益广告与商业广告在效果的评估上不同。商业广告效果的评估是以商业回报和利润作为衡量标准，所以商业影视广告的投放注重电视节目收视率，观众组合和投放时段等因素。公益类的影视广告考虑的因素比较简单和单纯，它不受利益的驱使，公益广告在于对人们价值的导向和教化，具有赞誉和激励作用，教育和启迪的作用，提倡和引导的作用，警示和劝告的作用，呼唤与忠告的作用，针砭和鞭挞的作用，是无法用金钱回报来评估的。丰富的创意手段，色彩、构图、音效，生动的情节以及日新月异的新兴媒体展现方式，使广告获得更多的注意力。
16	从接受美学看公益广告创作	周姗姗	2011年3期《新闻知识》	公益广告作为一种高层次的广告形式，具有规范社会行为、改善社会风气、创造良好社会环境的作用，其产生迎合及拓展了受众的审美心理及期待视界，价值实现需要全社会认可。本文试从接受美学的角度，对公益广告的创作进行研究。

序号	标题	作者	时间期刊	摘要
17	公益广告综合环境因素的分析	门德来	2011 年 4 期《西安文理学院学报：社会科学版》	公益广告的特性和我国当前公益广告的传播现状，决定了公益广告与构建和谐社会、推动社会发展之间的相互关系和作用；对公益广告综合环境现状及制约其传播、发展的因素的分析，认为应采取举全社会之力通力协作的对策，对我国公益广告事业的发展与促进和谐社会的精神文明建设具有积极的意义。
18	浅析公益广告在小众媒体中的利用现状	杨钢 王沛	2011 年 11 期《美与时代：中旬》	公益广告是一种以人文情感为基础的艺术表达形式，恰当的媒体传播方式可引起受众共鸣，增强耐读性，增加传播和劝说的有效性。分析公益广告的投放媒体与内容表现的现状，以探寻公益广告影响受众的行为，最终达到延伸审美文化的作用。
19	灾难事件中公益广告的协调功能	杜可琦	2011 年 11 期《新闻爱好者：下半月》	公益广告是以推广有利于社会的道德观念、行为规范和思想意识为目的，为公益行动、公益事业提供服务的广告传播活动。在灾难性事件发生时，公益广告在引导舆论、体现人文关怀、重塑信心和动员社会全体成员四个方面，行使协调功能，为公众、政府服务。
20	浅谈当代公益广告设计的执行与管理模式	曾爽	2011 年 15 期《价值功程》	本文主要根据公益广告的基本特征和基本用途做一总结归纳。首先对公益在广告在广告市场中的商业价值进行整体梳理，研究公益广告给广告主带来的经济利益和社会效益。进而归纳重要的方法及步骤，总结这种商业模式下的公益广告如何协调社会利益和经济利益的关系问题。在此基础上对目前我国公益广告发展过程中所存在问题进行了分析探讨，指出了我国公益广告机制上的弊端及当前进行公益广告机制变革的必要性。
21	论公益广告	张天琪	2011 年 21 期《城市建设理论研究（电子版）》	在我国，现代意义上的公益广告历史很短，只有 20 年。但是从它诞生之日起，就一直致力于推动我国社会主义精神文明建设，同时对商业广告泛滥的社会局面形成了一定的制约。公益广告——尤其是特殊时期的公益广告，对维护社会稳定、凝聚全国民心发挥了巨大作用。

序号	标题	作者	时间期刊	摘要
22	如何振兴民族公益广告事业	李子木	2011 年 10 期《广告主：市场观察》	商业广告在快速告之和提升品牌知名度方面有着巨大作用，而公益广告能够长期提升品牌美誉度，为企业带来更多的价值认同和情感归宿。而纵观国内外，越来越多的品牌参与了公益事业和公益广告，以此提升社会责任感，提升企业竞争力。如何快速发展中国的民族公益广告事业成为行业的核心关切点。
23	广告语在公益广告中的巧妙运用与策略	门德来	2011 年 4 期《唐都学刊》	公益广告是为公众事业、公益利益提供传播服务的。公益广告的文字语言和画面一起共同承载着公益广告传播的重任。公益广告的语言表达是公益广告创意环节中的前期工作，是整则广告创意的指导思想和灵魂。在公益广告的创意过程中不要顾此失彼，在注重视觉冲击力的同时，也要重视广告语的巧妙运用，以全面取得公益广告传播的最佳效果。
24	平面公益广告中图形语言应用的比较研究	郎　彦	2011 年 7 期《大众文艺：学术版》	本文从图形设计的角度研究平面公益广告中图形语言的表达，通过分析平面公益广告中不同的设计表现形式，引出现代平面公益广告中图形语言的丰富性，进而指引现在的创作者们也应把握图形语言的重要性，合理运用多种形式，指导人们的思想方式、行为方式。
25	公益广告中的蒙太奇语言	郭　楠	2011 年 3 期《安徽文学：（下半月）》	近年来，伴随着广告业的迅猛发展，以倡导真善美为宗旨的公益广告也在不断发展壮大。公益广告是指为实现公共利益而实施的广告，其目的是传播公益观念，把人文关怀渗透到人们的日常生活中，潜移默化地影响着人们的言行，推动着人类文明的进步。公益广告的形式和取材繁多，表现手法多样，其中在电影拍摄过程中常被使用的蒙太奇手法在各类型公益广告中得以广泛应用，使得公益广告的情感诉求更具真实性，其反映的社会现实也更具感染力。促使公益广告的文化整合和审美教育的功能得到更大限度的发挥，为推动社会公益事业，促进社会文明进步作出巨大贡献。
26	浅谈广播公益广告的有效传播	刘丽丽	2011 年 6 期《大舞台》	本文论述了广播公益广告的主要作用，分析了广播公益广告的特性，提出了提高广播公益广告的有效传播的对策。

序号	标题	作者	时间期刊	摘要
27	公益广告中的道德诉求	任　宏	2011年33期《大观周刊》	随着社会经济的迅速发展，经济现代化的加速，给我们现在的日常生活也带来了不少的困扰，如自然生态的失衡，伦理道德的缺失等等。为了唤起人们的道德意识，改善我们赖以生活的环境，更加有效解决这些问题，我们需要某种方法来解决，而这种解决方法就是公益广告。公益广告作为传承伦理道德的最佳传播方式，运用其自身的特点担负起宣传公益行为、伦理道德的这个重任。
28	让公益广告在互动中打破习惯	倪鹏飞	2011年4期《山东青年政治学院学报》	在人类的不良习惯面前，一则公益广告往往显得单薄、短促，缺乏效力。公益广告想要改变受众长久以来养成的种种不良习惯，促使其发生公益行为，建议从两点着手：一是降低要求，从“说服其改变”到“引导其改善”；二是需要频繁、及时的提醒和引导，并且使受众得到信息的第一时间产生互动性的思考和行为，从而有效实现公益广告的目的。
29	浅议公益广告的创作	崔新慧	2011年9期《安徽文学（下半月）》	公益广告以其独特的艺术感染力和短小精悍的表现形式，正逐步赢得广大观众的青睐。本文从选题、创意、表现形式三个方面进行论述、探讨公益广告的创作。
30	我国公益广告事业现阶段存在的问题及对策	温汉华 王振丰	2011年9期《企业科技与发展》	近几年公益广告在我国方兴未艾，但国内缺乏对公益广告的理论研究。文章根据我国公益广告事业发展的现状特征对公益广告进行系统地阐述，分析我国公益广告事业现阶段存在的问题，并提出可行的对策。
31	公益广告的关联理论分析	郭贵丽	2011年9期《语言学刊》	公益广告作为一种宣传的手段，已成为我们生活中不可缺少的一部分，本文从关联理论的角度对公益广告语进行了一些解释性的研究，从而可以促进公众对公益广告语的理解，为进一步做好公益广告提供理论价值。
32	爱——公益广告的永恒主题	李丽峰	2011年26期《职业》	公益广告一般以平等的姿态宣传某种文明的道德观念，使社会的文明程度得以提高，取得更好的社会效益。因此，公益广告可以选择不同的主题，向公众传输、倡导某种观念。其中，“爱”这一主题，常常在公益广告中出现。

序号	标题	作者	时间期刊	摘要
33	浅析电视公益广告中 3D 动画创作（下）	李翔	2011 年 3 期《影视制作》	本文着重研究了 3D 动画这一新兴的艺术创作手段在电视公益广告中的运用。说明了 3D 动画运用在电视公益广告中的历史必然性以及这种结合所带来的众多优点，从而进一步总结和归纳出电视公益广告中 3D 动画创作的一般方法和原则。
34	公益广告优化文明城市形象建设的困境与对策研究	邹宇婷	2011 年 8 期《科海故事博览：科技探索》	公益广告。这个构筑城市视觉文化系统中的重要成员，担负了文明城市形象建立与推广的主要力量；因此，对公益广告所特有的广告、审美、传播、教育等属性的科学利用研究，将对文明城市建设发挥积极引导作用。
35	多模态话语的社会符号学解析——以一则公益广告为例	范洪涛	2011 年 2 期《兰州教育学院学报》	鉴于公益广告越来越受到媒体的关注，结合克瑞斯和勒文的视觉语法以及多模态话语分析理论，从再现意义、互动意义及构图意义解析中央电视台少儿频道的一则公益广告，证实该公益广告从图像位置、色彩搭配等模态转换方面存在一定的合理性和新颖度，并能对今后公益广告的设计模式和理念起到借鉴作用。
36	论公益广告的艺术性	许裔男	2011 年 8 期《民营科技》	公益广告是以传播积极的人生要素、生存理念为主导，并承担一定社会责任与义务的非营利性广告。其主要目的是为公众利益服务，促进社会文明进步与世界和谐发展。公益广告作为广告的一种，除了社会功能乏外，还具有很高的艺术性。
37	浅析电视公益广告中的 3D 动画创作（上）	李　翔	2011 年 2 期《影视制作》	本文着重研究了 3D 动画这一新兴的艺术创作手段在电视公益广告中的运用。说明了 3D 动画运用在电视公益广告中的历史必然性以及这种结合所带来的众多优点，从而进一步总结和归纳出电视公益广告中 3D 动画创作的一般方法和原则。
38	玉溪市公益广告标语的英语研究	万永坤	2011 年 1 期《中外社科论丛》	随着玉溪市国内外文流的日益频繁，双语公益广告标语已是日常生活中的常见现象。本文分析了公益广告标语的内涵和特点，借助于网络和实地对玉溪市公益广告标语的英译情况做了探讨，提出了一些解决问题的策略。

序号	标题	作者	时间期刊	摘要
39	吉林省公益广告的传播生态环境	王春月	2011年12月《新闻爱好者：下半月》	从吉林省目前公益广告传播生态环境以及作品来看，吉林省公益广告传播活动还处在初级发展阶段，尚未形成地方特色的完善、稳定的公益广告运行机制。面对中国全面发展地域性经济效益与社会效益的双层文明建设态势，研究和构建具有吉林省地域特色的公益广告传播生态环境运作机制亟待解决。
40	刍议公益广告的创意研究	常艳丽	2011年22期《大众文艺：学术版》	最近10年来，随着中国广告业的快速发展，无论是学术研究方面还是一般性的商业活动，广告都越来越多的受到重视。伴随着商业广告的不断发展，一股“向善的力量”也在逐渐发展壮大，那就是广告百花园中的一朵奇葩——公益广告。
41	广告诉求方式研究——以公益广告为例	季莹莹	2011年2期《科海故事博览：科技探索》	公益广告中的诉求可以帮助公益广告针对特定的受众群体，运用恰当的表达方式，达到良好的公益宣传效果。本文就以公益广告中诉求方式为研究内容，通过对各类诉求方式的分别研究，找出我国现阶段公益广告诉求方式中存在的问题，写出一点见解。
42	我国公益广告的伦理价值与实现路径探析	郑秋鸾	2011年4期《长春工业大学学报：社会科学版》	公益广告是电视节目中的一个新品种，它是指政府有关部门、广告公司和部分企业，借助大众传媒通过短小轻巧的表现方式，旗帜鲜明地来帮助协调各种关系，宣传真善美，抨击假丑恶，促进社会的健康发展。公益广告在引导人与人、人与自然、人与社会三方面的伦理价值中具有独特优势，并在真善美的统一中实现伦理价值。
43	公益广告：值得关注的公益事业	马壮 邱兆玲	2011年15期《华章》	公益广告对人们思想、行为有很大的导向作用，让公益广告走入人们的生活并得到良性发展，从而可以引导人们追求健康文明的生活。
44	公益广告新闻价值	张志红	2011年8期《广告主：市场观察》	可以这么说，在人们厌恶了商业广告的惺惺作态之时，以增进社会福利为己任的公益广告就是当今时代的良心，其新闻价值十分突出，正逐步成为我国推广社会道德观念、行为规范和思想意识，促进社会文明和进步的工具。

序号	标题	作者	时间期刊	摘要
45	环保公益广告的多模态语篇分析——以2009年哥本哈根气候大会为例	伍彩芬	2011年8期《乐山师范学院学报》	文章以韩礼德系统功能语言学基础上发展而来的视觉图像语法为理论，对2009哥本哈根全球气候大会的环保公益广告进行多模态语篇分析，旨在探讨图像和文字作为社会符号如何汇合成一股统一的多模态交流行为，构建语篇意义，呼吁人们积极参与温室气体减排行动。
46	探寻修辞在公益广告方案中的运用技巧	袁米丽	2011年1期《华章》	将现代汉语中的修辞手法运用于公益广告文案写作中，可以使公益广告更生动、更有感召力，从而能够达到提高公益广告宣传的效果。重点分析和探讨了公益广告中经常使用且效果较好的13种修辞的运用技巧，包括反复、比喻、对偶等。
47	基于环境威胁的烟草企业公益广告研究	李景东	2011年5期《经济论坛》	随着世界卫生组织烟草管制政策在全球范围内的推行以及公众对吸烟危害健康的认同，烟草企业在整个社会环境中面临着举步维艰的境遇。如何借助公益广告缓解环境威胁，从而树立自身的良好形象，是摆在烟草企业面前的一项重要课题。
48	校园公益广告的语用学	徐红红	2011年3期《今日湖北（下半月）》	经济的迅速发展、科学技术的不断进步催生了各种各样的传播媒介，公益广告也应运而生。本文从语用学的两个角度——言语行为理论和关联理论出发，对校园公益广告语言进行语用分析。
49	Flash公益广告“保护草坪”的制作与实现	叶 赟 张颖江	2011年8期《科技信息》	Flash是用来编辑二维动画的软件，经过几代版本改进后，采用了矢量图形和流式技术，能够很好地支持声音，具有交互功能，简单易学。Flash界面可分为工具箱、总谱区、层控制面板和舞台四大支块。Flash制作动画比较简单，只要定义好各个关键帧，当中的过程由计算机自动生成。它在制作动画方面的秘密武器是多层透明效果和变形技术，再结合按钮符号的交互功能，就能制作出炫目的动画，很好的将作者的思想呈现出来。
50	平面公益广告中图形语言运用的比较研究	郎 彦	2011年7期《大众文艺》	本文从图形设计的角度研究平面公益广告中图形语言的表达，通过分析平面公益广告中不同的设计表现形式，引出现代平面公益广告中图形语言的丰富性，进而指引现在的创作者们也应把握图形语言的重要性，合理运用多种形式，指导人们的思想方式、行为方式。

序号	标题	作者	时间期刊	摘要
51	会话含义理论在校园公益广告中的运用	姚光金	2011 年 1 期《职业时空》	为倡导公众遵守社会公德， 提醒和规劝公众调整自己的社会行为， 校园公益广告既遵守合作原则， 又违背合作原则。
52	这个公益广告有什么问题	阎　蓉	2011 年 7 期《中国机电工业》	既然是公益营销， 就应该坚持 “公益” 在先、 “营销” 在后的原则， 不要把二者搞错位。
53	车主也需要公益广告		2011 年 9 期《汽车与运动》	“到北京来看海” 是今年最流行的网络语言之一。 大雨不但给人们带来了诸多不便， 也让很多车主不得不面对爱车被淹的惨状。 虽然很多媒体都不止一次对这种情况的应对做过报道和宣传，
54	浅析模糊语言在公益广告中的运用	张　颖	2011 年 2 期《南昌教育学院学报》	模糊理论的出现和发展， 丰富了各个领域的研究， 语言学也是其中的受益者。 模糊性是语言的本质属性。 文章试图以模糊理论为基础， 从语音和词汇两个方面对公益广告用语进行分析研究， 以求能够丰富公益广告的研究成果， 为公益广告的编写提供一点新思路。
55	公共危机中的公益广告传播策略研究	刘艳平	2011 年 8 期《商品与质量：理论研究》	随着社会经济及广告业的发展， 公益广告日渐引起人们的注意。 伴随着人类文明的发展， 公共危机事件也接踵而至。 公益广告凭借其公益性质， 在化解公共危机事件中则发挥着不可替代的作用和价值。 因此作为公益广告主的政府、 企业及媒体， 要正确运用公益广告来化解公共危机所带给人类的危害， 使公益广告在公共危机中得到有效的传播。
56	数字		2011 年 10 期《广告主：市场观察》	3% 日前， 深圳市出台新规强化公益广告宣传， 给媒体公益广告设定了最低标准。 自今年 9 月 1 日起正式实施的《深圳市公益广告管理暂行办法》 规定， 广播、 电视、 报纸、 期刊等媒体及相关广告媒介公益广告发布量不得少于商业广告的 3%。
57	平面公益广告领域风格研究	骆振光	2011 年 18 期《青春岁月》	公益广告， 概括地说， 就是指为社会公众服务的非盈利性的广告。 而平面公益广告则和广大群众的生活密切相关， 人们几乎每天都能接触或多或少的平面公益广告。 平面广告的设计因为涉及到社会生活的各个方面， 所以公益设计主题也非常广泛， 可以归纳为表达社会文明的， 宣传政策政治类的。 只要是群众关系的社会性话题， 都能够成为公益广告的体裁， 并以各种各样的风格展开。 本文针对我国文化、 慈善、 环保、 卫生、 反腐倡廉等不同的平面广告领域主题， 阐述不同的风格理念。

序号	标题	作者	时间期刊	摘要
58	浅谈广播公益广告的研究	赵立博	2011年17期《华章》	公益广告的公益性决定了公益广告的构思和制作是以有益于社会公德建设，规范社会秩序为出发点的极强的思想性为其创作主导的。公益广告作为宣传的一种手段，承担着重大的责任：宣传社会公德、职业道德、家庭美德，净化社会环境，营造一个良好的社会气氛和声势。从某种意义上说，一个城市，一个地区，一个国家，公益广告的水平是这一城市、地区、国家民众文化道德水准和社会风气的重要标志。
59	从公益广告看中西方文化差异	华　章	2011年1期《佳木斯教育学院学报》	公益广告面向社会宣传，陶冶人们的心灵，规范人们的良知，营造良好的社会风气，为我国构建和谐社会发挥着越来越重要的作用。比较国内外公益广告，可以明显看出中西方文化的差异，从差异中注重发扬民族特色但又在当前全球一体化浪潮中做到兼容并蓄，将是我国公益广告的发展方向。
60	论公益广告设计中的媒体创意策略	丁亚祥	2011年12期《大众文艺：学术版》	本文从研究公益广告的载体入手，试从设计艺术学、广告学、传播学的角度探讨公益广告的媒体利用与设计创意的相关问题，探索性地提出相关媒体创意策略，即注意力策略、环境媒体策略和心理攻势策略。
61	浅析公益广告创意的人文关怀	门德来	2011年12期《大众文艺》	人文关怀是公益广告的重要属性。通过对公益广告创意中人文关怀因素在诉求原则与案例分析，阐述了人文关怀是使公益广告达到较好诉求效果的有效途径，提炼出在创意运用中运用这一理念的原则与对策。以求在公益广告创意过程中重视人文关怀的情感作用，使受众对其喜闻乐见，继而幽思远虑、发人深省、引起警觉、采取行动，从而达到最佳的传播效果。
62	浅析色彩在公益广告设计中的应用	王　娜	2011年20期《科技资讯》	在当今信息飞速发展的时代，广告作为信息传播的一种重要形式，已经是人们日常生活中不可或缺的一部分，而色彩作为这种信息的一个载体，起到举足轻重的作用。要令一个公益广告在芸芸广告中脱颖而出吸引受众的目光，在瞬间留下深刻的印象，除了创意性构思外，色彩这一视觉语言不管是在生理还是心理上，都对其具有相当的冲击力。本文从吸引受众眼球的重要表现因素，分五个方面举例分析展开论述，希望能引起广告人的注意，以便以后在公益广告中更好的运用色彩，从而提高公益广告的质量和现实效益。

序号	标题	作者	时间期刊	摘要
63	我国企业公益广告塑造企业形象的思考	罗素娟	2011 年 4 期《企业导报》	企业正是通过公益广告表达他们对社会的真诚，使消费者对企业的信任转为对企业产品的信任，成为企业产品的忠实消费者。因此，企业公益广告应以企业形象为诉求点，从多维度来完善企业的公益广告。
64	思维导图在公益广告设计中的应用研究	吴　鹏	2011 年 7 期《美术教育研究》	笔者针对国内公益广告创作的现状和存在的问题，参考国外先进的创作手段进行分析，提出了个人见解和解决方案，以期能够在一定程度上促进公益广告设计健康快速地发展。由于公益广告所涉及的问题面较广，关系较复杂，加之笔者才疏学浅，尚不能从方针政策等宏观角度进行分析，所以笔者结合自己所研究的专业，对思维导图在公益广告设计中的应用展开研究，以便于提出较为深入的解决方法。
65	一瓶水的营养趋势观察	苏　杨 孔祥嵬	2011 年 11 期《广告主：市场观察》	一滴水可以做什么？很多人首先会想到一句公益广告："不要让我们的眼泪成为地球上最后一滴水"现实生活中水的重要性已不言而喻，人体每天消耗的水约 1500 毫升以上，除了食物之外。
66	地市级电视台传统节日公益广告宣传探析	朱克燕	2011 年 10 期《东南传播》	地市级电视台要充分发挥地方电视媒体的优势，树立正确的理念，积极宣传传统节日。三明电视台充分运用"我们的节日"这个传统文化资源，结合三明实际，注重突出传统节日的文化内涵、地方特色和现代价值。精心策划，共制作春节、元宵、清明、端午、七夕、中秋和重阳等七个传统节日的公益广告宣传片，在重大的节日宣传中有效发挥了地方电视媒体的作用。
67	优化我国电视公益广告的运作机制	王明刚 魏红梅	2011 年 8 期《当代经济》	公益广告以人与社会、人与自然和谐发展为宗旨，以社会进步与群体素养提升为目的，以短小精悍、喜闻乐见的形式针对现实时弊和不良风气进行规劝和引导，匡正过失，调节关系，影响舆论，立足于使更多的公民树立健康文明的行为规范，正逐步成为我国推广道德规范、建设和谐社会的重要工具。
68	无车日扬州公交与城市共低碳	马昌伟	2011 年 8 期《人民公交》	9 月 22 日是世界无车日。扬州市公交总公司积极参与和支持无车日活动，联合电信、移动公司向广大市民发送公益手机短信；在 200 多辆公交车载视频中加入无车日公益广告；在市区主要场站设立宣传台；在主要线路车辆张贴标语。

序号	标题	作者	时间期刊	摘要
69	公益广告语篇的互文性	张雷刚	2011 年 6 期《西安航空技术高等专科学校学报》	互文性是所有语篇的特性，互文性理论被广泛地应用在语篇分析中。运用互文性理论，研究公益广告的三种互文性，包括细节互文性、体裁互文性和文化互文性，以及它们的语用功能，从而为公益广告的作者和读者分别提供一个新的设计和解读视角。
70	理性的回归 改革的突破——为我国第一个公益频道喝彩	李立功	2011 年 7 期《声屏世界》	2011 年 3 月 1 日，重庆卫视宣布改版，实施“一不二减三增”：不播商业广告；减少电视剧和外包节目播出量；增加公益广告片、城市宣传片和一系列自办新闻、红色文化节目，力争成为“省级第一红色频道”。重庆卫视的“大变脸”引发了业界的广泛争议，有人“拍手叫好”。认为此举实现了我国电视运营从商业化向公益化的转变；也有人“心生质疑”，认为此举是心血来潮，难以持续。但是，不管改版的结果如何，重庆卫视的此次改版都是中国开办公共电视台的一次实践探索，值得我们为之喝彩！
71	电视公益广告的多模式话语分析	王　进 朱嫣然	2011 年 2 期《绥化学院学报》	基于韩礼德的系统功能语法以及 Kress&van Leeuwen 的视觉语法，从多模态的角度解读一则公益广告。文章对广告中的语言文本进行了元功能分析，并对广告中出现的图片进行再现、互动、构图意义的分析，旨在揭示视觉与文字两种模态互动构建语篇意义的功能。
72	“校园公益广告”研究性学习在德育教育中的应用	李耘心	2011 年 6 期《新校园（理论版）》	当代中学生的生理和心理发育普遍提前，自我意识增强，对父母及教师的说教有较强的逆反心理。在这种情况下，再采用传统的教育方式，往往收效甚微。因此，教育工作者顺应新形势，转变教育观念，探索与以往僵硬、枯燥的传统德育模式所不同的，更适应目前学生心理需要，更具有人性化的全新的德育教育途径。“校园公益广告”研究性学习便是顺应这一要求应运而生的一次新尝试。
73	公益广告在防震减灾三大体系中的作用	孙振军	2011 年 5 期《中国外资（下半月）》	本课题通过公益广告结合地震监测预报、震灾预防、地震应急与救援等防震减灾三大体系，在防震减灾宣传中有效运用，形成经常性的防灾减灾科普宣传活动，使防灾减灾科普系统性、连续性，提高我国社会公众防灾减灾知识、防灾减灾意识的科普教育水平，全社会对生态环境保护的意识，促进我国防灾减灾科技综合能力的发展。

序号	标题	作者	时间期刊	摘要
74	广告的图文互动意义共建及符际互补关系——以WWF环保公益广告为例	伍彩芬	2011年5期《萍乡高等专科学校学报》	本文以系统功能语言学基础发展起来的多模态语篇分析框架为理论基础，分别从视觉符号和言语符号两方面分析了一则WWF环保公益广告，旨在探索图像和文字作为社会符号如何与读者的互动，提高人们环保意识，号召人们拯救猕猴，并如何在多模态语篇中实现符际互补关系，发挥意义共建作用。
75	略谈晚清时期的公益环保广告和社会分类广告	张　剑	2011年27期《商情》	在广告学的研究中，社会广告概念的提出拓展了广告的外延。实际上，现代社会中纷繁复杂的广告现象不能仅仅用商业广告的概念来涵盖，比如现代公益广告、社会分类广告、政治宣传广告等等，它们传播的都是非商业性的信息，只能被包涵在社会广告这一概念之下。同样，在中国古代社会，既有着丰富多彩的商业广告，也有着许多非商业性的社会广告，本文着重列举一些明清时期的公益、环保广告和社会分类广告的实例。
76	公益类广告的创意与构思策略	章　玲	2011年32期《价值工程》	通过对我国公益广告现状的分析，研究和探讨了公益广告与思维创新的关系，阐述了思维创新在公益广告创作中的重要地位和作用，提出了要使公益广告更新颖、独特，更富人格魅力就必须打破思维枷锁，激发思维创新的潜能。公益广告是为公益活动、公益事业提供传播服务的。它是以推广有利于社会的道德观念、行为规范和思想意识为目的的广告传播活动。公益广告的创意相对于商业广告又有其自身的独特视点。本文对大量的公益广告进行了分析，从中归纳整理出公益广告创意的方法。
77	校园公益广告对高职院校学生人文精神形成的影响	李锡峰	2011年1期《消费导刊》	校园公益广告的概念及特点公益广告是为公益行动、公益事业提供服务的、以推广有利于社会的道德观念、行为观念和思想意识为目的的广告传播活动。公益广告一般以平等的姿态宣传某种文明的道德观念，使社会的文明程度得以提高，使社会的效益取得更好。因而公益广告可以选择不同的主题来向公众传输、倡导某种观念，并在无形中使他们养成某种良好的生活习性。不同的场合会有不同的表达方式。其中，校园里的公益广告就是当中一个颇具特色的风景线。

序号	标题	作者	时间期刊	摘要
78	浅谈公益广告的创作	王保军	2011年7期《魅力中国》	公益广告是向公众传达某种文明道德观念，以提高他们的文明程度，获取良好的社会效益的一种广告。公益广告作为宣传的一种手段，承担着重大的责任：宣传社会公德、职业道德、家庭美德，净化社会环境，营造一个良好的社会气氛和声势。从某种意义上说，一个城市，一个地区，一个国家，公益广告的水平是这一城市、地区、国家民众文化道德水准和社会风气的重要标志。
79	FLASH公益广告的设计方法	王民川	2011年2期《空中英语教室（新老师教学）》	Flash技术和动画结合，可以融多媒体和互动两个特性，实现了动态页面，生成了一种新的表现形态：动态漫画乃至互动漫画。本文介绍了Flash动画制作的基础知识以及在Flash CS3软件环境下制作Flash广告动画的一些相关的应用方法，并通过制作Flash广告动画向大家展示出Flash动画的特色。
80	中外艾滋病公益广告特点的对比研究	刘林沙 陈丽思	2011年1期《北方文学（下半月）》	中国国务院总理温家宝于2010年9月21日启程赴纽约，出席联合国千年发展目标高级别会议和第65届联合国大会。温家宝总理在参加此次大会期间出席联合国艾滋病规划署举办的千年发展目标与艾滋病讨论会。介绍中国政府在艾滋病防控方面所做努力及取得的成就，并就下阶段加强在艾滋病防治领域的国际合作提出主张。
81	平平淡淡才是真——从给妈妈洗脚说起	超勤	2011年6期《广西教育B（中教版）》	近年来，中央电视台有一则公益广告，情景温馨感人：晚上，年轻的妈妈不顾劳累，仍然坚持给年迈体弱的母亲端水洗脚，这一切全被她年幼的儿子看到了。受妈妈启发，小男孩也摇摇晃晃地端来一盆热水要给自己的妈妈洗脚，广告在画外音“其实父母是孩子最好的老师”中结束，寓意深刻。
82	从情态系统分析公益广告的人际功能——以一则公益广告《迎奥运 讲文明 树新风》	李檀	2011年31期《科教文汇》	韩礼德把元功能分为概念功能、人际功能和语篇功能。他认为其中的人际功能主要由语气和情态这两个语义系统来实现。本文试从情态系统来分析一则公益广告的人际功能是如何成功实现的，从而更好地认识和解读公益广告，使公益广告更广泛地为大众所接受。

序号	标题	作者	时间期刊	摘要
83	原来，作文可以这样与生活接轨	鹿柄奇	2011 年 12 期《小学时代：教师》	缘起每每看到中央电视台播放的公益广告《将爱心传递下去》，我感慨万千。作为一名教育者，为何不能在生活中营造这温馨的场景呢？为何不能让成长中的学生去演绎这感人的一幕呢？
84	常州市宣传《江苏省散装水泥促进条例》公益广告进社区	刘燕群	2011 年 3 期《散装水泥》	今年的散装水泥宣传周是《江苏省散装水泥促进条例》发布实施后的第一个宣传周，如何利用宣传周宣传好《条例》的精神，是全省辖市散办今年宣传工作中的大事。常州市今年恰逢开展创建全国文明城市的活动，而发展使用散装水泥、禁止现场搅拌混凝土和砂浆不仅能节约资源、保护环境，还能减轻劳动强度、提高工程质量，这一切都符合创建文明城市的工作要求，同时也能为常州文明城市的创建推波助澜。
85	广告叙事	徐丛青	2011 年 6 期《福建师大福清分校学报》	叙事学已成为跨学科的元语言。本文分析了广告叙事的产生，对前电子媒介时代的原始广告叙事和电子媒介时代的影视广告叙事进行了分类分析，在这个基础上，提出了广告叙事的特征，指出公益广告叙事诗意的劝说形式代表着未来商业广告叙事发展的方向。
86	民营中小企业的公益广告策略	张乐明	2011 年 4 期《中国中小企业》	现代企业之间的竞争已经不仅是以产品为中心的竞争，更是企业形象的竞争。在这无形的战场上公益广告是塑造企业形象的有力手段之一。民营中小企业如何制定公益广告策略，利用好公益广告这一利器。
87	公益广告对民族价值观的传承与重释	张幼斌	2012 年 3 期《当代传播》	公益广告既深受中华民族传统价值观的影响，又反作用于民族价值观。本文从人伦价值观、理欲价值观和知识价值观三方面，举证当代公益广告对民族价值观的传承与重释，剖析我国民族价值现在商业文明冲击下坚持与变迁的原因，认为继承民族价值观的精华，同时包容外来文明的价值观，表现出中国特色的公益广告才是其发展并具影响力的根本途径。
88	公益广告的社会责任	陈正辉	2012 年 1 期《现代传播》	公益广告产生于 20 世纪 40 年代的美国，我国公益广告虽然起步较晚，但在各级政府、社会团体、企业、媒体和社会公众的重视和积极参与下，也呈现出良好的发展态势，在传播社会主流价值，提升人们社会责任意识，调动企业和媒体参与公益广告活动的积极性方面发挥了重要作用。但由于政策、资金、监管和专业人才等方面的问题，我国公益广告的发展仍面临着很大的困境。本文在对以上问题深入分析的基础上，提出了我国公益广告社会责任的提升途径。

序号	标题	作者	时间期刊	摘要
89	论电视公益广告在新时期的创作方向	罗芸芸	2012 年 6 期《时代文学》	20 世纪 40 年代初期，世界上第一则公益广告诞生了，因此它就成为了通过运用新奇的创意，丰富的内涵与贴近现实的艺术表现形式，并且能够用坚定的立场与健康的方式来对社会公众正确诱导的一种广告宣传活动。随着社会经济的不断发展，公益广告无论从创意还是制作、主题等方面都有着巨大的进步，并且对社会的作用也越来越明显。如今随着我国有线电视传输网络的迅速发展，各大媒体开始在市场竞争中寻求改革之路，对于公益广告事业也开展地如火如荼。本文对我国公益广告发展进行分析，并对新时期创作方向探讨，营造富有特征的优势品牌，这样才能在市场竞争中处于不败之地。
90	对公益广告传播中企业主体意识缺失的思考	汤　劲 冯　林	2011 年 5 期《新闻界》	目前，我国企业在公益广告传播中主体意识缺失，表现在政府主导的公益广告活动中，企业作为广告主没有找到正确的定位，而企业主体意识的不成熟则是其游离于公益广告之外的内在原因。
91	新的媒体格局下公益广告生存空间的变化	王　琰	2011 年 3 期《新闻界》	随着中国广告媒体市场格局的变化，公益广告的发展面临着极大的机遇和挑战。本文通过分析中国广告媒体格局的变化，探讨了公益广告生存空间的新发展。
92	从“使用与满足”理论看灾难事件中的公益广告	杜可琦	2011 年 12 期《新闻知识》	公益广告是为公益行动、公益事业提供报务的，除了要达到一般广告所需的传播效果之外，受众还要使用它来满足自己的某种需要。特别是在灾难性事件发生时，受众使用大众传播刊播的公益广告能够满足受众自身的生存和安全需要，爱、归属和尊重的需要，以及自我实现的需要。
93	关于移动网络终端的公益广告信息传播的探讨	台文文 张丽萍	2011 年 12 期《新闻知识》	新的媒体环境下必然会出现新的传播方式与相应的传播创意，3G 技术的发展为广告的传播带来了更广阔的空间，它不仅影响着商业的营销策略，也为公益宣传拓展了思路。公益信息在国内移动网络终端用户中的传播是一个值得探讨的问题。本文主要探讨了公益信息传播的几种主要的能够凸显移动终端优势的传播形式，以及移动网络终端的公益信息传播特点和优势。笔者提出了移动网络终端公益广告信息传播的几种新的可能性。

（二）2012 年公益广告论文摘要

序号	标题	作者	时间期刊	摘要
1	浅谈公益广告在文明社会发展过程中的意义	魏歆欣	2012 年 8 期《中国科技纵横》	公益是文明社会必不可少的，然而公益广告又是促进社会公益事业发展的重要载体和手段，可以说，一个好的公益广告就像是一面引领社会向文明迈进的旗帜，因此，做好公益广告对于构建文明社会，意义重大。本文试从公益广告与文明社会的关系、公益广告对构建文明社会的作用两个方面，阐述公益广告对于构建文明社会的意义，希望能够引起有关部门对公益广告的足够重视，切实让公益广告成为促进和谐社会与文明社会建设与发展的重要载体和有力支撑。
2	校园公益广告语体的风格特征	程　烨	2012 年 10 期《教育教学论坛》	随着校园公益广告的不断发展，形成了独特的广告语言风格。本文就校园公益广告语体的风格特征进行探讨，以期能更好地运用校园公益广告语体传达更多的信息。
3	公益广告用语的词汇分析	黄丽英	2012 年 8 期《文教资料》	作为一种公益的宣传，公益广告要非常注意语言的使用，这样才能更好地让受众理解和接受。词汇是语言的建筑材料，所以准确用好词汇是很重要的。本文集中探讨了公益广告用语的词汇特点，通过考察分析旨在对公益广告有更深入的了解。
4	央视公益广告中的儒家道德文化解析	肖　明 王　娟	2012 年 9 期《大众文艺》	作为主流权威媒体，央视公益广告中儒家道德文化的融入和传播，对改善社会风气、提高人们的思想道德素质发挥着重要的作用。本文论述了央视公益广告中蕴含的“仁”、“义”、“礼”、“信”、“孝”等儒家传统美德，指出儒家道德文化为我国现代化建设提供了重要的道德资源。在公益广告中，我们应深入挖掘儒家道德文化内涵，将其与现代人的观念有机结合，并将道德和情感诉求结合起来，才能达到最好的广告效果。

序号	标题	作者	时间期刊	摘要
5	公益类广告的创意与构思策略	章　玲	2011 年 32 期《价值工程》	通过对我国公益广告现状的分析，研究和探讨了公益广告与思维创新的关系，阐述了思维创新在公益广告创作中的重要地位和作用，提出了要使公益广告更新颖、独特，更富人格魅力就必须打破思维枷锁，激发思维创新的潜能。 公益广告是为公益活动、公益事业提供传播服务的。 它是以推广有利于社会的道德观念、行为规范和思想意识为目的的广告传播活动。 公益广告的创意相对于商业广告又有其自身的独特视点。 本文对大量的公益广告进行了分析，从中归纳整理出公益广告创意的方法。
6	公益广告与现代传媒浅探	周福生	2012 年 7 期《科学时代》	公益广告最根本的目的就是要改变人们的陋习，改变社会的不良风气，营造文明和谐的社会环境。
7	浅谈公益广告中的城市文化特色体现	陈丹妮	2012 年 5 期《文艺生活：下旬刊》	公益广告被看作是城市的一张名片，从另一个角度展现着城市的风貌和文化，公益广告对公众而言也是衡量其道德、行为的准则，尤其是在“两型”社会建设时期，公益广告对社会公众的宣传、教育作用是不可小觑的。 但目前，公益广告并没有起到预期的作用。 本文针对城市中公益广告的现状，从城市文化、城市环境、城市中公益广告的表现形式三个方面来阐述了城市和公益广告的关系。
8	论色彩在公益广告中的表现手法	张　磊	2012 年 5 期《科学与财富》	本文以公益广告的创作为启示，分析了色彩设计对公益广告的重要性，论述了公益广告设计的色彩表现手法。 提出从色彩象征、色彩通感、色彩肌理三个方面去诠释公益广告的思想性、增强公益广告的情感性、丰富公益广告表现性，从而让公益广告产生良好的社会效应，达到与社会公众的有效沟通。

序号	标题	作者	时间期刊	摘要
9	浅谈当代公益广告设计的执行与管理模式	曾　爽	2011 年 15 期《价值工程》	本文主要根据公益广告的基本特征和基本用途做一总结归纳。首先对公益在广告在广告市场中的商业价值进行整体梳理，研究公益广告给广告主带来的经济利益和社会效益。进而归纳重要的方法及步骤，总结这种商业模式下的公益广告如何协调社会利益和经济利益的关系问题。在此基础上对目前我国公益广告发展过程中所存在问题进行了分析探讨，指出了我国公益广告机制上的弊端及当前进行公益广告机制变革的必要性。
10	纪实类电视公益广告的美学分析——以央视《真诚·沟通》为例	尚　勤 许　蕾	2012 年 5 期《声屏世界》	公益广告是一种微缩的美的艺术，公益广告之美在于其真其善，在于其给人的启迪和感化。纪实类电视公益广告是从事实出发，用真实的人物和事件表现主题意义，从而展现其公益性和美的价值。《真诚·沟通》是目前国内惟一的“纪实类电视公益广告”栏目。
11	中国公益广告中传统文化心理的传播机制	刘亚倩 蒋旭峰	2012 年 5 期《东南传播》	广告作为文化传播的一种形式，承担着重要的文化职能，传播主流价值观、引导精神追求的公益广告更具有重要的社会意义。中国源远流长的传统文化和内化于人心的民族心理必然会影响中国公益广告的发展，公益广告只有植根于中国的传统文化心理，才能引起受众的情感共鸣，达到理想的传播效果。因此，研究其传播机制，增强对传统文化心理运用的系统性对于公益广告创造性地利用传统文化心理具有重要意义。
12	公益广告引导大学生价值观树立的应用现状及发展趋势	王　琨 俞上政 郑　艺	2012 年 5 期《华章》	随着市场经济的发展，我国传媒事业在整个社会生活中所扮演的角色越来越重要。经济的发展导致一些社会弊端和丑陋现象逐渐暴露出来并蔓延到大学校园，直接影响了身系国家建设重任的大学生价值观的树立。公益广告作为社会传媒文化中的一个重要形态，其最终目的是为社会精神文明建设服务。在新时代运用公益广告构建大学生的和谐价值观是我们的当务之急。在引导大学生树立正确的价值观过程中，公益广告依托传媒力量发挥了不可替代的作用，但其仍然存在很多的不足之处亟待改进。

序号	标题	作者	时间期刊	摘要
13	浅谈“两型社会”建设中交通安全类公益广告创作	黄　艳	2012年5期《文艺生活：下旬刊》	交通安全公益广告基于社会大众的理解、接受程度，并且具有社会责任即影响社会中的交通参与者最终减少交通事故，增强全民正确的交通意识行为，提高交通参与者的文明安全意识。以此为目的的公益广告创作需要就交通安全主题的特点和创作方法等方面进行深入研究。
14	灾害主题公益广告的发展现状及问题	彭麦福 刘　韬	2012年4期《新闻爱好者：下半月》	本文通过对灾害主题公益广告社会背景的研究，结合近年来国内外所发生的重大自然灾害事件，对公益广告在防灾减灾中的表现进行了深入分析，并通过重点研究近几年我国灾害主题公益广告的发展情况，指出了灾害主题公益广告发展中存在的问题。以期能够引起广告工作者的关注，提升公益广告的设计制作水平，进一步发挥公益广告在防灾减灾中的作用。
15	我国公益广告的问题及对策研究	稾云婷	2011年34期《科技信息》	本文在对公益广告的发展历程和现状研究的基础上，对我国公益广告存在的问题进行了全面的分析和探讨，指出了我国公益广告资金缺乏、创造水平低下、政府监管不利、法律不到位等问题并提出了相应的解决策略。此外，本文还对公益广告的发展趋势进行研究，为公益广告的发展指明方向。
16	生态伦理视野中的公益广告	宫立明 李晓兰	2011年1期《新闻爱好者（上半月）》	本文从生态伦理的视角对公益广告进行了全新的解读。通过大量公益广告实例的分析总结出公益广告天人相谐、仁爱生命、生态保护和可持续发展等生态伦理诉求，并对公益广告生态伦理价值进行了探讨，提出公益广告“呼唤生态道德回归、强化生态伦理责任意识、倡导合理的生态伦理秩序、传播生态伦理精神”等四方面生态伦理价值。
17	户外公益广告与城市对外形象塑造——以武汉城市圈为例	秦　贻	2012年4期《经济研究导刊》	环境即媒体。提升城市品牌和彰显城市内涵，构筑其“识别”名片，户外公益广告的作用十分重大。从国外城市户外公益广告管理与发展中的创新做法来看，以户外公益广告来塑造武汉城市圈对外形象、提升武汉城市圈文化软实力是切实有效的实现途径。

序号	标题	作者	时间期刊	摘要
18	电视公益广告创新思考	喻　茜	2012 年 4 期《新闻前哨》	公益广告的宗旨是推动公益思想、公益精神的普及，并推动公众的自觉公益行动。 随着计划经济向市场经济的转轨，由传统文化向现代文化转型，对进一步提高国民素质，建立更加规范的社会公德体系，提出了更高的要求。 公益广告是传播先进文化、塑造高尚精神、引领文明新风的有效载体，是政府进行精神文明建设的有效手段，对社会主义精神文明建设和和谐社会建设产生了重要影响。
19	交通安全公益广告创意设计的原则	黄　艳	2012 年 10 期《大人文艺》	交通安全公益广告计对社会大众进行正面的交通安全信息的传达，教育引导交通参与人的意识行为。创作中有必要讲究创意设计的原则，让广告信息通俗易懂，易于与人沟通；在艺术的表现上让广告诉求贴近变通参与者的生活同时能震撼人心，广告引起受众的共鸣，达到主题诉求的目的。
20	浅议公益广告的创作	崔新慧	2011 年 9 期《安徽文学（下半月）》	公益广告以其独特的艺术感染力和短小精悍的表现形式，正逐步赢得广大观众的青睐。 本文从选题、创意、表现形式三个方面进行论述、探讨公益广告的创作。
21	电视公益广告策略初探	何岑成 巩　冉	2012 年 5 期《商场现代化》	本文采用取样分析的研究方法，从公益广告和商业广告的要素对比分析，公益广告的功能对比，公益广告的分类与特点，以及如何做一则成功的公益广告为视角，对于电视公益广告进行浅析。
22	浅析环保类公益广告的人文特色	王　红	2012 年 9 期《美术教育研究》	文章旨在对环保类公益广告的意义及其所具有的人文特色进行简要分析，以期为广告行业的发展提供理论素材。
23	公益广告用语的语音特点及其语音隐喻	黄丽音	2012 年 3 期《现代语文：下旬．语言研究》	公益广告广泛存在于我们的日常生活中，起着教育、舆论导向、社会关怀、文化传播等作用。 作为一种公益宣传，认真研究语言的表达，才能更好地引起受众者注意。 本文集中探讨公益广告语音层面上的特点，以及语音层面上表现出的隐喻，旨在通过这些分析，对公益广告用语的语音有更深入的了解。

序号	标题	作者	时间期刊	摘要
24	论公益广告的艺术性	许裔男	2011 年 8 期《民营科技》	公益广告是以传播积极的人生要素、生存理念为主导，并承担一定社会责任与义务的非营利性广告。其主要目的是为公众利益服务，促进社会文明进步与世界和谐发展。 公益广告作为广告的一种，除了社会功能乏外，还具有很高的艺术性。
25	大众传播视阈下校园公益广告的思想政治教育功能分析	马慧芳	2012 年 3 期《时代教育（教育教学版）》	发掘和提高校园公益广告的思想政治教育功能是一项长期任务，从大众传播学的角度解析校园公益广告思想政治教育功能的形成模式、影响因素、负效果形成原因及其改进优化策略，对于拓展校园公益广告的传播途径、提高学校思想政治教育实效性具有积极意义。
26	浅谈公益广告的视觉传达规则	王善宏	2012 年 14 期《科教导刊》	公益广告向受众传达的是公益意识，文章以它的特性为出发点结合视觉传达设计要素，从感性与理性元素的组合、正形与负形的结合、具象与意象的变换三个维度来谈谈它所遵循的视觉传达规则，从而在引导规范人们的社会行为上达到良好的视觉效果。
27	平面公益广告领域风格探究	骆振光	2011 年 18 期《青春岁月》	公益广告，概括地说，就是指为社会公众服务的非盈利性的广告。 而平面公益广告则和广大群众的生活密切相关，人们几乎每天都能接触或多或少的平面公益广告。 平面广告的设计因为涉及到社会生活的各个方面，所以公益设计主题也非常广泛，可以归纳为表达社会文明的，宣传政策政治类的。只要是群众关系的社会性话题，都能够成为公益广告的体裁，并以各种各样的风格展开。 本文针对我国文化、慈善、环保、卫生、反腐倡廉等不同的平面广告领域主题，阐述不同的风格理念。

序号	标题	作者	时间期刊	摘要
28	浅谈公益广告创作	王　俊	2012 年 3 期《中国科技博览》	本文主要阐述的是公益广告是以为公众谋利益和提高福利待遇为目的而设计的广告。是企业或社会团体向消费者阐明它对社会的功能和责任，表明自己追求的不仅仅是从经营中获利，而是过问和参与如何解决社会问题和环境问题这一意图的广告，它是指不以盈利为目的而为社会公众切身利益和社会风尚服务的广告。它具有社会的效益性、主题的现实性和表现的号召性三大特点。
29	试论户外公益广告的语言风格	宋丽苹	2012 年 3 期《新乡学院学报：社会科学版》	文章主要分析户外公益广告在语言方面独树一帜的风格。醒目、凝练，是其存在的一种必要形式；诙谐、幽默，是其信息传递时的特质；凝重、肃穆，是其信息传递时的另一种特质；艺术性与思想性的高度统一，是其语言内涵与外延的完美结合。
30	70 骑士：公益广告当主角		2012 年 3 期《新天地》	唐朝阳 2005 年从川东石油公管中心退休。他喜欢骑摩托，常戴个大头盔，一身骑行装。随着中央电视台新闻频道《真诚沟通》栏目 1 分钟公益短片的播出，在国内的各大骑游论坛，唐老爷子也火了。这个 1 分钟的纪实短片中，讲述了这个满头白发的重庆老人与摩托车的故事。
31	公益广告的德育功能探析	王　丽	2011 年 7 期《东南传播》	道德教育是公益广告的主要内容，而公益广告作为道德教育的有效形式，二者共同服务于社会主义精神文明建设。本文结合优秀公益广告实例，对公益广告在道德教育中的教化功能、导向功能、警示功能、凝聚功能和鞭策功能进行了分析。
32	论公益广告中的文化价值	饶　乐 黄　沁	2012 年 2 期《文艺生活：下旬刊》	公益广告在当今的文化格局中占据重要位置，公益广告不仅是在传播社会上所需的道德素质，也在传播文化观念，丰富电视文化内涵。公益广告的进行，也是传播社会热点，激发人们思考的一项重要工作，因此要重视公益广告的实现，注重公益广告中的文化价值。本文将结合公益广告的重要传播途径——电视公益广告来探讨公益广告中的文化价值。

序号	标题	作者	时间期刊	摘要
33	中西公益广告的跨文化对比研究	朱奕霏	2012 年 2 期《郑州航空工业管理学院学报：社会科学版》	作为一种广泛而又特殊的广告形式，公益广告已成为社会生活中的一种重要文化现象。我国公益广告与西方公益广告在宣传内容、价值诉求等方面既有共同性的方面，也存在着明显的文化差异。文章从跨文化的角度对中西公益广告进行对比研究，以期加深对中西公益广告文化内涵的理解从而促进公益广告事业的发展和跨文化交际的成功。
34	公益广告样本的选择与传播——以福州电视台为例	郭　颖	2012 年 2 期《东南传播》	本文基于电视公益广告的内涵特征，由福州电视台具有示范性与代表性的公益广告出发探讨了电视台公益广告的样本选择与表现手法，并展开对电视公益广告传播问题的思考，对充分激发电视台公益广告和谐载体优势价值，构建电视台良好的广告样本选择及传播模式有积极有效的促进作用。
35	浅析公益广告在小众媒体中的利用现状	杨　钢 王　沛	2011 年 11 期《美与时代：中旬》	公益广告是一种以人文情感为基础的艺术表达形式，恰当的媒体传播方式可引起受众共鸣，增强耐读性，增加传播和劝说的有效性。分析公益广告的投放媒体与内容表现的现状，以探寻公益广告影响受众的行为，最终达到延伸审美文化的作用。
36	探析事件营销中的公益广告	罗　俊 曾振华	2011 年 11 期《东南传播》	事件营销作为一种高效的市场推广手段，日益受到广告主的青睐。公益广告与事件营销的结合可谓天作之合。本文从事件营销中公益广告的内涵入手，分析了公益广告嫁接于事件营销的原因，并在此基础上指出了事件营销中公益广告应注意的问题并对其未来进行展望。
37	论我国公益广告的架构及评价体系研究	邓　东	2011 年 10 期《湖北经济学院学报：人文社会科学版》	公益广告从一个侧面反映了一个国家的社会形象，我国公益广告起步较晚，和西方发达国家相比还相差很大。本文主要谈谈如何构建我国公益广告的传播核心框架，并提出相应的评价体系。

序号	标题	作者	时间期刊	摘要
38	浅析公益广告的创意诉求	杨　锦 张秋玲 衡　轶	2012 年 17 期 《青年记者》	公益广告是以人文情感为基础的艺术表达形式，通过劝导、警示或呼吁的创意表现向公众传达某种文明道德观念，提高人们的文明程度，以获取良好的社会效益。 然而，随着社会的进步和广告事业的快速发展，平淡的艺术表达已难以满足受众的心理需求。 其创意蕴含的社会责任感、敏锐的洞察力与艺术表现力的完美结合则成为公益广告更本质的要求。
39	试论语言诉求策略在公益广告中的运用	孙世娟	2012 年 2 期 《哈尔滨职业技术学院学报》	本文通过对广告话语的分析，归纳总结了公益广告感染公众的三种有效语言诉求策略，即情绪诉求、道德诉求和理性诉求。 从而指出正确使用语言诉求策略，有助于公益广告对公众的正面影响。
40	公益广告语言的幽默语用解读	董　莉	2012 年 3 期 《现代语文：下旬. 语言研究》	公益广告主要关注社会性问题，因其主题的严肃性，很容易步入说教的误区。 公益广告可以通过幽默来增加吸引力、说服力和感染力，达到寓庄于谐的效果。 公益广告需要幽默，通过反向运用“合作原则”，即故意违反会话合作原则，可以制作幽默公益广告。
41	概念整合理论下多模态公益广告意义建构	张　峻 王　斌	2012 年 2 期 《浙江万里学院学报》	多模态公益广告通过图文并茂的方式来传达信息，图片与文字之间相互作用，共同建立广告的意义。这一意义建构的过程需要通过概念整合来进行分析。 通过概念整合理论的四种不同整合模式，可以将多模态广告分为四类。 通过分类，可以将广告在所属概念整合框架下进行分析，从而可以揭示图片出与文字之间的关系，并解释广告意义是如何被建构的。
42	社会转型背景下公益广告与社会公民的培育	王　丹	2012 年 2 期 《华人时刊（下旬刊）》	文章借鉴运用需要层次理论、社会责任理论、公民社会理论等基础理论，立足于当代社会转型这一社会大背景下，对公益广告与社会公民的培育进行了细致分析，本文着重分析了公益广告对社会公民的培育过程，指出了社会公民的培育是一个潜移默化的渐变过程。

序号	标题	作者	时间期刊	摘要
43	中英文公益广告语言人际意义对比分析	聂丽艳 董静萍	2012 年 1 期 《现代语文：下旬．语言研究》	公益广告是指不以营利为目的而为社会提供服务的广告，公益广告作为一种特殊的广告形式，自然很注重采取各种各样的语言手段来增强其说服力，更好地与读者对话沟通，所以公益广告中必然蕴含着丰富的人际意义。本文尝试以韩礼德系统功能语法中的人际意义理论为框架，以从网络和杂志中选取的 40 条中英公益广告文本为语料，从语气、人称和情态三方面对公益广告进行解析，以揭示中英公益广告的异同，分析它们如何操纵人际系统来表达观点、影响读者的态度与行为，达到劝说的目的，并揭示语境因素对语言的制约作用。
44	我国公益广告创意表达的现状与发展趋势	范洪涛	2011 年 2 期 《兰州教育学院学报》	本文分析、探讨了目前我国公益广告创意表达的现状，并总结论述了公益广告创意表达的发展趋势即人性化趋势、谐趣化趋势、情感化趋势、形式美趋势、信息化趋势。
45	CCTV 公益广告教化功能的实现	叶晶晶 李开明	2012 年 6 期 《文学教育（下）》	和文学一样，公益广告“推销”的也是一种情感理念或者价值观，并且通过文学、影视艺术等表现方式实现它的教化功能。我国的公益广告植根于中国儒家伦理道德的正统思想之中。央视以一个主流媒体的责任与担当，以充满时代气息的公益广告，针对现实生活中的时弊和不良风气进行善意的规劝，引导社会成员树立正确的价值取向，影响舆论，维护社会道德和正常秩序，促进社会健康有序的运转。

序号	标题	作者	时间期刊	摘要
46	公益广告中的商业信息传播	杨　锦 张秋玲 衡　轶	2012 年 17 期 《青年记者》	广告，顾名思义，是“广而告之”的含义。 丁俊杰教授对广告的定义是：“广告是付费的信息传播形式，其目的在于推广商品和服务，影响消费者的态度和行为，博得广告主预期的效果。”丁俊杰教授对广告所下的定义主要是对商业广告下的定义。 广告在类型上大体分为商业广告和公益广告，现今许多媒体上投放的广告绝大部分是商业广告，只有少部分是公益广告。 据统计，中国的公益广告在所有播出广告中的比例不到 5%，而在这很少一部分公益广告中，有很大一部分是企业做的公益广告，其中或多或少夹杂着商业因素，不是纯粹的公益广告。 那为什么会出现这样的局面，带商业因素的公益广告对企业和社会有什么影响呢?
47	公益广告——冷水泡茶慢慢浓	陈东辉	2012 年 1 期 《青年文学家》	经济大潮滚滚涌动，广告作为其中的一个因素，越来越活跃于整个世界，几乎无处不在、无时不在。 公益广告，亦即社会广告，主要是指不以获取经济利益为直接目的的广告形式。 它具有商业广告和其他宣传、教育形式难于替代的作用和独特的地位。 “公益广告只是塑造现代企业形象的一种公关形式。 冷水泡茶慢慢浓！ 通过一点一滴的积累，循序渐进，最终才能从平淡中升华出辉煌”。
48	对公益广告设计教学中创造性思维培养的思考	古　婷 张智铭	2012 年 11 期 《美术教育研究》	创意并非单纯的“点子”或某种新奇之物，它是一种能力的表征，即创造性思维能力。 对创造性思维能力的培养不仅是对创造性设计方法的传授，也是学习方式和思维习惯的养成。 文章针对广告设计中的公益广告设计教学展开教学心得和经验的探讨，由此总结现代广告设计乃至艺术设计教学的一些方法。

序号	标题	作者	时间期刊	摘要
49	论新闻摄影在报刊公益广告设计中的运用	朱建霞	2012 年 4 期《科技与出版》	公益广告既是媒体社会责任的重要载体，又是广告艺术的一种特殊形式，其主要功能是通过推销观念和形象来规范行为、引导价值观和塑造形象，具有社会的效益性、主题的现实性和表现的号召性三大特点。 所以公益广告的艺术设计更应该关注人的高级精神需求的高级层次，立足受众的定向期待视界，以富有人情味、哲理性和幽默感的创意和表现方法传播健康和谐的价值观念，引导人的精神需求向真善美的方向发展[1]。 与影视、网络等载体相比，报纸、期刊的公益广告表现手段相对单调，缺乏动态的影像、声光表现技巧，符号刺激信息、视觉冲击力、传播的主动性等都比较弱，因而笔者认为，在创意和设计报刊公益广告时，主创人员除了要坚守公益性的根本属性，同时还必须遵循设计学、传播学的一般规律，高度重视作品形态的视觉美感，广泛吸收、借鉴多种艺术形式和文化成果，比如，将新闻摄影作品穿插编排进公益广告设计之中，依据创意需要进行“拿来”和“化用”，就比较容易使公益广告作品实现思想性与艺术性的有机结合，用“公益”与“广告”的完美统一来吸引受众，达成传播意图，最终更好地发挥公益广告在构建社会公序良俗中的作用。
50	Flash 公益动画广告 - 文明传播的一剂良方	王中州	2012 年 5 期《美术界》	公益动画广告简介公益广告是为公众谋利益和提高福利待遇为目的而设计的广告；是企业或社会团体向消费者阐明它对社会的功能和责任，表明自己追求的不仅仅是从经营中获利，而是过问和参与如何解决社会问题和环境问题这一意图的广告，它是指不以盈利为目的而为社会公众切身利益和社会风尚服务的广告。 它具有社会的效益性、主题的现实性和表现的号召性三大特点。

序号	标题	作者	时间期刊	摘要
51	广告传播的品牌接入点	苏凤娟	2012 年 5 期《新闻前哨》	当下，铺天盖地的广告，已经成为人们衣食住行的行动指南。 只要有媒体传播的地方，就会有广告来抢夺消费市场。 商业广告可以引领消费新时尚，公益广告可以给民众提供一个社会亲善的新窗口。 还记得上世纪八、几十年代那些经典广告，不管是大宝日化的“天天见”，还是南方黑芝麻糊悠远的“叫卖声”。 能够长久流传，主要原因就是独具匠心的广告创意。 信息堆砌下的现代文明，广告受众的审美眼光日益挑剔. 什么样的广告才能让产品占领先机，这一切都需要从合适的品牌接人点开始。
52	公益救助广告的伦理诉求及其价值	宫立明 刘雨姝	2012 年 1 期《东北农业大学学报：社会科学版》	公益救助广告旨在宣传公益救助活动中对弱势群体应采取的人道救助与伦理关怀。 我国公益救助广告集中凸现了扶贫济困、尊老爱幼、公平正义、道德权利等伦理诉求，在公益救助事业发展及和谐社会的建设中发挥着巨大的作用。 维护弱势群体的道德权利、引导社会公众实践道德义务、实现人道救助与伦理关怀的统一、促进入的幸福和全面发展、推动社会和谐与进步已成为其独有的伦理价值。
53	试论社会主义核心价值观对公益广告设计的指导意义	邓楚君	2012 年 11 期《美术教育研究》	公益广告设计是高职院校广告专业学习的重要内容之一。 笔者探讨了高职院校广告专业进行社会主义核心价值体系教育的内涵和现状，分析了其不足之处及原因，阐明了社会主义核心价值观建立的有效途径以及对公益广告设计的指导意义。
54	日本公益广告机构“AC JAPAN”研究综述	徐金灿 王安妮	2012。 04 广告大观 理论版	日本公益广告运作的核心为日本公益广告机构，即“AC JAPAN”机构。 目前，AC JAPAN 是日本最大的、不以盈利为目的的社会义务服务广告团体。 本文通过对 AC JAPAN 的发展历史，运作机制和组织结构等进行的方位梳理和介绍，与中国公益广告的运作发展进行对比，以期为中国公益广告事业的发展提供参考和借鉴。

序号	标题	作者	时间期刊	摘要
55	公益广告的社会责任	陈正辉	2012 年 01 期《现代传播》	公益广告产生于 20 世纪 40 年代的美国，我国公益广告虽然起步较晚，但在各级政府、社会团体、企业、媒体和社会公众的重视和积极参与下，也呈现出良好的发展态势，在传播社会主流价值，提升人们社会责任意识，调动企业和媒体参与公益广告活动的积极性方面发挥了重要作用。但由于政策、资金、监管和专业人才等方面的问题，我国公益广告的发展仍面临着很大的困境。本文在对以上问题深入分析的基础上，提出了我国公益广告社会责任的提升途径。
56	美国公益广告及公益广告机构“AD council”研究综述与分析	徐金灿 王　缔 徐　溶	2012 年 03 期《广告大观》理论版	美国作为现代意义上公益广告的发源地，其公益广告事业的蓬勃发展与公益广告专业机构“ADcouncil”不可分割。本文着重对“AD council”的发展历程、发展模式、制度结构等方面进行梳理，并进一步结合我国公益广告的发展现状，取美国公益广告发展可取之处，以促进我国公益广告的进一步发展。
57	1971—2010 日本公益广告主题变迁及比较研究	邬盛根 钱　敏 王　丹	2012 年 03 期《广告大观》理论版	公益广告是时代文化的窗口，它体现了一个国家的经济、文化发展水平，是一个国家广告业走向成熟的标志。它不仅反映了一个社会人们的价值观念、道德修养等方方面面，而且是社会文化变革和建设的重要力量，大力推动着社会的进步与发展。西方国家及日本公益广告起步时间早，软硬件基础实力雄厚，又有充裕的资金支持，已经形成了一套较为完善的运行机制。同他们相比，我国公益广告事业还很不成熟，本文试图从日本公益广告主题变迁的梳理和分析角度，分析主题背后与本国社会、经济、文化等因素对公益广告主题的影响，揭示出日本公益广告主题变迁的深层次经验性和规律性特性，以期推动中国公益广告的健康有序发展。

序号	标题	作者	时间期刊	摘要
58	中英公益广告的文化差异及翻译研究	郭遂红	2012 年 05 期《湖北理工学院学报》（人文社会科学版）	公益广告有别于常见的商业广告，其目的不是用来宣传、促销产品，而是用来宣传某种道德风范、推销观念或行为准则、提醒警示民众、普及某种知识等的。 随着国内外交流的日益频繁，以双语形式出现的公益广告逐渐增多，公益广告在现代社会中发挥的作用也日益显著，鉴于公益广告的重要性，文章从跨文化的角度入手，分析中英公益广告的文化因素和文化影响，然后从语音、词汇、句法 3 方面分析了英文公益广告的语言特点，进而探讨汉英公益广告的翻译策略。
59	英国公益广告及公益广告机构——中央新闻署 COI 研究综述与分析	徐金灿 万安凤 杨雪萍	2012 年 04 期《广告大观》理论版	英国作为全球公益事业历史最为悠久、发展最为良好的国家之一，在公益广告方面有许多值得借鉴之处。 本文通过对英国政府授权的公益广告运作机构中央新闻办公室 COI 的发展历程、运作模式的介绍，对英国整个公益广告参与主体情况的梳理，大致勾勒了英国公益广告发展的脉络，并期冀从中获得对于我国公益广告发展的可借鉴之处，以促进我国公益广告的进一步发展。
60	我国新媒体公益广告及其发展对策	汤　劲	2012 年 10 期《新闻知识》	新媒体占用一定公共资源，必须承担作为传媒所肩负的维护公共利益和舆论导向的社会责任。 新媒体的出现扩大了整个公益宣传的范围，为公益广告提供了新的传播载体和发展契机。
61	中西公益广告的跨文化对比研究	朱奕霏	2012 年 02 期《郑州航空工业管理学院学报》（社会科学版）	作为一种广泛而又特殊的广告形式，公益广告已成为社会生活中的一种重要文化现象。 我国公益广告与西方公益广告在宣传内容、价值诉求等方面既有共同性的方面，也存在着明显的文化差异。 文章从跨文化的角度对中西公益广告进行对比研究，以期加深对中西公益广告文化内涵的理解从而促进公益广告事业的发展和跨文化交际的成功。

序号	标题	作者	时间期刊	摘要
62	中国电视公益广告的醒示话语特征分析	李晨宇	2012年02期《广告大观》（理论版）	本文以中国的电视公益广告为例，以电视公益广告的醒示话语作为切入点，将2011年“讲文明，树新风”全国公益广告评选征集活动（影视类）的评奖作品作为研究对象，经过随机抽样形成研究样本，通过内容分析的研究方法，对醒示话语自身、醒示话语与其他要素的关系、醒示话语与整个公益广告的联系等三个方面展开较为详尽的分析，揭示了电视公益广告醒示话语在语句数量、语句结构、语句关系、否定词的使用、人称代词的使用、说教倾向、呈现方式和位置、重点字词的出现频率等方面的特征，以期为中国公益广告语言的现实使用与未来发展提供参考和借鉴。
63	公益精神与商业利益博弈下的企业公益广告	邬盛根	2012年12期《暨南学报》（哲学社会科学版）	企业公益广告是企业塑造良好社会形象、体现企业社会责任的平台，但目前企业公益广告的商业化倾向违背了公益精神，主客观上又降低了其社会公益传播效力，其中企业商业利益和公益精神博弈的本质是广告的工具理性和价值理性对立统一。商业化倾向存在的现实合理性、企业公益意识成熟程度以及政府和社会的规制力量等诸多因素促使我们思考我国企业公益广告的当下路径，期待更多企业以更多样化的方式自觉参与到公益传播中来，最终实现传播纯粹公益精神之理想。
64	另眼公益广告	杨　徽	2012年04期《湖南烟草》	随着国际社会对控烟的日益关注，控烟框架的生效，许多国家都随之出台了相关的法律法规，限制烟草产品的广告和宣传。这使得烟草产品和企业的宣传受到更严厉的局限。除了做软文宣传外，进行公益和赞助活动是烟草企业打造自身形象、赢得社会赞誉，从而被公众所熟悉与接受的一个重要途径。
65	我国公益广告创意表达的现状与发展趋势	邵　丹	2012年02期《齐鲁艺苑》	本文分析、探讨了目前我国公益广告创意表达的现状，并总结论述了公益广告创意表达的发展趋势即人性化趋势、谐趣化趋势、情感化趋势、形式美趋势、信息化趋势。

序号	标题	作者	时间期刊	摘要
66	公益广告是电视媒体承担社会责任的重要表现	陈荣勇	2012 年 08 期《中国广告》	电视媒体已经成为社会主要传播渠道，成为当之无愧的第一媒体。因此，电视媒体应当承担社会公民应尽的社会责任和义务。在履行好“内容把关人”的职责，传播先进内容的同时，公益广告是电视媒体承担社会责任的重要表现。中央电视台不仅播出大量公益电视广告，而且积极组织、策划与创意各项公益内容与活动，主动承担媒体的社会责任，有效地推动了中国电视公益广告的成长与发展。
67	浅议新媒体环境中我国公益广告现状及发展对策	刘思慧 吴晓炜	2012 年 21 期《美术教育研究》	科学技术伴随着时代的变迁而发展。作为科技的重要体现——信息传播媒介，也在不断地进步，尤其是媒介种类。新媒体正通过这些新技术的发展，展现其非凡魅力。公益广告是社会公益事业的重要组成部分，如何将新媒体的信息媒介特征和公益广告更好地结合起来，并使之区别于传统形式的公益广告，是值得我们深思和探讨的问题。
68	谈公益广告叙事的功能、原则与方式	孙红阳	2012 年 04 期《东华理工大学学报（社会科学版）》	文章从公益广告的性质、特点、作用及创意审美方式出发来分析和探讨公益广告叙事的功能、原则及方式的作用、地位与艺术表现形式。公益广告叙事通过有效的启发与激活功能、传播与对话功能来达到其广告主题让受众接受的目的；公益广告叙事应遵循人性化、生活化和情境化原则，使公益广告的传播摆脱生硬说教的窠臼；公益广告的叙事方式主要在思想上化抽象为具象，在情感上变生硬说教为以情动人，在创意审美上改平铺直叙为匠心独具。
69	浅析如何实现公益广告的有效传播	武欣博	2012 年 04 期《中国传媒科技》	笔者通过对我国现阶段公益广告发展状况的分析，研究和探讨了公益广告有效传播的几个影响因素，提出公益广告的主题要鲜明，内容要有针对性，富于艺术性和通俗性，同时制定媒体计划和合理利用传播媒介也能较好的促进公益广告的有效传播。

序号	标题	作者	时间期刊	摘要
70	文化视角中汉英公益广告的翻译策略	陈燕红	2012 年 06 期《湖北函授大学学报》	本文基于英语公益广告的文化特征，结合“功能目的论”的翻译原则，并通过丰富的具体相关实例探讨汉语公益广告的翻译策略，努力为我国公益广告翻译的规范化营造良好的语言环境。
71	中国特色的公益广告	何文琴	2012 年 10 期《合作经济与科技》	本文就我国公益广告发展现状和前景进行阐述，并对我国公益广告未来发展提出前瞻性建议。
72	我国电视公益广告的特征及表现形式研究	张恒玺	2012 年 03 期《艺术科技》	电视广告的公益性是大众精神食粮，也是精神文明社会发展的必须推进项目，因此清晰电视公益广告的特征及其表现形式，是促进人与人、自然、社会的和谐，提升社会整体素养方面的责任、功能和效应的前提基础。
73	浅析我国电视公益广告的发展变迁	刘　芳 张方敏	2012 年 02 期《传媒观察》	我国电视公益广告的发展与商业广告相比，不仅起步较晚，而且其发展较为缓慢。 直到贵阳电视台在 1986 年首次播出了以“节约用水”为主题的公益广告；1987 年 10 月中央电视台独树一帜，首次在黄金时段专门播放公益广告，《广而告之》栏目迅速被人们熟悉，这种被称为“公益广告”的新兴广告类型才开始走入普通百姓的生活。
74	公益广告中的多模态转喻与隐喻的动态构建——以一则交通安全广告为例	裘莹莹	2012 年 06 期《河南教育学院学报（哲学社会科学版）》	以 Forceville 等人提出的多模态隐喻理论为基础，结合电视公益广告的语类特点，从认知的层面分析一则电视公益广告中的多模态转喻和隐喻现象以及两者互动和动态构建的过程，并阐释源域和目标域的选择及其原因。
75	中西公益广告的跨文化比较	赵　路	2012 年 01 期《佳木斯教育学院学报》	公益广告是人类智慧的象征，烙有各国文化的痕迹。 很多学者已经针对广告做出了系列研究，但是对公益广告的跨文化研究与比较却少之又少。 因此，笔者决定从中西方文化差异方面来对中西的公益广告进行比较与研究，以期对中西文化的跨文化研究作出微薄贡献。

序号	标题	作者	时间期刊	摘要
76	浅谈公益广告中情感的力量	杨晓红	2012 年 03 期《成都航空职业技术学院学报》	“感人心者，莫先乎情”，情感成为传播公益观念、沟通各种人群的最好的途径。 本文通过近年来公益广告中的经典案例，分析了公益广告中情感表现的必要性，情感表现的载体及表现手法，揭示了公益广告中情感的重要作用。
77	公益广告对民族价值观的传承与重释	张幼斌	2012 年 03 期《当代传播》	公益广告既深受中华民族传统价值观的影响，又反作用于民族价值观。 本文从人伦价值观、理欲价值观和知识价值观三方面，举证当代公益广告对民族价值观的传承与重释，剖析我国民族价值观在商业文明冲击下坚持与变迁的原因，认为继承民族价值观的精华，同时包容外来文明的价值观，表现出中国特色的公益广告才是其发展并具影响力的根本途径。
78	利用公益广告提升企业形象策略	王　蕾	2012 年 06 期《市场周刊（理论研究）》	公益广告作为一种相对较新的竞争手段，对增强企业竞争优势、提高企业形象的作用得到众多国内外企业的重视。 研究利用公益广告提升企业形象中的问题和策略，对于提升企业形象、增强企业竞争力不无裨益。
79	电视公益广告的创意分析	吴淑丽	2012 年 09 期《剑南文学（经典教苑）》	电视公益广告作为广告的重要组成部分，以其独有的传播优势与广泛的受众，向社会大众倡导良好的价值观和道德观。 国内电视公益广告今后应该如何创意？ 本文据此展开了分析探讨，并提出了自己的建议。
80	公益广告语言的语用及修辞特点研究	冯　力	2012 年 11 期《新闻知识》	公益广告作为一种区别于商业广告的非盈利性广告，在我国社会主义精神文明建设中发挥着极其重要的作用。 公益广告的人本思想决定了它的特有的语用基础、语言结构。 本文从社会语言学的角度，对公益广告的人本思想和语言的语篇构成特点等方面进行了初步的探索。

序号	标题	作者	时间期刊	摘要
81	央视公益广告举措再升级 启动电视公益广告全球征集活动	范素锋	2012年07期《声屏世界·广告人》	公益广告对于社会文明的倡导、传播和推动起着重要作用。2011年底，中央电视台启动了“汇聚力量，传播文明”——2012年公益广告项目，成立公益广告专项机构、推出100支以上电视公益广告、拨出专项资金投入公益广告创作研究、组织央视优秀主持人及各界名人拍摄公益广告、面向全社会广泛征集公益广告片、安排更多时间播出公益广告、呼吁并推动设立中国国家级公益广告奖项等七项举措。
82	公益广告的感性诉求对青少年德育意识的影响	胡兰凌	2012年12期《湖北经济学院学报（人文社会科学版）》	公益广告的伦理价值对当今中国的道德建设有着不可或缺的作用，它是以传媒方式对社会大众尤其是青少年进行道德教育的一个新生途径，其有效运用感性诉求的传播原理，借助文字、声音、图像等多媒体艺术表现形式，传播社会道德文化信息，使认识主体在社会化过程中，自觉或不自觉地接受其伦理观念、道德信息，形成道德认识、道德情感，培养道德信念、道德意志，养成道德习惯、道德行为。
83	力行公益文明中国——2012央视启动公益广告项目	漆婷婷	2012年01期《广告大观（综合版）》	编前：公益广告作为一种特殊形式的电视节目，有着自己的特点和地位。它形式短小精悍，内涵发人深省，积极地发挥着弘扬正气、针砭时弊的作用。公益广告在百度百科里的意思为：公益广告是以为公众谋利益和提高福利待遇为目的而设计的广告；是企业或社会团体向消费者阐明它对社会的功能和责任，表明自己追求的广告。
84	城市电视台公益广告现状、问题与对策	杨 弢	2012年02期《中国广播电视学刊》	公益广告是广告的一个组成部分，是不以盈利为目的，为社会公共利益而创作、发布的广告。公益广告是一种借助于广告载体的特殊的社会教育和文化传播形式，是政府和民众沟通的重要桥梁，是传播优秀传统文化，促进良好社会风尚，提高社会诚信水平，构建和谐社会的重要手段。

序号	标题	作者	时间期刊	摘要
85	中国公益广告中弱势群体的形象建构	孔　婧	2012 年 11 期《东南传播》	本文通过内容分析的方法，对于公益广告中的弱势群体形象进行了分析，得出了我国公益广告弱势群体形象：1. 广告中以儿童弱势群体为主，形象单一，表面上的生理性弱势，实际上的经济性弱势；2. 警示性的公益广告少，模特种类偏向明显，旁白性别特征明显的两个特点。并与我国现存的弱势群体结构予以对比，发现公益广告中的弱势群体形象与实际状况有一定的偏差。
86	贵州省公益广告发展现状研究	刘　茜	2013 年 11 期《中小企业管理与科技（下旬刊）》	本文通过对贵州省公益广告的发展现状分析，找到阻碍公益广告发展的因素。针对出现的问题和阻碍进行分析并提出对策，以期使贵州省公益广告得到更为有效长足的发展。
87	商业广告结合公益元素的营销模式的合法性探究	王伟清 徐佳雯	2012 年 08 期《现代物业（中旬刊）》	首先介绍了商业广告结合公益元素营销模式运用的现状，再以农夫山泉“一分钱公益行动”为例，分析商业广告与公益结合创造品牌形象的同时，是否假借公益活动利用消费者的慈善心理进行牟利，然后分析了其弊端，之后根据国内外法律规定来探究其合法性，最后廓清商业和公益广告界限，规范广告市场竞争，力求保护消费者和其他广告活动主体利益。
88	无偿献血公益广告传播策略	蒋惠来 林　枫	2012 年 S1 期《中国输血杂志》	无偿献血公益广告传播策略无偿献血公益广告的有效传播就是要通过科学合理的传播方式选择，实现公益观念认知和公益行为实践的双层效果，以认知宣传为基础，以公益行为为终极目标，通过科学合理的创作和传播使理论的、抽象的观念转变为具体的、可操作的行为细则。在实际工作中要注意以下几点：一是根据受众公益需求提炼公益主题。二是依据受众信息接受方式确定广告表现形式，避免许多无偿献血公益广告流于形式，口号化、标语化现象严重。三是制定媒体计划，提高广告达到率。四是加强广告效果测评。

序号	标题	作者	时间期刊	摘要
89	我国公益广告中的国家认同构建	方　媛	2012 年 11 期《新闻爱好者》	对国家政府而言，公益广告是其进行国家管理和社会引导的有力渠道之一。目前在我国公益广告的国家认同构建中，主要使用了三种方法。一是集体记忆的唤醒。由记忆构成的丰富的精神遗产与想生活在一起的共识、愿望以及继续珍惜其共同遗产的意志，对一个民族、一个国家的精神凝聚有着重要意义。
90	公益救助广告的伦理诉求及其价值	宫立明 刘雨姝	2012 年 01 期《东北农业大学学报（社会科学版）》	公益救助广告旨在宣传公益救助活动中对弱势群体应采取的人道救助与伦理关怀。我国公益救助广告集中凸现了扶贫济困、尊老爱幼、公平正义、道德权利等伦理诉求，在公益救助事业发展及和谐社会的建设中发挥着巨大的作用。维护弱势群体的道德权利、引导社会公众实践道德义务、实现人道救助与伦理关怀的统一、促进人的幸福和全面发展、推动社会和谐与进步已成为其独有的伦理价值。
91	论公益广告语篇中的语义单位关系	宫金玲 于　娜	2012 年 02 期《大连海事大学学报（社会科学版）》	以 Halliday 的系统功能语言学为基础，从语篇分析的角度，用语义单位关系理论对公益广告语篇模式进行分析，为进一步理解语篇组织和语篇连贯提供指导。
92	浅析环保类公益广告的人文特色	王　红	2012 年 09 期《美术教育研究》	文章旨在对环保类公益广告的意义及其所具有的人文特色进行简要分析，以期为广告行业的发展提供理论素材。
93	音响音效、音乐在广播公益广告中的作用	程　磊	2012 年 04 期《新闻窗》	广播公益广告是传播社会主义精神文明的重要载体，是为了特定意识和主张，向公众输送某种文明道德观念，以提高人们的文明程度，获取良好的社会效益的广播广告。她以其受众面广，通俗易懂，亲切自然等特点，成为公益广告界的一朵奇葩。

序号	标题	作者	时间期刊	摘要
94	公益广告也是照亮品牌的一盏灯 稻花香的公益广告传播策略	肖承厚	2012 年 04 期《声屏世界 · 广告人》	公益广告对于一个品牌的推广来说，也许不能起到立竿见影的效果，但是我们坚信，一条公益广告就好象是一盏灯，灯光亮一些，我们身边的黑暗就会少一些支持公益广告，自身品牌形象也会随之大大的提升。
95	电视公益广告的美学追求	全开家	2012 年 10 期《当代电视》	从 2012 年 8 月 1 日开始，湖南卫视、湖南经视、湖南公共频道、湖南都市频道等省级主要电视媒体，在黄金时段免费播出两型社会建设系列公益宣传片，这也是我国首部两型社会公益宣传片。

（三）2013 年公益广告论文摘要

序号	标题	作者	时间期刊	摘要
1	中日公益广告中文化价值观的比较——以 5. 18 汶川地震和 3. 11 日本大地震中的公益广告为例	孙美玲 周宇博	2013 年 02 期《广告大观（理论版）》	随着社会发展的需求，公益广告越来越受到人们的关注。公益广告除了关注社会问题，服务公共利益，还是一种文化叙述，作为一种独特的文化现象与社会系统产生互动关系。因此，本文从文化的角度出发，以地震后的公益广告为案例，试图分析中日公益广告中所体现出的价值观念的差异。
2	基于互联网的公益广告公众参与研究——以优酷网“扬正气，促和谐”公益广告视频单元为例	倪　宁 雷　蕾	2013 年 04 期《国际新闻界》	本文以优酷网的一则公益广告视频及其形成的传播单元为研究对象，分析用户在互联网平台自发传播公益广告的特征及用户参与行为，并结合中国公益广告运营模式中公众参与公益广告活动积极性不高的现象，讨论当公益广告借助互联网平台进行传播时，互联网用户在传播过程中的互动参与是否缓解了公益广告活动的公众参与积极性问题。研究发现，由于互联网传播时空的广泛性、后现代语境下的颠覆以及对抗式立场的常态化等原因，当前互联网用户参与传播公益广告的行为是滞后的、被局限的、反抗的，这并不能与协商式的公众参与相等同。笔者认为，唯有从现实中加以改善，即在公益广告的整体运营过程中有机地融入公众才能解决问题，进而避免用户自发传播对已有传播效果的消解效应。

序号	标题	作者	时间期刊	摘要
3	2005 年—2010 年中美公益广告主题对比研究	李 理	2013 年 02 期《中国报业》	公益广告在现代社会中扮演着重要的角色，具有不可替代的独特价值和作用。公益广告的主题是其思想和灵魂，而目前我国针对公益广告主题的研究较少，对中外公益广告主题对比的实证研究更少。本研究以 2005－2010 年中国和美国公益广告的主题为研究对象，通过对两国公益广告主题的对比分析，发现差异，以学人之长，补己之短。研究结果显示，中美公益广告在主题选择上存在较大差异，美国公益广告侧重于健康和安全类的主题，而中国公益广告的主题中社区类、公德类、环保类和专题类（社会大事件）的比例较大。另外，通过对 5 年来中美公益广告的主题对比，还发现美国公益广告主题选择具有出发点人性化、时间上的延续性、开展综合性、新主题紧跟现实等特点，而中国公益广告的主题选择在这些方面则有所欠缺。期望中国公益广告主题选择能够取长补短，产生更好的效果。
4	公益广告独立性发展及制约因素分析	倪 宁 雷 蕾	2013 年 05 期《现代传播（中国传媒大学学报）》	本文分析当前中国公益广告事业的独立性及其制约因素，认为应通过构建明确多元的参与主体、科学的主题确立机制以及传播效果的实时监测等方式来维护公益广告的独立性，促进公益广告事业走向正轨。
5	公益广告的认知演化进程：从宣传、观念营销到公共传播——公益广告国内外研究综述	陈丽娜	2013 年 05 期《广告大观（理论版）》	公益广告理念在全球的传播以美国为源头，英、法、日、韩结合自身的国情特点建立了各具特色的公益广告运作模式。公益广告的认知演化进程分为三个阶段：历史服务于战争需要的思想宣传功能，现时服务于政府事务的观念营销功能，未来服务于社会问题的公共传播功能。中外公益广告的学术研究明显滞后于实践发展需要，国内公益广告的研究起步晚，与国外公益广告思维差距较大。未来，国内公益广告的研究将采用公共传播的理论视角进行诠释。

序号	标题	作者	时间期刊	摘要
6	中央电视台公益广告的行与思	冯依民	2013 年 02 期《中国广告》	中国的公益事业经过 30 年的发展，已经颇具规模。在新的历史背景下，公益广告应该如何运作，才能发挥出它的公益力量。本文总结了 2012 年的央视的 7 大创新举措，同时提出了公益发展的未来 5 大发展方向。
7	公益广告的社会价值及创意设计	于　雪 谭　陶 陈　雪	2013 年 01 期《中南林业科技大学学报（社会科学版）》	公益广告不同于普通广告，它是以公益的手段向公众利益提供服务的社会广告。通过我国公益广告发布、创意以及社会参与程度等方面的研究，分析现阶段公益广告所面临的问题，从社会责任、道德意识、艺术欣赏等角度对其社会功能进行归纳，并且依据形式创意法则探讨未来公益广告设计的创作方向。
8	关于数字生活空间公益广告传播模式的思考	刘思佳 张淑燕	2013 年 02 期《广告大观（理论版）》	近年来，公益广告在传播主流价值观、加强精神文明建设方面的作用已得到社会认同。但在对民众尤其是青少年群体有着深刻影响的互联网空间，公益广告的投放力度和传播效果却不够突出。本文在分析了“数字生活空间”的特点和网络受众的特征基础上，参照日本电通研发的数字时代消费者行为分析工具“SIPS 模型”，创造性地提出了针对互联网公益广告传播的“SISP”传播模式，并探讨了如何在该模式下提高公益广告在互联网中的传播效果。
9	公益广告中的多模态隐喻	魏　微	2013 年 01 期《商洛学院学报》	基于多模态隐喻的概念和相关理论，从多模态隐喻的三个区别性特征——动态的叙事性、鲜活性和普遍性入手，着眼于公益广告与其他广告形式的差异，分析公益广告中所体现的多模态隐喻，旨在深化对多模态隐喻具体应用的理解。

序号	标题	作者	时间期刊	摘要
10	韩国公益广告运作机制的现状及其借鉴——以金摞美韩国 KOBACO 为例	金摞美	2013 年 02 期《广告大观（理论版）》	随着公益广告的发展，公益广告的效果问题受到了广泛关注。为了提高公益广告的效果，各国开始建立公益广告的运作机制。韩国放送广告公社（KOBACO）已建立起符合韩国国情的公益广告运作机制并施行。可以说，韩国的公益广告已经进入成熟阶段。因此，本文通过介绍 KOBACO 公益广告的主题、运行、效果评估与监督管理等从而梳理韩国公益广告运作机制的现状，进一步提出中国公益广告运作机制的问题及改善建议。
11	公益广告研究综述	张　傲	2013 年 06 期《新闻世界》	自 20 世纪 80 年代公益广告在我国产生后，对公益广告的研究也开始了。公益广告的研究刚开始滞后于广告实践，然后随着时间的推移，针对公益广告的各种学术讨论及相关学术刊物的创办，使得公益广告的研究兴趣不断被提升。过去针对公益广告的研究取得了一定的研究成果，但仍存在一些不足，本文通过对公益广告相关文献的梳理，试图勾勒出我国公益广告的研究图景。
12	中国公益广告的叙事学角度分析	熊前莉	2013 年 01 期《长江论坛》	本文首先回顾了中国公益广告的历程以及叙事学和广告的契合。结合言语行为理论，分别从经典叙事学和后经典叙事学的角度，分析了如何应用叙事学理论解读中国当代公益广告，并通过对比发现我国公益广告的不足之处，旨在为制作和传播中国当代公益广告提供新的角度借鉴。
13	公益广告在我国图书馆营销中的价值研究	赵　晋	2013 年 01 期《河北科技图苑》	公益广告在非营利组织营销中的地位和作用不断凸显，为图书馆营销提供了新思路。通过对图书馆应用公益广告开展营销的可行性分析，阐述了公益广告在图书馆营销中的具体价值，为图书馆利用公益广告进行营销奠定基础。

序号	标题	作者	时间期刊	摘要
14	新传媒时代电视媒体的社会公益价值探析——以公益广告传播为研究个案	孙丽娅	2013 年 05 期《赤峰学院学报（汉文哲学社会科学版）》	随着新传媒时代的来临， 传统的电视媒体面临着严峻的挑战， 但同时又拥有着在宣传上独一无二的社会公益价值， 因此对于电视社会公益价值探究具有重要的意义。 特别是电视媒体的公益广告更是对其公益价值最好的诠释。 本文通过对公益广告的解读， 指出电视媒体在新传媒时代的未来发展之路以及一些新模式的探索。
15	浅谈央视荧屏上的政府机构和非政府组织公益广告	李 瑛	2013 年 01 期《中国广告》	部委公益广告并不是中国特有的公益广告形式。 对比西方发达国家的广告类型，尽管中西方在历史文化和国情社情方面有着显著不同，但是公益广告同属于政府和企业履行媒体社会责任、为社会公共利益服务的广告范畴，也越来越受到普通民众和社会各界的关注。
16	试析我国电视公益广告的发展趋势	靳易斯	2013 年 10 期《今传媒》	公益广告作为社会传媒文化中一个重要形态，在宣传和保护民族文化、 弘扬爱国精神、 社会教育、 文化传播、 舆论导向等方面发挥的重要作用。 随着我国经济的飞速发展， 我国公益广告事业在快速发展过程中逐渐出现了商业化的倾向。 这一现象的产生存在了一系列的问题， 严重阻碍了我国公益事业的正常发展。本文主要针对电视公益广告的商业化倾向进行分析， 研究电视公益广告商业化倾向产生的原因， 借鉴国外公益广告运作模式， 结合我国实际国情， 寻求解决之道， 使电视公益广告更好的为我国公共事业服务。
17	公益广告:“微时代”社会沟通的大手段	丁俊杰	2013 年 04 期《广告大观（理论版）》	公益广告在我党革命斗争和建设时期都发挥了重要作用，在两次世界大战时期，美国和英国也都成功运用了公益广告。 今天，媒介和传播环境发生了翻天覆地的变化，进入到一个开放、多元、碎片化的传播时代，从长篇大论的“大”宣传进入到“微”传播、“小”传播。公益广告短小精悍，通俗易懂，使其在基因上天然适应当今的传播媒介和传播环境。 它可以发挥自身的优势，以人们喜闻乐见的方式，发出党和国家的声音，成为助推实现中华民族伟大复兴“中国梦”的强大力量。

序号	标题	作者	时间期刊	摘要
18	中国电视公益广告创意存在的问题及解决策略	周　璇	2013 年 04 期《媒体时代》	近年来，伴随着广告业的快速发展，以倡导真善美为宗旨的电视公益广告也逐渐发展壮大。本文试探讨我国电视公益广告创意表现存在的问题，进而提出解决这些问题的有效策略。
19	微博公益广告的多模态话语分析	姚银燕	2013 年 05 期《语文学刊（外语教育教学）》	本研究运用社会符号学观照的多模态话语分析方法，对一则新浪微博公益广告的符号选择和意义整合进行解读，阐释了语言符号和视觉图像符号在语篇意义建构中的作用。 研究指出，微博公益广告作为一种超模态语篇，其超链接对语篇信息从深度和广度上进行补充，受众不再局限于被动接受广告信息，而是可以主动获取信息。 微博公益广告的符号主要包括语言符号和图像符号，它们各自表达自身符号所承载的概念意义、人际意义和语篇意义的同时，在同一语义场所里互相合作、互相补充，达到意义上的互相增强，共同构建公益语篇整体意义。
20	我的梦 · 中国梦　广而告之公益广告《圆梦篇》创意赏析	刘　喆	2013 年 09 期《声屏世界 · 广告人》	1987 年，央视开始固定播放一档公益广告栏目，中国大众意识到：广告除了可以销售商品和品牌外，也可以宣传文明、弘扬环保、提倡人文关怀。 随着公益事业的不断发展，这个栏目的名字越来越被人们所熟知——《广而告之》。 26 年来，广而告之与政府、公益组织以及商家合作，创意制作了上千部公益广告片。广而告之始终不变的专注于弘扬中华传统美德，紧跟时代宣传社会新风尚。 用广告向全社会传播积极向上的正能量。
21	行动改变未来　“全国电视公益广告大赛”点燃全民公益梦	高　坦	2013 年 09 期《声屏世界 · 广告人》	8 月 15 日、16 日，由中央电视台举办的首届“全国电视公益广告大赛”作品评审会在北京举办。 此次大赛的举办旨为表彰中国优秀的电视公益广告作品及创作力量，激励更多的机构和个人投身电视公益广告事业，提高电视公益广告的感染力、号召力、影响力，征集主题多样、形态各异、直抵人心、行动力强的电视公益广告作品，弘扬社会主义核心价值观。 本次大赛自 4 月 15 日正式启动，截至 7 月 31 日，参赛作品总量达 4425 件，创造出我国公益广告类单项赛事参赛作品的最高纪录。

序号	标题	作者	时间期刊	摘要
22	浅析动物摄影在平面公益广告中的应用	杨　丹	2013 年 09 期《新闻传播》	平面公益广告有别于公益广告，更多的是从二维的视角来表达观念。平面公益广告的表现形式多样，以动物摄影为载体，运用在平面公益广告中，形象，直观。动物摄影图片是一种特殊的图案表现方式，除了直观地表达自身的特征，还能留给受众不同的视觉效果，用动物图片来消除受众与公益广告诉求之间的隔阂，让人产生亲近感，进而加强沟通，达到诉求效果。
23	地铁广告中公益文化的传播	刘晓静	2013 年 09 期《新闻传播》	地铁作为独特的标志性建设成为城市发展进程中的重要组成部分，它体现了一个城市的文化内涵、地域风格和民族特色。地铁文化涵盖的方面多种多样，本文仅对地铁文化中的公益文化宣传进行阐述。通过对城市地铁广告中公益文化传播的可行性进行分析，阐述了公益文化传播如何满足受众的需要及国民素质提升的方式。
24	长春市公益广告传播运作模式调查研究	马丹妮 张雯茜 王春月	2013 年 21 期《才智》	长春市公益广告事业虽然取得了一定成绩，但相对于其他城市其播运作模式是滞后的。通过对长春市公益广告广告主、投放媒体、广告效果与创作风格等方面宏观、微观调研，以及对国内外公益广告传播运作模式的分析与研究，确定只有建立具有长春地方特色的公益广告传播运作模式，即建立长春市公益广告委员会（包括政府、广告公司、媒体、广告主和广告教育机构），构建奖惩机制，彼此发挥所长、各司其职、友好合作，必将促进长春市公益广告事业呈现良性持续发展态势。
25	浅析长春市公益广告诉求方式	张　苗 宋　英 王春月	2013 年 21 期《才智》	长春市公益广告诉求方式呈现“重理性说教，轻感性诉求”的态势，结合广告受众——长春人的文化特质及文化性格进行诉求可以使长春受众产生强烈的情感共鸣。感性诉求方式的公益广告应成为长春市未来公益广告发展的主要方向，成为长春市具有地域特色的公益广告传播模式中一个重要组成部分。

序号	标题	作者	时间期刊	摘要
26	平面媒体也应做好公益广告	曹　鹏	2013 年 08 期《新闻世界》	中国最早的公益广告是贵阳电视台的 “节约用水” 广告，电视台在公益广告创意与制作上，始终保持着领先优势。中央电视台的公益广告，在国内传统媒体中始终处于领军地位，每天播出的公益广告节目也最多，形式风格多种多样。
27	论公益广告的情感诉求	王梦娇	2013 年 09 期《现代装饰（理论）》	情感是人类永恒的话题，也是维系人与人之间关系的基础。本文着重讨论了公益广告中的情感诉求，认为情感是链接公益广告与人的心灵的最佳桥梁
28	公益广告传播与和谐社会建设	陈福宝	2013 年 03 期《青岛科技大学学报（社会科学版）》	公益广告是为社会公众服务的公益性广告，具有公益性、观念性、社会性、教育性和广泛性等主要特征。公益广告内容丰富，主题涵盖提倡建立人与人、人与社会、人与自然、国家与国家之间的和谐关系等方面。公益广告的广泛传播，对于建设和谐国家、和谐世界具有重要的推动作用。
29	公益广告中多模态隐喻的认知构建——以 CCTV《节约用纸》系列为例	潘红英	2013 年 06 期《河北联合大学学报（社会科学版）》	以 Forceville 为领军人物的一批学者将隐喻研究拓展到多模态隐喻研究平台上。从认知语言学的角度，以 Charles Forceville 的多模态隐喻理论为基础，结合公益广告的语类特点，分析 CCTV《节约用纸》两则公益广告中多模态隐喻的认知构建，并进一步证实了非语言声音及次级模态在多模态隐喻识解中发挥着不可忽视的作用。
30	“触动心灵”将时尚公益进行到底	红　乐	2013 年 05 期《国际公关》	慈善，是永恒不变的话题，近年来，越来越多人投身到慈善事业中来，向全社会送出温暖和关爱，树立个人和企业形象，同时影响更多的人。触动传媒深谙此道，为了将公益进行到底，在发起慈善活动的同时，还精心打造了属于自己的慈善公益品牌——“触动心灵”。近日，《国际公关》记者采访了触动传媒创始人兼执行主席冯晖中，听他讲述多年来这一特殊品牌的故事。他同时透露，今年第四季度将启动 “触动心灵，约会宝贝” 活动，旨在提醒工作忙碌的 0 –3 岁孩子的年轻父母，关爱自己。

序号	标题	作者	时间期刊	摘要
31	论我国公益广告的经济价值	张志鹏 方 卫	2013 年 09 期《生产力研究》	随着经济发展速度的加快，广告业对市场营销与企业发展的带动作用越来越明显。我国商业化广告的膨胀化对市场发展带来了不良影响，一些不法商家利用过度宣传和虚假信息谋取暴利，导致商业广告的真实性和影响力大大降低。我国公益广告的发展时间虽然不长，但是其社会影响力却非常大，对企业的经济价值与品牌价值具有非常强的主导力。文章通过研究公益广告的投资与价值之间的关系、公益广告的特性和价值表现，发现公益广告具有长远发展动力，对我国企业的生命力也有促进作用。
32	民间公益组织和媒体如何协同共舞——以大爱清尘公益组织为例	高盛楠	2013 年 05 期《新闻窗》	大爱清尘公益组织是由记者王克勤联合中华社会救助基金发起的救助农民工尘肺病患者的民间公益组织。该公益组织对尘肺病患者的救助形式包括患者救治、生活救治、医疗器械捐赠、子女助学等。自 2011 年 6 月 15 日启动以来，截至 2013 年 6 月底，大爱清尘已累计救治患者 700 多人。本文将在健康传播的视域下，研究公益组织和媒体的互动关系，进一步探讨大爱清尘公益组织的媒体策略，寻找一种公益组织和媒体共赢的协同互动模式。
33	电视公益广告的创作策略	胡安川	2013 年 29 期《青年记者》	公益广告是指为公益行为、公益事业提供服务的，以推广有助于社会的道德观念、行为规范和思想意识为目的的广告宣传互动。①公益广告并不追求社会效果上的立竿见影，而是营造出范围广、程度深的舆论环境，以整体的、综合的氛围来影响公众，在潜移默化中以鲜明的舆论导向来引导和激发公众。在新媒体时代，面对众声喧哗的信息环境，电视公益广告要继续发挥其“社会清新剂”的作用，需要从以下几个方面着手。

序号	标题	作者	时间期刊	摘要
34	多模态视角下城市公益广告语篇研究	郭　静	2013 年 10 期《科教文汇（中旬刊）》	“多模态语篇” 指的是除了文本之外， 还带有图像、 声音或者动作等符号系统的且通过多种符号系统之间的互动来实现意义的复合文本。 本文把多模态研究应用到城市公益广告语篇中， 阐述了城市公益广告语篇中语言和图像等符号模态是如何实现互动意义构建的。
35	包装设计中公益广告理念的体现	龚忠玲	2013 年 11 期《艺术与设计（理论）》	公益广告是全社会的公益事业， 让包装设计和公益广告理念互相融洽到一起， 不仅是为了展示包装、 促销商品， 也是为了让公益广告更好的传递到人们的生活中。 文章主要是通过文字、 造型、 色彩三个方面， 把公益广告理念在包装设计中充分体现出来。
36	公益教育： 一个亟待拓展的领域	沈贵鹏	2013 年 20 期《思想理论教育》	我国公益事业正处于快速发展期， 亟待加强公益教育的理论研究与实践探索。 公益教育以培育公益心为基础， 着眼于青少年的公益意识、 公益能力和公益信仰的提升， 内容涵盖慈善公益教育、 人际公益教育、 环境公益教育和科学公益教育， 通过公益教育能够促进青少年的社会适应、 道德发展和整体素质养成， 家庭、 学校、 社会联动是践行公益教育的有效路径， 创新范式、 建立制度。
37	公益广告的全媒体时代	孙建昆	2013 年 21 期《互联网周刊》	互联网从出生的那一天起， 就承载着传播信息的作用， 在此基础上， 公益广告在这一领域也悄然兴起， 让社会的正能量得到更加迅速的传播。 孔子有言， 吾未见好德如好色者。 但通过网络这一载体， 全媒体的传播方式使之成为可能。 而承载这正能量的公益广告则可以做到德色兼备， 既让受众体验到形式美的洗礼， 与此同时也可以让广大网民得到心灵的洗涤。

序号	标题	作者	时间期刊	摘要
38	权力主导下的电视公益：言说与实践的疏离——对重庆卫视“公益改革”的反思	刘国强	2013 年 05 期《中国地质大学学报（社会科学版）》	重庆卫视的“公益改革”曾引发争议，本文重新梳理关于重庆卫视所引发的关于电视公益的理论言说，在对比政治权力主导下重庆卫视“公共利益”实际被虚化的基础上，分析当前关于媒介公共利益或公共性言说与其实践中的困境，文章认为，当前公共利益言说受西方批判理论和权力话语的影响，忽视了媒介商业化发展对公共利益建构的积极意义。
39	公益广告的热效应与冷思考	陈钇汐	2013 年 10 期《声屏世界》	伴随着社会形态多样化发展，人们在道德方面的“自我认同”与“自我批判”的矛盾越来越激烈，人们对唤起社会良知、建立公民道德、弘扬传统美德的愿望越来越迫切。这个时代比以往更需要公益广告。正因为如此，政府和媒体越来越重视公益广告的宣传作用。拓展广告内涵传播社会正能量相比大篇幅新闻报道，公益广告能更加凝练地说明社会问题和表达问题的解决方法，尤其是优秀公益广告，传播社会正能量的效果更是显而易见的。
40	纪实类电视公益广告人物形象分析	樊　攀	2013 年 10 期《声屏世界》	《真诚·沟通》是中央电视台新闻频道的一档公益广告栏目，也是中国目前为止唯一的“纪实类公益广告”栏目，在央视新闻频道周期性播出，每个公益广告的时长约为 1 分半左右。当前我国正处于社会转型期，社会上出现了一些失范现象，新的社会价值观亟需建立。无疑，纪实类公益广告对于树立社会真善美的形象具有重要意义。纪实类公益广告的核心是人，人物的形象和故事决定了广告的主题，同时人物的选择和形象的塑造也反映出了栏目对于“真诚·沟通”。

序号	标题	作者	时间期刊	摘要
41	电视公益广告中亲情观念的回归和重塑	孙建中	2013 年 09 期《中国广告》	我国处在社会转型期，家庭作为社会的基本单位正受到各种矛盾的侵蚀。在这样的背景下，电视公益广告试图以其强大的感召力影响观众重新思考亲情的内涵，呼吁观众关注家人。本文从三个方面探索了电视公益广告中亲情观念的构建，并由此总结出亲情类电视公益广告的以情动人的表达方式，并通过具体案例说明。
42	公益招贴广告中卡通图形的视觉语言研究——以秋山孝的公益招贴广告为例	邹　杰	2013 年 04 期《重庆交通大学学报（社会科学版）》	秋山孝的公益招贴广告采用卡通图形的表现形式，用轻松活泼的视觉语言表现较为严肃的公益主题，能够迅速缩小与受众间的心理距离；同时，在日本文化与艺术的影响下，秋山孝的公益招贴广告呈现出清新、优雅的风格。将秋山孝的禁烟类公益招贴广告与其它同一主题不同表现形式的作品相比较，分析卡通图形的视觉语言在公益招贴广告中运用时具有受众认知程度与社会价值内涵方面的优势。
43	多模态公益广告的社会实践性研究	李冬艳 王　艳	2013 年 10 期《新闻知识》	多模态公益广告通常选择图像、文字、颜色等多种社会符号资源协同配合共建话语意义，关注人与人、人与自然和人与社会问题；旨在指引大众走向文明，培养良好社会风气，促进社会文明与进步。换言之，此类话语受众群体广泛，引导并影响人的思想观念与行为习惯，积极参与话语的社会实践活动，在文明城市建设中有着不可低估的作用。本文从多模态话语分析视角出发，以文明城市建设中的多模态公益广告为语料剖析各模态间如何产生合力，亦即图像、文字和颜色等不同符号模态之间如何协同一致、相互照应、彼此增强，从而成功地完成与广大受众互动意义的建构，进而达到积极参与话语的社会实践目的。

序号	标题	作者	时间期刊	摘要
44	媒体微公益:播下希望种子	郜国毅	2013 年 11 期《新闻战线》	各类微公益多以关注民生为基点，这尤其与都市类媒体传播、报道的特色和要求相吻合。这样的“天然联系”，使微公益新闻成为晚报、都市报的重点报道。近年来微公益兴起，大众的公益自觉提升，媒体无疑是最强劲的助推器。各类微公益多以关注民情、民生为内容，这尤其与都市类媒体传播、报道的特色和要求相吻合。这样的“天然联系”使微公益新闻成为晚报、都市报的重点报道内容，常常在版面上占据显要位置。
45	公益广告传播基点、心理及策略研究	吴　琼	2013 年 10 期《中国广播》	公益广告传播的是倡导社会责任的公益或公共信息，以期引起社会公众关注社会问题，进而改变自己的价值观和现实行为，维护社会可持续发展。笔者从公益广告的传播基点、心理以及策略进行分析，力图为我国公益广告可持续发展献计献策。
46	浅议公益广告中的艺术手法——兼评三则禁烟公益广告	茅海燕 张竞夫	2013 年 09 期《美与时代(上旬)》	公益广告是一种宣传形式，一般不具有强制性。公益广告对社会文化的传承与社会风气的净化有着不可忽视的影响。这种影响和改变，并不等同于简单的说教。公益广告除了在构图方面进行研究和探索外，也是非常注重色彩构思的。
47	动画在公益广告中的作用——以《爱的表达式》为例	白迎春	2013 年 18 期《中国传媒科技》	随着社会的进步和动漫事业的发展，动画在公益广告中的运用逐渐增多。本文以《爱的表达式》为例来探析动画运用到公益广告中的优劣势。2005 年，第 39 界世界广告大会加设了动漫广告板块。该板块的主题明确指出，动漫与广告的结合，将成为一种新的大众文化传播形式。近些年动漫广告的发展也印证了这种说法。据吴来光对从 2001 年到 2009 年《IAI 中国广告作品年鉴》(影视广告 DVD)的广告的分析得出，动漫广告占 528 个，占样本总数的 29.19%，而公益宣传类占了 56 个，在所有的动画广告中位居第三。由此可见，动画广告逐渐成为公众的新宠，而动画公益广告无疑是佼佼者之一。

序号	标题	作者	时间期刊	摘要
48	试论公益广告与传统美德的融合	曾艳梅 蒋　苏	2013 年 11 期《视听》	公益广告是人类精神文化符号的传播者，是把大众的心连在一起的“神圣典礼”，而中华传统美德是我国积淀深厚的文化宝库，是真善美的集合。两者有着相互促进的辩证关系，将公益广告与中华传统美德融合在一起，对我国精神文明建设有重大的意义。
49	电视公益广告：媒体责任与品牌塑造的双赢	王天霜	2013 年 05 期《视听界》	本文重新审视公益广告对于社会和媒体的意义，提出了新时期电视公益广告工作的创新思路，以期更好地推动公益广告事业的良性发展。
50	皮尔斯的符号学理论与我国公益广告设计	孙大兵	2013 年 10 期《艺海》	皮尔斯是美国著名的符号学家、实用主义主要创始人之一，他经过对符号本质的深入研究，提出了符号的三元关系理论。通过对皮尔斯符号学理论的第二个三分法的研究，揭示出公益广告设计中的皮尔斯符号学理论运用的现象，可以使受众既能读懂公益广告设计创意与设计的内涵，也能了解皮尔斯符号学理论的精髓。
51	时代的礼赞（一）——评CCTV 全球公益广告获奖作品创作特点	杨景越	2013 年 09 期《广告大观（综合版）》	2013 年 3 月，中央电视台启动了“汇聚力量，传播文明”——2013 年公益广告项目：在全球进行公益广告的征集活动、安排更多时间播出公益广告、拨出专项资金投入公益广告创作研究、呼吁并推动设立中国国家级公益广告奖项等等。央视作为国家级媒体大力推行公益广告活动，体现出其应有的责任感和正义感；通过倡行公益理念，引导社会风尚，向世界展示开放中国的文明进程，
52	时代的礼赞（二）——评CCTV 全球公益广告获奖作品创作特点	杨景越	2013 年 10 期《广告大观（综合版）》	2013 年 3 月，中央电视台启动了“汇聚力量，传播文明”——2013 年公益广告项目，这个项目启动自以来，得到了社会各界的广泛关注和赞誉，取得了非常好的传播效果。从现已播出的作品中可以看到它们有三个较显著的创作特点：第一为选用普通人物，贴近大众生活，发现身边的好人，另两个将在下文做阐释。

序号	标题	作者	时间期刊	摘要
53	虎啸公益高校行南京大学站专家观点摘编		2013 年 11 期《广告大观（综合版）》	近日，虎啸公益讲座开到了南京大学站。“虎啸公益高校行”是由中国经典传播虎啸大奖衍生而来。虎啸奖组委会面向全国遴选部分高校推出“虎啸实战专家高校公益讲座行动”，自九月开课以来，已先后抵达安徽大学、合肥工业大学、河西学院、兰州大学、贵州财经大学以及武汉大学等高校。在南京大学站，瑞意趋势 CEO 梁海宏和聚胜万合 CEO 杨炯纬分别向同学们做了题为《连接时代的客户关系管理》和《大数据与精准营销》的讲座，讲座由南京大学巢乃鹏教授主持并由郑丽勇教授作总结，同学们与来自业界一线的广告营销大咖积极互动，现场气氛热烈。
54	公益与品牌的创意嫁接	杨松生	2013 年 10 期《社会与公益》	公益能够帮助企业更完美地实现价值的输出，更可以促成一个伟大品牌的诞生与发展。一位美艳动人、衣着暴露的性感女子，用手指挑逗性地碰触着双唇，用这样具有强烈刺激性的画面为艾滋病毒感染者筹款，是不是很另类？这就是 MAC 公司用以参加艾滋病防治的 Viva-Glam 唇膏系列，迄今为止，通过该系列的销售已筹得超过 1.5 亿美元的善款，并将销售所得全数捐给了抗艾事业。
55	“快乐公益”主题广告展，亮相京门	章　爽	2013 年 10 期《社会与公益》	“快乐公益，我参与！”——在拥有“北京第一国门之称”的东直门公交枢纽站内，这一主题的系列大型公益广告一夜之间取代了许多商业平面广告，吸引了过往行人的关注。这场以“快乐公益”为主题的公益广告展，由爱志愿网联合大病医保、大爱清尘、自然大学、爱艺文化基金、美新路基金、索玛花基金等六家公益组织共同发起，并得到东直门交通枢纽媒体供应商——北京永联智信广告传媒有限公司的鼎力支持与协助。

序号	标题	作者	时间期刊	摘要
56	我国公益旅游发展动力机制研究	王明霞 吴田颖	2013 年 24 期《中国集体经济》	随着我国旅游业逐步向散客游、休闲游消费模式的转变，休闲旅游受到市场越来越多的追捧，并且人们开始专注于参与性和体验性为主的深度旅游。本文结合我国公益目前的发展形势，探讨了公益旅游发展的动力机制，认为我国公益旅游发展的动力机制来自于内力和外力的共同作用，并且外力来自于原动力、驱动力、助推力和诱导力。
57	英语公益广告的情态分析	方言清	2013 年 11 期《中国西部科技》	公益广告在告知大众重要的社会问题并激发他们采取积极行动方面发挥非常重要的作用。基于系统功能语法的情态理论，论文对从美国较有影响力杂志中随意选取 40 篇公益广告进行情态表达分析。研究发现概率表达可以提高陈述的可靠性；义务表达可用于对读者施加强烈的义务感。可靠性的目的可以解释其频繁使用的原因，而广告者和读者的地位差别也使广告者使用高值和中值义务表达来给读者施加强烈义务感成为可能。研究表明广告者主要采用折中的方法表达情态。两种表达情态的极端方式并非广告者的首选。
58	企业公益广告发展探究	郝幸田	2013 年 11 期《企业文明》	企业公益广告不仅具有社会价值，同时也具有很高的商业价值，尤其是在塑造企业社会责任形象中的区别与其他品牌的差异化作用，受到企业的高度关注。企业公益广告是由企业或媒体等发布的，通过呼吁公众对某一社会性问题的关注，并用合乎公益的准则去规范公众的言行举止，实施或强化社会教育，策动它的受众去执行或支持某种为公众认为有益的社会事业，从而达到培养和促进良好社会风尚的目的行为的一种广告形式。

序号	标题	作者	时间期刊	摘要
59	浅析公益广告的思想政治教育作用	高宇航 林志宇	2013 年 10 期《现代妇女（下旬）》	利用公益广告这样的传播方式进行社会思想政治教育和引导将会是一个新的尝试。公益广告有其自身的特点，它富有引导性、非赢利性、针对性、唯美性的特点，它为思想政治教育提供了一个平台，能够传播社会倡导的价值理念和道德观念。但是在它实现其教育目标的同时存在着政府和企业对它实现思想政治教育的目的重视程度不够、公益广告的创新意识不强、教育者很少利用它进行思想政治教育等“窘境”。面对这种情况，要正确理解它的思想政治教育作用，还要提高它的创作水平。
60	我国公益广告事业发展方略	刘林清	2013 年 23 期《中国报业》	广告是一项伟大的事业。商业广告见证了我国经济发展的历程，公益广告表现了我国政治形态的文明。一直以来，中宣部和中央文明办都高度重视公益广告工作，2013 年中国报业协会广告年会突出讨论了报业推动公益广告发展的责任。本文对我国公益广告的发展方略予以简要归纳和研究。
61	弘扬中国精神 凝聚中国力量——光明日报的公益传播实践	任建洪	2013 年 23 期《中国报业》	公益广告是一盏明灯，它在引领风尚、教育人民、服务社会、推动发展方面有着不可替代的作用，在构建和弘扬社会主义核心价值体系过程中，公益广告是一支不可或缺的力量。作为知识界、文化界读者高度信赖和喜爱的一张中央党报，光明日报广告人深知自己肩负的使命，用公益广告在弘扬中国精神、凝聚中国力量方面做出了诸多努力。
62	蠢蠢的死法：公益广告成神曲		2013 年 01 期《销售与市场（评论版）》	公益广告是什么味道的？这是一个有趣的问题。中国的公益广告一般是两种味道，一是苦的——一本正经的说教，味同嚼蜡，难以下咽；二是辣的——用不良行为的恶果恐吓你恶心你，泼辣刻薄，让人发汗。澳大利亚墨尔本铁路运输公司（Metro Trains）最新制作的动画公益广告《蠢蠢的死法（Dumb ways to die）》让我们体验到了令人愉悦的酸甜味，这可是大多数人喜欢的味道。

序号	标题	作者	时间期刊	摘要
63	电视公益广告动态语篇互动意义的构建——以“没有买卖就没有杀害”为例	姜 龙	2013 年 02 期《杭州电子科技大学学报（社会科学版）》	电视公益广告作为典型的由多幅画面所构成的动态语篇，是一种集音、画、时、空、动、变于一体的语篇形式。从语言学的角度，多模态分析模式尚无法完整构建其整体的互动意义，故采用研究复杂小句间逻辑语义关系的小句复合体理论，讨论和分析由多幅画面所构成的动态电视公益广告语篇，以期为受众提供一个解读动态语篇的新视角。
64	央视公益广告《打包篇》擒狮戛纳创意节	冯依民	2013 年 07 期《广告大观（综合版）》	编前：法国戛纳当地时间 6 月 22 日晚 7 点，2013 年第 60 届戛纳创意节进入最后一天的颁奖环节。中央电视台投入制作的公益广告《关爱失智老人 -打包篇》在影视类评比中荣获铜狮奖，这是今年中国（含港澳台地区）所有参赛作品（含商业和公益广告）在这个奖项类别中唯一的获奖作品。这个奖项对于中国公益广告史具有里程碑的意义。
65	公益广告是一张中国梦的名片	翟惠生	2013 年 08 期《新闻前哨》	中国记协党组书记翟惠生认为：公益广告已经提出了很长时间了，但是要做好公益广告的宣传，在十八大以后这个时间节点大家应该格外注意。公益广告不是可有可无的，而是必须有的，而且必须多有，还得有得好，这是现在基本的要求。之所以这样，是因为：第一，现在是个信息时代，广告是信息传播的一种形式，而且是一种必不可少的形式，所以它是一个时代的产物。而信息时代给我们带来了无穷的机会，同时带来了极大的挑战，各种声音都有。我们搞信息传播的，如果传递的不是好声音，那就会给执政带 来很多麻烦。
66	公益视频广告的新媒体互动传播	李卓阳	2013 年 04 期《广告大观（综合版）》	去年底，中国文明网、人民网、新华网、中国广播网、中国网络电视台、光明网、中国经济网等国内主流媒体网站均在首页显著位置推出“讲文明树新风”公益广告专题。这一活动再次引发了人们对于网络公益广告的热情，媒体、政府机关、企业，甚至个人都参与其中。

序号	标题	作者	时间期刊	摘要
67	奔跑中的反思——当代公益的出路——2013 中国广告与品牌大会圆桌讨论观点摘要	丁俊杰 佘贤君 狄运昌 余志海 李国威	2013 年 06 期《中国广告》	丁俊杰：在当下营销变化的新媒体时代，我们的传播环境发生了变化，在这种新的传播环境之下如何对广告对传播的公益价值进行提升？这是我们当下广告人所应该面对和思考的问题。几个因素不能忽略：公益发起人，渠道，还有具备感染力、号召力的作品。
68	媒体与公益新传播——走到央视公益广告精品的背后		2013 年 06 期《中国广告》	2013 年的春节，格外温暖。因为在这个团圆的除夕之夜，有一种力量把中国人的内心照亮、点燃。春晚自举办 31 年来，首次插播公益广告，元宵节晚会也首次插入公益广告，新闻联播中开始播放公益广告，得到热烈反响。这显示出公益广告的人性化、社会化在中国渐渐变得可能，以央视为首的强势媒体自觉化、规模化、精品化的公关传播运作，4A 国际广告公司的鼎力加盟，受众对新思想、新观念、说故事新方法的接受度，
69	看公益广告 学表现手法	刘纪东 李冬梅	2013 年 22 期《写作》	公益广告为求取得更好的社会效果，往往在文案创作中运用了丰富多彩的文学表现手法。看公益广告因而成为学习表现手法的特别途径。
70	从灰太狼版“公益广告”说起	郭元鹏	2013 年 16 期《青年记者》	广东惠州市博罗县初中生手牵手救落水同伴溺亡一事引发网友唏嘘，人们再次讨论关于未成年人如何在自保前提下救助遇险同伴的问题。有网友找出了央视的一则动画公益广告，指责其“见义勇为人人夸”的内容有误导之嫌，其中小猴子手牵手拯救落水小猪的内容与博罗县这起悲剧相关。
71	最好的时代：公益可以更有作为——记盛世长城国际广告“关爱老人”公益系列	林 莹	2013 年 06 期《中国广告》	对中国人来说，百善孝为先，2013 年春节期间，由 CCTV 与 3 家 4A 国际广告公司联合打造的回家系列公益广告悄然盛放，像春日里明媚的向日葵，温暖着国人的心和灵魂。这是一个最好的时代，我们可以感受到公益的力量和分量，因为有创意在护航前行。网络暴力，文明用语，诚信礼貌，儿童成长从若干备选主题中采撷的一粒萌发的种子，在 2013 年春节缓缓绽放，催生了无数的感动和行动。

序号	标题	作者	时间期刊	摘要
72	改变广告形象承担更大责任	佘贤君	2013 年 06 期《中国广告》	这次央视推出的“回家”系列公益广告是中国广告人和传媒人发展到相对成熟阶段的标志，一种理性的标志。广告人事业有多大，责任就应该有多大，实际上这是我们在广告的商业功能之外要思考的问题。“广告的社会责任”是一个非常严肃的社会主题，目前正是时候重提或者强调这个主题的时候。
73	最好的公益是一种可持续的力量	狄运昌	2013 年 01 期《中国广告》	仅仅让受众产生当下的感动是不够的，要让他们觉得自己有能力去改变这个世界并愿意付诸行动。在当下，公益的改变不应该只是利用新媒体去做各种宣传，公益广告更应该思考的是：如何利用各式各样的媒介去影响人的行为。公益广告往往很容易流于宣传，只是在告知一个议题，并没有用一些方法去影响人们以行动来改善这些事实。
74	慈善组织公信力重塑进程中网络公益传播策略体系研究	乔占军	2013 年 11 期《新闻界》	近年来一系列负面慈善事件的发生，导致我国慈善组织面临前所未有的公信力危机。网络公益传播作为获取公众支持的重要渠道，有助于慈善组织加强自身建设、塑造慈善文化，是重塑慈善组织公信力的有效路径。为此，提出从网站、网络公益广告、博客等三个方面构建网络公益传播策略体系，以改善慈善组织形象，进而重塑慈善组织公信力。
75	环保公益广告创意探究	李　琛	2013 年 05 期《艺海》	伴随着社会发展，物质水平的提高，我们赖以生存的地球环境也遭到严重破坏，大面积的森林被乱砍乱伐，水资源遭到严重的污染，水质恶化，给海洋的生物生存带来威胁。人口的不断增加，大气、森林、河流的破坏程度明显加重。由于生活水平的提高，人们对生存环境质量也提出相当的要求，为此，人们必须保护好绿地。
76	我们为什么需要公益广告	马小娟	2013 年 07 期《人民公安》	从受众对近几年来一些短小精悍、艺术性较强的公益广告的欢迎和热议中可知，健康、正确的公益广告所承载的社会理想、社会文明与真善美，具有“润物细无声”的效果和力量，并逐渐融入我们的社会文化当中，成为社会文化与风尚的重要组成部分。

序号	标题	作者	时间期刊	摘要
77	为公益插上互动翅膀——全球互动公益作品评析	陈丽云	2013 年 01 期《中国广告》	真正打动人的公益广告，一定要有一颗互动的内心。当下，"互动"已成为挂在广告人嘴边最热的词汇之一，它正变成一种行业趋势，一个规定动作。当公益插上互动这张翅膀，将产生什么不可思议的化学作用，带来怎样的新思路呢？公益不是喊口号 1986 年，贵阳电视台播出"请君注意，节约用水"，成为我国首条公益广告，20 多年来，公益广告可谓发展飞速，近年来更频频在国际广告节斩获大奖。
78	论新媒体环境下的公益传播研究	姜鸿丽	2013 年 02 期《中国传媒科技》	在新媒体环境下，借助其联系政府组织和贴近公众的传播优势，媒体不仅成为公益活动的报道者、推动者和催化剂，也成为公益组织实现公益目标的有效中介。媒体通过参与公益活动、开办公益培训班、开设公益专刊或报纸公益频道等公益传播，给公益活动带来全新的运作模式。本文结合常德晚报的一些做法，探索在新媒体环境下对公益传播的研究。
79	浅析现代广播的公益传播	韩　梅 刘承军 许　楠	2013 年 08 期《中国广播》	公益事业逐渐成为社会生活的重要内容，包括广播在内的新闻媒体要利用自身作为最有效的社会传播资源这一优势，在建设社会主义文化软实力、引导社会文明方面担当责任，发挥作用。随着广播事业的不断发展，广播在公益传播中不仅要做倡导者，更要做践行者。
80	"完美城市"公益广告短片创意制作	曹　宝 吴　箐 钱　妤	2013 年 02 期《影视制作》	本文介绍了命题公益广告短片制作中，怎样把一个主题理念覆盖全篇，如何让观众觉得简约而不简单、化平庸为神奇的创意思路以及后期合成软件的配合使用技巧。本文就以上问题和大家做一个交流。
81	2012 全球公益广告选析	韩纪扬	2013 年 04 期《中国广告》	《谋生的钱币》获 2012EPICA 广告节全场大奖广告主：MicroLoan 公益基金会广告代理：DLKW LOWE 伦敦这是一块数字互动式户外广告牌。一枚枚钱币飞向屏幕，使塑造的妇女形象渐趋完整。这些钱币来自现场受众通过手机发短信向基金会的捐赠。捐赠成功后，屏幕右边立刻会出现"谢谢，某某某"字样。

序号	标题	作者	时间期刊	摘要
82	公益海报的设计要点分析	崔　颖	2013 年 05 期《美术教育研究》	随着世界经济的快速发展，以及人们缺乏相应的环保意识，过度砍伐、乱扔垃圾，使得我们的地球母亲受到了严重的威胁，地球环境问题日益严重。近年来，由于地球环境恶化，人们更加注重公益广告宣传，以不断增强人们的环境保护意识和公益事业宣传意识。笔者从公益海报的定义和类型以及设计要点两个方面出发，呼吁人们重视公益事业，树立正确的价值观，促进社会的和谐发展。
83	公益动漫作品对城市环境的牵引	李心星	2013 年 13 期《电子制作》	基于公益视频动漫作品是城市网络化公益商业媒体市场的一张名片，它从另一个角度反映着城市网络化公益商业媒体市场的风貌和文化。近几年来，基于公益视频动漫作品的发展突飞猛进，无论在电视里或是广告牌上、无论网络还是纸质媒体，都能发现他们的踪迹。作者根据中基于公益视频动漫作品的现状出发，分别从基于公益视频动漫作品的兴起、基于公益视频动漫作品对城市网络化公益商业媒体市场环境的牵引、基于公益视频动漫作品表达三个方面来阐述了城市网络化公益商业媒体市场和基于公益视频动漫作品的关系。
84	公益是一盏灯		2013 年 12 期《电脑迷》	公益的力量到底有多大？横幅签名、点亮在线爱心、关灯一小时、义演赈灾，也许并没有直接为解决问题做出些什么。但是，公益就像一盏灯，灯光亮一些，身边的黑暗就会少一些，光明与温暖会带来一种力量、一种希望。爱心的丝丝汇聚，可以演为洪流，点点滴滴，给苦难与困境带去甘霖。这不是个新颖的话题，但值得我们铭记在心。
85	浅析国内电视公益广告的价值和产生的影响	冯文思	2013 年 03 期《现代营销（学苑版）》	近年来，中国电视公益广告获得了蓬勃发展。电视公益广告的发布主体由最初的政府部门、电视媒体向企业、广告公司及社会团体共同参与转变，产生了巨大的社会效益和经济效益。电视公益广告是社会文明的旗帜，是国家理想的标杆，是媒体的社会责任。本文主要从电视广告的发展背景、电视广告的存在价值、其产生的影响方面深入研究。

序号	标题	作者	时间期刊	摘要
86	论公益广告社会价值向经济价值的转化	杨　蕙	2013 年 05 期《艺术科技》	本文论述了公益广告与商业广告的差异性，诠释了公益广告的社会价值。分析了公益广告在实现社会价值时，还具有潜在的经济价值。并围绕公益广告如何由社会价值体现为经济价值展开了研究，提出了公益广告对经济增长的作用，可以使经济资源得到有效保护和增长，成为潜在的经济价值。而企业通过公益广告的投入，既重塑了企业形象，又可从其中得到长远的经济价值的回报。
87	论环保公益广告与特征	张燕丽	2013 年 05 期《艺术科技》	环保公益广告是新时代背景下的一种较为特殊的艺术展现，其目的在于宣传环保信息、教化社会、宣扬科学理念，期望影响社会大众的世界观与价值观，促使“人人环保”。生态环境问题关乎人类的长久生存，因此，环保公益广告可谓是任重道远。如何才能够更多地挖掘出环保公益广告的核心价值，发挥其积极的公益作用，指引人们树立环保思想，参与到广泛的环境保护活动中去。
88	公益广告传播与和谐社会建设	陈福宝	2013 年 03 期《青岛科技大学学报（社会科学版）》	公益广告是为社会公众服务的公益性广告，具有公益性、观念性、社会性、教育性和广泛性等主要特征。公益广告内容丰富，主题涵盖提倡建立人与人、人与社会、人与自然、国家与国家之间的和谐关系等方面。公益广告的广泛传播，对于建设和谐国家、和谐世界具有重要的推动作用。
89	用广告人的广告解读艺术家的艺术——艺术流公益案例解读	杨　烨	2013 年 01 期《中国广告》	艺术对于老百姓来说是个挺玄的东西，而艺术家们作为上层建筑长期高高在上，不食人间烟火惯了，于是我们去到各美术馆、各三年展、各博览会看到的绝大多数的艺术都是不知所云无病呻吟的小众艺术。古往今来真正伟大的艺术通常是大众的，通俗的，千百年来为人类文明所传承，在历史的尘埃中散发着永恒的慧光。
90	公益活动与媒体品牌如何双赢——以海峡之声 90.6 频道为例	杨　松	2013 年 17 期《青年记者》	公益活动，顾名思义主要是指面向社会，为公共利益服务，不以盈利为目的的活动形式。它是传递关爱、回报社会的行为，是社会公益事业的一个重要组成部分，对于促进精神文明建设起着重要的作用。媒体组织公益活动，可以传递公益理念、放大社会正面效应，还可以树立自身品牌，拉近与受众之间的距离，从而达到双赢的效果。

伍 作品篇

2011 (一)中央人民广播电台“讲文明树新风”公益广告作品目录

作品	主要内容	时长
一度电能干什么	最长的一度电，可以让电车行驶860米； 最大的一度电，可以灌溉田地93平方米； 最重的一度电，可以采煤54公斤；最有味道的一度电，可以生产啤酒15瓶；最解渴的一度电，可以烧开8公斤水。我们随时可以节约的，都是最有价值的一度电。节能一点一滴，美好你我生活！	45秒
关爱留守儿童篇	调查显示，由于长期远离父母，超过四成以上的留守儿童感到孤单，三成以上留守儿童出现心理卫生问题。每个人伸出手，用爱撑起幸福的蓝天，关爱留守儿童，让阳光照进他们的心间。	53秒
反对酒后驾车	脑袋：哎呦！今天我这个小脑袋是又胀又疼，主人肯定又喝酒了。眼睛，你可看着点路啊！ 眼睛：脑袋，您别总使唤我啊，我眼睛也不好使，看东西恍恍惚惚的。主人喝酒也就算了，居然还要开车！这可怎么办啊？脑袋，您叫手把稳方向盘啊！ 手：啊呀！我这手也没力气了，快把不稳方向盘了。脑袋，让脚踩刹车别尽踩油门！ 脚：哪边是油门？哪边是刹车？我怎么分不清了？脑袋晕了，我也晕了！ 为了您和他人的安全，请勿酒后驾车。	53秒
庆祝建党90周年篇	九十年的风雨征程，九十年的光辉岁月，继承着民族的传统，承载着民族的希望。2011年7月1日，又是一个可以载入史册的日子，我们共同见证中国共产党建党九十周年的辉煌！	59秒
中国国家形象－彩色中国	我是一名摄影师，走过千山万水，心中最美的镜头，还是祖国的大好风光。镜头里，多彩的民族，其乐融融。镜头里，辽阔的土地，春光明媚。镜头里，欢乐的人们，和谐生活。镜头里，富饶的沃土，人杰地灵。这是我的镜头——百家千户好，万里山河美；秀丽华夏，壮美中国！	44秒
思想道德模范篇	他，助人为乐。他，见义勇为。他，孝老爱亲。他，敬业奉献。战胜困难，乐观积极，牺牲小我，奉献大爱！讲文明，树新风。	58秒

作品	主要内容	时长
构建和谐社会公益广告	在纷繁复杂的文化环境中，你是否已经感觉到这些声音渐行渐远？在各种文化潮流的撞击中，那条华夏文明的主线是否已日渐模糊？让我们重忆流淌千年的古老文化；重拾根植许久的宝贵传统。继承传统文化，弘扬中国精神！	60 秒
中国国家形象－水墨中国	水墨丹青，中国气韵，是儒雅，是坦然，是大度。一叶扁舟，浪逐江上，是从容，是自信，是勇气。山高万仞，海阔天空，是探索，是求知，是进步。繁华似锦，水墨意境，中国的世界，世界的中国。	60 秒
节约能源保护环境主题－浪漫篇	亲爱的，今天不开车好么？好久没坐过你的自行车后座了！怎么这么黑，没开灯啊？我们再吃一次烛光晚宴吧，很久没听你拉琴了！把浪费变成浪漫，节约能源，你也可以如此浪漫！	58 秒
百善孝为先	孝，乃天之经也，地之义也，孝是道德之根本啊！身体发肤，受之父母，不敢毁伤，孝之始也。立身行道，扬名于后世，以显父母，孝之终也。自古以来孝敬父母是中华民族的传统美德，让我们每个人用行动来诠释“百善孝为先”的传统美德。	50 秒
维护版权真经篇	悟空：何方妖孽，敢挡住俺老孙去路！妖怪：大圣息怒！大圣息怒！小的只是想跟大圣谈生意。悟空：哦？你倒是快快说来！妖怪：西天路途遥远艰险，到那里取经费时费力，何不购买翻印的经文呢？悟空：（犹豫地）这个……唐僧：悟空，不可！路漫漫其修远兮，贫僧将不辞辛苦取得真经！打击盗版，维护版权，善哉善哉！	46 秒
诚信经商	做官最重要的是…公正、公正、还是公正！做生意最重要的是…诚信、诚信、还是诚信！有了诚信，做出最真挚的产品；有了诚信，积极纳税建设国家。其实经商就是经营诚信。讲诚信，促和谐	41 秒
读书篇	老吾老，以及人之老；幼吾幼以及人之幼。无言而不信，不德而不报，投我以桃，报之以李。弘扬传统文化，促进社会和谐！	53 秒

中央人民广播电台 广告部

（二）中国长沙国际广告节廉政公益广告获奖作品名单

1. 平面、漫画类

奖项	获奖名称	获奖者
一等奖（1名）	愿者上钩	刘越
二等奖（3名）	慎独	谭德明
	律己如同走钢丝，身不正必半途而坠	刘振华
	连心桥	丁荻
三等奖（5名）	贪官过街，众生诛之	陈树
	二生辩玉	小黎
	廉洁让你安睡	陈树
	贪如火，不遏则燎原	林小叶
	三思而行	张志雄
优秀奖（10名）	禁止通行	唐海怡
	路分两道	刘越
	揪出蛀虫	小黎
	良药	邓丽霞
	廉字钟	周威
	清正廉明失之“薰”臂	廖平益
	纽带	马芳
	变味的公章	张志雄
	不倒翁之谜	郑北
	贿变这样	陈强桂

2. 影视、广播类

奖项	获奖名称	获奖者
一等奖（1名）	正字版	彭军、赵准
二等奖（1名）	1+1版	彭军、赵准
三等奖（2名）	廉政	张毅
	廉政诗文《墨梅》篇	何飚

（三）第三届全国广播广告作品创优评析——公益类广告作品获奖名单

一等奖作品（15 件）

序号	作品名称	单位
1	培养爱心 （体检篇）	广东电台
2	年度最环保车型——自行车	山东电台
3	母亲节， 你给婆婆打电话了吗	浙江电台
4	眼保健操	国际台
5	解救被拐儿童 – 微博在行动	江西电台
6	民族团结 《力量篇》	中央广播电台
7	民族团结公益广告 （感动篇）	新疆电台
8	一辈子一首歌	云南电台
9	和谐社会 “弹琴” 篇	湖北电台
10	对不起没关系	佛山电台
11	普及普通话 （谐音篇）	陕西台
12	迎接青奥会——打破旧习篇	南京雷迪欧广告公司
13	2011 地球关灯日主题公益广告	北京电台
14	母亲节公益广告——成长篇	深圳广电
15	亚残运会 （普语版）	广州电台

二等奖作品（21 件）

序号	作品名称	单位
1	幸福广东	广东电台
2	2010 年上海世博会 《今天的世博， 明天的生活篇》	中央广播电台
3	民族团结 《民族其实就像这样篇》	中央广播电台
4	当写字遇到打字	浙江电台
5	永远爱你上海世博	山东电台
6	关爱老人	黑龙江电台
7	大家的色彩	甘肃电台
8	献出爱心从一元钱开始	青岛电台
9	闯黄灯	佛山电台
10	二十四节气	国际台
11	庆祝中国共产党成立 90 周年 – 史诗篇	江西电台
12	倡环保 促低碳 迎世博	山东电台
13	孝敬父母篇	上海东方广播公司
14	几个 “妈妈” ?	河南电台
15	拒绝吸烟	北京电台
16	关爱地球——地球无国界篇	南京雷迪欧广告公司
17	食品安全 – 猪的梦想	浙江电台

序号	作品名称	单位
18	不能用财富衡量的是人的爱心	内蒙古电台
19	孩子的肩膀	贵州电台
20	幸福 “笔” 记	淄博人民广播电台
21	忙碌的天使们——献给国际护士节	河南电台

三等奖作品（39 件）

序号	作品名称	单位
1	中华传统美德 《百善孝为先篇》	中央广播电台
2	明礼仪 《二手烟危害篇》	中央广播电台
3	得意的电池	河南电台
4	关爱孤独症儿童	西安电台
5	iRadio 公益宣传片 – 亲情篇	远誉广告 （上海） 有限公司
6	解救乞讨儿童公益广告小鱼儿篇	深圳广电
7	禁毒公益宣传	广州电台
8	左行右立、 文明乘梯	湖北电台
9	发现孩子的闪光点	黑龙江电台
10	美好生活	北京电台
11	武松开车 （拒绝酒驾）	厦门电台
12	关爱残障盲道篇	西安电台
13	垃圾分类	广东电台
14	青蛙篇	上海东方广播公司
15	酒后禁驾—武松打虎版	新疆电台
16	关注儿童心理成长 （倾听篇）	陕西台
17	乐活达人	山东电台
18	变相怪杰	云南电台
19	夜半歌声	重庆电台
20	4. 22 世界地球	湖北电台
21	自愿戒毒中心	佛山电台
22	好身体最重要之龟兔赛跑篇	广东电台
23	文明礼仪 《反对酒驾篇》	中央广播电台
24	大学生理性消费苹果篇	西安电台
25	迎世博 畅行中国	山东电台
26	关爱男人	山东电台
27	关一盏灯	山东电台
28	劳动节宣传	湖南电台
29	人口普查 （大小家篇）	广东电台
30	保护动物	广东电台
31	公共自行车	湖北电台
32	节约每一度电， 留住子孙后代的幸福	河南电台

序号	作品名称	单位
33	忠诚婚姻 相伴一生	湖北电台
34	《春节防火 2》	辽宁电台
35	人人自律社会廉洁	湖北电台
36	从容慢生活	江西电台
37	留住城市印记	天津台
38	网购需理性	秦皇岛电台
39	公益口语矫正念诗篇	福建电台

（四）2011 年 8 月税收宣传创意设计大赛获奖作品名单

1. 海报类

奖 项	作 品	姓 名
一等奖	民生	骆丽霞
二等奖	税收取之于民， 用之于民， 造福于民	钟永滔
	税收促进发展， 发展改善民生—轨道篇	张成军
三等奖	发票是保护消费者权益的重要保障	秦世立
	青春大运， 税收同行	宋丹
	有了你的纳税， 才有深圳的辉煌	李森
优秀奖	《国与税》	戚姚军
	税收， 让生活更美好	张翀
	税收与大运同行——税字篇	唐欢
	为国聚财 为民纳税	董晓刚
	偷税没有绿灯可行	李才强
	税收取之于民， 用之于民	耿超
	诚信纳税 共谱和谐社会	白佳静
	诚信纳税， 缺你不可	贺培培
	年年有余， 税税平安	邓水清
	荷花篇	蒋逸群
	开启税收之道	甘锐华
	关注税收 情系民生	乐成竑
	纳税提升幸福指数	王宏飞
	严厉打击假发票	黎秋鸣
	人人纳税， 国家昌盛	龚国维
	依法纳税 强国富民	陈氚
	税收 温度计	吴庞
	税收 · 发展 · 民生	俞锋
	税收促进发展 发展改善民生	宋丹

奖　项	作　品	姓　名
优秀奖		
	税收让生活更美好	齐晓姝
	税收系民生	王宏飞
	税与大运同行	陈碧娇
	携手纳税，共创幸福	刘超
	税收让生活更美好	谢亦伦
	偷税漏税 害人害己	许越荣
	依法纳税	张为
	仪表篇	张洪源

2. 漫画类

奖项	作品名称	姓名
一等奖	遮	唐海峰
二等奖	快，税收人员来了	王铎
三等奖	漏洞	成士璧
	小鸟喝水	廖彩辉
	全凭一张嘴	苏学兵
优秀奖	储蓄	姚海云
	良方	刘志永
	变迁	苏学兵
	错把陷阱当馅饼	蔡晓
	胆大妄为	孙宝欣
	底气不足	张涛
	定心丸	金钊
	反应	杨树山
	狐狸的转变	王远胜
	心往一处想	姬纯浩
	教子	王铎
	救生圈	孙宝欣
	纳税	卿海龙
	税收取之于民用之于民	张宁
	砌长城	尹正义
	巧取	张新江
	税收果树	张裕
	税收列车	张裕
	硕鼠	成士璧
	跳得更高	卢君

奖项	作品名称	姓名
优秀奖	同路	成士璧
	元题	成士璧
	休想过关	金国正
	央视栏目	苏学兵
	也有不要的	李向东
	咱还是不要动这邪念好	韩恩胜
	共和国的纳税人	张明森
	偷税之路不可取	张明森
	做贼心虚	王泽培

3. 动画类

奖项	作品名称	姓名
一等奖	税收让生活更美好	王天蕊
二等奖	聪明人糊涂事	范小军
	纳税人享有保密权	范小军、 李辉
	税收让城市美丽	李秋香
三等奖	法网恢恢， 偷税可耻	唐海峰
	鱼的悔恨	秦永杰
	三国税谈	张燃、 薛战学、 周巍
优秀奖	村官税缘	黄碧亮
	黑脸	方喜泉
	闭门羹	卧之龙
	孙悟空借宝	薛学新
	税收让生活更美好	张璐

（五）2011 年 9 月上海地铁公益广告获奖作品名单

奖项	作品名称	作品简介	获奖单位
金奖 普通组	是超市还是实验室?	镜头聚焦在超市的食品安全添加， 在披露生活里的一些最常添加剂超标的蔬菜瓜果的同时， 也希望以此来呼吁人们不要让生活化的超市变成添加剂、 化学品充盈的实验室。	朱晓燕、 蔡孟篪
金奖 专业组	传统文化失声篇	都说中国上下五千年历史博大精深， 都说中国传统文化源远流长， 可现在传统文化的声音越来越弱， 别让传统美德失声。	北京电通广告有限公司上海分公司

奖项	作品名称	作品简介	获奖单位
银奖 普通组	最后的绿色	操场边的新芽，书桌上的嫩叶，阳光下的茶园，谁都不希望这些消失，作者用反衬的手法来激发大学的危机意识，提醒人们不要让绿色的植物只存在于相片之中。	范白露　复旦大学上海视觉艺术学院
	酒后醉驾	作品上沾满鲜血的车钥匙倒扣在空玻璃酒杯中，很形象地诠释了酒后醉驾的后果，酒后驾车，等同于自杀。	刘景源
	无路可走	以棋盘暗喻现实的交通，在车水马龙的道路上如果都是车，那怎么前进呢？倡导大家少开一天车，道路才会更加畅通。	刘佳
银奖 专业组	蒸笼篇、烧烤篇、火锅篇	中国每年有近300万吨地沟油回归餐桌，别让危害潜伏在我们的生活中。作品告诫消费者地沟油正潜伏在大众的餐桌上，威胁着人们的生命安全，大家应对此关注和警惕，积极参与举报，共同维护食品安全。	麦肯光明广告有限公司
	给野生动物一条出路	人类的过度开发，给野生动物造成了无法弥补的伤害。作品用中国传统的玩具华容道作为一个宣传载体，使人们意识到拯救野生动物的重要性，简单明了的倡导了保护野生动物，也宣传了造成野生动物困境的人类活动，使人们正确认知自己的行为对自然的伤害。	汉唐国际广告
	小动物玩具篇	每个小动物都是生命，喜欢它就要保护它。有别于玩具的带着真诚眼神、毛发凌乱的小动物，让你一眼会被震撼的真实画面，无不在告诉人们关注小动物的生存要时时刻刻，在你需要和不需要的时候。	天联广告有限公司（上海分公司）
铜奖 普通组	杯具系列摩托车篇	悲剧谐音“杯具”，寓意酒后开车如同打碎的杯具，以警示人们酒后驾车的严重后果。	钟星南 宿州学院
	全球变暖，消失的不只是冰川	用冰雪组合成动物的形状，展现在纸上融化的过程。表达全球变暖，冰川融化，动物将面临消失。	钟星南 宿州学院
	食品安全	作品充满童趣。可爱的蔬菜水果们戴上了安全帽，以身作则来抵制对人体有害的各种化学物质的侵害。食品安全，人人有责。	王青青、田霞 建桥学院艺术设计学院
	争做文明“投篮”篇	文明道德的“比赛”，从我做起，争做“前锋”。	杨帆
	生肖每一年，快乐每一天	作品将地铁标志加上几笔，让它们变成十二生肖的模样，憨厚可爱的样子易于给人留下深刻的印象。	刘君姝 上海理工大学

奖项	作品名称	作品简介	获奖单位
银奖 专业组	脚印篇	温室效应和全球变暖已经成为备受瞩目的重大环境问题， 如果我们再不行动， 我们将失去南北极的动物朋友们。	上海唐神广告传播有限公司
	不要这样的未来	作品选择折纸的动物为元素，来警示大家保护动物，否则前一天，孩子们只能通过折纸来知道它们的样子。	上海美术设计有限公司
	下雨天、 下雪天	作品将北京的雪花设计成细菌培养皿， 上海的雨滴设计成化学烧瓶， 以体现人类的行为与环境之间的互动关系。 人类不断乱放污染物来破换地球， 总有一天地球就会以同样的方式来上海我们。	天联广告有限公司（上海分公司）
	挤笑篇	在工地上不停劳作，即使再苦也要乐观，被周围的人们排挤，即使再委屈也要坚强。 只有 10 平方的房间，即使再小也有自我，生活不拥挤，心宽人自由。	上海大慧广告有限公司
	小白菜篇	使用违禁农药生产的有害物质，让小白菜成为健康的罪魁祸首。 拒绝违禁农药，还原蔬果洁净、健康的本质。	上海上广博报堂广告有限公司
优胜奖 普通组	城市需要这一点	“城”与“诚”的结合以毛笔字的形式跃然纸上，一个文明的城市需要加上这一点，坦诚相待、诚信为本。	董兴茹 同济大学
	酒驾 公益类广告	作品运用象棋规则暗喻酒驾的后果：“车”如果想吃掉“帅”，必须要先越过“酒”这步棋。 否则“车”吃掉“酒”，下一步就是灭亡。 作品倡导大家舍酒得安，谨慎驾驶。	沈惠春
	可回收垃圾	这件作品巧妙地利用了中国文字独特的视觉魅力来表现垃圾与有用之物之间的辩证关系。 乍一看， 画面上满废物和垃圾， 可是只要你用心筛选， 从中就能不断圈出有用的材料。	杨怡 同济大学
	垃圾也有家， 请不要走错门	画面上的垃圾桶化身房屋的形状， 被比喻成垃圾的家， 简单而直观地告诉我们垃圾分类的重要性。	赵雨竹 上海海洋大学
	酒后驾车死神如影随形	作者深谙光和影的艺术， 用酒瓶和车投射出了死神的影子， 酒后驾车的后果一目了然。	王一行 同济大学
优胜奖 专业组 1	海洋污染、 森林大火、 空气污染	大自然的妖魔化往往是人类一手造成的。 正如你所看到的画面和文字， 近 50 年来因油类污染已有 1000 多种海洋生物灭绝， 世界上 90% 以上的火灾由人为引发， 大气污染造成的环境与健康损失占中国 GDP 的 7%。 保护环境迫在眉睫。	糖果马广告

奖项	作品名称	作品简介	获奖单位
优胜奖 专业组 1	如果可以回到从前	在一片龟裂的土地上，零零散散地散布着一些鱼的干尸。如果可以回到从前，该是一幅多么美的景象，那时水草丰茂，鱼儿肥壮。在这里告诉大家，要爱护生态，保护水资源。	上海怡东广告有限公司
	爱把血脉相连	作品以无偿献血为创作主题，主要以人物线描剪影为背景，做成管状效果与血袋相连，表达主题思想“爱把血脉相连”。因为每一个献血者都是从血袋采集的，那么把这种采集的管线延长，串成你我他，告诉大家我们一起来奉献关爱，让真情绵延。	上海怡东广告有限公司
	污水篇、尾气篇	浪费能源，亦是无数生命的死亡之源。每一次污染，都是对无数生命的扼杀，减少污染、节约能源，也是对无数生命的最大保护。	上海唐神广告传播有限公司
	暑假作业系列跷跷板、风筝、帆船篇	作业少一点、快乐多一点，关爱儿童成长，还孩子自由天堂。	上海美术设计有限公司
优胜奖 专业组 2	人体下水道	别拿肠道当下水道，关注食品安全，拒绝非法添加。	灵智精实
	海洋生物之水母篇	我们所消耗的每一片塑料，都有可能流入大海，仅仅是太平洋上的海洋垃圾已达 300 多万平方公里，桶装残骸超过了印度的国土面积。	广州无界广告有限公司
	谦让有礼	准备了很久的职位，考研前占座的自习教室，球场上的前锋，阳台上的沙发……每个人都在找自己的位置，总有一个位置我们要让给别人，谦让是美德。	上海大慧广告有限公司
	生命	禁烟是全民话题，看烟上方的烟变化成一个面目狰狞的骷髅头的形状，显示出抽烟的危害性。珍惜生命，远离烟草。	北京新京报传媒有限责任公司
	食品安全之鱼篇、花鸟盘篇	绝世美味，毒韵悠长，鱼盘上的鱼尝了盘中的美食，翻起白肚皮。花鸟盘上的鸟尝了盘中的美食，跌落树下。食品安全关乎生命，呼吁大家关注食品安全问题。	北京电通广告有限公司（上海分公司）

（六）第十八届中国国际广告节“国酒茅台”中国公益广告黄河奖获奖名单

1. 影视类

奖项		名称	内容简介	时长	单位
金奖	创作奖	食物链篇	豹子、鳄鱼、鹤、蛇、鸟儿、老鹰、壁虎、昆虫、爬行虫子、苹果、果树它们形成了一条食物链，而它们的命运与我们吃饭使用的一次性筷子紧密的联系在一起。广告语：请行动支持“星期五用餐自动带筷子”行动。	139 秒	上海激创广告有限公司
	年度奖	飞利浦公益系列——早餐篇	幸福是什么？对于云南金平县铜厂乡小学的孩子们来说幸福是可以吃早餐。12 点钟孩子们提着饭盒疯狂的奔跑在去吃饭的路上，这是他们一天中的第一顿饭，是他们的早餐，白米饭和并不丰盛的素菜他们却吃的津津有味，这就是他们的幸福。广告语：他们的幸福，也许只是我们的一小步	61 秒	上海观池文化传播有限公司
银奖	创作奖	保护物种之熊猫	每一个物种都应该像熊猫一样被保护，如果破坏生态环境，地球上的物种将濒临灭绝，剩下的只有白花花的白骨。	17 秒	乌鲁木齐世鼎轩广告有限公司
	年度奖	节约用水——刷牙篇	干旱地区的他提着水桶站在水笼头下接水，笼头拧到最大却也没有流出一滴水；城市的她要刷牙，挤牙膏的同时打开水笼头，水哗哗地流淌着。我们能帮他们做的其实很简单，不用水的时候关掉水笼头。广告语：请节约用水	33 秒	浙江电视台少儿频道
		交通安全之《开车篇》	一男子下班后拿出手机给家中的太太打电话，但是电话那头刚接通就传来了“你去死”，男子继续自顾自的说着对妻子的问候“下班了，肚子饿了，有没有想我啊，让宝贝儿子跟我说句话……”，电话那头仍然不停的重复着“你去死”，突然付出“吱嘎”急刹车的声音。三成交通事故的原因是由开车打电话所引发 广告语：请注意行车安全。	43 秒	贵州天马传媒有限公司

奖项		名称	内容简介	时长	单位
银奖	年度奖	物种消失篇	老师拿出一张图片让小朋友们来猜，有说外星人的，有说奥特曼的，有说猫的，有小朋友反驳说猫没有那么大的耳朵，小朋友们都在思考着自己记忆中关于动物的印象，大家的想法五花八门，也有小朋友猜不出来而哭泣。其实那是一只大熊猫的素描画，目前，全球多种生物濒临灭绝，也许这一天并不遥远。我们不要伤害动物了，要不然世界上就没有动物啦。广告语：保护野生动物 从现在做起	46 秒	广而告之合众国际广告有限公司
铜奖	创作奖	求成长	清晨一个老头扛着一把锄头去砍树，遇到一棵高大的树就把它砍掉，这棵成年的树可以做成许多的一次性筷子；接着砍倒了一棵大树，这棵对可以制成的筷子是前一棵树的 2/3；走着又砍掉了一棵树，这棵树可以制成的筷子是前一棵的 1/3；走了一段路后发现又有一棵小树，他又砍掉了，这棵树可以制成的筷子是前一棵的 1/3；接着遇到的树制成的筷子也是前一棵的 1/3；最后他遇到的是一棵刚长出土壤的小树苗，已经不能再制成筷子了。请给树一点生长的时间……。广告语：请支持星期五用餐正事筷子，拒绝使用一次性筷子！！	60 秒	上海激创广告有限公司
		进化须净化篇	人们最初步行和骑自行车出行的时候，空气清闲，环境优美；由于社会的进步，四个轮子的汽车逐渐取代了步行和自行车，厂房的不断修建，城市中汽车的增加，环境开始变的不那么美好了，天空中飘满了乌云，山峦也变的不那么青翠，城市中交通越来越拥挤，这是工业文明的进化论。广告语：进化 · 也要净化	48 秒	贵州天马传媒有限公司
	年度奖	交通安全公益广告	开车出行，突然来电话了，是专心开车，还是先接电话，或者左右手同时进行呢？突然一声急刹车。广告语：请您在开车时放下手机	23 秒	河北电视台广告经营管理中心

奖项		名称	内容简介	时长	单位
铜奖	年度奖	留守儿童——完整篇	下课了，老师通知明天要开家长会，一个七八岁的小朋友站在校门口无助的望着来接自家孩子放学的家长，因为他的爸爸妈妈为了让他过上更加幸福的生活都去了很远的地方打工挣钱，将他一个人留在了家里，自己照顾自己的生活，他要独自去一人上学、自己去生火做饭，独自去扛起生活的重担，他的玩伴只有一条小狗，看到别人家的父母追逐自家的孩子，眼神里都是羡慕。他一年中归快乐的日子就是过春节，因为这个时候他可以看到自己的爸爸妈妈。其实，他心中最大的幸福就是有父母陪伴在身边。广告语：请给留守儿童一份完整的爱	60 秒	广而告之合众国际广告有限公司
		飞利浦公益系列——读书篇	破烂的宿舍里，昏暗的灯光下，许多小学生挤在一个房间，三四个学生挤在一张小床上，几个人盯着一本课本大声的朗读，对他们来说幸福是什么？幸福就是可以读书，他们的幸福也许只是我们的一小步。	73 秒	上海观池文化传播有限公司
入围奖	创作奖	低碳生活之荷塘篇	爸爸从荷塘里为宝贝女儿抓了一条漂亮的鱼，女儿很开心将鱼放在鱼缸里养着，但是这条鱼在鱼缸里过的一点也不快活，女儿为了让鱼儿快活起来，于是又将鱼放回了荷塘里。但是，由于向荷塘里倾倒垃圾，荷塘里的水被污染了，鱼儿已经不能在荷塘里生存了，鱼儿发出呼声：还不如永远在鱼缸里，做一只不快乐的鱼……广告语：请保护水资源	54 秒	严卿方艺术设计工作室
		酒驾公益广告——轮胎篇	知道要开车，却在开车前还不停的喝酒，那么能够留下的仅有一只可以转动的轮胎而你的生命将不再跳动。广告语：请勿酒后驾车。	32 秒	杭州一象品牌策划有限公司
		珍惜“她”，那远逝的绿色家园	当最后一条河流干涸的时候，当最后一头小象呼唤不到同伴的时候，当最后一棵大树也消失的时候，当所有的土地都变成荒漠的时候，珍惜“她”那远逝的绿色家园。	33 秒	江西电视台广告中心
		节约用纸保护森林	如果不节约用纸，伐木工人将不停的砍伐树木，鸟儿将失去可以栖息的树木，工厂将排出更多的废气与废水，我们的环境将更加恶化。一棵生长 20 年的树约可造 3000 张 A4 纸。广告语：少用一张纸 地球将多一点绿	60 秒	新乡医学院现代教育技术中心

奖项		名称	内容简介	时长	单位
入围奖	创作奖	绿色行天下	你知道吗？ 一辆小轿车每天的二氧化碳的排放量等于油耗数的2.7倍。 汽车承载方便也应承载责任。 绿色出行 车行天下，期待您的努力。	17 秒	太原市华妙广告有限公司
		奇怪的筷子	餐厅里一个小姑娘、一对年轻情侣、一个小伙子，他们都出现了吃饭的时候无法将筷子从筷笼里抽出来的怪现像，几人都非常的奇怪也非常的郁闷，为什么会出现这种情况呢？ 这时另外一个女生拿出了自己带的筷子准备享受美味的食物了，其他的人才恍然大悟，哦，原来是要减少使用一次性筷子。 广告语：取之思尽，用之思绝	60 秒	哈尔滨师范大学
		美丽瞬间	一群出去玩乐的少女带着相机在湖边拍照，这时其中一个女生惊呼道：“快来看啊，那是鸟儿吧，好多只呢，快来看啊”，所有的人都被她的话吸引了，都注视着同一个方向，突然一只黑色的塑料袋盖在了她的头上，原来那不是什么鸟儿，只是从远方飘来的塑料袋。 广告语：想要美丽瞬间，请环保地球每一天	60 秒	哈尔滨师范大学
		关注留守儿童	他们是一群特殊的孩子，他的爸爸在上海打工；他的爸爸在广州打工，他已经有两年没有见过爸爸了；但是在他们内心有一棵希望的种子。 他们拥有五颜六色的梦想：长大了想自己洗澡、想为妈妈刷锅、想当演员、想当舞蹈家、想当老师、想当造飞机的工程师，他们如花般的笑脸，他们小小的内心拥有美好的愿望，世界同样属于他们。 广告语：关注留守儿童 关注祖国未来	60 秒	漯河市教育电视台
		还我本色	鱼儿在水中欢快的游着，突然一只废弃易拉罐扔下来砸中了这条鱼，接着不断的扔进了牛奶盒，饮料瓶，饼干盒等各种垃圾，河水被严重污染，鱼儿无法生存。 广告语：还我本色	46 秒	严卿方艺术设计工作室
		珍惜能源之《喝光篇》	咕咚，咕咚……再多的水也有喝完的时候。 广告语：节约能源，倡导低碳生活	25 秒	贵州天马传媒有限公司
		小芽的故事	由于城市车辆增加，汽车排放大量尾气，使刚露出地表的小芽无法正常呼吸，需要借助一个防护面罩才可以正常呼吸，爷爷出生的时候环境优美，鸟语花香、河流清澈；到了爸爸出生的时候出现了机器生产，耕作；而到了自己出生的时候满世界都是工厂排出的废气、汽车排出的尾气以及拥堵的交通。 广告语：人与自然需要和谐共存。	52 秒	严卿方艺术设计工作室

奖项		名称	内容简介	时长	单位
入围奖	创作奖	让爱到永远	他的爸爸在车祸中身亡，他无法理解眼前发生的这一切，当他刚刚懂得要去回报父亲的养育之恩的时候，爸爸已经离他而去了。 他是 12 岁的时候爸爸从陕西领养回来的孤儿，爸爸从希望工程了解到刘存宝 7 岁的时候父母双亡，他自己靠打零工，做小生意供养刘存宝读书，天冷了为刘存宝织毛衣，把好吃的都给刘存宝吃，爸爸他给了刘存宝一个真正的家，他教刘存宝要乐善好施，助人为乐，虽然爸爸已经不在了，但是刘存宝会将爸爸的爱进行到底。 广告语：让爱到永远	60 秒	盐城广播电视台广告中心
		节能低碳是一种文明行为	公共场所避免无用照明；少乘电梯爬楼梯；杜绝自来水滴漏；离开办公室关闭一切用电；短途出行，选择骑车或步行；用过的纸重复使用，双面打印，节约用纸。 广告语：节能低碳 绿色生活	42 秒	泰州广播电视传媒集团（台）
		好爸爸、坏爸爸	12 月 5 日，这是一个特殊的日子，是一个小朋友的生日，可是身为消防战士的爸爸却不能陪着他一起过生日，因为这天苏州某造纸厂发生了重大火灾，爸爸要去执行任务。 他认为他既有一个好爸爸又有一个坏爸爸，坏爸爸不能陪着他一起过生日，好爸爸保卫了人民的生命财产安全。向消费战士致敬。	34 秒	常熟市广播电视总台
		少开一天车 让我们的天更蓝	我市目前机动车保有量已经突破 16 万辆，每年机动车排放的二氧化碳高达 1880 吨。 广告语：少开一天车 让我们的天更蓝	19 秒	常熟市广播电视总台
		树－纸－笔	为了方便人们书写，我们所拥有的树木正在减少，每年有近 1，300，000，000 棵大树从地球上消失。 广告语：请节约用纸	59 秒	南通梵高广告设计有限公司
		关爱残障儿童	在无声的角落里，还有许遗留，伸出你的手，传递一份爱，让金色的年华，再也不会在空间里飘流，这个精彩世界 我们应该共同拥有。 广告语：关爱残障儿童	60 秒	南通梵高广告设计有限公司

奖项		名称	内容简介	时长	单位
入围奖	创作奖	老人回家篇	这是发生在中国北方城市的一个真实故事。一个老年痴呆的老人找不到回家的路了，他的儿女们着急的到处在寻找着他，老人从前一天下午的五点一直独自一人在外呆到第二天的上午六点，后来遇到了一位好心的司机，他通过派出所，交通广播台等最终花了三个小时将老人安全的送到了儿女身边，家里都有老人，做儿女们应该做的事情，有了好心人，老人安全的回到了家。	120秒	哈尔滨海润国际广告传播集团
		相信自己篇	人生需要耐心，需要勇气，更需要相信自己，面对梦想的一切，想退缩时不要怀疑，相信自己一定可以，无人喝彩时不要放弃，为自己鼓掌加油努力，胜利终将属于自信的你。广告语：相信自己	34秒	哈尔滨海润国际广告传播集团
		被点燃的不止是香烟	点燃一支烟的同时你的身体也在燃烧，最终将化为灰烬。广告语：被点燃的不只是香烟	60秒	呼兰区广播电视台
		民族团结亲情——汉族母亲篇	十三年前的一天，李仁风在空话连篇捡到一个维吾尔族脑瘫男婴，从此李仁风踏上了寻医治病之路。十几年来老人把所有的爱给了这个小男孩，为给他治病老人花光了所有的积蓄，为了孩子老人制定了康复训练计划。母爱无私坚持不懈，不是亲人胜似亲人。广告语：民族团结一家亲 血浓于水见真情	49秒	博尔塔拉蒙古自治州广告公司
		保护动物——识物篇	请给我们的孩子留下鲜活的记忆！上一代的父母小时候可以见到真实的小狗、小猫还有小鸟，并和他们一起不玩耍，可是若干年后到了子女这一代陪伴孩子们玩耍的只有玩具厂制造的没有生命的玩具，他们需要从书本上才可以看到这些小动物的形状。	51秒	杭州钱江潮企业文化传播有限公司
		不要等什么都‘没有’了	没有倒带，没有 ctrl + z，没有后悔药。广告语：节约能源 保护环境	28秒	马鞍山金家庄区三毛广告策划传播中心
		华文有大美	汉字有许多的偏旁部首，它可以组成不同的字来代表不同的意思，偏旁部首组合可以表示水中的蟹，河中的鱼，奔跑的马儿等许多汉字。广告语：华文有大美	59秒	山东省国际广告有限公司
		活字节水篇	人类要生存，要“活”，就离不开“水”，当水一点点消失的的时候，我们的生命也终将枯竭。因此从现在开始——节水	28秒	青岛崂山广播电视中心

奖项		名称	内容简介	时长	单位
入围奖	年度奖	请勿在公共场所吸烟	餐厅里，别让二手烟伤害我们的同事；KTV 里，大家一起唱歌，别让二手烟伤害我们的朋友；候机大厅里想吸烟，看到有孕妇走过来，收起烟，别让二手烟伤害我们的未来；文明自己 快乐他人。 广告语：请勿在公共场所吸烟	41 秒	泰州广播电视传媒集团（台）
		倡导绿色生活方式	使用环保购物袋，减少使用一次性餐具，绿色出行，节约用水，纸张双面打印，垃圾分类投放。广告语倡导绿色生活方式。	19 秒	张家港电视台
		爱低碳 爱生活	路看似平坦，如果眼光不放长远，尽头就在眼前，我们必须抉择付诸行动——节能、节约、环保。 广告语：爱低碳爱生活	31 秒	遂宁市广播电视台
		节约用水——生活篇	我们每天都离不开水。 渴了要喝水，碗不干净的时候要洗，衣服脏的时候要洗，身上脏了的时候要洗，车子脏了要洗。 可是，水脏了的时候要怎么洗呢？ 请爱护我们的水资源	33 秒	威海市环翠广播电视台 威海明珠广播电视台广告有责任公司
		拒绝食品添加剂——花朵篇	孩子是祖国的花朵，他们需要健康成长，需要健康的食物来加强营养，请拒绝食品添加剂。	29 秒	威海市环翠广播电视台 威海明珠广播电视台广告有责任公司
		关注残疾孩子公益广告	我虽然听不见声音，却可以感受音乐的旋律；我虽然讲不出话语，却同样畅游知识的海洋。 我们拥有自己的梦想。 广告语：关注残疾孩子的明天	41 秒	云南省个旧市电视台
		支教日记——成长篇	志愿支教的第 168 天，有孩子今天过生日，这里的孩子远离父母，有的甚至几年都见不到父母。青年志愿者主动为孩子过生日，并用自己的手机给这个孩子远在他乡的父母打电话，送去问候。传递一份爱，共享成长中的快乐。 共青团关爱农民工子女志愿服务行动。	27 秒	广而告之合众国际广告有限公司
		图书馆篇	安静的图书馆里，所有的同学都在静静的上着自习，两个听音乐的同学打赌，其中一个问，你敢在这里放吗，另一个回答说，这有什么不敢的呢。 突然安静的图书馆有了巨大的杂音，引来了周围人的不满，一个女生跑过来将放音乐男生的手机扔进了垃圾筒里。 有一种勇敢叫文明，文明只差一点点。	28 秒	广而告之合众国际广告有限公司

奖项		名称	内容简介	时长	单位
入围奖	年度奖	民族团结篇	苗族、维吾尔族、藏族、傣族、朝鲜族、彝族、蒙古族、汉族，不同的语言同一个声音，不同的容装同一种风尚，不同的习惯同一脉血缘，不同的民族同一颗中国心。 萍聚成一句话：我爱中国。 广告语：民族团结 中国一心	32 秒	广而告之合众国际广告有限公司
		刘岩篇	美是优雅，美是自信，美是投入，美是勇气，有些事情无法改变，有种美丽却能重生，没有人能停止你的舞步。 刘岩说：我曾跌落却不曾跌倒。	27 秒	广而告之合众国际广告有限公司
		减法篇	冰箱的使用，电子产品的使用，汽车尾气的排放，工厂废气的排放这些都使地球中二氧化碳的含量成倍增加，我们的地球正在慢慢衰弱，我们的家园也正在消失。 广告语：为地球 做一次减法	28 秒	广而告之合众国际广告有限公司
		低碳	想要改善我们生存的环境，那就少开一天车吧，或者选择小排量的车，城市生活会更加美好。 混合动力驱动也是不错的选择，油耗将会大大减少，科学的操作方法也会帮你即省油又环保，未来我们将开户零排放时代，低碳生活，从现在开始。	37 秒	上海中视国际广告有限公司
		志愿成就梦想电影因你而动听	我爱电影，我梦想成为电影的主角，今天我有了自己的观众，可以给大家表演。 广告语：志愿成就梦想 电影因你而动听	33 秒	国家广播电影电视总局电影卫星频道节目制作中心
		保护森林，就是保护人类	由于人们的过度砍伐使得森变成了林，林变成了木，后来也木也消失了，如果没有了森林树木，地球将难以呼吸。 广告语：保护森林就是保护人类	37 秒	青岛崂山广播电视中心
		5·12 三周年系列——干部篇	贾正方 宝山村委书记 78 岁，右眼失明，左眼视力 0.02，对他来说大地震是最痛苦最悲伤的一件事情，5·12 大地震宝山村 95% 的村民房屋倒塌，全村经济损失 27.8 亿元。 经大忠 北川县县长 55 岁 羌族地震中失去 6 位亲人，大地震给群众的生命财产造成了巨大的破坏，给很多家庭带来了幸。 5·12 大地震北川县城一半建筑被夷为平地，城区人口死伤大半。 面对困难与失去亲人的痛苦他们并没有倒下而是在政府的支持与带领全村人们建起了新的家园，保护好老北川建设好新北川，用实际行动把宝山建设的更美好。 2010 年宝山村实现固定资产 48 亿元，GDP25 个多亿元，人均收入超过 3 万元。 北川与宝山都有了新的发展。 从悲壮走向豪迈，这是一个国家的成功。	120 秒	上海观池文化传播有限公司

奖项		名称	内容简介	时长	单位
入围奖	年度奖	5·12三周年系列——孩子篇	5·12汶川大地震他们有了新的名字。 敬礼娃娃郎铮时年3岁，可乐男孩 薛枭时年17岁，芭蕾女孩李月时年11岁，他们都是汶川大地震中的遇难者。 六岁的敬礼娃娃郎铮他拥有金色的梦；21岁的可乐男孩薛枭的梦是蓝色的，他相信一只手可以完成两只手的事情，也相信梦想可以成真；芭蕾女孩李月虽然现在不能像以前那跳舞，但是她的心里依然有这个梦想，13岁的她梦是粉色的。 放飞梦想，这是一个国家的成功。	120秒	上海观池文化传播有限公司
		5·12三周年系列——军人篇	2008年5月13日23点15分，王毅率部急行军180余华里第一个抵达震中汶川，2011年4月在成都烈士陵园内，人们前来祭奠邱光华机组，2008年5月31日14点56分邱光华机组在执行第4次救灾飞行任务时不幸失事。 他们是抗震救灾的英雄，人民解放战士爱人民，他们拼搏在战斗的第一线，救人民于水火中，为了人民他们勇往直前，听党指挥，服务人民，英勇善战。 基石常在，这是一个国家的成功。	120秒	上海观池文化传播有限公司
		5·12三周年系列——农村篇	四川青川灾区农民石光武说有手有脚有条命天大的困难都能战胜，垮那么多的房子光等着是没有用的，他靠着自强不息的坚强品格开始了处自建的道路。 震垮的是房子，震不垮的是人心。 汶川萝卜寨村支书马前国要将萝卜寨的文明与传统继续发扬，传下去。 毁掉的是寨子，毁不掉的是文化。 家园新生，这是一个国家的成功	120秒	上海观池文化传播有限公司
		5·12三周年系列——双蒋篇	蒋小娟现任四川省江油市公安局副政委，被誉为警察妈妈，他曾用自己的乳汁哺育了一个又一个在地震废墟中啼哭的婴儿。 把老百姓装在心里是他们的职责，也是他们的本色。 她说：她是一个人民警察，同时她也是一个母亲，幸福其实就是自己的付出能给别人带来帮助。 和谐幸福，这是一个国家的成功。	120秒	上海观池文化传播有限公司

奖项		名称	内容简介	时长	单位
入围奖	年度奖	5·12 三周年系列——援建篇	有一天我看见许多叔叔阿姨来到我们的家乡，他们说着不同的语言，不分白天黑夜为我们建新家盖新房，从此我们小孩子又有了学习、游戏，大人们又有了工作、休闲的地方，我们的家又变漂亮了。 汶川持大地震灾后重建，18 省累计派驻援建干部 2740 名，累计援建人数超过 31 万多人；对口援建项目 3880 个，对口援建资金 767.3 亿元；援建省市与受援县共建特色产业园区和农业示范园区 24 个；汶川特大地震灾后重建截止 2011 年 4 月，对口中援建基本完成。 世界奇迹，这是一个国家的成功。	120 秒	上海观池文化传播有限公司
		5·12 三周年系列——志愿者篇	“唐山十三义士”王加祥、王宝国、尹福、宋志永、宋久富、曹秀军他们都是经历过唐山大地震的人，当听说汶川地震时，他们义不容辞奔赴灾区第一线支援救灾。 他们觉得这是他们应该做的，每当救出一个生存者的时候他们的心情非常激动。 唐山 13 农民兄弟在灾区呆了 32 天，当时像他们这样的志愿者，已经无法统计。 “抗震救灾爱心大使”陈岩说：对 2008 年那种记忆是永远的，我们在第一时间赶到了现场，我们能做的就尽量去做，能救一个是一个，这对他来说就是幸福。 无疆大爱，这是一个国家的成功	120 秒	上海观池文化传播有限公司
		5·12 三周年系列——东汽重生篇	2008 年 5 月 12 日，14 时 28 分，东方汽轮机厂遭到毁灭性破坏，灾后第 3 天，东汽工人重回岗位，重建启动，灾后一个月，产能恢复到震前 50%以上，创造重建的“东汽速度”；2008 年东汽产产值比 2007 年高了 13%；2009 年东汽新基地建设投产东汽产值超过 160 假亿；2010 年东汽产值 200 亿创造历史记录，风能产能全球排名前 7 位。 东汽重生，这是一个国家的成功。	120 秒	上海观池文化传播有限公司
		兄弟情 团结心——兄弟篇	年轻的时候一个汉族小伙送给维族小伙一把冬不拉，几十年过去了，这把琴依旧完好，琴弦从来没有断过，这就像他们之间的友谊一样从来没有终断过。 两个谁都离不开谁，一个都不能少。 广告语：兄弟情 团结心	27 秒	新疆电视台广告部

奖项		名称	内容简介	时长	单位
入围奖	年度奖	为了你的安全请走人行横道	川流不息的公路上，不遵守交通规则，横穿马路的后果就是可能发生交通事故。 广告语：为了你的安全请走人行横道	20 秒	四川省达州广播电视台
		秩序创造和谐	男声：哎 ~ 哎 ~ 让一下，让一下， 女声一：你挤着我了你。 女声二：哎，你挤什么挤啊你 乘车就像装在广口瓶中一齐要倒出的小物体，一齐倒不但不能全部放出反而可能造成拥堵，因此大家按次序来，就不挤了。 广告语：秩序创造和谐	18 秒	山东省滨州市邹平县广播电影电视中心（邹平电视台）
		让座	一个白发苍苍的老人站在公交车上已经很久了，无人让座，不知道她还要站多久；一个四五岁的小朋友站在公交车上已经很久了，无人让座，不知道她还要站多久；一个孕妇站在公交车上已经很久了，无人让座，不知道她还要站多久。 礼让座位 关爱他人。 同创文明城 争做文明人	18 秒	江苏省常州市武进区广播电视台
		节约用水——洗车篇	一个男子用开着水笼头正在清洗车，而水正在哗啦啦地流淌着，而有些地方由于缺水土地已经龟裂。 如果把洗车白白流淌的水流淌到干旱地区，那里将是一片绿色，生机勃勃。 我们能做的其实很简单。 广告语：请节约用水	28 秒	浙江电视台少儿频道
		学会正确逃生，确保生命安全	发生火灾时要尽快从安全疏散通道逃生，不要因贪恋财务耽误逃生时间；身处高层时，千万不能乘坐电梯或跳楼逃生；当穿过浓烟时，要用毛巾可衣物捂住口鼻，采取弯腰或爬行姿势逃生，切忌不要为了财物重返火场。 广告语：学会正确逃生 确保生命安全	35 秒	北京市中影联文化传媒有限公司
		消防安全，要从个人做起，要从每个家庭做起	蔡明说：现在正是火灾多发的季节，请大家一定要注意消防安全，要安全用火用电，不要乱拉乱接电线，不能超负荷用电，不能使用劣质家用电器，用火时不要离人，在外出时一定要切断电源和燃气管道阀门。 消防安全要从每个人做起，要从每个家庭做起	34 秒	北京市中影联文化传媒有限公司

奖项		名称	内容简介	时长	单位
入围奖	年度奖	爱·地球	冷漠、怨恨、欺诈、见利忘义、自私、残忍、敌视、妒忌、虚荣、损人利己等这些都正在破坏我们地球的和谐。 地球需要的是助人为乐、感恩、和谐、敬老慈幼、友爱、与人为善等将会使地球变的美好、宁静。 广告语：爱·地球	38秒	河北省廊坊市广播电视台
		助残公益广告	2010年亚洲残疾人运动会宣传大使歌手李琛说：5月15日全国助残日这是一个特殊的日子，也是我最开心的一天，我资助了五年的两个聋哑孩子在今天将踏进大学校门开始日夜向往的大学校园生活，悄然间，仿佛看到曾经的自己，从小到大，是那些平凡大众中最不平凡的角色助我一路成长，永远不计回报，永远义无反顾，生命不是短暂的蜡烛，它应该是一柄火炬，在交接给下一个之前，应该尽量让它烧得光亮，当爱在人与人之间互相传递，爱便成了风雨中亘古不变的灯塔，加入进来，因为有你的参与，从此我们的生活充满希望和爱。 广告语：扶残助残 传递爱心	58秒	河北电视台广告经营管理中心
		爱心成就梦想	中国开办的第六所儿童村，成都SOS儿童村，在这里一位妈妈照顾多个失去亲人照顾的孩子，在这里他们营造了一个家庭的环境，这些失去亲人的孩子能够和普通孩子一样的成长，儿童村的宗旨是“一切为了孩子，为了孩子的一切”。广告语：爱心成就梦想	38秒	四川广播电视台广告经营中心
		诚创未来 信者天下	全国人大代表辽宁省道德模范武秀君，一场意外的车祸让她失去丈夫，却留下了巨额债务，她承担起了亡夫所有的外债。 儿子帮她还债，每天仅1元生活费，饿昏在课堂上。 2009年武秀君还清所有的欠款，沙场老板说他做梦都没有想到她将欠款都还给了他。 建筑商说武秀君讲信用，她说话我们相信。 武秀君说：“其实诚信也是一种财富”。 广告语：诚创未来 信者天下	35秒	新民市广播电视台
		天地有正气	他拒人门外，人们却说他是最亲切的人；他满身泥水，人们却说他是最干净的人；他疲惫辛劳，人们却说他是最是最有力量的人；他斤斤计较，人们却说他是最无私的人。 广告语语：天地有正气 民族有脊梁	60秒	沈阳广播电视台

奖项		名称	内容简介	时长	单位
入围奖	年度奖	礼赞生命——魏玲篇	魏玲 20 岁，绵竹汉旺东汽中学学生地震中失去下半身。 2008 年加入“艺术助残计划”，她被誉为“中国的弗达”“希望之星”，她说：“生命中总有一些风雨如果没有风雨又怎么会出现彩虹，我生活在生命的春天里，拥有勃勃生机。”广告语：我们赞美生命因为它生生不息	33 秒	四川广播电视台广告经营中心
		低碳生活——守护地球篇	随手拔插头，每年可减少 197 万吨碳排放；随手关电脑，每年可减少 6000 万吨碳排放；随手关紧水笼头，每年可减少 868 万吨碳排放。 同关爱同守护同一个家。 广告语：低碳主张快乐生活。	33 秒	厦门广播电有限公司视广告
		低碳生活——循环利用篇	低碳很简单，有行动就会有改变（打印纸再来一次可以重复打印）。 让资源转动，它的用途也许有一百种，多一点巧思（废报纸再来一次可以叠成盒子装东西）让环保变得有意思。 再来一次（洗碗水再来一次可以冲马桶）一起爱地球，在每个日子，go－go－go，boy and girl（牛仔裤再来一次可以做成包）re－re－re，recycle. 换个方式再来一次（循环利用让我们再来一次）。 广告语：低碳主张 快乐生活	33 秒	厦门广播电有限公司视广告
		为国聚财为民造福公益广告——沙画篇	一个人能撑起一个家，那么千千万万个人呢？当大家的力量都汇集在一起，我们的城市和生活正在改变，每个人都能得到更多的关怀，向前的脚步走的更快。 广告语：为国聚财 为民造福		厦门广播电有限公司视广告
		礼赞生命——肖笑然篇	肖笑然，3 岁，出生于 5. 12 地震现场。 当时妈妈感到很无助，觉得整个天都快塌下来了，当医生准备给她做手术的时候时候，妈妈意识到她安全了，肖笑然安全的出生了。 孩子成长的过程也是家长恢复建设的过程，等孩子长大了要送她去新建的希望小学上学，好好学习将来回报社会。 广告语：我们赞美生命 因为她生生不息	33 秒	四川广播电视台广告经营中心
		父亲节公益广告《成长的路上，一直有您相伴》	儿童期，父亲给孩子买玩具；青年时期，父亲给孩子提供成长发展的乐器、球类器械；成年期，父亲给孩子提供与家人、朋友沟通的工具，今年父亲节，六月十九日。 广告语：成长的路上，一直有您相伴。	32 秒	贵州天马传媒有限公司

奖项		名称	内容简介	时长	单位
入围奖	年度奖	和谐社会之《热爱篇》	他本来是要当歌星的，只是唱片公司没能发现他，他却成为了一名为游客带来快乐的导游。他本来是要进国家队的，只是中国足球不太景气，他成了一名超市售货员。 他本来是要当画家的，只是鉴赏家们没有眼光，他成了一名的士司机。 他本来是要成为吉他手的，后来他成了一名小学音乐老师。 其实梦想可以换一种方式实现，在平凡的岗位上为他们服务，做出不平凡的业绩。 因为热爱 · 所有精彩，献给所有热爱生活的人们。	60 秒	贵州天马传媒有限公司
		礼赞生命——代国宏篇	代国宏，北川中学学生，5 · 12 地震中失去双腿。 但是他没有丧失生活的信心。 2010 年全国残疾人游泳锦标赛第一名，2011 年四川省运动会游泳金牌。 他说：“人生就是一个大大的赛场，我要超越的不仅仅是对手，更是新的自己，拼搏、激昂、奋进；我在自我超越中重新实现生命的价值”。 广告语：我们赞美生命 因为她生生不息	33 秒	四川广播电视台广告经营中心
		请用你的余光审视自己	乘车的时候化妆，不给后面的车让道，反说后面的司机没有素质；乘车的时候玩手机，差点撞上前面行驶过来的汽车，反说前面的司机不会开车；吃完水果把果皮直接扔到马路上。 广告语：请用你的余光审视自己	44 秒	常州广播电视台
		别让美丽失去颜色	迎面走来一位穿着时髦的漂亮女郎，吸引了路人的眼光，这时她从随身的小包里拿出化妆镜和化妆绵补妆想让自己更加美丽动人，可是她将用过的化妆绵随意的丢在了马路上。 广告语：别让美丽失去颜色。	44 秒	常州广播电视台

2. 广播类、平面类、户外类

奖项	分类与编号	作品名称	参赛单位
金	年度奖/户外类/79	筷子树绿色行动	DDB China Group
	创作奖/平面类/984（3）	饮食篇、装饰篇、虐待篇	DMG 传媒集团
	创作奖/平面类/68（3）	垃圾分类系列	广东省广告股份有限公司
	年度奖/平面类/336（3）	常回家看看系列	杭州及时沟通广告有限公司
	创作奖/广播类/38	走路	沈阳天一智合传媒广告有限公司
银	年度奖/广播类/68	路/关注山区儿童	北京人民广播电台
	年度奖/户外类/1	电梯篇	葛瑞集团－中国
	年度奖/平面类/416（3）	安康计划系列《双拼写字薄之越篇》《田字薄之举篇》《课文薄之跑篇》	广东省广告股份有限公司
	创作奖/广播类/71	“毒”家客栈篇	哈尔滨海润国际广告传播集团
	年度奖/广播类/37	关会儿电脑，出去走一走	河北人民广播电台旅游文化频道
	创作奖/平面类/15	北极熊篇	计冲
	创作奖/平面类/1611（3）	地沟油火锅篇、烧烤篇、蒸笼篇	麦肯·光明广告有限公司
	创作奖/户外类/130（4）	我的环保随身“带”	上海联智广告
	年度奖/广播类/162	上海新语种	上海美术设计有限公司
	年度奖/平面类/42（3）	水是生命之源系列	苏海江
	创作奖/户外类/131（3）	消失	天橙中国传播机构合肥分公司
	创作奖/平面类/470（3）	过度包装 美丽垃圾	新疆金山峰广告装饰工程有限公司
铜	创作奖/户外类/78	创可贴篇	DMG 传媒集团
	创作奖/户外类/49	打水篇	北京电通广告有限公司
	创作奖/户外类/79	会呼吸的 T 恤	北京高触广告传媒有限公司
	年度奖/平面类/309（3）	古意新解	北京互通联合国际广告有限公司
	年度奖/平面类/253（3）	《陆地篇》《天空篇》《海洋篇》	北京灵思远景营销顾问有限公司
	年度奖/广播类/71	说唱迎国庆，RAP 度中秋	北京人民广播电台
	创作奖/广播类/26	构建两型社会，保护环境/我们能做什么	北京人民广播电台
	创作奖/平面类/1457（3）	缺水的传统系列/龙舟赛篇、泼水节篇、沐浴节篇	广东省广告股份有限公司
	年度奖/平面类/140（3）	距离系列：《猩猩篇》/《狮子篇》/《银尾狐篇》	湖南原动力创意传播有限公司
	创作奖/户外类/95	永无止境	刘思任
	创作奖/广播类/31	珍惜水资源/矿泉水篇	西安人民广播电台广告中心

奖项	分类与编号	作品名称	参赛单位
铜	创作奖/户外类/61（3）	低碳环保系列之剪掉电扇、剪掉汽车、剪掉塑料袋篇	厦门东帝士广告有限公司
	年度奖/广播类/8	维护版权真经篇	中央人民广播电台
	年度奖/户外类/48	新八十一难	重庆唐码传媒有限公司
入围	创作奖/户外类/77	菜单篇	DMG 传媒集团
	年度奖/平面类/92（3）	扶贫月捐/童年篇、神马篇、梦想篇	WEME＋世博广告
	年度奖/平面类/94（3）	WWF/扬子鳄篇、黑犀牛篇、白鳍豚篇	WEME＋世博广告
	年度奖/平面类/95（4）	扶贫月捐/扶篇、贫篇、月篇、捐篇	WEME＋世博广告
	创作奖/平面类/1364（3）	互帮互助	安徽高速传媒有限公司
	创作奖/平面类/1365（3）	海底世界	安徽高速传媒有限公司
	创作奖/平面类/1367	生态指纹	安徽高速传媒有限公司
	创作奖/平面类/1368（3）	砍伐是消亡的开始	安徽高速传媒有限公司
	创作奖/平面类/1370	消融－1	安徽高速传媒有限公司
	创作奖/平面类/1371	消融－2	安徽高速传媒有限公司
	创作奖/平面类/1373	比对－1	安徽高速传媒有限公司
	创作奖/广播类/79	戒烟日婴儿版	安徽广播电视台旅游广播
	创作奖/平面类/1480（3）	迁移的鸟巢	安徽六安叶集新春图文广告有限公司
	年度奖/平面类/369（3）	盲道之汽车、摩托车、自行车篇	安徽市场星报社
	年度奖/户外类/56	年画	百比赫广告上海有限公司
	创作奖/平面类/1694	未来高档礼品	半都日报社
	创作奖/平面类/1695	发展绿色经济	半都日报社
	创作奖/平面类/1	犯罪篇	北京导火线创意机构
	创作奖/平面类/2	蘑菇云篇	北京导火线创意机构
	创作奖/平面类/4（3）	车牌篇/1、2、3	北京导火线创意机构
	创作奖/平面类/7	界碑篇	北京导火线创意机构
	创作奖/户外类/15（3）	三国杀之环保扩展包系列 干旱 清泉 森林	北京地下铁道通成广告有限公司
	创作奖/平面类/668	2012 篇之大气污染	北京电通广告有限公司
	创作奖/户外类/47	烧焦的皮肤	北京电通广告有限公司
	创作奖/户外类/48（3）	停车位/动物系列	北京电通广告有限公司
	年度奖/平面类/483（3）	文化缺失系列之《电脑剪纸篇》《电脑书法篇》《电脑国画篇》	北京电通广告有限公司上海分公司

奖项	分类与编号	作品名称	参赛单位
入围	年度奖/广播类/159	声音撞车篇	北京电通广告有限公司上海分公司
	年度奖/户外类/108	《牛头》篇	北京电通广告有限公司上海分公司
	创作奖/平面类/1588	车钥匙篇	北京电通广告有限公司上海分公司
	创作奖/平面类/1589	悟空篇	北京电通广告有限公司上海分公司
	创作奖/平面类/1592	西瓜篇	北京电通广告有限公司上海分公司
	创作奖/平面类/1593	猕猴桃篇	北京电通广告有限公司上海分公司
	创作奖/平面类/1595	世界建筑篇	北京电通广告有限公司上海分公司
	创作奖/平面类/1597	斧子篇	北京电通广告有限公司上海分公司
	创作奖/广播类/85	《办公室》篇	北京电通广告有限公司上海分公司
	年度奖/平面类/305	骨牌	北京互通联合国际广告有限公司
	年度奖/平面类/179	菜牌篇	北京蓝色广告有限公司
	年度奖/平面类/298	人头马篇	北京蓝色广告有限公司
	年度奖/户外类/41	渴望篇	北京蓝色广告有限公司
	创作奖/平面类/682（3）	还能洗多久系列	北京蓝香蕉广告有限公司
	创作奖/平面类/989（3）	陆地篇、天空篇、海洋篇	北京灵思远景营销顾问有限公司
	年度奖/广播类/66	请不要占用盲道/体验篇	北京人民广播电台
	年度奖/广播类/70	嘿！ 别忘了/2011 地球关灯日公益广告	北京人民广播电台
	年度奖/广播类/73	拒食鱼翅/童言无忌篇	北京人民广播电台
	创作奖/广播类/27	构建两型社会，保护环境/乐音篇我们能做什么	北京人民广播电台
	创作奖/平面类/6	盛宴篇	北京盛世至尊投资有限公司
	创作奖/平面类/1449（5）	生命储蓄	北京市信息管理学校
	创作奖/平面类/1452（3）	条形码	北京市信息管理学校
	年度奖/平面类/189	索？ 锁？	北京首都机场广告有限公司
	年度奖/户外类/16	随意开启，后果自负/开瓶器篇	北京首都机场广告有限公司
	年度奖/户外类/20（3）	反腐迷宫/老马识途篇、左右逢源篇、迷途知返篇	北京首都机场广告有限公司
	年度奖/户外类/33	致命一击/骷髅篇	北京首都机场广告有限公司
	年度奖/户外类/38	还能抽多久？ /仙人球篇	北京首都机场广告有限公司
	年度奖/户外类/40	关注老年幸福之拐杖篇	北京首都机场广告有限公司
	创作奖/平面类/509	局长的饭票	北京首都机场广告有限公司
	创作奖/平面类/584	门神兼差之二	北京首都机场广告有限公司
	创作奖/平面类/585	两全其美 VS 两败俱伤	北京首都机场广告有限公司
	创作奖/平面类/718	挣扎	北京首都机场广告有限公司
	创作奖/平面类/721	记忆	北京首都机场广告有限公司

奖项	分类与编号	作品名称	参赛单位
入围	年度奖/平面类/210（3）	1. 不穿衣服的王子 2. 现货流浪兔 3. 睡墙角的灰姑娘	北京壹捌零整合营销传播公司
	创作奖/平面类/313	注意食品安全/蝎子	查胜利
	创作奖/平面类/314	注意食品安全/蜘蛛	查胜利
	创作奖/平面类/316	塑造形象新境界/孔子	查胜利
	创作奖影视/42	植物大战僵尸	长春师范学院传媒科学学院
	创作奖/平面类/923（3）	名胜古迹	长春师范学院传媒科学学院
	创作奖/平面类/927（3）	古今	长春师范学院传媒科学学院
	创作奖/平面类/928（3）	绝密文件	长春师范学院传媒科学学院
	年度奖/平面类/286（3）	书名系列：《谁弄了我的奶粉》篇、《我的悲剧不该复制》篇、《拿什么拯救我的未来》篇	长沙反正广告有限公司
	年度奖/户外类/59（3）	书名系列：《谁弄了我的奶粉》篇、《我的悲剧不该复制》篇、《拿什么拯救我的未来》篇	长沙反正广告有限公司
	创作奖/平面类/13	屁股（丘吉尔篇）	长沙天橙广告策划有限公司
	创作奖/平面类/14	屁股（香奈儿篇）	长沙天橙广告策划有限公司
	创作奖/平面类/1130	树的遗书	常熟市海威广告有限公司
	创作奖/平面类/757	地球经不起这样汲取	陈厚
	创作奖/平面类/457	白色恐怖	陈厚
	创作奖/平面类/459	现代山水	陈厚
	创作奖/平面类/461	please stop Global warming now	陈厚
	创作奖/平面类/711（3）	不要让自己成为谋杀你的元凶	成都君盛元熙广告有限公司
	创作奖/平面类/1033（3）	尾气污染/鳄鱼、老虎、蟒蛇篇	创天公交车体网络联合广告有限公司
	创作奖/平面类/1035（3）	节约资源/牛刀、大炮、超重机篇	创天公交车体网络联合广告有限公司
	创作奖/平面类/1036（3）	像素化食品/染色馒头、激素黄瓜、瘦肉精篇	创天公交车体网络联合广告有限公司
	创作奖/平面类/1045	食品安全/蘑菇篇	创天公交车体网络联合广告有限公司
	创作奖/户外类/76	保护野生动物之鱼翅篇	创天公交车体网络联合广告有限公司
	年度奖/平面类/52（3）	全民参与关注生存环境	达州市宝文阁广告传媒有限责任公司

奖项	分类与编号	作品名称	参赛单位
入围	年度奖/平面类/75	助力环保/虎鲸篇	大连晚报社
	年度奖/平面类/78	助力环保/熊猫篇	大连晚报社
	创作奖/平面类/209（3）	保护森林 “竹”已证明	德清游子吟文化传播有限公司
	年度奖/平面类/178（3）	污水系列/游泳、水枪、叉鱼	电通东派广告有限公司
	创作奖/平面类/545（3）	新唐诗系列	东北林业大学
	创作奖/平面类/554（3）	电为你狂	东北林业大学
	创作奖/平面类/575	无纸化办公	都市时报
	年度奖/平面类/255	GREENPEACE/褐色骨筷篇	峰尚品牌顾问机构
	年度奖/平面类/257	WWF/小孩篇	峰尚品牌顾问机构
	年度奖/平面类/258	酒驾公益/定时炸弹篇	峰尚品牌顾问机构
	创作奖/平面类/979（3）	GREENPEACE/壁纸系列	峰尚品牌顾问机构
	创作奖/平面类/896	难道这是非洲熊猫	佛山市北奥广告传媒有限公司
	年度奖/平面类/254（4）	四大名著（西游记篇、三国演义篇、红楼梦篇、水浒传篇）	佛山市华纳梅克广告有限公司
		《禁止非法盗猎》系列	佛山市雅典广告传媒有限公司
	创作奖/平面类/934（3）	从小事做起－系列	佛山市雅典广告传媒有限公司
	创作奖/平面类/1265（4）	爱护生命、平安出行/酒驾系列1－4幅	福建省诏安广告美术装璜有限公司
	年度奖/平面类/502	保护环境之《滴漏篇》	福建新恒基广告有限公司
	年度奖/平面类/503	保护环境之《沙漏篇》	福建新恒基广告有限公司
	年度奖/平面类/504（3）	禁止捕杀系列/雪豹篇、麋鹿篇、犀牛篇	福建新恒基广告有限公司
	创作奖/平面类/870	把你的钱还给大自然	甘肃省广告美术公司
	创作奖/平面类/771	酒驾之后	赣州市联初广告传媒有限公司
	创作奖/平面类/710	生命/干涸	个人/南开大学
	创作奖/平面类/1493	黄河公益两型社会　儿童系列1	广东广旭广告有限公司
	创作奖/平面类/1494	黄河公益两型社会　儿童系列2	广东广旭广告有限公司
	创作奖/平面类/1496（3）	赤壁篇、滕王阁篇、瀑布篇	广东广旭广告有限公司
	创作奖/平面类/1497（3）	沉默系列	广东广旭广告有限公司

奖项	分类与编号	作品名称	参赛单位
入围	创作奖/平面类/1500（3）	惬意中国系列	广东广旭广告有限公司
	创作奖/平面类/1502	入骨系列2	广东广旭广告有限公司
	创作奖/户外类/100	软实力系列/刺绣	广东广旭广告有限公司
	创作奖/户外类/101	软实力系列/刻章	广东广旭广告有限公司
	创作奖/户外类/102	笔笼子篇（活动主题板）	广东广旭广告有限公司
	创作奖/户外类/103	麦芽糖动物/企鹅篇（样板）	广东广旭广告有限公司
	创作奖/平面类/623	难道真的要等到这一天吗?森林篇	广东轻工职业技术学院艺术设计学院
	创作奖/平面类/900（3）	环境保护之塞车篇、生活篇、自然篇	广东省佛山市北奥广告传媒有限公司
	年度奖/平面类/415（3）	反暴力拆迁系列《菜刀篇》《斧头篇》《手枪篇》	广东省广告股份有限公司
	年度奖/户外类/97	公益（媒体创意）－《死神来了》	广东省广告股份有限公司
	年度奖/户外类/98	公益（媒体创意）－请勿酒后驾车	广东省广告股份有限公司
	创作奖/平面类/1455（3）	灾区援手系列/举手篇、筷子篇、铅笔篇	广东省广告股份有限公司
	创作奖/平面类/1456（3）	入侵系列/蝎子篇、蜘蛛篇、杀手篇	广东省广告股份有限公司
	创作奖/平面类/1458（3）	绝望系列/沙漠篇、城市篇、水篇	广东省广告股份有限公司
	创作奖/平面类/1459（3）	海平面系列/珠穆朗玛峰篇、青藏平原篇、怒江大海沟篇	广东省广告股份有限公司
	创作奖/平面类/1460（3）	窒息系列/海洋篇、沙子篇、烟雾篇	广东省广告股份有限公司
	创作奖/平面类/1461（3）	核爆系列/城市篇、油井篇、工厂篇	广东省广告股份有限公司
	创作奖/平面类/1462（3）	毒居系列/河豚篇、蟾蜍篇、蜥蜴篇	广东省广告股份有限公司
	创作奖/平面类/1463	寿星篇	广东省广告股份有限公司
	创作奖/平面类/1464（3）	动物生存空间系列/大象篇、野猪篇、鲨鱼篇	广东省广告股份有限公司
	创作奖/平面类/1465（3）	减少碳排，拯救动物系列/北极熊篇、海豹篇、企鹅篇	广东省广告股份有限公司
	年度奖/平面类/6	手机礼仪－京剧篇	广东省广告股份有限公司北京分公司

奖项	分类与编号	作品名称	参赛单位
入围	年度奖/平面类/7	手机礼仪－演讲篇	广东省广告股份有限公司北京分公司
	创作奖/平面类/69（3）	中国功夫系列之功夫篇 1、功夫篇 2、功夫篇 3	广东省广告股份有限公司武汉分公司
	创作奖/平面类/70	高跟鞋篇	广东省广告股份有限公司武汉分公司
	创作奖/平面类/71	遗像篇	广东省广告股份有限公司武汉分公司
	创作奖/平面类/72	立及篇	广东省广告股份有限公司武汉分公司
	创作奖/户外类/6	互动饮水桶篇	广东省广告股份有限公司武汉分公司
	年度奖/平面类/429（3）	保护野生动物系列/豹篇、海狮篇、鳄鱼篇	广东时代阳光广告有限公司
	年度奖/平面类/247（3）	动物抗议游行/污水篇、废气篇、伐木篇	广东思域广告有限公司
	年度奖/平面类/249（3）	反恐食战/核爆篇、炸弹篇、榴弹篇	广东思域广告有限公司
	年度奖/平面类/251（3）	警惕！ 食品安全（生化篇、辐射篇、毒品篇）	广东思域广告有限公司
	年度奖/平面类/244	不要一次性	广东新路广告有限公司
	创作奖/平面类/1535	失去资源 如何前进	广东新路广告有限公司
	创作奖/平面类/779	人护自然，自然护人	广东新路广告有限公司
	创作奖/平面类/780	资源钟	广东新路广告有限公司
	创作奖/平面类/1469（3）	关注盲道系列	广州交易会广告有限公司
	创作奖/平面类/990（3）	废品利用，低碳生活之/易拉罐篇、足球篇、纸团篇	广州市白羊广告有限公司
	年度奖/平面类/89	废电池/生根篇	广州无形广告有限公司
	创作奖/平面类/449	碳排放/尾气篇	广州无形广告有限公司
	创作奖/平面类/450	碳排放/烟囱篇	广州无形广告有限公司
	创作奖/户外类/73	生态沙漏之海洋篇	广州喜马拉雅广告有限公司
	创作奖/户外类/74	生态沙漏之沙漠篇	广州喜马拉雅广告有限公司
	年度奖/平面类/262（5）	腐败系列之吃喝篇、赌博篇、金钱篇、女人篇、铁链篇	贵州城市档案文化传播有限公司
	创作奖/平面类/1056（3）	低碳出行	贵州高速广告有限公司
	创作奖/平面类/1060	珍惜水资源/井绳篇	贵州高速广告有限公司
	创作奖/平面类/1066（3）	关注西部贫困儿童之汉堡篇、苹果篇、农夫山泉篇	贵州高速广告有限公司
	创作奖/平面类/1030（3）	城市污染系列	贵州商业高等专科学校贸经系广告工作室

奖项	分类与编号	作品名称	参赛单位
入围	创作奖/平面类/1005	失物招领/手绢	贵州省六盘水市邮政局广告公司
	创作奖/平面类/1052	中国戏曲	贵州省遵义市白马创意设计有限公司
	创作奖/平面类/243（3）	循环系列（废纸篇、废电池篇、废矿泉水瓶篇）	贵州盛唐企划传播有限公司
	年度奖/平面类/272	公民道德之《毕升篇》	贵州天马传媒有限公司
	年度奖/平面类/273	公民道德之《蔡伦篇》	贵州天马传媒有限公司
	年度奖/广播类/104	国际聋人日之《方言篇》	贵州天马传媒有限公司
	年度奖/户外类/76	关爱流浪者之《垃圾箱篇》	贵州天马传媒有限公司
	年度奖/平面类/106	低碳生活，一路为风景谱曲	哈尔滨工大集团广告传媒有限公司
	创作奖/平面类/541（4）	1. 山崩地陷，党做“梁” 2. 洪水泛滥，党做“舟” 3. 暴雨冰雹，党做“伞” 4. 台风海啸，党做“堤”	哈尔滨广维营销策划有限公司
	创作奖/平面类/1098（3）	老照片系列/鸟巢篇、纽约篇、悉尼篇	哈尔滨海润国际广告传播集团
	创作奖/平面类/1146（3）	疯狂公交车系列/启动篇、刹车篇、转弯篇	哈尔滨海润国际广告传播集团
	创作奖/广播类/67	见与不见篇	哈尔滨海润国际广告传播集团
	创作奖/平面类/536（3）	失色	哈尔滨市希望鸟文化传播有限责任公司
	创作奖/平面类/531	公益广告/二氧化碳篇	哈尔滨晓升广告传播有限公司
	创作奖/平面类/1222（3）	尊老爱幼 亲情无价	哈尔滨中航广告有限公司
	年度奖/平面类/5（3）	万绿园文明行为系列/地雷篇、手雷篇、手榴弹篇	海口红广广告有限公司
	创作奖/平面类/712（3）	生存空间	海南智艺阳光设计工作室
	创作奖/平面类/1240（3）	反对转基因食品系列	杭州及时沟通广告有限公司
	创作奖/平面类/1228	小心地雷/扫雷篇	杭州钱江潮企业文化传播有限公司
	创作奖/平面类/1244（3）	保护儿童/眼睛篇、耳朵篇、嘴巴篇	杭州之盛广告有限公司
	年度奖/广播类/133	杜绝高空抛物	合肥人民广播电台
	年度奖/广播类/145	2011 年端午节公益	合肥人民广播电台
	创作奖/平面类/1475（3）	有醉没醉 不要犯罪/我有醉篇、我没醉篇、我有罪篇	合肥尚意设计有限公司

奖项	分类与编号	作品名称	参赛单位
入围	创作奖/平面类/210	谁知盘中餐？ 粒粒皆辛苦	何立军
	创作奖/平面类/281（3）	烤炉/《冰山篇》、《沙漠篇》、《洪水篇》	河北春秋文化传播有限公司
	创作奖/平面类/282（3）	关注食品安全系列	河北春秋文化传播有限公司
	年度奖/平面类/66	不要拉动那根线	河北省沧州市狮城霓虹广告有限公司
	创作奖/平面类/713	救助孩子	河北唐山劳动日报社广告经营中心
	创作奖/平面类/715	一卷纸 一棵树	河北唐山劳动日报社广告经营中心
	创作奖/平面类/286	酒驾/冲锋	河北天马星宇传媒有限公司
	创作奖/平面类/287（3）	食品添加剂	河北天马星宇传媒有限公司
	创作奖/平面类/289（3）	酒驾/车祸现场	河北天马星宇传媒有限公司
	创作奖/平面类/291（3）	低碳/三国人物	河北天马星宇传媒有限公司
	创作奖/平面类/940（3）	13 亿，我们所剩无几！	河池学院艺术系
	创作奖/广播类/36	关爱残疾儿童心理成长	河南电台信息广播
	年度奖/广播类/27	是在地球生活还是要上天入地？	河南人民广播电台戏曲广播
	创作奖/广播类/2	这样的地球老大你还想当？	河南人民广播电台戏曲广播
	创作奖/平面类/1520（3）	珍爱生存环境，保护我们共同的家园系列公益广告	湖北日报传媒集团三峡晚报
	创作奖/平面类/1529	江河污 湖海浊 泪流干	湖北十堰恒瑞广告营销有限公司
	创作奖/平面类/42	地球篇	湖南木林森文化发展有限公司
	创作奖/平面类/43（3）	塑造未来/系列	湖南木林森文化发展有限公司
	创作奖/平面类/46	扑克牌篇 POKER	湖南木林森文化发展有限公司
	创作奖/户外类/2	地球温度计篇	湖南木林森文化发展有限公司
	创作奖/平面类/103（3）	吞噬或孕育 你来选择	湖南木森林文化发展有限公司
	创作奖/平面类/618（3）	关爱残疾人	湖南双赢通利整合传播有限公司
	年度奖/平面类/74	遮“眼”篇	湖南协力传媒有限公司
	创作奖/平面类/617（3）	距离系列/猩猩篇、狮子篇、银尾狐篇	湖南原动力创意传播有限公司
	创作奖/平面类/194（3）	我的课堂系列/《擦鞋篇》、《打柴篇》、《背篓篇》	湖州长城梅地亚文化传播有限公司
	创作奖/平面类/195（3）	笔记系列/《安全帽篇》、《对讲机篇》、《木工刨篇》	湖州长城梅地亚文化传播有限公司
	创作奖/平面类/196	创伤	湖州长城梅地亚文化传播有限公司
	创作奖/平面类/198	新闻背后	湖州长城梅地亚文化传播有限公司
	创作奖/平面类/300（3）	就要打广告（系列三张）	湖州伟仕达文化传播有限公司

奖项	分类与编号	作品名称	参赛单位
入围	创作奖/平面类/95（4）	滥添一笔，毁你一生（系列四幅之一馒头＋着色剂，之二红心咸蛋＋苏丹红，牛奶＋三聚氰胺，火腿＋敌敌畏）	湖州谢琦文化创意有限公司
	创作奖/平面类/58	吸烟将引爆身体里的炸弹	湖州新青年文化传播有限公司
	年度奖/平面类/39	醉驾＝罪加	淮安市长江广告有限公司
	年度奖/平面类/41（3）	还孩子一个多彩的童年	淮安市长江广告有限公司
	创作奖/平面类/1302	关注青少年早熟问题/花生篇	吉广传媒集团有限公司
	创作奖/平面类/1310	非物质文化遗产的传承/门神篇	吉广传媒集团有限公司
	创作奖/平面类/1360	非物质文化遗产的传承/皮影篇	吉广传媒集团有限公司
	创作奖/平面类/1358（3）	节约用水，从现在做起	吉林大学艺术学院
	年度奖/平面类/357（3）	信心武器之狼牙棒、双节棍、炸弹	吉林省青年力量文化创意传媒有限公司
	创作奖/平面类/1296	气薄云天	吉林省青年力量文化创意传媒有限公司
	创作奖/平面类/1323	生活必需品	吉林市大禹广告有限责任公司
	年度奖/广播类/124	城市里的抢滩登陆战	吉林市经济广播电台
	创作奖/平面类/16	企鹅篇	计冲
	创作奖/平面类/1442	保护动物－1	济南市公共交通总公司公交广告公司
	创作奖/平面类/1443	保护动物－2	济南市公共交通总公司公交广告公司
	年度奖/平面类/86	文明行为时刻相伴	嘉兴日报报业传媒集团
	年度奖/平面类/87	污	嘉兴日报报业传媒集团
	创作奖/平面类/338	关注民生 关注老百姓购房问题	嘉兴日报报业传媒集团
	创作奖/平面类/123（3）	环保公益海报《十年后》、《二十年后》、《三十年后》	江门市万捷广告策划有限公司
	创作奖/户外类/32（3）	资源节约与环境保护之百善孝为先	江苏恒舞传媒有限公司
	创作奖/户外类/82（3）	绿色拼图之北极熊、犀牛、鹿篇	江苏华建传媒发展有限公司
	年度奖/平面类/22	品味系列－常熟城市形象2	江苏华实广告有限公司
	年度奖/平面类/24	龙舟共济	江苏华实广告有限公司

奖项	分类与编号	作品名称	参赛单位
入围	年度奖/平面类/27	特价树篇	江苏华实广告有限公司
	年度奖/平面类/32	污点	江苏华实广告有限公司
	年度奖/平面类/33	五分之一	江苏华实广告有限公司
	年度奖/平面类/34	保护野生动物 –VIP 卡篇	江苏华实广告有限公司
	创作奖/平面类/170	电量已不足	江苏技术师范学院
	创作奖/平面类/178	保护环境，呵护孩子的心灵	江苏技术师范学院
	创作奖/平面类/342	关注全球变暖导致海平面上升问题	江苏技术师范学院 艺术设计学院
	创作奖/平面类/1127（3）	破坏力极大 –1 2 3	江苏金鼎广告传播有限公司
	创作奖/平面类/495（3）	提高消防安全意识迫在眉睫（系列 1. 2. 3）	江苏金鼎广告传播有限公司
	创作奖/平面类/1184	食品安全/瘦肉精篇	江苏瑞晟传媒有限公司
	创作奖/平面类/1185	食品安全/染色馒头篇	江苏瑞晟传媒有限公司
	创作奖/平面类/1194（3）	反腐倡廉之/观、听、言	江苏省镇江市美生广告有限公司
	创作奖/平面类/1093（3）	水墨/消失的动物	江苏天翔广告传媒有限公司
	创作奖/平面类/1133（3）	垃圾分类/废纸篇、易拉罐篇、塑料袋篇	江苏天翔广告传媒有限公司
	创作奖/平面类/1134（3）	消失的动物/兽类篇、鸟类篇、鱼类篇	江苏天翔广告传媒有限公司
	创作奖/平面类/758	最后的晚餐	江西方圆传播机构
	创作奖/平面类/760	食之被食 –1	江西方圆传播机构
	创作奖/平面类/762	自杀 –1	江西方圆传播机构
	年度奖/户外类/62	我要飞（火车篇）	江西赣州创一广告策划有限公司
	年度奖/平面类/181	请爱护动物，别让它们也成为传说	江西省景德镇百花广告有限公司
	创作奖/平面类/1382	二手烟/孕妇篇	金鹃广告股份有限公司
	创作奖/平面类/1383	二手烟/母女篇	金鹃广告股份有限公司
	创作奖/平面类/1384	二手烟/主妇篇	金鹃广告股份有限公司
	创作奖/平面类/852	请将质量一贯到底	酒钢（集团）智美广告装潢工程有限责任公司
	创作奖/平面类/853	门神	酒钢（集团）智美广告装潢工程有限责任公司
	创作奖/平面类/8（3）	小添加大危害	康诗垒
	创作奖/平面类/9	海面上升与您有关	康诗垒
	创作奖/平面类/883	痛则不通	昆明白宇现代广告有限公司
	创作奖/平面类/109	少林寺	昆明意扬广告有限公司
	创作奖/平面类/111（3）	环保系列（侵山掠水篇、山倾水锈篇、山穷水尽篇）	昆明意扬广告有限公司

奖项	分类与编号	作品名称	参赛单位
入围	创作奖/平面类/578（3）	皮纹	昆明优势时代广告有限公司
	创作奖/平面类/873	胃你还好吗?	兰州日报社兰州晚报广告处
	年度奖/户外类/2	保险柜	乐清市白马广告事业有限公司
	创作奖/广播类/6	反醉驾之看病片	辽宁天之传媒有限公司
	创作奖/平面类/240（4）	守卫者	辽宁鑫星光明传媒产业有限公司
	创作奖/平面类/85（4）	善待它们系列	刘锡龙
	创作奖/平面类/87（3）	广州血液中心系列	刘锡龙
	创作奖/平面类/88（4）	迷失的动物系列	刘锡龙
	创作奖/平面类/89	和谐	刘锡龙
	创作奖/平面类/92	完整/老虎篇	刘锡龙
	创作奖/平面类/93（4）	生活低碳系列	刘锡龙
	年度奖/平面类/386	食品扫黄打黑系列/扫黄篇	绵阳莱德广告有限责任公司
	创作奖/平面类/557（4）	爱护环境（系列）	牡丹江市邮政广告中心
	创作奖/平面类/568（3）	环保低碳系列公益广告/《手帕篇》、《插座篇》、《竹篮篇》	牡丹江新闻传媒集团广告公司
	创作奖/平面类/41（3）	公益食品安全（酒精灯篇/面具篇/显微镜篇）	内江市支点广告有限责任公司
	创作奖/平面类/232	食品安全/危害猛于虎	内蒙古博洋广告有限责任公司
	创作奖/平面类/233	食品安全/鸡翅篇	内蒙古博洋广告有限责任公司
	创作奖/户外类/35	赛龙舟	内蒙古博洋广告有限责任公司
	年度奖/平面类/184（3）	适者生存《长颈鹿篇》《大象篇》《火烈鸟篇》	南昌公交广告公司
	年度奖/户外类/69	地球一小时《宣誓》	南昌公交广告公司
	创作奖/平面类/551（3）	环境保护系列	南京博尚广告传播有限公司
	创作奖/广播类/44	学生减负/《不够大篇》	南京雷迪欧广告公司
	创作奖/广播类/45	迎接青奥会/《打破旧习》篇	南京雷迪欧广告公司
	创作奖/平面类/418	环保（终结、开始）	南京威汉广告传播有限公司
	创作奖/平面类/706（6）	你“被”时代了吗？/系列	聂文
	年度奖/户外类/103	控制全球变暖候车亭广告	宁波传立空间艺术工程有限公司
	年度奖/平面类/49	现代艺术	庞朝辉
	创作奖/平面类/217	环保之家	庞朝辉
	创作奖/平面类/218	遗产	庞朝辉

奖项	分类与编号	作品名称	参赛单位
入围	创作奖/平面类/219	移动垃圾桶	庞朝辉
	创作奖/平面类/222	开车非游戏	庞朝辉
	创作奖/平面类/224	环保好风尚	庞朝辉
	创作奖/平面类/225	吾言文明	庞朝辉
	创作奖/平面类/1022	让读书成为每天的习惯	黔南州广告有限公司
	年度奖/平面类/495	关爱野生动物，保护地球	青岛盛世奥海文化产业有限公司
	年度奖/平面类/496	关爱野生动物，保护地球	青岛盛世奥海文化产业有限公司
	创作奖/平面类/1686	公益广告/关爱老人篇 1	青岛盛世奥海文化产业有限公司
	创作奖/平面类/1687	公益广告/关爱老人篇 2	青岛盛世奥海文化产业有限公司
	年度奖/平面类/223	转瞬即逝 1	青岛天马广告有限公司
	年度奖/平面类/224	转瞬即逝 2	青岛天马广告有限公司
	创作奖/平面类/380（3）	茶缸篇、水壶篇、水杯篇	庆阳市协力广告有限公司
	年度奖/平面类/207	珍惜水资源之大象篇	庆阳市协力广告有限公司平凉分公司
	创作奖/平面类/755	关爱色盲，拒绝歧视	庆阳市协力广告有限公司平凉分公司
	年度奖/平面类/83	一片纸，一片森林	衢州日报社
	年度奖/平面类/85（3）	节约用电之《盗》、《耗》、《惜》篇	衢州日报社
	创作奖/平面类/296	随着森林的消失，动物也将消失	衢州市宏诚公交广告有限公司
	创作奖/平面类/334	新进化史	衢州市今日交通广告有限公司
	年度奖/平面类/235	别再对我用牛肉膏了！	泉州晚报社
	年度奖/平面类/238	民族团结 血脉相连	泉州晚报社
	年度奖/平面类/240	关注留守儿童	泉州晚报社
	年度奖/平面类/242	同在一面旗帜下　活字印刷篇 1	泉州晚报社
	创作奖/平面类/250	环保海洋球篇	融创传播机构
	创作奖/平面类/252（3）	救生圈系列	融创传播机构
	创作奖/平面类/255	环保企鹅篇	融创传播机构
	创作奖/平面类/256	环保雪人篇	融创传播机构
	创作奖/平面类/384	林业碳汇系列之金字塔篇	融创传播机构
	创作奖/平面类/388	炙	融创传播机构
	创作奖/平面类/132	鸟的新衣篇	沙峰工作室
	创作奖/平面类/133	美好生活篇	沙峰工作室
	创作奖/平面类/134	人与城市	沙峰工作室
	创作奖/平面类/156	廉洁奉公，莫入迷宫	山东省滨州市邹平县广播电影电视中心（邹平电视台）

奖项	分类与编号	作品名称	参赛单位
入围	创作奖/户外类/98	WWF－低碳出行	山东通广传媒广告有限公司
	创作奖/平面类/1444（3）	残食系列餐叉篇、餐刀篇、筷子篇	山东信通时代传媒有限公司
	创作奖/平面类/1446	民以添为食	山东信通时代传媒有限公司
	年度奖/广播类/51	幸福就是一二三	陕西广播电视台
	年度奖/广播类/52	拒绝酒驾（劝酒篇）	陕西广播电视台
	年度奖/广播类/53	爱家行动篇	陕西广播电视台
	年度奖/广播类/54	普及普通话（谐音篇）	陕西广播电视台
	创作奖/广播类/17	购买环保车型（小尾巴篇）	陕西广播电视台
	创作奖/广播类/18	两型社会（循环利用篇）	陕西广播电视台
	创作奖/广播类/20	拯救生存环境	陕西广播电视台
	创作奖/广播类/23	拒绝过度包装（包子篇）	陕西广播电视台
	创作奖/广播类/24	环保从自身做起	陕西广播电视台
	年度奖/广播类/93	文明行车/外遇的误会篇	陕西广播电视台
	年度奖/广播类/98	父爱如车/父亲节公益	陕西广播电视台
	创作奖/平面类/1644（3）	省的不只是你所用的之水、电、纸系列	上海《理财周刊》传媒有限公司
	年度奖/户外类/111（3）	海派环保/落场水篇、混呛水篇、天水界篇	上海大众广告有限公司
	创作奖/平面类/1624（3）	地球情绪/发火篇、震怒篇、咆哮篇	上海大众广告有限公司
	创作奖/户外类/127（6）	关注贫困	上海电力广告有限公司
	年度奖/广播类/46	你有篇	上海东方广播有限公司
	创作奖/平面类/890	少用一次性筷子，少撕一棵树	上海激创广告有限公司
	年度奖/户外类/110	全球变暖/救生艇篇	上海佳捷广告有限公司
	创作奖/户外类/121（3）	意外的邻居系列搞	上海蓝梦广告有限责任公司
	年度奖/平面类/466（3）	暑假作业	上海美术设计有限公司
	创作奖/平面类/1582（4）	一年一遇/干旱篇、暴雪篇、暴风篇、洪水篇	上海美术设计有限公司
	创作奖/平面类/1577（3）	如此“言传身教”系列稿	上海上广博报堂广告有限公司
	创作奖/平面类/1667（3）	禁烟公益稿/“危烟耸听”不识抬举篇、出口伤人篇、低人一等篇	上海上广博报堂广告有限公司
	创作奖/平面类/1672（3）	食品安全公益稿/“假如那些年就有塑化剂”曹操篇、关羽篇、诸葛亮篇	上海上广博报堂广告有限公司

奖项	分类与编号	作品名称	参赛单位
入围	创作奖/平面类/1613	绿色和平组织/尾气篇	上海唐神广告传播有限公司
	创作奖/平面类/1614	绿色和平组织/污水篇	上海唐神广告传播有限公司
	创作奖/平面类/1615	WWF/灯泡篇	上海唐神广告传播有限公司
	创作奖/平面类/1616	WWF/脚印篇	上海唐神广告传播有限公司
	创作奖/平面类/1628	悟空打假/西瓜篇	上海腾隆广告有限公司
	创作奖/平面类/22	珍惜资源	上海雅仕维广告有限公司
	创作奖/平面类/28	保护环境/限塑	上海雅仕维广告有限公司
	创作奖/平面类/1655	我不是黑熊猫	上海盈加广告有限公司
	创作奖/平面类/1689（3）	《“被绿化”》/《“To be green”》；《“被生长”》/《“To be growth”》；《“被陆地”》/《“To be land”》	深圳市飞图广告有限公司
	创作奖/平面类/626	sos	深圳市航空广告有限公司
	创作奖/平面类/627（3）	《大熊猫》、《金丝猴》、《东北虎》	深圳市航空广告有限公司
	创作奖/平面类/629	节约/卫生纸篇	深圳市航空广告有限公司
	创作奖/平面类/630	节约用电篇	深圳市航空广告有限公司
	创作奖/平面类/632（4）	《沉鱼》、《落雁》、《闭月》、《羞花》	深圳市航空广告有限公司
	创作奖/平面类/634（3）	健康之匕首篇、蒙汗篇、炸弹篇	深圳市航空广告有限公司
	创作奖/平面类/635	进化之驼峰篇	深圳市航空广告有限公司
	创作奖/平面类/636	进化之象鼻篇	深圳市航空广告有限公司
	创作奖/平面类/642（4）	远离辐射/电吹风篇；远离辐射/手机篇；远离辐射/电脑篇；远离辐射/微波炉篇	深圳市航空广告有限公司
	年度奖/平面类/211	酒后自大 1	深圳市及时沟通广告有限公司
	年度奖/平面类/212	酒后自大 2	深圳市及时沟通广告有限公司
	年度奖/平面类/213	决斗篇 1	深圳市及时沟通广告有限公司
	年度奖/平面类/214	决斗篇 2	深圳市及时沟通广告有限公司
	年度奖/平面类/215（3）	流浪篇	深圳市及时沟通广告有限公司
	年度奖/平面类/225（3）	老有所乐系列篇	深圳市九宫格创意机构
	年度奖/平面类/226	漏篇	深圳市九宫格创意机构
	年度奖/平面类/227（3）	城市系列篇	深圳市九宫格创意机构
	创作奖/平面类/799（3）	龙凤篇、鸳鸯篇、鲤鱼篇系列	深圳市九宫格创意机构
	创作奖/平面类/930（3）	史前鳄、木乃伊、兵马俑系列篇	深圳市九宫格创意机构
	创作奖/平面类/961（3）	网球、篮球、举重系列篇	深圳市九宫格创意机构
	创作奖/平面类/963（3）	越位、抢跑、出界系列篇	深圳市九宫格创意机构

奖项	分类与编号	作品名称	参赛单位
入围	创作奖/平面类/965（3）	命、益、生篇	深圳市九宫格创意机构
	创作奖/户外类/75（4）	环保袋系列篇	深圳市九宫格创意机构
	创作奖/平面类/82	压力之瘤	深圳市口岸广告公司
	创作奖/平面类/389（3）	生态窒息/鹭篇、企鹅篇、北极熊篇	深圳市指点广告有限公司
	创作奖/平面类/390（3）	添加的后患/皮革奶篇、农药菜篇、瘦肉精篇	深圳市指点广告有限公司
	创作奖/平面类/393（3）	和平共存篇/喝水篇、小睡篇、嬉戏篇	深圳市指点广告有限公司
	创作奖/平面类/394（3）	还我一个家/浴缸篇、衣柜篇、花盆篇	深圳市指点广告有限公司
	创作奖/平面类/395（3）	谁夺我家？/花果山篇、高老庄篇、流沙河篇	深圳市指点广告有限公司
	创作奖/平面类/520（3）	动物法官	沈阳龙邦国际广告有限公司
	创作奖/平面类/512（3）	水治清也无鱼	沈阳麦点广告有限公司
	年度奖/广播类/30	呼唤文明/跨栏篇	石家庄都市文化传播有限公司
	创作奖/平面类/220	知识拯救生命	石家庄都市文化传播有限公司
	年度奖/平面类/71（3）	和谐社会之生命篇、家庭教育篇、文明礼让篇	石家庄日报社
	创作奖/平面类/31	人出没	四川诚成广告有限责任公司
	创作奖/平面类/38	食品添+剂	四川诚成广告有限责任公司
	创作奖/户外类/19	提笔忘字	四川诚成广告有限责任公司
	创作奖/户外类/21	人出没	四川诚成广告有限责任公司
	创作奖/平面类/421	小动作酿造大事故	四川蜀都大厦广告有限公司
	创作奖/平面类/616（3）	世界没日系列/上海篇、纽约篇、伦敦篇	四川蜀都大厦广告有限公司
	创作奖/平面类/154（3）	苏州对话框/系列三幅	宋卫卫
	创作奖/平面类/155	还我河山	宋卫卫
	创作奖/平面类/1091（3）	你可以做的更好/循环标记、垃圾入箱、节水	苏州工业园区嘉都广告有限公司
	创作奖/平面类/1180（3）	名车系列/法拉利、捷豹、标志	苏州工业园区嘉都广告有限公司
	创作奖/平面类/1154（3）	折纸系列	苏州工业园区肯达文化艺术发展有限公司
	年度奖/平面类/18（3）	火灾的警示	苏州工业园区苏城广告有限公司
	年度奖/平面类/19（4）	消防完全不是儿戏	苏州工业园区苏城广告有限公司
	年度奖/平面类/20	少一笔灭不了	苏州工业园区苏城广告有限公司

奖项	分类与编号	作品名称	参赛单位
入围	年度奖/平面类/349（3）	节能环保	苏州工业园区同志企业形象策划服务有限公司
	创作奖/平面类/1068（3）	他也许就在你身边	苏州工业园区同志企业形象策划服务有限公司
	创作奖/平面类/1187	千山鸟飞绝 万径人踪灭	苏州亚蓝广告装饰有限公司
	创作奖/平面类/1080	比视而不见更糟糕的事，是无人察觉/迷彩篇	宿迁市大荣广告装潢有限公司
	年度奖/户外类/95	柬埔寨阳光会馆 PACDOC/笔篇	太平网联国际广告公司
	创作奖/平面类/20（3）	受伤之包扎篇、哭泣篇、上火篇	覃宇
	创作奖/平面类/429	没有水 人类还能走多远	唐山市公共交通广告公司
	创作奖/平面类/433	病从口入	唐山市公共交通广告公司
	创作奖/平面类/435	保护环境	唐山市公共交通广告公司
	创作奖/平面类/604	便利贴篇	天橙中国传播机构合肥分公司
	创作奖/平面类/498	十二生肖	天津三艾广告有限公司
	年度奖/平面类/110	减负篇	王世龙
	年度奖/平面类/112（3）	非法野广告系列之电表箱、公交站牌篇、消火栓篇	王世龙
	年度奖/户外类/7（3）	节日系列之/世界读书日篇、世界微笑日篇、国际儿童节篇	王世龙
	创作奖/户外类/90	石油危机	潍坊市公共交通总公司广告分公司
	年度奖/平面类/2	SAVE ME	温州日报报业集团有限公司都市报分公司
	创作奖/平面类/605	索剩有几	无锡空港广告传媒有限公司
	创作奖/平面类/425	构建两型社会/地球废纸团篇	吴海茹/乌日图宝音
	创作奖/平面类/736	心中的一盏明灯	武威市金艺广告有限责任公司
	创作奖/户外类/58	干涸的脸	厦门东帝士广告有限公司
	创作奖/户外类/59（3）	变不回大树系列之打印机、卫生纸、一次性筷子篇	厦门东帝士广告有限公司
	年度奖/户外类/54（3）	保护动物系列之衣裳、手提包、鞋子篇	厦门都市魅力广告有限公司
	年度奖/广播类/58	武松开车（拒绝酒驾）	厦门广播电视广告有限公司
	年度奖/平面类/120	食品添加剂 1	厦门航空文化传媒有限公司
	年度奖/平面类/186（3）	消亡源于过度索取	厦门航空文化传媒有限公司

奖项	分类与编号	作品名称	参赛单位
入围	创作奖/平面类/527（3）	见义勇为无名氏系列/无名氏裤子篇、无名氏衬衫篇、无名氏迷彩鞋篇	厦门航空文化传媒有限公司
	创作奖/平面类/528	食品安全/书法系列（食为天篇）	厦门航空文化传媒有限公司
	创作奖/平面类/673（3）	印象鼓浪屿/钢琴篇、红屋顶篇、郑成功篇	厦门商业广告有限公司
	创作奖/平面类/676	斑马线	厦门商业广告有限公司
	创作奖/平面类/656（3）	不要伤害，只要相爱/父亲篇、母亲篇、孩子篇	厦门市泓洲广告有限公司
	年度奖/平面类/143	命悬一线/疲劳驾驶	厦门市路桥广告有限公司
	年度奖/平面类/149	保护野生动物/万花筒篇	厦门市路桥广告有限公司
	年度奖/平面类/150（3）	从小爱地球	厦门市路桥广告有限公司
	年度奖/平面类/152	请记好安全带！	厦门市路桥广告有限公司
	年度奖/平面类/123（3）	滥用药物系列之子弹篇、鱼雷篇、火药篇	厦门市唐码博美广告有限公司
	年度奖/平面类/124（7）	警惕毒食品系列	厦门市唐码博美广告有限公司
	创作奖/平面类/427	心电图	湘潭职业技术学院艺术系
	年度奖/广播类/156	烟和酒的对话	襄阳广播电视台
	创作奖/平面类/53	扣篮 Dunk	新昌县七星街道食品堂广告设计工作室
	创作奖/平面类/467（4）	下一站幸福路	新疆金山峰广告装饰工程有限公司
	创作奖/平面类/468（4）	各族团结一家亲	新疆金山峰广告装饰工程有限公司
	创作奖/平面类/469（4）	食之杀气	新疆金山峰广告装饰工程有限公司
	创作奖/平面类/476	请不要酒后驾车 1	新疆金山峰广告装饰工程有限公司
	创作奖/平面类/477	请不要酒后驾车 2	新疆金山峰广告装饰工程有限公司
	创作奖/平面类/480	献血篇	新疆金山峰广告装饰工程有限公司
	创作奖/平面类/481	一场无声的屠杀	新疆金山峰广告装饰工程有限公司
	创作奖/平面类/696	贪与婪之变	新疆克拉玛依广告协会
	创作奖/平面类/120	保护环境/动物试卷篇	新疆石河子市巴士广告有限公司
	创作奖/广播类/59	公益广告/低碳生活，让地球消消气	徐州人民广播电台
	创作奖/平面类/98	不朽篇	宣晶晶
	年度奖/平面类/216	垃圾生活/食物篇	扬罗必凯（北京）广告有限公司广州分公司

奖项	分类与编号	作品名称	参赛单位
入围	年度奖/平面类/217	垃圾生活/水篇	扬罗必凯（北京）广告有限公司广州分公司
	创作奖/平面类/84	地球的信号	杨贤隆
	创作奖/平面类/1515	颗颗珍贵，滴滴无价	宜昌市超人广告有限责任公司
	创作奖/平面类/1559（3）	我们吃的究竟是什么?	宜昌市红人广告有限责任公司
	创作奖/户外类/116（3）	恢复未来	宜昌市红人广告有限责任公司
	创作奖/平面类/1534（3）	珍爱人系列	宜昌市龙马广告文化传播有限责任公司
	创作奖/平面类/1545（3）	节俭犀利啊之随便吃、随便喝、随便用	宜昌市龙马广告文化传播有限责任公司
	创作奖/户外类/112	食品安全之白雪公主	宜昌市美辰广告营销有限公司
	创作奖/户外类/113	天堂有多远之超速篇	宜昌市美辰广告营销有限公司
	创作奖/平面类/931（3）	两型社会 和谐先行/长颈鹿、大象、海马	宜昌智者创意工作室
	年度奖/平面类/302	铁丝袜篇	岳雷
	年度奖/广播类/78	变相怪杰	云南人民广播电台
	年度奖/广播类/79	非诚勿扰	云南人民广播电台
	创作奖/平面类/569（3）	保护动物系列/鲍鱼篇/梅花鹿篇/大雁篇	云南深红壹佰广告有限公司
	年度奖/广播类/32	地球一小时篇	云南云广天润广告有限公司
	年度奖/广播类/33	皇后与魔镜篇	云南云广天润广告有限公司
	年度奖/广播类/34	地球呼叫	云南云广天润广告有限公司
	创作奖/平面类/67（5）	进阶	张乾
	创作奖/户外类/7	刷卡机	赵一平
	创作奖/平面类/345（3）	最后的纪念《2100 年最后的一跳》、《2100 年最后的领地》、《2100 年最后的回忆》篇	浙江高速广告有限责任高速
	创作奖/平面类/346	愤怒的动物	浙江高速广告有限责任高速
	年度奖/平面类/79（3）	别让他们侵占了森林/停车场篇、高楼篇、道路篇	浙江高速广告有限责任公司
	年度奖/平面类/80	地球在变暖	浙江高速广告有限责任公司
	创作奖/平面类/320	克里斯蒂娜的世界	浙江华迪广告传媒有限公司
	创作奖/平面类/325	《凹凸》篇	浙江华迪广告传媒有限公司
	创作奖/平面类/327	《公益》篇	浙江华迪广告传媒有限公司
	创作奖/广播类/52	鱼儿在呻吟	浙江经济广播电台
	创作奖/平面类/995	消失篇	浙江省丽水市七九八创意策划有限公司

奖项	分类与编号	作品名称	参赛单位
入围	创作奖/平面类/996	痕迹篇	浙江省丽水市七九八创意策划有限公司
	年度奖/平面类/35	儿童食品安全/棒棒糖篇	浙江思珀整合传播有限公司
	年度奖/平面类/36	生态链－虎牙篇	浙江思珀整合传播有限公司
	创作奖/平面类/73	现代汉语词典篇	浙江思珀整合传播有限公司
	创作奖/平面类/809	举手之劳	浙江义乌中国小商品城广告有限责任公司
	创作奖/平面类/1190（3）	勿忘中国传统文化/1、2、3	镇江市飞天广告有限公司
	创作奖/平面类/141	节约用纸	郑伟
	创作奖/平面类/1409	WWF 寻找斑马	中视金桥国际传媒有限公司
	创作奖/平面类/1410	WWF 寻找长颈鹿	中视金桥国际传媒有限公司
	创作奖/平面类/1411	WWF 反串系列/鲁智深植树	中视金桥国际传媒有限公司
	创作奖/平面类/1412	WWF 反串系列/武松饲虎	中视金桥国际传媒有限公司
	创作奖/平面类/1418	啃老族之怀孕	中视金桥国际传媒有限公司
	创作奖/平面类/1419	啃老族之驮背	中视金桥国际传媒有限公司
	年度奖/广播类/13	戒烟/‘它’篇	中央人民广播电台
	年度奖/广播类/15	火灾自救常识	中央人民广播电台
	年度奖/广播类/16	弘扬传统文化/听爷爷说过去的事情	中央人民广播电台
	年度奖/广播类/18	关注心理健康之平和与幸福	中央人民广播电台
	年度奖/广播类/22	好孩子是夸出来的	中央人民广播电台
	年度奖/广播类/25	关注艾滋病	中央人民广播电台
	年度奖/广播类/3	中国国家形象之水墨中国	中央人民广播电台
	年度奖/广播类/5	一度电能干什么	中央人民广播电台
	年度奖/广播类/7	无偿献血篇	中央人民广播电台
	创作奖/广播类/10	节能环保/浪漫篇	中央人民广播电台
	创作奖/平面类/35（3）	黄河奖/空气污染篇	重庆泛联广告传媒有限公司
	创作奖/平面类/444（3）	进化论系列	重庆金牛慧通广告（集团）有限公司
	创作奖/平面类/451（3）	酒具/悲剧系列	重庆金牛慧通广告（集团）有限公司
	创作奖/平面类/787	江湖告急节约用水	重庆媒体伯乐公交广告
	创作奖/平面类/788	建造还是摧毁?	重庆媒体伯乐公交广告
	创作奖/平面类/1113	公益广告/食品安全篇之火腿肠	重庆申乙广告有限公司
	创作奖/平面类/943（3）	阿富汗篇、利比亚篇、伊拉克篇	重庆申乙广告有限公司

奖项	分类与编号	作品名称	参赛单位
入围	创作奖/平面类/946（3）	遮挡篇、引路篇、抚慰篇	重庆申乙广告有限公司
	创作奖/平面类/951	新年愿望篇	重庆申乙广告有限公司
	创作奖/平面类/991（3）	公益广告/星座篇	重庆申乙广告有限公司
	年度奖/平面类/102	豇豆上吊篇	重庆市艺龙广告公司
	年度奖/平面类/104（3）	廉政系列锯子篇、钻花篇、墨斗篇	重庆市艺龙广告公司
	创作奖/平面类/440	生活用纸篇	重庆市艺龙广告公司
	创作奖/平面类/442	砍伐森林/时钟篇	重庆唐码传媒有限公司
	年度奖/平面类/220（3）	别让暴力侵占家的每个角落/菜刀篇、斧头篇、手枪篇	朱敏
	年度奖/平面类/221（3）	亚洲动物基金会拯救动物/豹猫篇、黑狗篇、黑熊篇	朱敏
	创作奖/平面类/895（3）	拯救动物家园/大象篇、野猪篇、鲨鱼篇	朱敏
	创作奖/平面类/700	地球被调成震动了	珠海公交文化传媒有限公司
	创作奖/平面类/702	被动吸烟	珠海公交文化传媒有限公司
	创作奖/平面类/703	条形码	珠海公交文化传媒有限公司
	年度奖/平面类/169	参悟之参篇	珠海华发文化传播有限公司
	年度奖/平面类/170	参悟之悟篇	珠海华发文化传播有限公司
	年度奖/平面类/172	打灭火公益广告《拧紧防火意识，灾难“灭”于萌芽》	珠海华发文化传播有限公司
	年度奖/平面类/173	打拐公益广告《天下无拐》	珠海华发文化传播有限公司
	年度奖/平面类/174	地球熄灯一小时海报之此刻星空篇	珠海华发文化传播有限公司
	年度奖/平面类/176	灯泡有罪之关灯篇	珠海华发文化传播有限公司
	年度奖/平面类/177	灯泡有罪之灭灯篇	珠海华发文化传播有限公司
	年度奖/平面类/163	酒后驾车	珠海市广大广告有限公司
	年度奖/平面类/165	《公益广告 - 生命》	珠海市广大广告有限公司
	年度奖/平面类/168（5）	文在“囧”途	珠海市瑞格广告有限公司
	创作奖/平面类/1259	生命延续/肺篇	卓越形象品牌创意产业机构

（七）2011 年 11 月全国廉政公益广告创意征集活动获奖作品名单

奖项	作品名称	获奖单位
一等奖（10 件）	扯线公仔	广东省纪委
	朋友篇	广西区纪委
	拔河篇	云南省纪委
	进去就出不来了	江苏省纪委

奖项	作品名称	获奖单位
一等奖（10 件）	门	浙江省纪委
	自制篇	上海市纪委
	与家人乐在其中	人民银行纪委
	脸谱篇	山东省纪委
	纯净篇	中直纪工委
	守护承诺篇	湖南 · 广电台
二等奖（20 件）	礼物篇	北京市纪委
	不倒翁篇	天津市纪委
	缺与不缺	重庆市纪委
	不能让廉洁成为从政的短板	内蒙古区纪委
	雕刻篇	河北省纪委
	诗歌篇	黑龙江省纪委
	另一半的力量	江苏省纪委
	水文化	安徽省纪委
	党员篇	山东省纪委
	走好人生路	湖南省纪委
	一点点腐败就导致生活坍塌	河南省纪委
	手影篇	广东省纪委
	规矩方圆篇	广西区纪委
	视力篇	云南省纪委
	传承廉洁理念，弘扬新风正气	陕西省纪委
	茶道篇	新疆区纪委
	假如时光倒流	驻国家广电总局纪检组
	标尺	湖南 · 张家界广电局
	期待的眼	河北 · 唐山市纪委
	功成不必在我任期	山西省纪委
三等奖（30 件）	廉政在于心	内蒙古区纪委
	廉洁让生活更美好	北京市纪委
	家有贤妻、廉洁篇	黑龙江省纪委
	规矩篇	吉林省纪委
	在奉献中享受幸福	辽宁省纪委
	坚持从严治党，促进廉洁执政	江西省纪委
	鸟为辟谷落网	福建省纪委
	低碳廉政篇	广西区纪委
	惊醒篇	海南省纪委
	一心为民，方可成为群众榜样	四川省纪委
	骨牌人生	贵州省纪委

奖项	作品名称	获奖单位
三等奖（30 件）	杀毒篇	云南省纪委
	黑白博弈	甘肃省纪委
	廉洁是一种生活方式	宁夏区纪委
	廉洁自律，清正为民	青海省纪委
	清白处事，廉洁从政	公安部纪委
	贪婪的双手	国资委纪委
	把关篇	驻海关总署纪检组
	清与浊	驻国家广电总局纪检组
	廉政与安全	驻民航局监察局
	漏水的鱼缸	驻新华社纪检组
	为官洗好三盆水、李娜篇	湖北省纪委
	老公明天去上任	河北省纪委
	廉洁教育篇	辽宁 · 沈阳大学 杨雪
	廉政是什么	辽宁 · 沈阳地铁集团
	和谐天秤	湖南 · 广电台
	羽毛球篇	广西 · 玉林广电局
	翟志刚 你很重要篇	深圳 · 吴新南

（八）2011 年 11 月第二届中国电视金鸽奖公益广告大赛获奖作品名单

奖项	作品名称	作品内容	获奖者
金鸽最受观众欢迎奖	身体还是原生态的吗	我们现在交通便利了，但是废气却排多了，屏幕脸多了，加班眼多了，ipod 耳多了，鼠标手多了，短信指多了，电脑椎多了……我们身体还是原生态的吗？	严卿方、杨芷涵、王显东、罗若琳、王顺芝
金鸽最佳创意奖	宠物救助之丢弃篇	你会把自己的宝贝放在一个纸盒里丢在路边吗？你不会这样对待自己的孩子，同样的，你也不应该这样对待一只小狗。 宠，不离不弃的爱。	贵州天马传媒有限公司
金鸽最佳文案奖	反腐倡廉——正气篇	遇寒而自芳，遇风而自立，遇浊而自清，修身养廉，浩然正气。	深证广播电影电视集团
金鸽最佳视觉效果奖	WWF——生物多样篇	生活中我们想要的东西很多，同样的，各种生物需要的也很多，有需要的生物多样，才有我们想要的多彩生活。	林敏
金鸽最具传播价值奖	三九感冒灵防流感公益片	流感可防可控可治，打喷嚏和咳嗽时，用胳膊捂住口和鼻；流感症状一出现，带上口罩去医院；飞沫传染最容易，社交距离要保持……著名歌手周华健向大众宣传预防流感的基本知识。	华润三九医药股份有限公司

组织奖

奖　项	获奖单位
金鸽最佳公益传播奖	野生救援协会
金鸽最佳公益贡献奖	北京广而告之广告有限公司
金鸽最佳公益组织奖	北京太合瑞视文化传媒有限公司

（九）第六届设计之都（中国 · 深圳）公益广告大赛获奖名单

1. 平面类获奖作品

奖项	作品名称	内容简介	主创
特别奖	公民道德 · 论语篇系列	作品融会中西，贯通古今，用大众熟知的《论语》传达中华文化神韵独特魅力，如“见义不为、无勇也”，批判不良的社会风气，宣传正能量。	孔　森 韩湛宁 李青青
金奖	通则不痛系列	我们的身体以及肝脏、肾脏、心脏等各个脏器只有在顺畅的情况下才不会引发疼痛，正如交通不拥堵一样。 低碳循环、通则不痛。	王樱儒、秦　卿、金成兰
银奖	Blank = yellow = white （中文：黑色 =黄色 =白色） men = women （中文：男人 =女人） disabled person = abled person （中文：伤残人 =健康人）	广告从肤色、性别、身体三个维度阐述了人人平等的理念。 不管是黑种人、白种人还是黄种人，肤色不能决定你的社会地位；不管你是男人还是女人，我们的身体构造是一样的；不管你身体健全还是残疾人，权利都是一样的。	林智成
	正视责任淹没篇、死亡篇、呼救篇	画面中的孩子被一张巨大的作业纸淹没，留出一双手在呼救……这组广告呼吁人们正视孩子们的学业压力。 广告语：正视孩子繁重的学业，才是我们对后代的责任。	朱　敏
	新咏鹅	鹅鹅鹅，曲项向天歌，白毛浮黑水，红掌拨黑波。 这首流传已久的古诗中的画面恐怕再难寻觅，请保护水资源。	刘　童
铜奖	一家亲系列	他就是我的兄弟，他们就是我的父母，她就是我的姐妹。 志愿服务助邻里，和谐服务一家亲。	海润创意团队
	动物自由系列	画面中的动物被铁丝网重重包围着，没有自由去尽情地奔跑、欢叫歌唱。 广告语：给动物们一个属于自己的空间。	邢文浩 张玉波
	Ride a bicycle（中文：骑自行车）	自行车简单方便，广告画面给人清新、健康的感觉。 广告语：骑自行车，低碳环保。	李恩贞

奖项	作品名称	内容简介	主创
铜奖	廉政篇之新“规矩”系列	本来的规矩因为一个铜钱便改变了原来的直线和圆形，这影射了现代社会中官场的“新规矩”，廉政建设十分必要。	赵莲
	良知何在系列	一群人围着一个受伤的小孩，但都是背对着离开。灾难有时候并不可怕，可怕的是见死不救。	周磊 马瑜
	life 玩物丧志系列	广告用曾经的网络流行语作为文案：贾君鹏，你妈妈叫你别沉溺网络了；贾君鹏，你妈妈叫你别飙车了；贾君鹏，你妈妈叫你别赌博了。	鄢余俊
	Drugs can kill you（中文：毒品能杀死你）	一片片白色的药丸和胶囊组成了一个令人恐惧的白色头骨，画面十分震撼。广告语：drugs can kill you。	Hannes Mein-hardt
	名人——请勿醉酒驾驶系列	2004 年 5 月 11 日，著名演员牛振华因酒后驾车发生车祸、当场死于车内，作为此次车祸的当事人，牛振华的第一身份是罹难者，其次才是著名相声/电影演员。 这一系列名人酒驾广告旨在说明，在酒驾面前，人人平等，请勿酒后驾车。	莫晨晨
	关爱暴力儿童系列	画面中的男孩和女孩眼神中充满着暴力的情绪，他们就像这张纸，已经被折过、揉过、划过，变得难以平抚。请对暴力儿童多一份爱，关爱暴力儿童。	钱佳欣
	请保留好人生的底牌	在牌桌上你只剩下了“道、德、仁、义、礼、智、信”七张牌，在短短的人生中，请保留好人生的底牌。	张庆华
优秀奖	社会现状之蜗居、蚁族、胶囊	这则广告展现了现代人令人心酸的生活状态。胶囊旅馆里蜷缩着一个个孤独的个体，狭小的房间里如蚂蚁般住满了人，难以抬头的上下铺里蜷缩着或看书或睡觉的人们。	夏琦喧
	Biodiversity and biosafety	画面中的熊猫、梅花鹿、熊、企鹅不仔细看是不容易看出的。WWF 的这则广告意在告诉人们：少一分冷漠、多一份爱心，你就会发现它们。	陈朝顺
	自杀系列	西伯利亚虎、亚洲象、麋鹿的黑色剪影意味着死亡，它们都在自杀。而它们为什么要选择自杀？这是广告留给人们的问题。广告语揭示了答案：与其人杀不如自杀。	刘宗道

奖项	作品名称	内容简介	主创
优秀奖	儿童减压系列	作为父母，你们知道孩子在想些什么吗？ 只是简简单单的三角板，在孩子的手中也能变成充满想象力的事物，一朵花、一只蜗牛、一辆小车，不要让学习束缚了孩子。	蒋伟
	水保护	画面中的各岩层中的地下水已经被污染了，不是清澈见底，而是透出奇怪的蓝色，就像化学物质一样。 广告语：这还是我们的纯净水吗？	唐光荣
	流浪系列	一直关注流浪世界的人，一直没人关心流浪角落的人；总以为流浪的感觉是浪漫，更多的感受却是心酸；流浪的人少数是理想的浪子，更多的只是现实的无奈。	莫晨晨
	动物的自白	梅花鹿留下了一封信，不知道自己何去何从；一只小鸟独白道自己无家可归了；北极熊也在问家在哪里呢？ 请保护我们共同的家园。	邝小芬
	节约系列	广告用诙谐幽默的方式倡导节约的理念：节约用电，请不要随意放电；节约用水，与女友一起洗澡。	莫莉
	北极熊不得已这样做	北极熊为了生存，不得不在马戏团里表演节目。 广告语：give me a award，i want a home。	张培玫
	熊猫眼系列	画面中的孩子一个个无精打采，脸上有大大的熊猫眼。 广告语：我们都是熊猫眼。 为了孩子的明天，请还给他们充足的睡眠。	海润创意团队

2. 影视类获奖作品

奖项	作品名称	内容简介	时长	单位
金奖	小步幸福计划——早餐票	伴随着一群孩子急匆匆的脚步声，他们每个人手里拿着一个饭盒，排着队领早饭吃，狼吞虎咽地吃完后洋溢着满脸的幸福感和满足感。 幸福是什么？ 幸福就是有早饭吃。	55 秒	上海观池文化传播有限公司
银奖	真诚·沟通——音乐给我翅膀	10 岁时一次意外电击让刘伟永远失去了双臂，面对人生的残酷，刘伟用双脚代替双手通过钢琴找到了自己的价值。 经历了不知多少次的嘲笑，他用努力和汗水证明了自己。 2010 年获得了上海东方卫视中国达人秀第一季总冠军，2011 年在维也纳金色大厅演奏《梁祝》。 活着是一种修行，既然选择了生，为什么不好好活着。	1 分 30 秒	CCTV 新闻频道

奖项	作品名称	内容简介	时长	单位
铜奖	讲文明，从身边做起—“ipad”篇	在 ipad 界面上，果皮纸削扔进了垃圾桶里；乱张贴太难看，去掉；宠物粪便及时清理；排队有序上车……这些都是举手之劳，讲文明，从身边做起。	30 秒	济南电视台娱乐频道
	Love life——珍爱生命永不放弃	如果你的生命只剩下一点点，你会用什么态度去面对？ 一个个得了绝症的孩子面对镜头说出了自己的心声，他们还想好好活着，因为他们热爱生命。 他们的癌细胞可能已经扩散到全身，但是他们对生命的爱永无止境。 生命中难免遇到挫折，但是和这些孩子比起来，你是否更应该珍惜生命？	1 分 30 秒	传奇星娱乐股份有限公司台湾分公司
优秀奖	现在珍惜还不晚之节电篇	如果只剩下一度电，它还能让 25 瓦电灯点亮 40 小时，让家用电冰箱运行 1 天，让普通电风扇运转 10 小时，让电脑运转 8 个小时……现在珍惜还为时不晚。	50 秒	CCTV 新闻频道
	专心开车	开车的时候，开大音量听音乐，时不时照照镜子，时而打个电话，时而看打瞌睡，时而看外面的美女……结果发生了车祸。生命不能重来。	1 分 15 秒	四川大学
	安全消夏——野外篇	夏天来了，在野外要注意安全消夏。 不要长时间暴露在阳光下，以免中暑；不要在未开放水域游泳，以免发生危险；雷雨时不要在大树底下，还要关掉手机。 安全消夏，健康生活。	30 秒	北京太合瑞视传媒机构
	太阳村支教篇	一个北方女孩，清秀内敛，不怕吃苦，7 月来到太阳村支教，第一眼就被这里的孩子感动。 这些孩子很小就被抛弃，孤单的生活，他们需要一份完整的爱。 她热爱这里的一切，把所有的心愿都许给了太阳村，希望有更多的爱心人士能关注太阳村。	58 秒	江西电视台公共频道
	真诚 · 沟通——孤儿院	这里住着 300 多个被遗弃的孩子，他们大多身体有残疾。 一个患有脑瘫的小男孩说道，我一共有 6 个妈妈，一个陪护的妈妈，一个护士长妈妈，一个沂源县的妈妈，一个烟台的妈妈……这个小男孩最喜欢过年，因为可以吃饺子还可以去公园玩。 连续七年，好心的市民在过节的时候把小男孩接到自己的家中过年。	1 分 17 秒	CCTV 新闻频道
	和谐社会——热爱篇	他本来是要当歌星的，只是唱片公司没能发现他；他本来是要进国家队的，只是中国足球不太景气；他本来要当个画家的，只是鉴赏家们没有眼光……其实，梦想可以通过另外一种方式实现。 不管做什么，只要热爱，同样精彩。	1 分	贵州天马传媒有限公司
	文化深圳从阅读开始	时代在变，环境在变，方式在变，而阅读不变，对知识的渴求不变。 文化深圳，从阅读开始。	30 秒	深圳广播电影电视集团
	献血公益广告——传递爱	各地血库不同程度缺血，需要你我贡献力量去挽救生命。 你的爱心会给他人传递关怀。	30 秒	北京太合瑞视传媒机构

奖项	作品名称	内容简介	时长	单位
优秀奖	地球暖化——沉默沉没篇	2008年小女孩128cm，2023年小女孩160cm，2058年，如果我们依然对地球变暖沉默，那我们的孩子也将沉默。请随手做减碳，别让海平面的上升速度超过孩子的成长速度。	38秒	台湾公益广告协会
	2011姚明公益宣传片	鱼翅究竟价值几何？如果我们仍然捕杀成百上千的鲨鱼，就为了鱼翅这道菜肴，那么这将永久性改变海洋生态，你愿意把这样的生活留给我们的孩子吗？携手同心，我们可以保护鲨鱼。请记住，没有买卖，就没有杀害。	30秒	野生救援协会
	卷筒纸的独白	厕所中的卷筒纸飞快地向下滚动，上面以倒叙的方式展现出一个卷筒纸如何从一棵树到一卷纸的流程。广告语：用纸的时候想想背后的树。	55秒	重庆邮电大学

3. 广播类获奖作品

奖项	作品名称	作品内容	时长	单位
金奖	推广普通话——急救篇	按键声，电话打通。女：你好，这里是120急救中心。男：说出了自己的地址（方言）。女：对不起，请您保持冷静，请再说一遍您的地址。男：重新说了一遍地址（方言）。女：对不起，请您说普通话。男：又重新说了一遍（方言）。快点啊快点啊，妈，妈！音乐响起，画外音：交流障碍，有时会关乎一条生命的存亡。沟通你我，从讲普通话开始。	53秒	曲阜师范大学（日照校区）
银奖	关注留守儿童	男孩1：前几天，我们这里来了一个城里的孩子。男孩2：儿童节你最想要什么礼物？去年妈妈给我买了一套高达玩具，爸爸给我买了一个ipad，今年我想要一个劳斯莱斯汽车模型。男孩1：高达是啥？劳，劳……pad？男孩2：哎哟，连ipad都不知道？男孩1：我的愿望是给爸妈做一顿饭，晚上搂着妈妈的脖子睡觉。他们外出打工，已经一年多没有回家了。爸爸妈妈，我知道你们很辛苦，可我好想你们啊！	55秒	陕西广播电视台
	六一愿望篇简约生活	男1：很多时候，我们想去酒吧放松心情，其实我们只需要一首简单的歌。女：很多时候我们想变得很漂亮，花很多钱去买化妆品，其实美丽只需要一杯水和充足的睡眠。男2：很多时候，我们需要更多的朋友，其实我们只需要打开门，给别人更多的笑容。旁白：简单的生活，其实可以很幸福。	28秒	厦门大学嘉庚学院
	保护地球低碳生活——电影预告篇	男：电影史上史无前例的灾难巨制，60亿人共同打造，恐怖风潮即将袭来！女：海啸吞没雪山！男：巨震毁灭城市！女：无数房屋卷入滚滚洪水！男：无数生命陷入千沟万壑！女：世界各国集体参与！男：全球人民本色出演！女：地球毁灭日！男：上映日期，由你决定！	30秒	西南交通大学捌号工作室

奖项	作品名称	作品内容	时长	单位
银奖	拒绝酒驾——劝酒篇	背景嘈杂，男 1：来来来，我给你倒点！ 男 2：不行不行，我今天开车呢！ 男 1：没事，我给你少倒点！ 你喊停我就停！ 男 2：好，好，停！ 停！ （汽车呼啸声）男 2（惊恐声）：停！ 停！ 啊！ （汽车撞击声），画外音：不是每次喊停都能停，劝酒等于谋杀。	40 秒	陕西广播电视台
	停止冷漠 唤醒良知	男声旁白：大多数人都有一颗爱心，但是敢爱未必敢付出行动。（汽车呼啸而过，撞击声，脚步声越来越近）男 1：哇，撞人了！ 是个孩子！ 男 2：我什么没看见。 男 1：是非之地，是的，赶紧走。 女：恩？ 地上躺着个人，不会被撞了吧？ 上去看看，哎，还是算了吧，别反被赖上！ 男 3：是谁这么没人性，撞了人就走了！ 男 4；是个孩子，真可怜，要不要打 120？ 算了，还是办正事吧，不管我的事情。 众人内心声音：不管我事，不管我事……男声旁白：外表冷漠，内心挣扎，你的良知在逃避什么？ 新闻报道：昨天下午 5 点半左右，在广东佛山，一名 2 岁的小女孩月月先后被两辆车撞到、碾过，而在接下来将近 7 分钟里，十多个路人一次次走过，竟然都冷血地当做什么都没看见！ 男声旁白：请停止冷漠，让爱心付出行动。	1 分 30 秒	北京车语文化传媒有限公司
优秀奖	明天的水	潺潺水流声，男声旁白：一千年前的水无需净化。 一百年前的水用明矾净化。 今天的水，27 层净化。 女孩稚嫩声：那，明天的水呢？	49 秒	湖北省广播电视总台广播广告运营中心
	早戒早轻松篇	吸烟声音，女：不让你抽你偏要抽，今天我一定要收拾你！男：来就来，我还怕你不成，老规矩，你说上联，我对下女：张口闭眼吞云吐雾，谁家男人像你这样生活？ 男：搬嘴弄舌说风道雨，哪个女子似我那薄嘴夫人！ 女：啊！ 看我的，一根一柱一抽一扔，手手都是钱；几丝几缕几吸几吐，口口都有害！ 男：这，我对不上了！ 女：早戒早轻松	1 分 20 秒	央广传媒发展总公司广告分公司
	陌生人的珍珠	男：我是至善基金董事长洪志杰，今天要分享一个故事，一个纳西族的女孩。 她说，她第一次跟着她的妹妹去昆明打工，第一次去一个陌生的城市还是蛮惶恐的。 有一次姐妹俩在街上散步，一个女子骑脚踏车经过，篮子里用塑胶袋装了很漂亮的珍珠，结果袋子破了，珍珠沿着路一直散落。 纳西族姐妹蹲下来一粒粒捡珍珠，路人也过来捡珍珠，最后都还给了失主，失落珍珠的女子非常感谢。 纳西族女孩发现，原来这个世界上人们还是非常有良知的。 旁白：用心倾听，发现这个世界上有很多故事还是那么动人，有你故事会，因为有你更美好。	1 分 30 秒	环宇广播事业股份有限公司

奖项	作品名称	作品内容	时长	单位
优秀奖	时间与资源	流水声，滴答声。男声旁白：用 2 秒钟拧紧开关，不要让资源从指缝中悄悄溜走。男：我去趟超市！女：好，车钥匙在桌上。男：不用啦。2 分钟就到！旁白：用 2 分钟看风景，不是只有汽车才能带你走遍世界。女：咦？家里黑漆漆的，怎么不开灯啊？男：小姐，愿意与我共享烛光晚餐吗？（碰杯声）旁白：2 个小时来制造浪漫，偶尔用黑暗中的微光来照亮生活中的惊喜。 不管时间怎样吞噬一切，用有限的时间留下无限的资源。	1 分 28 秒	常州广播电视台广播广告部
	小鱼儿篇	男孩：妈妈，沙滩上有好多鱼，都回不去了，好可怜啊，它们一定会想妈妈的。女：是啊宝贝！来我们用手把它们送回去！男孩：妈妈，这么多，我们送不完呀！女：我们尽自己的力，最起码救了这条小鱼啊。男声旁白：城市里的乞讨儿就像这些小鱼，公安机关向广大市民呼吁：看到未成年人乞讨，请及时拨打 110 报警电话。	35 秒	窦里希 张筱笛
	解救乞讨儿童	男孩：妈妈，沙滩上有好多鱼，都回不去了，好可怜啊，它们一定会想妈妈的。女：是啊宝贝！来我们用手把它们送回去！男孩：妈妈，这么多，我们送不完呀！女：我们尽自己的力，最起码救了这条小鱼啊。男声旁白：城市里的乞讨儿就像这些小鱼，公安机关向广大市民呼吁：看到未成年人乞讨，请及时拨打 110 报警电话。	35 秒	深圳广播电影电视集团广播广告部
	这就是公益——梦想篇	女孩：晓敏姐姐，谢谢你寄给我的书包和蜡笔，告诉你一个好消息，我在学校的绘画比赛中得了第一名呢！女：我叫郭晓敏，22 岁，文具厂的一名女工，每天我在流水线上就重复一个工作，把五颜六色的蜡笔装到一盒子里，工作挺累的，但是充满了色彩，我从小有一个梦想，当一名画家，但是家里没钱供不起。但是当我有能力的时候，希望用自己小小的力量将梦想延续。 男旁白：这就是公益，再小的力量也能温暖世界。公益行动，需要你的力量。	55 秒	陕西广播电视台
	交规学记用安全你我	男：你好女士，你开的这么慢，会影响交通的。女：可是招牌上不是写的限速 20 吗？男：哦，你说的是 20 号公路吧！女：啊！原来那是公路号，不是限速啊！男：是啊！你的脸上怎么这么难看啊！女：我刚刚是从 245 号公路上开过来的！女旁白：交规学记用，安全你我他。	30 秒	他秦萌 苗竞丹
	孝敬父母	电话声，女：妈，我五一出差，等中秋再回去看你！母亲：好好！男：妈，中秋节有安排了，等十一有时间再去陪你！母亲：好吧，好吧！等你们有时间了，我不一定有时间了！男旁白：孝敬父母，不能等，常回家看看	30 秒	上海东方广播有限公司

奖项	作品名称	作品内容	时长	单位
优秀奖	保护树木	音乐盒上弦声，轻柔的音乐飘来，女孩歌声：黑黑的夜空……母亲：宝贝呀，妈妈给你讲个故事。 月亮上有很多的月桂树，有一个叫吴刚的人生活在月亮上，每天在不停地砍月桂树。 女孩：妈妈，我要到月亮上去！ 我要去告诉吴叔叔，老师说了，保护树木，人人有责！ 男旁白：为了子孙后代，请爱护树木！	45 秒	安徽广播电视台旅游广播
	低碳生活 我们可以选择	飞机起飞声，男旁白：这个声音，每飞行一千公里，会排出 139 千克二氧化碳。（汽车滴滴声）男旁白：这个声音，每行驶一百公里，会排出 2700 千克二氧化碳。（自行车车铃声）男旁白：而这个声音，不会排放任何的二氧化碳。 女：低碳生活，我们可以选择。	25 秒	厦门大学嘉庚学院

（十）2011 年中央电视台播出公益广告作品名单

序号	送播单位	公益广告名称	时长（秒）
1	中央纪委	廉政准则、扬正气促和谐……	45、55
2	最高人民检察院	预防职务犯罪（荷竹篇）	10
		预防职务犯罪（和谐篇）	15、5
3	共青团中央	2011 中欧青年交流年公益广告	30、15
		关爱农民工子女志愿服务行动	30
		大学生志愿服务西部计划	30
4	中华人民共和国交通运输部	公路安全保护条例	30
5	中华人民共和国司法部 & 中国法律援助基金会	法律援助公益广告	20、10
6	中华人民共和国卫生部	全国城乡环境卫生整洁行动	30
		麻风病防治	30
		无偿献血	30
		控烟（医院篇）	30
		乙肝防治	30
		关注口腔健康，提高生命质量	30
		没有歧视，我们在一起	35
7	中华人民共和国住房和城乡建设部	绿色交通，城市未来	30
8	公安部交通管理局	关爱生命，文明出行	60、40
9	公安部消防局	学会安全逃生，确保生命安全	30
		春运消防安全知识	30
		安全燃放烟花爆竹	30
		学校消防（蒋雯丽版）	30

序号	送播单位	公益广告名称	时长（秒）
9	公安部消防局	学校消防（闫妮版）	30
		文明祭扫平安清明	30
		家庭消防	30
		家庭常备消防器材	30
		高层逃生自救常识	30
		安全使用液化气	30
		进入公共场所消防知识	10、30
10	国家税务总局办公厅	个人年所得自行纳税申报公益广告	30
11	国家体育总局	全民健身你我同行	15
12	国家安全生产监督管理总局	安全生产	30、15
13	国家工商行政管理总局	12315 在行动	30
14	国家质量监督检验检疫总局	5. 20 国际计量日	30
15	国家知识产权局	12330 知识产权（谭晶版）	30
		12330 知识产权（王永民版）	30
16	中华全国妇女联合会 & 中华人民共和国卫生部	消除婴幼儿贫血行动	30
		早发现早诊断早治疗	30
		小额担保贴息贷款	30
17	国家民族事务委员会	民族团结	30
18	国家防汛抗旱总指挥部 & 中华人民共和国水利部	防汛抗旱	30
19	国务院第一次水利普查办公室	水利普查期待您的参与	30
20	国务院南水北调工程建设委员会办公室	南水北调	10、30
21	全国打击侵犯知识产权和制售假冒伪劣商品专项行动领导小组办公室	保护知识产权，打击假冒伪劣商品	30
22	全国电力电信广播电视设施安全保护工作办公室	维护三电设施	15
23	全民科学素质纲要实施工作办公室	提高科学素质	30
24	中国国家禁毒委员会办公室 & 中国禁毒基金会	抵制诱惑健康成长	30
25	中国灌溉排水发展中心 & 世界自然基金会	安全饮水健康成长	30、15
26	中华环境保护基金会 & 中国妇女发展基金会	一桶水洗一辆车	30
27	中国妇女发展基金会	母亲水窖	30、15

序号	送播单位	公益广告名称	时长（秒）
28	中国扶贫基金会	小包裹大爱心	43
29	中国绿化基金会	中国绿化	30
30	世界自然基金会 & 野生救援协会	野生救援（成龙篇）	30
31	中国人民对外友好协会	世界和平你我同行	35
32	野生救援协会	野生救援（刘欢篇）	30
		保护老虎	30
33	中国口腔清洁护理用品工业协会	天天都是爱牙日	30、10
34	中国麻风防治协会 & 中国疾病预防控制中心	消除麻风危害	30
35	中国酿酒工业协会	都是为你好，酒后不开车	30
36	长城电脑 & 中国扶贫开发协会	名人篇/孙楠/无/说/绿色电脑扶贫行动	15
37	中科创意产业园 & 中国扶贫开发协会	名人篇/孙红雷/无/说/无	15
38	蒙牛生态草原基金 & 电影频道广告部	名人篇/宋祖英，濮存昕/无/说/生态行动助力中国	30
39	蒙牛生态草原基金	名人篇/姚明 + 多人/无/说/生态行动助力中国	30

（一）中央人民广播电台“讲文明树新风”公益广告作品目录 2012

作品	主要内容	时长
讲文明树新风——学雷锋	几十年来，雷锋精神始终与时代相伴，在华夏大地彰显弘扬。让雷锋精神成为引领人生的航标，让助人为乐成为我们时代的风尚！	44 秒
讲文明树新风——长大了我能照顾您	小时候，你牵着我的手。长大了，就让我牵着您。小时候，您教我识字。长大了，就让我教您上网。小时候，您陪伴我左右。长大了，我也会一直在您左右。长大了，我能照顾您。孝老爱亲，传承中华美德。	45 秒
讲文明树新风——邻里和睦（快板）	打竹板儿，响连天。各位听众听我言。 世界人口七十亿，住你对门儿不容易。 见个面儿问声好，你好我好大家好。 进出脚步要放轻，惊天动地可不行。 口角摩擦莫生气，何必为此动武力。 面壁思过断对错，有错改错还不错。 邻居好，赛元宝，邻里和睦最重要。 中华文明好传统。别忘了啊别忘了！	44 秒

作品	主要内容	时长
讲文明树新风 ——凡人	他们是平凡人物，但做出了不平凡的事业；他们的人生简单，但彰显了崇高精神境界！ 弘扬雷锋精神，缔造美好明天。	60 秒
讲文明树新风 ——三字经	人之初，性本善，性相近，习相远。 当孩子降临人世的那一刻，父母的一言一行就已经影响着他们的未来。 弘扬中华传统，美德代代相传。	45 秒
讲文明树新风——孝亲感恩的心	曾经，没有父母的照顾，不可能有现在的你；现在，没有你的照顾，父母可能无法快乐地生活。 德乃人之本，孝为德之先。以感恩之心，报父母之爱。	45 秒
讲文明树新风——见义勇为 侠义中国	被救者：多谢大侠舍身相救，在下没齿难忘，敢问大侠高姓大名？ 西门吹雪：心中有义，人人皆为大侠。 侠之名者，仁也！ 见义勇为，人皆大侠。 侠义中国，温暖你我。	45 秒
讲文明树新风——中国国家形象 彩色中国	我是一名摄影师，走过千山万水，心中最美的镜头，还是祖国的大好风光。 镜头里，多彩的民族，其乐融融。 镜头里，辽阔的土地，春光明媚。 镜头里，欢乐的人们，和谐生活。 镜头里，富饶的沃土，人杰地灵。 这是我的镜头——百家千户好，万里山河美；秀丽华夏，壮美中国！	44 秒
讲文明树新风——凡人大爱	7.21 北京特大暴雨淹没了京港澳高速公路部分路段，深水中两辆大巴车顶站满了人，漆黑的雨夜，艰难的数小时，150 多位普普通通的农民工兄弟救 起了近两百条陌生人的生命。 善良点亮心灵，正义引导行动！凡人大爱，崇德善举！	56 秒
讲文明树新风——凡人善举篇	2012 年的 7 月 21 日，北京，暴雨。 由近 300 辆首都私家车自发组成的爱心车队义务充当摆渡车，接送因暴雨滞留在机场无法离开的乘客。 好几个环卫工人站在齐腰深的水中，守护着被水冲开的井盖子，保障车辆和行人安全。 丰台河西再生水厂的 154 位农民工兄弟奋不顾身，救出被困在京港澳高速南岗洼段的群众。 有一种力量叫精神，有一种震撼叫壮举！ 一个个平凡的个体，用他们并不伟岸的身躯，诠释了“最美”精神，做出了善行壮举。 凡人善举书写最美中国。	91 秒
讲文明树新风——凡人善举书写最美中国（有音效版）	这是一个“最美”的时代，他们有帮扶、有担当；讲诚信、重孝道。 正是因为一点一滴对生活的热爱，每时每刻对责任的坚守，才会有危急时刻的最美壮举。 身边的好人，身边的感动，凡人善举书写最美中国！	60 秒

作品	主要内容	时长
讲文明树新风——凡人善举书写最美中国（无音效版）	这是一个“最美”的时代，他们有帮扶、有担当；讲诚信、重孝道。 正是因为一点一滴对生活的热爱，每时每刻对责任的坚守，才会有危急时刻的最美壮举。 身边的好人，身边的感动，凡人善举书写最美中国！	60 秒
讲文明树新风——凡人善举之爱的天使	张丽莉，黑龙江省佳木斯市第十九中学语文教师。 2012 年 5 月 8 日在失控的汽车冲向学生时，她一把推开了两个学生，自己却被车轮碾轧，造成全身多处骨折，双腿高位截肢。 有人说她就像爱的天使，解救了孩子，用行动为人们的心灵推开一扇窗。 舍己救人，大爱情怀！ 凡人善举，平凡伟大！	60 秒
志愿服务爱心捐助——快乐	当你宅在家里面的时候，有没有想过去福利院看看那些老人和孩子呢？ 去陪老人们说说话，陪孩子们唱唱歌，会让你感到更加快乐。 志愿服务，奉献温暖，传递你我爱心，快乐无处不在。 学习雷锋，奉献他人，提升自己。	45 秒
志愿服务爱心捐助——美景	美丽的景色，不仅仅是那些秀美的风光。 我曾看见一位志愿者细心地搀扶着老大爷，一边缓缓地向前走着一边轻声交谈着。 温暖的笑容从他们的嘴角荡漾开来，刹那间姹紫嫣红，到处都是幸福的颜色。 那一刻，我意识到人的心灵比风景更加美好！ 山美水美，志愿者更美。 中国志愿服务，掬一泓心灵的清泉，灌溉一片爱的天空！	74 秒
志愿服务爱心捐助——你是我的眼	男童：妈妈，我看见了，我看见了！ 妈妈：是一个大学生哥哥为你捐献了眼角膜。 男童：妈妈，我以后也要成为像哥哥一样有爱心的人！ 每年，中国都新增数十万低视力人群，他们在黑暗中期待光明。 捐献眼角膜，奉献光明，点亮希望！	71 秒
志愿服务爱心捐助——他们是谁	他们没有华丽的外表，却有一颗美丽的心灵。 他们没有惊天动地的事迹，却让人暖上心头。 他们不需要娱乐炒作，却为人津津乐道。 他们是一个个普通人。 他们是播撒爱心的天使！他们就是你我他。 人人为我，我为人人。 我们都是志愿者。	49 秒
志愿服务爱心捐助——爱心午餐	贵州省黔西县中建乡，海拔高达 1600 米，全年近一半的时间处于低温和寒冷之中。 这里仅有一所小学——红板小学。 因为山路崎岖，距离遥远，孩子们上学不得不披星戴月，早出晚归。 大多数孩子连简单的午餐都带不起，一天两顿饭，间隔十几个小时，对于这些正在长身体的孩子们来说，午餐竟成了他们的奢侈品。 爱心午餐志愿活动，关注山区的孩子，托起明天的希望。	80 秒

中央人民广播电台 广告部

（二）第十九届中国国际广告节“国酒茅台”中国公益广告黄河奖获奖名单

1. 影视类

奖项	作品名称	内容简介	时长	单位
金奖	捡珍珠复学计划萤火虫篇	漆黑夜中只有一点微弱的光，细碎的脚步声渐近。张子涵 16 岁，甘肃会宁九沟村全校第一名，每天在黑夜中行走三个小时上学，再走三个小时放学，继续升学是他们走出这片黑暗大山唯一的路。	42 秒	阳狮广告有限公司上海分公司
银奖	节约用纸——打印篇 Save Paper——Print	纸被放在打印机里，传来刺耳的电锯声，打印机这头飞出无数的木头屑。画面上一个男士坐在一台电脑前不停的打字而他被无数的木头屑包围着。今天你砍树了吗？ 广告语：请节约用纸	29 秒	浙江电视台少儿频道
银奖	一分钟洗澡歌 1MIN SONG FOR SHOWER	一首歌如何省水，中国是世界上十三个贫水国之一，许多公益组织都在宣传省水，但是许多宣传活动过于严肃，很少有人乐于参与其中，壹基金希望把省水为、变成一件有趣的事情。我们发现在中国每五个人中就有两个人有洗澡唱歌的习惯，然而唱歌的时间越长浪费的水就越多，于是我们创作了世界上第一首可以省水的歌——1 分钟洗澡歌，从而省下更多的水。找到主流电台的知名音乐 DJ 一起推广 1 分钟洗澡歌，将洗澡歌制成单曲唱片，在唱片店免费发送，并将歌词制作成特别的浴帘，帮助人们唱洗澡歌，也可以在网上参与互动，在洗澡歌之后又开发了 APP 软件，现在无论唱什么歌都可以把它变成一分钟版本。活动期间有 3000 张洗澡歌专辑被领取，歌曲下载量超过两万次，总共三十多万条微博转发评论，更吸引了五十余家大小媒体免费报道。此后并收到了网友自创了两百首洗澡歌，从中选了十首制作成专辑。现在，歌唱真的可以省水喽。	133 秒	DDB China Group

奖项	作品名称	内容简介	时长	单位
铜奖	三种人系列:《垃圾箱外》篇、《大厅内》篇、《饭馆里》篇	《饭馆里》篇: 最新发现饭馆里有三种人，A 公然吸烟的人，B 悄然吸二手烟的人，C 愤然阻止以上惨剧发生的人，你是哪种人？ 好人越多，坏人越少，文明城市你我共建。 《垃圾箱外》篇: 你知道吗，垃圾箱外有三种人，A 乱扔垃圾的人，B 看着垃圾被乱扔的人，C 提醒乱扔垃圾的人不要乱扔垃圾的人，你是哪种人？ 好人越多，坏人越少，文明城市你我共建。 《大厅内》篇: 据观察大厅内有三种人，A 制造噪音的人，B 接收噪音的人 C 消除噪音的人，你是哪种人？好人越多，坏人越少，文明城市你我共建。	33 秒	长沙盛美广告有限公司
	农夫山泉《愿望》NONGFU SPRING《WISH》	A－124（1）房子承载了人们太多的期许和梦想，是安身立命之所。 凌晨三点城市的喧嚣还没有结束，有些人已经开始新一天的工作了，海保国就是其中之一。每送一份报纸能挣六分钱，海保国多次清点报纸数量，少一份对他来说赔的不是一块钱，而是新房子的一块砖，他和妻子起早摊黑，奔波在这个城市中，为了心目中的房子背景离乡到处打工，寄宿他乡。 在这个城市高楼的背后，有许多像海保国一样的人，背景离乡到处打工。 生活在这样的环境下，怎么样算是一个家呢，是家，是户口，还是他们的未来。	333 秒	
	农夫山泉《愿望》NONGFU SPRING《WISH》	A－124（2）祥计三岁时高烧致使眼睛失明，但是他的不幸却不止这些。 他的爸爸早年因车祸去逝，妈妈改嫁，奶奶受不了这样的打击又自杀了，从此家里就剩下他跟爷爷祖孙两人。 为了给他治病，爷爷带着小祥计离开了安徽。 去年八月小祥计接受了援助做了手术，左眼可以看见了。 这增加了爷爷的信心，要想办法为孙子治好另一只眼。 对小祥计来说，家就是一张床，一个棚，还有无法预知的事情。 他们每天在这个城市穿越。 爷爷带着祥计在路边唱歌维持生活。 2012 年元旦爷孙俩赚了九十块钱，他们非常高兴。 虽然生活过的很不容易，但是爷爷希望祥计能够活的有尊严。爷爷的生活有希望，我们无权对他们的选择做出评价。他们是生活在我们周围的真实，祝福祥计能早日看到这个社会的美好。	573 秒	浙江博采传媒有限公司 VERSATILE MEDIA

奖项	作品名称	内容简介	时长	单位
铜奖	李瑞英——《梦想的翅膀篇》	李瑞英说：“主持人的工作让她深沉感觉到字典是伴随一生的老师，孩子们学习能力的养成就要从学会使用字典开始，我们要用更多的时间帮助山区的孩子学会使用字典。 央视主持人带着字典到山区小学帮助孩子们学习正确用字典，读正确的汉字发音，帮助孩子们正确使用字典，帮助他们插上放飞梦想的翅膀”。	112 秒	中央电视台
	关注留守儿童——玻璃篇	一个七八岁的小孩子用书夹着一块大玻璃把它抱在怀里，路上遇到了羊群，差点把它的玻璃弄掉了；走了一会儿突然吹起了大风，他抱着玻璃艰难的走在路上。他为何要一个人抱着一块玻璃走？ 原来是父母都不在家，家里的窗户玻璃打碎了。 他要自己去安装玻璃。可当他艰难的将玻璃放在窗户上的时候，锤子不小心掉在了地上。 在他捡锤子的时候玻璃掉下来碎了，他无奈失望的盯着窗户。 广告语：关爱留守儿童	132 秒	中央电视台

2. 平面类

奖项	作品名称	内容简介	单位
金奖	国际反地雷组织埃及金字塔篇、伊朗清真寺篇、柬埔寨吴哥窟篇	金字塔篇：埃及，残余地地雷 2，300 万枚以上，二战以后，英军仅留下简易布雷图。 德军完全 销毁布雷图及资料，沙漠地理与气候环境，令为数庞大的地雷，沙丘游移而位置不断变化。 关注雷区人类生存环境，支持《禁止人员杀伤性地雷条约》。 这，不是游戏！	金鹏广告股份有限公司
	国际反地雷组织埃及金字塔篇、伊朗清真寺篇、柬埔寨吴哥窟篇	伊朗清真寺篇：伊朗，残余地雷 1，600 万枚以上，地雷与 UXO（未爆炸武器）污染面积，42，000 平方公里，成为当地农业发展、石油开采，与考古研究的最大威胁。 关注雷区人类生存环境，支持《禁止人员杀伤性地雷条约》这，不是游戏！	金鹏广告股份有限公司
		柬埔寨吴哥窟篇：柬埔寨，残余地雷 1，000 万枚以上，平均每周 40 人触雷受害，成为全球身体残疾比例最高国家之一，以当前速度，清除柬埔寨境内所有地雷需时 100 年。 关注雷区人类生存环境，支持《禁止人员杀伤性地雷条约》这，不是游戏！	

奖项	作品名称	内容简介	单位
金奖	隔离的键盘 TheKeyboard of Isolation	中国有5亿网民，他们中的许多人没有意识到网络让他们与家人疏远，隔离的键盘以不同的方式呼吁人们注重亲情。你看见的是36个真实的家庭成员被一一隔离在115个键盘按键中。事实上，还有更多的家庭正在被键盘隔离。中国有5亿网民，他们中的许多人没有意识到网络让他们与家人疏远，这具装置依据36个真实家庭，塑造了115个9厘米的人物雕塑。并将这些人物雕塑置于长短不一的玻璃罐中，排布成一个巨大的电脑键盘。我们希望通过该作品呼吁人们减少上网时间，而将更多时间放在与家人相处上。	DDB China Group
银奖	谢谢系列 Thank You	鲨鱼与人类同坐在餐桌前，人的胳膊和腿被割下来放在鲨鱼面前的盘子里，鲨鱼拿着刀叉转过头对人类说："这很美味啊" 全球鲨鱼鳍贸易导致每年有多达7300万头鲨鱼惨遭捕杀。	深圳市风火车创意管理股份有限公司
		人类的脸上缠满绷带，大象脖子上带着人类的牙齿，转过头对嘴巴上布满血迹的人类说："这可真漂亮啊" 2011年全球共有23吨象牙被缴获，这意味着至少2500头大象被猎杀。	
		熊被关在笼子里看着正在取自己胆的人类说："这真的很有用呢"。	
	抛弃等于杀害/THE NOOSE	在中国，宠物抛弃事件已经成为一个日趋增长的社会问题，即使国家推行"一户一犬"政策，但是仍然有成千上万的动物被抛弃。印有猫狗图案的垃圾袋，提袋的绳子穿索在动物的脖子位置上。这些袋子在广州当派发，致力于令群众感受到动物受虐待的凄凉；并且令他们体会到，人们把宠物丢弃，就意味着对动物的一个死刑判决。	扬罗必凯（北京）广告有限公司广州分公司 Y&R GZ

<table>
<tr><th>奖项</th><th>作品名称</th><th>内容简介</th><th>单位</th></tr>
<tr><td rowspan="3">银奖</td><td>线控儿童</td><td>在城市的各个角落里，有着这样一个群体，流浪儿童。他们主要靠乞讨、捡垃圾为生。有的被迫进行卖艺和偷窃等行为。据不完全统计，我国有流浪儿童 150 万人次。据悉高达 79% 的流浪儿童有被犯罪分子操作的经历。但是民众却不知道用什么办法去真正帮助这些孩子。
运用真实的纪实画面结合，形成如同木偶控线般的效果，将“被操控的孩子”这个核心主题视觉化呈现，同时设计一个可以撕开的封条，当众撕开封条，束缚在孩子身上的真实社会失之控线，就会断开落下，呈现解救他们的方法。将这些卡片在人流密集的城市中心区投递，让民众知道，如何通过“救护儿童会”这个国际公益组织，解救这些被操控的流浪儿童。</td><td>北京灵思远景营销顾问有限公司</td></tr>
<tr><td rowspan="2">豆腐系列——房屋篇、桥梁篇</td><td>房屋篇：你愿意住在这里吗？（一座用豆腐雕刻成的漂亮建筑物）
广告语：坚决抵制豆腐渣工程</td><td rowspan="2">海上广博报堂广告有限公司</td></tr>
<tr><td>桥梁篇：你愿意住在这里吗？（一座用豆腐砌成的大桥）
广告语：坚决抵制豆腐渣工程</td></tr>
<tr><td rowspan="4">铜奖</td><td rowspan="3">蔬菜安全（缺心眼菜篇、顶你个肺菜篇、脑残菜篇）</td><td>缺心眼菜——一棵绿色的西兰花根部呈现出黑色的斑点状</td><td rowspan="3">厦门航空文化传媒有限公司</td></tr>
<tr><td>顶你个肺——切开的辣椒像人的肺，辣椒外表很绿，可是里面已经变黑了。</td></tr>
<tr><td>脑残菜——半棵像人大脑的紫菜，外表颜色很鲜，可是菜心已经发黑。</td></tr>
<tr><td>抵制全球变暖</td><td>B－154（1）50 年后你能看到的骆驼——全球变暖，海平面上升，到 2060 年的时候沙漠中生存的骆驼已经被水给淹没了，抵制全球变暖，刻不容缓。
B－154（2）70 年后你能看到的大象——全球变暖，海平面上升，到 2080 年的时候陆地上的庞大生物大象也已经被水淹没了，抵制全球变暖，刻不容缓。
B－154（3）90 年后你能看到的长颈鹿——全球变暖，海平面上升，到 2090 年的时候连脖子最长的动物长颈鹿都被水淹没了，抵制全球变暖，刻不容缓。</td><td>珠海华发文化传播有限公司</td></tr>
</table>

奖项	作品名称	内容简介	单位
铜奖	《我看到的城市迷宫篇、墙壁篇、网状篇》	B－329（1）我看到的城市——人与人之间的关系，像网状一样错综复杂 广告语：建设文明城市 构建和谐社会 B－329（2）我看到的城市——车与车之间的拥堵，像迷宫一样寸步难行 广告语：建设文明城市 构建和谐社会 B－329（3）我看到的城市——家与家之间的情感，像墙壁一样冰冷无情 广告语：建设文明城市 构建和谐社会	贵州商业高等专科学校贸易经济系
	保护动物之杀无赦——走兽篇/飞禽篇/游鱼篇	B－479（1）鲨鱼篇——插入云霄的高塔像一个天平的底座，一端站着鲨鱼，另一端站着人类，当鲨鱼掉下去的时候，人类也将不复存在 B－479（2）熊篇——插入云霄的高塔像一个天平的底座，一端站着熊，另一站着持枪的人，当枪响起时熊掉下去，人类也将不复存在。 B－479（3）我看到的城市——－插入云霄的高塔像一个天平的底座，一端站着一只鹰，另一端站着拿着弓箭的人类，当发箭时，老老鹰被射下去，而人类也将追随而去。	上海圣峰广告有限公司
	4A 手机礼仪	在公共场所或开会或电影院，吵闹的手机就像一只害虫，惹人生厌。 广告语：别让手机乱叫	阳狮广告有限公司上海分公司
	倡导无烟 爱护公共生存环境之亲手残害 It‘s your hand mistreating a life	D－34（1）婴儿的残疾、畸形，是你亲手毁坏了他的身体。 以公共吸烟区的烟缸为创意载体，女性吸烟者将病变中的胎儿 B 超光片制成镂空的展板，与烟缸粘合成一体，借助吸烟者与烟缸之间的动作，传递警示信息。 D－34（2）癌症，是你亲手扔进自己肺里。 以公共吸烟区的烟缸为创意载体，将癌变的肺癌 X 光片制成镂空展板，并与烟缸粘合成一体，借助吸烟者与烟缸之间的动作，传递警示信息；烟，不仅放在了烟缸，而且放进了自己的肺里——癌症，是你亲手扔进自己肺里的。	北京电通广告有限公司第三事业本部

奖项	作品名称	内容简介	单位
铜奖	保护海洋动物《海豚篇》《鲨鱼篇》《海龟篇》	目前29%的各类已处于濒临灭绝的边缘，如任由人类活动对海洋的破坏和过度捕捞等趋势持续下去，按照这一速度，科学家估计到2048年，所有海洋生物都处于崩溃边缘。 被捕杀的鲨鱼、被捕杀的海豚、被捕杀的龟这一系列以人类过度捕杀给海洋生物带来伤害为题材的户外公益广告，血淋淋的伤口展示经了类对海洋动物的残忍杀戮！传递出人类的行为已经给大自然带来了太多的破坏与伤害，长此以住，人类将饮下自酿的苦酒，将平面广告与户外环境完美结合，使得整个公益广告出来的效果更震撼！	妇暴协会系列
	保护海洋动物《海豚篇》《鲨鱼篇》《海龟篇》	D－70（1）麻木和暴力长着相同的面孔——一位母亲在院子里打骂自己的孩子，而坐在院子里洗衣服邻居看见了也当没有看见，继续做着自己的事情，她的这种麻木漠视行为就如同跟母亲合起来打骂孩子一样。 D－70（2）冷漠与暴力长着相同的面孔——老公在楼道里殴打自己的妻子，过路人就像没有看见一样继续走自己的路，她的这种漠视就如同跟丈夫合起来殴打妻子的性质一样， D－70（3）懦弱与暴力长着相同的面孔——年轻的儿子在殴打自己年老的母亲，一位骑自行车的男子路过并没有过去阻止而是走开了，他的这种行为跟儿子的暴力行为性质是一样的，都在殴打老人。	阳狮广告有限公司上海分公司
	餐桌	餐桌上摆着干净的盘子与刀叉，我们的食物要干干净净，不要任何有害添加物	重庆媒体伯乐公交广告有限公司
	其实，幸福就是这么简单——女儿篇、爱篇、母亲篇	做为丈夫、儿子和父亲，一家人最大的幸福就是家人安全，所以开车时请系上安全带吧	江苏瑞晟传媒有限公司
	杀人无形	F－407（1）违章超车，杀人无形！ 广告语：遵守交通规则，人命关天！ F－407（2）违章调头，杀人无形！ 广告语：遵守交通规则，人命关天！ F－407（3）违章开远光灯，杀人无形！ 广告语：遵守交通规则，人命关天！	重庆狼卜品牌策划有限公司

奖项	作品名称	内容简介	单位
铜奖	凶猛系列	F－1337（1）假药凶猛——使用假药，可能产生药源性疾病，严重者可以致残，如耳聋、失明、大脑迟钝、神智不清、偏瘫等。另外孕妇使用假药可致胎儿畸形、痴呆、智商低下，甚至死胎。 F－1337（2）“食物”凶猛——鞣制、染色等皮革“鞣制”工艺中产生的下脚料作为原料，分离出来的皮革水解蛋白就可能含有一种重金属，包括重金属铬，如果被人体吸收、蓄积，可导致关节疏松、关节肿大，造成人体重金属中毒，甚至造成儿童死亡。皮革水解物主要添加的食品是乳与乳制品及含乳饮料。	广州市鼎立广告有限公司
	食品安全之变异系列《睡觉篇》、《吃奶篇》、《爬行篇》	谨慎选择婴儿食品，别让孩子变成实验小白鼠。IF YOU WANG YOUR BABY BECOME A LAD RATS。画面中一个全身长满了小绒毛小婴儿在吃奶，他屁股上长了一个细小的尾巴。 据我国国家质检总局数据显示，我国 2011 年全年质检不合格的婴纺幼儿受乳制品高达 1500 多吨，而不合格奶粉中的三聚氢胺、重金属等都对婴幼儿有极大的不利，大量信用不合格乳制品会导致小孩脑膜炎、败血病、大头病、肾结石等，严重导致死亡。	贵州天马传媒有限公司
	地狱篇	黑心商人给老百姓吃地沟油、镉大米、色素菜、注射瓜、皮革奶、药火腿、注水肉牛肉膏、瘦肉精、石蜡狗、甲醇酒、尸血旺、硫磺蕉、粪豆腐、避孕鱼、沥青鸭、毒腊肉、淋巴肠等这些有毒的食物，可知他们有天也是要偿还的，他们也会受到应有的惩罚。 广告语：昧心成鬼制毒食 岂知地狱正盼君	北京电通广告有限公司上海分公司
	立足系列	温室效应导致全球气温升高，冰川融化，南北极的动物几乎失去了立足之地，画面中出现的极地动物北极熊南极企鹅讽刺了人们的愚昧行为，用借喻的手法指责人类对环境的破坏行为，同时讽刺人们不自知不自省的愚昧。 呼吁人们关注和自省，为动物和我们自己改善生存环境。	北京伊诺盛广告有限公司（INNOCEAN WORLDWIDE，INC，Beijing）

3. 广播

奖项	作品名称	内容简介	时长	单位
金奖	算不起的亲情账（账单篇）	男：我是一名财务总监，对我来说，时间就是这样的：一年就是365天，每周工作5天，花掉260天；每月加班3天，应酬1天，设施班4天，花掉96天；公司年会4天，只剩5天，这5天是春节探亲假，应酬3天，除去睡觉只剩下1天。（哀怨的音乐）30年也就是30天，这短短的30天可能是这辈子我还能陪妈妈的所有时间，这笔账你算过吗？		陕西广播电视台
银奖	‘好’字篇（The Word of ‘Yes’）	传出儿童欢快的声音 女1：今天模拟考试考的好吗， 儿童：不算差， 女1：补习班的课跟的上吗？ 儿童：还可以， 女1：那钢琴比赛准备的怎么样了？ 儿童：一般 女1：你就不能说个好啊 儿童：好……好累啊 女2：别让孩子太累，快乐成长比什么都好。		上海东方广播有限公司（Shanghai East Radio Company）
	世界无车日——‘没事走两步’之被甩篇	女：小明，你根本就不爱我，我跟你在一起三个月了，每次逛街都是坐公交，坐地铁，坐公交，坐地铁，最多也就是打车。你就不能给我买辆车吗？ 我在你心里根本就不重要，你走永远别让我再看见你，走、走、走。 男：走，走就走，这个世界更需要你，9月22号世界无车日，没事儿走两步		北京人民广播电台
	化学元素周期表篇	众声音：氢 氦锂 铍 硼 碳 氮 氧 氟 氖。 老师：小明同学，请背诵一下化学元素周期表， 小明：奶粉、生姜、陈大米、馒头、姜豆、鸡蛋、火腿……（笑声） 老师：小明啊，你背诵的是化学元素周期表吗？ 小明：老师，没错啊，奶粉含三聚氢胺，生姜含硫酸，陈大米含氧化物 老师：这…… 女：食品安全是民生之本，莫让食品成为化学用品		北京电通广告有限公司上海分公司
铜奖	庐山真面目（The True Colors）	男：在一个月黑风高的中秋夜，李阿好姨收到了一个巨大的纸盒，里面铺了一块火红的绸缎，上面描龙画凤，牡丹盛开，灵光异彩，只见里面端端正正躺着一个铁盒，打开一看，原来是一只月饼。（乌鸦叫声音啊 ~啊 ~） 广告语：科学消费，绿色消费，拒绝过度包装。		上海东方广播有限公司

奖项	作品名称	内容简介	时长	单位
铜奖	世界无车日——‘没事走两步’之辞职篇	男 1：小明，你给我进来，每次加班你都不在，你说你要去赶上末班地铁，每个月你的票又那么多，你说你去见客户，让你买车你又不买，说没有钱，你这是什么工作态度，啊？ 你想干不想干，不想干你就给我走，走！ 走哇！ 男 2：走，走就走，这个世界更需要你，九月二十二号，世界无车日，没事走两步。		北京人民广播电台
	母亲节——妈妈的算术题	群体声音：妈妈二十六岁生下我，二十岁之前的二十年里妈妈基本上每天都能见到我，后来读大学、工作、成家。 我越来越忙了，我已经四个月没有回去看她了，妈妈已经五十多岁了，我想如果她可以活到一百岁，在这剩下的四十多年里，如果再这样四个月回去看她一次，我这一生就剩下一百五十次和妈妈见面的机会了，这个答案我敢和她讲。 男声：五月十三日无论你有多忙，在哪里，请抽出时间和妈妈在一起陪她聊聊天，看看电视，陪她做她想做的事情。		陕西广播电视台交通广播

（三）中央电视台“讲文明树新风”公益广告作品选名录

作品	主要内容	时长
Family	Family 的字母代表着三个家庭成员。 F 是爸爸，他是家里的顶梁柱，高大魁梧的爸爸遮风挡雨；M 是妈妈，贤惠的妈妈相夫教子；I 是我，渐渐我长大了，少不懂事的我想挣脱爸爸的束缚，屡次顶撞唠叨的妈妈。 长大的我渐渐体会了生活的艰辛，发现爸爸的背早已驼得不成样子，妈妈的身体也已臃肿，是时候尽一份子女的责任，悉心呵护这个家爸爸妈妈我爱你们，有爱就有责任。	90 秒
包袱篇	相声演员：谁没丢过东西，有些能丢，有些丢不得。 台上我爱丢包袱，台下这个包袱我舍不得丢（打开一个装着皮影的包袱）；老传统、老习俗，喜新，也不厌旧（唱京剧）；老手艺，老物件，越老，越有魅力（茶文化）……不管你是 80 后还是博士后，谁丢了自己的文化，谁落后。	60 秒
保护江豚动画版	画面出现一只可爱的江豚：嗨，我是江豚，大家都叫我“笑笑”，我们家族在长江生活了 2500 万年。 但是，为什么我的同伴越来越少了呢？ 我怎么也找不到回家的路了。 妈妈你在哪里？	50 秒
保护江豚濮存昕篇	濮存昕：你知道吗？ 这是长江江豚，是我国的特有物种。 它多漂亮，可数量仅剩一千余头，比大熊猫还稀有，请关注长江生态环境，让我们的后代还能够看到它。 拯救长江江豚，刻不容缓。	30 秒
城市卫生篇	当你在街道上想要吐痰的时候，就要想到一个朋友，白白的、软软的，有人吐痰，它都不生气——它就是小纸巾。 城市卫生靠大家，街上吐痰讲方法。	30 秒

作品		主要内容	时长
得蛙蛙系列	超速篇	欲速则不达。看到“限速40”的标牌而置之不理，后果很严重，可能发生车祸以及危害他人。	30秒
	超载篇	超载——生命不能承受之重。超载会有严重的安全隐患。	30秒
	光头篇	远光=咣，夜间行车开远光会给自己和他人造成行车困扰，容易发生交通事故。	30秒
	滚梯篇	占用急行道，危险滚滚来！在电梯上要记住“右侧站立，左侧急行”的公共准则。	30秒
	溅水篇	雨后行车，见人小心。雨后开车的时候，看到路人要降低行车速度，避免把雨水溅到行人身上。	30秒
	排队篇	排队，排才对！在公共场合要按顺序排队购票或者观光。	30秒
	攀爬篇	随意攀爬，一失足成千古恨。在景区照相时，不要攀爬，既破坏景点又会造成安全隐患。	30秒
	气球篇	超长，超危险。在公共场合携带超长的物件容易影响他人，也有安全隐患。	30秒
	伸头篇	乱伸头，没头脑。在行驶的汽车上向外伸头，容易发生交通意外。	30秒
	睡觉篇	疲劳驾驶，身家性命。在高速公路上疲劳驾驶，容易发生交通事故以及影响其他司机。	30秒
	偷拍篇	你拍一，我拍一，珍贵文物在哭泣。在标有“禁止拍照”的文物前拍照，会给文物造成肉眼看不到的损害。	30秒
	吸烟篇	吸烟不避人，德行如烟散。在禁止吸烟的餐厅等其他公共场合吸烟，会给他人造成困扰，也是没有德行的表现。	30秒
	喧哗篇	有礼，不要声高。在公共场合不要大声喧哗吵闹，既影响他人也没修养礼貌。	30秒
	烟蒂篇	开车抛物，车扔人。在路上随意扔烟蒂等，会给别人造成安全影响，也会危害到自身。	30秒
	野人篇	文明，也该进化了。在公共场合，要衣冠整齐，不然和野人没区别了。	30秒
	樱花篇	美丽夭折了，麻烦蜂拥来。在户外不要随意破坏花草，既不文明也可能造成很多麻烦。	30秒
	摘花篇	莫伸折枝手，美丽需要呵护。在公园等公共场合不要随意摘花等，美丽需要大家来呵护。	30秒
	自助篇	节俭，从自助开始。即使吃自助餐，也不要乱拿一气，节俭是一种美德。	30秒
	醉驾篇	醉驾=罪驾，醉驾会有严重的安全隐患，对自己和他人都是非常危险的。	30秒
低碳生活 绿色出行		100个人，100辆车，每天碳排放量1350千克。100个人，1辆公交车，每天碳排放量189千克。100个人，100辆自行车，每天碳排放量0。低碳生活，请多选择绿色出行。	30秒

作品	主要内容	时长
电器待机篇	你睡了，它们还没休息。 台式机待机功率 4. 9 瓦，电视待机功率 8. 07 瓦，壁挂空调待机功率 8 瓦，洗衣机待机功率 2. 46 瓦，微波炉待机功率 11 瓦……据统计，如果每个人都及时关闭待机电器的电源，节省的电能可以供应东北三省所有的家庭用电，节约无小事。	35 秒
反腐倡廉——李雪健篇	20 多年前，我演过焦裕禄，20 年，又演杨善洲。 他们身上，有一种精神的力量，这种力量感染了我，也感染了很多很多人。 一身正气，两袖清风，心里始终装着百姓，为百姓真正干实事。 百姓永远会铭记，这就是榜样的力量。 清廉一生平安，实干造福百姓。	60 秒
反腐倡廉——林丹篇	每一个运动员，都面对过无数的选手，经历过成功或者失败。 对我们来说，每打出一个球，眼睛始终要盯着底线。 每一个球都至关重要，所以每一个球都要在底线之内。 只有正确判断，坚守底线，才能守住胜利。 在人生的赛场上，也要守住底线。 在赛场上，丢掉的一分还可以拼回来，做人做事，越过了底线，失去的也许永远无法挽回。 人生不能越界，底线必须守住。	45 秒
关爱老人——爸爸的谎言篇	爸爸：喂，闺女啊，我跟老朋友出去玩了！ 然后我们一起排节目，挺忙的……没问题，挺好的。 我啊，吃得饱，睡的香，一天忙到晚。 我啊，一点都不闷，那么多朋友，你放心吧。 你妈？ 你妈没在啊，她出去跳舞去了，不在……不在，没……没事儿，没事儿，你放心吧。 你啊，好好工作啊，不要担心我们俩。 你忙啊，就挂了吧。 爸爸的谎言，你听不出来吗？ 别爱得太迟，多回家看看。	90 秒
关爱老人，妈妈的等待篇	爱是什么？ 爱，是只要你快乐。 爱，是陪你走一辈子。 爱，是无悔青春流逝。 你的高飞，就是我的安慰。 爱，是痴痴等待。 别爱得太迟，多回家看看。	50 秒
关爱失智老人——打包篇、	不知从什么时候开始，我爸的记性就越来越差，冰箱在哪，厕所在哪，他刚刚做过的事都忘了。 有时忘了刚刚吃过饭，有时走到门口都不记得这是他的家。 有一次到餐厅吃饭，竟然拿起饺子放到自己的口袋里，他说，这是留给我儿子的，他最爱吃这个了！ 他忘记了很多事，但他从未忘记爱你。	90 秒
关爱贫困儿童励志篇	这里曾经孕育出品学兼优的大学生，这里曾经培养出为国争光的运动员，这里曾经造就出知识渊博的学者。 请用温暖呵护他们的明天。	45 秒
关爱贫困儿童校车篇	如果这是您孩子的学习教室，如果这是您孩子的营养午餐，如果这是您孩子的住校宿舍，如果这是您孩子的专业校车。 请用温暖呵护他们的明天。	45 秒
好人就在身边	八岁起，照顾瘫痪养母，带着养母上大学，全国孝老爱亲模范孟佩杰；与哥哥一起生死接力，为农民工送薪，全国诚实守信模范孙东林；致富不忘乡亲们的村官，个人出资为村民们建新居，全国助人为乐模范裴春亮；冒着生命危险，勇接高空坠落婴儿，全国见义勇为模范吴菊萍；生死关头，勇救学生，致高位截肢的“最美女教师”张丽萍；生命最后时刻，力保乘客生命安全的“最美司机”吴斌……好人，是你，是他，是我们自己。	120 秒

作品	主要内容	时长
环保搭档 A	飞儿 + 小水舀 = 环保搭档；优优 + 布包 = 环保搭档；壮壮 + 小树 = 环保搭档；乔乔 + 废纸 = 环保搭档；包包 + 水壶 = 环保搭档。 秀出你的环保搭档！	60 秒
环保搭档 B	我把家里的废纸盒都收集到大桶里，爸爸说纸盒回收后可以再造纸，这个大桶就是我的环保搭档；我不用一次性筷子，因为我要保护森林，自带餐具是我的环保搭档；我的铅笔盒里只有三支环保铅笔，因为用它可以节省木材，环保铅笔就是我的环保搭档；我喜欢拼插玩具，少用电池，减少污染，拼插玩具是我的环保搭档；出去旅行，我不用酒店的一次性洗漱用品，妈妈说那不环保，随身的洗漱用品就是我的环保搭档……秀出你的环保搭档！	60 秒
家国梦	在这片土地上，每个人都有自己的梦想和追求，自燃的馈赠，播种与丰收，团聚与喜悦，我们都有对美好生活的向往。 新鲜健康的空气，水和食物，让我们用劳动成就自己的梦想。 国家好，民族好，大家才会更好。	60 秒
交通安全——爱的纽带篇	每一次开车出门，其实家人都充满了爱的嘱咐：宝贝，妈妈给你织了一条新围巾（安全带）；老公，开车慢点儿，记得吃胃药；今天是你生日，我煮好长寿面在家等你；亲爱的，爸妈今晚过来，咱们一起拍张全家福；爸爸，我想你了，你一定要早点回来！ 安全带，爱的纽带！ 牢记安全带，牢记家人的爱！	60 秒
交通安全——奔跑篇	一家三口在阳光下尽情奔跑，其乐融融，忽然之间爸爸的手松开了，女儿和妈妈倒地，呼喊爸爸快点回来……超速驾驶越快，离你的家人越远！	60 秒
交通安全——动物篇	一群动物在城市的马路上，犯了和人类一样的交通错误。 鸣笛、超载、翻越、超速……如果交通没有文明，那么我们就像生活在原始森林，危机四伏。 关爱生命，文明出行。	60 秒
节约——餐饮浪费篇	女 1：菜是不是点得有点多了？ 男 1：没事，一点也不多！ （多点菜，显得我大方） 男 2：你看你太客气了！ 点这么多菜！ 男 3：老朋友难得一聚！ （反正不花咱的钱） 女 2：剩了这么多，咱们打包吧？ 女 3：不用啦！ （打包多没面子啊） 小孩 1：我不喜欢这些菜，我要吃我自己喜欢吃的！ 男 4：好好！ 服务员快拿菜单来！ （为了孩子，多点算啥） 据统计，中国人每年在餐桌上浪费的粮食价值高达 2000 亿元，相当于 2 亿多人一年的口粮。 文明餐桌，从我做起，不剩饭，不剩菜。	35 秒
节约用纸——打印机篇	打印机的一端，纸张不断地进去，但是另一端，木屑不断地出来……今天你又砍了几棵树？	25 秒
节约用纸——珍惜资源篇	在公共厕所里，每一个来去匆匆的人肆无忌惮地抽出卫生纸，不管用多少，都是抽出很多，一卷纸很快就用没了，请珍惜资源！	35 秒

作品	主要内容	时长
乐于助人篇	皮猴看到苞米了，欢天喜地地扑上去；看到桃子了，扔下苞米去摘桃子；看到西瓜了，扔下桃子去摘西瓜……原来皮猴不是在顽皮，而是在帮助别人摘苞米、桃子和西瓜。乐于助人，传递美德。	30 秒
母子篇	妈妈是离我最近的人，在她的呵护下，我长大了，但离她却越来越远。直到有一天我走了，才开始理解她，让我越来越想她。打电话回家吧，大声说出你的爱！	60 秒
食品安全——孩子篇	孩子们的心声：我想喝牛奶，喝牛奶长高高。我想吃肉肉，因为变强壮。我爱吃鱼，吃鱼变聪明。我爱吃青菜，吃青菜不生病。我想吃水果，吃水果变漂亮。妈妈，我能吃吗？安全的食品，决定健康的未来！	30 秒
水土流失篇黄土高原版	中国甘肃宁夏交界区黄土高原，早已经没人了，荒了，只剩四十几户人，其他人都搬走了。这里很少下雨，下雨的话，好多庄稼都被冲走了。没有草、没有树，草都旱死了，吃水是现在最不方便的一个问题。后来村民才知道这是水土流失。如果不想办法的话，这个地方就没办法生存下去了。现在当地村民想了很多办法治理，种树种草，恢复植被。村民最大的希望就是植树造林，这样今后才有希望，这是给子孙后代造福。	120 秒
水土流失篇闽西版	中国福建省长汀县，村民说，现在衣食住行都还好。这里条件好，空气好。原来是光头山，没有树木的，是全国最严重的水土流失区之一，有田无粮，有山无水，给群众的生活生产带来了不便。当地村民通过植树造林、治理荒山，把红山变为绿山，水土流失治理好了，村民的日子越来越好了。	120 秒
学雷锋——发现雷锋篇	发现雷锋，发现微笑与关怀；发现雷锋，发现温暖与感动；发现雷锋，发现震撼与伟大；发现身边的雷锋，温暖你我，不止在 3 月 5 日。	30 秒
学雷锋——郭明义篇	齐大山铁矿工人“当代雷锋”郭明义，每天提前 2 小时上班，无偿献血 29 次，总计 11000 毫升，捐献血小板 39 次。16 年个人累计捐款近 20 万元，捐助超过 300 名儿童。后来他发起爱心团队，成员共 2800 余人，资助超过 1000 名贫困学生。有人问他做这些图什么，他回答：帮助别人，快乐自己！	60 秒
学雷锋——郭文标篇	郭文标是一名渔民，他从 15 岁开始打渔，三十年来，他已经在惊涛骇浪中救了 500 多条生命，“平安水鬼”是大家对他的爱称。为了营救更多的人，他贷款 200 万购置专业搜救船。他不断地接打救助电话，用坏了 50 多部手机。经他带动，越来越多的渔民加入了义务救助的行列，能救这么多人，他感觉很幸福。	60 秒
学雷锋——童谣篇	人小志气大，辛苦我不怕，日常学雷锋，平凡也伟大，叔叔把我夸，奶奶笑哈哈，大家做好事，处处传佳话。	45 秒
珍惜粮食反对浪费篇	每年全球粮食总量的三分之一被浪费，全球年浪费量达 13 亿吨，相当于谷物总产量的二分之一，你的挥霍，正伴随着别人的饥饿。珍惜粮食，反对浪费。	45 秒
志愿者——留守儿童篇	他们在大山里边，我们在大山外边，伸出双手，连接大山的两边；他们在孤独里边，他们在孤独外边，点燃爱心，让温暖蔓延；他们在幸福外边，我们在幸福里边，关爱现在，里边，外边，爱无边。5800 万留守儿童，离我们并不远。温暖心，分享爱。	60 秒

作品	主要内容	时长
志愿者——时间篇	孤独，让时间停滞；寂寞，让空气凝固；无助，让生活一潭死水。快乐起来，时间也变快乐；充实起来，时间也跳跃；温暖起来，心情也敞开。一起快乐，一起充实，一起温暖。	60 秒
中国梦——蓝图篇	知识成就梦想，拼搏成就梦想，实干成就梦想，人生因梦想而改变，祖国因梦想而美丽，我的梦，中国梦。	60 秒
中国梦——圆梦篇	女儿：妈妈，北京真的那么漂亮吗？我想去北京……架设雪域高原通往祖国内地的天路，成为西藏各族人民的夙愿。我的梦，中国梦。	60 秒
中国人建更美的中国	眉目的颜色，生与日夜同；面容于轮廓，描画诚恳谦虚与从容；沉默可成诺言，诚信可致千里；爱他和她的善良和真，爱千百年来的美的历程；仁，志高致远；礼，悦心悦民；眉目连接山河，家国共鸣天下。中国人，建更美的中国。	60 秒

2013

（一）中央人民广播电台广播类“讲文明树新风”公益广告通稿作品目录

序号	作品名称	作者
1	民族复兴中国梦（歌曲版）	中央人民广播电台
2	民族复兴中国梦（京剧版）	中央人民广播电台
3	民族复兴中国梦——描绘蓝图篇	中央人民广播电台
4	民族复兴中国梦——诗歌篇	中央人民广播电台
5	民族复兴中国梦——我的梦想篇	中央人民广播电台
6	民族复兴中国梦——我的中国梦	中央人民广播电台
7	勤俭节约——传家宝篇	中央人民广播电台
8	勤俭节约——课堂篇	中央人民广播电台
9	勤俭节约——生活态度篇	中央人民广播电台
10	敬业奉献——谱写幸福	中央人民广播电台
11	诚实守信——立木取信	中央人民广播电台
12	中国字中国人	中央人民广播电台
13	美丽中国——美食美景	中央人民广播电台
14	传统道德主题——农民工礼赞	中央人民广播电台
15	中国精神——诚信油条哥篇	中央人民广播电台
16	中国精神——实干收获希望篇	中央人民广播电台
17	中国精神——为善最乐高淑珍篇	中央人民广播电台
18	我的中国梦——国富民强篇	中央人民广播电台
19	传承中华优秀文化——每天让我们一起阅读吧	中央人民广播电台
20	建设生态文明——爱护绿色水源	中央人民广播电台
21	建设文明生态——城市名片	中央人民广播电台
22	文明有礼——度数篇	中央人民广播电台
23	传统文化——春夏秋冬节气篇	中央人民广播电台

序号	作品名称	作者
24	美丽中国——风景篇	中央人民广播电台
25	生态文明——大雁篇	中央人民广播电台
26	文明旅游——西游记篇	中央人民广播电台
27	全国道德模范公益广告展播——龚全珍篇	中央人民广播电台
28	全国道德模范公益广告展播——热汗古丽·依米尔篇	中央人民广播电台
29	全国道德模范公益广告展播——钟晶篇	中央人民广播电台
30	爱护绿色水源（维语版）	中央人民广播电台
31	城市名片（维语版）	中央人民广播电台
32	谱写幸福（维语版）	中央人民广播电台
33	民族复兴中国梦诗歌篇（维语版）	中央人民广播电台
34	民族复兴中国梦梦想篇（维语版）	中央人民广播电台
35	勤俭节约生活态度篇（维语版）	中央人民广播电台
36	让我们一起阅读吧（维语版）	中央人民广播电台
37	文明餐桌光盘行动（维语版）	中央人民广播电台

中央人民广播电台 广告部

（二）海宁中国皮革城杯第二届中国公路公益广告大赛作品名录

奖项	作品名称	作者
特等奖	（空缺）	
一等奖	《千里姻缘公路牵》	王希伟
	《中国高速公路，温暖千万家》	赵彩虹
二等奖	《安全带》（系列）	薛金升
	《公路为团聚加速》	盛学武等
	《公路，送给戈壁最好的礼物》	李金英
三等奖	《驾车有情》	刘丽萍
	《血脉通，爱相连》（系列）	林晨
	《系好安全带》	杨甜甜
	《路，让你我更亲密》	王亚楠
	《安全与生命》	胡金林等
	《起飞》	陈智梁等
优秀奖	《把安全带在身边》	陈露芳
	《你也可以成为大师》	何小威
	《品味中国路》	王露晶
	《礼则安 通则畅 合则达》	吴昊翔
	《美好生活从路开始》	鲁睿
	《大道之行 天下为公》	詹瑜
	《核弹系列》	黄晨等
	《安全出行》	郭丹等
	《交通关“键”》	李晶

（三）第二十届中国国际广告节“国酒茅台”中国公益广告黄河奖获奖作品名录

1. 影视类年度奖

奖项	作品名称	参赛单位	广告客户
金奖	过门的忐忑	麦肯光明有限公司上海分公司	CCTV 广告经营中心
	青聪泉——走进星星的世界	睿狮子广告传播	青聪泉——走进星星的世界
	节约地球资源	通州区广播电视广告有限公司	
银奖	迟来的新衣	麦肯光明有限公司上海分公司	CCTV 广告经营中心
	中央电视台《关爱老人系列—《打包篇》《老爸的谎言》《妈妈的等待》	盛世长城国际广告有限公司	中国中央电视台
铜奖	63 年后的团圆	麦肯光明有限公司上海分公司	CCTV 广告经营中心
	家乡的滋味	麦肯光明有限公司上海分公司	CCTV 广告经营中心
	BIAAG—DAUGHTER	睿狮子广告传播	PLAN/BECAUSE I AN A GIRL
	CCTV—红包篇	睿狮子广告传播	CCTV
	CCTV—打包篇	盛世长城国际广告有限公司	CCTV 广告经营管理中心
	节约用电	中央电视台新闻中心视觉艺术部	央视新闻中心视觉艺术编辑部
优秀奖	保护水资源—小水滴历险记	北京互通联合国际广告有限公司	社会公益类
	我是火	长沙盛美广告有限公司	湖南省公安消防总队
	少年犯	广东太平网联广告有限公司	中国联通
	留守儿童《思念篇》	广西电视台广告与节目营销中心	
	平凡之光系列	贵州天马传媒有限公司	
	行动篇	贵州天马传媒有限公司	
	南方电网 2013 年公益影视广告《小桔灯篇》	南方电网传媒有限公司	中国南方电网有限责任公司
	地球五分钟	曲靖电视制作中心	
	爱科学《天文篇》	上海东方娱乐传媒集团有限公司（广告经营中心）	
	快乐志愿 美丽中国《白领篇》	上海东方娱乐传媒集团有限公司（广告经营中心）	
	恋上这座城《爆竹篇》	上海东方娱乐传媒集团有限公司（广告经营中心）	
	全家福	上海东方娱乐传媒集团有限公司（广告经营中心）	
	向挑战者致敬《跳水篇》	上海东方娱乐传媒集团有限公司（广告经营中心）	

奖项	作品名称	参赛单位	广告客户
优秀奖	节约纸张 保护森林	张家港电视台	张家港电视台
	天鹅之死	北京互通联合国际广告有限公司	社会公益类
	全国爱牙日公益广告—“是兄弟，就要一起啃硬骨头”	北京人民广播电台	
	锻炼篇	北京世纪光年广告有限公司	
	加班篇	北京世纪光年广告有限公司	
	关爱自闭症儿童	赣州人民广播电台	赣州人民广播电台
	少年中国梦	赣州人民广播电台	赣州人民广播电台
	绿色家园之垃圾分类《我们分了篇》	广州市广播电视台广播经营部	广州市广播电视台
	珍惜树木	贵州广播电视台都市广播	贵州广播电视台都市广播
	别爱得太迟 常回家看看	河北人民广播电台	河北人民广播电台文艺频道
	全身心地陪陪父母	河北人民广播电台	河北人民广播电台文艺频道
	春节后请多关爱父母	湖南广播电视台广播传媒中心	
	妈妈，对不起，我爱你	湖南广播电视台广播传媒中心	
	为地球减压 为心灵减压	湖南广播电视台广播传媒中心	
	闯红灯篇	上海东方广播有限公司	上海东方广播有限公司
	戴口罩篇	上海东方广播有限公司	上海东方广播有限公司
	妈妈其实是篇	上海东方广播有限公司	上海东方广播有限公司
	买书篇	上海东方广播有限公司	上海东方广播有限公司
	世上最美好的东西原来都是免费篇	上海东方广播有限公司	上海东方广播有限公司
	微时代的节奏篇	上海东方广播有限公司	上海东方广播有限公司
	新司马光砸缸	襄阳广播电视台汽车广播	
	保护传统文化	云南广播电视台	
	吸烟有害健康——“笑”	云南广播电视台	
	焚烧垃圾“拉倒”篇	张斌品牌传播工作室	湖南广播电视台
	孝老爱亲—父亲节篇	中央人民广播电台	中央人民广播电台

2. 广播类创作奖

奖项	作品名称	参赛单位	广告客户
优秀奖	廉政建设广播广告	长春工业大学	长春工业大学
	保护环境大使篇	哈尔滨海润国际广告传播集团	
	多一点耐心	哈尔滨海润国际广告传播集团	
	节约用水—歌声篇	哈尔滨海润国际广告传播集团	
	忘记篇	哈尔滨海润国际广告传播集团	
	幸福向往篇	哈尔滨海润国际广告传播集团	

奖项	作品名称	参赛单位	广告客户
优秀奖	丢手绢	湖北省孝感人民广播电台	湖北省孝感市工商行政管理局
	鳄鱼的约会	吉林市经济广播电台	吉林市经济广播电台
	社区天气预报	吉林市经济广播电台	吉林市经济广播电台
	生态文明中国梦	吉林市经济广播电台	吉林市经济广播电台
	隐形小偷	吉林市经济广播电台	吉林市经济广播电台
	保护森林—沙漏篇	浙江广播电视台少儿频道	浙江广播电视集团
	水污染—核弹篇	浙江广播电视台少儿频道	浙江广播电视集团
	保护动物	中央电视台新闻中心视觉艺术部	央视新闻中心视觉艺术编辑部
	《垃圾分类》《颜色篇》	中央电视台新闻中心视觉艺术部	央视新闻中心视觉艺术编辑部
	让垃圾回家	中央电视台新闻中心视觉艺术部	央视新闻中心视觉艺术编辑部
	世界粮食日	中央电视台新闻中心视觉艺术部	央视新闻中心视觉艺术编辑部
	世界无烟日	中央电视台新闻中心视觉艺术部	央视新闻中心视觉艺术编辑部

3. 影视类创作奖

奖项	作品名称	参赛单位	广告客户
金奖	德育《视力表》篇	山东长城梅地亚文化传播有限公司	
银奖	影视公益广告《浪费就是犯罪篇》	合肥市广播电视台广告中心	
	厉行节约《加班》篇	江西华赣公交文化传媒有限公司	南昌市公共交通总公司
铜奖	派丽蒙《杨欣篇》	厦门大峡谷影视有限公司	派丽蒙光学（厦门）有限公司
优秀奖	吃豆人的光盘行动	德高广告（上海）有限公司	
	孩子有时也是老师	个人	
	爱不宜迟	哈尔滨壹拾捌号广告有限公司	
	“爱护地球保护森林”系列公益广告	河南电视台电视剧频道	河南电视台电视剧频道
	爱护小动物	黑龙江省扬名广告传媒有限公司	
	PM2.5	江门市万捷广告策划有限公司	
	过去 现在 未来	青岛市广播电视局黄岛广播电视中心	青岛市广播电视局黄岛广播电视中心
	戒网《木鱼》篇	山东长城梅地亚文化传播有限公司	
	在苏州	苏州金螳螂展览设计工程有限公司	苏州山塘街旅游文化公司
	还能拿什么来支付	苏州通广尚品广告有限公司	
	中国足迹—乡村内生生动	泰州风行广告传媒有限公司	
	不再有	厦门东帝士广告有限公司	厦门东帝士广告有限公司
	把握心中的每一度	新疆电视台广告部	新疆电视台广告部
	节约从身边做起	张家港电视台	张家港电视台

4. 广播类年度奖

奖项	作品名称	参赛单位	广告客户
铜奖	反腐意思篇	南京雷迪欧广告有限公司	
优秀奖	保护水资源——地球的心跳	北京互通联合国际广告有限公司	
	好创意，好生活—水龙头篇	丽水市七九八创意设计有限公司	丽水市精神文明建设委员会办公室
	呼吸节奏篇	上海东方广播有限公司	上海东方广播有限公司
	或许你不是很有钱篇	上海东方广播有限公司	上海东方广播有限公司
	狼来了篇	上海东方广播有限公司	上海东方广播有限公司
	文明养狗之芭蕾舞篇	上海东方广播有限公司	上海东方广播有限公司
	心有大梦想	沈阳天一智合广告传媒有限公司	
	比赛篇	沈阳中哲广告传媒有限公司	
	中国制造篇	沈阳中哲广告传媒有限公司	
	错误的教育	石家庄都市文化传播有限公司	
	保护人类朋友 拒绝滥捕乱杀	新春广告公司	
	节约用水 每个人都很重要	浙江广播电视集团音乐高频	

（四）中央电视台公益广告大奖赛获奖名单

1. 视频类获奖名单（电视公益广告作品奖）

奖项	序号	作品名称	获奖者
金奖	1	回家系列	麦肯光明广告有限公司
银奖	1	打包篇	盛世长城国际广告有限公上海第二分公司
	2	关爱父母系列	盛世广告（香港）服务有限公司
铜奖	1	瓷娃娃	上海广播电视台
	2	不变的承诺	Lowe China/睿狮广告传播
	3	红包篇	Lowe China/睿狮广告传播
优秀奖	1	水滴奇遇记	陶永振 刘思楠
	2	生命之源	范超 李先斌
	3	爱的表达式	北京葵友广告有限公司
	4	爱是所有	何昌炜 梁鹏威 潘学聪 焦伟成
	5	隔离的键盘	熊超
	6	林丹篇	中央纪委宣传教育室 北京上造影视文化有限公司
最佳导演奖	1	回家系列	何男宏
最佳网络人气奖	1	水滴奇遇记	陶永振 刘思楠
提名奖	1	王石 · 雪山篇	北京盛阳世纪文化传播有限公司
	2	珍惜手中的历史	中央电视台新闻中心新闻视觉艺术编辑部

奖项	序号	作品名称	获奖者
提名奖	3	珍爱生命远离烟草	陕西省咸阳市兴平电视台
	4	温暖回家 · 千里返乡路	江西广播电视台
	5	中国梦之平凡人的歌 胡敏华篇	江西广播电视台
	6	裸婚篇	湖南广播电视台
	7	留守儿童 思念篇	广西电视台
	8	高晓松酒驾篇	电影频道节目中心
	9	Chance TV	上海广播电视台
	10	邓前堆篇	天地升华（北京）国际文化传播有限公司
	11	拍卖会	北京盛阳世纪文化传播有限公司
	12	成龙蒙顶山茶篇	电影频道节目中心
	13	中国人建最美中国	北京八佰线广告有限公司
	14	最美教师张丽莉	吉林教育电视台
	15	罕见病公益广告 合唱团篇	首都经济贸易大学
	16	保护动物	中央电视台新闻中心新闻视觉艺术编辑部
	17	插上放飞梦想的翅膀	北京捷成先境广告有限公司
	18	没有歧视，我们在一起	中央电视台广告经营管理中心
	19	木头人	上海师范大学人文与传播学院
	20	在一切还都不晚之前……	陕西广播电视台广告运营总公司
	21	家庭篇	云南广播电视台
	22	蓝色梦想计划	中国移动通信集团公司
	23	非凡的代价	上海广播电视台
	24	保护江豚动画版	天地升华（北京）国际文化传播有限公司
	25	拒食鱼翅 · 姚明餐厅篇	WildAid 野生救援协会
	26	全家福	上海广播电视台
	27	信赖篇	上海广播电视台
	28	保护大象姜文篇	WildAid 野生救援协会
	29	器官捐献协调员	中央电视台新闻中心新闻视觉艺术编辑部
	30	有翅膀，就要飞翔	陕西广播电视台广告运营总公司
	31	招募篇	深圳市火火文化传播有限公司
	32	雅安沙画篇	中国网络电视台公益广告中心
	33	餐饮浪费 · 餐馆篇	北京点睛坊广告设计工作室
	34	牵挂	王政捷
	35	电器待机篇	北京点睛坊广告设计工作室
	36	Family 母子篇	天地升华（北京）国际文化传播有限公司
	37	关注留守儿童，点亮心的微笑	中国民生银行信用卡中心
	38	记录身边的快乐	北京电视台
	39	求学孤儿的渴望	江西广播电视台

奖项	序号	作品名称	获奖者
提名奖	40	保护江豚濮存昕篇	北京悦宁文化传播有限公司 农业部渔政指挥中心 中国野生动物保护协会水生野生动物保护分会
	41	高晓攀篇	北京朝龙世纪广告有限公司
	42	小桔灯篇	南方电网传媒有限公司
	43	珍爱生命之水	刘成伦
	44	动物篇	力传媒
	45	不抛弃，不放弃	北京爱它动物保护公益基金会
	46	行小善，胜于心存大善念	苏州广播电视总台节目购销编排中心
	47	创意支教 · 美术课篇	上海师范大学人文与传播学院
	48	母女篇	上海广播电视台
	49	捡珍珠复学计划萤火虫篇	阳狮广告有限公司（上海分公司）
	50	垃圾分类周迅陈坤篇	利乐中国有限公司
	51	中华美德 代代相传	重庆电视台广告经营中心
	52	尊重是一种美 · 高跟鞋篇	叶雪
	53	反腐倡廉老鼠篇	中央纪委宣传教育室
	54	慈善巴郎阿里木	潘攀
	55	安全带，爱的纽带	北京点睛坊广告设计工作室
	56	节约用纸 · 打印篇	浙江电视台少儿频道
	57	梦想篇	江苏省广播电视总台
	58	珍惜“她”，那远逝的绿色家园	江西广播电视台
	59	请用你的余光审视自己	常州广播电视台
	60	姚明保护犀牛公益广告 · 犀牛桑蒂篇	WildAid 野生救援协会
	61	四大美人新译	梁丽初
	62	拒绝一次性筷子	杜少旭
	63	手机礼仪	阳狮广告有限公司（上海分公司）
	64	饭盒篇	周琴 陈杨
	65	啤酒也是酒	山东广播电视台
	66	陈州篇	山东广播电视台
	67	临时爸爸	山东广播电视台
	68	你就是中国 普通人篇	广西电视台
	69	教师宋迪泉	四川广播电视台新闻资讯频道
	70	文化从阅读开始	深圳广播电影电视集团
	71	快乐志愿 美丽中国 · 快递篇	上海广播电视台

奖项	序号	作品名称	获奖者
提名奖	72	一只狗的爱情故事	上海广播电视台
	73	幸福中国篇	最高人民检察院职务犯罪预防厅
	74	不倒翁	天津电视台
	75	安全生产 · 传承篇	国家安全生产监督管理总局宣传教育中心
	76	文明行车 · 关公篇	温州市飞扬广告有限公司
	77	绿色建筑王石篇	北京盛阳世纪文化传播有限公司
	78	保护老虎	WildAid 野生救援协会
	79	共建诚信家园 同铸食品安全 · “良心油条哥”刘洪安篇	中国经济网
	80	人的情绪传递 · “伤害篇”	浙江传媒学院文化创意学院
	81	关注孩子不要关住孩子	中央电视台新闻中心新闻视觉艺术编辑部
	82	民警陈克本	四川广播电视台新闻资讯频道
	83	分类产生价值 垃圾变成资源 · 健身房篇	北京太合瑞视广告有限公司
	84	爱动全城 · 回家篇	广而告之合众国际广告有限公司
	85	关爱家人篇	南京师范大学新闻与传播学院 程诚 吴志超 韩慧敏 蔡国庆 黄宝仪
	86	责任篇	上海广播电视台
	87	关注贫困儿童	北京浩然世纪广告有限公司
	88	诚信公益广告 · 揉纸篇	镇江电视台
评委推荐奖	1	奔跑	北京点睛坊广告设计工作室
	2	我的中国梦 · 黄常田篇	湖南广播电视台
	3	伸出你的手	上海师范大学美术学院
	4	“礼”	天津电视台
	5	背着母亲谈生意	天津电视台
	6	公交让座 · 怀孕篇	南京邮电大学传媒与艺术学院
	7	爱科学 · 太空篇	上海广播电视台
	8	器官捐献	天津电视台
	9	三种人系列	长沙盛美广告有限公司
	10	人生舞台，活出精彩	北京国际广告传媒集团
	11	和谐西藏 幸福共享	西藏电视台
	12	我用一生守护你 · 翁钢篇	青海广播电视台广告经营管理中心

2. 脚本类证书名单(电视公益广告创意脚本奖)

奖项	序号	作品名称	参赛者
金奖	1	倒计时篇	上海佰草集化妆品有限公司
银奖	1	你我近一点，音量小一点	代通
	2	上车饺子，下车面	中国传媒大学广告学院
铜奖	1	全家福	Lowe China/睿狮广告传播
	2	公德比赛，从我开赛	北京文传世纪文化传媒有限公司
	3	木头人	首都经济贸易大学
提名奖	1	指尖的力量	李林
	2	虚拟世界，更需谨言慎行	牟岚
	3	消失了它们，孤独了我们	高风洲
	4	站起来	黄丹
	5	一盒拌面酱	李亮 邹红艳
	6	向纳税人致敬	李庆
	7	包容，更从容	力传媒
	8	感谢人民篇	张海鹰 徐小伶
	9	隔膜	王玮
	10	最喜欢的颜色	中央民族大学文学与新闻传播学院
	11	关爱自闭症儿童	华南师范大学增城学院谈翠华
	12	心心相连，晒出自己	郑树坤
	13	留守儿童，留守快乐	中央民族大学文学与新闻传播学院
	14	我被关在手机里	中国传媒大学广告学院
	15	别让你的爱成为一种遗憾	翁欣
	16	留守儿童最好的礼物	中国传媒大学广告学院
	17	清肺篇	南方电网传媒有限公司
	18	水的感悟篇	北京点睛坊广告设计工作室
	19	美好生活篇	中视双正（北京）文化传媒有限公司
	20	为自己篇	中视双正（北京）文化传媒有限公司
	21	懂感悟 知人生	刘咏春
	22	建筑寿命老人篇	北京点睛坊广告设计工作室
	23	衡量篇	广而告之合众国际广告有限公司
	24	诗词中国	北京六月影视传媒有限责任公司

奖项	序号	作品名称	参赛者
提名奖	25	萤火虫篇	南方电网传媒有限公司
	26	自然篇	南方电网传媒有限公司
	27	广西罗凤村诚信篇	力传媒
	28	你为什么爱中国名人系列－欧阳中石篇	中视双正（北京）文化传媒有限公司
	29	你为什么爱中国普通人系列－张小砚篇	中视双正（北京）文化传媒有限公司
	30	零下 40 度的忠诚	天津古阳广告设计有限公司
	31	寻找失主篇	中视金桥国际传媒集团有限公司
	32	车窗垃圾篇	中视金桥国际传媒集团有限公司
	33	动物儿童合唱篇	北京坛城圣视电影文化传媒有限公司
	34	换位篇	北京电通广告有限公司
	35	皮影篇	天地升华（北京）国际文化传播有限公司
	36	母亲的生日	北京红星闪闪影视文化传播发展有限公司
	37	正能量－拇指篇	北京原创传奇广告有限公司
	38	中国梦－火柴篇	北京原创传奇广告有限公司
	39	美丽中国－鹦哥岭篇	北京坛城圣视电影文化传媒有限公司
	40	青春梦－让中国因我们而骄傲	北京坛城圣视电影文化传媒有限公司
	41	老人和猫	深圳大学传播学院张宇帆 蔡剑楠 罗露 张晓玲
	42	诚信－杨柳青篇	北京光和影广告有限公司
	43	乱刻乱画＝毁容	西南大学新闻传媒学院 张兴涛
	44	关注盲人运动	北京睿通博文广告有限公司

（五）第四届中国运城舜帝德孝文化节微电影季评审会获奖作品名录

奖项	作品名称	作品导演
最佳导演	拾荒少年	张思庆
最佳摄影	寻女之旅	李俊成
最佳剪辑	时间门	陈奕先
最佳剧本	Q 币	邱琦

奖项	作品名称	作品导演
最佳音乐	云先生	於水、刘佳
评委会特别奖	吾家有女	刘宇
一等奖	爷爷	丁璐
二等奖	妈妈的一封信	马多
	祖传秘方	高丽
三等奖	父爱	钱璐
	寻女之旅	李俊成
	我姥爷	胡郁菡
	云先生	於水、刘佳
	健康树	金赫

（六）中国报业协会公益广告奖获奖名单

1. 中国报业公益广告贡献奖获奖名单（30家）

序号	获奖单位
1	人民日报传媒广告有限公司
2	光明日报社
3	经济日报社
4	法制日报社
5	工人日报社
6	中国青年报社
7	中国环境报社
8	天津日报广告有限公司
9	河北日报报业集团广告信息中心
10	石家庄日报（传媒集团）
11	保定报业广告公司
12	太原日报报业集团
13	内蒙古日报社
14	劳动报社
15	浙江日报新闻发展有限公司
16	都市快报
17	金华日报报业传媒集团广告中心
18	安徽日报社

序号	获奖单位
19	海峡都市报社
20	河南省南阳日报社
21	湖北日报传媒集团湖北日报广告经营中心
22	武汉长江日报传媒集团有限公司长江日报经营分公司（长江日报广告部）
23	广州日报报业经营有限公司
24	四川日报社
25	贵州日报报业集团广告营运中心
26	遵义日报社
27	云南春晚传媒有限公司
28	西安报业传媒集团（西安日报社）西安晚报广告经营中心
29	甘肃日报社
30	宁夏日报报业集团宁夏日报

2. 中国报业优秀公益广告作品获奖名单(50 幅)

序号	作品名称	获奖单位
1	民族复兴中国梦	人民日报社
2	2013 寻找最美乡村教师活动系列广告	光明日报社
3	关爱老人	经济日报社
4	所有的生命都是宝贵的	法制日报社
5	中国青年志愿者公益圆梦行动系列公益广告	中国青年报社
6	“推进生态文明建设美丽中国”系列	中国环境报社
7	同一蓝天	北京晨报社
8	同呼吸 共担当 齐行动《刻度篇》	石家庄日报社（传媒集团）
9	爱你如你爱我	天津日报广告有限公司
10	美丽天津	天津市今晚传媒广告有限公司
11	《文明在身边》系列	渤海早报
12	讲文明 树新风（6 幅作品）	城市快报
13	节约一张 A4 纸	河北日报报业集团广告信息中心
14	注重公共安全、营造平安环境（系列）	张家口日报社
15	“到此一游”系列	燕赵都市报社
16	防止城市沙漠化	唐山广播电视报业发展有限公司
17	绿色行动	邯郸日报社
18	《倡导节俭》系列	邢台日报社牛城晚报编辑部

序号	作品名称	获奖单位
19	分类回收	秦皇岛报业传媒发展有限责任公司
20	一心为公 一心为民	太原日报报业集团
21	中国传统节日系列	长治日报社广告部
22	文明社会文明语篇	城市晚报社
23	“光盘”我们在行动	黑龙江黑河日报社
24	美丽乡村在原生态	浙江日报新闻发展有限公司
25	“课程表”	金华日报社（集团）广告中心
26	及时戒烟	泰州报业发展有限公司
27	十里“霾”伏	萧山日报社
28	生死一“带”间	衢州日报社
29	美哉安徽	安徽日报社
30	绿色出行（系列）	江西日报广告部
31	不要让城市患上“高血压”	青岛日报报业集团
32	南水北调源丹江 千里渠首始南阳	南阳日报社
33	简朴交往 返璞归真	河南日报广告部
34	沙画？ 雾霾！！！	湖北日报传媒集团楚天都市报
35	低碳交通绿色出行	长江日报广告部
36	贪婪——毁灭之源	黄石日报传媒集团
37	关爱儿童系列（2 张）	广州日报报业经营有限公司
38	《粮食一点都不能少》系列之《剪纸篇》	海南日报报业集团广告中心
39	放飞中国梦	四川日报社
40	文化“保鲜”	十堰日报传媒集团
41	已售罄	贵阳日报传媒集团
42	贵人善行——贵州形象、贵州表达（系列 2 幅）	贵州日报报业集团广告营运中心
43	“建设民族团结进步繁荣发展示范区”主题性公益广告	贵州民族报社
44	饥饿的青蛙	黔南日报社 黔南同兴广告有限责任公司
45	和	南方日报广告部
46	安全才幸福	云南春晚传媒有限公司
47	回家——别让父母等的太久	安康日报广告有限公司
48	反腐倡廉 2	兰州晨报社
49	面子	新消息报社
50	文明先锋	新疆经济报社

（七）中国网络电视台“讲文明树新风”公益广告通稿作品名录

1.《平面和网络类“讲文明树新风”公益广告通稿》作品目录

序号	作品名称	作者
1	圆梦起航	中国网络电视台制 山西广灵 王增荣剪纸
2	圆梦扬帆	中国网络电视台制 山西广灵 王增荣剪纸
3	圆梦高歌	中国网络电视台制 河北蔚县 周广剪纸
4	圆梦路上 共产党人	中国网络电视台制 天津泥人张彩塑 傅长圣作
5	没有共产党 就没有新中国	中国网络电视台制 无锡泥人 柳家奎 王南仙作
6	童心向党	中国网络电视台制 天津泥人张彩塑 林钢作
7	共产党好 百姓乐	中国网络电视台制 广东龙门 梁彩欢作
8	社会主义好 百子乐中华	中国网络电视台制 广东龙门 谭池发作
9	中国何以强 缘有共产党	中国网络电视台制 上海丰子恺旧居陈列室供稿
10	最吉祥 是有粮	中国网络电视台制 山东巨鹿 孔庆臣作
11	十二生肖 十二吉祥 中国吉祥	中国网络电视台制 山西临汾 郑月巴剪纸
12	中华圆梦 鹤翔九天	中国网络电视台制 山西广灵张多堂 张栋剪纸
13	己欲立而力人 己欲达而达人	中国网络电视台制 天津杨柳青画社供稿
14	中华传统 兄恭弟谦	中国网络电视台制 天津杨柳青画社供稿
15	大德中华	中国网络电视台制 上海丰子恺旧居陈列室供稿
16	荡起梦想 我有力量	中国网络电视台制 河北蔚县 王文林剪纸
17	祖国 母亲 恩深	中国网络电视台制 广东龙门 黄伟平 翟潄芳作
18	母亲哺育我 我怀感恩心	中国网络电视台制 广东龙门 罗秀芳作
19	中国心“和”	中国网络电视台制 上海丰子恺旧居陈列室供稿
20	“和”国运昌	中国网络电视台制 河北蔚县 王文林剪纸
21	中国龙腾 中华圆梦	中国网络电视台制 河北蔚县 王文林剪纸
22	呼喊圆梦	中国网络电视台制 天津泥人张彩塑 傅长圣作
23	肩挑希望奔梦	中国网络电视台制 广东龙门 谭池发作
24	中国梦飞九天	中国网络电视台制 河北蔚县 王文林剪纸
25	中华文明 生生不息	中国网络电视台制 上海丰子恺旧居陈列室供稿
26	勤劳 善良 福寿多	中国网络电视台制 广东龙门 谭池发作
27	中国圆梦 家家有福	中国网络电视台制 河北蔚县 王文林剪纸
28	二人同心 其利断金	中国网络电视台制 上海丰子恺旧居陈列室供稿
29	丰收之后 颗粒归仓	中国网络电视台制 广东龙门 谭池发作
30	金龙飞舞 华夏得福	中国网络电视台制 河北蔚县 王文林剪纸

序号	作品名称	作者
31	勤劳为本 诸事顺意	中国网络电视台制 广东龙门 谭池发作
32	中国梦之节俭	中国网络电视台制 天津杨柳青画社供稿
33	如今好日子 天天像过年	中国网络电视台制 广东龙门 谭池发作
34	中国梦之仁爱	中国网络电视台制 天津杨柳青画社供稿
35	我们爱劳动 我们种田去	中国网络电视台制 广东龙门 谭池发作
36	年年有余“节俭”	中国网络电视台制 天津杨柳青画社供稿
37	我们的奔梦人 日子多甜美	中国网络电视台制 广东龙门 谭池发作
38	有德人 天地宽	中国网络电视台制 上海丰子恺旧居陈列室供稿
39	圆梦路上 春意深	中国网络电视台制 广东龙门 谭池发作
40	地球只有一个	中国网络电视台制 上海丰子恺旧居陈列室供稿
41	做有粮心的人	中国网络电视台制
42	圆梦人 争上游	中国网络电视台制 上海丰子恺旧居陈列室供稿
43	圆梦中华 洒满阳光	中国网络电视台制 广东龙门 谭池发作
44	中华圆梦 百姓有福	中国网络电视台制 广东龙门 谭池发作
45	自己动手 丰衣足食	中国网络电视台制 广东龙门 谭池发作
46	勤劳 福多	中国网络电视台制 广东龙门 黄伟平作
47	汗水 粮食	中国网络电视台制 广东龙门 黄伟平作
48	劳动人家 日子火红	中国网络电视台制 广东龙门 黄伟平作
49	奔梦 加油!	中国网络电视台制 广东龙门 黄伟平作
50	圆梦人 载歌载舞	中国网络电视台制 广东龙门 黄伟平作
51	劳动得吉祥	中国网络电视台制 广东龙门 黄伟平作
52	勤劳人 吉祥多	中国网络电视台制 广东龙门 黄伟平作
53	勤劳人家福盈门	中国网络电视台制 广东龙门 黄伟平作
54	一分勤劳 一分收获	中国网络电视台制 广东龙门 黄伟平作
55	奔梦路上 欢欣鼓舞	中国网络电视台制 广东龙门 黄伟平作
56	积德行善 收获吉祥	中国网络电视台制 广东龙门 黄伟平 廖锦锋作
57	辛勤劳动 圆我梦想	中国网络电视台制 广东龙门 陈少元作
58	奔梦日子 花好月圆	中国网络电视台制 广东龙门 曾宝田作
59	粮食 命根子	中国网络电视台制 广东龙门 钟永廉作
60	挑着担子 背负希望	中国网络电视台制 广东龙门 王汉池作
61	圆梦人 欢歌笑语	中国网络电视台制 广东龙门 谭池发作
62	辛勤 换来五谷丰登	中国网络电视台制 广东龙门 伍丽英作
63	华夏圆梦 天下归心	中国网络电视台制 河北蔚县 李宝峰剪纸
64	中华圆梦 万马奔腾	中国网络电视台制 河北蔚县 焦新德剪纸

序号	作品名称	作者
65	中国梦 吉祥梦	中国网络电视台制 河北蔚县提供石俊凤剪纸
66	中国梦 我的梦	中国网络电视台制 天津泥人张彩塑 林钢作
67	中国梦 和为贵	中国网络电视台制 河南舞阳 张新亮作
68	朝夕奔梦	中国网络电视台制 河南舞阳 任明兆作
69	一滴汗一粒粮	中国网络电视台制 河北邱县任广强作
70	老吾老 以及人之老	中国网络电视台制 天津杨柳青画社供稿
71	幼吾幼 以及人之幼	中国网络电视台制 天津杨柳青画社供稿
72	中国梦 牛精神	中国网络电视台制 河北邱县 陈与李作
73	中华河山 美哉壮哉	中国网络电视台制 上海丰子恺旧居陈列室供稿
74	中国少年仁心大	中国网络电视台制 上海丰子恺旧居陈列室供稿
75	中国少年老人之老	中国网络电视台制上海丰子恺旧居陈列室供稿
76	放飞中国梦	中国网络电视台制 天津泥人张彩塑 王宝臣作
77	祖国前头尽是春	中国网络电视台制 天津泥人张彩塑 王润莱作
78	代代中国梦	中国网络电视台制 天津泥人张彩塑 王润莱作
79	中国梦 在前头	中国网络电视台制 天津泥人张彩塑 蔡明作
80	中国，前进！	中国网络电视台制 天津泥人张彩塑 蔡明作
81	俭养德 乐呵呵	中国网络电视台制 天津泥人张彩塑 林钢作
82	中华好河山	中国网络电视台制 天津泥人张彩塑 王润莱作
83	祝福祖国	中国网络电视台制 天津泥人张彩塑 王润莱作
84	中国好棋！	中国网络电视台制 天津泥人张彩塑 王润莱作
85	中国梦之勤劳、读书、诚信、恤孤	中国网络电视台制 天津杨柳青画社供稿
86	奔梦路上 霞光漫天	中国网络电视台制 陕西户县 刘悌会作
87	“和”满中华	中国网络电视台制 河南舞阳 胡庆春作
88	中国好年头 百姓乐翻天	中国网络电视台制 河南舞阳 任明兆作
89	中华儿女 报效祖国	中国网络电视台制 河南舞阳 胡振亚作
90	中国日子呱呱叫	中国网络电视台制 河南舞阳 胡庆春作
91	奔梦路上	中国网络电视台制 苏州桃花坞木刻年画 杜洋作
92	中国梦 中国喜	中国网络电视台制 山西临汾 郑平剪纸
93	中国好孩子	中国网络电视台制 山西运城盐湖区 李建肖剪纸
94	新闻战线走转改 基层采访中国梦	中国网络电视台制 天津泥人张彩塑 孙永升作
95	忠厚传家久 诗书继承世长	中国网络电视台制 天津泥人张彩塑 王宝臣作
96	善曲高奏	中国网络电视台制 天津泥人张彩塑 王润莱作
97	大爱中国	中国网络电视台制 天津泥人张彩塑 赵阳作
98	少年强 中国强	中国网络电视台制 天津泥人张彩塑 刘从越作

序号	作品名称	作者
99	“劳动”最美的旋律	人民日报社 中国网络电视台制 陕西户县 刘知贵作
100	劳动. 读书. 圆梦	人民日报社 中国网络电视台制 陕西户县 付蕊霞作
101	中华美德 “孝”	人民日报社 中国网络电视台制 陕西户县 刘知贵作

2.《“讲文明树新风”公益广告通稿(用于建筑工地围挡)》作品目录

序号	作品名称	作者
1	中国圆梦 家家有福	中国网络电视台制 河北蔚县 王文林剪纸
2	中国梦 我的梦	中国网络电视台制 天津泥人张彩塑 林钢作
3	共产党好 百姓乐	中国网络电视台制 广东龙门 梁彩欢作
4	社会主义好 百子乐中华	中国网络电视台制 广东龙门 谭池发作
5	唱支山歌给党听	中国网络电视台制 广东龙门 王汉池作
6	改革开放好 日子比蜜甜	中国网络电视台制 广东龙门 黄伟平作
7	“和”国运昌	中国网络电视台制 河北蔚县 王文林剪纸
8	中国何以强 缘由有共产党	中国网络电视台制 上海丰子恺旧居陈列馆供稿
9	中华圆梦 鹤翔九天	中国网络电视台制 山西广灵 张多堂 张栋剪纸
10	祖国 母亲 恩深	中国网络电视台制 广东龙门 黄伟平 翟漱芳作
11	中国 吉祥	中国网络电视台制 山东临汾 郑月巴剪纸
12	最吉祥 是有粮	中国网络电视台制 山东巨鹿 孔庆臣作
13	大德中国	中国网络电视台制 上海丰子恺旧居陈列馆供稿
14	中华文明 生生不息	中国网络电视台制 上海丰子恺旧居陈列馆供稿
15	二人同心 其利断金	中国网络电视台制 上海丰子恺旧居陈列馆供稿
16	地球只有一个	中国网络电视台制 上海丰子恺旧居陈列馆供稿
17	忠厚传家久 诗书继承世长	中国网络电视台制 天津泥人张彩塑 王宝臣作
18	善曲高奏	中国网络电视台制 天津泥人张彩塑 王润莱作
19	少年强 中国强	中国网络电视台制 天津泥人张彩塑 刘从越作
20	祖国前头尽是春	中国网络电视台制 天津泥人张彩塑 王润莱作
21	中国前进!	中国网络电视台制 天津泥人张彩塑 蔡明作
22	俭以养德	中国网络电视台制 天津泥人张彩塑 林钢作
23	祝福祖国	中国网络电视台制 天津泥人张彩塑 王润莱作
24	中国好棋	中国网络电视台制 天津泥人张彩塑 王润莱作
25	我健身 我圆梦	中国网络电视台制 天津泥人张彩塑 傅长圣作
26	孝道 中国人的血脉	中国网络电视台制 天津泥人张彩塑 傅长圣作
27	母亲哺育我 我怀报恩心	中国网络电视台制 广东龙门 罗秀芳作
28	肩挑希望奔梦	中国网络电视台制 广东龙门 谭池发作

序号	作品名称	作者
29	勤劳 善良 福寿多	中国网络电视台制 广东龙门 谭池发作
30	颗粒归仓	中国网络电视台制 广东龙门 谭池发作
31	勤劳为本 诸事顺意	中国网络电视台制 广东龙门 谭池发作
32	如今好日子 天天像过年	中国网络电视台制 广东龙门 谭池发作
33	我们奔梦人 日子多甜美	中国网络电视台制 广东龙门 谭池发作
34	圆梦中国 洒满阳光	中国网络电视台制 广东龙门 谭池发作
35	中华圆梦 百姓有福	中国网络电视台制 广东龙门 谭池发作
36	自己动手 丰衣足食	中国网络电视台制 广东龙门 谭池发作
37	勤劳 福多	中国网络电视台制 广东龙门 黄伟平作
38	劳动人家 日子红火	中国网络电视台制 广东龙门 钟永廉作
39	奔梦加油!	中国网络电视台制 广东龙门 黄伟平作
40	圆梦人 载歌载舞	中国网络电视台制 广东龙门 黄伟平作
41	劳动得吉祥	中国网络电视台制 广东龙门 黄伟平作
42	勤劳人 吉祥多	中国网络电视台制 广东龙门 黄伟平作
43	勤劳人家 福盈门	中国网络电视台制 广东龙门 黄伟平作
44	一分勤劳 一分收获	中国网络电视台制 广东龙门 黄伟平作
45	奔梦路上 欢欣鼓舞	中国网络电视台制 广东龙门 黄伟平作
46	辛勤劳动 圆我梦想	中国网络电视台制 广东龙门 陈少元作
47	千帆竞渡 奔幸福	中国网络电视台制 广东龙门 黄伟平作
48	金龙飞舞 华夏得福	中国网络电视台制 河北蔚县 王文林剪纸

3.《围挡类“讲文明树新风”公益广告通稿(第二版)》作品目录

序号	作品名称	作者
1	中国梦 我的梦	中国网络电视台制 天津泥人张彩塑 林钢作
2	唱支山歌给党听	中国网络电视台制 广东龙门 王汉池作
3	共产党好 百姓乐	中国网络电视台制 广东龙门 梁彩欢作
4	社会主义好 百子乐中华	中国网络电视台制 广东龙门 谭池发作
5	高歌一曲颂党恩	中国网络电视台制 陕西户县 王文吉作
6	共产党好 社会主义好 改革开放好	中国网络电视台制 湖南隆回 刘建蓉作
7	中国圆梦 家家有福	中国网络电视台制 河北蔚县 任志国剪纸
8	中华圆梦 鹤翔九天	中国网络电视台制 河北蔚县 任志国剪纸
9	中国何以强 缘有共产党	中国网络电视台制 上海丰子恺旧居陈列室供稿
10	大德中华	中国网络电视台制 上海丰子恺旧居陈列室供稿
11	中华文明 生生不息	中国网络电视台制 上海丰子恺旧居陈列室供稿

序号	作品名称	作者
12	地球只有一个	中国网络电视台制 上海丰子恺旧居陈列室供稿
13	“和”中华品格	中国网络电视台制 上海金山 邵其华作
14	二人同心 其利断金	中国网络电视台制 上海丰子恺旧居陈列室供稿
15	忠厚传家久 诗书继承世长	中国网络电视台制 天津泥人张彩塑 王宝臣作
16	善曲高奏	中国网络电视台制 天津泥人张彩塑 王润莱作
17	祖国前头尽是春	中国网络电视台制 天津泥人张彩塑 王润莱作
18	中国，前进！	中国网络电视台制 天津泥人张彩塑 蔡明作
19	俭以养德	中国网络电视台制 天津泥人张彩塑 林钢作
20	祝福祖国	中国网络电视台制 天津泥人张彩塑 王润莱作
21	中国好棋！	中国网络电视台制 天津泥人张彩塑 王润莱作
22	孝道 中国人的血脉	中国网络电视台制 天津泥人张彩塑 傅长圣作
23	我健身 我圆梦	中国网络电视台制 天津泥人张彩塑 傅长圣作
24	少年强 中国强	中国网络电视台制 天津泥人张彩塑 傅长圣作
25	经常洗心 不使染尘	中国网络电视台制 哈尔滨阿城 黄泰华作
26	有国才有家	中国网络电视台制 哈尔滨阿城 李凡丁作
27	中国 向上	中国网络电视台制 哈尔滨阿城 杨晶晶作
28	“和”国运昌	中国网络电视台制 河北蔚县 任志国剪纸
29	爱人者 人恒爱之	中国网络电视台制 河北蔚县 王文林剪纸
30	金龙飞舞 华夏得福	中国网络电视台制 河北蔚县 焦新德剪纸
31	中国吉祥 十二生肖 十二吉祥	中国网络电视台制 山西临汾 郑月巴剪纸
32	最吉祥是有粮	中国网络电视台制 山东巨野 孔庆臣作
33	当好人 有好报	中国网络电视台制 江苏六合 丁广华作
34	春风又绿中国梦	中国网络电视台制 广东龙门 黄伟平作
35	歌唱祖国	中国网络电视台制 广东龙门 梁彩双作
36	中华少年 志存高远	中国网络电视台制 广东龙门 黄伟平作
37	祖国 母亲 恩深	中国网络电视台制 广东龙门 黄伟平 翟淑芳作
38	母亲哺育我 我报慈母恩	中国网络电视台制 广东龙门 罗秀芳作
39	肩挑希望奔梦	中国网络电视台制 广东龙门 谭池发作
40	勤劳 善良 福寿多	中国网络电视台制 广东龙门 谭池发作
41	颗粒归仓	中国网络电视台制 广东龙门 谭池发作
42	如今好日子 天天像过年	中国网络电视台制 广东龙门 谭池发作
43	我们奔梦人 日子多甜美	中国网络电视台制 广东龙门 谭池发作
44	中华圆梦 百姓有福	中国网络电视台制 广东龙门 谭池发作
45	圆梦中国 洒满阳光	中国网络电视台制 广东龙门 谭池发作
46	自己动手 丰衣足食	中国网络电视台制 广东龙门 谭池发作

序号	作品名称	作者
47	勤劳 福多	中国网络电视台制 广东龙门 黄伟平作
48	劳动人家 日子火红	中国网络电视台制 广东龙门 黄伟平作
49	奔梦加油	中国网络电视台制 广东龙门 黄伟平作
50	圆梦人 载歌载舞	中国网络电视台制 广东龙门 黄伟平作
51	劳动得吉祥	中国网络电视台制 广东龙门 黄伟平作
52	勤劳人吉祥多	中国网络电视台制 广东龙门 黄伟平作
53	勤劳人家福盈门	中国网络电视台制 广东龙门 黄伟平作
54	一分勤劳 一分收获	中国网络电视台制 广东龙门 黄伟平作
55	奔梦路上 欢欣鼓舞	中国网络电视台制 广东龙门 黄伟平作
56	改革开放好 日子比蜜甜	中国网络电视台制 广东龙门 黄伟平 陈秀园作
57	千帆竞渡奔幸福	中国网络电视台制 广东龙门 黄伟平 谭雨霞作
58	辛勤劳动 圆我梦想	中国网络电视台制 广东龙门 陈少元作
59	奔梦路 在脚下	中国网络电视台制 福建龙海 连文祥作
60	中国梦 金灿灿	中国网络电视台制 陕西户县 王文吉作

4.《展板类“讲文明 树新风”公益广告(第一版)》作品目录

序号	作品名称	作者
1	中国梦 我的梦	中国网络电视台制 天津泥人张彩塑 林钢作
2	圆梦起航	中国网络电视台制 山西广灵 王增荣剪纸
3	圆梦扬帆	中国网络电视台制 山西广灵 王增荣剪纸
4	圆梦高歌	中国网络电视台制 河北蔚县 周广剪纸
5	共产党好 百姓乐	中国网络电视台制 广东龙门 梁彩欢作
6	社会主义好 百子乐中华	中国网络电视台制 广东龙门 谭池发作
7	圆梦路上 共产党人	中国网络电视台制 天津泥人张彩塑 傅长圣作
8	没有共产党 就没有新中国	中国网络电视台制 无锡泥人张彩塑 柳家奎 王南仙作
9	华夏圆梦 天下归心	中国网络电视台制 河北蔚县 李宝峰剪纸
10	中国圆梦 万马奔腾	中国网络电视台制 河北蔚县 焦新德剪纸
11	中国梦 吉祥梦	中国网络电视台制 河北蔚县 石俊凤剪纸
12	圆中国梦 家家有福	中国网络电视台制 河北蔚县 任志国剪纸
13	中华圆梦 鹤乡九天	中国网络电视台制 河北蔚县 任志国剪纸
14	中国梦 和为贵	中国网络电视台制 河南舞阳 张新亮作
15	朝夕奔梦	中国网络电视台制 河南舞阳 任明兆作
16	奔梦路上 霞光漫天	中国网络电视台制 陕西户县 刘悌会作
17	奔梦路上	中国网络电视台制 苏州桃花坞木刻年画 杜洋作

序号	作品名称	作者
18	中国梦 牛精神	中国网络电视台制 河北邱县 陈与李作
19	一滴汗一粒粮	中国网络电视台制 河北邱县 任广强作
20	中国何以强 缘有共产党	中国网络电视台制 上海丰子恺旧居陈列室供稿
21	中华河山 美哉壮哉	中国网络电视台制 上海丰子恺旧居陈列室供稿
22	中国少年仁心大	中国网络电视台制 上海丰子恺旧居陈列室供稿
23	中国少年 老人之老	中国网络电视台制 上海丰子恺旧居陈列室供稿
24	大德中华	中国网络电视台制 上海丰子恺旧居陈列室供稿
25	中华文明 生生不息	中国网络电视台制 上海丰子恺旧居陈列室供稿
26	二人同心 其利断金	中国网络电视台制 上海丰子恺旧居陈列室供稿
27	中国心“和”	中国网络电视台制 上海丰子恺旧居陈列室供稿
28	有德人 天地宽	中国网络电视台制 上海丰子恺旧居陈列室供稿
29	地球只有一个	中国网络电视台制 上海丰子恺旧居陈列室供稿
30	孝道 中国人的血脉	中国网络电视台制 天津泥人张彩塑 傅长圣作
31	老吾老 以及人之老	中国网络电视台制 天津杨柳青画社供稿
32	幼吾幼 以及人之幼	中国网络电视台制 天津杨柳青画社供稿
33	己欲立而立人 己欲达而达人	中国网络电视台制 天津杨柳青画社供稿
34	中华传统 兄恭弟谦	中国网络电视台制 天津杨柳青画社供稿
35	君子慎忽德	中国网络电视台制 天津杨柳青画社供稿
36	节俭	中国网络电视台制 天津杨柳青画社供稿
37	仁爱	中国网络电视台制 天津杨柳青画社供稿
38	年年有余“节俭”	中国网络电视台制 天津杨柳青画社供稿
39	呼喊圆梦	中国网络电视台制 天津泥人张彩塑 傅长圣作
40	我健身 我圆梦	中国网络电视台制 天津泥人张彩塑 傅长圣作
41	同心向党	中国网络电视台制 天津泥人张彩塑 林钢作
42	忠厚传家久 诗书继世长	中国网络电视台制 天津泥人张彩塑 王宝臣作
43	善曲高奏	中国网络电视台制 天津泥人张彩塑 王宝臣作
44	大爱中国	中国网络电视台制 天津泥人张彩塑 赵阳作
45	少年强 中国强	中国网络电视台制 天津泥人张彩塑 刘从越作
46	放飞中国梦	中国网络电视台制 天津泥人张彩塑 王宝臣作
47	中国前头尽是春	中国网络电视台制 天津泥人张彩塑 王润莱作
48	代代中国梦	中国网络电视台制 天津泥人张彩塑 王润莱作
49	中国梦 在前头	中国网络电视台制 天津泥人张彩塑 蔡明作
50	中国 前进!	中国网络电视台制 天津泥人张彩塑 蔡明作
51	俭养德	中国网络电视台制 天津泥人张彩塑 林钢作

序号	作品名称	作者
52	中华好河山	中国网络电视台制 天津泥人张彩塑 王润莱作
53	祝福祖国	中国网络电视台制 天津泥人张彩塑 王润莱作
54	中国好棋!	中国网络电视台制 天津泥人张彩塑 王润莱作
55	“和”国运昌	中国网络电视台制 河北蔚县 任志国剪纸
56	中国龙腾 中华圆梦	中国网络电视台制 河北蔚县 王文林剪纸
57	中国梦飞九天	中国网络电视台制 河北蔚县 王文林 李宝峰剪纸
58	荡起梦想 我有力量	中国网络电视台制 河北蔚县 王文林 李宝峰剪纸
59	金龙飞舞 华夏得福	中国网络电视台制 河北蔚县 焦新德剪纸
60	“和”满中华	中国网络电视台制 河南舞阳 胡庆春作
61	中国好年头 百姓乐翻天	中国网络电视台制 河南舞阳 任明兆作
62	中华儿女 报效祖国	中国网络电视台制 河南舞阳 胡振亚作
63	中国日子呱呱叫	中国网络电视台制 河南舞阳 胡庆春作
64	中国吉祥 十二生肖 十二吉祥	中国网络电视台制 山西临汾 郑月巴剪纸
65	中国梦 中国喜	中国网络电视台制 山西临汾 郑平剪纸
66	中国好孩子	中国网络电视台制 山西运城盐湖区 李建肖剪纸
67	手中有粮 心里不慌	中国网络电视台制 河北邱县 张爱学作
68	最吉祥是有粮	中国网络电视台制 山东巨野 孔庆臣作
69	祖国 母亲 恩深	中国网络电视台制 广东龙门 黄伟平 翟淑芳作
70	母亲哺育我 我报慈母恩	中国网络电视台制 广东龙门 罗秀芳作
71	肩挑希望奔梦	中国网络电视台制 广东龙门 谭池发作
72	勤劳 善良 福寿多	中国网络电视台制 广东龙门 谭池发作
73	爱惜粮食 颗粒归仓	中国网络电视台制 广东龙门 谭池发作
74	如今好日子 天天像过年	中国网络电视台制 广东龙门 谭池发作
75	我们爱劳动 我们种田去	中国网络电视台制 广东龙门 谭池发作
76	我们奔梦人 日子多甜美	中国网络电视台制 广东龙门 谭池发作
77	圆梦人 欢歌笑语	中国网络电视台制 广东龙门 谭池发作
78	圆梦路上 春意深	中国网络电视台制 广东龙门 谭池发作
79	圆梦人 争上游	中国网络电视台制 广东龙门 谭池发作
80	圆梦中国 洒满阳光	中国网络电视台制 广东龙门 谭池发作
81	中华圆梦 百姓有福	中国网络电视台制 广东龙门 谭池发作
82	自己动手 丰衣足食	中国网络电视台制 广东龙门 谭池发作
83	勤劳 福多	中国网络电视台制 广东龙门 黄伟平作
84	粮食 汗水	中国网络电视台制 广东龙门 黄伟平作
85	劳动人家 日子火红	中国网络电视台制 广东龙门 黄伟平作

序号	作品名称	作者
86	奔梦 加油!	中国网络电视台制 广东龙门 黄伟平作
87	圆梦人 载歌载舞	中国网络电视台制 广东龙门 黄伟平作
88	劳动得吉祥	中国网络电视台制 广东龙门 黄伟平作
89	勤劳人 吉祥多	中国网络电视台制 广东龙门 黄伟平作
90	勤劳人家福盈门	中国网络电视台制 广东龙门 黄伟平作
91	一分勤劳 一分收获	中国网络电视台制 广东龙门 黄伟平作
92	奔梦路上 欢欣鼓舞	中国网络电视台制 广东龙门 黄伟平作
93	积德行善 收获吉祥	中国网络电视台制 广东龙门 黄伟平 廖锦锋作
94	辛勤劳动 圆我梦想	中国网络电视台制 广东龙门 陈少元作
95	奔梦日子 花好月圆	中国网络电视台制 广东龙门 曾宝田作
96	粮食 命根子	中国网络电视台制 广东龙门 钟永廉作
97	挑着担子 背负希望	中国网络电视台制 广东龙门 王汉池作
98	辛勤 换来五谷丰登	中国网络电视台制 广东龙门 伍丽英作
99	“劳动”最美的旋律	中国网络电视台制 陕西户县 刘知贵作
100	劳动 读书 圆梦	中国网络电视台制 陕西户县 傅蕊霞作
101	中华美德“孝”	中国网络电视台制 陕西户县 刘知贵作

5.《网络和手机类“讲文明树新风”公益广告(第二版)》作品目录

序号	作品名称	作者
1	中国梦 我的梦	中国网络电视台制 天津泥人张彩塑 林钢作
2	圆梦起航	中国网络电视台制 山西广灵 王增荣剪纸
3	圆梦扬帆	中国网络电视台制 山西广灵 王增荣剪纸
4	圆梦高歌	中国网络电视台制 河北蔚县 周广剪纸
5	唱支山歌给党听	中国网络电视台制 广东龙门 王汉池作
6	共产党好 百姓乐	中国网络电视台制 广东龙门 梁彩欢作
7	社会主义好 百子乐中华	中国网络电视台制 广东龙门 谭池发作
8	共产党好 中华龙腾	中国网络电视台制 上海金山 陆学英作
9	中国共产党万岁!	中国网络电视台制 福建漳平 陈明权作
10	高歌一曲颂党恩	中国网络电视台制 陕西户县 王文吉作
11	圆梦路上 共产党人	中国网络电视台制 天津泥人张彩塑 傅长圣作
12	中国 向上	中国网络电视台制 哈尔滨阿城 杨晶晶作
13	共产党好 社会主义好 改革开放好	中国网络电视台制 湖南隆回 刘建蓉作
14	改革开放好 日子节节高	中国网络电视台制 上海金山 盛璞作
15	华夏圆梦 天下归心	中国网络电视台制 河北蔚县 李宝峰剪纸

序号	作品名称	作者
16	中华圆梦 万马奔腾	中国网络电视台制 河北蔚县 焦新德剪纸
17	中国梦 吉祥梦	中国网络电视台制 河北蔚县提供 石俊凤剪纸
18	中国圆梦 家家有福	中国网络电视台制 河北蔚县 任志国剪纸
19	中华圆梦 鹤翔九天	中国网络电视台制 河北蔚县 任志国剪纸
20	中国梦 和为贵	中国网络电视台制 河北舞阳 张新亮作
21	朝夕奔梦	中国网络电视台制 河北舞阳 任明兆作
22	奔梦路上 霞光漫天	中国网络电视台制 陕西户县 刘孝悌作
23	奔梦路上	中国网络电视台制 苏州桃花坞木刻年画 杜洋作
24	奔梦 喜事多	中国网络电视台制 广东龙门 钟永廉作
25	中国梦 牛精神	中国网络电视台制 河北邱县 陈与李作
26	一滴汗 一粒粮	中国网络电视台制 河北邱县 任广强作
27	中国何以强 缘有共产党	中国网络电视台制 上海丰子恺旧居陈列室供稿
28	大德中国	中国网络电视台制 上海丰子恺旧居陈列室供稿
29	中华文明 生生不息	中国网络电视台制 上海丰子恺旧居陈列室供稿
30	有德人 天地宽	中国网络电视台制 上海丰子恺旧居陈列室供稿
31	地球只有一个	中国网络电视台制 上海丰子恺旧居陈列室供稿
32	报祖国恩 报父母恩	中国网络电视台制 上海丰子恺旧居陈列室供稿
33	“和”中国品格	中国网络电视台制 上海金山 邵其华作
34	中国梦之勤劳、读书、诚信、恤孤	中国网络电视台制 天津杨柳青画社供稿
35	节俭	中国网络电视台制 天津杨柳青画社供稿
36	仁爱	中国网络电视台制 天津杨柳青画社供稿
37	年年有余“节俭”	中国网络电视台制 天津杨柳青画社供稿
38	呼喊圆梦	中国网络电视台制 天津泥人张彩塑 傅长圣作
39	忠厚传家久 诗书继世长	中国网络电视台制 天津泥人张彩塑 王宝臣作
40	善曲高奏	中国网络电视台制 天津泥人张彩塑 王润来作
41	大爱中国	中国网络电视台制 天津泥人张彩塑 赵阳作
42	放飞中国梦	中国网络电视台制 天津泥人张彩塑 王宝臣作
43	祖国前头尽是春	中国网络电视台制 天津泥人张彩塑 王润来作
44	代代中国梦	中国网络电视台制 天津泥人张彩塑 王润来作
45	中国梦 在前头	中国网络电视台制 天津泥人张彩塑 蔡明作
46	中国 前进!	中国网络电视台制 天津泥人张彩塑 蔡明作
47	俭以养德	中国网络电视台制 天津泥人张彩塑 林钢作
48	中华好河山	中国网络电视台制 天津泥人张彩塑 王润来作
49	祝福祖国	中国网络电视台制 天津泥人张彩塑 王润来作

序号	作品名称	作者
50	中国好棋!	中国网络电视台制 天津泥人张彩塑 王润来作
51	孝道 中国人的血脉	中国网络电视台制 天津泥人张彩塑 傅长圣作
52	我健身 我圆满	中国网络电视台制 天津泥人张彩塑 傅长圣作
53	圆梦日子 老来福	中国网络电视台制 无锡泥人 李仁荣作
54	甜美的乡间小调	中国网络电视台制 上海金山 陶春燕作
55	中国圆梦 和平发展	中国网络电视台制 上海金山 李红梅作
56	勤劳人家 有余庆	中国网络电视台制 上海金山 陈卫雄作
57	圆梦日子 和美有余	中国网络电视台制 上海金山 陆学英作
58	勤善 和美	中国网络电视台制 上海金山 李金华作
59	圆我中国梦 华夏福寿多	中国网络电视台制 河北承德 石俊凤剪纸
60	手中有粮 心里不慌	中国网络电视台制 河北邱县 张爱学作
61	“和” 国运昌	中国网络电视台制 河北蔚县 任志国剪纸
62	荡起梦想 我有力量	中国网络电视台制 河北蔚县 王文林 李宝峰剪纸
63	中国少年 快乐成长	中国网络电视台制 河北蔚县 王文林剪纸
64	仁者爱人	中国网络电视台制 河北蔚县 王文林剪纸
65	爱人者 人恒爱之	中国网络电视台制 河北蔚县 王文林剪纸
66	金龙飞舞 华夏得福	中国网络电视台制 河北蔚县 焦新德剪纸
67	“和”满中华	中国网络电视台制 河南舞阳 胡庆春 胡浩生作
68	中国好年头 百姓乐翻天	中国网络电视台制 河南舞阳 任明兆作
69	床前有孝子	中国网络电视台制 河南舞阳 任明兆作
70	老井恩深 饮水思源	中国网络电视台制 河南舞阳 任明兆作
71	梦里春秋	中国网络电视台制 河南舞阳 任明兆作
72	中国日子呱呱叫	中国网络电视台制 河南舞阳 胡庆春作
73	盼梦圆日 喜在心头	中国网络电视台制 河南舞阳 张新亮作
74	幸福日子万年长	中国网络电视台制 河南舞阳 任明兆作
75	孝感天地万物春	中国网络电视台制 河南舞阳 任明兆作
76	中国人和 中国吉祥	中国网络电视台制 河南舞阳 王文浩作
77	祖国 母亲	中国网络电视台制 河南舞阳 任明兆作
78	中国梦 春意浓	中国网络电视台制 河南舞阳 吴怀欣作
79	孝聚祥瑞	中国网络电视台制 河南舞阳 王文浩作
80	圆我中国梦 福到家家门	中国网络电视台制 河南舞阳 张新亮作
81	人小孝心大	中国网络电视台制 河南舞阳 张新亮作
82	中华圆梦日 吉祥满乾坤	中国网络电视台制 河南舞阳 张新亮作
83	辛勤劳动 六畜兴旺	中国网络电视台制 河南舞阳 任明兆作

序号	作品名称	作者
84	摇橹奔梦 乐陶陶	中国网络电视台制 河南舞阳 周松晓作
85	百姓圆梦百姓喜	中国网络电视台制 山西广灵 高清红剪纸
86	积德者 有余庆	中国网络电视台制 山西广灵 张多堂 张栋剪纸
87	有德者 前程远	中国网络电视台制 山西广灵 张多堂 张栋剪纸
88	有德者 品自高	中国网络电视台制 山西广灵 张多堂 张栋剪纸
89	做有德君子	中国网络电视台制 山西广灵 张多堂 张栋剪纸
90	民族复兴 百姓吉祥	中国网络电视台制 山西代县 周海瑞作
91	中国吉祥 十二生肖 十二吉祥	中国网络电视台制 山西临汾 郑月巴作
92	中国好孩子	中国网络电视台制 山西运城盐湖区 李建肖剪纸
93	一天之计在于晨 一年之计在于春	中国网络电视台制 广东龙门 钟永廉作
94	中国梦 满园春	中国网络电视台制 广东龙门 钟永廉作
95	圆梦日子艳阳天	中国网络电视台制 广东龙门 黄伟平作
96	辛勤劳作 美妙乐章	中国网络电视台制 广东龙门 黄伟平作
97	我们奔梦 我们有福	中国网络电视台制 广东龙门 骆雪芳作
98	奔梦得吉祥	中国网络电视台制 广东龙门 陈权枢作
99	春风又绿中国梦	中国网络电视台制 广东龙门 黄伟平作
100	一堆堆粮食 一滴滴汗水	中国网络电视台制 辽宁岫岩 孟令刚作
101	中华圆梦 万民同欢	中国网络电视台制 辽宁金州 王世宏作
102	劳动 充实	中国网络电视台制 辽宁东港 刘颖作
103	种瓜得瓜 种豆得豆	中国网络电视台制 吉林东丰 荆瑞作
104	人和路宽	中国网络电视台制 吉林东丰 赵永平作
105	仁者 人之所亲	中国网络电视台制 吉林桦甸 陈淑江 陈宏羽作
106	欲知松高洁 待到雪化时	中国网络电视台制 哈尔滨阿城 矫英作
107	有国才有家	中国网络电视台制 哈尔滨阿城 李凡丁作
108	迎风傲雪奔向前	中国网络电视台制 哈尔滨阿城 黄泰华作
109	行善每一天 翱翔秋天里	中国网络电视台制 哈尔滨阿城 黄泰华作
110	经常洗心 不使染尘	中国网络电视台制 哈尔滨阿城 黄泰华作
111	心和事顺	中国网络电视台制 哈尔滨阿城 党雨思作
112	新洁白 道路宽	中国网络电视台制 哈尔滨阿城 李凡丁作
113	春的耕种 秋的火红	中国网络电视台制 哈尔滨阿城 代郡君作
114	锦绣中华 江山如画	中国网络电视台制 哈尔滨阿城 郭长安作
115	金光闪闪 中国人心	中国网络电视台制 哈尔滨阿城 黄泰华作
116	冬天是在孕育春天	中国网络电视台制 哈尔滨阿城 李凡丁作
117	岁寒然后知松柏之后凋也	中国网络电视台制 哈尔滨阿城 郭长安作

序号	作品名称	作者
118	中国日子 花的海洋	中国网络电视台制 哈尔滨阿城 黄泰华作
119	我们的生活洒满阳光	中国网络电视台制 哈尔滨阿城 郭长安作
120	勤劳人何惧风雪	中国网络电视台制 哈尔滨阿城 黄泰华作
121	让爱洒满人间	中国网络电视台制 哈尔滨阿城 郭长安作
122	绿化中国我来了	中国网络电视台制 哈尔滨阿城 矫英作
123	绿色田野 满心希望	中国网络电视台制 哈尔滨阿城 刘中国作
124	中华圆梦 旭日东升	中国网络电视台制 哈尔滨阿城 郭长安作
125	中国圆梦日 该我飞天时	中国网络电视台制 哈尔滨阿城 李秀勇作
126	大德曰生	中国网络电视台制 哈尔滨阿城 郭宇虹作
127	大地共贺中国梦	中国网络电视台制 哈尔滨阿城 黄泰华作
128	保护环境 有我有你	中国网络电视台制 哈尔滨阿城 李凡丁作
129	静静的日子 恬淡的心	中国网络电视台制 哈尔滨阿城 黄泰华作
130	满眼庄稼 满眼希望	中国网络电视台制 哈尔滨阿城 代君作
131	与人方便 自己方便	中国网络电视台制 江苏六合 张国良作
132	当好人 有好报	中国网络电视台制 江苏六合 丁广华作
133	我勤劳 我得福	中国网络电视台制 江苏如东 周亚男作
134	中华圆梦 狮舞龙腾	中国网络电视台制 江苏射阳 王复军作
135	和为贵	中国网络电视台制 江苏丹阳 张慧霞作
136	人染布 不能染了心	中国网络电视台制 江苏邳州 邹文才作
137	自强不息 厚德载物	中国网络电视台制 江苏邳州 杨年成作
138	奔梦人欢歌如潮	中国网络电视台制 江苏邳州 张士彩作
139	奔梦路 在脚下	中国网络电视台制 福建龙海 连文祥作
140	最吉祥是有粮	中国网络电视台制 山东巨野 孔庆臣作
141	勤劳人家日子美	中国网络电视台制 山东日照 乔诺作
142	播种善良 收获吉祥	中国网络电视台制 浙江衢州 郑根良作
143	圆梦奋力争上游	中国网络电视台制 浙江秀洲 朱琴华作
144	万物生长靠太阳	中国网络电视台制 湖北黄州 杜细又作
145	希望在田野上	中国网络电视台制 广东龙门 钟永廉作
146	中华少年 志存高远	中国网络电视台制 广东龙门 黄伟平作
147	中国梦 就是咱的好日子	中国网络电视台制 广东龙门 黄伟平作
148	中华圆梦 吉祥满天	中国网络电视台制 广东龙门 黄伟平作
149	祖国 母亲 恩深	中国网络电视台制 广东龙门 黄伟平作
150	母亲哺育我 我报慈母恩	中国网络电视台制 广东龙门 罗秀芳作
151	肩挑希望奔梦	中国网络电视台制 广东龙门 谭池发作

序号	作品名称	作者
152	勤劳 善良 福寿多	中国网络电视台制 广东龙门 谭池发作
153	爱惜粮食 颗粒归仓	中国网络电视台制 广东龙门 谭池发作
154	如今好日子 天天像过年	中国网络电视台制 广东龙门 谭池发作
155	我们奔梦人 日子多甜美	中国网络电视台制 广东龙门 谭池发作
156	圆梦中国 洒满阳光	中国网络电视台制 广东龙门 谭池发作
157	中华圆梦 百姓有福	中国网络电视台制 广东龙门 谭池发作
158	圆梦人载歌载舞	中国网络电视台制 广东龙门 黄伟平作
159	勤劳人家福临门	中国网络电视台制 广东龙门 黄伟平作
160	一分勤劳 一分收获	中国网络电视台制 广东龙门 黄伟平作
161	汗水浇灌丰收	中国网络电视台制 广东龙门 钟永廉作
162	和 梦之曲	中国网络电视台制 广东龙门 黄伟平作
163	劳动者之歌	中国网络电视台制 广东龙门 陈少元作
164	辛勤劳动 圆我梦想	中国网络电视台制 广东龙门 陈少元作
165	歌唱祖国	中国网络电视台制 广东龙门 梁彩欢作
166	田园歌舞	中国网络电视台制 贵州水城 徐承波作
167	种豆得豆 种德得福	中国网络电视台制 贵州水城 徐承波作
168	我勤劳 我善良 圆我中国梦	中国网络电视台制 贵州剑河 邰昌丽作
169	中华共舞圆梦日	中国网络电视台制 贵州剑河 田娟作
170	中国圆梦 日子如歌	中国网络电视台制 云南昆明 刘琼丽作
171	如今日子好 喜庆说不完	中国网络电视台制 云南马关 龙子辉作
172	春天里 插秧忙	中国网络电视台制云南马关 龙子辉作
173	劳动人 心里美	中国网络电视台制云南马关 卢正林作
174	好传统 要继承	中国网络电视台制 云南腾冲 余全发作
175	美丽中国勤劳人	中国网络电视台制 广东龙门 梁彩欢作
176	修身律己 扶正却邪	中国网络电视台制 陕西安塞 陈海莉作
177	一粥一饭当思来之不易	中国网络电视台制 陕西宜君 杨秀琴作
178	中国梦 金灿灿	中国网络电视台制 陕西户县 王文吉作
179	去病了 就健康了	中国网络电视台制 陕西户县 韩晓涛作
180	人勤地不懒	中国网络电视台制 陕西户县 董君妮作
181	人勤有福	中国网络电视台制 陕西户县 李振海作
182	奔梦日子 生活甜美	中国网络电视台制 陕西户县 刘志德作
183	思无邪 走正路	中国网络电视台制 陕西户县 李玉环作
184	圆梦人 喜事多	中国网络电视台制 陕西户县 李周成作
185	有德人 心光明	中国网络电视台制 陕西户县 白绪号作

序号	作品名称	作者
186	劳动 最美的旋律	中国网络电视台制 陕西户县 刘知贵作
187	劳动 读书 圆梦	中国网络电视台制 陕西户县 傅蕊霞作
188	中华美德 孝	中国网络电视台制 陕西户县 刘知贵作
189	耕作辛苦 耕作乐	中国网络电视台制 陕西户县 郑乃娟作
190	过而能改 不为过矣	中国网络电视台制 陕西户县 韩晓涛作
191	耕读传家	中国网络电视台制 陕西户县 王喜昌作
192	劳动交响曲	中国网络电视台制 陕西户县 刘敦宁作
193	劳动铸就幸福	中国网络电视台制 陕西户县 王文吉作

6.《电子显示屏类“讲文明树新风”公益广告(第一版)》作品目录

序号	作品名称	作者
一、天安门广场大屏幕		
1	中国梦 我的梦	中国网络电视台制 天津泥人张彩塑 林钢作
2	圆梦起航	中国网络电视台制 山西广灵 王增荣剪纸
3	圆梦扬帆	中国网络电视台制 山西广灵 王增荣剪纸
4	圆梦高歌	中国网络电视台制 河北蔚县 周广剪纸
5	唱支山歌给党听	中国网络电视台制 广东龙门 王汉池作
6	没有共产党 就没有新中国	中国网络电视台制 无锡泥人 柳家奎 王南仙作
7	高歌一曲颂党恩	中国网络电视台制 陕西户县 王文吉作
8	圆梦路上 共产党人	中国网络电视台制 天津泥人张彩塑 傅长圣作
9	中国 向上	中国网络电视台制 哈尔滨阿城 杨晶晶作
10	共产党好 社会主义好 改革开放好	中国网络电视台制 湖南隆回 刘建蓉作
11	童心向党	中国网络电视台制 天津泥人张彩塑 林钢作
12	华夏圆梦 天下归心	中国网络电视台制 河北蔚县 李宝峰剪纸
13	中华圆梦 万马奔腾	中国网络电视台制 河北蔚县 焦新德剪纸
14	中国梦 吉祥梦	中国网络电视台制 河北蔚县提供 石俊凤剪纸
15	中国梦 中国喜	中国网络电视台制 山西临汾 郑平作
16	中国梦 和为贵	中国网络电视台制 河北舞阳 张新亮作
17	朝夕奔梦	中国网络电视台制 河北舞阳 任明兆作
18	奔梦路上 霞光漫天	中国网络电视台制 陕西户县 刘孝悌作
19	奔梦路上	中国网络电视台制 苏州桃花坞木刻年画 杜洋作
20	中国梦 牛精神	中国网络电视台制 河北邱县 陈与李作
21	一滴汗 一粒粮	中国网络电视台制 河北邱县 任广强作
22	中国何以强 缘有共产党	中国网络电视台制 上海丰子恺旧居陈列室供稿

序号	作品名称	作者
23	中华河山 美哉壮哉	中国网络电视台制 上海丰子恺旧居陈列室供稿
24	中国少年仁心大	中国网络电视台制 上海丰子恺旧居陈列室供稿
25	中国少年 老人之老	中国网络电视台制 上海丰子恺旧居陈列室供稿
26	二人同心 其利断金	中国网络电视台制 上海丰子恺旧居陈列室供稿
27	有德人 天地宽	中国网络电视台制 上海丰子恺旧居陈列室供稿
28	地球只有一个	中国网络电视台制 上海丰子恺旧居陈列室供稿
29	和 中国品格	中国网络电视台制 上海金山 邵其华作
30	中国梦之节俭	中国网络电视台制 天津杨柳青画社供稿
31	中国梦之仁爱	中国网络电视台制 天津杨柳青画社供稿
32	年年有余“节俭”	中国网络电视台制 天津杨柳青画社供稿
33	忠厚传家久 诗书继世长	中国网络电视台制 天津泥人张彩塑 王宝臣作
34	善曲高奏	中国网络电视台制 天津泥人张彩塑 王润来作
35	大爱中国	中国网络电视台制 天津泥人张彩塑 赵阳作
36	放飞中国梦	中国网络电视台制 天津泥人张彩塑 王宝臣作
37	祖国前头尽是春	中国网络电视台制 天津泥人张彩塑 王润来作
38	代代中国梦	中国网络电视台制 天津泥人张彩塑 王润来作
39	中国梦 在前头	中国网络电视台制 天津泥人张彩塑 蔡明作
40	中国 前进!	中国网络电视台制 天津泥人张彩塑 蔡明作
41	中华好河山	中国网络电视台制 天津泥人张彩塑 王润来作
42	祝福祖国	中国网络电视台制 天津泥人张彩塑 王润来作
43	孝道 中国人的血脉	中国网络电视台制 天津泥人张彩塑 傅长圣作
44	新闻战线走转改 基层采访中国梦	中国网络电视台制 天津泥人张彩塑 孙永生作
45	手中有粮 心里不慌	中国网络电视台制 河北邱县 张爱学作
46	爱人者 人恒爱之	中国网络电视台制 河北蔚县 王文林剪纸
47	“和”满中华	中国网络电视台制 河南舞阳 胡庆春 胡浩生作
48	中国好年头 百姓乐翻天	中国网络电视台制 河南舞阳 任明兆作
49	中国日子呱呱叫	中国网络电视台制 河南舞阳 胡庆春作
50	中华儿女 报效祖国	中国网络电视台制 河南舞阳 胡振亚作
51	中国好孩子	中国网络电视台制 山西运城 李建肖剪纸
52	有国才有家	中国网络电视台制 哈尔滨阿城 李凡丁作
53	春的耕种 秋的火红	中国网络电视台制 哈尔滨阿城 代郡君作
54	让爱洒满人间	中国网络电视台制 哈尔滨阿城 郭长安作
55	保护环境 有我有你	中国网络电视台制 哈尔滨阿城 李凡丁作
56	经常洗心 不使染尘	中国网络电视台制 哈尔滨阿城 黄泰华作

序号	作品名称	作者
57	当好人 有好报	中国网络电视台制 江苏六合 丁广华作
58	奔梦路 在脚下	中国网络电视台制 福建龙海 连文祥作
59	春风又绿中国梦	中国网络电视台制 广东龙门 黄伟平作
60	中华少年 志存高远	中国网络电视台制 广东龙门 黄伟平作
61	祖国 母亲 恩深	中国网络电视台制 广东龙门 黄伟平 翟淑芳作
62	圆梦人载歌载舞	中国网络电视台制 广东龙门 黄伟平作
63	歌唱祖国	中国网络电视台制 广东龙门 梁彩欢作
64	中国梦 金灿灿	中国网络电视台制 陕西户县 王文吉作
65	劳动 最美的旋律	中国网络电视台制 陕西户县 刘知贵作
二、西单君太百货 LED 显示屏		
1	中国梦 我的梦	中国网络电视台制 天津泥人张彩塑 林钢作
2	圆梦起航	中国网络电视台制 山西广灵 王增荣剪纸
3	圆梦扬帆	中国网络电视台制 山西广灵 王增荣剪纸
4	圆梦高歌	中国网络电视台制 河北蔚县 周广剪纸
5	没有共产党 就没有新中国	中国网络电视台制 无锡泥人 柳家奎 王南仙作
6	圆梦路上 共产党人	中国网络电视台制 天津泥人张彩塑 傅长圣作
7	童心向党	中国网络电视台制 天津泥人张彩塑 林钢作
8	华夏圆梦 天下归心	中国网络电视台制 河北蔚县 李宝峰剪纸
9	中华圆梦 万马奔腾	中国网络电视台制 河北蔚县 焦新德剪纸
10	中国梦 吉祥梦	中国网络电视台制 河北蔚县提供 石俊凤剪纸
11	中国梦 中国喜	中国网络电视台制 山西临汾 郑平作
12	中国梦 和为贵	中国网络电视台制 河北舞阳 张新亮作
13	朝夕奔梦	中国网络电视台制 河北舞阳 任明兆作
14	奔梦路上 霞光漫天	中国网络电视台制 陕西户县 刘孝悌作
15	奔梦路上	中国网络电视台制 苏州桃花坞木刻年画 杜洋作
16	中国梦 牛精神	中国网络电视台制 河北邱县 陈与李作
17	一滴汗 一粒粮	中国网络电视台制 河北邱县 任广强作
18	中国何以强 缘有共产党	中国网络电视台制 上海丰子恺旧居陈列室供稿
19	中华河山 美哉壮哉	中国网络电视台制 上海丰子恺旧居陈列室供稿
20	中国少年仁心大	中国网络电视台制 上海丰子恺旧居陈列室供稿
21	中国少年 老人之老	中国网络电视台制 上海丰子恺旧居陈列室供稿
22	二人同心 其利断金	中国网络电视台制 上海丰子恺旧居陈列室供稿
23	有德人 天地宽	中国网络电视台制 上海丰子恺旧居陈列室供稿
24	地球只有一个	中国网络电视台制 上海丰子恺旧居陈列室供稿

序号	作品名称	作者
25	中国梦之节俭	中国网络电视台制 天津杨柳青画社供稿
26	中国梦之仁爱	中国网络电视台制 天津杨柳青画社供稿
27	年年有余“节俭”	中国网络电视台制 天津杨柳青画社供稿
28	忠厚传家久 诗书继世长	中国网络电视台制 天津泥人张彩塑 王宝臣作
29	善曲高奏	中国网络电视台制 天津泥人张彩塑 王润来作
30	大爱中国	中国网络电视台制 天津泥人张彩塑 赵阳作
31	放飞中国梦	中国网络电视台制 天津泥人张彩塑 王宝臣作
32	祖国前头尽是春	中国网络电视台制 天津泥人张彩塑 王润来作
33	代代中国梦	中国网络电视台制 天津泥人张彩塑 王润来作
34	中国梦 在前头	中国网络电视台制 天津泥人张彩塑 蔡明作
35	中国 前进!	中国网络电视台制 天津泥人张彩塑 蔡明作
36	中华好河山	中国网络电视台制 天津泥人张彩塑 王润来作
37	祝福祖国	中国网络电视台制 天津泥人张彩塑 王润来作
38	新闻战线走转改 基层采访中国梦	中国网络电视台制 天津泥人张彩塑 孙永生作
39	手中有粮 心里不慌	中国网络电视台制 河北邱县 张爱学作
40	“和”满中华	中国网络电视台制 河南舞阳 胡庆春 胡浩生作
41	中国好年头 百姓乐翻天	中国网络电视台制 河南舞阳 任明兆作
42	中国日子呱呱叫	中国网络电视台制 河南舞阳 胡庆春作
43	中华儿女 报效祖国	中国网络电视台制 河南舞阳 胡振亚作
44	中国好孩子	中国网络电视台制 山西运城 李建肖剪纸
45	有国才有家	中国网络电视台制 哈尔滨阿城 李凡丁作
46	当好人 有好报	中国网络电视台制 江苏六合 丁广华作
47	祖国 母亲 恩深	中国网络电视台制 广东龙门 黄伟平 翟淑芳作
48	圆梦人载歌载舞	中国网络电视台制 广东龙门 黄伟平作
49	中国梦 金灿灿	中国网络电视台制 陕西户县 王文吉作
50	劳动 最美的旋律	中国网络电视台制 陕西户县 刘知贵作

7.《平面类“讲文明树新风”公益广告通稿(第二版)》作品目录

序号	作品名称	作者
1	唱支山歌给党听	中国网络电视台制 广东龙门 王汉池作
2	奔梦路上喜事多	中国网络电视台制 广东龙门 钟永廉作
3	“和” 最美丽的诗篇	中国网络电视台制 广东龙门 陈少元作
4	积德者 有余庆	中国网络电视台制 山西广灵 张多堂 张栋剪纸
5	助人为乐 人间大美	中国网络电视台制 陕西户县 王文吉作

序号	作品名称	作者
6	春风又绿 中国梦	中国网络电视台制 广东龙门 黄伟平 骆雪芳作
7	希望在田野上	中国网络电视台制 广东龙门 钟永廉作
8	圆梦中华 志存高远	中国网络电视台制 广东龙门 黄伟平作
9	中国梦就是咱的好日子	中国网络电视台制 广东龙门 黄伟平作
10	中华圆梦 满园吉祥	中国网络电视台制 广东龙门 黄伟平 陈美凤作
11	有德者 前程远	中国网络电视台制 山西广灵 张多堂 张栋剪纸
12	中国梦 我的梦	中国网络电视台制 天津泥人张彩塑 林钢作
13	共产党好 百姓乐	中国网络电视台制 广东龙门 梁彩欢作
14	社会主义好 百子乐中华	中国网络电视台制 广东龙门 谭池发作
15	中国何以强 缘有共产党	中国网络电视台制 上海丰子恺旧居陈列室供稿
16	中国梦 吉祥梦	中国网络电视台制 河北蔚县提供石俊凤剪纸
17	华夏圆梦 天下归心	中国网络电视台制 河北蔚县 李宝峰剪纸
18	中华圆梦 万马奔腾	中国网络电视台制 河北蔚县 焦新德剪纸
19	最吉祥 是有粮	中国网络电视台制 山东巨鹿 孔庆臣作
20	十二生肖 十二吉祥 中国吉祥	中国网络电视台制 山西临汾 郑月巴剪纸
21	中华圆梦 鹤翔九天	中国网络电视台制 河北蔚县 任志国剪纸
22	己欲立而力人 己欲达而达人	中国网络电视台制 天津杨柳青画社供稿
23	中华传统 兄恭弟谦	中国网络电视台制 天津杨柳青画社供稿
24	大德中华	中国网络电视台制 上海丰子恺旧居陈列室供稿
25	荡起梦想 我有力量	中国网络电视台制 河北蔚县 王文林剪纸
26	祖国 母亲 恩深	中国网络电视台制 广东龙门 黄伟平 翟漱芳作
27	母亲哺育我 我报慈母恩	中国网络电视台制 广东龙门 罗秀芳作
28	中国心 · 和	中国网络电视台制 上海丰子恺旧居陈列室供稿
29	“和”国运昌	中国网络电视台制 河北蔚县 王文林剪纸
30	中华龙腾 中华圆梦	中国网络电视台制 河北蔚县 周志旺剪纸
31	呼喊圆梦	中国网络电视台制 天津泥人张彩塑 傅长圣作
32	孝道 · 中国人的血脉	中国网络电视台制 天津泥人张彩塑 傅长圣作
33	肩挑希望奔梦	中国网络电视台制 广东龙门 谭池发作
34	中国梦 飞九天	中国网络电视台制 河北蔚县 王文林剪纸
35	中华文明 生生不息	中国网络电视台制 上海丰子恺旧居陈列室供稿
36	勤劳 善良 福寿多	中国网络电视台制 广东龙门 谭池发作
37	中国圆梦 家家有福	中国网络电视台制 河北蔚县 王文林剪纸
38	二人同心 其利断金	中国网络电视台制 上海丰子恺旧居陈列室供稿
39	爱惜粮食 颗粒归仓	中国网络电视台制 广东龙门 谭池发作

序号	作品名称	作者
40	金龙飞舞 华夏得福	中国网络电视台制 河北蔚县 王文林剪纸
41	节俭	中国网络电视台制 天津杨柳青画社供稿
42	如今好日子 天天像过年	中国网络电视台制 广东龙门 谭池发作
43	仁爱	中国网络电视台制 天津杨柳青画社供稿
44	我们爱劳动	中国网络电视台制 广东龙门 谭池发作
45	年年有余“节俭”	中国网络电视台制 天津杨柳青画社供稿
46	我们的奔梦人 日子多甜美	中国网络电视台制 广东龙门 谭池发作
47	有德人 天地宽	中国网络电视台制 上海丰子恺旧居陈列室供稿
48	圆梦路上 春意深	中国网络电视台制 广东龙门 谭池发作
49	地球只有一个	中国网络电视台制 上海丰子恺旧居陈列室供稿
50	手中有粮 心里不慌	中国网络电视台制 河北邱县 张爱学作
51	圆梦人 争上游	中国网络电视台制 上海丰子恺旧居陈列室供稿
52	圆梦中华 洒满阳光	中国网络电视台制 广东龙门 谭池发作
53	中华圆梦 百姓有福	中国网络电视台制 广东龙门 谭池发作
54	自己动手 丰衣足食	中国网络电视台制 广东龙门 谭池发作
55	勤劳·福多	中国网络电视台制 广东龙门 黄伟平作
56	粮食·汗水	中国网络电视台制 广东龙门 黄伟平作
57	劳动人家 日子火红	中国网络电视台制 广东龙门 黄伟平作
58	奔梦 加油!	中国网络电视台制 广东龙门 黄伟平作
59	圆梦人 载歌载舞	中国网络电视台制 广东龙门 黄伟平作
60	劳动得吉祥	中国网络电视台制 广东龙门 黄伟平作
61	勤劳人 吉祥多	中国网络电视台制 广东龙门 黄伟平作
62	勤劳人家福盈门	中国网络电视台制 广东龙门 黄伟平作
63	一分勤劳 一分收获	中国网络电视台制 广东龙门 黄伟平作
64	奔梦路上 欢欣鼓舞	中国网络电视台制 广东龙门 黄伟平作
65	积德行善 收获吉祥	中国网络电视台制 广东龙门 黄伟平 廖锦锋作
66	辛勤劳动 圆我梦想	中国网络电视台制 广东龙门 陈少元作
67	奔梦日子 花好月圆	中国网络电视台制 广东龙门 曾宝田作
68	粮食 命根子	中国网络电视台制 广东龙门 钟永廉作
69	挑着担子 背负希望	中国网络电视台制 广东龙门 王汉池作
70	圆梦人 欢歌笑语	中国网络电视台制 广东龙门 谭池发作
71	辛勤 换来五谷丰登	中国网络电视台制 广东龙门 伍丽英作
72	圆梦高歌	中国网络电视台制 河北蔚县 周广剪纸
73	中国梦 和为贵	中国网络电视台制 河南舞阳 张新亮作

序号	作品名称	作者
74	朝夕奔梦	中国网络电视台制 河南舞阳 任明兆作
75	一滴汗一粒粮	中国网络电视台制 河北邱县任广强作
76	老吾老 以及人之老	中国网络电视台制 天津杨柳青画社供稿
77	幼吾幼 以及人之幼	中国网络电视台制 天津杨柳青画社供稿
78	中国梦 牛精神	中国网络电视台制 河北邱县 陈与李作
79	中华河山 美哉壮哉	中国网络电视台制 上海丰子恺旧居陈列室供稿
80	中国少年仁心大	中国网络电视台制 上海丰子恺旧居陈列室供稿
81	中国少年 老人之老	中国网络电视台制上海丰子恺旧居陈列室供稿
82	放飞中国梦	中国网络电视台制 天津泥人张彩塑 王宝臣作
83	祖国前头尽是春	中国网络电视台制 天津泥人张彩塑 王润莱作
84	代代中国梦	中国网络电视台制 天津泥人张彩塑 王润莱作
85	中国梦 在前头	中国网络电视台制 天津泥人张彩塑 蔡明作
86	中国，前进！	中国网络电视台制 天津泥人张彩塑 蔡明作
87	俭以养德	中国网络电视台制 天津泥人张彩塑 林钢作
88	中华好河山	中国网络电视台制 天津泥人张彩塑 王润莱作
89	祝福祖国	中国网络电视台制 天津泥人张彩塑 王润莱作
90	中国好棋！	中国网络电视台制 天津泥人张彩塑 王润莱作
91	圆梦路上 共产党人	中国网络电视台制 天津泥人张彩塑 傅长圣作
92	童心向党	中国网络电视台制 天津泥人张彩塑 林钢作
93	没有共产党 就没有新中国	中国网络电视台制 无锡泥人张彩塑 柳家奎 王南仙作
94	中国梦之勤劳、读书、诚信、恤孤	中国网络电视台制 天津杨柳青画社供稿
95	奔梦路上 霞光漫天	中国网络电视台制 陕西户县 刘悌会作
96	“和”满中华	中国网络电视台制 河南舞阳 胡庆春作
97	中国好年头 百姓乐翻天	中国网络电视台制 河南舞阳 任明兆作
98	中华儿女 报效祖国	中国网络电视台制 河南舞阳 胡振亚作
99	中国日子呱呱叫	中国网络电视台制 河南舞阳 胡庆春作
100	奔梦路上	中国网络电视台制 苏州桃花坞木刻年画 杜洋作
101	中国梦 中国喜	中国网络电视台制 山西临汾 郑平剪纸
102	中国好孩子	中国网络电视台制 山西运城盐湖区 李建肖剪纸
103	圆梦启航	中国网络电视台制 山西广灵 王增荣剪纸
104	圆梦扬帆	中国网络电视台制 山西广灵 王增荣剪纸
105	新闻战线走转改 基层采访中国梦	中国网络电视台制 天津泥人张彩塑 孙永升作
106	忠厚传家久 诗书继承世长	中国网络电视台制 天津泥人张彩塑 王宝臣作
107	善曲高奏	中国网络电视台制 天津泥人张彩塑 王润莱作

序号	作品名称	作者
108	大爱中国	中国网络电视台制 天津泥人张彩塑 赵阳作
109	少年强 中国强	中国网络电视台制 天津泥人张彩塑 刘从越作
110	“劳动”最美的旋律	人民日报社 中国网络电视台制 陕西户县 刘知贵作
111	劳动．读书．圆梦	人民日报社 中国网络电视台制 陕西户县 付蕊霞作
112	中华美德 “孝”	人民日报社 中国网络电视台制 陕西户县 刘知贵作

陆 国家形象广告研究篇

一、中国国家形象广告研究

（一）奥运契机构建国家形象

作者：李杉

中国形象的构建不仅是如何让世界了解中国，更是如何让中国了解自己的过程。在过去的30年里，中国发展速度举世瞩目，国家综合实力迅速提升，而中国国家形象的构建却远远没有跟得上改革与发展的步伐。面对经济全球化的浪潮，中国如何重建自身的核心价值体系，如何进一步构建中国在国际舞台上的形象，已经成为我们所面临的重大战略挑战。因此，中国在增进国际社会信任的同时，必须寻求全面构建中国形象的新的窗口和舞台。2008年北京奥运会恰是这样一次绝佳契机。

以奥运会为契机构建中国形象，既存在着千载难逢的独特机遇，也可能面临着各种挑战与风险。奥运会为中国带来全世界关注的“眼球效应”，也会带来各种怀疑与挑剔，甚至是吹毛求疵。因此，构建中国形象不能由于举办奥运而盲目膨胀，应该抓住契机审慎应对。

从正面看，奥运会为提升中国形象提供了如下的五大平台：（1）宽广并优先的资讯传播平台；（2）地位对等的文化融合平台；（3）充分互动与反馈的情感交流平台；（4）以注意力为导向的共赢经济平台；（5）全世界认同和尊崇的伦理平台。对于中国形象的构建，奥运会只是其中一个单独却宏大的历史事件，而任何历史事件的效应都不可能永久，这五种优势的平台随着奥运会的到来将逐渐凸显，在奥运期间达到巅峰，而随着奥运会的结束，这种优势效应也会逐渐减退。

从负面看，奥运会也为中国形象可能带来不利的五大风险：（1）敏感问题局部放大和负面特写的风险。外国媒体可能用中国现存的社会问题做文章，引导消极舆论和负面印象；（2）奥运城市类比而苛求的风险。国际社会可能把发展中的北京与西方成熟的现代化城市比较，缺乏公平的思考角度；（3）影响力过度的风险。这可能使中国人陷入国家日益强大的沾沾自喜中，而失去自我认识的平衡点。（4）先入为主的意识形态偏见的风险。某些外国人可能从意识形态对立的视角出发，不能友善的看待中国。（5）“中国威胁论”加剧的风险。某些国家可能随着奥运为中国带来更多的关注，而越发感到中国的“威胁”。

我们怎样才能够充分发挥奥运带来的优势，而有效的规避风险呢？中国形象的构建是一个塑造、传播、映像、反馈、调整、再传播的循环过程，它是在自我完善、不断改进、善意批评、解释沟通中循序渐进而完成的。因此，中国形象的构建不仅仅是一个如何让世界了解中国，更是一个如何让中国了解自己的过程。

以奥运会为契机构建中国形象，应当思考如下策略：

首先，将中国元素充分利用发挥在奥运会举办地各个环节中。奥运会的会徽、火炬、吉祥物、开幕式、场馆、服务、新闻发布、民间活动等很多环节都是展示中国特色的大好机会，把传统的中国元素用现代传播方式加以改造，富有民族特色的创意和细节往往比宏大场面更有提升形象的独特效果。

其次，把握体育精神与中国文化之间的契合点加以传播。 奥林匹克精神是一种追求奋发向上，推崇顽强拼搏，尊重榜样与荣誉的精神，更是张扬人的意志和体能和谐并举的价值追求。 同样，中国文化始终把“和谐”作为最高的人生哲学与社会理想而推崇，我们提倡“和谐中国，和谐世界”，这是切实的可以引领人们生活和精神的准则。 因此，我们办“人文奥运”就是为体育和文化之间牵线，以我们中国深厚的文化底蕴和人文精神，让世界了解一个具有悠久文明历史并与时俱进地走向世界的中国形象。

第三，开放多元渠道，为各国媒体了解体育背后的中国提供真诚的帮助，塑造透明公开、勇于负责的大国形象。 CNN 北京分社首席记者吉米接受采访时曾说：“赛场之外的北京，体育之外的中国，才是我们的报道重点。”路透社首席时政记者林光耀也认为：“北京奥运最大的看点是中国站起来，中国的崛起。”可见，各国媒体对体育背后的中国充满了兴趣，他们带着疑问而来，准备用自己的眼睛找到答案。 真诚而透明地为各国媒体提供帮助和有效的渠道，才能够真正显示一个真实的勇于担当的大国形象。

第四，淡化竞技观念，展现中国人民友好亲和的主人翁风采。 目前，一些国外负面言论认为中国过分重视金牌数，而忽视体育宗旨。 其实我国成为体育强国已经是不争的事实，但作为奥运会的东道主，中国人民欢迎各国朋友的诚意往往被表面上的竞技争夺而掩盖。 因此，在传播中应该尽量淡化竞技观念，而着重塑造中国友好、宽容、热情、大气的国家形象。

第五，采用官方传播与民间传播相结合的方式，充分加强民间沟通。 中国形象的传播很大程度上要靠世界人民的感知来完成，有些来自于亲身经验，有些来自于媒体报道，官方传播往往是背景的介绍和舆论的疏导，而民间传播则涉及更多的情感体验。 比起中国的体制与经济，外国普通人更关心中国老百姓的真实生活状态及精神风貌，奥运会把二百多个国家和地区的记者、游客、艺术家、企业家、学生都聚到了中国，他们会把真实的体验和感受带回去。因此，应该为民间沟通创造良好的氛围与途径，把一种生气勃勃、勤劳善良、豁达开朗、坚强自信的中国人的形象展示给世界。

第六，通过“全民奥运”，塑造团结的具有凝聚力的民族形象。 有些外国人质疑“全民奥运”是不是过了头，其实，13 亿人热情加入到奥林匹克运动，全民参与、全民运动、全民健身，这恰恰是对奥林匹克精神的推动和贡献，并可以显示中国形象中特有的精诚团结力量。

第七，支持开发有利于塑造中国形象的文化产业，通过多种媒体提供中国风格的文化产品。 构建中国形象，奥运会只是一个契机，而奥运传播的延续，则依靠我们为世界提供能够代表中国形象的文化产品，以便为更持久地展示中国形象提供丰富的媒介和平台。

要实现奥运期间的中国形象传播策略，就要积极运用形象广告、公共关系等手段，将上述策略隐含在国家形象广告之中，在战略上积极主动，在表达上讲究方法。

（二）简析中国国家形象传播的营销思路

作者：雅川

在美国纽约时代广场投放的中国国家形象宣传片，引起广泛的热议。适逢广告投放正值胡锦涛总书记访美期间，这一国家形象的宣传攻势更是让世界瞩目并纷纷做出评论。针对该宣传片的投放，各界褒贬不一，但无论如何，这一广告投放的基本效果达到了，即：引起了大范围的关注。同时，我们也可以清晰地看到，中国国家形象宣传已经脱离曾经单纯的说教模式，逐步进入专业化的营销道路。当然，广告内容是否被受众接受出是衡量效果的重要因素，有反对的声音就证明广告的主体还未被完全接纳，未来还要有很多的工作去做。

回顾自我国成功举办2008年北京奥运会以来，我国已经在为塑造“国家形象”规划并实施了很多计划。纵观三年，从营销角度来看，这支广告是经过长时间铺垫的，并不是孤立存在的，并且它是国家宣传计划中非常重要的一个部分。它的投放，是我们国家形象传播的一个小高潮。本文就过去三年的典型案例梳理我国国家形象宣传的思路与步骤。

首先，什么是国家形象。国家形象指的是各个国家以及各国人民对某国所知觉到的总体之评价，代表对某国总的看法和观点。是一个国家政体、外交、政治、领导人、人民、文化、历史等诸方面之综合形象，是公共信息传播同外交政策实践综合作用的结果。在信息交流频繁、利益关联复杂的全球化时代，“国家形象”直接影响着世界各国政府、国际组织和公众对这个国家的态度，影响着各国政府、国际组织对该国政策的制定与实施。因此，“国家形象”在国际政治中具备了前所未有的重要性。国家形象与国家相伴而生，是国家力量和民族精神的表征，是主权国家重要的无形资产，是综合国力的集中体现。当今世界各国竞相调整、改善或重塑国家形象，目的就在于提升对外吸引力，营造经贸合作机遇，同时提高本国的国际地位及国际影响力。国家形象的塑造和传播以综合国力为基础，在很大程度上也来源于该国的文化影响力。

我国在新中国成立后，在树立积极正面的国家形象方面做了很多努力，并取得了成果。但是，由于长期封闭，缺乏与世界其它国家的交流往来，世界既渴望了解中国，又对中国情有各种因信息不对等引发的误读。尽管我们在改革开放这30年来，对外交往不断扩大，和世界的交流不断加强，但由于种种原因，世界所淡的中国仍然盘踞在诸如人权问题，腐败问题，台湾问题等，甚至于“中国威胁论”至今被时不时提起。显然，这些误读阻碍了中国与世界其它国家正常的经济与文化的交流。也让世界上希望了解中国的人们失去了正确的判断。

随着中国经济的快速发展及国际地位的不断提高，我国政府已经有了越来越强烈的国家形象意识，一直在寻找如何正确树立中国形象的机会。显而易见，2008年奥运会正是那个姗姗而来的契机。并且，在此契机之后，中国国家形象塑造的思路仿佛一下打开，开始进入专业化的国家形象传播阶段。如果说国家是一个品牌，国家形象的塑造和传播就是一个品牌的营销过程。我们从2008年后的一些突出事件中，可以看到一个宏大的国家形象传播计划的推进，传播形式涵盖了从公共关系到广告推广等全面的营销策略，可以归为几大类：

第一类：以奥运会为代表的赛事营销策略。

举办体育赛事是一种很有效的吸引关注的营销方法。由于体育赛事的特殊性，无论观众是否可以到达现场，都会有不同的参与感和关注度。也因此，一些重要的国际体育赛事会得到各界的追捧与关注。各国政府希望可以成为举办国，各个企业希望可以得到广告机会，传媒机构则争相希望得到转播机会。奥运会正是全世界热列追逐的这类赛事之一。

2008 年奥运会，是我国国家形象塑造的重要里程碑。尽管我国在此前早已展开积极的国际宣传，并且在经济、文化、军事、政治等多领域和世界建立了多方位的交流。但是，没有什么能象奥运会这样引起全世界的关注与参与，能够吸引那么多不同种族，不同政见，不同立场的人聚集在中国或者密切地关注中国。北京奥运会让世界见到一个不一样的中国。从对媒体开放的态度，到完整的配套设施，到优质的服务，以及各种城市基础建设，面对以现实的国力证明，来自世界各地的媒体自己成为了宣传中国的窗口。因此，2008 年奥运会是中国形象取得突破性进展的一个开端。

此后，中国其它城市也承办了一些世界级的赛事或展览活动，例如亚运会，世博会等，延续了世界关注的目光，也让世界了解中国更多的地方和国情。

第二类：以汶川地震为代表的透明开放的危机处理策略。

奥运会开始前，中国四川遭遇了重大的地震灾难。中国政府的快速反应和施救速度，让世界吃了一惊。这是一场灾难，但客观上这也是一次宣传的机会。我国政府完全开放坦诚的态度，我国媒体的响应速度，中国民众的团结和坚强，都令世界印象深刻。这一事件虽然是突发事件，却没有象以前那样封锁消息，“及时公开准确信息”成为主题。地震发生后两小时，新闻就播出消息，几小时后当国家领导人到达现场时，媒体早已开展工作。媒体每天不间断的消息滚动播出，更新伤亡人员情况。情况稳定后，允许国外媒体到救援现场采访。设立国难日，为死难民众哀悼。所有这些信息，都通过媒体传达给全社会，全世界。这种开放的态度无疑又为正面的中国形象增加了可信度。此后，我国又遭遇不同程度、不同类型的自然灾害或意外事件，快速反应、信息透明、以人为本等从汶川地震抢救中建立起来的工作要求成为常规工作标准。

危机处理是品牌维护过程中最受考验的难题，对于国家形象来说更是至关重要。它的不确定性和突发性，往往使处理者措手不及。危机发生后，负责任的态度是人们最最期待的。民众不幸遭遇灾难，国家投入积极的营救和保护，这正是一个负责任的国家形象。在危机处理中接受公众监督和检查，这正是一个开放的正面的国家形象。能够在第一时间开展营救，并且给予受灾民众提供生活保障的国家，正是一个拥有强大国力的国家形象。尽管这是一场不幸的灾难，但由于国家真诚和负责任的态度，不仅维护了国家形象，还得到了更好的诠释。

第三类：以建国六十周年国庆阅兵式为代表的事件营销策略。

事件营销是品牌形象建立的一个重要的手段。细心的策划和完美的执行可以使一个品牌的形象得到提升，并给予人们深刻和积极的印象。 对于一个国家来说，国庆活动是最好的场合展现国家实力，宣扬国家精神。

我国建国六十周年的国庆阅兵典礼，正是在世界关注中国的目光中举行的。 共有逾千名外国记者报名参观阅兵式采访，世界对这一盛事的期待与好奇不溢言表。 而在阅兵式第二天，“力量”“大国”这样的字眼充斥着世界各地的报导，传达着中国越来越强大的国家形象。 无疑，国庆阅兵典礼又是一个建立积极国家形象的成功事件。

第四类：“投放美国的国家形象宣传”广告营销策略。

在众多次赛事、庆典的成功后，中国的新形象正在慢慢构建起来。 相比起之前谈到的几种营销策略，广告是一种主动出击的传播方式。 广告可以将重要的信息浓缩在一定的时间里，以强烈的视觉和听觉冲击力，带给接受者深刻的心理印象。 中国国家形象宣传片正是在近几年来各种成功的形象注入后，应运而生。 以强烈的视觉感觉，优雅的情绪描述，配以中国元素，旨在加深观众对中国的积极印象。 广告的投放时机恰好是中国领导人访问美国之前，投放的媒体和地点又都是美国很有代表性的地方，无疑，这支广告引起了巨大的关注。在营销角度上讲，是一个有很好策划的成功广告。

此外，国家形象最重要的根基国家本身的经济发展建设，国内安居乐业，国际上开展积极的外交活动，承担更多国际责任，在国际舞台承担越来越重要的角色，这些政治范畴是一个积极正面的国家形象所必需的基础。

以上，简要总结了我国近三年来的国家形象的重点传播事件，可以看出我国国家形象传播的思路正在向专业化，营销化发展。 不过，值得一提的是，尽管这些重点传播事件总的来说取得了积极的效果，但我们还就注意到，当今全球化传播环境中，跨文化传播的因素需要给予认真地考虑，传播媒体的策略也是决定传播成功与否的关键。

首先看跨文化传播对国家形象宣传的影响。 跨文化传播的范式由霍尔提出，最重要的观点是他提出了在宏观文化中高语境与低语境文化的问题，通过观察和研究，他根据信息传播对于环境的依赖程度，将文化划分为高语境文化（high – context culture）和低语境文化（low – context culture）。 高语境文化中，信息的意义寓于传播环境和传播参与者之间的关系中，亚洲国家的文化多属于高语境文化；低语境文化中信息的意义通过语言可以表达得很清楚，不需要以来环境去揣摩推测，欧美国家大部分属于低语境文化。 按照霍尔的这种划分方法，中国也是高语境文化，中国语言的表达非常含蓄，因此不在中国的环境中生活，就不可能真正地理解中国文化所包容的博大精深的内涵；而美国文化属于低语境文化，喜欢坦率直言，有话直说，从他的话语中就可以了解他的文化特性。 也就是说，中国语言的表达方式与以欧美为代表的西方社会的表达截然相反。 中国的语言表达偏含蓄，而欧美的表达方式更直接。 而中国希望塑造的国家形象正是要说服绝大部分以美国为代表的西方国家。 这一重要的文化跨界，是我们在制定国家形象传播中必须注意的。 例如广告，很中国风格的广告，虽然会在视觉上给人印象深刻，但由于采用较中国化的含蓄的表达方式，西方受众对广告的理解只能停留在画面上，无法领会到广告的核心含意。 这正是中国文化与本文文化相冲突的地方，也是我们要考虑和避免的问题，才能使广告让人看得明白，听得懂，记得住。

其次，大众传媒是国家形象塑造的工具与载体，对外的信息许多都要通过大众传媒传播出去。 从这个意义上说，大众传媒在国家形象的塑造与传播中起着决定性的作用。

以美国为代表的西方国家，占据着全球传播资源的绝大部分，它们完全可以借助自身优势，通过“美联社”、“合众国际社”、“路透社”、CNN、BBC 等国际性的大媒体，将所要传递的信息在很短的时间内传播出去，让人们知晓并取得同情与支持。 西方发达国家不但可以通过自身拥有的国际性媒体将自己的声音传播出去，还可以利用占有信息资源的优势，“迫使”其他国家以转载、转播的方式进行“二次传播”，并通过“二次传播”将本国的信息和声音扩散到更广大的地区和更多的角落，从而在全球范围内无障碍地进行着国家形象的塑造与传播。

我国目前尚不具备这样的资源。 尽管我国传媒业无论就规模还是技术水平都有了很大发展， 也有一些媒体走出国门， 但是从整体上看， 我国媒体的国际影响力 （特别是对当地主流社会的影响） 还远远不够， 我们缺乏象发达国家那样的国际性大媒体， 单纯依靠国内媒体的力量， 难以将自己的声音传遍全球， 这在很大程度上影响着我国国家的形象塑造与传播。 因此， 我国形象塑造的媒体策略应当包括两个方面： 一方面是在现有媒体生态的基础上进一步整合资源， 增强实力， 打造一批本国传媒的 “航母”， 形成权威性的传播机构， 全面提升对国际舆论影响力； 另一方面， 在通过国内媒体向外传播的同时， 借助西方主流媒体或国际化媒体反向进行 “二次传播” （使其转播、 转载）， 通过这种 “二次传播” 更多地发出自己的声音， 以扩大影响力。

（三） 国家形象　匹夫有责

作者： 何辉　冯春海　李杉

国家形象， 匹夫有责。 国家形象广告运用一般广告的传播模式， 却代表国家人民与全世界对话。 国家形象广告包括线上广告， 也涵盖线下活动， 是一种 “整合式” 推广手段。 种种国家形象推广形式不是彼此孤立和排斥的， 而是相辅相成， 相互促进的。 我们可以协同运用各种国家形象广告形式， 为建构良好的中国形象做出贡献。 怎样抓住奥运机遇构建国家形象， 怎样运用形象广告、 政府公关、 国际营销等手段策划积极而有效的传播战略， 怎样借鉴国外已有的国家形象体系经验， 怎样在构建国家形象与国家发展、 信仰之间达成高度和谐。 这些是国家形象战略所必须审慎思考的核心问题。

1. 国家形象广告的全方位考虑

国家形象广告是一种以国家或政府机构为主体， 借助本国或他国媒体平台， 传递国家理念、 发布国家信息、 塑造国家形象， 为全体人民利益服务的一种特殊广告形式。 它运用一般广告的传播模式， 却代表国家人民与全世界对话。 其成功与否关乎一个国家的国际影响力、 国际交流的信任度、 国际贸易声誉成本， 以及国家核心竞争力。 因此， 必须有战略层面上的规划、 布局、 研究， 以及具体的调研、 创意、 制作、 发布和反馈， 应在全局和细节上共同加以把握。

从宏观上看， 国家形象广告的背后需要国家战略的支撑和一整套传播理念。

首先， 它是一个国家综合因素的代言方式， 必须基于国家发展战略的高度进行统筹。 对于中国， 如何确立一个既传承历史， 又符合未来发展的自身定位； 如何尽量缩小中国人自我认同与国际社会感知之间的距离； 如何在构建中国形象的同时完成与国内发展改革之间的良性互动， 都是中国形象广告在战略层面亟待解决的问题。

其次， 国家形象广告的主题必须与国家的现实表象、 未来发展趋势之间具备内在的一致性。 展现中国的整体形象， 不能过度的传播五千年古老文化。 目前其他国家正在看到的是一个日新月异、 不断创新发展的中国， 古老的历史形象与当下中国的现实表象之间缺乏内在的一致性。 它削弱了国际社会用全新眼光看待中国的紧迫性， 也无法达成形象广告与现实之间有效的对接， 直接有损于传播效果和中国的可信度。

从微观上看， 国家形象广告的表达和发布受到传播环境的影响和制约。

一方面是国家形象广告的创意元素和表达方式必须兼顾传统与现代、 本国与世界之间的关系。 广告的表达最重要的就是相关性和感染力， 国家形象广告的受众是不同国度的人民， 他们种族各异、 信仰不同， 审美也存在偏差， 他们之中有决策者、 企业家、 学者， 还有普通人。 这就要求国家形象广告充分考虑受众的背景、 理解能力和接受程度。 中国元素要找到符合现代审美和国际通行的表达方式， 在强化中国特有形象的同时， 关注传播效果。

另一方面， 国家形象广告的发布必须具备庄重性和权威性。 从媒体选择， 到发布时机， 一个合适的平台和恰当的氛围才能够正确地传达国家形象。 有争议的媒体会把国家立场卷入争议之中， 与当下世界局势和人们情感氛围不符合的时机也会遭到国际社会舆论的非议。

2. 找准定位明晰中国国家形象

国家形象广告可以为人民注入精神的力量， 可以增进民族凝聚力。 国家形象广告将商业领域的广告推广手法运用于国家， 具有重要的意义和功能。 国家形象广告拓展了媒体广告的范畴， 摆脱了传统的以意识形态为主导的宣传窠臼， 加强了国家形象推广活动的系统性、 科学性和一致性， 开创了公共外交的新领域。 在政治层面， 国家形象广告有助于增强国际影响力， 影响大国决策； 经济上则能够吸引投资和游客， 促进出口， 加速经济发展； 在文化领域， 可以通过国家形象广告凝聚国家精神与信仰， 体现国家的价值观， 实现文化的认同。

我们认为， 中国要做好国家形象广告， 关键是要找准国家形象定位、 明晰国家形象定位，还要有好的创意来进行传播。在经济全球化浪潮的席卷之下，各国都在思考并实践本国的国家形象体系。政体和发展目标不同，广告的风格与侧重点就不同。比如英国推出过“创意英国”；法国提出“新法国”概念；日本的国家形象推广紧紧围绕着“观光立国”的战略定位；韩国则是处处体现“文化立国”方略，定位清晰而准确。中国是一个有悠久的历史、56个民族、960万平方公里国土的大国，内涵异常丰富，但是这些客观因素也使得中国很难运用简单的语言总结自身特点，导致长期以来中国国家形象定位模糊，不利于整体形象的塑造和推广。

总的来说，国家形象广告一般传播以下六方面内容：（1）国家综合实力；（2）国家在重大国际事件或敏感热点问题上的基本态度；（3）国内承办重大活动的宣传与邀请；（4）国家某一行业的推广；（5）国家历史与文化；（6）国家自然风光与民俗风情。

由于中国国家形象具有立体性、多元性和动态性特征，在利用国家形象广告推广国家形象时必须讲求策略，要注意局部突破、协同并进和新旧平衡，要注意政府与民间的配合。无论是英国的“新英国运动”，还是韩国的“文化立国”，抑或是日本的“观光立国”，背后的发起者都是政府，但是执行者更多的是民间组织。我国在推广国家形象的过程中，政府也可以在政策制定、组织保证、资金支撑等方面起主导作用，旨在“搭台”；而民间则可以是“唱戏”的主角。

国家形象广告是构建国家形象最直接和积极的表现，要构建一个国家鲜明形象更来自于亲身接触、民间沟通、真诚交流、公共关系协调、国际营销、文化与经济合作，以及政府和国际机构的推动。当前中国国家形象正面临艰难的重塑，更应该协调政府与民间、广告与公关、官方与个人等多种方法的并用，通过多元化的传播途径、热情而友好的姿态，让国际社会认识一个和谐发展，生机勃勃的中国。

在未来的发展道路上，中国需要迫切制定统一的国家形象战略，扶持民间力量，实现全民动员，利用国家形象广告向世界推广“和谐中国”的形象。这样的好处在于可以实现政府和民间的协调互动，实现我国国家形象推广主体的多元化，动员全民参与国家形象推广。正所谓“国家形象，匹夫有责”。我们相信，在中国和平发展的道路，在中国为创建和谐世界的道路上，国家形象广告应该发挥也必将自身的历史价值，实现自身的历史使命。

（四）弘扬中华文化构建国家形象

作者：冯春海

要建构中国的国家形象，突出中华文化无疑是其中的一个重要组成部分。人类文明进步的历史充分表明，没有先进文化的积极引领，没有人民精神世界的极大丰富，没有全民族创造精神的充分发挥，一个国家、一个民族不可能屹立于世界先进民族之林。

在新世纪的国际化和全球化平台上，我们应该抓住时机，重塑具有独特魅力的中国形象。这一国际形象的塑造，同我们平衡地把握中国形象的现代性与本土性紧密相关，没有自身文化传统的延续性就无从认同文明的本土主体。只有全民提升自己的价值修为，只有整个社会的良好文化素质，中国的和平崛起才是无法阻挡的，中国形象的提升才是可持续的。伴随着全球化的进程，国与国之间的彼此依赖和相互影响逐渐加强；再加上信息技术的突飞猛进以及新媒体的层出不穷，“国家形象”在国内外事务中变得愈加重要。相应的，作为构建国家形象重要手段的国家形象广告（不仅仅局限于纯粹的广告作品）变得举足轻重。精心策划的国家形象广告可以向国内外公众展示一个国家的良好形象，对国家的政治（包括军事、外交）、经济和文化发展产生潜移默化的深远影响，进而提升国家实力，增强国内民众的民族自豪感、认同感和归属感。

1. 突出中华文化提炼优秀价值观

在当今的全球化背景下，要建构我国的国家形象，突出中华文化无疑是其中的一个重要组成部分。中国正面形象的国际评价近年不断提升表明，进入新世纪，随着综合国力的增强和国际地位的显著提升，中国进而将中国的命运和整个世界的最新发展联系在一起。我们迫切需要对中国精神意识库存加以清理，从而消减中国文化中的自卑主义，排除自我虚无的文化幻象，建立自己的文化自信和文化自觉。

文化是民族凝聚力和创造力的重要源泉、综合国力竞争的重要因素。一个民族、一个国家，文化越博大精深就越受人尊重，发展就越有动力。中华民族五千年的灿烂文化，为中国发展和人类进步做出了巨大贡献。一个民族优秀传统文化的基因不能丢，精神家园的根脉不能断裂。其实，博大精深的传统文化是民族凝聚力和创造力的重要源泉。

在构建中国国家形象时，我们应该非常重视和积极挖掘中国传统文化中的正面形象和积极元素，要进一步提炼和传播中国传统文化的优秀价值观。中国很多传统的文化精髓和文明传统不仅是中国社会良性健康稳步前行的推动力，也是对外传播和交流的重要资源。

2. 国家形象需要全民参与

国家形象不仅是政府的事，也是每一个公民的事。作为国家的公民，包括个人、企业以及其他机构等，对维护和提升自己的国家形象，都负有不可推卸的责任。

为什么在国外获奖的中国影片大多是反映中国阴暗面的内容？为什么西方人对反映旧中国的纳妾、抢亲、乱伦等文化的影片特别欣赏？因为中国传统文化中的丑陋一面被一些导演发挥得淋漓尽致。我们如果不努力宣传和展示中国人的积极向上有为的形象，而是为了迎合西方部分评委的爱好去刻意展示我们的阴暗面。任何时候国家利益都应该高于个人利益。导演获再高级别的奖也是个人的名利。如果这种名利是建立在迎合西方人的窥阴心态上，如果把展示“家丑”作为获奖的手段，那么这种名利是丑陋的。

“国家形象”在全球化时代显得特别重要，已经成为国家利益的重要内容。损害国家形象，就是损害国家利益。无论外人对中国的理解有多少误区，多少盲区，我们首先要反思的是：我们自己向外传递的是怎样的一些信息？

3. 文化：民族性、价值观与认同

号称“太阳王”的法国国王路易十四一直想超越欧洲其他国家，进而征服世界。其顾问大臣寇伯特建议，法国应该向其他国家推销法国“文化”和“品味”，通过“品味”，可以和欧洲开战，利用“时髦”，可以征服世界。寇伯特的话听起来似乎有些夸张，但是作为“软实力”重要组成部分的文化的确能够展示国家民族性，传播国家信仰和价值观，提升国家和民族形象，影响其他国家对该国的认知、情感、态度和行为。

从古至今，许多国家都在不遗余力的利用各种手段向世界推销本国文化，传播该国的民族信仰和价值观，力求形成“同化式力量”。

墨西哥与美国毗邻，在商品和劳动力出口、资本和技术引进等方面严重依赖美国；同时两国还在移民等问题上存在纷争。为了化解纷争，增进美国对墨西哥的了解和认同，墨西哥向美国发起文化攻势：举办墨西哥大型艺术展，推广墨西哥传统或现代的音乐、戏剧和舞蹈，以及墨西哥的“玛雅文明”。墨西哥大使馆文化部长杜兰认为，欣赏一个国家的文化就会认同这个国家，墨西哥会持续的举行类似的文化交流活动。

文化交流在世界史上历史悠久，中国自古就有意识的传播中华文化，以使“远者来归”。中国应该以2008年奥运会为契机，制定统一的国家形象战略，运用国家形象“广告”进一步建构中国国家形象。

总之，运用国家形象“广告”对国家进行宣传和推广，塑造国家形象和品牌，在政治上有助于增强国际影响力，影响大国决策；经济上能够吸引投资和游客，促进出口，加速经济发展；在文化领域则有利于展现国家的民族性和价值观，实现文化的国际认同。三者相辅相成，相互促进，协同构建良好的国家形象。

二、国家形象跨文化传播

（一）国家广告研究——以美国的国家广告实务为例

作者：冯颖

国家广告在国内外的广告学界都是一个比较新的课题。现有的对国家广告的研究中，大部分仅针对国家广告的某一类型进行探讨。从研究主体出发，目前重点研究的国家广告类型主要有三种：

一是公益广告，这是国家广告的对内传播形式，以公共传播为主要目的。政府通过公益广告与民众进行沟通，履行政府宣传职责。包括对政府服务工作的推广、对政策更改的宣传，以及社会营销活动等。这一类型的国家广告研究多集中于美国和澳大利亚等民主竞选制国家。这些研究主要围绕政府的社会责任、竞选广告中的政府花费问题以及公益广告效果等主题。

二是国家旅游广告，这是国家广告的对外传播的主要形式。旅游广告在世界各国有着丰富的实践经验，许多发展中国家视其为招商引资的重要宣传手段。因而，对于国家旅游广告的研究主要集中于旅游广告的实践案例分析，缺少理论基础。

三是国家形象广告，国家形象广告与旅游广告有着本质上的区别，陈刚认为，"国家形象广告不同于以旅游推广为主的国家广告。国家形象广告重点在传播国家理念。"国家形象广告的概念以及实践的自觉都比较晚。21 世纪初，"东西方传播（East West Communications）"公关咨询公司的两位主要负责人 Thomas Cromwell[1] 和 Savas Kyriacou 发表了《国家品牌的概念和收益》（The Concept and Benefits of Nation Branding），首先提出了"国家品牌"的概念，即将国家视作一种商业品牌，在国际范围内加以推广。他们认为，无论是产品还是服务的质量、文化还是风景的吸引力，政治、经济还是外交，都可以通过国家品牌体现。国家品牌的塑造不仅能够帮助某一国家实现贸易、投资、旅游方面的目标，还能提升国家地位，影响主要大国的相关决策。

然而，现有的相关文献鲜有从历史的角度对国家广告进行的梳理和系统性诠释。本文在立足现有文献、并力图实现自我创新的基础上，以国家广告为研究对象，对国家广告发展历史、发展现状进行梳理，并以美国政府广告为例，重点分析对内传播的国家广告。

国家广告概述

1. 国家广告的提出

19 世纪，随着报业、电影、广播、电视等媒体的发展，广告行业也正进入职业化、专业化；广告公司正在经历服务模式的职能转型，现代化的广告公司初现雏形，广告从传播现象逐步发展成为一种职业。这一时期，广告主要为商品服务，是企业发布信息、吸引消费者的手段。

随着加拿大这个移民国家的兴起，国家广告登上了历史的舞台。当时的加拿大迫切地希望吸引到更多的移民，于是将广告应用于国家的对外宣传。顾名思义，国家广告是国家作为广告主，以宣传国家为中心目的的广告。与商品广告不同，它的服务的对象不是普通而具体的消费品，而是具有一定抽象意义的国家的概念。全国科学技术名词审定委员会将"国家"定义为"具有国际公认而又有相对明确政治边界的某一国土区域。"[2]

这是国家的具体的、实体化的定义。"国家"同时具有一定的抽象意义，即"是一定范围内的人群所形成的共同体形式。国家政权是国家的具体化身，也是通常意义上对国家的理解。它是一种拥有治理一个社会的权力的机构，在一定的领土内拥有外部和内部的主权。"[3]

无论从国家的具体或抽象定义来看，不同国家之间都存在可区分的特点，这个特点将通过地理、民族或政体等各个方面体现出来。异质性的存在是国家可以成为广告主的前提条件。

到20世纪，两次世界大战为广告行业带来了新的历史机遇，国家广告随着战火得到了前所未有的发展，各参战国都将国家广告视为攻城陷阵的有力武器之一。与此同时，国家广告的问题也开始引起学术界人士的关注。两战时期，随着传播学理论的不断完善，集中出现了一系列有实用价值和理论价值的著作。

2. 国家广告的概念

目前为止，国家广告没有一个严格的定义。有学者将国家广告定义为："以塑造'国家品牌'为目的的广告。"他们认为，"国家广告实质是推广国家品牌的公关策略，这一策略的基本核心就是将国家视作一种商业品牌，在宣传中突出其与别国的不同之处，并在国际范围内加以推广。"[4]笔者认为，这个定义混淆了"国家广告"和"国家形象广告"，不能对国家广告做出全面的概括。

在探讨国家广告的概念之前，需要将国家形象广告做出定义。"国家形象广告是一种以国家或政府机构为主体，借助本国或他国媒体平台，传递国家理念、发布国家信息、塑造国家形象，为全体人民利益服务的一种特殊广告形式。它运用一般广告的传播模式，却代表国家人民与全世界对话。其成功与否关乎一个国家的国际影响力、国际交流的信任度、国际贸易声誉成本，以及国家核心竞争力。"[5]这个定义明确了，国家形象广告是"代表国家"与"全世界对话"。可见，国家形象广告的本质是对外传播，将本国形象通过广告这一形式在国际范围传播。

国家形象广告是国家广告的一部分，它体现了国家广告对外传播的功能。与此相对，国家广告同时具有对内传播功能，即政府作为广告主体，向国内人民宣传国家信息，以公益传播和政策宣传为主要目的。这一类的国家形象广告通常被称为公共服务广告或者政府广告。显然，以上对于"国家广告"的定义没有将这一部分的广告考虑进去。

广告定义有很多种，广泛使用的定义是："广告是由可识别的出资人通过各种媒介进行的有关产品（商品、服务和观点）的、有偿的、有组织的、综合的、劝服的非人员的信息传播活动。"[6]在这个定义中，包含了以下几个关键点，即（1）传播主体，可识别的出资人；（2）传播渠道：各种媒介；（3）传播目的，传播产品信息；（4）传播特点：有偿的、有组织的、综合的、劝服的；（5）传播属性：非人员的传播活动。

国家广告的共性是广告，个性是国家作为广告主的广告。由此，我们可以推论出国家广告概念的关键点分别为：（1）传播主体：国家广告的传播主体，即广告主是国家；（2）传播渠道：各种媒介；（3）传播目的：国家广告的产品是国家信息，目的是传播国家和政府；（4）传播特点：有偿的、有组织的、综合的、劝服的；（5）传播属性：非人员的传播活动。通过对关键点的分析，笔者将国家广告定义为：国家广告是由国家或者政府作为出资人，通过国内外各种媒介，面对国内外受众，对国家信息进行有偿的、有组织的、综合的、劝服的、非人员的信息传播活动，行使国家的对内传播和对外传播功能。

3. 国家广告的功能和属性

广告分为商业广告和非商业广告。商业广告是指广告主承担费用通过一定的媒介和形式直接或间接的介绍商品或服务的广告；非商业广告是指为了达到某种宣传的目的而做的广告，不获取盈利，如政治的、法律的、文化的广泛宣传，以及通知、公告、说明、启事等。[7]判断国家广告属于哪类广告，需要区分国家广告的传播功能。

就国家的角色而言，国家广告同时具有两种功能，即对内传播和对外传播。国家广告对内传播中，政府部门作为国家广告的广告主，对本国和外国受众进行宣传和沟通。对内传播在国家内部进行，以公共服务为主要目的，包括对政府服务工作的推广、对政策更改的宣传，以及社会营销活动，如反对吸烟和反对醉酒驾车的活动等等。[8]在这种传播功能下，国家广告是非商业广告，它不以盈利为目的，起到对国民的宣传教育的作用。国家广告的另一种功能是对外传播，广告向外国受众宣传国家，突出其在某方面的特型，树立良好的国家形象，例如文化、旅游、商业等。国家形象广告是国家广告对外传播类型的代表。严格意义上来说，这种情况下，国家广告是一种商业广告。国家通过广告向国外受众宣传自己，目的是获得更高的知名度、美誉度以及更多的商业合作机会。

4. 国家广告的特点

全球化时代，信息的泛滥影响到传播的有效性。这使得广告在国家传播信息中的作用凸显出来，越来越多的国家采用广告开展对内、对外传播。区别于以往的信息传播方式，广告主要具有以下特点：

（1）信息可控性。国家广告作为国家传播的形式之一，最大的特点在于其信息的可控性，这也是国家广告的最大优势。在广告被重点采用之前，新闻媒体承担着国家的传播重任。这种传播方式曾经非常有效，发挥了重要的宣传作用。然而随着网络的兴起，信息的多样化和无序性不断干扰着新闻内容。一方面，新闻作为一种严肃的、官方的传播方式，缺乏与受众的互动性，其传播效果已经大打折扣；另一方面，新闻的报道权力属于媒体，国家对于新闻的内容缺少控制性，这一点尤其体现在近期外国媒体对中国的歪曲报道上，给中国国家形象带来了严重的损伤。国家广告弥补了新闻报道的缺陷，它带着与生俱来的沟通思维，内容完全由广告主——国家来控制，使国家可以有针对性和计划性地进行信息传播。

（2）主动传播性。很长时间以来，新闻媒体是国家传播信息的工具。不难理解，各国媒体、各家媒体都会根据自己的某些目的和原因对同一新闻事件进行分重点的报道和评论。特别是在国际新闻事件中，各国媒体出于本国的政治和意识形态的考虑，甚至会出现事实偏颇和事实不符的报道和评论。而且，西方媒体一直打着所谓的民主和言论自由的旗号，凭借其长期的对传播资源和信息流向的控制，国际新闻事件的报道结果往往成为他们能够掌控并且能够预测的，往往能到达他们的报道目的和政治目的。在这一问题上，中国经常成为吃亏的一方，不得不被动采取应对措施。要改变这种状况，摆脱任由评说的被动境地，突破西方国家主导的国际舆论走向，我们只有积极地参与国际舆论的引导，掌握传播主动权。在这点上，国家广告可以弥补新闻媒体话语权缺失的不足。对外传播中，国家将信息通过广告发布，把被动应对改为主动传播和积极推广，将营销与广告的策略方法运用到国家形象的构建之中，为及时而准确的传播国家信息取得了先机，获得有利于国家发展的国际舆论和环境。

（3）组织传播性。“组织是一个结构秩序更为严密的社会结合体，有着更为明确的目标、制度、纪律，有着严格的分工和统一的指挥管理体系，因此，组织是为了人们高效率地完成分散的个人或松散的群体所不能承担的生产或社会活动而结成的协作体。”[9]国家就是这样一个结构秩序严密的组织体。“组织传播，就是以组织为主体的信息传播活动。”[10]其中，组织会开展有目的性和计划性的信息输出活动，扩大自身影响力。国家广告以国家作为传播主题，是国家组织信息输出的手段之一，因此，具有组织传播性的特点。

5. 国家作为广告主的必要性

基于以上所论述的国家广告的特点，可以认为，广告对于国家来讲是一种非常重要的传播手段。然而，目前为止，很多国家都没有意识到国家作为广告主的必要性。

从对外传播的角度来看，良好的国家形象是国家的一张名片，是一国走向世界的通行证，是“一个主权国家和民族在世界舞台上所展示的形状相貌及国际环境中的舆论反映”。[11]

国家广告对于国家形象的传播起到了重要的作用：在政治层面，国家广告有助于增强国际影响力，影响大国决策；在经济层面上，能够吸引投资和游客，促进出口，加速经济发展；在文化领域，可以通过国家广告凝聚国家精神与信仰，体现国家的价值观，实现文化的认同。

全球化时代，每个国家都需要对其品牌和形象进行管理和维护，这就意味着需要在品牌上进行投资，并且不断地对国家形象进行推广和宣传。这一任务只能由政府来完成。因为只有政府真正了解国家议程和发展动向，而且拥有能力和资源开展国家品牌的宣传活动。

从对内传播的角度来看，政府有义务对国民进行积极的、正面的教育，提升国民素质和修养。非政府组织在这一方面起到了一定的辅助作用，但是它们的宣传力量与国家无法相比，更重要的是，它们缺少国家所独有的威信力。对于政府来讲，积极地公共传播能为它赢得更多的支持者，而它们都是关键的利益相关者，例如 NGO 和商业团体等等。[12]

国家广告是一种具备可控性的运作方式，它持续影响公众态度，强化政府形象传播。

对于传播媒介来讲，国家广告也是一种可控性传播媒介，通过付费或者媒介捐赠的版面，获得大众传播媒介的使用权。因此，国家作为广告主可以控制广告宣传的内容和形式，可以根据信息内容和公众特征选择相应的传播媒介，确定播放时间、次数和版面，从而使其信息传播更具有针对性、持续性和有效性。

商品的品牌需要长久的投入才能在消费者心目中留下印记。同样的理由，国家广告也需要持续性的经营。在信息大量冗余的时代，分散的力量起不到太大的作用。因此，国家需要有专门的部门专门负责国家广告的实施。未来势必将有丰厚的回报。

国家广告历史发展和现状

6. 早期的国家广告

（1）最早的国家广告记录——加拿大移民广告

自 1867 年，加拿大成为独立的国家，加拿大政府就着手开始酝酿国家广告战役。其中，加拿大当时的内政部长功不可没。他主张通过广告向移民宣传加拿大是“理想公民的理想国家”。和现在的广告战役一样，这个广告基于移民的需求以及加拿大的特点进行了反复的调整，并且使用了多种媒体形式——“在集市上，充满了无数的传单和展示品。20 万张传单分发给了 1904 年参观圣路易斯世界博览会的人们；在英格兰，每年会播放 1000 次带有幻灯片的演讲；在伦敦的最高理事会，每个月都会有 1000 次的咨询；甚至在爱德华二世的加冕典礼上，加拿大赠送了价值 3 万 5 千美元的拱门，以此宣传移民国家的优势。”[13]

除此之外，广告还被刊登在一些重要的报纸上，图 1 和图 2 是其中的两幅广告。当时，加拿大政府赠送给定居者 160 英亩的土地，这成为了很好的广告“卖点”。美国和世界的报纸上都充满了加拿大的广告，文案上说加拿大是“有钱人的自由王国”（图 1）。另外，加拿大仔细地研究了每一个广告上的语句。例如，“冷”这个词会被“凉爽”和“令人舒爽（的天气）”等词取代。一时间，加拿大成为了世界的焦点。紧接着新的广告出现了，文案是“西部加拿大，理想黄金国”（图2）。这一广告试图解决潜在移民的困惑，例如说明西部加拿大很容易到达，而且在政府的保护之下，没有任何需要恐惧的地方云云。而且这里是一片十分富庶的土地等待移民的到来。[14]

（2）两战时期的国家广告

20 世纪，两次世界大战为广告行业带来了新的历史机遇，国家广告随着战火迅速升温。战争双方在战场上炮声隆隆的同时，在争取民心、瓦解敌方士气的宣传领域也开展了激烈的争夺。

美国于 1917 年参加战争，随即，国会批准成立官方宣传机构公共新闻委员会（Committee on Public Informa－tion，CPI），专门负责美国的战时宣传。CPI 专门设立了“公众推广视觉部”（Division of Pictorial Publicity）[15]，负责制作和管理广告。这些广告曾被广泛刊登在全国的报纸、期刊上，张贴在各国的大街小巷、营房、工厂车间等场所，所用广告位置的市场价值高达几百万美元。[16] CPI 甚至使用气球投递宣传品或者用炮弹壳夹带传单投掷到敌军阵营等方式。 另外， 美国出口商在国外的 650 个分支机构也将 CPI 的宣传资料在世界范围内推广。 据统计， 在 CPI 存在的一年半中， 共散发 1 亿多份宣传材料。[17]

二战爆发后， 广告仍是战时宣传的重要组成部分。 1942 年， 美国战争情报署 （Office of War Information） 组建了战争广告宣传委员会 （War Advertising Council）。 委员会精心筹划、 配合政府战时需要， 创作了多个系列的广告运动， 主题多种多样， 包括宣传战争公债、 战时信息保密、 号召妇女进入工厂等等。 据统计， 在第二次世界大战爆发后， 战时广告委员会创作发布广告主题超过 100 多个。 在 1942 至 1945 年间， 每年战时广告的投放折合市值一亿美元以上。 正是战时的需要、 政府的利用， 才使得战时广告委员会掀起了美国这场史无前例的、 规模巨大、 影响深远的系列广告运动。[18]

国家广告对战时经济的稳定起到了很大的作用。 面向国家内部传播的广告扮演着双重角色： 一方面， 广告唤起民众的爱国之情， 呼吁民众支持战争。 当时， 无论是国家还是企业制作的广告， 很多都会包含鼓励民众购买战争债券以支持战争的信息。 购买战争债券三广告委员会最为成功的广告之一， 这一广告从 1942 年开始， 截止到 1980 年， 在美国共售出了 350 亿美元的战争债券。 另一方面， 广告还起到稳定民心的作用。 两战时期， 很多生产消费品的工厂都改为生产军事用品， 因而消费品供应十分吃紧。 国家通过广告向民众保证， 在战争结束之后会满足人民对消费品的正常需求。 生产军事用品， 因而消费品供应十分吃紧。 国家通过广告向民众保证， 在战争结束之后会满足人民对消费品的正常需求。

参战国家在忙于战时宣传的同时，另一项重要的任务就是招募士兵。 长期的战争使西方各国的征兵市场成为了“卖方市场”，兵源短缺问题成为困扰西方各国的长期的军事主题。两战时期，铺天盖地的征兵广告对于保障军队充足的兵源发挥了重要作用。 感性诉求是征兵广告的主流旋律。 美国二战时期的征兵广告塑造士兵强壮和伟大的形象，号召人们加入军队，为自由和国家而战。 其中，最著名的美国征兵广告当属 1918 年以山姆大叔画像为背景的广告，广告上的山姆大叔用锐利的眼神注视着读者，说：“I want you for US army.（我要你参加美国军队。）”战争不可避免地会对社会环境和人民生活造成影响，对于参战国政府来讲，这是迫切需要解决的棘手问题。 在这种特殊的历史背景下，公益广告应运而生。

最早的公益广告出现在 20 世纪 40 年代， 催生它的契机是美国的经济危机。 为了解决萧条时期广告业的生存和发展问题， 1941 年 11 月美国广告协会和美国广告公司协会召开了联席会议， 会上， 美国著名广告人詹姆斯 · 扬提出了一个全新的广告理念—— “广告的使命在于促进公众之利益， 作为一种强有力的传播方式， 广告可以帮助重建人们对商业及其赖以生存的经济制度的尊重。”[19] 这是最早的关于公益广告的理念。 基于这个理念， 非赢利性的、 自愿的民间组织—— “新广告委员会” 宣告成立。

随着二战的爆发， 这一组织更名为前文中提到的 “战争广告宣传委员会”， 受到美国政府直接领导， 服务于战时宣传。 据统计， 在第二次世界大战爆发后， 战时广告文员会创作和发布广告主题超过 100 个； 在战争爆发后的两年内， 有三分之一的杂志广告是战时爱国公益广告。 在 1942 至 1945 年间， 每年公益广告的投放价值高达一亿美元以上。[20]这些公益广告在美国产生了巨大的影响。

当时， 由于爱国主义盛行， 一些商业意识敏锐的商家采取 “搭便车” 的方法， 利用宣传一些和战争有关的题材， 从而巧妙地传递商业信息。 例如新天堂铁路局赞助创作的 “4号上铺的兄弟” （见图 4 ） 等。 这类广告通常带有明确的企业标识， 是由企业出资购买媒体资源、 广告公司免费制作、 媒体发布完成的。 这是战时公益广告的一大特点： 既有国家作为广告主发布的公益广告， 也有暗含商业宣传的公关型公益广告。

战时宣传广告在一定程度上为民众谋求社会公共利益， 但是难以掩盖其强烈的政府宣传意图， 即为战争和战局服务， 具有其特有的历史局限性， 还不能够成为公益广告。 有学者将这种广告称为 “公共广告”， 并认为这是世界现代公共广告的发端。[21]

战后， 战争广告宣传委员会更名为广告委员会， 专门从事全国性公益广告的组织、 协调工作， 广告委员会主要靠广告业和媒体业赞助， 成为一家独立的、 非赢利性的民间组织。 几十年来， 广告委员会根据美国社会实际情况发动了众多有针对性的公益广告活动， 比如黑人大学联合基金会、 防止虐待儿童运动、 防止家庭暴力、 招募爱心教员、 防止艾滋病、 预防犯罪等等。[22]这些公益广告活动将在后文中有详细的论述。

值得注意的是， 针对国内民众的公益宣传只是战时广告的一部分内容， 战时广告还担负着对外宣传的任务， 意在软化对方士兵的斗志和信心。 交战对方的敌国军队和民众是战时广告的重要目标对象。 例如， 英国与德国之间开展了史无前例的色情宣传大战， 双方分别利用色情广告瓦解对方军队士气， 挑拨军队之间、 士兵与后方民众之间的关系。[23]

两战时期， 各国政府和学界都认识到宣传在战争中的作用巨大， 集中出现了一系列有实用价值和理论价值的著作， 其中， 哈罗德 · 拉斯维尔的影响最大， 他的博士论文 《世界大战中的宣传技巧》 在一战之后出版， 被认为是美国传播学开山之作。[24]作者认为宣传就是 “通过故事、 谣言、 报道、 图片以及社会传播的其他形式， 来控制意见”[25]的工具， 广告作为信息传播的载体形式， 在战时宣传中扮演着重要的角色。 两次世界大战对于广告的广泛应用， 为广告业的发展以及广告学的产生提供了重大的历史机遇。

7. 国家广告的现状

随着科技的发展， 世界变得扁平。 国家的发展离不开与世界的交流。 如何有效塑造和提升国家形象， 是所有国家都非常重视的课题之一。 这一时期， 相对于对内传播的国家广告， 对外传播功能得到了前所未有的重视和发展。 一些发展中国家首开先河， 在外国媒体上刊登广告， 宣传本国文化， 树立良好的国家形象， 同时表达了招商引资的发展愿望。

上世纪 50 年代末 60 年代初， 美国著名广告人大卫 · 奥格威为波多黎各创作了一系列广告。 其中一则广告的主要目标是帮助波多黎各招商引资， 同时塑造波多黎各的新形象。 广告大标题是：“现在波多黎各为新工业提供百分之百的免税。”广告中还说，波多黎各有丰富的高素质劳动力，有宜人的气候等多个吸引人的特点。这则广告相当的成功，波多黎各在美国人心中的形象从一个肮脏落后的国家转变成了一个乐园般的新兴工业国。[26]

全球化时代，国家为了获得更好的发展环境，必须及时了解他国环境的动向和变化，并持续不断地向他国传递自身的动向以及变化，这是对外传播的题中之义。“许多国家在处理国际关系时，大多摒弃了以意识形态划界的传统做法，而纷纷采取企业化策略。因此，在推广国家形象方面，自然就会越来越多地采取类似企业推广产品的办法。”[27]这种企业推广产品的方法就是国家形象广告。美国的广告业发展十分成熟，并且拥有较长的对内传播广告的历史，因此，本文将选取美国政府广告作为国家形象广告对内传播的研究案例，进一步挖掘国家广告的运作流程和产业链条。

8. 对内传播的国家广告

每个国家都有特殊的政治和历史背景，这种背景会对国家行为产生方方面面的影响。国家广告的广告主是国家，属于国家行为的一种，因此不难理解，国家广告在不同的国家的表现各异，存在特殊的国家广告类型。中国的宣传标语就是一个典型的例子。

从世界范围来看，国家广告的类型也具有一定的共通性。总体来讲，仍然可以根据国家广告的传播功能将国家广告进行分类。对外传播的国家广告主要存在旅游广告、特殊事件广告和国家形象广告，对于这些广告的研究已经较为丰富，因此将不作为本文研究的重点；对内传播的国家广告主要有征兵广告和公共服务广告，这两类广告在美国得到了很好的发展，本文将美国国家广告作为重点研究案例，试图探析美国国家广告流程和模式，这将成为中国国家广告发展的良好借鉴。

在国家内部进行的国家广告行使对内传播的功能。在这一情况下，国家广告的受众是本国国民，广告主是政府。显而易见，这两者之间的关系与对外传播情况下，国家与外国受众的关系有巨大的不同。政府与本国国民之间互相制约，一方面，国民通过选举产生政府，并且向政府缴纳税金，而国家广告的来源就是税收；另一方面，政府对国家行为具有决定权力和行使权力。因而，对内传播的国家广告又被称为“政府广告”，起到公共传播的作用，是政府和国民之间沟通的桥梁。

本文对于政府广告的研究将选取美国政府作为案例。首先，美国政府是世界最大的国家广告主。2010 年广告花费高达 9. 4 亿美元。[28]第二，自一战中的美国创办 CPI 的“公众推广视觉部”，全面开展战时国家广告战役，美国的国家广告历史已经将近 100 年。政府广告以税收为资金来源，因其价格高而且较难衡量效果而受到广泛的质疑，然而十年来，美国政府每年的广告花费仍然呈现出总体上扬的趋势。如图 5 和图 6 所示，2000 年美国政府的广告花费已达到 6. 1 亿美元，而 2010 年的广告话费高于 10 年前的 2000 年 3. 3 亿美元，2004 年则高出 2000 年 7. 1 亿美元，2007 年广告方面的花费占到政府总花费的 0. 54%。[29]

第三，美国的广告业发展十分成熟。全球最大的6个传播集团[30]中，排名第一的奥姆尼康集团和Interpublic集团都是美国本土的。综上几个原因，美国政府广告是值得研究的案例。

（1）2000年至2010年美国政府广告花费分析。政府广告就像一面镜子，映照出社会的变革。回顾10年间美国政府广告的历史，就是美国社会10年重大事件的缩影。

2000年至2010年，对于美国来讲是不太平的十年。这十年间美国以世界警察的身份和恐怖主义分子结下深仇大恨。2001年，美国经历了“9·11”恐怖袭击事件，所有警备由此升级。

“9·11”事件后，广告委员会迅速行动，组织了近期影响力最大的广告活动——“我是一个美国人（I am an America）”。这一活动开展于“9·11”事件之后，帮助美国人从恐惧和悲伤中解脱出来。广告的画面由许多普通的美国人组成，他们有着不同的年龄、种族和宗教信仰，然而他们都骄傲地说：“我是一个美国人”。在广告的最后，画外音是拉丁语的“许多美国人中的一个”。广告试图传递的信息是，即使我们来自民族、拥有不同信仰，但我们都有同一个祖国。同时，广告委员会还找到美国第一夫人——劳拉·布什，通过广告的形式鼓励家长安慰孩子。而这一切活动的准备过程不超过10天。期间，广告委员会共收到媒体赞助2900万美元。

2003年，美国因怀疑伊拉克拥有大规模杀伤性武器而发动了与伊拉克之间的战争，这场战争直到2010年8月美国从伊拉克撤出全部战斗部队才宣告结束，历经7年零5个月。这期间，因这场战争而产生了许多严重事件，如虐囚门、美军滥杀平民事件等，时刻威胁美国安全。这些问题体现到美国政府的广告花费上来，我们就不难奇怪，除了2004年以外，美国国防部的广告花费十年来都是美国政府部门中最高的（如图8）。国防部（DOD）是美国武装部队的最高领率机关，负责军队人事与行政管理、部队组建、战备训练、兵役动员、武器装备研制与采购以及后勤保障等，保证国家和美国人民的安全。[31]图9显示出，除了2000和2004年，美国国防部的广告的比重都超过了50%。在2002年，也就是伊拉克战争开始的第二年，这个数字甚至达到了95%。

2004年，财政部的广告花费超越了国防部，占到了政府广告花费的51%。财政部（DOT）的使命是维护经济运行的稳定发展以及创造充足的就业机会。处理美国联邦的财政事务、征税、发行债券、偿付债务、监督通货发行，制定和建议有关经济、财政、税务及国库收入的政策，进行国际财务交易。[32]美国官方网站显示，最大的一笔广告费用出自财政部下属的国债局，金额高达6.3亿美元。这一笔广告支出在美国政府总体广告支出的增长率上也出现了较为明显的反映。如图5所示，2004年的广告支出为13亿美元，比2003年增长了1.56倍多。

2008年9月，美国国债已超过10万亿美元大关。从美国国债的历史来看，战争是促使国债急剧增长的主要原因。美国历史上的三次大规模国债增长时期非别是美国南北战争时期和两次世界大战时期。这一次国债局大规模投放广告，想必和美伊战争息息相关。由于这笔花费的具体广告项目无从可查，作者只能根据历史情况作出推测。

同样受战争影响，从2006年起，退伍军人事务部（VA）的广告花费进入了美国政府广告花费部门的前三名。美国退伍军人事务部（United States Department of Veterans Affairs，VA）是为美国退伍军人及家属提供服务的内阁部门。美国退伍军人事务部具体为服务对象提供伤残赔偿金、养老金、教育、住房贷款、人寿保险、职业康复、遗属福利、医疗福利和安葬等权益及服务。

2000至2010年，退伍军人的数量在逐渐减少，但是对于他们的支出却只增不减。如图12所示，2010年，退伍军人事务部服务的退伍士兵人数高达2270万，然而，总体花费却高达近1千亿美元。看来，广告支出仅是其中的很小一部分。

除了以上所提及的政府部门之外，司法部、内政部和商务部也是美国政府广告花费的主要部门。这些部门开展的广告战役都以公共服务为主要目的，几年来，这些公共服务广告活动都取得了较大反响。

例如，2003年，由美国药品管制部门与广告委员会合作完成了“预防社区毒品”的广告活动，这一活动成功地引导人们通过活动的网站参与热线讨论。广告委员会的研究表明，61%的参与者通过广告（电视广告、广播广告、网络广告以及户外广告）知道活动的网站；38%通过网站寻找当地社区的联盟信息，其中35%加入了当地的社区联盟。在后续的调查中，76%接到广告信息的人做出了行动：他们中55%参与了联盟的活动，9%说服别人参与联盟，9%对社区联盟进行捐助。广告活动还为社区联盟招募了许多新的志愿者，占到现有志愿者比例的84%。[34]

另外，竞选广告是政府广告中很重要的组成部分，也是与政治联系最为紧密的广告类型。需要特别指出的是，这里所说的竞选广告是一种公共服务广告，区别于政治广告中的竞选广告，这二者的区别主要有两点：第一，广告主不同。竞选广告的广告主是政府；而政治广告的广告主是参与竞选的政党。当然，政府有可能也是参与竞选的政党，但是作为竞选广告的广告主，要求政府保持中立，不能偏向任何的政治立场。第二，目的不同。竞选广告的目的是通知并提醒公民关于竞选中的权利和义务；而政治广告的目的是宣传政党的政治观点，帮助其参选人获得竞选胜利。

然而多项研究表明，在实际中，以上两种竞选广告的分界十分模糊。Richard Grant曾对澳大利亚1991－2003年的竞选广告进行研究。研究发现，在竞选开始之前，政府广告的花费通常会有明显的上升。例如Keating政府在1993年竞选之前花费了30万美元开展关于国民医药权利的广告战役，而在1996年大选的前三个月，该政府在广告上花费了90万美元。[35]

这一问题在美国的政府广告中同样存在。David Pesci对2010年美国联邦州长竞选做了研究。研究表明，截止2010年10月20日，美国参议院在议会和州长选举中广告支出就高达10亿美元。其中，大约有6.2亿美元的花费是自9月1日至10月20日间的，而且，有2.5万美元是在10月20日过去的两周内花费出的。这意味着，这两周内的花费超过了前

9 个半月的花费。 2008 年此时的花费是 1.6 亿美元， 于此相比， 2010 年的花费 3.1 亿美元已经接近当时的 2 倍。[36]

一旦政府广告中出现具有正当偏向性的广告， 政府广告就成为了政治广告的延伸。 当政者相对于竞争对手而言具有相当大的优势。 不言而喻， 控制着政府的政党对于媒体和利益集团的影响力更大。 这样做的另一个后果是， 政府广告将变得不可信， 人们会对此感到厌烦， 因为政府广告是对公共财政的浪费。 因此， 竞选中的政府广告广泛地受到质疑。[37]

2008 年底， 金融危机爆发。 广告业是经济运行的晴雨表。 从图 5 可以明显看出， 金融危机对美国政府广告也产生了较大的冲击。 2008 年之后， 美国政府广告的交易数量有了较大的跌幅。 2009 年的广告交易量比 2008 年减少了 43%。 从政府广告花费来看， 也许由于广告项目合同签订延迟的原因， 2009 年仍然有小幅上涨， 然而， 广告花费最终在 2010 年降低了 2000 多万美元。

（2） 美国政府广告的运作机制。 美国广告委员会 （Advertising Council）， 是美国的非盈利性的组织， 它代表赞助单位进行公共服务的宣传， 这些赞助单位包括非盈利组织以及美国政府机构等。

二战时期， 美国政府将广告委员会变更为战时宣传服务的 “战时广告委员会”， 并将之置于战时新闻办公室下。 广告委员会成员会同来自美国各地抽选来的各路精英， 按照战时需要制定一系列的广告主题； 媒体配合政府宣传， 捐献广告版面或者时段。 据统计， 仅美国战时动员购买债券这一广告活动中， 企业就捐献了 3.5 亿美元的广告时段或版面。 其实， 这种媒体捐献版面的现象很大程度上也是因为有法律规定其必须履行此义务。 比如， 根据美国 1927 年颁布的 《联邦广播法》， 作为免费使用广播资源的回报。 广播业有义务为 “公众利益、 便利和需要” 服务。 因此， 这种资源回馈就不足为奇了。[38]

第二次世界大战结束后， 战时广告委员会更名为广告委员会。 逐步转型为一个独立的、 非赢利性的民间组织。 其运作原则也愈加体现出广告委员会的理念： 独立而不接受政府资助； 从事全国性的而非地区性的； 非宗教性的， 非特殊性利益的宣传； 保持无党派和非政治性； 各项运作建立在志愿基础上； 不接受不适宜广告的项目； 除了公共利益超越商业利益， 不接受带有商业利益的项目。[39]广告主题也开始由战争转为社会性的公共话题， 例如儿童保护问题、 健康问题、 教育、 社区关系和环境保护等。 几十年以来， 广告委员会已经获得很高的社会赞誉和信任度。 每年， 都有很多非赢利性机构、 政府部门和其他社会组织申报赞助特定广告主题。

广告委员会是公益性的组织， 资金来源于社会赞助， 赞助方包括企业、 组织和个人。 广告委员会每年将在网站上公开向这些捐献者致谢。 2009 -2010 年共有 212 家组织捐献金额在 1000 美元以上， 其中 7 家企业捐献金额超过 15 万美元， 它们分别是可口可乐、 谷歌、 强生、 百事、 宝洁、 时代华纳和雅虎。[40]

广告委员会一般不单独进行公共服务广告 （Public Service Advertising）， 而是在广告运作的过程中起到协调和发布的职能。广告委员会接受赞助机构的广告申请，这些广告的主题必须关于特定的社会问题，而这一问题必须是与党派无关，至少是没有倾向性的，并且要与社会问题紧密相关。广告委员会通过投票筛选最后确定广告主题，并联合广告公司的志愿者们创作主题公益广告；最后，广告委员会将利用媒体捐赠的广告版面和时段进行公益广告投放，从而完成整个公益广告活动。

广告委员会的每个广告活动都会产生一个联盟团体，这个团体由广告人员、媒体、非盈利组织、基金会和政府部门组成，这个团体将主要负责这个广告活动的运作，同时将在他们各自的市场活动资料中，如广告、网站、邮件等，加入关于广告委员会广告活动的信息和内容。

同时，广告委员会对于开展的每项广告活动，都会进行广泛的调查和研究，以保证每项广告活动都是有效的。

2003 年，国土安全部与广告委员会共同开展了名为“为紧急情况做好准备（Emergency Preparedness）”的广告活动，意在教育人们通过政府热线电话或者政府网 Ready. com 了解如何应对身边的紧急情况。广告活动前的调查显示，91% 的美国公民认为对紧急情况保持警惕是非常重要的，但是几乎没有人会去做任何准备。这一广告活动共得到超过 6. 12 亿美元的赞助。广告活动吸引了超过 2700 万用户浏览政府网站 Ready. com，点击率高达 21 亿。2007 年 8 月的调查显示，56% 的民众熟悉这一广告活动。

（3）美国政府广告特点。

公益性。政府广告的对内传播功能履行了政府进行公共传播的义务。政府广告的资金来源是税收，纳税人，同时也是政府广告的受众，成为是政府广告的监督者，他们不允许政府广告中出现非公益性的广告。这从根本上决定了政府广告的公益性质。需要特别指出的是，公益性是所有政府广告应有的特点，并不为美国政府广告所特有，然而美国政府广告的公益性从运作体制上具有一定特殊之处。在前文中提到，美国政府广告的运作通过美国广告委员会来完成。委员会作为独立的第三方，代表赞助单位进行公共服务的宣传，宣传的主题只能是公益性质的关于特定的社会问题。这就从体制上进一步规定了美国政府广告的公益性。因此，这两层原因决定了美国政府广告的公益性质。

持续性。自美国广告委员会成立之日起，美国政府就通过它在国家社会生活的不同侧面开展广泛的广告活动。这些活动都具有一定程度的持续性。很多广告活动甚至从委员会成立之初一直持续到现在，每一年都针对这同一个主题开展活动，既延续了主题又进行了创新。例如，黑人大学联合基金的活动开展于 1972 年，活动的主题是“智力的浪费是件可怕的事情（A Mind is a Terrible Thing to Waste）”。到今天为止，这个活动已经募集到超过 22 亿美元的资金，资助超过 35 万少数民族学生完成大学学业。作者认为，这一性质对于美国政府广告的成功具有决定性的意义。不可否认的是，观念的形成和改变都不会是一蹴而就的，需要长期的、持续的公共宣传的努力才能在人们心中形成观念，推动积极的行为产生。美国政府的持续性广告活动在推动美国社会发展上起到了重要的作用。 这对于所有国家的政府广告都是一个积极的启示。

组织化。 美国广告委员会， 作为一个独立的公益的第三方广告机构， 存在于美国政府广告的运作机制中。 这是美国政府广告的最大特点。 美国广告委员会实际上成为了美国政府的广告的运作中心。 正如前文论述的， 围绕广告委员会这个中心， 每一个广告活动都会产生一个联盟团体， 这个团体由广告人员、 媒体、 非盈利组织、 基金会和政府部门组成， 主要负责这个广告活动的运作， 并对广告活动负责。 在这种机制下， 广告活动有相对固定的团队实施和维护， 保证了广告活动的高效性和持续性。

新媒体化。 从资料上来看， 电视媒体和平面媒体是国家广告最常用的媒体。 无可非议的是， 这两种媒体都具有较高的权威， 在公众中具有一定的公信力。 例如美国的 CNN、 华盛顿邮报等。 传统媒体的这种权威性质正契合了国家作为广告主的地位。 前文中谈到的很多国家广告的例子都是传统媒体广告， 如旅游广告、 外交广告以及国家形象广告等。 随着新媒体的发展， 人们的媒体接触方式发生了巨大的变化， 网络成为了美国新一代最常接触的媒体。 美国政府及时调整广告媒体的选择， 加大在新媒体上的广告投放力度， 而且新媒体在美国政府广告中扮演着越来越重要的传播角色。 2000 年起， 广告委员会和美国军方共同开展了互动广告活动——给年轻人一个老实上学的 “助力”， 活动希望能够推动更多的学生完成高中学业， 降低高中辍学率。 2007 年， 他们联合了社交网站 My Space 和 Facebook， 以及视频分享网站 Youtube 和移动社区， 继续开展这项活动。 这些新媒体建立虚拟社区， 鼓励年轻人完成高中学业， 其中所有的互动项目都将链接到活动的网站 www. boostup. org。

结语

综上所述， 国家广告目前在全球经济一体化的格局中扮演着重要的角色， 也正在随着传播环境的变化而不断完成着自身的发展、 建构与超越。 相对于世界各国对于国家形象传播的重视， 应该说学术界对于国家广告的理论与实务的研究都还是有所滞后的。 本文的研究， 也还仅仅是一个开端， 目的是唤起广大广告学人对于这一新生的广告形态的深入阐释和研究， 以期在中国国家形象传播的实务中充分发挥其全部价值。

[1] 托马斯 · 克伦威尔是东西方传播公司的总裁， 他被认为是世界顶级的国家品牌专家。 东西方传播公司位于美国华盛顿， 是世界旅游组

织新闻与传播部门的广告代理。

[2]国家，百度百科，http：//baike. baidu. com/view/8426. htm

[3]国家，百度百科，http：//baike. baidu. com/view/8426. htm

[4]国家广告，百度百科，http：//baike. baidu. com/view/3038452. htm

[5]何辉等，《国家形象 匹夫有责》，http：//finance. sina. com. cn/g/20071209/01154267289. shtml.

[6][美]威廉·阿伦斯著，丁俊杰等译，《当代广告学》，北京：中国人民大学出版社，2008 年，第 4 页

[7]非商业性广告，百度百科，http：//baike. baidu. com/view/2080312. htm

[8]Gayle Kerr，Kim Johnston and Amanda Beatson，A framework of Corporate Social Responsibility for advertising

accountability：The case of Australian government advertising campaign，Journal of Marketing Communications，Vol. 14，No. 2，April

2008，155 –169

[9]郭庆光，《传播学教程》，北京：中国人民大学出版社，2005 年，第 100 页

[10]郭庆光，《传播学教程》，北京：中国人民大学出版社，2005 年，第 101 页

[11]李寿涛，《国际关系与中国外交——大众传播独特的风景线》，北京广播学院出版社，1999 年，第 305 –307 页

[12]Thomas Cromwell，Savas Kyriacou，Why nation branding is important fortourism，Travel Daily News，Tuesday，December 06，2005，http：//www. traveldailynews. com/pages/show –page/20382 –Why –nation –branding –is –important –for –tourism

[13]Berton，P.（1984），The Promised Land：Settling the West 1896 –1914，McClelland & Stewart，Toronto，p. 19.

[14]33. Jonathan Rose，Government advertising and the creation of national myths：The Canadian case，International Journal of

Nonprot and Voluntary Sector Marketing，Volume 8 Number 2，20th January，2003

[15]文春英，《外国广告发展史》，北京：中国传媒大学出版社，2006 年，第 134 页

（编者注：以下文献简略）

（二）韩国旅游电视广告中的国家形象的变迁与原因

作者：汤孝锦

广告是对某种产品或服务的推广，旨在鼓励人们购买或使用所推荐的产品或服务。但是在旅游广告中，尤其是某个国家的电视旅游广告中，其推广的既不是单纯的产品或服务，而是体验式的产品和服务的综合体。在这个过程中，广告给人们头脑中留下的是关于这个国家的整体“印象”。本研究通过研究在韩国旅游电视广告中的国家形象的剖析，探讨如何才能成功地在旅游电视广告中树立良好的国家形象。

一、研究背景

（一）国家形象

在全球化的时代，一国的国家形象对其内政外交和经济发展都起到至关重要的作用。那么究竟什么是国家形象从新闻报道的角度看，国家形象是一个国家在国际新闻流动中所形成

的形象，或者说是一国在他国新闻媒介的新闻言论报道中所呈现的形象。成都科技大学管文虎教授等认为“国家形象是一个综合体，它是国家的外部公众和内部公众对国家本身、国家行为、国家的各项活动及其成果所给予的总的评价和认定。国家形象具有极大的影响力、凝聚力，是一个国家的整体实力的体现”。北京广播学院李寿源教授认为国家形象是“一个主权国家和民族在世界舞台上所展示的形状相貌及国际环境中的舆论反映”。虽然各位学者在“国家形象”概念界定时其出发的角度不同，但都注重了国家以外的公众对其形象的反映和评价。由于本研究是从电视广告这一大众传播方式出发来看国家形象的塑造，那么从国家形象与大众传播层面上，国家形象可以定义为：一个主权国家系统运动过程中发出的信息被公众映像后在特定条件下通过特定媒介的输出。在本研究中我们主要分析一国的国家形象在外部公众中形成的映像的输出。在塑造人们头脑中的一国形象时，大众媒体发挥了非常重要的作用。

需要说明的是，在国外学者的研究中，基于市场营销理论发展而来的“国家品牌”的内涵基本与国内学者所说的国家形象的内涵相重叠。因此在本研究中将利用这种塑造“国家品牌”的理论来分析国家形象的塑造。

（二）旅游电视广告

旅游是人们有游览目的非定居性旅行和暂时停留中进行的物质和精神生活的总和。由于旅游是一种体验式的商品和服务，因此对消费者的吸引主要是通过旅游广告来进行的。在各式各样的旅游广告中，电视旅游广告因为可以利用声音、图像、色彩和动感“身临其境”地表现出旅游目的地的特色，因此是旅游广告中最具影响力的形式。同时，将一个国家作为诉求对象的旅游电视广告通常综合地反映了一个国家的人民精神面貌、经济发展状况、历史文化特色和地理资源。这些广告在国外播出时，不仅能够吸引国外的游客，同时也影响了国外的公众对该国形象的认知、态度和行为。

（三）理论分析框架

本研究关于国家形象塑造的理论主要来自 Fiona Gil－more 在《国家——是否可以重新定位》一文中所使用的国家品牌塑造理论框架。

Fiona 认为国家品牌的塑造要基于以下几条原则：第一，国家品牌的定位必须植根于国家的现实，通过细化地阐述而不是夸大来建立国家形象；第二，在塑造国家品牌时必须综合运用各种一个国家的物质和精神财富作为对外沟通的“传播资本”；第三，国家的品牌定位必须要与其竞争对手尽可能的区分开来，建立竞争的屏障从而使对手难以超越。

在构建国家品牌时则根据一个分为三层次的理论构建框架来分步进行，如图 1 所示。

框架的核心也就是塑造国家品牌的第一步是要找出该国人民的精神所在，用高度精炼的词汇加以概况，此后国家品牌的定位和塑造都要围绕此精神进行。在该框架的第二层，要根据该国人民精神的精髓，综合考虑国家的经济政治和文化背景、核心竞争力、品牌传播的目标受众及竞争对手的情况给出该国品牌的具体定位。如定位于金融中心、旅游胜地还是投资热点。在框架的第三层，则是要根据该国的定位和针对不同的传播对象发展出特定的信息以达到影响传播对象的目的，在其头脑中塑造起所期望的“国家形象”。

二、韩国旅游电视广告个案分析

本研究搜集了韩国从1999年到2004年的旅游电视广告（2003年未能搜集到），通过对这些广告的广告主题语和图景的分析，看韩国国家形象的变迁并分析其原因。

1999年韩国旅游电视广告的主题是“来与新的韩国相遇”。在片中，通过“现代摩天高楼”与“传统宫殿建筑”；“现代舞蹈”与“传统歌舞器乐表演”；“现代运动装束”与“传统服装”的对比与切换突出韩国从“传统”走向“现代”的主题。广告的最后是异当时的韩国总统金大中说“韩国正在改变，来与新的韩国相遇”结束并突出主题。在这个广告中，韩国的形象强调“变”与“新”。此外，不断通过给各种人物的笑容的特写，显示出韩国人热情、友善和对未来充满信心的精神状态。

2000年韩国旅游电视广告的主题是“令人耳目一新的韩国”。广告主要通过“过山车”、“高科技的视频系统”、“高档的百货商场”等等具有现代气息的符号来表现韩国已经成为一个现代化的国家，同时，通过“在湍流中漂流”、“从高山上滑雪”等动感画面表现出人民积极“进取”的精神面貌。

2001年韩国旅游电视广告的主题与2000年相同，但是其表现侧面则有所转移。广告主要表现了韩国的自然风光以及人们乐在其中的景象。

2002年韩国旅游电视广告的主题是“5000年的回声”。广告通过表现人们敲击传统的钟、鼓、木鱼，合着传统的音乐起舞，切韩国泡菜，烧烤韩国各色特色食物的图景和声音，表现出韩国具有深厚久远的历史传统文化，以此来吸引受众。

2004年韩国专门拍摄了针对中国的旅游广告，广告主题为“开心胜地，好客邻邦”。广告片以一位韩国女明星游览兵马俑开头，兵马俑被这位女明星所吸引，“复活”了。这位女明星手持一个水晶球，从这个水晶球里可以看到韩国的种种图景——热闹有趣的大型娱乐场、传统的歌舞、激情四溢的歌手演唱会、热血沸腾的足球比赛、诱人的各色美食、优雅的时装表演等等。最后，复活的兵马俑受到吸引，与女明星一起去到韩国“观光”。

通过这系列的广告，我们可以看到韩国国家形象的变化，即从1999年开始，韩国力图摆脱原来封闭、保守、传统的形象，展示出韩国在向西方的现代物质文明靠近，求新求变的“新”国家形象。到2002年，韩国的国家形象又从追求现代物质文明走向对传统文化的展示，尽量显示出与西方物质文明的区别，突出自己的特色。到2004年，韩国则表现出现代与传统相结合，充满活力和欢乐的国家形象。

那么这些转变的背后的原因何在呢！从韩国的经济发展过程中，我们可以看到，1997年下半年开始，韩国卷入了亚洲经济风暴。这场席卷了整个亚洲市场的危机威胁到了韩国所取得的卓越的经济成就。但是，由于忠实地履行了与国际货币基金组织所达成的协议，由于韩国政府坚强的改革决心，以及由于韩国就外债调整问题同债权银行进行了成功的协商，韩国从1999年开始重新回到了经济增长的轨道。

因此我们可以看到，99年韩国的旅游电视广告正好反映了韩国力求摆脱过去“阴影”，向未来发展的国家现实状况。此后，韩国的经济一直持续回升，到2002年，韩国的国民总收入达到4，770亿美元，人均国民收入达到10，013美元，经济状况又回到了经济危机前的水平。于是从2002年开始，韩国恢复了经济发展的信心，同时也对自己特有的文化和传统重新认识，通过发扬自己的特色文化来树立与众不同的国家形象，不再一味地追求西式的“现代”感。

在整个系列的广告中，韩国人民的核心精神——进取、坚强、和善是始终如一，贯穿一致的。无论是从图像还是富有激情的音乐节奏都综合地体现了韩国人民的精神内核。

从2004年开始，韩国的旅游电视广告开始为不同地区有针对性地设计，分别拍摄了中国篇、日本篇和东南亚篇。在中国篇中，不但用了兵马俑这样富有象征意义的中国文化古迹，还利用在中国有知名度的男女影视明星，非常巧妙地使用了韩国的“精神财富”，“文化财富”去打动受众。而在针对日本的广告中，则请了日本的著名女明星来担任主角。

从韩国的系列广告中，受众可以清晰地感受到一个既有深厚历史文化传统，又充满了活力和现代气息的“国家形象”，旅游电视广告不仅仅成为韩国旅游业的推广，也同时向世界展示了韩国的精神与面貌。这些广告的成功之处就在于：第一，立足于人民的精神内核；第二，根据国家发展的现实状况设计广告的主题；第三，针对不同的受众运用本国的物质和精神资源去塑造国家的形象。

参考文献：

[1] Philip Kotler and David Gertner 2002. Country as brand, product, and beyond: A place marketing and brand management per - spective. Journal of Brand Management; Apr 2002; 9, 4 /5.

[2] Finona Gilmore, 2001. A country—can it be repositioned? Spain—the success story of country branding. Journal of Brand Management, Apr 2002; 9, 4 /5.

[3] Nicolas Papadopoulos; Louise Heslop. Country equity and country branding: Problems and prospects, Journal of Brand Management, Apr 2002; 9, 4 /5.

[4] 张毓强．国家形象刍议．新视界．现代传播．双月刊2002年第2期（总第115期）.

[5] 刘小燕．关于传媒塑造国家形象的思考．国际新闻界．2002.（2）.

[6] 孙有中．国家形象的内涵及其功能．国际论坛．2002年5月第4卷第3期.

[7] 郭贤智：旅游广告媒体及其对旅游的影响．赣南师范学院学报．1998.（6）.

[8] 李寿源主编．国际关系与中国外交——大众传播的独特风景线．北京广播学院出版社．1999.

（三） 美国如何塑造国家形象

作者： 龚小夏

美国政府不能不羡慕中国： 在胡锦涛访美期间以及随之而来的几个星期里， 中国在美国打造了中国的国家形象广告片。 纽约时代广场上每四分钟滚动播放一次的广告片， 列出了中国各个方面的名人， 色彩与节奏可以称得上是美轮美奂。 CNN 也开始了重复播出这部广告片， 而另外的一部很长的版本开始在互联网上流传， 并将在各地的招待会上播放。 这部片子看来是专门为美国人所制作的， 不仅解说词用的是美式英语， 而且里面的各种遣词造句也与美国人的观念所符合。 尤其是 “自由”、 “民主”、 “多元文化” 这些概念的运用， 都在试图给人留下一个现代化、 民主化的中国的形象。

反观之， 纽约的麦迪逊大街虽然是世界广告业的中心， 但是美国人却偏偏不知道如何给自己的国家做广告。 在 2003 年的伊拉克战争之后， 布什政府拨款每年十亿美元在世界上去改善美国形象， 但收效甚微。 美国审计署的调查报告批评说， 由国务院的公共外交办公室主持的改善形象的努力杂乱而没有章法， 甚至根本没有对其效果的评估机制。 而且在一些国家特别是中东地区里， 美国人越是作出各种友好的努力， 在当地人中引起的反感似乎就越多。

不是他们不用功， 也不是他们脑子笨， 实在是因为一本正经地做大一统式的政治宣传太不符合美国人的性格了。

美国政府第一次觉得需要做点形象宣传， 是在第一次世界大战期间。 在战争进行了快三年的时候， 美国在 1917 年 4 月正式参战。 伍德罗 · 威尔逊政府匆匆忙忙地成立了一个 “公共信息委员会”， 负责战时的宣传工作。 由于过去完全没有经验， 政府招募了一批记者， 其中包括 《纽约时报》 著名的专栏作家沃尔特 · 李普曼， 该委员会则由资深报人乔治 · 克里尔来领导。 委员会提出的宣传口径是 “让民主有一个安全的世界”。

不过， 虽然那是一场世界大战， 美国的宣传工作却主要针对的是本国人民。 孤立主义是当年主宰华盛顿对外政策的主要思潮。 绝大部分的美国人是来自欧洲的移民及其后代， 他们不认为有回欧洲打仗的必要。 因此， 政府在印制了大量宣传品的同时， 还找了 75000 名被称作 “四分钟人” 的志愿者 （美国独立战争中的民兵号称 “一分钟人”）， 利用各种公共或者社交场合作四分钟讲话， 宣传参战的重要性。 这些人在一年多里面平均每人讲话 100 场， 为政府的征兵动员以及战争公债推销作出了重要的贡献。

有意思的是， 公共信息委员会在国外的工作， 却不是在硝烟弥漫的欧洲， 而是在相对平静的拉美。 根据门罗主义—— “美洲是美洲人的美洲” ——的传统， 当时美国最关心的是欧洲的战火不要烧到自己的后院。 委员会在那里设立了几个英文学校， 送出去了一批关于美国的书籍， 并且将 20 位墨西哥记者请到美国走了一圈。 这大约就是当时的公共外交工作的主要内容。

一次大战结束之后，美国立即又回到了孤立主义状态。威尔逊总统在1919年8月解散了这个委员会，而美国的国家公关要到二次大战之后才重新大规模地开展。

在希特勒德国在欧洲的战事开始之后，美国虽然还没有参战，但罗斯福政府已经看到了对外宣传的重要性。1940年，国家开始投入资源，对拉丁美洲进行短波广播，以对抗法西斯德国的宣传。这就是后来“美国之音”的前身。1941年12月珍珠港事件爆发，两个月后，美国对德国的广播正式开始。英美两个盟国的国家电台——英国广播公司与美国之音——通力合作，到战争后期，广播的语种达到了40个，遍及欧洲、亚洲、非洲、拉美。除了播出时事新闻节目之外，美国之音的主要任务就是在世界上树立美国的国家形象。

二次大战结束之后，美国之音转到了国务院的属下。在美苏两大阵营的对抗之中，俄语成为最重要的广播语种。1953年，艾森豪威尔总统下令成立美国新闻总署，统筹管理所有的对外宣传事务。政府的文件上指明，新闻总署的使命是“为了推进国家利益而理解、知会、影响外国公众，并扩展美国人以及美国的机构与外国同类的对话”。

在上世纪50－80年代，美国之音成为世界上最著名的广播机构。苏联集团的国家对其广播实行了长期的干扰与封锁，但是铁幕后面的人们依然有办法能收听。在苏联解体后，美国专门派出了一批人员到那里去调查，发现美国之音的广播是外部消息的主要来源之一。值得一提的是，美国人从来听不到美国之音。为了不侵犯言论自由的原则，国会立法规定公共资源——特别是纳税人的钱——不得用于在美国国内进行政治宣传活动。美国的新闻机构是私营的，如果用国家的资金来与私营机构竞争，这也是违反了自由市场的原则。

除了美国之音以及后来设立的专门对苏联东欧广播的自由欧洲电台以及对古巴广播的马蒂电台之外，美国新闻总署还有大型的教育计划，包括在世界各地设立图书馆和展览馆，专门向世人介绍美国。著名的富布莱特奖学金就是其中的项目之一。另外，新闻总署还以28种语言发行图书、刊物、报纸，在第三世界国家影响尤其广泛。

新闻总署与好莱坞的关系特别有意思。好莱坞占据了世界电影市场的百分之八十，在树立美国形象上起了极其重要的作用。不过，负责对外宣传的官员总是觉得好莱坞电影对美国的描写负面太多正面太少，损害了美国形象。新闻总署多次试图找好莱坞的著名导演和制片人合作，但是死板的官僚机构与想象力丰富的电影却似乎怎么也合不来。最后，新闻总署干脆放弃了绝大部分类似努力，开始去支持纪录片制作。

在冷战期间，新闻总署的规模不断扩大，最后总人数达到4000人之多。1999年，面对新的世界格局，美国国会通过法案去改组外交机构，新闻总署在是年10月被解散后并入国务院。美国之音归入新成立的国际广播董事局来管理，其他的功能则归入了分管公共外交的副国务卿手下的部门。国会当时的意思，是认为冷战既然已经结束，西方的意识形态获得了世界其他国家的公认，因此大可不必像过去那样在公共外交与树立美国形象上花费那么大的工夫。

殊不知在新闻总署解散后还不到两年，就发生了9.11恐怖袭击。美国人忽然发现，自己在世界上——特别是在穆斯林国家——的形象出了大问题。白宫与国会赶紧增加拨款，建立阿拉伯语的电台和电视台，增强在伊斯兰世界的宣传工作。然而，很快人们就发现，这个回合的意识形态争端与冷战完全不一样。美苏之间的对抗，是两个现代化阵营的对抗。双方都不言而喻地承认一些重要的前提，比如经济的工业化和政府的世俗化。而美国与伊斯兰原教旨主义者的对抗，却是现代国家与中世纪教权社会中极端分子的对垒。美国掌握着各种现代化的传播手段，但是却不能像支持恐怖活动的极端分子与神职人员那样深入到普通人民中，煽动仇恨情绪，将一切苦难都归罪于美国与西方世界的头上。而美国在阿富汗，伊拉克进行的两场战争，又给这仇恨情绪火上加油。

于是，在二次世界大战结束60多年、冷战结束20年之后，美国的国家形象宣传又再次面临一个新的难题。一些有经验的外交人员已经多次提出，美国是不是需要再次建立像新闻总署这样的机构？这将在国会中引起争议和讨论。

（四）西方媒体对中国国家形象塑造的转变及其启示

作者：强月新　叶欣

国家形象是国家重要的软实力资源。在世界全球化的背景下，它关涉到一个国家的发展大题，因而显得尤为重要。塑造国家形象已然是当今各个国家面临的重要课题/在中国崛起并逐步走向世界的时代背景下，中国国家形象的塑造直接关系中国的国家利益和海外的拓展以及在多大程度上能为国际社会接受和认可。

国内学者在大量理论研究的基础上提出了国家形象相关的定义。杨伟芬提出国家形象是“国际社会公众对一国相对稳定的总体评价”，李寿源认为国家形象是一个主权国家和民族在世界舞台上所展示的形状相貌及国际环境中的舆论反映，中国人民大学教授郑保卫等学者认为：“国家形象是指一国在其他国家人们心目中的综合评价印象，主要体现在别国的大众传播媒介上”。刘继南等学者认为国家形象可以界定为：在物质本源基础之上，人们经由各种媒介，对某一国家产生的兼具客性和主观性的总体感知。

根据上述学者们的界定，笔者归纳出国家形象的三个层次内涵：一是国家客观形象，即一个以国家综合国力为内在支撑的实然状态；二是国家虚拟形象，即国际新闻媒体报道中的国家形象；三是公众认知形象，即国家外部公众和内部公众通过媒介传播所获得的对国家各种活动及其成果的看法和认定。一个国家的客观状态包括：政治、经济、军事、外交、文化、自然资源、社会、教育、科技、国民等，这些是国家形象的基础。但国家形象不是这些客观状态的简单反映，而是国家系统运动产生的信息，经过国家主控群组、国际传播者和他国主控群组的系列描述、传输以及重复博弈，在社会公众头脑中加工形成的形象信息。

一、西方媒体对中国国家形象塑造的转变

进入全球化时代以来，大众传播已经发展到无所不在的境地/西方的媒体组织在世界绝大多数国家地区成立了它们的子公司，并且这些西方媒体组织本身也是由多个媒体集团强强联合而成的“媒体航空母舰”。由于大众传播能够通过选择性地报道或通过对其所掌握信息的反复加工来影响甚至改变信息，可以让受众依照大众传播媒介的意愿和要求来接受它所传递的信息，同时由于受众在判断信息和实施是否可信、可靠方面并不占有优势，这使得大众传播所传达出的信息被质疑的可能性非常有限。所以对于一个国家的形象形成来说，受众所获取和积累的信息对他心目中的该国的形象起着决定性的作用，也就是说，某国在他国公众心目中的国家形象将取决于他国公众对该国信息的获取情况/因此，国家客观形象是国家虚拟形象和公众认知形象形成的基础，但是从国际传播的现实来看，虚拟形象却对国家客观形象和公众认知形象产生了巨大作用，成为多数国家塑造国家形象的主要方面。早在20世纪20年代，美国新闻工作者李普曼就提出了“拟态环境”的概念。拟态环境就是我们所说的信息环境，它是传播媒介通过对象征性事件或信息进行选择和加工、重新加以结构化以后向人们提示的环境。人的行为已经不再是对客观环境及其变化的反应，而成了对新闻机构提示的某种“拟态环境”的反应。因此大众媒介在国家形象塑造过程中起着至关重要的“映像”的作用/对于一个缺乏个人接触以及相当经历阅历的人而言，他对外国的公众认知形象无疑是与国家虚拟形象也就是大众媒体映像出来的虚拟形象是高度重合的。

而在所有媒体中，说服力、权威性以及影响力最大的当属国际主流媒体（主要指西方媒体）。一个国家在国际上的形象与西方媒体的报道倾向和所持的态度相关。因此，西方媒体经常会在很大程度上影响着国际社会对该国的态度和立场/只有通过西方媒体对中国的报道，西方的普通民众才能对现代中国有所了解，他们对于中国国家形象抱以的观念，正是来源于这些媒体。可以说，西方媒体传达出一个怎样的中国形象，西方的大多数民众就会认同这样一个形象。在西方，中国国家形象的塑造权掌握在西方媒体手中。美国学者托马斯．博克有过中肯的分析：“美国的民众并无可靠的渠道了解中国的实际情况。美国的媒体和官方舆论’设定了关于中国的认识、思想以及解释’，然后传达给美国民众，民众对这些看法的接受和认同最终将支持统治阶级的利益。”2011年1月18日，中国国家形象宣传片的“人物篇”在美国时报广场循环播出/这部时长仅为30秒的宣传片中出现了中国各行各业的精英。在新华社电视CNC的报道《中国国家形象片亮相纽约时报广场》中，两名被采访者（其中一名为澳大利亚游客）都表示这是一种很好的宣传中国的方式，让他们产生了好奇，但是他们并不知道这些已被中国人民熟知的“精英们”是谁。其中，那位美国人在被问及“美国人了解中国吗”时，他给出的回答是：“很可能不。”可见现代中国依然没有得到西方民众的普遍认识/西方人认定中国是一个有着悠久文明的古老国家，但是过多片面强调中国的悠久历史和古代文明，却忽视了对现代中国的了解和传播。

随着中国的崛起，西方媒体不断抛出的“中国威胁论”，“和平演变论”，“富强专制论”等极大损害中国国家形象的言论，不如说是西方媒体被西方的统治阶级所利用，塑造出一个可怕的中国国家形象，使得西方民众不能对中国形成客观、公正的认识。尽管现在通过互联网等新媒体，西方民众可以对中国有更真实深入的了解，但是当关于中国的重大事件发生的时候，西方媒体的报道依然会影响着大多数民众的价值判断。

1. 偏见与反对

意大利的米开朗基罗．安东尼奥尼是一位以客观记录手法著称的导演。但是他所拍摄的纪录片《中国》却是带着“白人中心主义”的眼光，用歧视、蔑视的视角来看待和记录20世纪70年代初贫穷落后的中国。他用众多长画面“追踪”身着破烂、目光呆滞的乡下人不放；不知摄影机为何物的山村儿童被“镜头”追逃回家，关门闭户——处处是贫穷和愚昧；在佛教寺院拍摄十八罗汉和养猪场拍摄肥猪时多次高分贝加入了京剧名段，等等。这些镜头都带有着对中国的偏见和丑化，作为世界上较早反应中国状况的纪录片，安东尼奥尼的《中国》丑化了中国的国家形象，有损于中国的尊严。纪录片只是西方传媒领域中的很小部分，传播面更广的是西方新闻媒体对中国的报道。无论是聚焦公众视野的大事件，还是看似不那么重要的小事件，都会有西方媒体用偏见的视角进行报道。以下两个案例分别从大事件和常规性事件中证明了西方媒体对中国存有的偏见。

2006年11月7日，北京市内发出了关于开展养犬管理专项整治的通知，其中规定在九大重点管理区内，每户只准养一只犬；大型犬、烈性犬必须实行拴养或者圈养，禁止出户遛犬；养犬人严禁携犬进入公共场所，等等。规定刚出台，就引起了国外媒体的高度关注。在11月7日至18日这一时间段内，以美联社为主的美国媒体共有22篇新闻报道此事，其新闻标题中出现频率最高的关键词是 crackdown（镇压，打击）、slaughter（抗议）、massacre（残杀）；其次是 impose（强制）、protest（抗议）、demonstrate（示威）约占18%。而带有强烈情感色彩的词则是 decry（谴责）、angry（愤怒）、deny（否认）、doggone（可憎的，畜生，此语在这里具有双关语意）。

2008年4月1日奥运火炬开始境外传递之后，西方媒体的反华声浪达到了高潮。4月10日 CNN 转播奥运火炬在旧金山传递过程中，该台著名主持人卡弗蒂（Cafferty）说出了一些与火炬传递毫无关联的话：So I think our relationship with China has certainly changed, I think they’ re basically the same bunch of goons and thugs they’ ve been for the last 50 years.（译文：“所以我认为我们和中国的关系当然变了，我想他们基本上是一群呆子和暴徒，过去50年来一直就是这样。）

从安东尼奥尼拍摄《中国》的时代到2008年 CNN 的卡弗蒂辱华事件，西方媒体对中国的偏见一直都存在。西方媒体对负面报道的偏好是一个重要原因。此外，中国在意识形态上与西方的差异也是西方媒体一直对中国持有偏见的原因/还可能是因为随着中国不断崛起的经济、文化，西方媒体会因为国家的自身利益而制造偏见。偏见与反华的论调一直都存在。

2. 俯视到平视

西方媒体长期以来对中国的报道往往采取的是轻视和俯视的视角，但是这种主流视角中开始出现平视的视角，即客观、平衡、中立地报道中国发生的事件。在对中国2008年发生的几个重大事件的报道中，西方媒体中开始出现更多中性和平和的报道，甚至有赞誉与反思的声音。对于汶川大地震，西方媒体的一些从平视视角出发的报道如下：《纽约时报》2008年5月14日刊登文章《中国努力向灾区挺进，信息报道没有审查和控制》。《基督教科学箴言报》5月19日发表社论《中国的另一张面孔》。社论的题记为“中国总理在地震后的热情代表了新型领导风范”。英国《泰晤士报》5月24日发表文章《一个新的、开放的中国能否在这场灾难救援后继续存在》，这是一个具有不信任和怀疑态度的标题。但是文章的内容中却表达了对中国政府在震后采取的一系列行为的肯定。其中有一段如下：“一位西方的外交官为此感慨地说，人们一直以来都在担忧这个社会已经被赚钱的思潮给弄得自私和麻痹了，但今天人们欣喜地发现了隐藏在人们内心的这种利他主义的美德，这都表明中国完全具备融入国际社会的资质。温总理的表现完全符合任何一个国家的政治家的风范。《澳大利亚周末》5月24日发表特写文章《改变了一个国家的地震》，报道中称中国除了迅速开放报道，还为遇难老百姓举办了前所未有的全国性哀悼活动。这样的声音在西方媒体中越来越多。有些刻薄的媒体也开始反思自己的视角，用更为客观平衡的态度来报道中国。

平视视角的出现要归因于中国不断提升的综合国力。“国家的综合国力是国家形象的根本支撑，构成了国家形象的决定性因素”。西方的媒体开始意识到中国与西方国家息息相关，向民众传达一个客观、公正的中国国家形象有利于民众更好地认识中国，也利于缓和与中国的关系，这对西方各方面的发展无疑是有利的。同时，有越来越多的西方民众，因为各种原因渴望了解一个真实的中国。此外，中国传媒政策的日益开放也是西方媒体转变视角的重要原因。2003年“非典”事件之后，我国的新闻发布制度开始逐渐完善，对国外媒体的开放程度不断提高。在汶川地震发生后，我国政府及时公布相关信息，并在震后的第三天就邀请了来自德新社、路透社、《纽约时报》等西方主流媒体赴四川采访。开放的政策，让西方媒体的记者更容易看到事实，从而抛弃他们的偏见。

3. 宏观到微观

从隔着大洋写中国到亲自来中国，通过亲身的经历和体验之后用微观的视角写中国，西方媒体中开始涌现出越来越多这样的记者。《纽约客》杂志的驻华记者彼得．海斯勒就是这样一个用微观视角写中国的美国记者。他先后在美国出版了三本记录微观中国的书籍：River Town：Two years on the Yangtze2L7F5（《江城》），Oracle Bones：A Journey Through Time in China（《甲骨文》）和Country Drivings：A Chinese Road Trip（《寻路中国》）。这三本书都从小细节入手，写海斯勒生活过的乡村或城市，那里的普通人、寻常事，但是读者却从中发现了一个正处于剧烈变化中的现代中国的国家形象。

在美国亚马逊图书购物网的官网上，这三本书的评分都达到了四星半的评级（最高为五星）。在读者的评论中，有不少人对海斯勒的微观式描写表示赞赏。一位名叫Gary Mckee-han的读者留下了如下的评论：英文略（译文：“我曾经作为一名教师在中国工作和生活，这些书对我来说是一种馈赠。海斯勒用一种不去评判中国政治或中国人民的方法来描写细节。这些书给想去中国的西方人提出了强烈的建议，那就是要带着开放的视角并且丢掉偏见。一直以来，中国并不简单，但是它有它的价值、缺点还有其他。尤其是中国人民的可爱和坚强会让身处西方的我们感到时光的流逝。海斯勒抓住了这些，但还远远不止这些。不要错过这些书，没有更好的写中国的书了。”）“今天的中国，绝对不是一道简单的是非题，它远比你看到的、想到的要更加复杂和多面。”海斯勒在一次采访中表示，“在美国，人们看到关于中国的报道常常是耸人听闻的。”他希望能介绍一些普遍人的普通故事。

《纽约客》的现任主编多罗西.威克登也对海斯勒表示了赞赏。她说：“我恰恰认为，这是一种非常难能可贵的写作方式，彼得的这种个人式的观察最吸引人，也更超脱。中国已经成为世界上最大和最有影响力的经济强国之一，这本身就是大故事/我们很幸运，能有这样一位记者，不像其他报纸的记者那样，浮在空中夸夸其谈，而是通过个人的体验，去感知中国的内在变化。”感知中国内在的变化，从中国的细节入手，这种微观的视角呈现出的是一个更加真实的中国。真实往往才是消除偏见的最佳办法。海斯勒没有做出评价，只是如实记录，却展现了最真实、最有魅力的中国。这几本书为西方民众改变对中国的看法带来了可能。

二、西方媒体对中国国家形象塑造的启示

西方媒体报道视角的改变有利于中国国家形象的塑造。在世界多极化、经济全球化的发展前提下，中国国家形象的塑造面临着前所未有的机遇和挑战/机遇是我们可以抓住时机，在西方世界塑造一个良好的国家形象；挑战是如何面对仍然存在于西方媒体上的偏见，怎样在全球媒体激烈竞争的情况下获得塑造的成功。

首先，我们要学会用立体多维的传媒手段构建中国形象，重视网络对于中国形象塑造的作用。媒介无论作为国家喉舌，还是商业工具或者是公共工具，媒介本身便会反应出自身属性的观点和立场。媒介在任何社会形态内都必将有自己的属性与观点。

萨义德在对东方学概念进行限定性说明时，强调异域想象与现实权力之间的关系，“认为东方仅仅是人为建构起来的.......相信观念、文化、历史这类东西仅仅出自想象，并不是严谨的”，进而论证了特定时代东西方之间存在的那种“权力关系、支配关系、霸权关系”，体现了东西方之间力量关系的模式”，决定着西方“论说东方的话语模式”。

在此意义上，我们可以理解西方媒体中的中国形象生成与转换、断裂与延续，不仅仅是纯粹的观念与文化的问题，而且也是与西方现代扩张过程中，西方力量强大所导致的结构变化。而当今世界是一个文化交流多元、媒介手段发达的世界，要想为一个国家塑造出良好的国家形象，不能仅仅依靠传统的传播载体和传播方式。用立体的手段构建中国形象，就是将中国的国家形象赋予到国家事务的方方面面。比如塑造良好的政府形象，丰富多元的城市形象，展现博大精深的文化艺术，有道德、有知识、有理想、有创新精神的国民形象，这些都能够帮助我国从各个角度塑造一个良好的国家形象。用多维的传播手段构建中国形象，就是利用传统优势媒体和新媒体多管齐下的方式将国家形象传播到外界。特别是对与互联网，它所提供的国际舆论空间是多元而极具互动性的。西方民众可以通过互联网了解中国的国家形象，

中国的网民也可以通过互联网将中国的国家形象传递给外国/我们应该加大利用互联网这个平台，开展对外宣传、发布政务信息、宣传国家形象，这样可以让西方的民众即时了解到中国的信息，帮助他们做出更客观的判断。

其次，我们要尝试建立全球性媒体，建构自身的话语权。建构主义力图使人性回归国际政治，使人的能动性、社会性和实践性体现出来，因此也使政治的本意体现出来。这一方面表明在国家形象塑造上，国家（政府）具有主动性。以“中国威胁论”为例，抛开少数人的险恶居心和国家在崛起过程中存在的结构性矛盾不说，这与中国本身在塑造国家形象上的不力也有关。这就要求在外宣工作中，在重视把我国国内生产总值和外汇储备，以及我国在国际社会上地位提高等向外界介绍的同时，也应注意介绍中国所存在的困难，给国际社会一个客观真实的形象。

中国国家形象的接受和认知主要依靠传播媒介，国际形象更是无法离开国际传媒环境。从上文的分析中，我们可以看出中国自身塑造的国际传媒形象、国际传媒中的中国形象之间的差异甚远，需要对此有清醒的认识和研究。前国务院新闻办主任赵启正提出要“向世界说明中国”，针对的是传统的外宣模式“宣传中国”。

在经济全球化的背景下，全球性媒体得到来自世界各地受众的越来越大关注。全球性媒体所报道的世界政治、经济、文化、科技、生活等信息都有着更开阔的视角也相应有着更广泛的传播。纵观世界全球性媒体，西方国家占有的很多，比如美国的 CNN 等。但是，中国缺少一个有着世界性话语权的全球性媒体。这使得中国的对外传播的级别尚不能与西方国家平齐。因此，构建一个具有全球性特点的媒体对于中国树立一个良好的国家形象至关重要。

第三，我们必须与西方国家的传媒人士、学者等意见领袖加强交流。面对现代传媒带来的媒介化社会的新环境，要更加有效的借助对外传播建构中国的国家形象，就要深入研究不同国家手中的思维习惯和对中国信息的需求，因地制宜、因人制宜、有的放矢，增强对外宣传的针对性、时效性和亲和力、说服力。只有更加贴近国外受众的情感和需求结构，才能有助于从根本上增进不同文化实体之间的相互理解和认知。从传播学的角度来说，不同的传播方式往往很少能够于不同的文化模式中产生同样地共鸣，任何对外政治传播内容如果忽略了受众的差异性及选择性，就有可能产生与传播既定目标相违背的效果。

“如果一个国家要决定如何制定和传播对外政策，就必须要考虑外国公众的预期反应”。

因此，中国借助大众传播建构国家形象时，最理想的定位应该是将中国的实际和世界眼光融合为一个全局性的战略。不仅是转变观念的问题，而且还是建构中国亲善友好、令人

敬仰的大国形象策略问题。西方的传媒人士和专家学者是西方世界的意见领袖，特别是传媒人士，西方媒体对中国的态度首先取决于他们对于中国的态度。在互联网发达的今天，了解一国的信息并不难，但是要深入理解一个国家是需要真正的沟通与交流的。上文提到的《纽约客》驻华记者海斯勒因为长期生活在中国，才能深入观察中国，了解真实的中国。因此，中国应该主动加强与西方这些意见领袖们的沟通和交流。为来华的记者提供更多的便利与自由；主动邀请政界、学界的人士来华访问，这些无疑会增进西方国家对中国的了解，从而用更正确的方式看待中国，最终达成塑造良好国家形象的目的。

第四，面对挑战，我们要学会用理性的态度看待不公的报道。丁磊指出："当今西方的的中国形象，实际上是在经过千年来中西之间的交往互动的基础上，是西方在其需求——心理结构中对中国的那些典型的认知经验的积淀和浓缩。其中有一些客观的知识，但更多的，都是那些产生自内在需求面临威胁的幻想。"

由于媒介背后的各种力量，媒介和媒介之间也有着很大的区别，即便是以"自由、客观"标榜的西方媒体也有着自己的党派利益和政治倾向。由于媒介自身价值的差异，各媒介塑造中国形象也会有着差别，因此，当某个媒体歪曲中国形象时，我们不应当简单不假思考的去认为这个国家是在歪曲中国从而产生一些附加情绪。我们要知道在西方国家中，大部分媒介的立场可以影响大众和政府对事物的判断，但这并不意味着媒体就能代表政府的决策和政府对他国形象的看法。从《纽约时报》的研究中可以看出，一些被西方媒体热炒或者是极度偏见的议题，在《纽约时报》的分析中有时往往又是正面的，如人民币升值的议题，美国政府多次对我国政府施压，但是《纽约时报》对此事件的评价却是呈现正面或中立的态度，认为是美国政府自己没有处理好自己的经济问题。

西方媒体的态度不能代表西方政府的态度。西方媒体的主要任务是监督政府，它们的观点并不能代表西方政府的观点。主持人个人的观点并不能代表西方媒体的观点。举 CNN 辱华的事件为例，评论员卡弗蒂因为个人的反华情绪，使得他在事先没有安排评论的情况下，即兴阐述了自己的观点。我们不能把这样的观点当成西方媒体的态度。并且不是所有的西方媒体都有偏见。以美国来说，也有对中国报道持友好客观态度的媒体，比如美国公共电视台 PBS，The Wall Street Journal 和 USA Today。当然也不乏刻薄的媒体，比如 CNN 和 FOX，The New York Times 和 The Washington Post。但是我们要认清的是，在西方国家，依然有对中国秉持客观、真诚报道态度的媒体。认清那些有偏见的媒体，对它们的失实报道要积极维护我国的尊严，并保持一个大国应有的风范，是我们应该做的。而不采取非理性的行为，因为这样反而会有损我国的大国形象。

（五）外国人眼中的中国形象

作者：何辉 刘朋

今年 4 月份，《时代》周刊公布了英国国家广播公司委托环球扫描公司进行的国家形象调查结果， 结论显示中国国家形象排名第五， 在美国前面。 这对中国来说是个好消息， 尤其是在奥运会来临之际。

世界上有各种各样的国家、 民族、 文化， 而且同一国家、 民族、 文化的人也千差万别， 要说清楚中国在外国人眼中的形象的确十分困难。 不过， 总体而言， 中国形象总是有一些关键的点， 它们是整个国家形象的关键部分， 它们直接影响中国的发展和国际地位。 如果我们能将这些关键的点描述出来， 也就差不多呈现了一个大致的中国国家形象了。 这些关键点， 也是构成国家形象的维度。 具体而言， 这些中国形象的关键点存在于中国自近代以来纵向的历史演变过程中， 也体现在中国政治、 经济、 文化不同领域的横向维度。

从历史上看， 中国的国家形象一直被外国人所描绘着。 自 《马可 · 波罗行纪》， 中国就受到了西方人的景仰。 法国思想家伏尔泰说， “我们不能像中国人一样， 真是大不幸！” 但是， 启蒙运动过后， 西方进行着轰轰烈烈的工业革命， 他们眼里的中国变得落后而愚昧； 到了鸦片战争后， 中国国家形象经历了漫长的被轻蔑的时代， 英国诗人丁尼生说： “欧洲的 50 年， 胜过了中国的一甲子。”

直到新中国的成立， 西方人才开始正视中国， 但也是在迷惑中反复。 周宁在 《天朝遥远》 一书中叙述了新中国半个世纪国家形象的沧桑巨变： 新中国一成立， 在西方人眼中， 中国陷入了共产主义的专制和奴役。 但是， 20 世纪 60 年代在 “左翼” 思潮的影响下， 中国又成了朝圣者的乌托邦， 而文革则打碎了这种迷梦。 到了改革开放， 中国复活了西方的 “中国市场” 的神话。

横向来看， 将国家形象划分为政治、 经济和文化， 比较便于分析每个领域的关键点。 就中国国家形象的这些方面而言， 笔者在 “中国国家形象国际传播现状及对策” 课题中， 进行过调查研究， 并在 《中国形象》 和 《镜像中国》 两书中进行了探讨， 这里我们借用相关数据， 从几个角度作进一步的分析。

在政治方面， 我们的调查显示， 中国官员远远还没有赢得外国人的好感， 但是很多外国人对中国政府对腐败的打击工作的认同率很高。 外国人对中国的外交多予以肯定， 而且调查显示， 20 世纪 70 年代来过中国的受访者对中国政府的坚定立场及中国外交留有深刻印象， 达到了 100% 的认同， 这与当时中国外交掀起一轮建交高潮有关系。 在不同的教育背景的人中间， 对中国的看法也不尽相同， 两者呈现出不小的差距。 数据显示， 低学历的外国人容易受媒体等信息渠道的影响， 接触的信息有限， 而高学历的人比较容易接触到关于中国的信息， 并且善于理性的思考。

在经济领域， 一个重要的争论就是中国是发展中国家还是发达国家。 不同的外国人眼中对此有不同的看法。 根据我们统计， 外国人中主流的看法认为中国仍是发展中国家。 在中国经济对世界的影响方面， 我们调查发现， 有一半的人认为中国经济发展对世界经济的影响是双面的。

中国经济发展促进了全世界从经济衰退中复苏， 中国的劳动力密集型行业提供的廉价商品让全世界获益，但是很多外国人也担心中国的发展可能会威胁到他们本国的就业。在绝大多数的外国人眼中，中国还是一个廉价产品的基地。但是，不少外国人认为中国产品质量还是较好的。有些外国人表示，中国产品虽然还不如欧洲和美国生产的好，但是已经有了明显的进步。

在文化方面，我们的调查显示，在所调查的外国人当中，有一半人对中文感兴趣。这一方面说明了中国文字的巨大魅力，另一方面也证明了中国快速发展，中国国家形象全面提升带来了全方位的吸引力。外国人对中国的烹调和书法也同样很感兴趣，源远流长的传统文化给我们国家形象的构建带来了雄厚的资本。我们发现，悠久的文化成为中国形象中一个非常耀眼的方面。

通过以上的考察，基本可以概括出外国人关于中国的论调主要有几种，包括“中国崛起论”、“中国威胁论”、“中国机遇论”及“中国责任论”，它们也正是现在十分流行的关于中国的话语。这些论调其实包含了中国国家形象的现状的几个关键词。

“中国崛起”是外国人对中国的主要看法之一。早前的中国崩溃论已经很难再找到市场了。2004 年 10 月德国《明镜》周刊的专题报道《中国：超级大国的诞生》，此后，这一论题受到世界各大媒体的追捧。美国《新闻周刊》、《时代》杂志、加拿大《环球邮报》、英国《卫报》，以及 CNN、BBC 都在谈论中国崛起。“中国发展太快了！”这句话成了很多外国人的感受。近期《瑞典日报》说，中国国内消费仍然强劲，贸易顺差仍在增加，外汇储备还在增长，似乎问题并没有想象的严重，于是文章中不得不提出一个问题：难道一些经典的经济规律在中国失灵了吗？曾经关于中国政治可能陷入混乱的预言也被顺利的代际交接所打破。

中国的快速发展自然会引发一些国家的担忧，于是，在一些政客和媒体炒作下，“中国威胁论”又一次抬头。西方在看待中国时，常常会走极端，就像几个世纪以来西方人屡屡犯的错误，不过这次连一些亚洲国家也跟着担心起来。因此，中国适时提出了“和平发展”与“和谐世界”的理念，部分化解了世界对中国的担忧，同时表明了自己的善意。伴随“中国威胁论”的还有“中国机遇论”。现在“中国机遇论”比较受到东南亚国家的认可，是中国国家形象努力的一个重要方向。

“负责任的大国”是中国因在亚洲金融危机时的卓越表现受到的赞扬，成为中国国家形象的一个重要财富。中国政府十分重视这项国际赞誉，自那以来，一直注意在国际事务中表现出大国风范。在泰国，二三十年前，泰国人学习汉语是很难被接受的。现在，泰国的政客纷纷以华裔为骄傲。亚洲金融危机成为了中国国家形象的重要拐点。

国家形象最起码有三个特征：随时间而变、呈现在方方面面、表现为千姿百态。外国人眼中的中国国家形象除以上几个特征外，还有别具特色的几个方面，它常常表现极端、充满不可思议的矛盾、复杂而难以理解。民众是形成国家形象的最终要素，但是常常不是关键要素。民众掌握的信息有限，常常看到一些个别现象。

今年韩国《中央日报》8月29日的一篇文章中说：有时中国并不是适合生活的地方：买东西要看找回的是不是假币，坐出租车时要警惕司机绕远……医院、商品、饮用水甚至空气都让人难以相信。但是，迄今为止，成功发射载人飞船的国家只有3个，其中之一就是中国。中国外汇储备世界排名第一，夏季达沃斯论坛已确定在华举办……每年还有一次让美国经济界巨头全体出动的中美战略经济对话。这篇文章很好地揭示了外国民众对中国的困惑。

根据研究，我们认为，在国家形象的构建方面，外国人对中国国家形象的看法是值得关注的，我们尤其要关注世界主流媒体中所反映出来的中国国家形象。当然，这并不意味着我们要迎合世界主流媒体的传播需要，而是需要考虑到它们的特点，进一步在完善自身实在的基础上，借助它们进行更加巧妙的传播，以使国际传媒环境有利于良好的中国国家形象的构建。如果要通过世界主流媒体进行中国国家形象建构，借助国家形象广告等多种传播方式是可以值得认真加以考虑的。

（六）外国国家形象广告的经验

作者：刘朋

尽管国家广告的概念自觉比较晚，其实国际社会却一直在实践着它，其中国家形象的广告宣传尤其引人注目。国外在这方面积累了很多的经验，伴随全球化的推进，这样的例子更是举不胜举。

最费尽心思的政治广告，要数沙特于2004年8月13日到9月6日在全美19个城市开展的一场声势浩大的广告宣传活动。“9·11”事件后，美国国内对沙特的批评声浪渐起，又加上一本揭露布什家族和沙特王室之间的秘密关系的新书在美国出版，及以此为蓝本拍摄成的纪实电影《华氏9·11》在美国热播，沙特在国际尤其是美国的形象受到不断的攻击。为了改变美国老百姓对沙特的印象，拉近因“9·11”事件而有些受损的两国关系，借“9·11”报告出台之机，通过两个主题广告说明它和“基地”组织的所作所为无关，而且致力于反恐斗争。

潜心修炼的特色旅游广告可以视为韩国的国家形象广告。不管是“来与新的韩国相遇”“令人耳目一新的韩国”，还是“5000年的回声”“开心胜地，好客邻邦”，由这些主题所衍生的广告都展现出韩国的特色文化并力图树立与众不同的国家形象，这些旅游广告中贯穿始终的是韩国人民进取、坚强、和善的核心精神。一个既有深厚历史文化传统又充满活力和现代气息的“国家形象”栩栩如生的展现在受众面前。

上升到国家战略的日本观光广告。日本一向被认为是一个有长远规划的民族，在国家形象广告方面也不例外。2003年7月31日，日本政府制定了观光立国战略，推出观光立国行动计划，力求在2010年使来日本旅游的外国游客数量增加到1000万人次以上。此次战略性行动的重点在亚洲，所以，日本针对中国、韩国及香港等地展开了大规模的广告战。日本首相小泉纯一郎亲自“披挂上阵”。国土交通大臣也在促进旅游业的电视广告上亮相。

直接进行的国家广告的宣传是最直接的形式。不久前，俄罗斯花钱买在《华盛顿邮报》刊登了12页的广告增刊，宣传俄罗斯景色的优美、人民的幸福；一方面表达俄罗斯人的民族自豪感，另一方面表达对美国人的友好之情。俄罗斯还专门设计了一张广告图片，上面是一个俄罗斯黑熊拥抱着美国明星玛丽莲·梦露，以美国人喜爱的幽默方式进行国家形象的广告宣传。中国也曾在该报上登载过国家形象的广告。这种宣传方式的普遍化预示着当前的外交和广告都在发生着变异。

1. 以人为主元素提升国家形象

通过人所进行的国家形象广告中是一个很重要的方式，包括国家领导人、外交外事官员、公众人物、以及普通的公民。国家领导人是国家的重要代表，他的一举一动都某种程度上代表着国家形象。当年，邓小平访美时，在牛仔竞技场上出其不意地戴上女骑手送他的牛仔帽，沸腾欢呼声即刻响彻全场，悄然解开了美国人对中国政府的心结，美国人心中的中国国家形象发生很大的改观，这一段镜头已经成为了展示中国国家形象的重要广告。

国外国家领导人的国家形象展示非常多，比如，今年4月25日是非洲的“关注疟疾日”，美国白宫不忘进行一场广告宣传。布什亲自出马，在白宫南草坪，西装革履的他与非洲舞者一同翩翩起舞。尽管动作夸张，但是他这场舞蹈却展示了他可亲可爱的一面，对改善美国在非洲很有好处。还有美国老对头伊朗总统内贾德的广告宣传，他向美国申请在纽约期间前往世贸大厦遗址敬献花圈。

通过公众人物提升国家形象在国外也非常重视。美国今年8月任命了职业棒球运动员卡尔·瑞普肯担任公共外交特使，服务于美国国家形象。今年7月瑞普肯入选全美棒球名人堂，广受棒球爱好者的欢迎。他不久刚刚来到中国，为中国喜爱棒球的孩子们和教练进行一系列棒球培训活动，通过这些活动，美国政府希望可以帮助提升中国人对美国的好感。通过这些公众人物提升国家形象是美国主管美国公共外交与公共事务的副国务卿卡伦·休斯的想法，她是美国杰出的公共关系专家，一直在为布什政府工作，忙于美国国家形象的改善。美国很多的国家形象广告创意都出自她之手。她在06年任命了华人花样滑冰运动员关颖珊来帮助促进美中关系。关颖珊的华人身份和体育成就帮助她在中国获得了广泛的认可，成为美国国家形象广告的一个重要代表。

不光派出公众人物是一个很好的广告，接受一个公共人物有时也是一个很好的广告。比如美国接受姚明，让中国的NBA观众增加了很多，也通过姚明在美国的运动和生活介绍了美国文化，提高中国球迷对美国的亲切感。

国家领导人以及政府官员由于其特殊的身份，有时他们的行为并不能够达到提升国家形象的效果，因为很多国家的人会将这看作是做秀，虚假的表演。因此，在政府之外，通过许多极富魅力的人来做国家形象的展示，会更加有效。这些极富魅力的人常常是公众人物，他们都有一些追捧者，而且受媒体关注，他们本身就是新闻，他们可以举动很容易就能转化为广受关注的国家形象广告。影视、体育明星很容易受到年青人的欢迎，他们尤其希望跟自己喜欢的公众人物交流，他们对国家的看法正在形成之中，通过公众人物在他们中的广告很有效果。

尽管作为普通的公民个人，也许不怎么引人注目，但是，往往一国政府在国家形象上的很多成效，可能就因本国公民不经意的负面行为而丧失殆尽。比如，英国媒体总结说，每年有 300 多万美国人到英国旅游或谈生意。他们给英国人留下的印象是大声说话、穿着随便、戴棒球帽、言谈举止中不时流露出优越感、感叹世界除美国以外的国家都在没落。这严重的影响了美国的国家形象，为此，美国想到了发行名为《世界公民指南》的手册，夹在新发放的护照内，提醒将赴海外出差或旅游的美国人注意言行举止方面的事项。美国一些团体还准备筹款印刷《儿童世界公民指南》，培养儿童这方面观念，从娃娃抓起。

韩国采取了另外一种方法。伴随韩国人出国数量和次数增加，个别韩国人的不良和违法行为严重影响了韩国的国家形象。韩国在这方面非常重视，以至拿到了国务会议上进行讨论。针对这些事件，为防止进一步损害韩国形象，韩国外交通商部在 06 年 4 月的一次国务会议上提交了“丑陋的韩国人综合对策”的报告，韩国政府为此甚至不顾人权机构的批评，考虑限制部分有不良记录的人出境，并在全国开展教育性的活动。

2. 大型活动也是广义上的国家形象广告

艺术活动严格意义上也是文化活动，只是它更加具体，针对的人群也是高素质的，达成的广告效果也非常明显。英国政府资助的英联邦运动会是一个重要的代表。它现已成为全球英语国家四年一度的盛会。每年的英超足球比赛在世界 195 个国家和地区被转播，观众总人数超过 6 亿。老大的英帝国衰落了，但是英国依然保持了在英联邦的影响力，维护了它在英联邦的领袖形象，这与它在改善国家形象方面的努力是分不开的。

日本一直在国家形象的宣传上缺乏成效，但有一件国家形象广告被反复使用，这就是日本的相扑海外公演。日本首次相扑海外公演是在苏联，当时，日本正谋求进一步改善与苏联的关系。第二次是在中国，当时周恩来总理亲自前往观战。之后，日本在很多国家进行了多场相扑表演，成为了日本提升国家形象的一个标志性广告。在前几年，中日关系敏感时期，日本又一次在中国开展了相扑公演。

去年，美国国务院推出了“世界杯体育交流项目”，邀请了 30 位来自亚洲、非洲和拉丁美洲的青少年足球爱好者来美国参观和训练。名义上是促进不同国家和文化的青少年的了解和尊重，实际上是一场非常巧妙的广告宣传，广泛的培养各国青少年对美国的好感。

3. 符号化的国家形象广告

国家形象广告也可以是利用一些特定的符号进行的宣传。德国人在世界各国眼中，一方面是理性、高效的，另一方面又是死板而沉闷的。为了改变各国人民的后一看法，德国在 06 年世界杯的时候，将大会会徽设计成三个伴着世界杯奖杯张口大笑的笑脸，希望向世界传达出幽默而快乐的德国人形象。他们也在这场运动会中打出“创意国度”的口号，展示德国人的创造性，而不是墨守成规，他们为此还拉出了阿司匹林和阿迪达斯。德国总理默克尔说，“对德国来说，要展现它的好客、快乐以及富有创意的现代国家形象。”

今年，比利时的一场国家形象广告宣传借助的是“丁丁”，那位比利时著名漫画家埃尔热笔下的可爱的人物。比利时借助埃尔热诞辰100周年，进行一场国家形象的广告宣传，让世人更多的了解比利时。类似的做法还有爱尔兰政府资助向世界介绍本国作家乔伊斯文学名著《尤利西斯》。类似的特殊符号还有很多，比如种植在他国的日本樱花、遍布世界的韩国泡菜。这些特殊符号的共同之处在于他们都能促使观者产生与该国相关的美好联想，这种刺激作用常常不为人所察觉，但是行走在樱花盛开的道路旁，非常容易产生对日本国家的模糊好感。

4. 电影电视剧其实也是一种国家形象的广告。韩国国政弘报处海外弘报院院长俞载雄通过对日本东京和中国北京成年市民进行问卷调查，得出了被调查者收看韩剧的次数和数量与其对韩国产生的善意联想、情绪和行动意图成正比的结论。

这方面美国应该是最引人注目的了，好莱坞的影响力遍及全球。很多国家也意识到了这一点，诞生了印度的宝莱坞、尼日利亚的诺莱坞。据说，俄国人对印度的好感的一个重要原因就是印度的电影在俄罗斯很受欢迎。有趣的是，俄罗斯向印度出口武器装备，印度向俄罗斯出口电影，两相比较，那个国家的国家形象会更占优势就很明显了。苏联带给俄罗斯太多的历史包袱，常常遭到美国大片的嘲讽，国家形象受损。为此，克格勃出身的普京专门下令拍摄一部俄罗斯版007，里面的俄罗斯特工是被塑造成了伟大的英雄，成为典型的国家形象的广告片。

5. 传统媒体显示在国家形象塑造中的巨大作用的同时，新媒体也登台亮相，成为低成本的国家形象广告的良好平台。播客（视频分享）和博客是两种新型的媒介，他们都被用来进行国家形象宣传。

德国总理安格拉·默克尔的支持者可通过下载她网站上的每周广播讲话了解她的想法，在去年世界杯期间，很多国家的网友都可以下载她的播客节目，这成为默克尔的廉价政府形象和国家形象宣传平台。美国副国务卿休斯专门设立了宣传美国的博客，她在出访时，也不忘携带录像机，拍摄具有积极意义的短片，上载到博客上供网友观看。新媒体的出现，让国家形象广告变得更加多姿多彩起来。

6. 对外援助也是一个提升国家形象的办法，尤其是当灾难过后，这种雪中送炭式的宣传，既能达到形象广告宣传的作用，又能够赢得人道主义的赞誉。印度洋海啸后，美国对印尼的援助获得了印尼人的好感，而且一定程度上改善了美国在伊斯兰世界的形象。通过世界媒体的广泛报道，成为当时美国国际形象广告的成功案例。

总之，以上的这些国外的国家形象广告的经验很难找到共同的特点，而且也没有任何一个国家只采用其中单一的一种形象广告的方式，唯一我们可以肯定，一个国家必须根据各种实际的情况采取不同的广告形式，国家形象的形成和提升离不开形象广告。国际形象广告是一个简单而复杂的东西，说它简单，是因为几乎在国际交往中都存在着形象广告的成分；说它复杂，是因为要让形象广告与国际交往紧密地结合起来，真实而不做作、高效而不奢华，都需要费一番心思。

柒

城市形象广告研究篇

一、 城市形象案例

（一） 宜春城市形象的塑造与传播策略研究

作者： 邹霞

城市形象是城市的内部公众和外部公众对城市客观实在的具体感知、 总体印象和综合评价。 城市的客观实在既包括城市景观、 街区、 建筑、 公共设施等硬件形象， 也包括政府形象、 社会风气、 风俗习惯、 市民行为等软件形象。 由此可知， 城市形象既是一种客观的社会存在， 是城市的内在素质和文化底蕴在外部形态上的外在表现； 又是一种主观的社会评价， 是城市内外公众对城市的现状和未来发展趋势做出的总体的、 抽象的概括和评价， 并且公众的看法和评价将影响城市的生存与发展。 如何有效整合城市的各种资源， 塑造和传播城市的鲜明个性以增强其核心竞争力成为城市面临的重要课题。

1 宜春城市形象塑造与传播的现状

1. 1 宜春城市形象的塑造

1. 1. 1 加快宜春生态园林绿化建设。

按照打造中部最佳宜居城市的要求， 宜春进一步加快中心城区生态园林绿化建设步伐， 从 2007 年起在中心城实施 “13579” 绿色工程。 即围绕打造 “城在林中、 水在城中、 人在景中” 的城市景观环境这一目标， 新建 30 个游园、 5 条景观道路、 7 个公园、 9 个绿色文化广场。 目前， “城在林中、 水在城中、 人在景中” 的山水生态城市风貌已经显现。

1. 1. 2 加大城市管理。

宜春创新推出了 “三位一体” 的城市管理机制。 首先， 成立城市管理综合执法支队， 采取以劝阻、 教育为主， 处罚为辅的措施， 实行以服务群众为目标的城市管理。 其次， 将城市管理的各项目标与要求， 纳入社区日常管理中， 让社区发挥基础作用。 最后， 招募文明劝导员、 市民监督员等近 5000 人， 有效激发市民自我管理、 自我维护的主人翁意识， 形成人人参与创建， 个个参与管理的氛围。 “三位一体” 城市管理宜春市使社会文明程度提高。

随着宜春城市创建工作的开展， “宜居宜业宜游” 的品牌形象正在树立和提升。 除 2005 年、 2007 年连续两届荣获全省文明城市称号外， 中心城区还先后获得了国家卫生城市、 国家园林城市、 中国优秀旅游城市、 世界著名文化旅游城市、 全国绿化模范城市等 8 项国家级奖励。

1. 2 宜春城市形象的传播

1. 2. 1 举办月亮文化节。

从 2007 年开始， 宜春市每年举办一届明月山月亮文化节， 每届都有不同的活动主题。 活动形式多样， 一般包括放荷花灯、 中秋拜月、 火龙追月、 产业招商推介活动、 精品楼盘展示会等文化、民俗和经贸活动。宜春已举办了3届月亮文化节，月亮文化节成了宜春城市的名片、企业的盛会、招商的平台、市民的节日，也成了宜春加速发展，赶超发展的“助推器”。

1.2.2 举办大型文艺晚会。

宜春在2009年10月3日晚举办中央电视台“宜春月o中华情”中秋晚会，把宜春“一轮最美的月亮”呈现给了世界，引起了海内外的强烈反响和广泛赞誉。在2010年4月9日，宜春举办“欢乐中国行·魅力宜春”大型文艺晚会，旨在快速打响我市锂电新能源产业基地的品牌，大力弘扬“发展低碳经济，建设低碳城市，倡导低碳生活”的理念，着力打造宜春“亚洲锂都、宜居城市、森林宜春、月亮之都”四张城市名片。这些大型文艺晚会的举办，让中国和世界一次又一次认识宜春，大大提升了宜春的知名度和美誉度。

1.2.3 征集广告语。

城市形象广告语体现着城市的风采，为了推出充分展现宜春神采的响亮口号，让宜春具有与之相匹配的城市广告语，进一步对外宣传、展示宜春，宜春日报社、赣西农产品批发市场共同主办，宜春新闻网承办“赣西农产品批发市场”杯宜春城市形象广告语征集大赛活动。

本次活动共收到城市形象广告语作品11187条，参与活动的投稿者遍布全国20余个省、市、自治区。经网络投票、评委会反复遴选，最终选出13条优秀城市形象广告语，分别获得此次活动的银奖和铜奖。

2010年3月，宜春市旅游政务网在显要位置挂上的广告语竟为“宜春，一座叫春的城市”作为城市形象的广告，引起诸多争议。网友认为，政务网以如此口号有欠斟酌，它虽然能一时提高知名度，但最终损失的还是城市美誉度。目前，这一富有争议的广告语已被撤掉，换成“宜春归来不看月”。

2 宜春城市形象塑造与传播存在的问题

2.1 城市形象定位模糊。

随着宜春城市化进程的日益加速，城市形象定位模糊等问题逐渐凸现。在我省赣西地区，新余钢城，萍乡煤都，定位鲜明。那么宜春城市形象的定位是什么呢？尽管宜春目前的城市建设工作已经获得了许多荣誉奖励，但老百姓好简烦杂，结果是什么都说了等于什么都没说。所以，宜春目前最深层次的问题是城市管理者对城市形象的定位不够准确、鲜明，让宜春没有个性和特点。

2.2 城市形象传播离散。

目前，宜春城市在形象传播方面表现出来的主要问题是单一化、离散式传播。传播渠道利用单一，未能有效整合多种传播渠道。传播内容分散，以“点传播”为主，未能全面构建城市形象的整合传播。对外传播时，宜春城市主题信息不突出，难以保持传播过程中信息的一致性，也不能从长期性与系统性的角度规划城市传播，最终导致城市形象传播效果不明显，城市品牌形象不突出。

所以，我们应认真审视宜春的历史特点与现实优势，给宜春城市形象一个准确的定位，然后按照这一定位进行有效的传播。

3. 宜春城市形象的塑造与传播策略

3.1 对宜春城市形象进行准确定位。

城市形象定位是对城市形象建设的方向和目标进行定位，它是城市形象传播的前提，也是城市形象建设的核心。准确的城市形象定位需要根据城市发展目标、城市的资源状况以及传播受众对城市的期望综合分析确定。因此，准确的城市形象定位不是凭空的，既要有城市元素的支撑，也要彰显城市特色，突出城市独特优势。

3.1.1 宜春城市的历史特点与现实优势。

首先，宜春有长远和深厚的历史文化底蕴。宜春有着两千多年的历史，素有“月亮美城”、“历史古城”、“文化名城”之美称，四百多处历史文化遗址共同折射出宜春灿烂的古代文明。唐代大文豪王勃《滕王阁序》中的“物华天宝”、“人杰地灵”，其人、其事、其物均出自宜春。宜春宗教文化源远流长。佛教禅宗五大宗派中有曹洞、临济、沩仰三宗发祥于宜春，此外，韩愈、朱熹、卢肇等一大批历史文化名人在宜春留下了“莫以宜春远、江山多胜游”、“我行宜春野，四顾多奇山”等人文印记。禅宗文化、状元文化、秀江文化、红色文化、民俗文化构成宜春城市历史文化的灵魂。

其次，宜春有得天独厚的旅游资源。宜春有国家森林公园4个，省级森林公园3个，省级风景名胜区5个，省级自然保护区3个。明月山巍峨壮观，千姿百态，吸引了江西、湖南、上海等地的游客前来观光。温汤镇拥有堪与法国埃克斯矿泉媲美的温泉，富含硒等多种矿物质，常年水温在68℃以上，是疗养、度假的胜地。最后，有宜人宜居的自然环境。宜春市位于江西省西北部，北纬28°左右，处于地球宜人宜居线。境内以丘陵、山地为主，气候温和，雨量充沛，四季分明，全年平均气温17.3℃，年平均降雨量1720mm，年平均日照时间1762.3小时，年均无霜期269天，全市森林覆盖率达53.4%，素有“山明水秀，土沃泉甘，其气如春，四时咸宜”之称。宜春是全国第一批生态试点城市之一，城市空气环境质量保持在国家二级标准，饮用水源达标率100%，声环境达到国家环境质量标准，全市的生态环境有了全面的改善和提高，为生态市的创建打下了良好的基础。

3.1.2 宜春城市形象的准确定位。

根据宜春的历史特点和现实优势，笔者认为宜春应致力于塑造“江南生态休闲城市”的城市形象。宜春明确了“江南生态休闲城市”的定位后，应严格按照这一定位来打造高层次、高品位、高质态的生态休闲空间。高层次、高品位、高质态，是宜春打造“江南生态城市”的基本要求。高层次是指生态休闲既要体现人的价值，又要兼顾环境保护。高品位是人通过生态的休闲方式和行为，保护生态环境，维持景观、生态资源的永续利用，同时人也陶冶了身心，得到美的享受和崇高的精神领悟。高质态是指生态休闲要体现生态伦理的理念，要对周围的动物、环境和大自然等生态环境给予道德关怀。

3.2 整合各种传播手段与资源进行传播。

3.2.1 整合各种媒介渠道。

信息社会，公众接触信息的渠道千差万别，对不同来源的信息的注意度及认知反应也不同。任何一种传播手段都有其传播方式和传播效果的局限性，单靠一种传播手段都不能够覆盖大多数的目标受众。所以，要想有效传播城市形象，必须整合各种媒体形式和传播渠道，开展城市形象的整合传播活动。

在城市形象传播的媒介渠道上，我们还可以寻求突破。除了电视、报纸、网络、户外这些常用媒介之外，电影也是一个很好的媒介。《海角七号》让我们记住了那个叫恒春的台湾小镇，《叶问》让我们熟悉了中国武术之都佛山尚武的传统与景致，《非常勿扰》让我们能领略了杭州西溪湿地的风情与魅力。我们可以选择将宜春与电影名称、电影场景或者电影主题相联系，进行电影植入式传播，打开城市形象传播之门。

3.2.2 整合各种事件活动。

整合各种经济活动及文化活动进行城市形象传播，提高城市形象的知名度与美誉度。城市举办的大型经济与文化活动是一个城市形象的体现和象征，也是外界认识城市的媒介。城市举办的任何一项面向社会各阶层公众，尤其是由广大外部公众参加的政治、经济、文化、体育等大型活动，对扩大城市影响力、提升城市形象将起到积极的促进作用。

农运会、月亮文化节和中秋晚会大大提升了宜春的知名度与美誉度，接下来我们要做的就是策划出一些创新的事件活动，这既是对前期活动的延续，也是为进一步的整合做准备。

3.2.3 传递一致的声音。

首先，无论是整合媒介渠道还是事件活动，都是为了传递一致的声音，即将“江南生态休闲城市”的城市形象定位传播出去。其次，寻找并确定城市形象代言人。城市形象代言人是城市的重要名片，他们能提升城市的文化品位和影响力。例如丽江市聘请明星孙俪为“丽江市城市代言人”，张家界市长以夸张卡通形象为城市活动代言都起到了很好的传播作用。最后，创作并确定城市形象广告语。广告语不要求炒作雷人，但必须效果惊人，而且不要经常更换。比如，美国宾夕法尼亚的城市口号是：美国从这里开始。

总之，城市形象的塑造与传播是一个长期的系统工程，不能急于求成。要明确城市形象定位，整合运用各种传播手段、传播方式与传播资源传递一致的声音，才能使城市形象塑造与传播工作富有成效。

（二）郑州城市形象定位及电视广告片案例分析

作者：佚名

委托单位：郑州市委

执行单位：中视金桥国际传播集团城市品牌传播中心

郑州到底是一个什么样的城市？

在中原腹地，黄河之畔，有一座历史悠久的城市——郑州。

8000 年前，裴李岗文化在此打下烙印。

5000 年前，华夏文明的始祖黄帝在此诞生。

3600 年前，商代都城在此屹立。

秦汉时期，她可谓富冠海内，天下名都。

唐宋时期，这里商旅往返，船乘不绝；佛、道、儒三教在此荟萃，有“三教一体，九流一源。百家争理，万法一统”的说法。

明清时期，这里雄峙中枢，控御险要。

近当代，她号称十省通衢，我国铁路的心脏。

现代，她贯通东西、连接南北，“公、铁、航、信”兼具，是综合性交通、通信大枢纽。

20 世纪中期，著名的“商战”在此爆发。

将来，她将以带动中部崛起伟大使命而引发中部乃至全国的经济和文化复兴……

滔滔大河历经沧桑，几经辗转，襟连郑州，奔流而下，直插大海。

无论追溯历史，立足当代还是展望未来，郑州都是卓越、辉煌的。

遗憾的是，这样一个具有鲜明个性的历史文化名城，一个现代商贸名都却被时代的列车遗忘在七八十年代的尘封小站。它没有沿海城市先行一步的无限风光，也没有西北积弱多年后所获得的全力扶持，更没有过如东三省般的大起大落……它从未特殊过，也从来没有得到过“瞩目”的礼敬……

随机抽查一个在郑州生活，或是到过、听过“郑州”二字的人，他或许会告诉你“郑州是河南省的省会，郑州地处中原，是黄河边的城市，很厚重……”等等诸如此类的初级信息，但是他无法明确地形容或是回答你，郑州到底是一个什么样的城市，她具有什么样的气质特征。

郑州城市形象的重心是什么？

郑州城市形象宣传定位，重中之重，就是要挖掘出郑州隐埋在众多纷杂与符号中的那一颗独特的“心”，用它去感动更多的人。让它成为任何时代和任何人都无法忽视的中华之心。

通过分析，中视金桥国际广告公司城市品牌创作组结合郑州市的城市特点，找到了这样一组贴近郑州的传播符号：中、中原、商都、武术……

一般看来，所有这些元素似乎都可以作为郑州市的传播主题，但是郑州城市品牌处于构建初期，此次广告宣传活动的目的主要是以全新的面貌，促进经济的高速发展。对于其对应的全国甚至是全球的受众群体来说，更需要一个高识别、高区别、高传播的形象识别来完成认知期的传播任务。

中

“中”即“中原”、“中心”，在河南的口头语中提得最多的就是“中”，“得中原者得天下”，“中岳”，“中庸”……据说中华的“中”字，也是由此而来。

“中”字有着良好的外形和内涵，具备一定的传播价值，但是，同时它也具有一定的地域属性，是一种文化现象，在省内及国内大部分地区具有一定的识别性。但是作为品牌形象识别符号，它缺乏良好的延展性。

中原

“中原”二字由来已久，是河南省的代名词，已经具有一定的传播力，但是主要指向于河南省，传播范围相对较为狭窄。

商都

商都有两层含义，一是3600年前的商城，二是20世纪的商战所铸就的新兴商贸之都。商都作为一个特定时期的经济代名词，体现的却只是一个侧面，无法概括总体。

武术

少林寺享誉海内外，知名度很高，但是从历史文化的角度去考虑，它只是一个人文文化分支，更贴近于精神层面，而且兼有模糊性和广泛性，无法彰显和传承郑州8000年的文化底蕴。

所有这些，都不足以成为郑州市城市形象传播的定位元素，作为一支将在央视一套、央视四套播出的形象广告片，我们的品牌定位首先要面对的是国际范围的受众，我们站在国际的高度上，系统地审视、确定和论证传播主题。

为此，中视金桥创作团队通过一轮又一轮的头脑风暴和深入挖掘，深入、深入、再深入，直到一个令人兴奋的全新主题诞生——黄河之都，中国郑州。

如何找到传播定位的充分支撑？

黄河

在地球环境中，河流是最具运动性、可视性和永恒美学价值的自然景观，神奇微妙，难以穷尽。河流是哺育万物的绿色生命，所到之处，莺飞草长，万木葱茏，充满生机。

黄河作为中华民族的母亲河，首先它是民族的、大气的、美丽的。它沟通、衍生、承载和链接着自然生态，孕育和创造着万事万物，同时在民族的兴亡与发展中见证着历史与现代文明，其精神内核在于那种不曲不挠的奋斗精神和无私的奉献。

河流的本身在不同的历史时期随着人们的认识会有不断的更新与发展，有人认为黄河给人们带来灾难，可是从自然与生态的角度去审视黄河，我们却发现：灾难只是人们在认识自然和改造自然过程中的一种短期认识。自古以来，人们都在采取各种积极的措施去试图适应和改善。同时，客观地看，每一次洪水过后，生态都得到极大的改观，土地都变得无比肥沃，现在世界上一些发达国家正在采取季节性迁移和疏通等方式减少对河流的束缚和改道，试图用自然法则去更好地利用河流的贡献。这无疑是人类文明的一大进步。

黄河流域是我国政治、经济、文化的中心，人们亲切地称它为中华民族的摇篮。

河流的外形是一种唯美符号，内涵则是艺术的包容和美学创造。黄河作为中华民族的摇篮，中国的第一条“大动脉”，无论是从形式还是内容上都是独一无二的个性符号，具有极高识别力、区别力和传播力。

郑州作为一座黄河边的现代大都市，有着深厚的文化根基和悠久的文明渊源。

郑州与黄河是大统一思想基因的传承。中国的文明虽然是多元的，但是主要在黄河流域而且是黄河的中下游，其中心在中原地带。“得中原者得天下”，中原地理位置的重要性已成了各民族的共识。中原与黄帝联系在一起，使黄帝的地位与声誉超出了任何朝代的帝王。

无论是从裴李岗文化所奠定的基石，还是仰韶文化、龙山文化，以及大禹在郑州古黄河边的治水功绩，建立中国第一个封建王朝，及至商城的繁华……所有这些，都如同黄河对应于中华民族一样，是华夏文明的发祥地、摇篮，是中华民族的根，家喻户晓、妇孺皆知，不仅具有人文心理上的认同归属，同时具有深厚的文化底蕴以及文明内涵上的不可分割性和一致性。

“都”

“都”在汉语中代表“大城市”、“中心”、“都城”、“都市”，是政治、经济和文化的中心，同时也是历史文明和商业文明高度发达的象征。郑州市是河南省的省会，中国十大城市之一，首先肯定的是它是一个大城市。

同样，郑州的历史文化底蕴和文明发展历程也决定了郑州作为一个民族中心的人文心理认同，这种认同就像耶路撒冷对于犹太人一样，具有不可替代性。这是作为“都”的理论依据。

郑州地处黄河流域，是华夏文明的起源地之一和中心地带，历史积淀非常深厚。

“这里不仅是中华民族建立起的第一个奴隶制王朝——夏的都邑，还是商汤盛世的都城。”郑州内的商城遗址被国内诸多权威专家一致认定是早期商王朝的都城，距今已有3600年的历史。郑州作为商代的豪都，是中国历史上最早的一个都城。

1000年看北京，3000年看西安，5000年看郑州。据历史学家考证，中国的古都有很多，包括郑州、安阳、西安、洛阳、北京、开封、南京、杭州等。

“都”是繁荣的代名词，只有在历史文化底蕴、区位优势、经济实力、商业贸易等各种社会属性都高度发达的条件下，才能称之为“都”。作为中国八大古都之一的郑州，在“都”的理由和例证上可以说是空前绝后，早在秦汉时已有“富冠海内，天下名都”的评价，唐宋时更是“商旅往返，船乘不绝”。

商城遗址出土的大量贝币说明，当时郑州的贸易已经极为兴盛，时至今日，做买卖的人仍被称做“商人”。郑州是一个有着悠久历史文明以及现代商业文明的大都市，名副其实。

21世纪，郑州作为河南省的中心城市，更是以“中原商都”的光彩形象屹立于时代前沿，成为现代商贸领域举足轻重的商业典范。

放眼未来，郑州“都”的基础特性，对于建设以郑州为龙头的中原城市群，实现中部崛起更是具有战略意义。

整合这两个形象符号，“黄河之都”的传播定位脱颖而出。

“黄河之都”立足于黄河，将这一民族化和国际化的高形象识别符号呈现在人们面前，对郑州市的城市形象进行了一次全新的塑造。通过品牌名称，我们能够很清晰地认识到郑州是一个拥有黄河外形、厚重文化色彩、良好沟通和链接能力的物质文明和精神文明高度发达的跨时代繁华都市。

如何有效脱离同质化?

在黄河流域的城市很多，虽然像兰州、银川、西安、洛阳、济南这些著名的大中型城市都和黄河沾亲带故，但是，能用“黄河之都”作为形象识别的城市在中国只有一个，那就是郑州。

先入为主的适时传播，成功抢占了受众的记忆点。有74.5%的调查对象在提到“黄河之都”时会联想到郑州。

“黄河之都·中国郑州”城市广告

兰州作为一个黄河穿城而过的西部城市，虽然和黄河有一定的联系，但是更准确的定位应该是“拥有西部黄河风光”，它缺少“都”的必要文化和商业支撑，加上丝绸之路的品牌识别，更加淡化了黄河的色彩。

西安虽然是六朝古都，但是和黄河的联系少，地理距离又较远，渭河对其更有意义。

银川距离黄河较近，但其文化类型缺少厚重的华夏文明文化底蕴，中心、枢纽等必要支撑难以确立。

洛阳作为文化古都，却距离黄河较远，而且作为河南省的一个中等城市，不能像省会一样称中心，加上牡丹以及洛神的强化，淡化了黄河的形象。

济南自汉唐以来，以泉闻名，“泉城”的城市识别由来已久，因黄河下游的河流改道，给济南带来的黄河属性淡之又淡，它不符合定位的准确性，也不具备竞争力。

郑州自古以来就是中原的心脏。只有郑州这样一个同黄河一样具有美丽外形和丰富精神内涵的城市，这样一个作为中原政治、经济、文化中心的城市，才能用黄河作为城市品牌定位。

黄河之都——中国郑州，不仅能满足郑州高识别、高区别、高传播的传播需求，协调郑州古老与现代之间的关系，同时以区位特征和全新经济环境，来充分彰显郑州独有的优势所在，并且能确定郑州未来的发展信心，实现郑州对其未来的展望，具有蓬勃的品牌生命力和品牌延展性。

应用于电视媒体的广告片表现手法

针对电视媒体的广告片表现形式，中视金桥创作团队巧妙地运用并整合各种富有表现力的视觉语言，着力将郑州的古老文明与现代文明结合起来，塑造出黄河岸边一个现代而富有活力的都市形象。在视觉元素的运用上，将现代城市建筑的精髓与艺术符号完美地结合起来，既表现了一种城市的律动，又在感官上增强了广告片的张力。用最大的力度去表现一种气度，一种城市所特有的品质。大气而不失细腻，高雅时尚而不媚俗，用最完美的视听盛宴去重新诠释一个黄河之畔的、古老而又现代的城市的真正魅力。

电视媒体广告片传播效果简析

“黄河之都·中国郑州”城市广告在央视平台播放，广告是否给受众留下深刻印象，对消费者产生何种心理影响?

1. 有63.5%的调查对象看到过郑州城市广告， 广告传播效果良好。

2. 看过广告的受众中有85%的受众肯定 “黄河之都” 城市定位； 没看过的受众中仅有40%的受众肯定其城市定位。 因此， 广告对城市品牌传播起到了显著效果。

3. 有45.9%和43.9%的被调查对象在 《媒体广场》 和 《走遍中国》 中看到过郑州城市广告， 传播表现均很出色， 占调查总量的89.8%。

4. 有47%的调查对象一周前看过郑州城市广告， 仅有10%对广告印象不深， 广告对提升城市知名度起到促进作用。

5. 有29%的调查对象对广告片中展示的郑州 “黄河之都”、 “大枢纽” 功能留下了深刻印象， 其次是城市经济发展的勃勃生机等。

6. 有67.7%的调查对象看过郑州城市广告后有意向去郑州， 广告片极大促进了城市美誉度的提高。

颠覆创意， 传播效果远远超出电视广告片的承载使命

郑州作为一座黄河边的现代化都市， 是与黄河大统一思想基因的传承， “黄河之都” 的城市定位， 传递出了郑州城市品牌的核心价值。 2006年， 中视金桥创作团队为郑州率先提出 “黄河之都” 这一概念， 在传播上确立了郑州在黄河流域的领袖级地位。

通过电视媒体广告片的执行与传播， 使郑州的旅游、 经济、 文化等方面的优势信息实现了高效传递， 为步入新的传播阶段奠定了坚实基础， 快速彰显城市品牌， 其传播效果已经远远超出了该广告片所承载的使命。

郑州市城市形象宣传片之一： 运用并整合各种富有表现力的视觉语言， 着力将郑州的古老文明与现代文明结合起来， 塑造出黄河岸边一个现代而富有活力的都市形象。

郑州市城市形象宣传片之二： 通过电视媒体广告片的执行与传播， 使郑州的旅游、 经济、 文化等方面的优势信息实现了高效传递， 为步入新的传播阶段奠定了坚实基础， 快速彰显城市品牌， 其传播效果已经远远超出了该广告片所承载的使命。

（三） 乐活新城： 南昌城市形象的定位与传播

作者： 陈世华　吴芳芳

【江西崛起 · 南昌发展】

快速的城市化进程加剧了城市间的激烈竞争， 城市规划与建设出现严重的同质化， 城市个性逐渐淡化和消失， 出现 “千城一面” 的尴尬局面。 因此， 我国城市急需塑造自己特有的城市形象以保证城市的永续发展。 一个良好的城市形象是城市的 “灵魂”， 而一个有 “灵魂” 的城市才能充满活力， 实现可持续发展。 南昌是一座有着2200多年历史的文化名城， 生态环境良好， 物产丰富， 区位优势明显， 具有充沛的发展潜力， 正处于快速发展阶段。 但是， 南昌作为中部地区城市， 并没有完全凸显出自身的特色和鲜明的形象， 如何做好形象建构和传播， 走出城市形象趋同的尴尬境地是南昌亟待解决的问题。 目前有大量关

于城市形象传播的个案研究，但是关于南昌城市形象的研究成果却非常有限，从理论上对南昌城市形象进行深入系统的研究是很有必要的。在现阶段，南昌城市形象定位模糊，也没有受到足够的重视，有必要重新审视南昌的城市形象定位，深入挖掘其千年古城的文化底蕴，综合其历史、地理、人文、政治、经济等要素，寻求差异化的形象定位和传播路径。

一、南昌城市形象定位的历程与反思

1. 南昌城市形象定位历程

上世纪80年代初，南昌市委、市政府组织编制的《（1981－2002年）南昌市城市总体规划》指导了南昌20年的城市建设。2003年，《南昌市城市规划（2003—2020年）》出台，对南昌城市发展目标、城市空间层次、市域城镇体系、城市用地布局、城市道路交通规则、历史文化名城保护、旧城改造、城市园林绿化和市政设施进行了规划。

南昌市委、市政府多次对南昌城市形象进行了官方定位。2001年，南昌市委提出“依托一江两岸，展示都市风采；建设花园城市，塑造特色魅力；道路环通成网，建筑各具特色；绿带滨江依湖，园林城中点缀；花卉草坪绿岛，青山绿水夜景；街市繁荣文明，环境整洁优美”的72字方针，作为花园城市基本定位。2005年，根据《南昌市城市总体风貌规划设计方案》，市政相关部门提出了“彩色南昌”的整体城市设计构想。“彩色南昌”概念的主色调包括“红－蓝－22绿”。“红色”强调南昌作为“英雄城市”所具有的可歌可泣的革命战争史，并作为城市特征的主要表象；“蓝色”寓意南昌独特的自然景观资源和以河湖水系为主，与城市空间穿插组合，体现“一城山色半城湖”的特色；“绿色”寓意南昌在未来的发展中，将城市建设与自然生态相结合的“绿色山水花园城市”的人居环境。2009年，南昌市委、市政府又提出建设“森林城乡·花园南昌”，彰显“山水绿色都城”的独特魅力。2011年南昌市“十二五”纲要提出了“低碳生态发展示范城市”的发展定位。归纳起来，南昌形象定位有“现代区域经济中心城市和现代文明花园英雄城市，历史悠久的滨江花园式城市，突破创新的长江流域旗舰城市”；“更加适合生活、更加适合创业的中国重要的交通枢纽城市，全国历史文化名城，国家承东启西重要的经济中心城市，具有特色魅力的旅游集散中心城市，走向国际的现代化花园城市”；“区域性现代服务业中心”；“一个基地、三个中心、四个南昌”；森林城乡、花园南昌；泛长和泛珠三角区域有战略影响力的现代经济中心城市和低碳生态发展示范城市等。

2. 问题与反思

总的来看，南昌官方对南昌城市形象的定位主要集中在“花园城市”，涉及“区域经济中心城市”、“国际化”、“交通枢纽城市”等。但是，多年来，官方对南昌城市形象的定位并没有形成共识，也较模糊，尚在探索和发展阶段，但有一条主线，始终强调生态化发展的道路。近年提出的“低碳生态发展示范城市”是基于对多年南昌“花园城市”建设的基础上提出的更加深刻和准确的城市形象定位。这一定位更加明确地指出了南昌城市的发展方向，也是南昌城市形象定位的一次跨越性尝试，南昌城市形象最好的选择就是生态、低碳、可持续发展。通过对南昌城市形象定位历程的综合分析，笔者发现其中存在一些问题与不足：

其一，南昌城市形象的定位大致有一个方向，但并不清晰，南昌在城市形象塑造上呈现出“全而不精”的局面，导致南昌城市形象模糊，稳定性差。

其二，在南昌城市形象的建设过程中，缺少全局的、系统的、有效的规划与指导。新的《南昌城市总体规划》全面而细致，但没有明确指出南昌城市形象的定位，南昌城市形象塑造急需一个能够统领全局、细致明确的定位及传播规划。

其三，南昌在对外宣传方面较薄弱，主要表现在：（1）营销宣传方案单调。大多局限于地方媒体，中央媒体、外地媒体对南昌的宣传推广较少，缺乏整合营销传播；（2）传播效果欠佳。近几年来，在南昌举行的大型活动越来越多，但却因场馆设施等方面的不足导致受众体验效果不好。

其四，南昌城市形象建设中需要更好地实现全民参与。目前，南昌的城市形象建设仍以政府部门为主要决策及实施方，缺少市民、企业的参与。市民是城市发展最直接的体验者，对城市发展过程出现的变化与问题有着最直接的体验，因此，作为城市建设与发展的决策者必须广泛听取市民的意见与建议。企业是城市经济的载体，也是城市建设的重要力量，做大做强本土产业及企业能够有效提高城市的知名度和美誉度。

二、乐活新城：南昌城市形象定位

笔者以《南昌市志》为主要依据，并收集了南昌媒体以及网络中的相关资料，运用扎根理论的基本原理对已收集到的南昌城市建设资料进行整理、分析，提炼出南昌城市形象的核心范畴，将南昌形象定位为“乐活新城”。“乐活”是“LOHAS”（Lifestyles of Health and Sustainability）音译而来，是近二三十年来在西方兴起的一种具有变革意义的价值观和生活方式。LOHAS 群体关注健康、环境、个人成长、可持续性的生活方式以及社会公正。在中国，“乐活”的价值理念及生活方式被定义为：“崇尚义利合一、天人合一与身体心灵均衡发展的价值观，树立离苦得乐、与自然和他人共乐的人生观。降低自身的欲望，放慢生活的节奏，平缓自己的呼吸，减少浮躁的行动，逐渐体验慢生活、简单生活、宁静生活与悠闲生活的价值与趣味。”[1]概括地说，“乐活”是一种倡导关心自己、关爱他人、关怀地球的价值理念，具有很强的生态意识和深刻的文化内涵。“乐活新城”正好契合南昌形象定位。“乐活新城”兼容了“魅力文化古城”。南昌有着悠久的历史和文化，南昌城市文化的特质是质朴、中庸，散发出朴实无华和追求自然的魅力，南昌有着与生俱来的中庸气质，不偏不倚，慢条斯理，在人与自然、人与社会、传统与现代之间不断寻求平衡。“乐活新城”兼容了“生态绿城”，即绿色、环保、可持续发展。生态建设一直是南昌城市发展规划的重中之重。独特的水域地貌特征、城市候鸟现象是南昌原生态环境的最好例证。鄱阳湖生态经济区建设，更有利于南昌“生态绿城”的保持和发展。“乐活新城”兼容了“低碳先锋”。南昌入选低碳试点城市，制定《南昌低碳城市发展规划》，逐步形成低碳产业群，城市低碳建设步入正轨。低碳是一种追求健康环保的生活方式，这也契合乐活的理念。

“乐活新城”兼容了“旅游休闲之城”。南昌的特色旅游类型主要有：红色旅游、乡村旅游、休闲旅游、生态旅游、亲水旅游。由此可见，在南昌，旅游休闲更倾向于文化之旅、自然之旅，更是“乐活”精神之旅。“乐活新城”兼容了“区域经济新城”。南昌是江西省会，是长江中下游地区重要经济带城市，具有明显的区位优势。而在鄱阳湖生态经济区规划的国家战略中南昌是其核心城市，这为建设新南昌创造了绝佳的机会，发展潜力巨大。综上所述，南昌的历史文化、地理山水、经济社会、南昌人的衣食住行，都体现了人与人、人与自然、人与社会的和谐共存和永续发展。南昌远离繁华都市的喧嚣，在自己的路上悠然行走，发展平稳，坚持着自己的原生态，坚持着和谐、永续、万物共存，体现了中庸的城市性格。因此，“乐活新城”是对南昌城市历史文化、特色资源、现实优势和发展趋势的最好表达，它连接了南昌的过去、现在和未来，连接了南昌的人、自然和社会，它传递了南昌独有的“乐活的城市生活、乐活的城市文化、乐活的城市环境、乐活的城市经济、乐活的城市理念”。

三、南昌“乐活新城”形象传播策略

1. 南昌城市形象传播的总体目标和规划

“乐活新城”形象传播的总体目标是：指导南昌的城市建设，指引社会、经济的发展方向；传递“乐活”理念及其生活方式，塑造“乐活新城”的城市形象；以“乐活”为核心，建设宜居、宜业、宜学、宜商、宜游的生态新城。南昌城市形象传播的总体思路是：立足本省、走进全国、面向全球；树立概念、强化理念、改变生活；目标明确、循序渐进、夯实品牌。南昌城市形象传播的目标规划。近期目标（2013—2015 年）：进行“乐活新城”的商标注册；完城市 VI（Visual Identity，视觉识别）设计；召开“乐活新城”新闻发布会；整合各种媒体进行大规模宣传；政府部门及本地重要企业进行城市形象定位的知识培训；举办国内外研讨会等。中期目标（2015—2020）：在全国范围内形成“乐活新城”的概念，城市形象基本成型。长远目标（2030 年）：基本形成世界知名城市形象“乐活新城”；次级城市形象发展完善，全方位支撑整体城市形象并与整体城市形象有机结合。

2. 南昌城市形象的塑造计划

首先，列出“乐活新城”城市形象塑造的所有相关工作，按照各项工作性质和内容划分为近期、中期、远期以及直接活动、间接活动等。

其次，按照近期、中期、远期计划安排各阶段内的时间划分、宣传主题、宣传方式、经费预算、负责部门等。建立形象传播良好的本地氛围：通过政府倡导、组织学习、举办各种文娱活动，提高南昌市民意识，激发参与精神。对南昌形象的内容进行准确编码，使其成为一系列方便传输的符号。南昌形象传播要重点推广这些乐活要素：深刻诠释“乐活”的理念与意义；解读“乐活”与南昌的关系，树立“乐活新城”的概念；

展示南昌城市发展中的“乐活”，具体包括“乐活”主义；大气、包容的城市文化；动感、活力的城市生活；低碳经济先锋之城；生态、亲水的休闲之城；承接“泛珠三角”和“泛长三角”的区域经济新城。在品牌塑造上，对“乐活新城”进行商标注册；设计主题广告语；塑造品牌个性；赋予“乐活新城”特定的内涵；扩大品牌知名度。在视觉识别策略上，申请“乐活新城”为注册商标；根据城市形象定位设计形象口号，以及形象标志统一的 CIS（企业识别系统），并逐步应用；根据城市形象口号、形象标志统一广告宣传、展览会、招商会议、各级企事业单位的国际国内会、主题活动；统一城市形象的视觉效果，增强对受众的视觉冲击力和记忆力，建议不要使用单一色调，最好以柔和的色调为主。

设计南昌城市形象主题广告语。整体城市形象广告语：亲水南昌，乐活家园；次级城市形象广告语，包括，魅力文化古城：人杰地灵，物华天宝；生态绿城：襟三江，带五湖，与候鸟同居；低碳先锋：低碳的南昌，给地球降温；旅游休闲之城：最乐活，最南昌；区域经济新城：东接“泛长”，南承“泛珠”，经济新城等。

3. 南昌城市形象传播具体实施策略

在开展南昌城市形象之前，要进行准确的目标受众定位。南昌城市形象传播的受众具体包括：南昌市民，游客，投资者，各地优秀人才，来南昌工作或定居者等。对不同的受众群体要采取不同的形象传播诉求语，如对南昌市民传播：每时每刻，随时随地，享受原滋原味的生活；对游客传播：在这里融入自然，在这里体验“乐活”；对投资者传播：动感都会，新兴产业，潜力无限；对各地优秀人才传播：南昌，展示梦想的地方；对来南昌的定居者传播：临水而居，诗意生活。南昌城市形象的具体传播策略包括如下几个方面：

其一，开展“乐活新城”启动会或新闻发布会，目的是统一认识、分工协作、调配资源、工作计划，同时借题发挥开展宣传：邀请尽可能多的地方媒体、中央媒体出席。重点强调市政部门的决心和信心，以及对未来发展的规划蓝图，新闻报道要多角度，让目标受众深入、全面地进行了解。

其二，南昌城市形象的媒体投放方式。采取脉冲式排期，既有稳定的宣传效果，又不会影响在随时到来的营销契机时做强势宣传；投放内容：确定每一个脉冲点的相关宣传主题，不同的脉冲点应选取不同的宣传主题，相邻脉冲点的宣传主题要有连续性和一致性。

其三，南昌城市形象的传播内容。运用报纸专题报道，根据宣传脉冲点的主题要求，制作专题报道，在各大报纸上发布，营造氛围。拍摄介绍“乐活新城”的电视宣传片，在本地电视台及中央电视台滚动播出。安排领导、知名企业家、专家学者参与现场谈话节目，并让目标受众能够参与节目互动。策划拍摄“乐活新城”相关电视剧，在市内外电视台播出。开辟诠释“乐活”，倡导“乐活”的生活方式的栏目，全面普及“乐活”的理念与意义，并引导社会生活走向“乐活”。

其四，南昌城市形象传播渠道。首先是平面媒体，包括本地媒体，如江南都市报、南昌晚报、信息日报、江西日报、晨报、南昌广播电视报等；外地媒体，如人民日报、经济日报、新华社等。其次是广播电视媒体，其中包括本地电媒，如江西电视台、南昌电视台、江西人民广播电台等，外地电媒，如中央电视台等。再次是网络媒体，包括本地网媒，如市政公开网等市委市政府以及政府各部门的相关专业网站、地宝网等外地网媒，如新华网、新浪网“城市频道”、中国城市发展网等，向百度、谷歌等搜索引擎申请将“乐活新城”放在相关搜索信息的首条。第四是户外媒体。在市内各个主要车站、机场、政府办公楼前、大型广场、桥头、购物中心、重要旅游景区等人流量大且醒目的位置，树立“乐活新城”的城市形象广告牌。根据市政部门工作部署，长期投放，定期更新。第五是公共关系策略。举办各种国际国内的文化交流论坛、学术研讨会。如“世界低碳生态经济大会”、“城市发展·南昌论坛”、“100 位城市领袖论剑南昌发展”高峰论坛，每年举办的“金秋经贸活动月”、“绳金塔庙会”以及其他国际国内的招商大会、高峰论坛、学术研讨会、体育赛事、文化交流、文娱汇演等，构建全方位立体传播网络。最后是口碑传播，既可以利用短信平台、又可以通过进入南昌的车船和飞机等的服务人员的介绍、导游的介绍、外出的南昌市民对外宣传等，构建南昌城市形象传播全方位立体渠道。

结语

“乐活新城”的形象定位扎根于南昌的城市资源和发展趋势，“突出城市特色、突出生态意识、突出文化内涵”，[2]（P57）体现了时代特色和南昌独特的城市魅力。南昌形象传播要在“乐活新城”定位的指导下，通过回归历史，展示南昌的精神财富、挖掘历史名人文化资本、彰显历史事件场所精神。[3]完善城市的各个环节，全面提升公众的城市体验，避免出现明显的“短板”，以致影响城市整体形象。南昌形象定位和传播要在一个专门机构的领导下，在官方的有力支持和民众、企业的共同参与的基础上，对南昌形象进行准确的定位和编码，整合多种传播渠道，全面、客观、真实地展现南昌的形象，主动出击，突出特色，加强形象传播的针对性，保障形象传播的持续性和常态化，努力改变全国受众对南昌的认知，打破公众对南昌的刻板成见，吸引更多的关注目光、投资机会和旅游热情，树立南昌的强势地位，使南昌在竞争和交往中占据有利地位，营造舒适发展环境，有效实现发展战略，推动南昌全面发展。

［参考文献］

［1］沈立．中国乐活族的 10 大提案［J］．中国保健营养，2008（11）．

［2］余明阳，姜炜．城市品牌［M］．广州：广东经济出版社，2004.

［3］冯淑华．红色旅游的价值与本体回归探讨［J］．南昌大学学报（人文社会科学版），2011（3）．

陈世华，江西玉山人，南昌大学新闻与传播学系讲师，新闻学博士，主要从事传播理论与实践研究；吴芳芳，江西南昌人，南昌铁道报社记者，硕士，主要从事广告和品牌传播研究。

二、 城市形象广告论文

（一） 浅谈城市形象广告与城市品牌

作者： 佚名

一、 城市形象片的界定

对城市形象广告做出明确的界定是一件很困难的事情。 当前， 我们所看到的城市形象广告中， 大体可分为以下几类：

第一类是城市宣传资料片， 一般由城市政府主持， 对城市的政治、 经济、 城市建设、 文化、 历史、 人文等做全方位陈述， 其广告的时长甚至可达 30 分钟以上；

第二类是城市旅游形象片， 由城市政府或城市旅游主管部门牵头， 对城市的主要景观做游历性扫描；

第三类是城市招商形象广告， 侧重于城市经贸发展介绍， 展现城市优势资源和良好的投资环境；

第四类是与大型活动相配合的城市形象宣传， 如 2008 北京奥运会前后北京的城市形象宣传片、 2010 上海世博会之前的上海城市形象广告等。

然而， 尽管以上各类城市形象广告都在不同层面、 不同角度展示了城市优势， 但城市的主体性特征不明显， 缺乏独特的城市主张， 因而难以形成特定城市的品牌识别。

因此， 我们将从品牌形象建构角度界定城市形象广告： 凝练城市的独特人文、 准确表达城市的差异化定位、 形成对城市理念的单一诉求， 是城市形象广告区别于城市宣传资料片、 城市旅游广告、 招商广告的基本要素。

在中国， 为城市做形象广告起始于 1999 年。 当时， 山东省威海市为发展当地旅游业， 做出了以广告传播吸引八方游客的决策。 为形成差异化竞争， 广告采用了 “一个新的创作思路， 那就是从单纯的宣传个别旅游景点转到推介一座城市； 从宣传景点形象转到宣传城市形象； 从发掘景点特色转到发现城市之魂。 城市广告不再把焦点对准城市中的某一个别事物， 而是综合考察整个城市， 通过城市中各部分资源的组合， 产生一种整体的冲击力， 表现和展示城市形象。 威海的独特地理位置、 著名历史事件、 和谐的城市景观、 宜居的城市条件被组合到一起。 威海市的整体形象得到这样的展现： “这里弥漫过甲午战争的硝烟， 这里被秦始皇称为天之尽头， 如今， 这里是世界上最适合人类居住的范例城市之一——威海， CHINA！ ” 周怡和黄伟的 《城市发展中的城市形象广告——中国首家城市形象电视广告的诞生及其影响分析》 有如上表述。 不难看出， 广告所选取的城市符号代表了威海的特殊之处， 是不可复制的。

从 1999 到 2009 的十年期间， 中国城市形象广告的数量急剧增多。 我们依据国家统计局 2007 年底的统计数字， 对 36 个人口超过 200 万以上的中国城市和两个人口不足 200 万的副省级城市，共计38个城市的形象广告进行搜集，共收集了157支城市广告片。其中结合大型活动进行城市形象传播，如奥运北京形象广告、世博会上海形象广告等，其数量约为40个，占城市形象广告总量的25%；旅游类城市广告占33%；此外，还有一部分城市形象广告体现出明显的招商广告色彩，所占比例约为18%（如图1）。因此，真正具有城市品牌建构意义的城市形象广告仅占样本总量的5%！

毋庸置疑的是，城市形象广告具有招商引资、吸引旅游等功能，但这些功能实现的基础则是城市形象的可识别性。因此，我们认为，城市的可识别性体现在特定城市的人、生活和文化的融合，这种三位一体的表述形成了城市的差异化传达。

二、城市形象片与城市品牌

1. 城市形象广告要融会城市的历史文化，追求理念的单纯

任何城市都有其既定形象和创新性形象。比如上海，在历经三十年代的繁华，上海在我们大家的心中已留有“冒险家乐园”的既定印象，尽管上海是都市的、商业化的、洋派的、优胜劣汰的，但也是充满着机会的；面对新世纪的发展机遇，上海如何摒弃“冒险家乐园”的消极成分，创新上海城市形象？上海提出了“海纳百川”的理念。“海纳百川”，既展示了上海的机会，也展现了上海的包容；既摒弃了“冒险家乐园”的痞气，也保留了个人价值的实现空间。海纳百川，是对城市历史与文化的升华。

2. 城市形象广告要定位城市形象，追求表现符号的单纯

城市形象是城市定位的凝练性表达。它不是大而全的描述，而是对城市未来发展模式的抽象概括和具象演绎。上海城市形象在寻找定位表达时，选择了高度与速度概念，它凝练了上海作为国际化大都市，在未来建设国际经济、金融、贸易、航运等四个中心的城市发展定位，并选择了姚明和刘翔作为形象代言人，将高度和速度具象化，为受众创造易于识记、简单理解的符号空间。

3. 城市形象广告要整合城市景物，阐释属于特定城市的情感

城市是感性的。城市因人而有生气，因人的生活而有历史，有文化；城市既是人类情感的物化，又是人类情感的延续；因而，城市需要以情感语言沟通。

作为沟通城市与受众情感的城市形象广告，如何挖掘凝聚于城市景物中的情感，我们看到了人的生活。对比国外的一些城市形象广告，我们发现：无论是行者所看到的纽约，还是运动所贯穿的伦敦，都离不开城市中人的生活——那种属于该城市人的独特场景、独特个性、独特娱乐方式……城市形象广告恰是在对特定城市生活的情感表达中，唤起了受众对该城市生活的理解、文化的感悟和强烈的体验欲望。

4. 城市形象广告要实现功能减负，追求对城市的单纯信仰

在我们所研究的样本广告中，城市形象广告承载的功能繁重，既要展示城市形象，又要兼具招商引资功能，还要展示著名景观，实现促进旅游的职责……对城市形象广告的多重职能要求，迫使城市形象广告流于记录而缺乏创意，其庞杂的功能诉求也很难为受众勾勒出鲜明的城市特征。

城市形象广告的功能，应该是张扬城市品牌；城市品牌的张扬，将有效实现城市的多重功能。对城市理念与定位的认知和理解，将吸引更多的市场机会，不仅能够招商引资，更能够吸引更多的优秀人才；对城市生活、文化特征的识记，将创造更多的渴望与梦想，体验与融入；对城市唯一利益点的信赖，对城市的信仰，将为城市积淀长久发展所需的多重资源，创造城市发展的奇迹。

因此，我们需要张扬城市品牌的城市形象广告。

（二）浅谈城市形象宣传片的美学运用

作者：佚名

引言

自2000年1月1日昆明市在央视推出《昆明天天是春天》，首开城市形象宣传片的先河，到央视持续推出“中国魅力城市展示”，已有三百多个城市在央视不同程度地做过形象广告，形成了令人目不暇接的“城市形象广告秀”。然而，“高、大、全”的宏大主题和“千城一面”同质化，不仅让观众们审美疲劳，更让城市形象宣传片的承载使命和传播效果形成现实的断裂。

一、城市形象宣传片中的“期待视野”

所谓“期待视野”指读者在解读作品之前，总是从前此积累的人生体验、知识基础等出发进行解读。以此为基础，读者对作品在解读之前有预想或期待。美学到了接受美学阶段，开始将接受者提高到了文学理论、美学研究的中心地位。艺术创作者的存在不仅是为了艺术品的创作，而是延伸到了读者接受的领域。

无论从广告心理学，还是从传播学的受众理论来看，城市形象宣传片都应遵照“受众为核心导向”的创作模式。事实上“形象”本身就是一个美学概念，而在美学上往往又是“美与不美，自在我心”的观赏者理论为导向，因此宣传片中的城市形象与受众的“期待视野”的融合是一个很重要的标准。

我对城市形象宣传片内在视野和观众期待视野的融合的理解，就是城市宣传片所表现的主题既在观众的意料之中，又在观众的意料之外。

要宣传一个城市，首先要打造出这个城市的品牌。

遗憾的是，安庆没有沿海城市先行一步的无限风光，也没有西北积弱多年后所获得的全力扶持，更没有过如东三省般的大起大落……从现在的时间维度出发，安庆似乎从未特殊过，也从来没有得到过“瞩目”的礼敬。但是，安庆是一个具有鲜明个性的历史文化名城，只是被时代尘封在历史过往中而已。从历史文化中挖掘安庆最具独特性、最有传播力的元素成了我们必然的选择。

安庆是著名的禅宗圣地、是桐城派文学的故乡、是黄梅戏的发源地……我们需要在这些众多纷杂城市元素中挖掘出最具独特性、最有传播力的符号。经过反复论证和推敲，我们选择了“黄梅戏”作为安庆的品牌，作为城市形象宣传片的精神符号。

以“黄梅戏”作为安庆的载体，与观众的“期待视野”一致的。你可以不知道安庆，但是不会不知道黄梅戏。作为近代中国戏曲五大剧种之一，黄梅戏可谓脍炙人口。不论你走到哪里，都能听上几句“树上的鸟儿成双对”。

“黄梅戏”发源安庆，植根于安庆人，黄梅戏所蕴含的温婉唯美、从容流畅、活泼生动的气质，是安庆人的性格和安庆的城市精神的体现。城市的发展，在某种程度上讲是人文发展的延续。我们希望借助于“黄梅戏”，让观众发现安庆这个城市一脉相承的品质，而这些内在东西可以传达成城市精神和理念，展示城市实力、创新能力，以及未来发展的内在动力。

正是基于以上的创作思路，在整片的结构上，我们通篇强调“黄梅戏”的元素。将一位在戏剧学校学习黄梅戏的演员，作为串联全片的导游。通过她的“指引”，带领观众进入情景，在自然景观、历史遗存和现代化城市建设中领略安庆的魅力。

二、城市形象宣传片中的美学运用

城市形象宣传片虽然篇幅有限，但却是融专业性、思想性、艺术性、开放性于一炉的综合体。城市形象宣传片在向观众传达信息的同时，还必须满足观众审美情趣的需求，唤起观众的审美共鸣。一部优秀的、吸引人的城市形象宣传片，是城市形象美和电视语言创造出的意境美的和谐统一。

以下，结合《中国安庆》宣传片策划制作过程，谈谈我的一些心得和体会。

（一）戏剧美和现实美的结合

选择由“黄梅戏”作为主线，有其弊端。一则，喧宾夺主，容易将观众置入戏剧的情景；二则，时代感差，容易让观众陷入历史。所以，我们虽以“黄梅戏”为全片的主线，但是戏剧元素的采用保持一定的节制，尽可能做到恰到好处。

在人物选择上，我们选用了当时还是中戏学生的张凡。她是安庆人，自幼学习黄梅戏。相貌上，她既具江南美女的温婉，也富青春时尚的气息，契合我们要表达美而不艳、悠远而年轻的新安庆形象。更重要的是身段上，她有黄梅戏的功底，能够娴熟地完成黄梅戏的经典动作。

在人物造型设计上，我们一开始曾让张凡全部戏装装扮。但是从画面呈现效果看，“戏剧人物”与“现实场景”之间显得格格不入。经过几次调整，我们最终采用了去掉面装和头装仅用戏装的方案。让人物戏装的戏剧美和面相的现代美在冲突中融合，给人以时空感，展现历史和现实的对接和碰撞。

（二）动态美和静态美结合

黄梅戏的身段和动作本身就是一种美学的符号，内涵则是艺术的包容和美学创造。我们将张凡置身于安庆各个具有地标意义的场景中，张凡舞动长袖，婉约流转，姿态翩跹，而背景的建筑物在缄默中静静地诉说古今。通过戏剧动作的动态美与建筑物的静态美结合，运用一动一静富有表现力的视觉语言，将古老文明与现代文明结合起来，塑造出安庆历史悠久而富有现代活力的城市形象。

今天再看《中国安庆》，当初的这个“动静结合”意识是有了，但是贯彻的不彻底，存在缺憾。如果将张凡的戏剧眼法和动作进行细致的分解，把每一个亮相、甩袖、定神、远望等动作，作为每一个场景的转场，形成视觉和动作的引导，宣传片的整体连接将会更自然、更洒脱。

（三）色调美和构图美结合

江南的美，美于无声的烟雨，就像一幅朦胧的水墨画，朴实恬静。徽派建筑的美，美在淡雅简约、亲切宜人、点到为止。“简洁”“清新”“透彻”就是我们对安庆宣传片的整体色调和画面要求。

整部宣传片我们采用的都是冷色调，力求彩色干净清爽，内敛婉转而毫不张扬地呈现出墨色江南的气质。画面中唯一的暖色就是舞动长袖的身着红色戏服的张凡，颜色上的强烈对比，给人以视觉冲击和美感。我们期望通过“美如墨泼晕，芳菲一点红”色彩搭配，展现出一种矜持高雅而又活力四射安庆形象。

江南雨如烟似雾，有着荡涤尘世喧嚣的清爽快意。为了表现出江南特有的温润和朦胧，拍摄的场景几乎都经过了洒水处理。不仅画面有了湿度感，湿漉漉地面上的倒影让画面的构图更美，增添了几份灵动。

（四）音乐美和意境美的结合

音乐是电视宣传片不可忽视的艺术元素，凭借画面和音乐的组合才能增强实现电视宣传片的阅读性和欣赏感。我们希望宣传片的音乐

能够营造宁静本真的意境，同时又要融合黄梅戏乐曲的元素。就此我们到了有“地理音乐”大师之称的作曲家李志辉，他在原先创作的《青瓦白墙恋徽州》基础上进行可改编，借用黄梅戏《女驸马》的旋律，以民间乐器自然的原音与现代音乐表现相结合，专门为宣传片创作了配乐。配乐的成功为宣传片的整体效果增色不少，弥散的一个音符和流转起伏的画面产生了联觉的效果，相得益彰。明亮悠扬、清脆悦耳的笛声将观众带入古朴清新的安庆。

创作一部城市形象宣传片是创作团队按照一定的审美观念进行美学构思，对城市中美的事物加以选择、概括、提炼、逻辑构架而成的艺术画卷，因而城市宣传片中的美应该比现实生活中的美更集中、更典型、更普遍、更强烈和更富有感染力。“美”是城市形象宣传片创作努力追求的艺术境界。

（三）中国城市营销研究之初探

作者：刘逸辰

在商业化繁盛的今天，激烈的竞争环境造就了一阵阵喧哗热闹的营销景象。商品之间、企业之间、个人之间，竞争对象越来越普遍化，随之营销形式也愈加多元化。随着宏观经济的蓬勃发展，营销范围逐步夸大，美国经济学家菲利普·科特勒站在时代的峰头提出了“国家营销”的概念，将国家看做一个企业一样经营，推出一系列“国家企业化”概念，

从而提高一个国家在世界范围内的竞争力。这种大的营销理念是时代发展的必然结果，也是适应经济全球化现状的一个必然趋势。但国家毕竟是一个独立的政治体，在运用这一营销理念的同时难免会受到意识形态体制的约束，所以，小而化之，作为国家组成单位的城市则自然而然成为这种大营销观最好的训练场。

城市作为经济社会自主化发展的个体，它的运行体制就像一个大型的企业：有独特的资源储备，有自成一体的经济和社会发展流程，有具有特殊符号专属性质的居住人群，有自己的品牌和名片，并且城市之间的各项交流恰又构成了客户互动机制，所以管理一座城市实际也正是经营一座城市。

既然有经营，营销概念就必然要摆上台面。城市营销就是要整合城市方方面面资源，包括产品、企业、品牌、文化氛围、贸易环境、投资环境、人居环境及至城市形象，等等，运用各种营销手段，投放到目标市场，向客户进行宣传和销售等一系列业务。市场的范围不仅局限在城市之间，还可以大到整个世界的范围内，比如 CCTV5 知名的节目《城市之间》，就是一个世界城市之间营销的大舞台。通过城市营销的手段，城市自身竞争优势就会显现出来，就能更吸引外来资源和财富的瞩目，注入更新更强的发展动力，在推动城市良性发展、人民生活水平的提高等方面上有着至关重要的意义。所以，城市营销是全球大市场格局下发展的必然手段，是城市在竞争浪潮中不断站稳尖峰的重要舢板。

将城市营销的视野转回国内，中国城市营销在国内日益繁荣的市场中气温渐升。2010 年，经国务院批准，民政部审核报批了 9 件县级以上行政区划调整事项，减少了 3 个市辖区和 3 个县，新设立了 1 个市辖区、3 个县级市，设市城市数量增加到 657 个。城市数量的不断增加，一方面表现出我国经济的增长势头，另一方面也将城市竞争这锅浓汤越煮越开。如何提升城市的竞争力，吸引更多的发展资源，让城市的品牌性愈发闪耀，这都离不开城市营销的有效实施。

笔者认为，中国城市营销当下的发展处于良莠不齐的状态，要充分发挥城市营销的重要作用，在策划上一定要认准五个方向：

第一，城市定位。定位是一个城市崭露头角的关键。就像营销一个产品，你需要把握产品本身，整合好所有营销因素，明确你要推出一个怎样吸引客户的产品，其最核心的营销点在哪里。只有定位准确，才能更好的铺展产品的营销通途，一针见血的击中营销受众。城市也是一样，每个城市都有自身独特的资源、文化、人文、环境，这些特点就是城市营销的资本。要精准的做好城市定位，必须要首先做好城市各项的资源整合，然后经综合考量评估，遴选出最适合城市未来发展也是最有突出吸引力的营销点，作为城市宣传造势的重心，形成凸显城市形象的名片。

例如，以“浪漫之都”为品牌形象的大连，其城市定位是“时尚大连”。这一定位的设计让大连的形象在繁多的沿海城市中一跃而起，知名度迅猛上升。众所周知，大连是 20 世纪初的新兴城市，城市发展史很短暂，历史文化资源稀薄，影响力低，标志少，营销基础并不好，但其能成功在中国众多港口城市中脱颖而出，离不开城市定位的精准带来的好处。首先，大连诞生在一个特殊的历史时期。清朝时期，大连还是一个驻扎海防的小镇。1897 年，沙俄设计师揣着法国巴黎的城建图纸想在东方再造就一个以广场为主的城市，于是就来到了中国大连，给她起名“达尔尼”，意为遥远的城市，一个远离莫斯科和圣彼得堡的地方。1905 年，日本占据了辽东半岛，把“达尔尼”音译成汉语的“大连”。巴黎是鼎鼎大名的时尚浪漫之都，而大连城市的建设构想就是仿巴黎式的，由此可见，“时尚浪漫”是大连与生俱来的本质。其西临渤海，东望黄海，是京津的海上门户，东北的海上中枢，坐拥海洋的天然地理优势既给大连带来了进出口贸易的便利条件，海洋的温柔气质也无形中增添了大连的浪漫氛围。所以，“浪漫时尚”自然而然的成为最适合大连的城市定位，也为大连城市营销的进展确立了积极准确的方向。

精准的城市定位为城市营销的进展带来积极作用，而如果定位失误，带来的消极影响也是相当严重的。咸阳就是城市定位失误的其中一员。

咸阳是陕西省第三大城市，历史悠久，是中国著名古都之一，有“中华第一帝都”之称。秦始皇一统天下，建立中国历史上第一个统一的封建王朝，就定都在这里。此后又见证了许多王朝的兴衰，共做过 13 个王朝的都城或京畿重地，拥有着丰富的历史文化资源。而正由于其显赫的帝都背景，也遗留下了许多珍贵的传统养生文化和资源，并且，咸阳还是中国药品保健品营销的兴起之地，所以咸阳有着许多足够称颂与宣扬的营销资本。然而，在整合这些资源之后，相关部门却将“足疗养生”作为这座城市定位而进行宣传营销，这不免与这座帝都的辉煌形象相差甚远。虽然“足疗”确实是咸阳养生文化的一大特色，但皇帝的住所竟全变成了洗脚城，天子身旁的臣民却集体走到街头为人洗脚，实在让人感到怪异和尴尬！城市定位的失误让好端端的一个帝都形象损毁殆尽，这个教训值得让每一个城市量材忖度自己的定位。

第二，城市包装。包装如同穿衣服。俗话说，人配衣服马配鞍，经过细心打扮和装饰的东施一定比粗布烂衫、素面朝天的西施更吸引人，这就是包装的重要性。一个产品能否吸引客户和消费人群，做足门面功夫是关键。精准漂亮的包装能有效地放大产品的营销优势，在同类产品中凸显自身的特点，增加客户的辨识度和记忆度，对扩充销量的影响力巨大。城市即也如此，一个响亮的城市口号，一个独特的地标建筑，都能起到包装城市的效果。好的包装能吸引更多外来投资者的瞩目，能笼络大批发展资源，也能增加城市居民的认同感和自豪感，对城市的不断繁荣发展、营销成果的不断壮大起到重要作用。

城市包装是城市营销的关键环节，决定着城市营销实施的效果，是资源进一步整合后的优化创造。其分为两种包装类型：

第一类是软包装，即指的是城市口号和标语的制定。如之前提到的大连，它的软包装就体现在那句脍炙人口的标语“浪漫之都，时尚大连”，再如内蒙古省会呼和浩特的十分形象的口号“天堂草原，魅力青城”，还有我省城市营销力度最大的洛阳，其口号也极显城市的文化特色“千年帝都，牡丹花城，洛阳欢迎您”。软包装的制定是对城市资源优势的精华集中，是城市品牌形象的最恰缩影，也是有效与受众拉近距离的绝佳方式。江苏常熟的软包装口号就集聚这种特点，“江南福地，常来常熟”，这句口号很巧妙地把城市的名字融进口号里，达到一语双关的效果，既体现出了常熟市推销其江南水乡美景资源的目的，又表达出了常熟人亲切好客的性格，一句话就贴近了受众的心。所以，软包装的设定是城市营销的有力武器，就像街边小贩口中的吆喝，几句话就能点燃过客的关注，摊子再小也能一下热闹起来。

第二类是硬包装，即指城市在整合资源基础上创造的具有营销功能的旅游景观、场馆设施、地标性建筑等硬件设施的包装。如山东著名旅游城市荣城，其借助丰富旅游资源建立起的一系列硬包装把营销理念发挥的淋漓尽致。坐落在山东半岛最东端，与日、韩隔海相望的荣城，也是一个拥有优秀地理位置的海滨城市。在城市营销过程中，荣城被极力打造成旅游城市：号称“中国好望角”的成山头国家重点风景名胜区，中国第一家村办放养式野生动物园的神雕山野生动物园等重资打造的著名旅游景点，以及正在着力打造中的日韩协作区的桥头堡、半岛城市群的领头雁和国际造船基地。这些优秀的城市硬件设施的建成，把荣城逐步塑造成一个经济、文化、旅游各方面都具有较强竞争力和影响力的现代城市，荣城的发展势头也随之愈发旺盛。

城市包装是一个城市出厂的行头，其实质是将城市的优势与特点充分发挥利用起来，而忽视城市包装就等于浪费了城市资源。我省就有一个典型的例子——安阳，其拥有众多旅游资源，是著名的“殷都”，甲骨文的故乡，城市历史中还流传着许多历史名人的文化故事，以及著名的人工天河——红旗渠。近年来曹操墓的发掘也为安阳增添了一道靓丽的风景线。但安阳的旅游活动一直开展的不温不火，城市包装更是一塌糊涂，毫无出彩可言。无论是软包装的虚弱，还是硬包装的贫乏，安阳在城市营销运作上的确浪费了大把的机遇，这无疑是对庞大优秀资源的浪费，值得城市策划者的深思。

第三，城市推广。讲到推广，城市与产品的距离便拉得更近了。一个新产品有了明确的定位与优秀的包装之后，就意味营销准备阶段的结束和实战阶段的开始。所谓实战，即是开始大规模的营销活动。也就是大肆的造势和推广，把产品的知名度彻底吆喝出来，让受众听到、看到、触摸到、感觉到产品的一切。城市推广与其是一个道理，并不是一个城市建成后就会顺理成章的人尽皆知，推广手段是绝对不可少的。笔者对城市推广的重要性感受颇深。在第一次离开郑州，去东北学习考察时，跟新认识的友人谈论起自己的家乡，本以为会获得友人的认知，然而竟然得到的答案是不知道郑州在哪！开始还以为是友人常识过于缺乏，但后来又连续问了许多当地人，都对郑州了解甚少，这让笔者不禁对郑州的城市推广状况表示担忧。本以为一个偌大的中原核心经济区，又是河南省省会，拥有丰富的历史文化资源，而且还是重要的交通枢纽，其知名度竟还不如小小的滨海旅游城市。由此可见，城市推广的有效实施对于城市的知名度和影响力的作用是举足轻重的。

城市推广不是发动广大民众的口耳相传，其采用的手段与产品营销如出一辙。一般都会采用两种常用的方法：

第一种是软推广方式，即是以广告营销手段吸引关注率，包括平面媒体广告、电视广告、网络广告等。在城市推广方面的广告，最常用的就是电视广告。平时人们总在中央电视台看到，新闻或一些节目中间插播的宣传城市的短片便是城市推广用到的电视广告，这种广告一般都选择投放在收视率高的大型电视台，并且都是集中投放一个时段。广告用城市特色的剪影片段和宣传口号来吸引旅客和投资商的关注，而经过广告式循环播映后，城市的名称和基本印象就自然在观众的脑海中形成了记忆点，这就准确有效地达到了城市推广的目的。

比如中央一台《朝闻天下》节目中间插播的推广城市旅游的广告，上文提过的大连、荣城等营销力度强的城市都在这个时段中反复出现，而让笔者记忆最深的还是山东省全省的大规模集结式的宣传。广告中将山东省的每一个城市的标语和典型景观铺陈式的展现开来，最后用一个“好客山东欢迎您”作结，内容震撼，规模宏大，气魄动人。再加上不断地循环放映，山东省的优秀形象便逐渐在观众的心中膨胀开来，直到旅游和投资的心蠢蠢欲动，“好客”的山东就坐等着大把的外来资源和发展财富收入囊中了，名利双收便如挥一挥衣袖一样容易。于是陆续有许多省份的推广广告仿照“山东版”制作出来，出现了“辽宁版”、“安徽版”、“江苏版”、“广西版”等等，但都没有“山东版”来得“袭人”，来得“给劲”，来得“深刻”。可见，广告这种营销推广方式也是讲究先发制人的，只要广告投入准，投入好，投入早，城市营销的巨大成绩回报就是指日可待的事。

第二种是硬推广方式。采取的是产品营销常用的事件造势营销，指的是通过以城市的名义举办具有影响力的大型活动，来进一步推广城市的影响力和知名度，并借活动来为城市招揽更多发展机遇。众所周知的北京奥运会、上海世博会、广州亚运会，这些名动世界的大型事件背后的意义不仅在活动本身，更重要的是给举办方城市所带来了盆满钵满的财富和商机。这就是为什么世界各大城市为着奥运会的举办权争得头破血流，即使活动期间的盈利总不能填满活动举办的投资大洞，但活动结束后留下的一系列潜在利益回报要远远顶上几倍的投资。因此，事件营销手段是城市营销实现突飞猛进所迈出的最有力的一步。

2010年郑州成功举办了第二届中国绿化博览会，这也是郑州成功以事件营销手段推广城市的重要行动。郑州素以“绿城”自居，但早年来由于经济发展而改造了许多郁郁葱葱的老街道，使得郑州的“绿城”形象严重受挫。所以，在这个形象危机关头，郑州市在不断努力还原城市绿化的同时，努力争取到了“绿博会”举办权，把赫然醒目的“绿”字以国家级大型活动的方式又赢回了手中。这是近年来郑州在城市营销上迈出的很扎实的一步，一方面造福了城市自身的环境，有利于经济和社会的发展；另一方面也让城市的良好形象以闪亮的姿态推广给全国人民，笔者也希望郑州能把城市营销的步伐继续迈进，让郑州的名字深深跳动在中国乃至世界的脉搏之中！

第四，城市促销。一说促销，都会想到超市大减价热卖时悬挂的大字报和吆喝的大喇叭。促销是加速商品流通的重要手段，是营销全过程的关键环节，其折射的是营销的思维流程，将精华思想整合汇集到终端迸发成无数精巧绝伦的引诱购买之法。和产品一样，城市也不例外的需要各种促销的手段，以加速城市营销开花结果的步伐。最直接的例子就是活跃在城市各个景区的当地导游。导游其实相当于城市营销过程中的终端销售人员，他们每天接待大大小小来自全国各地的旅行团，接待成千上万的来“购买”城市的客户。导游就如同超市的大字报和大喇叭，对着一批又一批的客户宣传讲解着城市的历史、文化、社会环境、旅游资源、奇闻异事等卖点，吸引着这些客户不断地为这个城市经济增长和社会发展贡献着自己的腰包。

旅游业是带动城市经济迅速发展的重要砝码，许多国家级旅游城市，虽然没有能供给城市的强有力的企业，但却能有效的依靠旅游业的发展稳定支撑城市经济的正常运转。就如我省引以为傲的旅游资源少林寺，作为享誉海内外的中国标签，其每年能吸引着成亿的旅游者来登封市消费，这笔庞大的旅游经济收入足以支撑登封市日常发展建设的开销。也正因为手捧着这么一座巨大的聚宝盆，登封从一个小县城摇身一变成了国家级旅游城市，而这一成就的功劳当然也少不了奋战在城市营销一线的辛勤导游们。

除了导游这种促销方式外，一些具有特殊经济发展方向的城市，常利用交易博览会的促销形式来刺激拉动城市龙头产业的发展。比如知名的由广东举办的中国进出口商品交易会，即熟知的广交会，对于广东这个以进出口贸易为主的沿海省份所产生的营销作用的显而易见的。又如长春和上海每年都会循例举办的汽车博览会，更是专门为这两座车城量身打造的促销方式。所以，城市促销方式的把握，体现的是对于城市自身发展的准确定位，扬长避短，趋利避害，运用最能将营销化作现实财富的促销手段，努力拓宽城市的繁荣之路。

第五，营销公关。营销说白了就是带有目的性的和人打交道，需要打交道的时候自然需要公关。公关是扫除营销障碍、争取营销机遇的重要手段。你要把你想卖的东西卖出去，就是要把手上的东西顺利转移到你的目标地。这一路上你不仅需要和每个关卡的卫兵搞好关系，请示通行，并且还要在最后一站交货时与收货方的守门人打好交道，让他主动为你打开迎接货物的大门。拿医药新品营销来说，生产一种新药，需要与国家质检局、卫生局等部门搞好公关，让他们顺利给药品以明确的营销资格；然后还要与药品的经销商做好公关业务，吸引他们出资经销，让药品顺利的投放市场；最后还要与购买药品的人聊得好，在终端销售的时候说服人们为药品消费。并且若产品出现质量问题，危机公关环节就要做好充分的应急响应，让损失尽可能减少，并且为再发展做好铺垫的准备。城市营销中牵涉到的公关问题也一样复杂，而且危机公关在营销过程中的关键性角色是十分凸显的。

前不久闹得沸沸扬扬的安徽阜阳“毒奶粉”导致“大头娃娃”事件，一夜之间让曾经身披“文化城”、“园林城”、“投资城”等无数荣耀的阜阳市名誉扫尽，成为各大媒体口诛笔伐的对象，这就是在城市营销过程中出现问题时未能做好应急公关业务而酿成的悲剧。虽然网络的发达让如今的时代日益透明，在城市形象出了问题时已无法做到彻底的掩盖，但合理巧妙地公关策略，比如与媒体的妥善解释和沟通，与相关部门的协调，做大其它活动的动静来转移关注视线等，都是尽可能控制事态向恶化程度转变的有效方法。

再如我省在改革开放初期时，由于低素质务工人群大量外流，在全国范围内产生了一些消极影响。而那时我省相关部门没能重视城市营销的重要性，错过了危机公关的最佳时机，导致至今国人对“河南人”这个名头还耿耿于怀，误会极深。尤其河南的个别城市，如驻马店，更是误会和怨怼的集中地。这些长久以来在两代人中形成的习惯性误解，对于河南的各项发展都带来了很多不利的影响。所以，近几年来，河南陆续在全省范围内开展起形象工程建设，从历史寻根、文化宣传、旅游资源开发等各个方面逐步建立起河南人优秀的形象与姿态，这些举措不失为是危机公关对于城市营销的有利补救，也为河南未来长远的发展奠定了坚实的基础。而与河南相邻的山东省在这方面便做的很好，早年前，山东的口碑和形象与河南一样，误解也是层数不穷。但如今，那些流言蜚语早已不再回响耳边，这都归功于山东在危机公关上的有效调控。利用自身优势资源，趋利避害，为文化、经济、旅游大肆造势，压制住了不良印象的骚扰，让山东在各方面繁荣发展中逐渐提升在国人心中的地位，流言蜚语自然不攻自破。所以，做好城市营销，不但要布置装点属于自己的阳光和彩虹，更重要的是在暴雨将至时学会如何撑好危机公关的大伞，这样才能将最完美的城市“产品”呈现给广大的“客户”，收获财富和精彩。

综上所述，在经过大量城市营销案例的初次研究与分析，笔者认为要扎实稳妥有效地进行城市营销，定位、包装、推广、促销与公关这五项内容是必不可少的。并且要实现城市营销利益收获最大化，更离不开这五项内容的相辅相成的有序进行。着眼于我省城市营销发展依旧势弱的当下，作为历史文化资源大省，全省下辖有15个地级市，24个县级市，每座城市都拥有很多尚未得到开发应用的营销资源，这无疑是城市发展过程中的一大浪费。

比如上文提到的驻马店市，虽然至今城市在外界的口碑仍旧不优，但并不代表这座城市真的一无是处。这里是秦丞相李斯，中国志怪小说创始人干宝，唯物主义思想家范缜等历史名人的故乡；这里是蔡氏、金氏、江氏家族的发祥地；这里还是重阳节的发源地和中国“四大传奇”梁祝爱情故事的发源地之一，也是“盘古开天地”美丽神话传说的发祥地等等。并且在史料上驻马店还有“豫州之腹地，天下之最中”的美誉，这些历史文化无一不能给这座小城带上光芒万丈的金冠。尤其是久被世人遗落的一座名叫“金顶山”的秀丽山峰，其坐落在驻马店下辖的确山县蚁蜂镇境内，鸟语花香，风景如画。在那里还流传着不少美丽的历史传说，但这处景点却一定未能引起国内外的关注，是一处被严重浪费的营销资源。笔者正着手为其制作一系列营销策划的方案，迈出城市营销的第一步，力求在短时间内让这处被遗落的自然景观走到世人面前，一方面让驻马店这座城市因金顶山的美丽而重绽光耀，一方面也为河南城市的繁荣发展贡献微薄之力。

（四）城市形象广告浅谈

作者：刘毅菲

“浪漫不只在巴黎活力不只在东京创意不只在纽约时尚不只在米兰韵味不只在威尼斯海纳百川尽在上海”当看到这样的广告词时东方明珠上海的优美、风韵跃然心头。当今生活中充满了广告元素每每谈及广告人们都无法将它与城市联系起来可是当漫步于昆明街头看到

“春城无处不飞花昆明天天是春天” 时打开电视看到 “小商品的海洋购物者的天堂” “中国最温馨的城市” 等话语时一个个美丽的城市出现在眼前这就是城市特色与风格的体现——城市形象广告。2000 年 1 月 1 日年昆明市推出的 “昆明天天是春天” 成为城市形象广告的开篇之作随后 “城市形象广告” 陆续出现在媒体中投放数量也随着时间的推移不断扩大成为广告世界的又一道风景线。2004 年中国魅力城市展示已有三百多个城市在各类媒体上不同程度地做过形象广告形成了令人目不暇接的 “城市秀秀”。面对城市形象广告的飞速发展它的内容、运行与效果成为广告业界与政府共同关心的话题笔者对近年来我国城市形象广告的基本情况进行分析并针对城市的形象广告发展方向谈谈自己的看法。

1. 城市形象广告内容分析

城市形象广告的内容与城市广告主有着密切的关系因为它是对城市的综合实力、人文风貌和独特个性的展示宣传与传播推广是当前打造城市品牌的主要手段。无论是一线城市如北京、上海、香港、澳门还是四线城市如县级都会根据自己的需求发布不同内容的广告以满足城市宣传的需要。纵观这些形式各异目的各异的城市形象广告从内容上可以划分为以下三类

1. 1 第一类历史风景型

历史风景型城市形象广告主要是以城市的文化历史与风景为广告创意点进行广告创作以展示自己的旅游资源来树立城市形象。因为人们对一个城市的认知和评价往往是从对城市的山水风光、名胜古迹的印象开始的。成功的历史风景型城市形象广告有着一石三鸟的效果其一可以在短期内引发城市旅游热潮刺激旅游消费增加旅游业收入。其二可以使城市特色突出加强人们对城市的印象。其三可以增加人们对城市的好感度有利于提升城市形象。多数城市形象广告都选取了城市的旅游资源作为城市的主导形象或作为城市形象的组成要素之一。在目前见诸媒体的城市形象广告中城市旅游形象广告占到了三分之二以上。具有代表有哈尔滨海口青岛等。

历史风景型城市形象广告的内容没有什么特殊的创意机制内容相对比较单一因此想要有一想不到的效果就需要在拍摄的手法上下功夫。而我国现有的很多此类广告片拍摄质量良莠不齐手法还停留在拍风光明信片的水平上。看的时候画面是挺美的但是有千城一面的感觉绿的都是草蓝的都是天开阔的都是广场缺少对城市独有品质的总结提炼看后没有回味。

1. 2 第二类人文亲情型

人文亲情型的城市形象广告内容情节化以人物故事贯穿始终以怀念、亲情、故乡为主题表现城市内在气质。这类广告主题主要出现在大城市的策划片中因为经济较发达、风景优美等因素已经不能代表展示城市风貌。因此风景就不再是诉求的主题片中自然绝少炫耀广角高楼大厦而是更愿意用一种柔和的手法表现一下城市的价值观一种类似城市精神的东西。这类广告主要的表现手法有两种:

1. 2. 1 运用特殊人物或事物抽象为符号体现城市文化及特点例如上海的形象广告姚明篇。本片将世界著名篮球明星——姚明塑造成一个城市符号将姚明变身成为无数现实生活中的普通

角色如警察超市服务员建筑工人等再加上“无数个姚明好一个上海”的广告词将一个经济蒸蒸日上备受世界瞩目的明星城市表现得淋漓尽致又不张扬轻浮。

1.2.2 运用人物故事讲述城市特色展示人文魅力如成都的城市形象广告。

通过一个晚辈帮奶奶寻根的故事作线索娓娓的将杜甫草堂的清幽武侯祠的意境茶社龙门镇的喧闹春熙路的时尚地道小吃的火爆一一道来。小姑娘拽着风筝在悠悠的草堂小径回首嫣然可以说是神来之笔成为本片片子请大导演拍城市形象片本身也是个不错的争取眼球的好噱头。

人文亲情性城市形象广告有着较高的创意元素这对于广告制作团队与广告费用都要求较高这就使有的城市广告主委可以节省成本最终反而适得其反创意没做好反而影响了城市的原有特色反而失去了最值得发现与宣传的东西。如大连城市形象广告的创意定位是“浪漫之都”其实“浪漫”是个相当感性的词一个很难表现的词几乎找不到一个标准来度量完全视个人感受而定。既然给自己订做了这么个高难度的帽子还是想办法把它带得好看点。毕竟一年成千上百万的广告费打造的应该是一个名实相符的城市品牌而不应是名实两层皮大连还是大连与浪漫无关既然已经将城市定位成——浪漫之都可是从头到尾没有点题之处。

1.3 第三类营销活动型

营销活动型城市形象广告是一种短时间的配合城市的某种宣传广告。这一类广告出现在本身就有一定宣传基础与知名度的城市上使用这种广告的城市大多已经有成体系的宣传这种广告只是针对特殊阶段。比如新加坡在“非常新加坡”的主题下推出诸如新年篇呀购物篇呀等等。最近由阿杜温柔演绎的“三天还不够非常新加坡”在央视播出明显是针对即将到来的国内五一黄金周游客市场正搔到痒处让人不得不佩服。这类片子在城市的统一的营销理念下配合不同时期的营销举措推出新鲜的功能型宣传片让人即使不身临其境也可体会那份扑面而来的活力好感陡增。

但总体来说在广告的诉求方式上国内城市形象广告无一例外地采用了感性诉求路线还没有一例采用理性诉求方式的。这种千篇一律的感性诉求方式或多或少地模糊信息的个性造成受众的接受疲劳。要想让人认同城市形象吸引人长期关注城市形象广告还必须要有理性利益点的诉求。广告大师奥格威为波多黎哥国家撰写的“现在波多黎哥对新工业提供百分之百的免税”这一经典广告就是以理性诉求取得了巨大成功。而现在国内的城市形象广告都还缺乏这种诉求创新意识。

2. 城市形象广告运作分析

好的广告内容与创意也一定要使用好的广告运作程序只有这样才能达到最良好的传播效果。随着全球经济的快速发展城市的发展已经不再是地区问题而成为全球方案。城市形象广告传播可以迅速地提高城市的知名度有利于在短时间内吸引住人们的注意力从而获得城市形象广告传播可以迅速地提高城市的知名度有利于在短时间内吸引住人们的注意力从而获得城市在投资等方面的回报加快城市和区域发展。但是是否可以完成良好的宣传目标就要有科学系统的运作模式。从目前见诸媒体的城市形象广告看一线城市进行形象广告的宣传最为普遍采用多种媒介整合方式有不错的传播效果。二线城市进行城市形象广告宣传力度最大以立体运作模式宣传效果最好。例如烟台近年来一直倾力打造城市品牌在央视重金投放城市形象广告。三线城市对城市形象广告的跟风热情最高投放广告的力度也节节攀升例如浙江宁波、山东聊城近两三年逐渐成为了央视的广告大户。四线城市因财力所限虽然投放运作城市形象广告的现象还不够普遍但“黑马”迭出效果明显。以浙江义乌、福建石狮等“黑马”城市为代表率先运用城市形象广告打开了城市的知名度“秀”出了鲜明的城市个性。从这些成功的例子可以看出广告如果没有好的运作模式就是有好的创意也无法达到满意的效果。综合现在城市广告的运行笔者提出城市形象广告运作时的问题。

2.1 广告目标模糊

纵观城市形象广告运作活动最突出的问题是普遍缺乏阶段性广告目标设计。许多城市形象广告是企图用一个广告片达到多个广告目标既想带动旅游或其他产业又想吸引投资还想塑造出城市品牌形象。结果就使广告的诉求内容过多给人的印象庞杂严重地减弱了传播效果。许多学者把这种昙花一现式的城市“广告秀”批评为政府“政绩秀”就是因为这些城市的广告活动没有明确的广告目标战略不符合城市形象传播推广的规律。

2.2 广告投放混乱

近年来城市形象广告在投放上大多是采用集中时间密集投放的做法。一般是用2－3个月的时间在媒体上投放一阵然后就销声匿迹明显缺乏长期的延续性。这样的媒体投放没有办法将广告的传播效果长期稳定住受众会随着时间的流逝而忘记城市信息以前投放所用的资金也自然打了水漂。因此合理长期的问题投放是保证效果的最好手段。

2.3 广告媒体选择粗放

目前大多数城市形象广告是选择央视国际频道投放播出在媒体组合方面也都是用央视国际频道和《人民日报》海外版、凤凰卫视等进行同步组合投放。这种相似模式的媒体投放组合反映了城市投放形象广告的初衷是为了吸引海外投资者和游客。但上述媒体组合都是华语媒体显然忽略了外商和外国游客这个受众群体影响城市形象广告的初衷因此在媒体选择组合和确定目标受众群方面还需要进一步科学地细化。

（五）旅游城市形象广告初探

作者：吴怡欣

众所周知，良好的城市形象是一座城市巨大的无形资产，是城市核心竞争力的重要资源性要素。一座城市如果没有良好的城市形象，无论是从哪一方面都不可能有真正意义上的竞争力。有了良好的城市形象，必将有力地提升城市品位，激发城市可持续发展的潜力，增强城市核心竞争力。因此，现代的每一个城市都应高度重视城市形象的塑造与提升，尤其是旅游城市更应加大自身城市形象的宣传力度。广告作为一种重要的宣传手段，也逐渐被各地政府在塑造城市形象过程中广泛应用。

旅游作为21世纪的朝阳产业与广告有着非常深远的渊源，一个城市的形象宣传对其旅游业的发展有着非常大的影响。广告是我国改革开放以来发展最为迅速的新型产业，在宣传上发挥着重要的作用，将旅游城市形象同广告业相结合将会达到双赢的效果。

一、旅游城市形象广告的概念

旅游广告是广告中的一种，所谓广告，根据美国市场营销协会（AMA）的定义，就是“由一个特定的主办人，以付款方式进行的构思、商品和服务的非人员展示和促销服务活动”。1 根据这一定义旅游广告应该是由旅游组织或旅游企业等广告主以付费的方式制作和发布关于旅游方面的信息，并通过媒介发布出去，以扩大影响和知名度，达到促销目的的一种广告形式。2 说明旅游广告是由旅游企业投资发布的，用以推动和销售的一种重要手段。就是通过各种媒体宣传为手段推广旅游产品，从而帮助旅游企业获得经济利益。由此，我们可以得出旅游广告的主要目的就是为了推广旅游产品，宣传企业形象，增强其在同行业中的竞争力，使之立于不败之地。

根据旅游广告的定义可以得出旅游城市形象广告就是旅游城市相关部门为主办方，以付款的方式进行构思，创作等，由相关人员进行城市宣传的活动。良好的城市形象有利于增强一个城市在众多旅游城市中的竞争力，有助于一个城市更好的发展。

二、旅游城市形象广告的特征

作为广告的一种，旅游城市形象广告具有一般商业广告的各种特点，如有偿性、时效性、目的性、指向性与形式多样、内容广泛等特点。但是由于旅游城市形象广告宣传的内容方式及推广中的特点，又决定了旅游城市形象广告有别于一般商业广告的其他特点，主要有以下几点：

1. 存在政府广告行为

旅游城市形象广告主要是由政府部门组织策划的，目的是为了宣传整个城市的总体形象。这也是旅游城市形象广告区别于一般商品广告及旅游广告的最显著的特点。在旅游城市形象广告中存在着较大的政府主导性，其宣传和塑造旅游城市形象的主体是所在城市的政府部门，而一般商品广告的出资以及宣传的主体是企业。如：昆明城市整体形象广告的宣传就完全是由昆明市政府组织策划宣传的。

2. 附加值很高

旅游城市形象广告较一般商业广告有较高的附加值，一般商业广告带来的仅仅是产品的宣传推广，最终目的是获得较高的经济效益，而旅游城市形象广告不仅能吸引游客和投资者从而达到一定的经济效益同时有利于塑造城市形象提高城市竞争力。旅游城市形象广告不完全是出于商业性质的，同时还存在着相互交流的因素在其中，因此追求经济效益仅仅是旅游城市形象广告的目的之一而已。如：扬州城市形象广告的宣传在吸引游客和投资者的同时还为宣传城市的整体形象和适合人居的良好环境。

3. 广告内容的广泛性

一般商品广告只包含所宣传商品的信息，而旅游城市形象广告则涵盖了较广泛的信息。旅游城市形象广告既包括旅游旅游城市所拥有的景点景区、交通设施、建筑设施等硬件设施还包括城市规划建设、居民生活规范、居民的居住环境建设、消费、购物、娱乐等场所的建设同时还包含风俗习惯、 意识特色、 生活习俗等整个城市形象的综合的宣传推广。 如无锡最近几年内在城市形象的宣传上不仅仅立足于无锡景点景区的宣传， 同时包括其城市开发区的未来发展规划。

三、 旅游城市形象广告内容的分类

既然旅游城市形象广告的内容十分广泛， 那么旅游城市形象广告就有着区别于一般商品广告的种类， 旅游城市形象广告分为很多种， 主要有以下几种：

1. 旅游城市形象概念广告

旅游城市形象概念广告指的是针对某一旅游城市而进行的， 具有整体性的、 系统性的、有组织的宣传。 同时这种宣传并不是针对某一个具体的城市形象的内容， 而是从宏观的、规划的角度， 体现旅游城市的历史、 文化、 自然景观、 风俗民情城市规划等， 综合的塑造旅游城市形象的品牌。 通常这种类型的旅游城市的形象广告主要采取电视广告的形式， 可以全面的宣传旅游城市的形象， 渲染旅游城市的美感与文化价值所在。 这种旅游城市形象广告是全面的系统的对旅游城市的宣传， 有助于全面的了解城市概况。 这种广告形式往往是大规模的有计划有步骤的， 这一类型的广告投资较大， 持续时间较长， 多为系列广告进行畅销宣传和推广。 例如上海市在申请 2010 年 “世界博览会” 期间所拍摄的一系列电视宣传片， 配以大规模的网络广告大型的户外广告等为上海市申办博览会营造了一个具体全面、 主体明确的城市形象宣传的攻势。

2. 旅游城市形象的品牌广告

这一类型的广告主要是针对具体的城市某一特色或景点作为主打品牌对外宣传推广。 旅游城市品牌广告主要是展现旅游城市所特有的个性形象的代表， 这类型的广告有很强的针对性， 旅游城市形象的品牌广告在宣传时主要选择的宣传媒体是信息容量大、 双向沟通功能强、 广告劝服性隐蔽、 广告投资金额不大的媒体。 旅游城市在进行旅游城市形象品牌宣传时， 可以网络广告为主， 在网络上不仅对旅游城市的品牌和形象进行宣传， 同时提供双向沟通渠道， 开设网上论坛， 征集网上意见， 在网上直接展示旅游城市的形象品牌。 旅游城市的形象品牌可以具体到某一景区、 景点、 或饮食文化、 特色风俗等。 比如广西桂林就以桂林山水作为城市形象的主打品牌， 以 “桂林山水甲天下” 作为广告宣传的口号。 给人以人间仙境的感觉以这一桂林特有的景色渲染整个城市的形象。

3. 旅游城市形象的特色广告

这一类型的广告主要是针对城市某一具有创新色彩的特色内容的推广宣传。 旅游城市特色广告是根据城市所具有的一定特有的形象的基础上家以创新开发对外宣传的一种城市形象广告形式。 这类广告首先要具有一定的特有的形象基础才能加以创新开发。 比如昆明的 “民族村” 就是利用其特有的民族特色加以创新组合构成城市形象宣传的特色广告。

除了以上主要的几种旅游旅游城市形象广告内容外， 旅游城市政府部门可以对旅游城市的内在形象的宣传加大一定的力度不断出台一些相关政策、 开展一些公益活动、 城市标志性的景点或建筑做一些公益广告宣传、 发布事件新闻信息等方式进行显性或隐性的宣传， 以这种受众参与、互动形式，更有效地推动旅游城市形象的宣传，促进旅游城市品牌的建设和形象的宣传推广。

（六）地域文化与城市形象趋论

作者：陈玉飞

保留一座城市的地域特征和文化个性，分析城市形象的文化内涵，以及城市形象形成的制约因素，寻找城市文化意象和城市形象的对应关系，让城市形象的地域文化之魂得到显化和加强是本文的意图所在。当前，我国正处在城市化加速和城市现代化同时并举的历史时期。城市形象是一个城市的建筑外观、经济水平、艺术传承以及城市特有的文化氛围所形成的鲜明的特性，能够代表城市在公众中产生的总体评价和印象，是城市外在形态和内在活力的综合体现。在日益激烈的市场竞争中，打造良好的城市形象，对加快经济发展和社会进步有着积极的促进作用。如何增强城市竞争的综合实力，发掘城市的文化个性，打造具有独特人文属性的城市形象，使其处于城市竞争发展的有利地位，已不再是概念性的理论问题，更应该是紧迫的现实问题。

一、城市形象的可识别性

城市形象的物质形式，首先表现为视觉的可见性。强调城市形体空间的视觉有序和美观，这主要是从城市的物质形态入手，注重工程和技术，利用传统的城市设计手段，通过对城市的结构性要素和标志性要素的设计，增加城市的可识别性。这种可识别性能够在一定区域内具有唯一性和垄断性，是一座城市在内容与形式上明显区别于其他城市的一种个性结构，城市的建设和发展是各个民族文化性格的发展和延续，每个城市都应该有自己的文化意境，能够包容这座城市的文化性格。城市是一幅立体的图画，经过整体合理规划的城市，本身就是一座独具匠心的艺术品。城市形象在传播过程中，要想博得公众的认可，必须给公众完整、统一的印象，这在表现形式上应该遵循标准化、民族化、个性化和社会化的导向。在这其中，建筑是城市的个性化语言，它述说着城市的成长经历，构成了城市的个性和特色，蕴涵着无尽的回味与思考。标志性建筑往往是一座城市形象的象征，是城市形象最直观的表现，是城市历史文化沿革的物质基础，是城市个性和特色的集中体现。辽河流域最典型的是至今保存完好的大清王朝发祥地，两代汉王宫殿——沈阳古城，还有近代殖民文化与本土文化相融合的标本城市大连等。虽然建筑是城市形象的物质外显形式，但这不等于城市形象就是城市的环境艺术设计，即通过对城市物质环境的设计形成一个形态上完美的城市形象。城市形象虽然是它的历史和文化的反映，但这也不等同于单靠挖掘城市历史和文化的内涵，仅在文化层面上就能解决城市形象的塑造。其实，城市形象不仅在于城市物质空间环境的设计，更关注人的需要，是利用一切可能的方式手段，对城市的物质环境和文化环境进行改造，使之在形式和内容上明显区别于其他城市的个性显现，使公众能够对城市产生清晰的印象和评价。这其中，标志性建筑物最具有代表性，它既有浓厚的地域特征能映射地方的历史文化，又有鲜明的时代特征。标志性建筑必须具备两个基本要素，一是建筑本身的硬性条件，包括结构、样式、材质等物质属性；二是建筑的软性条件，即我们所说的文化属性。两者随着历史烟云的逐渐消退，正成为一个城市的象征，这其中蕴藏着某种地方文化特质的人文精神。

二、地域文化对城市形象的彰显

地域文化是指在一定地区范围内，人类在长期的历史演化过程中，通过生产劳动，创造并积累不断发展的物质和精神的所有成就。它反映了一定地区范围内的自然环境、生活方式、经济水平、宗教信仰、行为准则等各个层面的独特文化属性。地域文化是城市形象的重要组成部分，是一座城市的无形精神遗产。一座城市的发展与取得的成就，城市文化的延续不可或缺，一个城市失去了文化特质，就失去了生存和发展的根本，也就没有了前进的方向和内在的动力，而造就城市独特个性的正是其内在的历史文脉。辽河流域历史悠久，各个城市都有着丰富的历史延伸和文化底蕴，而将这些人文、历史资源融入到城市的形象设计中，对加强城市形象和文化特征的融合渗透有着非常重要的作用。将地域文化作为设计要素融入城市形象设计中，绝不是形式上的简单模仿、兴建一些不伦不类的仿古建筑，这种抄袭和复古建筑不会提升一个城市的文化内涵。从地域内传统建筑文化中寻找设计元素不单是从建筑形态或纹样装饰出发，更多的是要以生存状态、审美情趣等非物质遗存为重点扩大地域文化搜索面；或者把这些相关物质与非物质文化遗产进行整合，使地域文化在城市形象设计中达到一个更深的层次。地域文化会随着一个地区的社会发展和经济文化变革而不断发生变化，虽然城市化、现代化的社会发展进程对地域文化造成了巨大的冲击和破坏，但同时也给文化地域形态的显化和加强迎来了新的挑战和机遇。这就要求城市的管理者和 231 总第 432 期 MangZhong Literature 设计者随着新的文化思潮和行为理念的引入，重新审视和定位地域化，将地域文化物化的形态特征打散了重新进行解构，用现代的诠释方法使地域文化之脉在城市建设中展现出全新的生命力和时代感。

掌握和放大地域文化表象下的特征元素，研究深层次的文化意象，挖掘地域文化的内涵，通过寻找和提炼地域文化的特征元素将其符号化，有针对性地融入到城市形象中，并使它们在城市建设中得到更新和发展。在这同时，新技术、新材料的出现以及新的生活方式，为地域文化的传播和融合提供了更多的途径和可能。正是由于地域性造就了辽河流域各具特色的民俗风貌和建筑文化，辽河流域各民族历史源远流长，美丽富饶的黑土地承载的不同生活习俗、方言特征、地理名称、建筑形式、饮食习惯等已经成为城市形象的个性品牌。地域文化是人类文明的重要组成部分，城市形象要彰显地域文明中的传统精神内涵并提升它的文化认同，地域文化为城市化的发展提供了更多的机遇与途径，城市化也同时肩负着地域文化传播和发展的历史责任。辽河流域古代属于辽地，契丹族很早以前就在那里居住，其历代草原游牧文化与近代中原农耕文化在清代形成的移民文化，最终形成了最具东北特色的辽河文化，辽河文化所蕴涵的人文精髓，直接影响了辽河流域的政治、经济和文化的发展轨迹，直到今天，辽河流域广大人民群众的生活习俗、价值理念、行为方式等都对当地的城市文化有着深远历史影响和现实意义。辽河文化所蕴涵的内容和主题精神理应有机地渗入到辽河流域城市形象的塑造之中。塑造辽河流域的城市形象应该注重具有地域特征的“自然景观”和具有文化品牌效应的“人文景观”的结合，彰显辽河流域独特的历史文化，强调辽河流域的自然景观和人文景观的地域特色和人文情怀，以鲜明的地域个性凸显辽河流域特有的文化韵味，彰显人文与自然独具魅力的城市形象特征。

三、城市色彩是城市形象的文化映射

色彩是城市形象的物质外显形式，不同的地域与城市有着不同的人文生态和自然环境，生活在不同地域的人群，对色彩的感知和了解也有着不同的意义和象征。人们对色彩的认知与文化紧密相关。经过人类主观意识的再加工后，色彩成为权力象征、政治等级和宗教崇拜的物化形式，色彩所具有的文化意象，远远超出了它本身所具有的自然属性。带有地域文化特征与韵味的色彩，在城市形象特别是建筑上的运用，将使得城市色彩具有更强的识别性和认同感。这在辽河流域最具代表意义的便是沈阳，作为大清王朝的发祥地，红和黄是绝对的皇权代表，也是沈阳历史积淀的客观物化反映。对城市色彩的文化意象研究，对城市传统文脉特征的延续和地域文化特质的保护，都具有现实和深远的影响。有鉴于此，对各地区色彩的调查和研究，总结和提炼出这一地区特有的色彩，并将其纳入到总体的城市规划设计之中，这在各地区和城市相关的城市主色调控制和对传统色彩的保护方面显得尤为重要，并且这种重要性随着人们对色彩文化认识的深化更加凸显。城市的色彩控制必须对城市地域特征、传统习俗、使用功能和发展趋势等因素进行系统化的色彩整合。城市处于自然环境之中，自然的原生态最容易被人们的视觉所适应和接受，这也是最美的。在城市色彩的设计中，应尽可能保留和突出地域内的自然环境色，特别是山石、树木、河流、海洋，甚至是泥土的颜色，使其构成城市的底色，使人工环境与之协调共生。事实上人工环境色受到来自于城市所处自然环境的材料制约。这些人工环境色彩都是由当地所产的建筑材料决定的，这也即是我们所说的城市色彩的地域性特征之一。但是随着历史的发展、时代的进步，在现代的城市建设中，材料的使用不再受当地的物产和技术条件的限制，但它所传承的地域文化特质却在今天的城市建设和发展中具有积极的意义。从这个意义上说，地方材料的使用已经从过去的客观物质上升到了今天的地域文化传承，是保护和发扬城市地域性色彩和城市个性重要的一环。

自然环境色是城市色彩的客观物质基础，它受城市的地理位置、气候条件、地形地貌和地方材料等因素的制约。城市色彩的规划与组织有别于单体建筑的色彩设计。城市的色彩控制是一个系统性的宏观工程，它不仅限于视觉感官层面，更上升到人文理念层面。城市色彩是社会文化生活的一个重要组成部分，城市色彩不是一种孤立存在的物理现象，而是整个社会文化生活状态的一种意象反映。城市是人类生产活动以及其他生活方式和行为的载体，其色彩所承载的文化意象，将有助于在城市化进程中寻找通往传统文化的桥梁和媒介。不同的地域文化在城市色彩运用方面有着不同的选择方式，色彩正成为一个城市独特的视觉感知和精神需求。

结语

通过对城市形象的观察可以感受到一个城市、一个社会乃至一个民族的物质和文化的文明程度，每一个城市的形成，总有它内在的、独特的地域文化因素，挖掘并研究这种地域文化，再加以合理利用，就可以孕育出城市形象的特色之魂。

（七）中国城市形象广告投放分析

——以 2007—2010 年中央电视台城市广告投放为例

作者：文春英　刘新鑫　杨彦超　张续芳　张淑梅　王琼

从 1999 年山东省威海市在中央电视台投放中国第一条城市形象广告至今，经过 12 年的迅猛发展，中国城市掀起了广告投放的热潮。当前，我国城市形象广告的投放有什么特点？存在哪些问题？与在中国投放的海外城市广告相比，存在哪些差异？这些差异说明了什么？是否可以从传播和营销的角度，找出当前城市广告投放的问题，并提出建议。为此，本研究采用定量分析法，对 2007—2010 年①央视各个频道全天的城市形象广告进行了监测，共收集广告样本 320653 条，对发布主体②、发布主体的区域分布③、投放频道④、投放时间分布⑤、投放节目类型⑥、投放策略进行分析，研究结果如下：

一、投放主体分析

1. 投放主体的数量与投放总时长

作为传播城市形象、树立城市品牌的重要手段，城市形象广告受到越来越多的城市的青睐。从 2007 年到 2010 年，央视城市形象广告主由 237 家增长到 306 家，增长率为 29.1%。相应地，城市形象广告总时长也逐年增长，且势头较投放主体数量更为迅猛，由 2007 年的 177.5 小时增加到 2010 年的 455.9 小时，增长率为 156.9%。2008 年的北京奥运会和 2010 年的上海世博会为中国城市的形象传播创造了良机，城市借机纷纷增大城市形象传播的力度。尤其是 2008 年，实现了主体数和时长的全面增长，投放主体数由 237 家增加到 293 家，增长率为 19.1%；投放总时长由 177.5 小时增加到 273.5 小时，增长率为 54.1%。

2. 投放主体的区域分布

东部地区地理位置优越，工农业基础雄厚，在全国的经济发展中发挥着龙头作用，同时文化繁荣、历史人文遗迹众多，因此，东部地区不论在城市形象推广意识还是资金实力上都领先全国，历来是城市形象传播的强势地区。本研究显示，东部地区历年的广告总时长和增长率都遥遥领先于中、西部地区，投放总时长从 104.5 小时增加到 308 小时，增长率为 194.7%；中部地区增长稳定，四年总增长率为 107.5%；西部地区表现最为疲软，不仅总投放时长远低于东、中部地区，而且受到东、中部的强势挤压，在 2008 年和 2010 年的投放量都有所减少。四年来，东部地区的时长优势不断叠加，广告总时长达到 736.0 小时，超过了中部地区（266.1 小时）与西部地区（172.0 小时）之和。

3. 不同投放主体的发展趋势

一线城市已经将传播阵地拓展到海外，因此在国内的形象广告投放逐年减少。省和二线城市，依托自身的丰富资源和雄厚的资金支持，宣传力度逐年加大，且增速很快。三线城市虽然在传播的资金和人才支持方面逊于二线城市，但发展速度较快，进行宣传的需求强烈，近年来的广告投放呈稳定增长的态势，也逐渐成为城市广告投放中重要的力量。对不同主体进行分析发现，借重大事件、节庆进行城市形象宣传成为大多数中国城市的共识，二线城市、四线城市和自然风景区在这一方面表现较为突出，均在2008年和2010年相应增大了城市广告的投放量。

4. 投放主体的层级分布

分析投放主体的区域分布可以发现，东部地区在投放总时长和增长率上都领先于中、西部地区。东部地区在城市形象广告投放上的优势不仅仅局限于投放

总时长和增长率上，还体现在出现了一批表现强势的投放主体。对2007年至2010年投放总时长进行排名发现，前20名里东部占据了12个席位，其中有9个跻身前十，且排名前五的主体全部分布在东部地区。

表1 2007—2010年城市形象广告投放总时长前20排名

排名	名称	所属区域	主体类型	投放时长（秒）
1	中国山东	东部	省	265992
2	浙江杭州	东部	二线城市	245244
3	中国大连	东部	二线城市	226224
4	中国福建	东部	省	226203
5	中国东营	东部	三线城市	181767
6	武当山风景区	中部	自然风景区	134811
7	中国丹东港	东部	四线城市	129848
8	东莞	东部	四线城市	97640
9	长安南山风景区	东部	自然风景区	74942
10	中国苏州	东部	二线城市	65351
11	中国湖北	中部	省	50850
12	中国黄山	中部	自然风景区	48825
13	中国黑龙江	中部	省	48343
14	中国义乌	东部	三线城市	47500
15	中国内蒙古	西部	省	45406
16	中国北京	东部	一线城市	44804

排名	名称	所属区域	主体类型	投放时长（秒）
17	中国四川	西部	省	40148
18	中国江苏	东部	省	38440
19	黑龙江伊春	中部	三线城市	38163
20	中国青海	西部	省	36095

从前20排名中也可以发现，省表现不俗，占据了8个席位。数据显示，在广告投放上省一级在各类主体中表现最为强势，共投放287.9个小时；三线城市排名第二，投放254个小时。随着经济区域化的发展和辖区内先进城市的带动作用，区域中城市之间的合作与交流也越来越频繁，把全省作为统一形象单位的传播意识得到加强。通过大量的形象传播，各省不仅能树立完整的区域形象，也能在一定程度上提升所辖各市和地区的形象。三线城市由于数量众多、需求旺盛，广告投放时长增长稳定，在近几年的投放量上表现抢眼。

二、投放策略分析

1. 投放频道

随着经济的全球化与技术变革的加速，资本、技术、人才、产品和服务等都可以在各地自由流动，促使各地展开了对生产要素和市场的激烈竞争。一个国家或城市不再局限于一个地理空间，还涉及一个个明确的市场，这就要求国家或地区必须像企业那样思考如何通过营销手段向将自己凸显给目标受众，以增加自身的影响范围和影响力。反映在城市形象宣传上，表现为国内城市对全国区域覆盖和海外传播的重视。对各频道城市广告进行统计发现，面向海外受众、已经在126个国家和地区落地的CCTV-NEWS（英语新闻频道）最受各城市青睐，在该频道上投放的城市形象广告时长占总体时长的46%，遥遥领先于其他各频道。CCTV-4（中文国际频道）位居第二，CCTV-13（新闻频道）居于第三。而开办最早、覆盖全国、影响力最大的综合频道CCTV-1则位居第四。然而，也应当看到，部分城市在广告投放上存在盲目跟风、好高骛远的弊端。一些城市在未能形成国内知名度的情况下就盲目地跟风进行海外传播，例如：河南省民权县地处中国中部地区，不利于发展外向型经济，但其还未能在国内建立品牌化的城市形象时就将大量的城市形象广告投放于CCTV-4，不仅与城市发展战略脱轨，也在一定程度上浪费了资源。

2. 投放节目类型与投放时段

国内城市在广告投放上行政色彩还比较浓厚，新闻导向思维在很大程度上支配着城市的形象传播。在对节目类型进行分析后发现，城市形象广告扎堆于新闻类节目的现象尤其严重。新闻类节目前后投放的城市形象广告总时长为1441.2小时，高于在其他节目类型的总和。城市形象广告总时长排名前五的节目类型，依次为新闻类、科教类、综艺类、影视类、专题类。城市形象广告投放最多的的五个节目中，有四个节目属于新闻类（如表

2）。

这种极具行政色彩的投放行为严重影响了形象传播的科学性和专业性， 对传播中的各个环节都会造成负面影响。 如何从政府意志转向营销导向和受众导向还有待诸多城市进行深入思考。 而在投放时段的分布上， 将近一半的城市形象广告媒介经营与管理集中于早间新闻时段 （如图2）， 城市广告严重集中， 彼此干扰， 易造成受众的审美疲劳， 城市自身的特点也不易在雷同信息中突出， 传播效果得不到保证。

表2　2007—2010 年城市形象广告投放排名前5 节目

节目名称	所属频道	播出时间
News Update	CCTV－NEWS	基本每个整点， 周一到周日
朝闻天下	CCTV－1 （综合频道）	CCTV－13： 6： 00－6： 55， 7： 00－7： 55， 8： 00－8： 55
CCTV－13 （新闻频道）	CCTV－1	7： 00－7： 55， 8： 00－8： 30
中国新闻	CCTV－4 （中文国际频道）	每周一、 周二， 12： 00
走遍中国	CCTV－4 （中文国际频道）	每日 20：00，次日 5：05，10：10
今日关注	CCTV－4（中文国际频道）	每日 21：30

参见： 文春英　刘新鑫　杨彦超等： 中国城市形象广告投放分析现代传播 2012 年第 6 期 （总第 191 期） 93

依托央视优良的节目和受众资源， 城市可以依靠科学性和创新性的投放策略取得良好的传播效果。 部分城市在投放上进行了有益的尝试， 例如科教类和专题类节目， 信息集中化程度高， 适宜讲述城市故事， 演绎城市人文精神， 更易取得深层次的心理效果；而在综艺类和影视类收视率较高的节目中插播城市形象广告， 能扩大传播范围， 将城市信息传达给更多的受众。

3. 投放时间分布

夏季和秋季是国内城市广告的投放高峰。 对于大多数中国城市来说， 夏秋两季是旅游高峰期， 此时进行城市形象宣传， 对本地旅游业有较大的促进作用。 其中， 在 7 月和 9 月投放城市形象广告， 能为暑假和十一的旅游高峰期的到来做好铺垫。 此外， 2008 年和 2010 年的 7 月段和 9 月段都出现了跳跃式的增长， 这正契合了北京奥运会和上海世博会的良好传播时机。

三、 海外城市形象广告分析

1. 投放主体

2007—2010 年， 共有 9 个海外主体在中央电视台投放了形象广告， 分别是澳门特别行政区旅游局、 韩国首尔市政府、 济州岛旅游局、 泰国旅游局、 香港迪士尼乐园、 香港旅游发展局、新加坡旅游局、印度尼西亚旅游局和中国香港。这些主体全部来自亚洲，其广告类别除了中国香港和韩国首尔为城市形象广告，其余七个为旅游产品或风景区类广告。相比于前者展示令人愉悦的综合形象，后两类广告有更为明确的产品或服务诉求。

2. 频道策略

在投放策略上，海外城市的广告投放有一些经验值得国内城市寻味。例如，如图3所示，在时间段的分布上，海外城市的广告呈较为分散的脉冲式投放，能保证在一天中的任何时间都有一定量的广告播出，且在某些时间点投放量较大。这种投放方式能有效地避开中国城市广告投放的5：00—8：30这一极度集中的时间段，将城市广告较为平均地分散到一天之中的各个时段，不仅能产生较为持续的传播力，而且更容易到达受众。

图3　海外城市形象广告投放时段分布

而在对投放频道分析时也能看出，国外城市有意识地避开了国内城市广告信息密集的CCTV -NEWS（英语新闻频道）、CCTV -4（中文国际频道）、CCTV -1（综合频道）等频道，国外城市投放集中的频道按总时长依次是CCTV -8（电视剧频道）、CCTV -7（军事农业频道）、CCTV -3（综艺频道）、CCTV -2（财经频道）。

3. 节目策略

对海外城市而言，在中央电视台投放城市形象广告，是为了加强与中国消费者的沟通，吸引中国游客。因此，在节目的选择上，海外城市对新闻类、综艺类和影视类节目最为青睐；相对于其他节目，具有特定的忠实受众，偏向主流社会、精英人群和政府部门的新闻节目能使海外城市更好地渗入到主流人群和决策人群。

4. 基于目标受众的媒体选择策略

城市广告的投放应当立足于城市的发展现状和未来的发展战略，应当立足于目标受众和所推广产品或服务的当前市场地位，泰国旅游局的例子很好地说明了这一点。随着中国游客转向日韩和欧美，曾经火爆的“新马泰”旅游衰落，同时泰国国内自然灾害频发、政治局势动乱也对其旅游业产生了不利影响。如何重获最大的客源国——中国游客的热捧成为泰国旅游业面对的问题。针对中国市场，泰国对准中低层游客，制定了各种优惠旅游套餐，在2009年3月又对中国游客免签证费，这些措施大大降低了赴泰旅游成本，从而刺激中国赴泰旅游升温。泰国旅游局在央视进行广告投放时，选择了CCTV -7（农业与军事频道）和CCTV -8（电视剧频道）。相比城市广告集中的频道，CCTV -7和CCTV -8的广告价格更为经济，性价比要高于CCTV -1、CCTV -4、CCTV -NEWS等城市形象广告投放集中的频道。

总结

城市间的竞争，既有区域城市群内的同质竞争，也有全国范围内城市间的差异竞争，更有国际城市间的资源与人气的竞争。城市形象广告，作为城市推广的一条有效途径，已经引起城市管理者及形象推广部门的关注。本研究揭示出，城市形象广告的投放主体和投放时长在不断增加，部分省、市及二、三线城市显示出巨大的宣传需求，国内城市在形象传播方面积累了一定的科学经验，如借重大事件进行宣传、采取科学的频道组合进行广告投放等。

然而，当前我国的城市形象传播中还存在着诸多问题。东强西弱的局面依然未能改变，且差距在逐年拉大，如何依托城市自身特色和历史文化资源，加强城市形象传播是大部分中西部城市需要深入思考的问题；政治导向、新闻思维的桎梏让城市形象广告的科学性、策略性不足，无法取得较好的传播效果；部分城市在频道和节目的选择上缺乏理性观念的指导和专业化的操作。国内外一些先进城市在广告投放的布局和策略方面的做法可资借鉴。希望本研究能够为更多城市的形象传播与营销推广提供科学的决策参考。

注释：

①本研究选取2007—2010年作为研究范围，是因为在2007年起央视的城市形象广告投放显著增多。而2008的北京奥运会和2010年的上海世博会为中国城市的形象传播创造了难得的机遇，城市形象广告投放主体和投放时长激增，表现出鲜明的事件性特点。通过综观2007年至2010年央视城市形象广告投放的数据，我们既可以看出事件前、事件中、事件后城市的形象广告投放经历了哪些变化，也可以综合考察4年来城市形象广告投放变化的总体趋势。本研究于2011年执行，因此数据截止至2010年12月30日。

②发布主体，即城市形象广告主，分为城市、风景区和省三大类。其中，城市分为一、二、三、四线四类：一线城市包括北京、上海、广州和深圳；二线城市包括部分直辖市、计划单列城市、副省级城市、省会城市等几类，主体是省会城市，如“中国青岛”；三线城市包括一些经济欠发达地区的省会城市及大多数地级市，如呼和浩特、绍兴、台州、盐城等；四线城市主要为县级市、县城等，还包括地级市的行政区，如“黄山黟县西递宏村”、“江苏邳州”。风景区分为自然风景区（如雁荡山风景区）和人文风景区（如苏州园林）两类。

③依据经济发展水平和地理位置，将其划分为三个区域：东部地区（北京、天津、河北、辽宁、上海、江苏、浙江、福建、山东、广东和海南）；中部地区（山西、吉林、黑龙江、安徽、江西、河南、湖北、湖南）；西部地区（重庆、四川、贵州、云南、西藏、陕西、甘肃、青海、宁夏、新疆、广西、内蒙古）。

④投放频道是指该广告所投放的央视频道，本次调查共统计15个频道，分别为：CCTV-1、CCTV-2、CCTV-3、CCTV-4、CCTV-5、CCTV-6、CCTV-7、CCTV-8、CCTV-NEWS、CCTV-10、CCTV-11、CCTV-12、CCTV-13、CCTV-14、CCTV-15。

⑤以30分钟为一个区间，将一天分为48个区间进行编码。

⑥前节目类型和后节目类型均分为十一类，分别是新闻类、科教类、综艺类、影视类、专题类、财经类、体育类、少儿类、军事类、法制类、其他类（如收视指南、下节预告等）。另外部分城市形象广告前面或者后面没有节目播放，例如广告投放在某频道开

播时间， 因此没有前节目。

三、 部分亚洲城市形象传播研究

（一） 香港——城市的全方位营销

作者： 佚名

谈到城市品牌， 香港经历了 “制造业中心——亚洲区域中心——亚洲国际都会” 几个阶段的发展变化。 早在二次世界大战后， 香港就已经成为著名的制造业中心。 那时香港以廉价物品闻名， 即使是现在， 说起香港的成衣和钟表业大家也都如雷贯耳。 20 世纪 70 年代起， 香港从制造业起步， 逐步发展成为亚洲区域商业中心， 经过二十多年的发展， 香港逐渐成为亚洲区域的金融中心和信息中心。 自 1997 年始， 面对日趋激烈的城市竞争和区域竞争， 迈入 21 世纪的香港与时俱进， 重新将自己定位为 “亚洲国际都会”， 将香港城市品牌的发展引领到了更高的平台。

无论身处过去的百年历史风云还是如今的经济引擎， 香港都是一个充满创新精神、 积极面向未来的城市。 在全球经济一体化的今天， 香港的城市品牌营销更多的是为自己建立一种新的商业形象， 以长久保持在亚洲甚至全球不可替代的经济地位。

1. 品牌精髓，香港城市营销的主线

香港打造城市品牌核心之前， 经过一圈圈由外而内抽丝剥茧地检视， 明确了香港的品牌精髓， 并将之作为营销整个城市的指导思想贯彻下去。

1. 1. 城市定位

任何一个城市要营销自己， 首先要做的是对城市形象进行定位， 这是一个具有战略高度的关键步骤， 香港也是如此。 为了确定它在公众心目中的印象以及应该朝什么方向发展， 香港专门聘请品牌顾问团对其城市形象进行分析研究和价值评估， 并在香港和全球的商界及政府官员中进行了广泛而质量兼备的意见调查。 为了更好更准确地对香港的城市品牌定位， 香港政府有关机构还联合品牌顾问团， 研究了全球国际城市中成功的城市品牌形象宣传案例。

经过反复研究， 香港最终明确了其城市品牌的定位—— “亚洲国际都会”。 这一定位点出了香港作为亚洲地区营商中心的重要角色， 不仅为香港市民所熟悉， 更能够反映香港在亚洲及全世界的独特形象。 香港是一个融合机遇、 创意和进取精神的城市， 动力澎湃、 朝气勃勃。 它所提供的基础设施达到世界一流水平， 既是运输枢纽， 也是文化汇聚之都， 位处亚洲最优越的战略性位置， 人才荟萃， 成就耀目， 这些都反映出香港这一定位的客观准确性。

相对应的， 但凡国际都会都具有独特的精神， 具有别树一帜、 令人难忘的鲜明特质。

香港城市品牌的核心价值是“文明进步、自由开放、安定平稳、机遇处处、追求卓越”；香港精神是“大胆创新、都会名城、积极进取、卓越领导、完善网络”。这些予人深刻印象的城市特质，反映了香港城市品牌的核心价值。

1.2. 城市品牌

香港品牌是用以宣传香港作为“亚洲国际都会”形象的宣传计划，亮点是一个象征香港的飞龙标志。2001年5月，“飞龙”这一香港品牌正式推出，令受众耳目一新，也为香港的城市营销翻开了新的一页。香港品牌的形象标志系统正式确定，成为建立香港统一形象的强大工具。

形象标志是一条设计新颖、活灵活现的飞龙，突显香港的历史背景和文化传统。标志巧妙地把“香港”二字和香港的英文缩写H和K融入飞龙图案内，这恰好反映了香港东西方文化汇聚的特色；飞龙的流线型姿态予人前进感和速度感，象征香港不断蜕变演进；飞龙富有动感，充满时代气息，代表香港人勇于冒险创新、积极进取的精神，以及不达目标绝不放弃的坚毅意志。与图案并列的标题“亚洲国际都会”，点出香港所担当的重要角色地区商业枢纽、通往中国内地和亚洲其它经济体系的门户，以及国际艺术文化中心。总而言之，香港的形象标志并非只是一个图案，也是香港进行城市营销一项新的宝贵资产。

2. 城市名片，香港对外传播的利器

香港的城市名片，是指那些能够代表香港城市形象或者说代表香港城市标志的事物。香港作为一个国际都会文明的集散地，是现代化程度的象征。而对于媒体传播或者营销活动来说，什么是人们最为熟悉最为了解的香港事物呢？在每天大量的媒体报道、电视节目中，有关港澳台的内容占了相当大的比例，香港的文化、经济、生活等方方面面的信息每天都活跃在媒体受众的视线当中。可以说，城市名片是香港进行城市营销与对外传播的最主要表现形式和诉说主体。它们以富有时代精神的视觉化语言记录着香港这座城市最亮力的风景线。

2.1. 旅游购物的天堂

香港回归后，随着与祖国大陆贸易的加强和旅游的良性健康发展，尤其是香港大力发展以品牌商品消费为主的购物旅游，并大力展开推广活动。作为国际性大都市的香港，是亚洲首选的旅游目的地和购物天堂。之前的“魅力之都，万象之都”、“魅力永存”、“香港关心你”等重要推广活动自不必说，而今为进一步巩固“亚洲盛事之都”的地位，香港还推出全球旅游推广计划，前后包括“动感之都，就是香港”与“香港——乐在此——爱在此”等多项活动，以不同的表现方式带动了香港旅游业的发展，在全球范围内形成持续的冲击力，全面提升了国际性都市的新形象。

“动感之都，就是香港”是香港实施的为期两年的一项大型旅游计划，其目的是使香港在未来继续成为亚洲最受欢迎的旅游热点之一。该活动是由香港旅游发展局联合全港18个区共同举办的香港有史以来最大规模的旅游推广活动，向全球着力推介香港18个区的特色节目、节庆、景点，并举办一系列大型以旅游为主题的盛事和活动，推广香港的旅游。此外，主办者还将通过这项推广活动，加强市民对香港的了解，争取全港各界支持旅游业，营造具有香港特色的待客文化。“中电”全城动感耀灯辉、“国泰航空”国际汇演贺新禧暨新春嘉年华、花城荟萃大展、“汇丰”新世纪劲买、动感热舞嘉年华……这一切都能够使旅客在香港能获得多元化和深刻的旅游和购物体验。

“香港——乐在此——爱在此”主题旅游系列活动，邀请“香港旅游大使”成龙担纲演出香港城市的旅游宣传片，并在中国主要城市电视台同步播出。这一系列活动包括：以家庭为主题的“亲子在此”旅游路线；以美食为主题的“细味在此”旅游路线；以购物为主题的“心动在此”旅游路线等；为自助游的旅客准备的“大屿山一日游”、“直升机环港游”、“璀璨香江夜游”等路线；“香港国际烟花音乐汇演”；“香港缤纷冬日节”；“新春国际汇演之夜”；“星光大道揭幕前奏”等旅游购物活动。

2010 年上海世博会开幕前后，香港更是倾力打造，为到场的观众献上丰富多彩的香港文化、旅游、购物等多姿多彩的饕餮盛宴。以“创意、连系、活力”为主题的文化节目和展览，24 个演艺团体、1200 多名导演和演员参与 6 个月的演出，演出的部分活动在世博园区内举行，市民凭世博会门票便可观赏……世博会的展出，让人们在上海就能够体验到精华浓缩的香港文化，等于把香港这座城市搬到了上海，人们对香港近距离的感受，更推动了香港旅游购物的火爆。

香港旅游强调引人入胜、新奇刺激和包罗万象的特质，把东方的神秘色彩、勤奋活力与西方世界的创意前卫融为一体。这些精心打造的旅游购物活动、凝练的主题、有效的宣传推广，促进了香港城市营销的品牌效应，同时带动了香港经济的发展。

2. 2. 明星娱乐影视剧

《罗马假日》让人们记住赫本的同时，更记住了罗马；香港影视业更为香港这座城市增添了国际大都会的繁华。电影从日常生活的点点滴滴到政治性的长篇大论，反映着生活在特定文化圈的人们的所有一切。香港影视业作为这座城市的文化创意产业之一，早在 20 世纪 50 年代就开始在国际上产生影响力，李小龙、吴宇森、成龙、梁家辉、刘德华、张曼玉、周润发等导演和影星为香港赢得国际性传奇及美好形象，TVB、港剧、流行音乐等更是影响了一代代的电视观众。这些娱乐明星、影视剧无疑也是香港对外传播的一张名片。

世博会推广、爱心义工，有刘德华真诚灿烂的微笑；汶川地震有香港演艺圈的慈善捐助、灾区献爱心活动；北京奥运会、建国大业……到处活跃着香港影视明星的身影，他们走到哪里，就会把香港的形象带到那里，并在受众们的心中生根发芽。

与此同时，香港城市营销也借助这些人进行了名人代言、公关推广活动。香港政府联合业内专家及世界巨星成龙重金打造新版全球旅游推广广告片“香港，乐在此 爱在此”，并在全世界 30 多个大城市同步播出。由成龙、郭富城、莫文蔚、李嘉欣、黎明等担任香港旅游形象大使，利用明星效应，分区域进行推广活动宣传。邀请知名人士为香港旅发局制作了五段新闻影带，分发到 69 个国家的 368 家电视台，并邀请了皇马球队、姚明等篮球巨星、奥运滑冰好手关颖珊等多位知名人士，以及 586 位国际传媒嘉宾访港宣传接受传媒专访并出席演讲活动。同时，香港还以“动感”为主题拍摄郭富城为主演的电视剧《动感豪情》，并由旅发局配合开展大型公关宣传活动，内地、台湾和东南亚地区有3亿户家庭收看了此剧。电视节目方面，旅发局与国家地理频道的《亚洲自我挑战赛》节目合作，利用电视节目推广香港旅游。

香港的星光大道汇聚了电影界的杰出人士，装嵌了73名电影名人的牌匾，当中30多块有名人打手印。在星光大道漫步，游客可以从容地欣赏香港著名的维多利亚港景色、香港岛沿岸特色建筑物以及香港崭新的多媒体灯光音乐汇演“幻彩咏香江”。这无疑是旅游、建筑和影视这几张香港名片的一个集合体，吸引着无数游客们慕名前来。

2.3. 国际性活动事件

活动营销是香港进行城市品牌推广的又一大利器。通过精心策划，那些单一或是系列性组合的营销活动，成为具有鲜明主题、能够引起轰动效应的营销活动，不仅具有强烈新闻价值，而且更加有效地达到了城市品牌的营销目标。这一方面，香港在城市推广过程中积累了丰富的经验。

赛事方面，香港国际龙舟邀请赛、香港国际七人榄球赛、香港马拉松和在沙田马场举行的香港国际赛、“亚洲国际都会”香港品牌征文及摄影比赛、亚洲国际都会国泰航空香港杯预赛、投资推广署赞助“香港精神”号帆船参加横渡大西洋大赛等，吸引了不少海外和本地劲旅参加。文化方面，传统节日活动如中秋彩灯会、香港品牌亮相多伦多风筝节、“亚洲国际都会”客机参加英国国际航空展、“香港飞龙”狮城展新姿、香港品牌形象霓虹标志亮灯仪式、铜锣湾时代广场“香港品牌形象展览”、香港“乐在此，爱在此”内地及全球推广活动、以吸引外资等，均广受欢迎。而“香港：亚洲国际都会”宣传短片在美国哥伦布电影展上荣获享誉国际的“克里斯奖”，更是对香港形象营销的肯定和证明。

一年一度的香港国际艺术节、电影节、时装节、动漫节是香港城市营销活动的重头戏，并在业内受到高度重视。以2010年第34届香港国际电影节为例，它在3月正式开幕，作为亚洲规模最大的国际电影节之一，此届电影节参映影片阵容鼎盛多达240多部，放映时间长达17天，被称为世界上时间最长的电影节，吸引了全球各地的人们前往观看。此外，各种高规格的国际会议经常选择在香港举行，为香港增色不少，新开发的节庆项目如缤纷冬日节、幻彩咏香江等，也都颇受欢迎和好评。节庆营销为香港形象平添了诸多的生气和活力，同时也促进了香港旅游及经济发展。

香港的不断开展形象营销活动，各种交通工具都成了“亚洲国际都会”的展示载体，市民庆典、体育赛事、国际活动都成了充当“亚洲国际都会”的宣传媒介，“香港飞龙”飘逸、洒脱和进取的形象及其所承载的香港价值与香港精神，恰恰是通过这些国际性重大事件和活动，迅速传遍了祖国内地和世界各地。

3. 内部机制，香港城市魅力的源泉

旅游购物、明星娱乐、活动事件、地标建筑等都是香港进行城市营销、对外传播的重要手段和有效方式。良好的对外传播背后必定有着深刻的内在动因，探索香港城市形象营销的内在机制，也就是探索香港城市魅力的重要源泉。概括来说，这是香港的软实力，具体则是指建立在城市文化、政府服务、居民素质等非物质要素之上的城市凝聚力、文化感召力、科教支持力、参与协调力等各种力量的总和，这是香港之所以能够取得良好的对外传播效果的有力支持。

3.1. 专业运作的营销体系

从2001年开始，香港的城市营销迅速上升到了战略的高度，营销战略的实施也取得了举世公认的积极效果。准确的品牌定位，高水准、专业化的品牌设计及规范的品牌管理，特别是城市营销的战略规划要素形成关联之势，使香港的城市营销领先于东亚其他城市。尤为难能可贵的是，香港的公共部门普遍具有浓厚的营销意识，并掌握了一定的营销技能，形成了专业的城市营销组织体系：香港特区政府政务司司长和政府新闻处，是香港城市营销的核心领导机制，承担城市营销的协调功能；新闻处的宣传及推广科、外地公共关系科重点负责香港城市品牌的管理和推广，监督城市品牌在具体城市产品同的应用；而香港的其它城市营销组织则根据香港特区的发展使命、愿景以及香港的营销目标，特别在城市品牌核心价值和应用规范的指引下，分别在投资促进和企业服务、旅游促进和开发、市民沟通和雇员服务方面规划和展开城市营销工作。

较具代表性的香港特区城市营销机构有：①政府新闻处及香港品牌管理组。新闻处作为政府的公共关系顾问，负责政府的出版、宣传及新闻工作，推广香港形象。新闻处设有本地公共关系科、宣传及推广科、海外公共关系科等，都是重要的城市营销机构。新闻处与公私营机构紧密合作，有效运用香港品牌向全世界宣传香港，并将之视为是一项长期的战略性工作。②香港投资推广署。宣扬香港作为亚洲投资及营商中心的各种优势，吸引更多外来投资，并为投资者提供以解决方案为本的投资推广及促进服务。香港顶尖的广告及市场推广专业人员评选本地知名品牌时，投资推广署曾被评为香港“超级品牌”之一。③旅游事务署。该署的主要职责是制订和统筹落实各项促进旅游业发展的政策、策略和计划，同时负责领导和协调其它政府决策局和部门，推行对旅游业有影响的政策和措施，从而加强协调推动旅游业的发展。多年来，旅游事务署为发展香港旅游事业、推广香港形象做了大量的工作。④香港旅游发展局。主要职能是在世界各地宣传和推广香港为旅游胜地，提升旅客在香港的旅游体验。该局与相关各界紧密合作，积极推广香港是充满动感活力的国际都会、“亚洲盛事之都”，也是全球主要的商贸、交通和通讯枢纽。⑤康乐及文化事务署。基本职责是提供优质文化和康乐服务，以配合香港发展为世界级大都会及盛事之都。其使命是提供优质文康服务，为市民生活增添姿采。

此外，香港还有其它一些活跃的公私协作或第三部门的城市营销机构，如香港旅游业议会、香港总商会等等，也都发挥着积极的城市营销功能。香港新闻处还经常聘用如朗涛设计、博雅公关等跨国顶尖的专业品牌顾问团队，为香港城市品牌的定位和营销提供了充分的顾问方案。总之，香港已初步建立了统一领导和多元协调并举的城市营销组织机制。

3.2. 细致入微的文明氛围

与众多内地城市不同，香港并不是在空喊建设“国际化、人性化、现代化和园林化”的口号。她的魅力，不仅体现在大处，更能够从细节中品读出来。城市生活的细节是香港内在文化的重要体现，也是香港被评为中国最安全、最美丽城市的重要原因。然而，香港真正的美丽并不是评选出来的，而是通过细节感受到的。

在香港，许多出租车上就可实现免费宽频上网；任何人持任何货币在香港都不会感到不便，兑换点随处皆是；香港的商号招牌多，但是悬挂井然有序，与内地一些城市的凌乱招牌形成了鲜明对比。井盖避开要道而藏身花丛，安全、美观；举行庆典游行活动，部分公交线路发生了改变，相关部门会及时、详尽地将线路改变情况告知公众。

另外，人是香港最生动的元素，人的形象主要通过人的言行来直接体现。香港人行走的姿势和风度，陌生人碰面时的眼神和笑容，有节制的抢行与有分寸的礼让，都给人一种美感。而高密度、高流动性人群是香港解决交通问题的关键，香港建成了以地铁和巴士为骨干的公共交通网络，并以科学合理为宗旨，辅之以严厉的处罚来强化行人与司机的交通意识。车让人，人让车，车让车，人车各行其道，繁华的背后是井然的秩序。对于路灯的管理，香港三家机构与政府签约，负责建立和管护全港十多万盏各种路灯。政府订有《公共照明条例》，对各电力机构的巡查、清洗、修理、更新等，都有相当具体的规定，政府路政署路灯部负责监督抽查，同时鼓励市民随时举报“黑灯”现象。香港的每一个山坡也要贴上标签，便于城市管理。

结语

《香港 2030：规划远景与策略》描述了香港的使命，即成为名副其实的国际大都会，享有类似美国纽约和英国伦敦那样的重要地位，为中国内地、亚洲乃至全世界提供优质服务。在中国城市化浪潮日渐升温的背景下，作为亚洲国际性的现代城市，中国第一个真正意义上的国际大都会——香港，她的城市发展理念与城市管理经验，以及中西合璧，沟通四海的个性品质，还有其超前的城市品牌意识，将为中国内地打造国际城市提供宝贵经验。

（二）首尔——创意理念与整合营销的完美结合

作者：佚名

首尔的城市形象塑造目标是：高科技与文化艺术共同繁荣的开放型绿色国际都市。为将这种城市形象广泛植入人们心中，首尔市运用“整合营销传播（IMC）”战略，展开了多样化的城市营销工作。

1. 明确目标，因地制宜

首尔城市营销在全世界范围内进行，并根据不同目标国家和地区人群的偏好开发资源，选择不同的侧重点来制定不同的营销策略。从旅游方面来看，日本、东南亚地区是首尔的主要市场；从吸引海外投资方面来看，欧美国家和地区是重点目标。因此，首尔制定了针对亚洲地区集中实施旅游推广政策和针对欧美地区实行旅游与商务并行的推广策略。

另外，首尔还圈定了品牌沟通战略的重点，目标是区别于北京、上海、广州、香港、新加坡、台湾、东京、曼谷等周边有竞争力的城市的营销计划。通过对这些竞争城市的形象宣传片进行调研，首尔发现这些亚洲城市都有一个倾向，那就是对各自城市的传统和自然景观进行罗列式的展示。因此，首尔试图通过“文化经验和体验”，以及讲述“故事”来展示与众不同的城市形象。例如，相比北京，虽然在历史遗址的数量上不及，但是在有趣的故事和要素方面，首尔进行了深入的挖掘和展现。结合自身特色，首尔找出了那些难以用一言两语来形容却拥有无限魅力的要素，讲述独特的故事，并开展相关活动，通过长期持续发展构建了首尔的品牌沟通战略。在大框架上，首尔还强调韩流城市、IT 城市、历史城市、文化城市、四季分明、自然气息洋溢等品牌特征，通过讲述故事来准确表达蕴含其中的价值，形成了首尔独特的城市品牌沟通战略。

2. 思路创新，一源多用

在制作电视广告宣传片时，首尔在 2008 年的尝试是将出演者由韩国人变为目标国家的本国人，例如邀请中国导演陈凯歌、日本著名艺术家村上隆等，以及各国的普通人家，拍摄了名人和普通人两个系列的广告宣传片。通过他们的视野来述说“文化体验城市——首尔”。他们话语的真实性，使得形象的传达力极为强大。另外，首尔还使用普通人讲述自己体验的方式讲故事，邀请日本、中国、欧美国家的游客自然地讲述自己亲身体验首尔的经验，呈现首尔“吃、喝、玩、乐”样样趣味一应俱全的特点。采用宣传片投放国的本国人来讲述这座城市，是首尔形象宣传片的独特创意。

在此创意基础上，首尔拍摄了 13 部宣传广告，针对中国（4 个）、日本（4 个）、东南亚（3 个）、欧美国家（2 个）分别制作并投放。例如，在中国年轻人喜爱的连续剧后面加入以年轻人为目标受众所拍摄的广告，既体现了城市整体的品牌形象，又可针对不同目标进行细分处理。

另外，首尔在形象宣传片的制作过程中，不是向一个目标展示所有内容，而是只向一个目标展示一个概念。根据目标用户需求制作宣传片，从而形成了一个有效到达的模式。根据地区、年龄设计最为合适的方案，例如，东南亚和中国游客非常喜欢游乐园，所以宣传片中就展示乐天世界；东南亚人非常喜欢冬季，所以就展示首尔的雪景。就像这样将数十个要素进行罗列，与无数人进行对话，引出充满魅力的要素之后，再决定究竟要向该目标用户传达怎样的形象，继而进行创意表达，这种方式不同于一般商务品牌设计的方式，可称为是考虑了城市特殊属性的城市品牌设计方式。

在 2008 年城市品牌设计活动的延长线上，2009 年，首尔以“无穷乐趣，尽在首尔（Infinitely Yours，Seoul）”作为活动口号，强调体验无穷文化的城市。以各目标国家对首尔的印象为出发点，分别在中国开展“可同时获得多种文化体验、享受无限城市”的宣传，在日本打出“让您想重新访问，新鲜无限的城市”的口号，在东南亚打造“时尚前沿首尔、可体验无限韩流惊喜的城市”，在欧美国家则以“陌生文化令您产生无限好奇心的城市”为基本概念，宣传只要来首尔，即可获得自己想要的快乐、新奇、惊喜等各种不同的体验。

3. 软硬结合，统筹执行

中国是首尔城市品牌营销的核心市场，因此首尔城市形象宣传整个预算的40%以上都投入在中国方面。首尔的策略是抢先争取让中国游客来韩国旅行。在推进中国品牌沟通的过程中，首尔实施了区分各目标城市的本土化战略，以北京、上海、广州3大据点城市为中心进行辐射型推广，取得了显著成果。首尔的第二大推广市场在日本。现在来韩旅游的人中日本游客最多，所以首尔将预算的25%用于吸引日本游客再次访问韩国的推广工作上。对于处于引入期的欧美国家市场，首尔主要通过在《经济学人》、《泰晤士报》等权威媒体上的广告投放介入目标国市场。在这些国家，首尔的推广战略是提高品牌认知度，宣传首尔是非常优秀并有愿景的城市，是其推广内容中最重要的部分。

2007年以前，首尔每年在电视、纸媒、户外、网络上进行广告投放，并结合推介活动、体育营销等多种方式，全面展开海外营销工作。在中国，首尔在中央电视台、北京电视台、上海电视台和广州电视台投放30秒电视广告宣传片；与CCTV4《走遍亚洲》节目合作，拍摄并播出了首尔文化旅游纪录片；与上海CGV合作，建立了首尔宣传馆；利用北京京信大厦墙体LED、上海黄浦江轮渡船体LED投放户外广告；在新民晚报、周末画报、玩家旅游、都市丽人等报纸、杂志上刊登纸面广告；在主要门户网站上执行网络广告。

2008~2010年之间，首尔将年均350亿韩元（合2.08亿人民币）的预算投入到海外营销上，展开了全面的品牌沟通。从沟通的效果来看，在特定时间进行集中宣传最为有效，所以首尔大幅增加预算开展集中营销，通过电视广告、平面广告、各种商业广告、文化体育营销活动等各种方法，为首尔城市品牌形象推广带来了丰硕成果。世界级调查机构尼尔森市场研究有限公司以中国人、日本人、泰国人为对象，在2008年和2009年进行了调查，结果显示以“在世界所有城市中，今后1年你最想去的城市是哪里”为题的问卷调查中，首尔从2008年到2009年连续两年位居榜首。另外，《纽约时报》评选的2010年“今年一定要访问的31座城市”中，首尔位居第三。在亚洲城市中，上海位居第12位，吉隆坡位居第30位，首尔在亚洲城市中排名最靠前。《纽约时报》称“现在应该忘记东京，去首尔”，并介绍了首尔充满魅力的咖啡馆、餐厅、优秀的艺术馆，并称首尔市是拥有世界级设计师品牌店的时尚名品城市。

除硬推广外，还有软推广辅助。2009年首尔与中国新浪网博客频道合作，面向中国博主展开征文活动，吸引网民自发参与并选出旅游名博来首尔采风，继续生产首尔宣传资源，形成口碑营销。这是首尔市首次与中国民间企业合作的推广性活动。另外，为了通过中国人的真实见闻，展现首尔的文化和市民的生活风貌，首尔还组织了“中国记者首尔行”采风活动。2008年，共邀请了80余名中国主流媒体的记者来首尔体验采访，制作和撰写关于首尔城市形象的电视节目和报道。

结语

首尔通过正确的战略目标， 并采取了与之相符的独特创意指导， 得到了韩国国内外的广泛认可， 更得到了国际广告界的一致好评。 从事后调查结果来看， 首尔选择在重点目标城市推广的战略得到了市场良好的反馈， 并为其他城市的品牌营销战略提供有力借鉴。

（三） 伊斯坦布尔——合力打造的 “世界城市”

作者： 佚名

伊斯坦布尔以天然的美景和古老的历史闻名于世， 曾是罗马帝国、 拜占庭帝国和奥斯曼三代帝国的首都。 连接欧亚大陆的博斯普鲁斯海峡就位于伊斯坦布尔市中心， 因此伊斯坦布尔还是两大洲多样文化和宗教融合、 共生的地区。

过去的一个世纪中， 伊斯坦布尔经历了重大变化。 作为土耳其的文化和经济中心， 伊斯坦布尔因其经济发展吸引了来自国内外的大量移民， 其移民速度在世界范围内处于领先地位。 伊斯坦布尔如今大约有 1700 万人口， 其中 20% 是 1950 年以后才注册为伊斯坦布尔居民的。 这种移民速度导致伊斯坦布尔的市政设施捉襟见肘， 交通拥堵、 环境污染以及文化融合等问题因人口大量流入而矛盾加剧。 但伊斯坦布尔雄心勃勃， 正致力于充分利用其自身独特地理位置打造地区金融、 物流、 旅游和文化中心。 不仅如此， 伊斯坦布尔还希望成为一个 “世界城市” ——成为连接欧洲、 亚洲、 中东以及东欧国家的门户城市。

1. 成为“世界城市” 不是遥不可及的梦想

过去， 伊斯坦布尔在城市营销方面比较消极。 一直以来， 土耳其都在推介整个国家， 而非某个城市。 但现在回头看， 我们发现， 过去沿袭的这种营销战略正在发生变化。 许多私有部门的倡议正在得到有效实施， 比如伊斯坦布尔 F1 车赛的举办； 很多私营性质的博物馆如雨后春笋般涌现， 比如伊斯坦布尔现代艺术博物馆， 萨班齐博物馆等。 另外， 伊斯坦布尔文化和艺术基金会在城市营销方面的工作非常成功， 它出色地推动了伊斯坦布尔节庆营销的长效机制， 比如伊斯坦布尔国际双年庆、 伊斯坦布尔电影节、 伊斯坦布尔爵士节以及国际伊斯坦布尔建筑艺术双年盛典等， 同时， 该基金会还积极组织国际音乐节、 国际电影节以及国际戏剧节。 其它私有部门也不断效仿这种模式， 并不断取得成功。

2007 年伊斯坦布尔举办了 F1 车赛； 2009 年 4 月 6 日举办了联合国 “文明联盟论坛”； 2009 年 10 月 6—7 日举行 IMF 世界会议论坛等。 各种成就中， 最重要的要数 2010 年伊斯坦布尔被选为 “欧洲文化之都”。 伊斯坦布尔在城市品牌营销方面正在崛起， 不断举行世界范围内的政治、 经济会议以及各种体育赛事， 而这并非一日之功。 这些成就的获取得益于其执行的积极的营销和传播战略， 这些战略旨在吸引大量的国际会议、 重大赛事以及各种庆典到伊斯坦布尔举行。

通过探悉伊斯坦布尔的城市营销之路， 我们发现， 一个经济发展程度不高的城市在国际层面上打造一个成功的城市品牌并非是不可完成的任务。首先必须明确城市定位，升华其普通之处，消除其负面形象，聚焦具有代表性的特征和事件，在塑造城市形象的过程中充分利用历史和文化遗产。在利用所有这些因素的同时，当地政府部门、非政府组织、私营机构以及市民在内的各部门应该精诚合作。这些因素对于一个城市的成功营销缺一不可。

2. 充分挖掘历史文化特色，打造旅游产业链

营造城市品牌形象方面，伊斯坦布尔在运用文化和历史遗产方面做的非常成功，堪称典范。伊斯坦布尔的基础是在罗马帝国时期奠定的，而之后的拜占庭和奥斯曼则是土耳其历史上最辉煌的时期，在这期间，伊斯坦布尔巩固了其作为政治和宗教中心的地位，成为基督教和伊斯兰教两大宗教中心。因此，伊斯坦布尔市拥有很多分属两个宗教的特色建筑。尽管现在土耳其的首都是安卡拉，伊斯坦布尔仍然是土耳其的文化中心。

因其特殊的地理位置，伊斯坦布尔的很多建筑都是历史的第一批见证者，比如圣索菲亚教堂，地下储水宫，蓝色清真寺、苏莱曼清真寺、托普卡帕宫博物馆都是世界文明的古建筑，有着非常重要的历史意义。这些建筑有些早已于 1985 年被列入了联合国教科文组织世界文化遗产。除了引人入胜的历史遗产，伊斯坦布尔还是海外游客购物的天堂。伊斯坦布尔大市场不但历史长久而且经济实惠。这个占地四十七万六千平方米的大市场每天都会接待近一万的旅客。另外，伊斯坦布尔非常注重“文化旅游”和“会议旅游”的开发，相关的配套设施正在跟进。

3. 政府部门、非政府组织与私营机构合力打造城市品牌

另外，我们还得提一些旨在提升伊斯坦布尔作为世界品牌的文化亲和力方面的倡议。伊斯坦布尔市政当局以及各职能部门正在执行城区改造和转型项目。其中的一项重点就是市中心复兴工程，重塑城市的历史结构。通过改造、修复或拆迁工程，辅之以金融手段，伊斯坦布尔的文化遗产保存和保护战略正在得到有效执行。

在城市品牌营销的过程中，私营机构和非政府组织承担了绝大部分任务。因为政府的行政流程繁琐，而且各部门之间职能交叉严重，往往会阻碍战略和相关举措的实施，而私营机构与非政府组织基本上不会出现这些问题，因此可以非常有效地执行当前的各项措施。

在城市形象推广方面，非政府组织起到了非常重要的作用。尤其是在伊斯坦布尔竞标 2010 年欧洲文化之都的过程中，非政府组织伊斯坦布尔文化艺术基金会（IKSV）为竞标的成功发挥了关键作用。该基金会成立于 1973 年，是一个旨在通过举办文化节、体育赛事以及展览来促进艺术发展和跨文化对话的非政府组织，为伊斯坦布尔的城市形象推广做出了巨大贡献。

4. 抓住提升城市形象契机，快速发展城市建设

伊斯坦布尔所有的历史遗迹几乎都可以在 1985 年联合国教科文组织的世界遗产中找到（例如托普卡比宫、苏莱曼清真寺、金色海湾）。在伊斯坦布尔市政当局、非政府组织、私有公司以及普通居民的共同努力下，伊斯坦布尔成功被欧盟评选为“2010 年欧洲文化之都”。

“欧洲文化之都” 是由欧盟于 1983 年成立的为期一年的文化项目， 竞标成功的城市可以借此向世界展示其文化生活和文化发展成就。 很多欧洲城市都曾经利用这个项目实现了城市的文化设施基础的审计改造及其城市形象的国际推广。 欧盟文化委员会 2004 年的一份研究报告证明 “欧洲文化之都” 项目已经成为促进城市文化发展与转型的催化剂， 其影响还外溢到当选城市的社会和经济发展领域， 甚至成为定义该城市的特色。

为竞标 “欧洲文化之都”， 伊斯坦布尔从一开始就做了巨大努力。 为了使伊斯坦布尔原有的文化遗产发挥更强的吸引力， 伊斯坦布尔的城市品牌推广就开始对这些遗产实施战略性的可持续管理。 包括香料大市场和圣索亚菲大教堂在内的很多历史建筑都被重新修葺一新。 伊斯坦布尔市政当局与民间组织以及私营机构积极合作， 大力增加酒店、 博物馆以及其他文化设施的容量。 经过各方努力， 伊斯坦布尔的文化旅游业已经被重新注入了生机，正在蓬勃发展。 2011 年的文化盛事已经在伊斯坦布尔的各个城区如火如荼的开展了， 不仅要吸引游客， 也是向当地居民传递文化与艺术信息的重要机遇。 最重要的是， “2010 年欧洲文化之都” 的当选， 促使伊斯坦布尔增加了与欧洲国家的文化、 经济往来， 对伊斯坦布尔未来进一步的 “世界城市” 品牌塑造奠定了良好的基础。

结语

成功的城市品牌推广并不容易， 因为城市要比一个公司或产品复杂得多。 推广一个城市需要很多部门之间协同合作。 城市推广是当地政府及其各职能部门的基本任务， 但同时也是城市中的主要利益相关者， 如非政府组织、 私营机构和市民的共同责任。 要成功进行城市形象推广， 所有的利益相关者必须协力合作。 在城市品牌战略的形成过程中， 首先必须明确这个城市能够给人们提供何种价值， 有何种有形或无形的收益。 在这个过程中， 城市的一个任务就是如何最好地向世界传递这个城市最希望让世界看到的特质。

捌

优秀公益广告作品集锦

影视类

序号	作品名称	制作单位	奖项/年度	时长（秒）
1	安全生产篇	天地升华公司		60
2	天使篇			60
3	被吸烟，我不干	卫计委		40
4	培养健康生活方式，远离心脑血管疾病			40
5	远离烟草，珍爱生命—家庭篇			30
6	爱的表达式篇	中央央视台	2011年CCTV公益广告大奖赛优秀奖	90
7	包袱篇		讲文明树新风系列作品	60
8	保护江豚濮存昕篇		讲文明树新风系列作品	30
9	得蛙蛙光头篇		讲文明树新风系列作品	30
10	电器待机篇		讲文明树新风系列作品	35
11	反腐倡廉—李雪健篇		讲文明树新风系列作品	60
12	反腐倡廉—林丹篇		讲文明树新风系列作品	45
13	关爱老人—爸爸的谎言		讲文明树新风系列作品	90
14	关爱老人—妈妈的等待		讲文明树新风系列作品	80
15	关爱失智老人—打包篇		2013年第60届戛纳创意节铜奖	90
16	好人就在身边		讲文明树新风系列作品	120
17	家国梦		讲文明树新风系列作品	60
18	交通安全动物篇		讲文明树新风系列作品	60
19	节约—餐饮浪费篇		讲文明树新风系列作品	35
20	食品安全孩子篇		讲文明树新风系列作品	30
21	水土流失篇黄土高原版		讲文明树新风系列作品	115
22	水土流失篇闽西版		讲文明树新风系列作品	115
23	学雷锋郭明义篇		讲文明树新风系列作品	60
24	珍惜粮食反对浪费		讲文明树新风系列作品	45
25	志愿者时间篇		讲文明树新风系列作品	60
26	中国梦 圆梦篇		讲文明树新风系列作品	60
27	感谢不平凡的自己		央视2014年春节公益广告	120
28	筷子篇			120
29	中国年让世界相连			90

广播类

序号	作品名称	制作单位	奖项/年度	时长(秒)
1	“嘿！ 别忘了”	北京人民广播电台	2011 地球关灯日公益广告	50
2	蜘蛛与蝴蝶的故事		“文明上网趣多多”系列	45
3	低碳小达人			70
4	讲文明树新风			40
5	拒绝吸烟—女性篇			45
6	弘扬传统文化—文物篇	中央人民广播电台	2011 年度优秀公益广告	57
7	环境保护—个开始			49
8	关爱自闭症儿童 他们的世界篇			51
9	节约能源保护环境主题—浪漫篇			58
10	戒烟—“它”篇			38
11	平等对待弱势群体之凡客体篇			49
12	维护版权真经篇			46
13	心理健康—装满幸福的方法			55
14	中国国家形象—水墨中国			60
15	讲文明树新风—长大了我能照顾您		2012 年度优秀公益广告	45
16	讲文明树新风—见义勇为 侠义中国			45
17	控烟—二手的好坏			45
18	拒绝酒驾—三碗不过岗			45
19	遵守交通规则—新龟兔赛跑			45
20	倡导读书—孙权劝学			72
21	弘扬传统文化—中秋节			45
22	弘扬传统文化—节日贯口			45
23	心理健康—换个角度生活			45
24	水资源保护—水之印象			44
25	中国之声公益 崔永元篇			33
26	勤俭节约—生活态度篇		2013 年度优秀公益广告	50
27	中国精神—诚信油条哥篇			48
28	建设生态文明—爱护绿色水源			50
29	文明有礼—度数篇			46
30	传统文化—春夏秋冬节气篇			47
31	传承中华优秀文化—每天让我们一起阅读吧			49
32	生态文明—大雁篇			48
33	传承中华优秀文化—茶文化篇			45
34	廉政公益广告—花儿篇			47
35	廉政公益广告—中山装篇			49
36	孝老爱亲—父亲节篇			45

平面类

序号	作品名称	制作单位	奖项/年度	备注
1	千里姻缘公路牵	中国公路学会	2012 年第二届中国公路公益广告大赛一等奖	
2	中国高速公路 温暖千家万户			
3	生死一线牵		2012 年第二届中国公路公益广告大赛二等奖	系列
4	安全第一			
5	命悬一线			
6	公路，送给戈壁的礼物			
7	公路为团聚加速			
8	钓鱼岛是中国的固有领土	光明日报	2012 年	
9	“道德规范”系列公益广告 1		2013 年“道德规范”系列公益广告	系列
10	“道德规范”系列公益广告 2			
11	四川芦山地震公益广告		2013 年	
12	志愿服务系列公益广告 1		2013 年志愿服务系列公益广告	系列
13	志愿服务系列公益广告 2			
14	中国梦系列公益广告		2013 年	系列
15	大德中国	中国网络电视台	2013 年讲文明 树新风公益广告作品	
16	中国梦 牛精神			
17	圆梦人 喜事多			
18	爱人者 人恒爱之			
19	华夏圆梦 天下归心			
20	德耀中华 之 仁			
21	德耀中华 之 义			
22	德耀中华 之 诚			
23	德耀中华 之 敬			
24	德耀中华 之 孝			
25	中华儿女 情系华夏			
26	忠厚传家久 诗书继世长			
27	中国梦 我的梦			
28	和为贵 善之曲			
29	“仁”广告 1	深圳市委宣传部	2011 年深圳 3000《论语》金句公益广告迎大运	系列
30	“仁”广告 4			
31	“仁”广告 6			
32	“智”广告 1			系列
33	“智”广告 2			
34	“智”广告 4			

后　记

我们从事广告学研究和教学多年，专心致力于公益广告研究已经 8 年，见证了我国广告学学科建设和公益广告发展的历程。光阴荏苒，日月如梭，当今的公益广告行业已经不是 28 年前的吴下阿蒙，在这个伟大的变革时代，公益广告在政治生活和经济生活中都发挥了不可或缺的作用，承载精神文明建设和国家形象建设的重任。

党和政府高度重视公益广告事业，三年来组织开展了一系列重大的公益广告活动，在社会上产生了深远的影响。本书继承了《中国公益广告年鉴（1986 年—2010 年）》的足迹，忠实记录 2011 年至 2013 年公益广告发展取得的辉煌成就，为我国公益广告事业书写史册，以期为公益广告承前启后、方兴未艾的发展尽绵薄之力。

在此特别感谢中央文明办、国家工商总局和中央电视台对本书出版的大力支持，感谢中央电视台广告经营中心主任何海明、人民日报广告部主任郑友义、中央人民广播电台广告部主任曾芳、光明日报广告部副主任任建洪、经济日报广告部主任周洪、中国公路学会高速公路广告联盟主任郭亮、国家卫生计生委宣教中心社会部主任王耀和北京天地升华文化传播有限公司总经理萧红速对本书编辑和出版的大力支持。本书责任编辑权燕子为本书的编辑出版也付出了辛勤的劳动。他们的支持、帮助大大提高了本书的质量，使本书得以顺利出版，我们谨向他们表示诚挚的谢意。

时间仓促，本书虽经反复琢磨，仍有诸多遗憾，亦请广大读者指正。在本书收录的文献中，有些未能查到作者的名字和联系地址，希望作者看到本书以后与我们联系。并在此表示我们诚挚的谢意。

全国公益广告创新研究基地秘书长　刘林清

全国公益广告创新研究基地副秘书长　和群坡

2014 年 4 月 30 日，北京

责任编辑/权燕子
统筹编辑/张亚丹
封面设计/安姚舜

图书在版编目（CIP）数据

中国公益广告年鉴. 2011—2013 / 中国传媒大学等编著. ——北京：中国工商出版社，2014. 5
ISBN 978 -7 -80215 -712 -5

Ⅰ. ①中… Ⅱ. ①中… Ⅲ. ①公益广告 - 中国 -2011 ~2013 - 年鉴 Ⅳ. ①F713. 8 -54

中国版本图书馆 CIP 数据核字（2014）第 106454 号

书　名/中国公益广告年鉴. 2011—2013
编　著/中国传媒大学　中央电视台广告经营管理中心
国家广告研究院　全国公益广告创新研究基地

出版 · 发行/中国工商出版社
经销/新华书店
印刷/北京华正印刷有限公司
开本/880 毫米 ×1230 毫米　1/16　**印张**/34. 25　**字数**/730 千字
版本/2014 年 6 月第 1 版　2014 年 6 月第 1 次印刷

社址/北京市丰台区花乡育芳园东里 23 号（100070）
电话/（010）63730074，83610373　**电子邮箱**/zggscbs@163. com

书号：ISBN 978 -7 -80215 -712 -5/F · 860
定价：150. 00 元